공학법제와 윤리

이태식 위성륜

博 英 社

서 문

> 과학기술자는 지금까지 인류의 삶을 지속시켜 왔을 뿐만 아니라 더 풍요롭고 살기 좋게 만들었다. 20세기에도 자연의 숨겨진 비밀을 밝히는 것은 과학기술자의 몫이고 점점 더 인류의 지도자로서 은혜를 베푸는 자가 될 것이다. 과학기술의 능력은 계속 성장하고 그 성과는 더욱 광범할 것이므로 이웃과 세계의 존경을 받을 것이다.
>
> — Robert Moore, 1902년 ASCE 회장 취임사 —

공학과 윤리라는 중심과제에 접근하면서 일반적인 인식과 관련하여 몇 가지 변명해야 할 것들이 있다. 우선 공학윤리라는 말이 가지고 있는, 인간의 행동을 규율하는 권위적인 의미에 관한 것이다. 특히 공학윤리가 공학에 대한 비판적 시각과 관련되어 있는 점이다. 그러므로 공학의 진흥이 요구되는 시대적 상황에서 권위적이고 비판적인 주제를 다루는 것이 문제일 수 있다. 그러나 윤리를 규제적인 혹은 비판적인 의미로 받아들이는 것은 잘못된 인식에서 나온 것이라는 생각을 한다. 윤리는 인간의 자연에서 나온 원리이고 행복한 인간 삶을 위한 것이라는 생각을 한다. 공학도 인간의 행복을 위한 것이므로 공학과 윤리는 목적이 동일하다. 공학을 더욱 충실하게 하여 인간의 삶을 위한 진정한 공학이 되기 위해서는 공학은 윤리성을 가져야 한다. 소비자 시장으로 변한 현대에서 윤리는 상품가치를 갖게 되었고 공학도 상아탑에만 안주하는 시대는 이미 지나고 있으며 시장에서 호응을 받아야 한다는 관점에서는 오히려 윤리는 공학발전의 핵심적 요소라는 생각을 하게 된다. 둘째는 비교적 새로운 공학과 윤리라는 주제를 꾸밀 내용에 관한 것이다. 공학도 아니고 윤리도 아닌 새로운 분야이므로 그 내용을 무엇으로 하여야 하느냐의 문제가 있을 수밖에 없다. 우리나라에서도 공학의 윤리적 문제에 관한 일반적인 논의는 행해지고 있으나 활발하지도 않고 쟁점이 되는 이슈들이 많은 것도 아니다. 그러므로 개론적인 논의 수준을 넘을 수 없다. 결국 외국 서적에 의존하는 부분이 많다. 이와 관련하여 심각한 문제는 공학윤리가 바탕하고 있는 공학 혹은 사회적 환경이 외국과 우리나라가 같지 않다는 점이다. 외국은 윤리문제가 되나 우리나라의 경우에 문제가 되지 않는 것이 있을 수 있다. 그러나 구체적인 문제는 다르더라도 근본적 문제에서는 동서양이 동일하다는 생각을 하게 된다. 서양적 사고에 치중된 것에 대한 보상으로 동양적 윤리관과 연결하려는 나름대로의 노력을 하였다. 일천한 연구로 인해 기술한 내용들이 오류를 범하지 않았을까 염려된다.

본서의 상당한 부분이 법에 관한 논의를 담고 있다. 우리가 사회생활을 함에 있어서 먼저 접하는 것은 윤리보다는 법이다. 윤리는 기본적으로는 개인의 삶과 관련되는 것이지만, 법을 개혁하고자 함에 있어서는 윤리의 중요성을 발견해야 되고, 법은 윤리를 바탕으로 하여야 정의로운 것이 된다. 그러므로 윤리와 법은 함께 논의되어야 온전한 것이 되고 윤리를 고려하지 않은 법의 논의는 공허한 것이 된다.

본서의 제목을 "공학법제와 윤리"라고 하였다. 사실은 "윤리공학"이라는 제목이 적절할 것이라는 생각을 했다. 흔히 "공학윤리"라고 하나 이 말은 공학의 윤리적 측면이라는 의미를 전달하고 있다. 그러므로 공학의 밖에 있는 윤리라는 눈을 통해 공학을 비판적으로 바라보는 것 같아서 유쾌한 기분이 들지 않는 것이 사실이다. 공학이 주체적이지 못하고 피동적인 것이 되기 때문이다. 의학이 의학의 법학적 측면을 주체적으로 설정하여 발전시키고 있는 의학 분야를 법의학forensic medicine이라고 하는 것처럼 윤리공학이라는 말이 보다 적절할 것이라는 생각을 했다. 유사하게 미국에서는 법학과 관련된 공학을 법공학forensic engineering이라는 말을 사용한다. 그러므로 윤리공학ethical engineering 혹은 engineering ethics이라는 말이 무리하지는 않을 것이다. 그러나 아직 본서를 윤리공학이라고 부를 만큼 성숙되어 있지 않고 사회적으로도 이 분야가 일천한 것을 고려하면 주제넘은 것이 될 것을 우려하였다. 공학의 윤리적·법적 문제에 관한 이슈들이 앞으로 많이 발굴되고 논의됨으로써 하나의 학문 분야로 형성되기를 기대해 본다. 記述內容의 오류나 미숙한 점이 있을 것이다. 많은 지적을 통해 본서가 수정·보완되었으면 하는 바람을 갖는다. 미숙한 시도가 공학발전의 하나의 계기가 되기를 바란다.

이제 본서의 주제에 접근하는 기본적인 문제의식을 말하고자 한다. 공학이 인류의 삶을 개선해 온 원동력이고 앞으로도 그러하리라는 것도 확실하다. 그러나 인류를 위험에 빠뜨릴 가능성이 많은 부정적인 측면이 있는 것도 사실이다. 공학 자체 혹은 공학을 하는 사람들의 문제라기보다 공학을 사용하는 산업 측의 문제가 더 큰 측면이 있는 것도 사실이다. 그러나 어느 한쪽의 책임이라는 생각은 잘못이다. 공동의 문제이다. 공학에 관한 문제의식은 많은 사람들이 가지고 있고, 급진적인 비관적 工學觀을 가진 사람들에 의해 현재도 전세계적으로 표출되고 있다. 우리나라에서 이슈가 되고 있는 원자력 발전시설에 관한 혐오감도 공학에 대한 불신이 원인이라고 할 수 있다. 공학에 대한 불신문제를 해결하지 않고는 공학과 산업의 장래는 낙관적이지 않다. 두 번째 문제의식은 공학이 리더십을 상실하고 있다는 문제의식이다. 공학이 다른 분야를 이끌어야 한다는 말은 아니다. 공학이 技術的인 것으로만 인식되는 것이 문제이다. 사회의 다른 분야에 대한 이해 혹은 인간과 사회에 대한 이해를 가지고 공학을 해야 진정한 공학이 될 수 있다는 생각이다. 이것은 공학자들의 인식 혹은 공학교육과도 관련된 문제의식이다. 그러나 공학만의 문제는 아니다. 다른 분야도 공학을 이해하지 못한다. 더욱이 문제되는 것은 사회의 정책을 결정하는 지도적 입장에 있는 사람들이 공학에 관한 이해를 결하고 있는 것이 더욱 큰 문제일 수 있다. 그러므로 사회 전체적 관점에서 리더십이 상실되어 있다고 할 수 있다. 공학은 他 분야에 대한 이해를 가지고 他 분야는 공학을 이해하는 가운데 사회의 리더십이 존재한다. 그런데 자기 분야를 깊게 아는 것에 골몰하고 있는 형국이다. 세 번째 문제의식은 통찰력의 부재이다. 나누는 것에 의하여 문제를 해결하려는 것에 관한 두 번째 문제의식과도 관련된다. 技術은 나누는 것이 효과적일 수 있다. 그러나 창조력은 나누는 것에서 나오지 않는다. 모든 것의 근원은 하나라는 통찰력에서 나온다. 나누는 것이 아니고 하나로 종합하는 능력에서 창조력이 생긴다. 하나의 프로젝트가 계획되고 수행되는 과정을 보더라도 그렇다. 그런데 모든 분야가 구체적 기술적인 지식을 중시하고 나누어 그것만을 알고 그것이 기초하는 기본적인 문제에 대한 통찰력과 하나로서 완성된다는 생각을 놓치고 있다. 횡적인 연결을 강화하고 근원에서 바라보는 통찰력의 배양이 사회발전의 원동력이고 생존방식이 되고 있다. 이상과 같은 문제의식에서 본서는 통합적 사고력을 배양하는 것에 중점을 두었다. 공학도에게는 필요 없는 것처럼 보일 것이다. 그러나 공학을 철학, 윤리 및 법학, 사회학 등과 통합하여 바라보는 통찰력이 창의적 공학의 발전을 보장할 것이라 믿는다. 그러므로 공학윤리는 규범을 가르치는 것이 아니며 근원적인 것을 이해하고 사고하는 것을 가르치는 것이라고 보는 관점이 생긴다. 지금 사회의 가치관은 윤리적인 가치 쪽으로 움직이고 있다. 소비자가 점점 그 세력을 더해 가는 현대에서 윤리를 상품화하지 못하면 상품가치를 상실하고 시장에서 퇴출될 것이다. 네 번째 문제의식은 윤리와 법에 관한 논의의 중점을 입헌민주주의에 두어야 한다는 것이다. 공학과 윤리 및 법에 관한 논의는 우리사회의 기본질서와 관련하여 검토되어야 의미가 있다는 생각이다. 입헌민주주의 질서에 관한 투철한 이론가인 John Rawls의 "정의론A Theory of Justice"에서 많은 도움을 받았다. Rawls의 이론에 접할 수 있는 기회를 갖게 된 것은 행운이었다. 다만 이론의 이해에서 오류가 있는지가 염려된다.

끝으로 본서를 펴내는 데 도움을 준 e-Construction Lab의 제자들에게 감사한다. 박영사의 황인욱 전무님, 편집부 홍석태 차장님에게도 감사를 드린다.

2007. 2.

안산벌에서 저 자 씀

차 례

제1장 서 론

제 2 장 공 학 론

제 3 장 법과 윤리

제 4 장 윤 리 론

제 5 장 공학사회와 윤리학

제 6 장 사회정의론

제 7 장 이해관계론

제 8 장 신뢰관계론

제 9 장 법 일반론

제10장 법률관계론

제11장 계 약 론

제 1 장

서 론

1. 자 아

"공학법제와 윤리" 강의는 공학에 관한 법과 윤리를 주제로 하고 있다. 강의는 지식의 전달을 목적으로 하지 않는다. 강의는 교수와 학생 간의 대화이며 학생 서로 간의 대화, 자신과의 대화이다. 대화는 대화 자체에 의미가 있는 것이 아니다. 대화를 통해 깨달음을 얻는 것이다. 깨달음을 통해 자아를 정화하고 서로 간에 공감대를 넓혀가는 것이며 공감 속에서 자아를 실현하는 것이다. 자아가 모든 것의 중심에 있다. 모든 사회문제는 자아의 문제이다. 모든 사회문제는 자아에 관한 바르지 못한 인식에서 나오고 문제의 진정한 해결도 자아에 관한 바른 이해를 통해 가능하다. 다소 신비적인 말이지만 힌두교의 경전에 "가장 순수한 정수 — 온 세상의 영혼, 그것은 실재다. 그것은 자아[1]이다. 그것은 당신이다"[2]라는 말이 있다.

1) "자아"는 불교에서 말하는 眞我이며 눈으로 보는 자가 아니고 마음으로 보는 자이다. Erich fromm이 말한바 소유양식으로서의 "나"가 아니고 존재양식으로서의 "나"이다. Cain의 "나"가 아니며 Abel의 "나"이다. Socrates가 말하는 "너 자신을 알라"에서 "자신"이다. 자아를 "자기"와 구별한다. 自我는 우주적·세계적 주체이며 自己는 利己의 주체이다.

2) Fritiof Capra는 The Tao of Physics(이성범·김용정 역, 현대물리학과 동양사상, 범양사 출판부 발행)라는 책에서 현대물리학의 모순을 동양사상에 의해 해결된다고 말하고 있다.

2. 변 증 법

흔히 가르치는 사람의 역할, 즉 교육의 역할을 지식의 전달, 어떤 문제에 대한 해답을 주는 것 혹은 어떤 규범에 따르도록 사람을 훈육하는 것으로 생각하기 쉽다. 이런 인습적인 사고에는 여러 가지 중대한 철학적인 문제가 내포되어 있다. 우선 인간의 주체성을 인정하지 않고 있어서 위대한 철학자나 정치지도자의 말을 따르는 것이 옳다는 사상이 들어 있으며, 절대적 진리가 있으므로 인간의 가치는 그 진리를 실현하는 데에 있다는 사상이 들어 있다. 기원전 5세기 사람의 이야기를 들추어 낸다고 할지 모르나 다음에 인용하는 Socrates(470-399 B.C.)의 말은 오늘날에도 많은 생각을 하도록 빛을 발하고 있는 말이라고 생각된다.

> 나는 청년들과의 대화에서 산파와 같이 임신 여부를 알아보고 산모의 고통을 불러일으키거나 덜어 준다. 그 다음에는 참된 출산일지, 헛된 출산일지를 구별한다. 신은 내게 산파의 역할을 맡겼을 뿐이며, 내 자신의 출산은 허락하지 않았다.

Karl Jaspers(1883-1969)는 이에 관해 "그는 지혜를 넘겨주지 않는다. 다만, 다른 사람들로 하여금 그들 스스로가 발견하도록 만든다. 사람은 누구나 자기 자신이 알 수 있다고 믿었기 때문이다. 그러므로 그는 그들이 알지 못하고 있다는 것, 즉 무지ignorance를 알려 줌으로써 그들 스스로 자신 속에서 참다운 지식sagacity을 찾을 수 있도록 도와 준다. 다시 말해서 지식은 손에서 손으로 전달되는 상품이 아니라 각자가 스스로 깨달음enlightenment으로써 얻을 수 있는 것이다"라고 말한다.[3)]

그러나 Socrates는 객관적 진리가 있으며 가르치는 사람은 그 진리를 알고 있으나 다만 말하지 않고 가르침을 받는 사람이 스스로 깨닫도록 하는 것이라는 생각에 머물러 있는 것 같다. 그것은 "나는 참된 출산일지 헛된 출산일지를 구별한다"고 한 말에서 짐작할 수 있다. 그러나 우리가 알고 있는 Socrates는 Platon에 의하여 변용된 Socrates이다. Jaspers가 Socrates의 변증법에 관해 "무지

3) Jaspers의 Socrates, Buddha, Confucius, Jesus(황필호 역, 종로서적 발행).

를 알려 줌으로써 스스로 자신 속에서 참다운 지식을 찾도록 도와 준다"는 Jaspers의 해석에 공감한다. 그러므로 Socrates가 청년들과의 대화를 통해 도달하고자 하는 것은 Hegel이 변증법에 의하여 도달하고자 했던 절대관념과 같은 것은 아니다.[4)]

교수와 학생 간의 대화는 교수가 답을 알고 있으면서 학생들로 하여금 그것을 풀도록 하는 수수께끼 게임이 아니다. 가르치는 사람과 배우는 사람은 무지의 항해를 같이 하는 선장이고 선원이다. 대화를 통해 얻은 깨달음이 진실한가 여부는 목적지에 도착하여 실제로 확인하여야 알 수 있는 것이다. 그러므로 문제점을 제시하고 학생들이 이에 관해 조사하고 토론하도록 하여 각자가 깨달음을 얻도록 하는 과정에서, 자기의 경험 혹은 깨달음에 입각하여 옳은 방향을 잡도록 충고하는 정도가 가르치는 사람의 역할이라고 본다. 가르치는 사람은 문제에 관한 자신의 깨달음을 이야기 할 수 있지만, "이것이 진리이다"라고 말할 수는 없는 것이다.

3. 언　　어

우리가 학문을 하는 데 있어서 기존의 용어terms의 정의를 아는 것으로 다 아는 것으로 생각하는 경향이 있다. 그러나 이것은 진실에 접근하는 태도는 아니다. 여기서 우리는 Socrates의 변증법과 같이 기존의 개념을 버리고 무지로부터 시작하는 것이 진실에 접근하는 태도이다. 학문은 항상 질문으로 시작하고 그 질문들을 통한 진정한 지식에 도달하려는 과정 속에 있다. 용어를 객관적으로 정확히 정의하는 것은 불가능하다는 것을 규명해 보자.

공학이 무엇인가에 관한 정의를 시도해 보자. 공학이 무엇인가에 관해서는 여러분은 공학도이므로 잘 알고 있을 것 같다. 그러나 공학이 무엇인가라고 질문하면 말로 표현하기가 쉽지 않다. "기술에 관한 학문"이라 하면 비교적 무난할 것이다. 그러나 기술art은 무엇인가라는 문제가 있다. 기술이라는 의미는 기

4) Hegel은 변증적 진행의 종착점인 절대자가 유일한 실재라고 한다. 한편 Russell은 Socrates의 변증적 과정이 한정적 범위에만 적용되는 여러 가설을 파괴하고 궁극적으로 선의 형상에 도달하는 것과 꼭 같이 Hegel의 변증적 방법도 절대관념을 향해 상승해 간다고 설명한다. 그러나 Jaspers가 설명한 것처럼 Socrates가 변증적 과정을 통해 도달하려고 한 것은 無知를 깨달아 진정한 지식을 통해 인간 내면에 있는 神性에 도달하려고 하였다.

술자가 경험을 통해 자기만이 습득하고 있는 기술이라는 의미와 공유하는 기술이라는 두 가지 형태가 있다. 전자를 technique라 하고 후자를 technology라고 한다. 서양에서 산업혁명 이전의 기술은 전자의 형태로 중세의 특유한 사회제도인 도제apprenticeship에 습득되고 전수된 것이었으나, 17세기 무렵 그 기술을 수집 분석하여 백과사전으로 펴서 보급함으로써 산업혁명을 촉발시켰다고 하는 데이 공유하게 된 기술을 "technology"라고 부르게 된 것이다. 하여튼 기술은 "무엇을 만드는 능력"이라고 할 수 있다.

그러면 "능력ability"이라는 말은 우리가 알고 있다고 하더라도 "무엇"은 무엇인가라는 문제가 있다. 그러면 무엇을 "사물things"이라고 하자. 그런데 "사물"은 눈에 보이는 것도 있으나 눈에 보이지 않는 것도 있다. 컴퓨터 프로그램 같은 것은 눈에 보이는 것처럼 생각하기 쉬우나 사실은 눈에 보이지 않는 어떤 계산과정 같은 것이다. 더 생각을 진행시키면 유체물의 경우도 단순히 눈에 보이는 것만은 아니라는 생각에 도달한다. 우리가 사는 집도 전체와의 관계에서 안방, 건넌방, 식당 등 각 부분의 기능을 부여한 설계자의 의도intention가 들어 있다. 그렇게 생각하면 단순히 유체물인 것은 아니다. 그러면 이 집은 살아 있는 것인가라고 질문할 수 있다.

사용이라는 투입Input이 있으면 편안함을 혹은 불편함이란 산출output이 있는 것을 보면 살아 있는 시스템system[5)]이라는 생각이 든다. 그 집에 사는 사람은 설계자의 의도를 느끼면서 매일 그 집에서 편안함을 느끼거나 불편함을 느낀다. 설계자의 의도를 느끼고 있다. "능력"이라는 말도 우리가 쉽게 알 수 있다고 생각하였으나, 능력은 어디에 있느냐는 질문을 할 수 있다. 능력은 책 속에 있는 것인가? 그렇지 않다. 책 속에 쓰여진 것을 통해 지식을 얻고 그것을 실습해 봄으로써 능력이 생긴다. 책 속에 있는 것은 원리principle 혹은 방법method을 진술한 것이다. 그리고 그 기술은 실제로 어떤 사물 속에 구현되므로 만든 사물 속에도 들어 있다. 그러므로 기술은 사물 속에 구현되고 구현된 기술의 성능 등 효과가 검증되어 개선된 지식을 습득하고 다시 그 기술을 적용하는 기술자의 일련의 행위 속에 존재함을 알게 된다. 또한 A라는 사람과 B라는 사람이 어떤 사물을 만드는 방법은 동일하나 그 결과물은 동일하지 않을 수 있다. 같은 방법이지만 만드는 사람의 경험experience, 손재주 등에 따라 나타나는

5) system은 우리나라 말로 체제라고 번역된다. 관련된 부분이 전체로서 함께 작용하는 것 혹은 일단의 생각, 방법들이 조직되어 작용하는 것을 말한다.

결과는 달라지기 때문이다. 그러므로 기술은 기술자의 지식·경험·기술자의 성격 아나가서는 자질까지도 결합되어 있는 그 무엇이다. 그래서 전통적으로 기술은 자기만이 아는 것 혹은 자기만이 할 수 있는 것으로 생각되어 왔다.

한편 기술에는 여러 가지가 있다. 금속을 세공하는 기술, 옷을 만드는 기술, 원자로를 만드는 기술 등 다른 원리를 적용하는 기술이 많다. 기계공학을 공부하는 사람은 금속의 성질에 관한 지식이 중요하겠지만 토목공학을 공부하는 사람은 토질·지질·지형 등에 관한 지식이 필요한 것처럼 사용하는 지식 및 기술의 원리가 다르다.

한편 종래의 전통적 기술과 구별하여 과학기술scientific technology을 구별하려고 하는 것이 대학 등에서 체계적인 과학교육을 받은 사람들의 태도이다. 사회가 창의적인 기술을 요구하게 됨에 따라 대학 등에서 체계적인 지식body of knowledge을 습득할 필요가 있었고 그 지식은 수학 및 자연과학natural science에 관한 것이다. 실제로 전통적 기술보다 이 과학원리를 활용한 기술은 눈부신 성과를 가져왔다. 오늘날 우리가 접하는 TV, 전화기, 비행기 등 문명의 이기뿐만 아니라 철도, 도로 등 사회간접자본도 과학 및 과학기술의 성과인 것이다.

따라서 자연스럽게 과학 및 과학기술에 관한 체계적 지식을 활용하는 창의적인 기술자와 다른 기술자가 구별되게 된 것이다. 산업은 점점 과학지식을 가진 기술자를 필요로 하였고 그 수도 엄청나게 증가하여 오늘날의 기술은 과학기술로 이해할 정도로 되었다. 그러나 기술은 반드시 과학기술이어야 하는 것은 아니다.

이와 같이 우리가 하나의 용어를 정의하기 위해서는 그 용어가 가리키는 사물의 본질intrinsic nature을 알아야 하고 그 사물의 본질과 다른 사물의 본질과의 관계relation를 알아야 하고, 그 사물의 현상, 즉 사실facts을 알아야 하고, 또한 그 사물의 고유한 현상과 다른 사물의 현상과의 관계에서 나타나는 현상도 알아야 한다. 더욱 중요한 것은 인간 혹은 사회와 관계에서 나타나는 가치value를 알아야 한다. 그런데 어떤 사물의 가치를 판단하는 데 있어서 그것을 보는 사람 혹은 그것을 활용하려는 사람의 목적에 따라 그 가치가 달라진다. 예를 들면 초음파기술은 해저광물을 탐지하려는 사람과 다른 사람의 말을 도청하려는 사람 간에는 다른 가치로 나타난다. 이 양자에게는 같은 초음파기술이지만 다른 의미를 갖게 되는 것이다. 그런데 우리가 아는 것은 흔히 그 사물의 역사적 의미meaning에 의존한다. 그러나 어떤 용어에 관해 기존에 형성된 의미는 변하여 새롭게 생겨나고 사람에 따라 다른 의미로 인식될 수도 있다. 나아가서 어떤 용어가 가리키는 사물의 본질 및 사실도 바뀌어 가고 있는 것이다. 그러므로 어떤 사물은 한 가지로 정의될 수 없는 것이다. 용어 혹은 사물에 관한 정의의 객관화는 불가능하다고 할 수 있다. 어떤 용어 혹은 사물에 관한 정의를 내리는 것은 사실은 객관화를 가장하여 자신의 생각을 말하는 것이라 할 수 있다. 객관화보다는 공감sympathy이라는 말이 적절할 것 같다. 한 사람의 새로운 의견이 많은 사람의 공감을 얻는 것, 그러므로 간주관적인inter-personal 공감에 의하여 공동의 인식을 갖게 되는 것이다.

그러나 우리의 인식은 언어language를 통해 상호전달된다. 그러므로 용어에 관한 공통의 인식이 필요한 것은 사실이다. 사람마다 다른 의미로 인식되는 언어라면 언어로서의 가치는 줄어들 것이다. 끊임없이 진실과 맞지 않으면 변경되고 사람마다 다를 수 있지만 용어에 관한 정의가 필요한 이유이다. 그러나 정의하는 것이 목적이 아니라 사물의 진실을 알고자 하는 것이 목적이며, 정의는 다만 우리의 공통의 인식을 도출하여 보다 편리하고 진실한 의사소통을 위한 수단인 것이다.

4. 패러다임

여기서 Thomas S. Kuhn(1922-)의 과학의 혁명적 구조에 관한 이론에 관해 알 필요가 있을 것 같다. 그는 어떤 과학 이론체계가 다른 이론체계로 바뀌는 것은 이론체계만이 아니라 그 이론체계에 포함된 과학적 개념, 법칙, 그 법칙과 외부 경험적 사실들과의 관계, 심지어는 법칙과 이론을 평가하는 데 사용하는 척도까지 바뀌는 것이라고 말한다. 그러므로 우리는 흔히 어떤 법칙을 바탕으로 다시 더 높은 단계의 이론이 얻어진다고 생각하지만 사실은 법칙을 응용한 예제exemplar들을 풀면서 법칙 자체를 이해한다는 것이다. 그러므로 과학 이론의 변경은 혁명적 구조를 가진다는 것이다. 그래서 과학자들은 定意를 배우는 것이 아니고 “힘”이나 “화합물”같은 용어가 사용된 예제들을 푸는 표준적 방법을 배우고, 이 예제들의 유형을 충분히 많이 섭취하면 이 예제들의 특성들이 표준으로 취급받게 되어 이 예제들을 표준삼아 연구하게 된다는 것이다. 이 표준으로 취급되는 예제들을 그는 패러다임paradigm이라고 하였다. 그러므로 어떤 시기에 과학자 사회의 기반을 이루는 것들이 패러다임인 것이다. 과학자 사회의 공통된 생각이라고 할 수 있다. 이것을 정상과학이라 한다.

그리고 어느 과학자사회 구성원 전체가 공유하는 이론, 법칙, 지식, 방법, 가치, 믿음 심지어는 습관과 같은 것을 통틀어서 지칭하는 의미를 갖는다. 이러한 패러다임과 모순되는 문제들이 생기면 새로운 이론체계들이 출현하고 그 중 어느 것이 문제를 더 잘 해결해 주었다고 믿고 그것을 받아들일 때 과학혁명이 일어난다. 그런데 이 새로운 이론체계를 받아들이는 것은 그 이론체계의 법칙, 개념, 가정들을 하나하나 따로 받아들이는 것이 아니라, 그 이론체계 전체와 그것을 포함하는 패러다임 전체를 받아들이는 것이라는 것이다. 따라서 패러다임은 명시된 규정이나 조항들을 공부함으로써 배우는 것이 아니라 어떤 분야의 과학을 공부하는 과정에서 은연중에 익히게 되는 것이다. 그러므로 과학을 공부하는 것은 교과서 내에서 기본 이론이나 법칙들이 자연현상에 적용되는 구체적 예들을 보게 되고, 이것들이 자연세계와 어떤 관계를 가지는가를 배우게 되고, 계속해서 더 많은 예제들을 접하게 되는 과정인 것이다. 간단히 말해서 문제지향적인 태도인 것이다.

그리고 앞에서도 잠깐 언급한 바와 같이 모든 사물을 이루는 부분은 하나하나가 전체를 내포하고 있고, 전체는 부분을 내포하는 관계에서 통일되어 있다고 보는 것이다. 그러므로 하나의 측면만 떼어서 보는 경우는 그 진정한 의미를 놓치게 된다. 공학의 법 및 윤리적 측면을 보려는 우리의 시도도 이와 같은 인식에서 출발하고 있다. 법이나 윤리도 자체의 특성을 가지고 있지만 그 자체만을 목적으로 하거나 다른 것들과 관련 짖지 않고 탐구하는 것은 의미가 없다. 다시 말하면 공학과 관련된 법학이나 윤리학, 법학이나 윤리학과 관련된 공학이 의미가 있다는 말이 된다.[6]

6) 김영식의 역사와 사회 속의 과학, 서울대학교 출판부, pp.28-54 참조.

5. 리더십의 상실

Socrates가 살았던 시대에는 배워야 할 지식의 양은 그렇게 많지 않았을 것이다. 과학자는 철학자이기도 하였으며 철학자는 과학자이기도 하였다. 그러므로 그 시대의 지식인은 통합적 지식을 가지고 우주와 인간을 바라보는 사람들이있다. 그러나 우리가 살고 있는 현대는 알아야 할 지식의 양은 엄청나고 점점 더 늘어나 더욱 전문분야가 세분화되는 추세에 있다. 따라서 다른 분야는 알 수 없을 뿐만 아니라 알려고도 하지 않는다. 우리는 이런 추세가 옳은 것인지 반성해야 할 시점에 온 것 같다. 더욱 세밀하게 나누어서 한없이 깊이 들어가다 보면 방향감각을 상실하고 역할role로 분열된 자아를 발견하게 된다.

이와 같이 분열된 자아는 리더십의 상실 혹은 正體性의 상실로 나타난다. 과학기술이 현대사회에 커다란 영향을 미치고 있으므로 그 사회적 의미에 관한 이해가 점점 더 요구되고 있다. 그런데 사회적 의미에 관한 판단과 결정은 과학기술자가 아닌 다른 사람이 한다. 과학기술자의 리더십 상실이다. 한편 인문·사회분야를 전공한 사람들이 사회의 정책결정을 해야 하는 직업을 갖게 될 경우, 그들이 결정해야할 많은 부분이 공학과 밀접히 관련되는 것이 많은데, 공학에 관한 지식이 없이 정책결정을 해야 하는 상황이 나타난다. 경제학자들은 경제적 측면만을 보며 공학자들은 공학적 측면만을 보고 환경학자들은 환경적 측면만을 보는 분할된 영역 속에 갇혀 있다. 리더십을 상실한 전문가의 모습이다. 리더십은 전체를 알고 판단하는 데서 나오기 때문이다.

6. 개념의 절대화

현대의 전문가들이 리더십을 상실하게 된 배후에는 문명화된 현대사회에서 아직도 위력을 발휘하고 있는 절대적 개념이라는 미신이 도사리고 있음을 주목하게 된다. 도덕적 이성주의자들moral rationalists은 이 개념을 영구불변하는 실재라고 말한다. 그러나 실존주의자들은 개념은 실재의 그림자일 뿐이라고 말한다.[7] 불타佛陀는 이 개념으로부터의 해방을 명상의 주제로 삼았던 사람이다. 그는 "모든 것은 생겼다 사라진다. 고苦는 고정된 형태에 집착하려 할 때 생겨난다. 독립된 개별적 자아라는 생각은 실체가 없는 지적 개념일 뿐이다"라고 말한다. Jaspers는 불교의 교리를 통찰력에 의한 구원의 원리라 하고 다음과 같이 말한다. "참다운 지식은 감각이나 논리에 의하여 증명된 지식이 아니라 의식의 변용과 단계적인 명상contemplation에서 나온 지식이다. 허위는 사고나 의식의 변용이라는 기술에 의하여 사라질 수 없다. 영혼이 먼저 정화되었을 때만 사고나 의식의 변용은 성공할 수 있기 때문이다. 존재에 대한 근본적인 해답은 먼저 이성으로 얻은 결론에 의미와 정당성을 부여하는 더욱 깊은 근원으로부터 찾아야 한다."[8)]

한편 20세기의 철학자 W.D. Ross(1877-1971)는 Platon적 전통에 대한 회의에서 출발한 경험주의적 혹은 과학적 윤리사상이 사회적 효용에 의해 인간행동의 선악을 판단하려는 당시의 철학적 분위기에 대해 오히려 "윤리적 의무는 다른 것에 의하여 증명될 수 없는 자명한 것이다. 윤리적 의무의 이 특성을 무시하면 의무가 확정되지 않고 도덕적 믿음이나 행동에 맞는 윤리이론이 되지 못한다"라고 하여 Platon의 이성적 직관주의 전통을 회의주의에 절충하고 있는 것을 본다.[9)]

7. Socrates와 Platon

우리는 인간의 역사가 이러한 객관적 이상이나 개념에 의해 지배되어 온 점을 주목한다. 그러나 이러한 이상보다는 인간의 내면에서 우러나오는 실존적 덕성이 인류를 질곡으로부터 구원해 주고 있다고 본다.

Socrates는 인간의 고착된 개념에서 출발하여 무지를 깨닫도록 하기 위해

7) Kierkegaard는 다음과 같이 말한다. "사상사적 측면에서 의지의 중요성에서 이성의 중요성으로 역사적 전환이 이루어진 것은 Platon과 Aristotle에 기인한다. 지금까지 이와 같은 불행한 도그마가 강화되어 온 것은 수학, 논리학 및 자연과학의 성공에 의한 것이다. Socrates가 이성적 탐구를 중요시 한 것으로 오랫동안 여겨져 온 것은 철학의 과오long-term error of philosophy이다"(Great Tradition of Ethics, pp.219-223 참조).

8) Jaspers의 Great Philosophers(Buddha) 참조(황필호 역, pp.43-47).

9) Ross는 Moore와 같이 본질적 선intrinsic goodness은 정의할 수 없다고 보는 점에서 회의주의적 입장에 있는 철학자다. 그러나 선, 옳음, 의무는 본질적 선에 접근하는 것maximizing intrinsic goodness에 의해 평가된다고 보는 Moore의 생각과는 달리 어떤 행위의 옳음rightness은 그 행위의 결과가 옳은 것인가 와는 관계없는 그 행위 자체로서 자명한 것이라고 말한다.

변증법을 사용하였다. 변증법을 통해 인간의 무지ignorance[10]를 깨닫게 한 것이다. 당시 자기의 주장이 옳고 절대적이라는 소피스트들의 생각을 깨뜨리기 위한 것이었다. 소피스트들은 각인이 만물의 척도라고 생각한다. Socrates는 이 생각을 깨뜨려 전통적으로 그리스 사회를 지탱하고 있던 신성godhead에 도달하게 하려고 한 것이다. "너 자신을 알라"고 말한다. 인간의 내면의 절대자를 영접하고 있다. 그러나 내면의 신성이 무엇이라고 말하지 않는다. 묵시적이다. 소피스트들의 허망한 지식과 믿음을 깨뜨리는 데 전념한다. 신성을 깨우치는 것은 각자의 일로 남겨 놓고 있다. 인간의 존엄성을 인정하고 있다. 그러므로 주관주의자다. Platon도 Socrates와 마찬가지로 소피스트의 상대주의를 비판하였다. 그러나 객관적 절대자인 이데아idea를 영접하고 있다.[11] 객관적 절대자는 인간에 대해 말하고 있다. 객관적 절대자는 이 세계의 완벽하고 확실하며 영원히 변하지 않는 설계도[12]를 가지고 있다. 명시적이다. 그러나 신은 인간에게 그것을 직접 보여줄 수 없다. 그러므로 어떤 사람이 신의 말을 대신하여야 한다. 어떤 사람은 그 설계도를 어렴풋이 엿볼 수 있는 철학자이고 정치가이다. 철학자[13]는 존경을 받았다. 소피스트들은 존경을 받지 못했다. 따라서 철학자가 인간의 생각을 지배하고 인간을 가르치는 소임을 맡았다.

Socrates는 허상인 개념을 공격하여 묵시적인 인간의 본성 혹은 신성을 인식시키려고 한다. 그러나 Platon은 절대적이고 이상적이며, 순수하고, 확실한, 명시적 신성을 추출하여 이것이 진리라고 주장하고 있다. Socrates는 겸허해지고 있으나 Platon은 자만pride에 차 있다. Platon은 자연적 개체성을 비자연적인 것으로 해체시키고 있으나 Socratcs는 비자연적인 인간을 본래의 인간으로 회복시키고 있다. 두 사람은 도달하려는 목적에서 전혀 다른 것이다. Platon을 흔히 직관적인 철학자라고 말한다. 그러나 직관intuition에 의하여 만나는 것은 깊은 우주적 생명이다. 이 우주적 생명은 이성reason[14]에 의하여 도달할 수 없다. 그러

10) 헛된 지식을 말한다.

11) Platon철학은 Saint Augustine에 의해 Judo-Christian과 만난다. 그러나 Augustine은 이성이 아닌 직관적 계시를 중시하는 점에서 Platon의 철학과 다르다.

12) 이데아는 절대자의 설계도로 비유될 수 있다. 설계도에 의해 의자가 만들어 졌다면 의자의 형상은 의자의 설계도인 것을 쉽게 알 수 있다. 그러므로 그 설계도에 의해 만들어진 의자는 아무리 정확하게 하여도 설계도에 일치할 수 없을 것이다. Platon이 현상의 세계와 이데아의 세계를 모래위에 그린 원circle과 진정한 원으로 비유하는 것과 같다. Platon이 수학을 중시한 것은 알려진 사실이다.

13) 철학자는 지혜를 사랑하는 사람이라는 의미를 가지고 있다.

14) Platon은 이성주의자이다.

므로 직관주의자라고 할 수 없다. 이성은 조사하고 분석하는 과학에는 유용하다.[15] 그러나 계산할 수 없는 인간의 행복 혹은 자아실현이 목적인 윤리에서 이성은 보조자일 뿐이다. 직관만이 윤리적 진실에 접근할 수 있다.

8. 개인의 독립성

Jaspers의 말을 계속 들어보자. "현 사회의 모순은 위대한 정치적 행위로 치유될 수 없다. 각 개인이 자기 자신을 개발시키고, 각 개인의 잠재적인 존재가 직접 행동으로써 현실화되고, 지식이란 결국 덕virtue이라는 것을 깨닫기 이전에는 어떠한 사회적인 개선도 불가능하다. 그러므로 개인은 그가 속해 있는 사회나 국가에서의 성공이나 유용성을 떠나서 그 자체로서 중요하다. 극기를 통한 개인의 독립성the independence that comes of self-mastery, 지식과 더불어 자라나는 개인의 자유의식the true freedom which grows with knowledge이 바로 인간이 신성godhead을 직면할 수 있는 궁극적 근거가 된다."

9. 정신과 물질

현대의 삶에 있어서 물질주의가 지배하고 있는 것이 사실이다. 이 물질주의는 산업사회와 연결되어 우리의 삶을 풍요롭게 하고 있는 반면에 산업이 가져다주는 폐해는 인류의 생존기반을 위협하고 있는 것도 사실이다. 그러므로 산업과 그 산업에 봉사하는 과학기술의 윤리성이 중요한 논의의 대상이 되고 있다.

이에 관한 John Dewey의 말을 들어보자. "현대의 삶에 있어서 가장 깊숙하게 자리하고 있는 문제는 인간의 실생활과 유리되어 있는 철학이다. 이상적 행동의 비현실성은 목적을 달성하기 위해 필요한 수단에 관한 관심을 두지 않는

15) Hume은 감성sentiment이 윤리의 근본이라는 것을 다음과 같은 예를 들어 설명하고 있다. "잔인한 살인사건의 경우를 예로 들어 보자. 아무리 찾아보아도 살인의 사실에서는 악vice이라는 것을 찾을 수 없을 것이다. 당신의 가슴에 일어나는 감정에 눈을 돌렸을 때 비로소 그 잔인한 행동에 대한 반감disapprobation에서 그 살인자의 행동이 악하다는 것을 느낄 것이다. 그러므로 악은 감성의 대상이지 이성의 대상이 아니다. 악하다고 하는 것은 대상object에 있는 것이 아니고 당신의 가슴 속에 있다. 어떤 행동 혹은 사람이 잔인하다고 하는 것은 무의미한 말이다. 당신의 본성에서 나오는 마음contemplation이 그것을 비난하는 것이다.

데에 기인한다. 이상의 추구는 물질적 번영과 관계되지 않는다는 가정은 오류이다. 이 그릇된 관념 때문에 경제활동의 도덕적 평가가 결여되어 있고 물질적 번영에 있어서 필요 불가결한 도덕적 기초가 결여되는 결과가 되었다."

역시 Platon의 전통이 만들어 놓은 윤리에 관한 형이상학적 태도가 비판의 대상이 된다. Platon은 형상론에 의해 물질은 형상의 그림자라고 한다. 실재하는 것은 이데아이며 물질은 실재하는 것이 아니라고 하였다.[16] 그 당시의 주관주의적 사회 분위기에서 객관적 질서를 세우기 위해서 객관적 확실성correctness을 찾기 위한 이론 혹은 비유였을 것이다. 그러나 후세 사람들이 형이상학적인 이상에만 눈을 돌리게 만든 원인을 제공하고 있다. 역시 후세 철학의 과오라고 할 수 있다. 물질을 악한 것이라고 말하는 것처럼 인간을 당혹스럽게 만드는 것은 없다. 인간의 일상생활은 대부분 물질과 관계를 갖기 때문이다. 그런데 물질주의를 옹호하거나 물질에 무관심한 태도만이 사회를 지배하고 있는 것이다. 물질이 선한 것이라고 생각하는 것이 옳지 않는 반면에 정신적인 것만이 선한 것이라고 생각도 옳지 않다. 물질주의를 옹호하는 결과를 낳은 또 하나의 철학적 과오로는 공리주의utilitarianism가 있다. 이에 관해서는 후술한다.

10. 동양사상에서의 정신과 물질

동양사상에서는 "하늘이 만물을 생화生化함에 있어서 기氣로써 형形을 이루니 이理노 또한 부여되었다"는 말이 있다. 여기서 "기"는 우주에 충만한 기운이고 이것이 "형," 즉 물질을 이룬다고 한다. 현대 물리학에서 양자론과 유사하다. 여기서 "기"와 "형"은 서양에서 말하는 "물질matter"과 같은 것으로 볼 수 있다. 그러므로 동양의 물질은 Platon이나 Aristotles가 본 것처럼 죽어 있는 허상이 아니다.

한편 Platon이 말하는 "이성reason"은 어떤 확실하고 초월적인 것을 인식하고 추구하는 기능이다. 그러나 동양의 "이"는 초월적인 것을 지향하는 것이 아

16) Platon에 의하면 물질의 형상form은 인간의 의식이나 시간과 공간 속에 존재하는 것이 아니며 영원 속에 객관적timelessly and objectively으로 존재하므로 감각에서 해방되어 독립적으로 작용하는 이성에 의해서만 접근할 수 있다. 그러므로 현명한 사람의 이성wise person's reason에 의해서만 접근할 수 있다고 한다. 그리고 이 형상이 물질을 결정한다고 한다.

니다. 물질에 결합되어 있는 물질 자체의 능력 같은 것이다. 초월적인 것은 없으며 현세에서 서로 대응하고 변하며 소멸하고 생성하는 것이다. “하늘”이라는 말이 초월적인 존재를 암시하나 그것은 서양에서 말하는 신과 같은 것이 아니고 우주 혹은 자연이라 보면 된다. 있는 그대로의 자연自然인 것이다.[17] 그러므로 동양사상은 자연주의 사상을 바탕으로 한다. 고대 그리스 초기의 밀레토스 학파의 물활론animism과 같다. Platon이 이성에 의하여 인식되는 물질의 형상은 실재하는 것이며, 영구·불멸한 반면 물질은 형상의 그림자 혹은 존재하지 않는 것으로 보는 것과는 다르다.

11. 동양사상과 서양사상

동양사상에서 사물은 생성·소멸, 유형·무형이 서로 상응하여 변하는 하나의 통일체로 본다. 기氣, 형形, 이理는 현실세계에 있는 것이다. 사물은 서로 대응하는 과정에서 생성되고 소멸하는 역동적인 관계에 있는 것이다. 동양에서는 우주 혹은 세계를 생성과 소멸이 계속되는 하나의 열린 시스템으로 파악하여 각 개체는 전체를 내포하여 변화해 가면서 그것이 전체를 형성한다고 본다. 그리고 이 우주는 정신이 결합된 물질로 되어 있는 것이다. 존재와 무를 분리하지 않고 생성과 소멸을 분리하지 않으며 전체와 부분을 분리하지 않는다. 나아가서 현재와 미래를 분리하지 않고 이것들은 서로 대응하여 변하는 역동적이며 통일적이고 개방적인 세계관을 가지고 있다.

동양사상은 Socrates와 같은 변증방향을 가지고 있다. 진실한 자아眞我를 찾으려는 노력이며 대립자를 통합하여 대아大我를 찾으려는 노력이라 할 수 있다. 절대적이지 않고 상대적이며 폐쇄적이지 않고 개방적이며 분석적이지 않고 종

17) 동양에서 하늘의 의미에 관해 만물을 주제하는 인격신으로서 天帝를 가리키는 의미도 있으나 이는 원시신앙의 대상이다. 朱熹는 하늘을 理의 근원이라고 하고 明德을 사람이 하늘로부터 얻어온 虛靈不昧한 것으로 모든 이치를 갖추어 온갖 것이 응해가는 것이라 하여 인성을 우주의 본체로 파악하는 근거로 삼는다. 일체의 도리가 천부의 마음에 이미 내재해 있다는 것이다. 그러므로 Platon의 이데아와 같이 형이상학적이나 Platon과 같이 객관적인 실재는 아니다. 그러나 王陽明은 하늘을 형이상학적으로 보지 않는다. 그러므로 明德을 이성보다는 천지만물에 합일 되는 것으로 커다란 仁으로 파악한다. 그러므로 “大人은 천지만물로써 一體를 삼는 자이라 천하는 한 집같이 보며 중국을 한 사람 같이 보나니 저 形骸로 사이하고 너·나를 나누는 자는 소인이다”라고 한다.

합적이며 정태적이지 않고 동태적이다. 자연과 인간을 있는 그대로 보는 현실적인 세계관이다. 길을 올라가는 길 혹은 내려가는 길리라고 주장하나 길은 그대로의 길인 것이다.[18] 正에 反하나 合하고 다시 反하여 合하는 식으로 결국은 있는 그대로의 길에 도달하는 것이다. 우주의 궁극적 중심은 자연이다.

인간의 개념은 오히려 허상이다.[19] 이에 비해 서양에서는 물질만이 존재한다든가 이상만이 실재하고 영구·불변하는 것이며 물질은 허상이라는 생각이 오랜 동안 지배해 왔다.[20]

Platon은 "도덕이 근거하는 궁극적 지식은 무엇인가?"라는 물음에 대해 Glaucon과 대화하는 Socrates의 말을 통해 다음과 같이 답한다.

> 태양의 빛이 사라지고 달빛이나 별빛만이 있을 때 물체를 명확히 볼 수 없는 것과 마찬가지로 진정한 지식을 얻게 해 주는 것은 선의 이데아the idea of good이다.
>
> 지식의 세계에서 선의 이데아는 궁극적인 것이다. 가시적 세계에서 빛의 근원이 태양인 것처럼 지식의 세계에서는 이 선의 이데아가 이성과 진리의 직접적 근원immediate source of reason and truth이다. 그러므로 이성적인 행동의 원천이다.

"선의 이데아"는 태양과 같이 천상에서 홀로 빛을 발하고 있다. 인간은 다만 그 빛을 갈구하고 있다. 한편 공자는 천지의 도를 다음과 같이 그리고 있다.

> 군자의 도는 광대하면서도 은미하다. 필부의 우매함으로써도 함께 알 수

---

18) Heracleitos(그리스 밀레토스 학파)는 "오르막길과 내리막길은 그게 그것이다"라는 말을 하였다고 한다. 이에 관해 서로 갈등하고 있는 것들이 분리된 것이 아니고 실은 하나의 상황의 부분들이라는 것을 말하는 것이므로 내리막길이 없으면 오르막길도 없다는 것을 말하는 것이다. 결국 동양의 음양론과 같이 통일적 세계관을 말하는 것이다.

19) 공자는 "사람들은 모두 나를 지혜롭다고 말하지만, 그물이나 덫 혹은 함정 속으로 몰아넣어도 그것을 피할 줄을 모른다. 사람들은 모두 나를 지혜롭다고 말하지만, 중용을 택하여 능히 한달도 지켜내지 못한다"라고 하였다.

20) 그리스 밀레토스 학파의 철학자들이 사물이 어떤 기본재료로 이루어진다는 생각을 하면서 동시에 허공無이 있다는 주장을 비판하여 Parmenides는 두 견해가 양립할 수 없다고 말한다. 물질에 관해서는 "그것은 존재한다(it is)"라고 기술할 수 있고 허공에 대해서는 "그것은 존재하지 않는다(it is not)"라고 기술할 수 있으므로 존재하지 않는 것을 존재한다고 말하는 것은 모순이라고 말하였다. 그러므로 물질에 관해서는 그것은 존재한다는 표현만 허용되며 존재하지 않는 것은 사고의 대상이 될 수 없으며 이 세상에는 물질로 가득 차 있다는 것이다. 물질적 일원론이다. 사실은 논리적 일원론이고 정신과 물질을 구별하는 이원론dualism이다.

> 있는 것이지만 그 지극한 데 이르러선 비록 성인이라 하더라도 역시 알지 못할 바가 있다. 필부의 불초함으로써도 넉넉히 행할 수 있는 것이지만 그 지극한 데 이르러선 비록 성인이라 하더라도 또한 능히 해 내지 못할 바가 있다. 그러므로 군자의 도는 그 크기로 말하면 천하도 이를 실어 낼 수 없고 그 작기로 말하면 천하도 이를 쪼개어 낼 수 없다. 詩에서 "솔개는 하늘에 비상하는 데 고기는 못에서 뛰어 오르누나"라고 했는데 이것은 도가 위와 아래로 나타남을 말한 것이다. 군자의 도는 필부에게서 발단되지만 그 지극한 데에 이르러선 천지에 나타난다.

물에 있는 고기가 솔개처럼 비상하지 못할 것임은 Platon이 그린 인간과 다를 바가 없다. 그러나 "솔개는 하늘에 비상하는 데 고기는 못에서 뛰어 오르누나"는 도의 공간상의 편재ubiquity를 설명하기 위한 예시인데, 그것은 만물이 自性에 따르는 것이 곧 도임을 아울러 말해 주고 있다고 말한다. 중용의 권두에서 "性에 따르는 것이 도"라고 한 것은 솔개의 도는 솔개의 자연에 따르는 것이 도이고 고기의 도는 고기의 자연에 따르는 것이 도인 것처럼 인간은 인간에 내재하는 자연을 따르는 것이 도라는 것을 말한 것이라고 한다. 이렇게 보면 공자가 그리는 인간과 Platon이 그리는 인간이 다르게 된다. 전자는 내면에 충실하려고 하는 자족하는 인간을 그리고 있지만 후자는 하늘을 우러러 갈구하는 인간을 그리고 있다. Jaspers가 극기를 통한 개인의 독립성the independence that comes of self-mastery, 지식과 더불어 자라나는 개인의 자유의식the true freedom which grows with knowledge이 바로 인간이 신성godhead을 직면할 수 있는 궁극적 근거가 된다"고 말하는 연유가 여기에 있는 것일 것이다.

12. 과거, 현재, 미래

미래와 현재의 문제는 인간을 곤혹스럽게 만드는 것 중의 하나이다. 그리스의 윤리사상과 함께 서양의 윤리사상의 큰 줄기인 기독교judeo-christian사상에서는 현세를 부정하고 현세는 내세의 삶을 준비하는 것으로 보기도 한다. 그러나 현재를 부정하는 것은 공허하다. 그리고 물리적 현재는 의미가 없다. 현재라고 생각하는 순간 그것은 이미 과거이고 미래라고 생각하는 순간 현재가 된다. 그러므로 현재는 물리적으로 포착되지 않는다. 확실한 것은 자신이 개체성을 가지고 생각하고 느끼고 행동하고 있으며 다른 개체와 서로 대응하고 있다는 것이다. 과거와 미래는 나를 형성하고 있다. 그러므로 미래를 위해 산다는 것은 공허한 것이다. 우리는 항상 현재에 살고 있는 것이다. 서두에서 말한 것처럼 나를 우주의 중심이라는 생각하면 나는 공간적으로 시간적으로 무한히 확대되어 있다. 우리는 흔히 이런 생각과 느낌을 갖지 않고 살고 있다.

불교사상에도 현실을 중시하는 사상이 있다. "상이 있는 몸有相身(현실의 나) 가운데에 상이 없는 몸無相身(본질적인 나)이요, 무명의 길 위에 생이 없는 길이다"라는 말이 있는데, 이 말은 몸이 살아가고 있는 생활이 의미 없는 생활 혹은 쓸데없는 잘못된 생활처럼 보일지 모르지만 바로 이와 같은 생활에 이상이 나타나진다는 말이다.[21)]

장래의 자식의 삶을 위해 현재의 나를 희생하는 것을 본다. 자신이 자식으로 확대되어 있고 미래가 현재로 편입된다. 본능적인 사랑의 감정이다. 한편 가족이 아닌 사람들에게는 가족관계에서와 같은 사랑의 감정이 약한 것이 일반적이다. 그러나 이성적인 고찰을 통해서도 다른 사람을 위하는 것이 나를 위하는 것이라는 생각에 도달할 수 있다[22)]. 남을 해롭게 하면 결국은 나에게 해가 되는 것을 보기 때문이다. 오늘날 문제가 되고 있는 환경오염이나 환경훼손에 관해서 생각하면 인간이 아닌 생물과 무생물에까지 이타주의는 확대될 수 있다. 불교에서는 명상을 통한 통찰력에 의해 인간이 아닌 생물이나 무생물에까지도 존중하는 마음을 갖는 것이다.

---

21) 중국 양나라 스님인 誌公의 말이다. 이에 관해 우리가 바라는 것은 어떤 모양이 없는 육신無相身이고 생멸하는 일이 없는 인생無生路이지만 이 무상신이나 無生路는 죽고 난 뒤의 일이 아니라 지금 당장 이 몸뚱아리를 가지고 그것 속에서 무상신과 무생로가 나타나는 것이라고 설명한다.

22) 이상적 공리주의자인 Rashdall(1858-1924)은 이기주의와 이타주의에 관해 다음과 같이 말한다. 개인적인 선은 다른 사람의 개인적인 희생을 통해 얻어질 수 없다. 이타주의는 다른 사람을 위해 특히 자신의 선(쾌락)이 인류 전체의 선에 이바지 할 때, 자신의 직접적이고 비교적 중요하지 않은 선을 희생시키는 것이 그에게 충분한 의미를 가질 때 비로소 생겨날 수 있다. 그러나 모든 조건이 같고 나의 선이 다른 사람을 방해하지 않는다면 나 자신의 개인적 선에 관한 생각은 좋은 것이다.

13. 죽음의 문제

자신의 개체성이 소멸되는 죽음은 어떻게 받아들일 수 있을까? 인간이 고민하는 가장 큰 문제이다. Epicurus(342-270 B.C.)는 Democritus(460-370 B.C.)의 원자론에 원용하여 인간의 정신도 원자로 되어 있어서 사라지는 것이 아니라 분산되는 것이라는 말로 죽음에 관한 공포심을 없애려고 하였다. 그러나 불타는 죽음에 대한 두려움도 집착에서 생기는 허상이라 하고 명상을 통한 집착에서 벗어나는 길을 말했다. 죽음은 이성에 의해 설명될 수 없는 것이고 직관에 의하여 알 수 있을 뿐이다. 우리는 이성적 지식에 관해 겸손할 수밖에 없다.

14. 20세기의 윤리사상

Dewey(1859-1952)가 살았던 19세기와 20세기는 서양에서 종래의 철학 혹은 윤리학 전통에 관한 많은 반성이 이루어진 시기였다. Dewey보다 근본적 문제에 접근하여 철학 혹은 윤리학의 반성을 촉발시킨 사람으로 G.E. Moore(1873-1958)가 있다. 물론 그 이전에 Hobbes(1588-1679), Bentham(1748-1832), Hume(1711-1776)과 같은 경험주의 철학이 종래의 Platon에 연유한 형이상학에 대한 의문을 제기하였고 Moore도 이 맥락에 있는 철학자이다. 그는 선의 실체reality는 알 수 없고 정의definition할 수 없는 것이므로 확실성correctness을 추구하여 선을 정의하려고 하는 종래의 윤리학 이론은 비판받아야 한다고 하였다. 또한 윤리적 진술은 사실fact에 관한 것이므로 그 진위는 자명self-evident하거나 외부적 증거에 의해 확인되는 것이라고 말한다. 그러므로 Platon이 말하는 증명할 수 없는 선은 윤리학의 대상이 될 수 없고 외부적 증거를 요하는 인간의 행위에 관한 윤리적 진술이 윤리학의 대상이라는 것이다. 따라서 윤리학을 사회과학으로 보는 것이다. 이후 윤리적 회의주의skepticism에 바탕을 둔 윤리적 사실주의moral realism 혹은 실증주의positivism가 이 20세기 후반의 철학과 윤리학의 주류를 형성해 왔다.

한편 W.D. Ross(1877-1971)는 선은 정의할 수 없다는 Moore의 생각에 공감하였지만, Moore에 의하면 윤리적 행위 혹은 윤리적 진술의 진위는 행위의 결과가 외부적 증거에 의해서 확인되므로 행위 당시에는 윤리적 판단을 할 수 없는 문제점을 제기한다. 그러므로 그는 윤리적 의무의 직관적 성격을 중시한다. 그는 직관적 의무prima-facie duty[23)]와 진실한 의무actual duty를 구별하여 "직관적 의무와 진실한 의무를 혼동하는 것에서 오는 큰 문제는 도덕적 의무를 확정할 수 없는 것이다. 인간이 어떤 문제에 봉착했을 때 그 문제 해결을 위한 의사결정은 관련된 상황에 관한 불충분한 지식밖에 없으므로 객관적이고 정확하다고 할 수 없다. 그러므로 단순한 문제의 경우 외에는 옳은 행위에 관한 인간의 판단은 잠정적일 수밖에 없다. 진실로 옳은 행위는 문제의 상황에 포함된 다양한 직관적 의무 혹은 주장을 충분히 이행한 결과로서 나타나는 것으로 직관적 의무문제와는 다른 것이다"라고 말한다.

나아가서 A.J. Ayer(1910-1989)는 윤리학을 부정하였다. 종래의 철학자 혹은 윤리학자는 윤리적 실재moral reality에 관해 탐구하고 그것에 의해 어떤 진술이 진실인가를 판단하였으나 과학 및 수학적 방법에 의해서만 믿을 수 있는 지식을 얻을 수 있는 것이므로 철학적 사고는 사실을 발견하는 데 쓸모없는 것이라고 말한다. 그러므로 그는 윤리적 행동, 사실fact에 관한 진술은 경험적 진술로서 사회과학이고 윤리학은 아니라는 것이다.

규범적 진술normative sentence은 무의미한 정의적 의미emotive meaning를 가질 뿐이라고 하여 종래의 윤리학, 즉 규범학을 부정하였다. 그러므로 새로운 윤리학은 언어의 분석 및 언어의 개선에 전념하여야 한다고 주장하였다. 이 새로운 윤리학을 "meta-ethics"라고 한다. 이러한 사상계열의 철학자로 분류되는 Bertrand Russell은 "도덕가moralist들은 선을 객관화 하여 어떤 사람의 욕망이 다른 사람들이 지니고 있는 욕망보다 더 존경할 가치가 있다는 것을 입증하면서 선을 보편화시키려고 한다. 각각의 개인들은 자기의 개인적 욕망이 집단적 욕망으로, 즉 사회에 의하여 승인되고 채용되는 욕망으로 될 때까지 그 자신의 관점에 친숙할 것을 요구한다. 이와 같이 개인이 자기의 욕망을 공통적으로 향유하는 객관적인 것으로 하려는 시도는 그 욕망을 품고 있는 단 한사람의 행복이 아니라 인류의 행복에 봉사하도록 요구함으로써 그 욕망을 비인칭화非人稱化하려는 시도이다"라고 말한다.[24)]

---

23) 로마법에서 유래한 말로 나중에 진실이 아니라고 판명되는 것과는 상관없이 일단 진실한 것으로 여겨지는 것에 기초하여 판단하는 것을 말한다.

24) Theodore C. Denise 등이 쓴 Great Tradition in Ethics 및 Bertrand Russell이 쓴 Wisdom of the

15. 대 학[25)]

동양 윤리사상을 체계적으로 기술한 책으로 알려진 대학大學의 다음 진술을 통해 동양의 윤리사상을 검토해 보자.

> 사물의 이치를 탐구物格하여 안至知 다음에야 뜻이 진실되고意誠 뜻이 진실된 다음에야 마음이 바르고心正 마음이 바른 다음에야 몸이 닦아진다身修. 몸이 닦아진 다음에야 가정이 바로 잡히고家齊 가정이 바로 잡힌 다음에야 나라가 다스려 지고國治 나라가 다스려진 다음에야 천하가 평화롭게天下平 된다.
>
> (그러므로)
>
> 명덕을 천하에 밝히려는平天下 자는 먼저 그 나라를 다스렸고治國, 그 나라를 다스리는 자는 그 집안을 바로 잡았으며齊家, 그 집안을 바로 잡으려는 자는 먼저 그 몸을 닦았다修身. 또한 몸을 닦으려는 자는 먼저 그 마음을 바르게正心 하였으며, 그 마음을 바르게 하려는 자는 먼저 그 뜻을 성실하게誠意 하였으며, 그 뜻을 성실하게 하려는 자는 먼저 그 앎을 투철하게致知 하였으며, 그 앎을 투철하게 하려는 자는 먼저 사물의 이치를 탐구格物하였다.

첫째 문장은 사물의 이치를 인식하는 관점에서 소이연지리所以然之理를 말한 것이라 하고, 둘째 문장은 실천적 관점에서 소당연지리所當然之理를 말한 것이다. 그러므로 첫째 진술은 사실적 진술descriptive sentence, 즉 과학적 진술이라 할 수 있고, 둘째 진술은 규범적 진술normative sentence이라 할 수 있다. 다시 말하면, 첫째 진술은 순수 이성적 진술이고, 둘째 진술은 실천 이성적 진술이다.

둘째 진술은 무엇을 위해서는 무엇을 먼저 해야 된다는 식으로 기술되어 있으나. 예를 들어 "치지"를 하려는 자는 먼저 "격물"을 하였다는 식으로 기술되어 있다. 그러므로 단계적 목적과 수단관계로 읽을 수 있다. 그러므로 대학의 둘째 진술을 목적과 수단관계에서 도식화하면 다음과 같다.

Western(이명숙·곽광제 역, 서양의 지혜)를 참조하였음.

25) 대학의 의미는 세 가지가 있다. 하나는 중국에서 小學에 대칭되는 고등교육을 실시하던 최고학부를 지칭하는 것이고, 둘째로는 중용, 논어, 맹자와 함께 四書 중 하나이다. 셋째로는 학문의 한 범주로서 대인의 학이라는 의미이다. 대인의 의미에 관해서는 다스리는 지위에 있는 사람 혹은 성인이라는 뜻도 있으나 일반적으로 有德者의 의미로 본다. 왕양명은 "大人은 천지 만물로써 일체를 이루는 사람"이라고 하여 유덕자로 본다.

격물 ⇨ 치지 ⇨ 성의 ⇨ 정심 ⇨ 수신 ⇨ 제가 ⇨ 치국 ⇨ 평천하

16. 최고선과 격물

상술한 대학의 진술을 통해 핵심적인 덕이라 할 수 있는 격물과 서양의 최고선supreme good을 비교 검토해 보자. 상기 진술에서 격물 등은 상위의 명제를 위한 수단이 되며 평천하 등은 하위의 명제들의 목적이 된다. "격물"은 자신을 목적으로 하는 수단이 없으며, "평천하"는 자신을 수단으로 하는 목적이 없다. 그러므로 "격물"은 궁극적 수단이며, "평천하"는 궁극적 목적이 된다. 다시 말하면 "평천하"는 계층적인 목적체계에서 최고선supreme good의 성격을 갖는다고 할 수 있고, 격물은 계층적 수단체계에서 궁극적 수단, 즉 근원인 성격을 갖는다고 할 수 있다. 수단과 목적관계로 대학의 진술을 보면 사회구조를 수단과 목적 관계로 보는 Aristotles의 다음의 진술과 같다.

> 모든 기술적 탐구, 모든 인간의 행동과 추구는 어떤 선善을 목표로 삼는 것이라 생각된다. 그러므로 선이란 모든 것의 목표라는 주장은 옳은 것이라 하겠다. 그런데 행동·기술·학문에는 여러 가지가 있기 때문에 목적 또한 여러 가지로 많다. 가령 의술의 목적은 건강이요, 경제학의 목적은 부다. 그런데 몇 가지 기술이 하나의 능력 아래 종속하는 경우, 예를 들면 말굴레 제작이나 마구의 제작에 관계되는 다른 모든 기술이 승마의 기술에 종속하고 또 이 승마의 기술과 모든 군사적 행동이 병법에 종속하고 또 여러 가지 기술이 또 다른 여러 가지 기술에 종속하는 경우 이 모든 것에 있어서 으뜸가는 기술의 목적은 모든 종속적 목적에서 나온 것이다. 왜냐하면 전자 때문에 후자가 추구되기 때문이다. 그런데 정치학(윤리학)은 다른 모든 학문을 구사하는 것이기 때문에, 또 우리가 무엇을 해야 하며 무엇을 해서는 안 되는가에 대해 입법하는 것이기 때문에 그 목적은 모든 학문의 목적을 내포하여야 한다. 따라서 정치의 목적은 인간을 위한 선이어야 한다.

그러므로 대학의 둘째 진술을 계층적 수단과 목적관계로만 볼 경우 선善을 인간이 도달하여야 목표로 보는 Aristoteles의 목적론teleology과 같은 것으로 보게 된다. 그러나 대학의 둘째 진술은 첫째 진술과 연관지어서 읽어야 하며, 선

후관계에서 "격물"을 최선最先의 것으로 진술하고 있는 것을 주목하여야 한다. 최고선을 말하고 있는 것이 아니고 최선最先의 것, 즉 궁극적 근원을 말하고 있음을 주목하여야 한다. 둘째 진술을 선후관계로 도식화 하면 아래와 같다.

격물 ⇦ 치지 ⇦ 성의 ⇦ 정심 ⇦ 수신 ⇦제 가 ⇦치국 ⇦ 평천하

17. 사물의 근원

격물은 사물의 근원인 것으로 인식한다. 상기 대학의 첫째 진술은 물物에 관해서이고 둘째 진술은 사事에 관한 것이다. 그리고 사물事物에 관해 물物은 본本·말末이 있으며, 사事는 선先·후後가 있다고 말한다. 그러므로 첫째 문장에서는 "격물"이 궁극적 "본"이 되고, 둘째 문장에서는 "격물"이 최선最先이 된다. 따라서 "격물"을 "물"과 "사"의 근원적인 것으로 하고 있다.

격물은 이성적인 요소와 실천적 요소를 동시에 가지고 있다. 격물의 의미에 관해 주자는 격물의 이성적인 측면만을 보아 격물은 사물의 이치를 궁구하는 기능을 가진 것으로 보았다. 그러므로 "치지"는 사물의 이치를 앎에 있어서 다하지 않음이 없고자 하는 뜻으로 보았다. 대학의 진술을 목적과 수단관계에서 격물은 궁극적 이치에 도달하기 위한 궁극적 수단으로 해석한다. 그러나 왕양명은 실천적인 측면을 보아 일을 바르게 한다는 뜻으로 본다. 그러므로 격물은 직관적인 도덕적 기능을 가진 도덕의 원천으로 보는 것이다. 우리는 왕양명의 해석에 공감한다.

사물의 근원은 자아이고 이 근원에서는 대상이 소멸한다. 근원에서의 자아는 실존적인 실천의 주체가 된다. 그러므로 근원에서의 자아는 바르게 보고, 바르게 행동하고, 경험하는 존재이다. 여기서 본다는 것은 대상을 보는 것seeing이 아니고 마음으로 보는 것, 즉 자아를 보는 것이다.[26] 주자와 같이 인식론적으로 "격물"을 이해할 경우 Aristoteles와 같은 목적론에 빠지게 된다.

26) 佛陀는 본다는 것은 눈으로 보는 것이 아니라 마음으로 보는 것이라 하였다. 능엄경에서 보는 것이 곧 진심이라고 한다. 眞心은 참회하고 참는 마음의 뜻이 있다. 허심탄회하고 겸손한 것과 통하는 말이다.

18. 인간의 존엄성

Aristoteles가 선을 정치의 목적으로 하고 정치학을 최상의 학문으로 하는 경우 선은 인간이 추구해야 할 최고선이 된다. 그러나 선을 이와 같이 인간이 추구해야 할 대상으로 파악하는 것은, Jaspers가 선은 궁극적으로 극기를 통한 개인의 독립성the independence that comes of self-mastery, 지식과 더불어 자라나는 개인의 자유의식the true freedom which grows with knowledge에서 나온다는 실존적 생각과는 다른 것이다. 우리는 Jaspers의 생각에 공감한다. Aristoteles 와 같은 목적론은 인간을 선을 달성하기 위한 수단으로 보게 만든다. 그러나 선은 인간이 달성해야 하는 목적이 아니라 인간의 본성에서 느껴서 좋은 자연인 것이다.

한편 인간이 만드는 세상은 관념으로 짜여져 있다고 할 수 있다. 우리가 탐구하는 사물, 즉 외부세계는 인간의 감각을 통해 인식되어 지식이 되고, 그 지식은 이성reason에 의해 분석하고 종합되어 인간의 관념notion이 되고, 그것이 인간의 행동에 반영되는 것이기 때문이다. 그런데 목적론자는 이 관념을 절대적이고 객관적인 존재being 혹은 실체reality로 보는 것이다. 그러나 감각에 의하여 알 수 없고 이성에 의하여 분석할 수 없는 것이 있다. 그것은 자아self이다. 그러므로 자아는 인식의 대상이 아니며 외부세계를 인식하는 주체이고 보는 자이다. 본다는 것은 인식하는 것과 같지만 단순히 인식하는 것이 아니라 느끼고 체험하는 것이다. 그러므로 자아는 행동하는 주체agent이다. Kant가 인간은 목적이 되어야 하며 수단으로 하여서는 안 된다 하여 인간의 존엄성dignity을 말하는 이유는 여기에 있을 것이다.[27)]

인간은 천상의 것을 달성하기 위한 수단으로 보는 것은 목적론teleology이다. 인간을 포함한 우주를 주제하는 신이 있다면 우주가 생성하고 소멸하는 근원인 주체이므로 우리가 인간을 대상화할 수 없는 것 같이 신은 대상화할 수 없고, 대상화할 수 없으므로 정의할 수 없는indefinable 것이다. 선善도 마찬가지

---

27) Kant는 도덕적 존재인 인간은 그 자체 목적이기 때문에 절대적 가치인 존엄성을 갖는다. 사물은 언제나 공리적이기 때문에 상대적 가치만을 갖는다. 그러므로 사물은 일단 그 효용을 상실하면 전혀 가치가 없게 된다. 그러나 인간은 그의 존엄성, 무한한 내재적 가치와 도덕의 입법자로서 목적 왕국에 참여할 수 있는 능력을 가지고 있기 때문에 그 자체 목적으로 대해야지 결코 수단으로 대해서는 안 된다고 한다.

다. Moore가 말한 것과 같이 선은 인간에게 좋은 것이므로 대상으로써 인식할 수 없는 것이며 정의할 수 없는 것이다. Jaspers는 이와 같이 존엄하고, 알 수 없고 오직 깨달음 혹은 체험을 통해서만 느낄 수 있는 존재를 신성godhead이라고 하였다.

19. 윤 리 학

여기서 우리는 윤리학이 무엇인가에 관한 물음에 언급할 필요가 있다. 앞에서 언급한 윤리이론가moral theorists(철학자는 윤리학자이기도 하다)의 말을 통해 윤리학은 사회의 문제 및 인간의 문제를 다루고 있음을 알 수 있다. 그만큼 윤리학은 그 포괄범위가 넓고 깊다. 예수, 불타, 공자도 윤리학자라 할 수 있다. 지식, 이성, 덕, 선과 악, 진리, 욕망, 행복, 사랑, 정신과 물질, 죽음, 영원, 우주. 신성, 사회 등이 모두 윤리학의 대상이 된다. 우리가 일상 생각하고 접하는 주제들이다. 이런 주제들은 인간의 삶 혹은 행복과 관련된 것이다. 삶에 관한 학문이라 할 수 있다. 윤리학은 결국 인간을 행복하게 하기 위한 학문이다. 학문이라 하면 철학자와 같은 전문적인 사람이 하는 것으로 알고 있다. 그러나 일상의 문제를 관찰하고 생각하고 해결하는 것도 학문이다. 윤리학은 일상의 삶 가운데 있는 것이다. "사느냐 죽느냐?to be or not to be?"라는 헴릿의 독백과 같은 문제에 봉착하여 고민하는 것이 윤리문제이고 윤리학이다. 이런 의미에서 Epicurus가 한 다음의 말은 윤리학의 의미를 우리에게 일깨워 준다.

> Vain is the word of a philosopher which does not heal any suffering of man. For just as there is no profit in medicine if it does not expel the disease of the body, so there is no profit in philosophy either, if it does not expel the suffering of the mind.

윤리학자들이 모든 윤리적 문제에 답을 제시할 수 없을 뿐만 아니라 그 들이 제시하는 답이 옳은 것이라고 할 수 없다. 인간의 문제를 해결하고 인간을 고통으로부터 벗어나게 하려는 윤리학자들의 이론이 의도적으로 혹은 본의 아니게 인간의 삶을 질곡에 몰아넣는 일에 봉사하기도 한다. 우리는 객관적으로 불변하는 진리가 있으며 그것을 말하는 철학자나 윤리학자의 말을 신성시하는 경향이 있다. Dewey가 말한 것처럼 문제를 우리의 감정과 본성에 맞게 해결하는 것이 진리이다. 우리는 삶의 모든 방면에서 우리는 어떻게 행동할 것인가라는 문제에 봉착하고 스스로 해결해야 하는 것이고 윤리학자의 역할은 자신을 따라 오도록 하는 것이 아니고 개인이 윤리적 문제를 해결하는 데 도움을 주는 것이다.

20. 윤리와 도덕

앞에서 말한 윤리학이 논의하는 윤리를 우리나라에서는 도덕이라고 하기도 한다. 그러므로 윤리학을 도덕학이라고 할 수도 있다. 용어상 혼란스러운 점이 있다. 도덕은 우리의 생각과 행동을 지배해 오고 현재도 그 전통이 살아 있는 유교에서 나온 말이다. 유교 경전이라 할 수 있는 四書 중의 하나인 中庸에서 하늘이 인간에 부여한 인간의 본질이 性이고 이 성을 따르는 것이 道라고 말하고 있다. 또한 大學에서는 道는 明德을 밝히는 데 있으며 親民[28]하는 데 있으며 至善[29]에 있다고 말한다. 그리고 공자는 논어에서 德을 直心이라 하고 있다. 직심直心, 즉 덕德이 인간의 생生이고 우주의 생은 대덕大德이라고 한다. 그러므로 대학은 이 대덕에 관해 설하는 책이라고 한다. 덕은 사물의 이치를 인식하고 경험히여 얻은 지식을 가지고 바른 행동을 하여 자족하는 마음의 기능을 발한다고 볼 수 있다. 우리가 덕德이라고 변역하는 virtue도 동양에서 말하는 덕과

---

28) 王陽明은 親民에 관해 "백성들을 친애함은 곧 그 明德을 밝힘이다. 그러므로 나의 아버지를 친애하여 남의 아버지에게 미치어 온 天下人의 아버지에게까지 미친 뒤에야 나의 仁이 실제로 나의 아버지와 남의 아버지 및 온 천하인의 아버지와 더불어 一體가 될지니 실제로 일체된 孝의 明德이 비로서 밝게 된다. … 초목, 금수에 이르러서도 실제로 친애함이 있어, 그리하여 일체의 仁을 달한 뒤에야 나의 明德이 밝게 되어 참으로 능히 천지만물로써 一體를 삼을 수 있나니, 이른바 천하에 명덕을 밝힘이요…."라고 말한다.

29) 朱熹는 "사리의 당연함의 극치"라 했고 陽明은 "마음이 天理에 순일함의 극치"라고 했다. 天理는 인욕과는 반대되는 純善한 보편적 人性을 의미하며, 그것은 천부로 주어진 불변의 진리라는 말이다. 朱·王 두 사람이 내린 정의의 차이점을 찾는다면 전자가 객관에 근거한 데 대하여 후자는 내부적인 주관에 의거한 점이다. 그러나 양자의 어느 것이나 합당한 말이다, 事理는 인심에 내재하는 천리가 외부의 질서로 구현된 것이요, 天理는 당연한 사리의 근원으로서 인간의 내부에 존재하는 것으로 內外·主客觀의 완전한 합치·조화가 바로 至善이기 때문이다. 李東歡의 大學·中庸 역해(청목문화사), pp.19-28 참조.

거의 같은 의미를 가지고 있다. virtue는 사물이 주어진 고유의 본성을 잘 발휘하는 상태를 말한다. 그러므로 "칼이 잘 든다"를 "The knife is virtuous"라고 한다. 칼은 물건을 베는 목적을 가지므로 칼이 잘 들어야 하는 것이 칼이 본성을 발휘하는 상태다. 그러나 이 본성은 항상 견지되고 바로 나타나는 것은 아니다. 그러므로 서양에서는 인간의 습관 혹은 수련과 관련된 것으로 본다. 그러므로 인간의 습관적 행동의 의미를 가진 ethike와 mores는 덕virtue과 관련 있는 말인 것이다. Aristotles은 덕을 다음과 같이 말한다.

> 인간은 이성적 존재다. 그러나 이성적 원칙에 맞게 사고하고 행동할 수 있는 기능은 사람에 따라 다르다. 이 기능은 사람의 덕과 관련된다. 가금lyre 연주는 본래의 연주법에 따라야 하지만 좋은 연주를 할 수 있는 연주자가 있는 반면에 그렇지 않은 연주자가 있는 것과 같다.

동양에서도 덕은 구름에 가려져 있는 것으로 비유한다. 그러므로 명명덕明明德을 과제로 하는 것이다. 역시 서양에서 습관과 유사하게 인간의 본성을 찾는 수련과 관련되는 말이라고 할 수 있다.

한편 윤리라는 용어에 관해서는 유교경전에 특별히 설명하는 것은 없다. 유교에서 삼강오륜三綱五倫을 말하고 오륜五倫은 임금과 신하간, 스승과 제자간, 부자간, 부부간, 형제간에 관한 규범을 말하고 있는 것이다.[30] 유교적 사회규범이다. 윤리倫理라는 말을 한자어로 풀이하면 倫은 사람의 무리를 의미하므로 역시 사람의 무리, 사회의 원리라는 의미를 갖는다고 할 수 있다. 한편 도덕은 도道는 사물 혹은 인간이 본래 가지고 있는 이치를 따르는 것이라는 의미를 가진 것이므로 도덕은 인간의 본성과 관련된 개인적 원리를 말하는 점에서 윤리와 다소 차이가 있다고 할 수 있다.

그러나 현재 우리나라의 관용적 의미를 보면 윤리와 도덕을 구별하여 사용하기 보다는 같은 의미로 서로 혼용하고 있다. 따라서 윤리와 도덕을 구별하여 사용하는 것은 오히려 혼란을 야기할 수 있다. 또한 우리나라에서 학문으로서 이 분야를 가리키는 말은 윤리학이라는 말로 거의 통일되어 있으므로 이 책에서는 윤리라는 말로 동일하여 사용하겠다.

한편 영어권에서 사용하는 용어로는 ethical이라는 말과 moral이라는 말이

---

30) 孟子가 한 말이다.

있다. 사전적 의미로 보면 moral이라는 말은 인간의 행동의 선 혹은 옳음과 관련된 형용사로 사용되는 말이다. 이와 같은 의미의 명사는 옳고 그름에 관한 믿음 혹은 기준이라는 의미를 가진 morality가 있다. ethical은 moral과 동일한 의미의 형용사이고 ethics는 옳고 그름에 관한 규칙 혹은 원리를 의미하고 윤리학이라는 의미로도 사용한다. 그러므로 옳고 그름에 관한 믿음, 원리 혹은 규칙과 관련된 말들이다. 그러므로 ethical과 moral은 서로 같은 의미를 가진 용어이다.

그러나 이 두 개의 용어에 관해 윤리학자들은 같은 의미이므로 서로 바꾸어 사용해도 무방하다는 입장과 그 의미가 다르므로 서로 바꾸어 사용하여서는 안 된다는 입장이 있다. 전자의 입장에서는 ethical은 인간의 습관적 행동을 가리키는 그리스어 ethike에서 오고 ethike는 공동체의 관습의 의미를 가진 ethos가 변한 말이고 moral은 라틴어인 mores에 그 어원이 있으나 ethike와 마찬가지로 인간의 습관적 행동customary behavior을 가리키는 것이라고 말한다. 그러므로 어원이 다를 뿐이지 동일한 의미를 가진 것이라 한다. 그러므로 관용적 의미에서도 moral person 혹은 ethical person이라고 하면 일반적으로 선한 사람 혹은 옳은 행동을 하는 사람이라는 의미를 갖는다. 한편으로 moral 혹은 ethical이라는 말은 넓은 의미에서 옳고 그름에 관한 판단능력을 가리키는 의미도 갖는다고 말한다. 옳고 그른 행동은 인간의 사물에 관한 판단에 의하는 것이므로 판단능력이 있는 사람의 행위와 없는 사람의 행위가 구별되는 것으로 보는 것이다. immoral person 혹은 unethical person이라고 하면 판단능력이 있음에도 불구하고 옳지 않는 행동을 하는 사람을 가리키고 amoral person 혹은 nonethical person이라 하면 옳고 그름에 관한 판단능력이 없는 사람을 가리킨다. 정신이상자의 행동을 amoral behavior 혹은 nonethical behavior라고 하는 것과 같다. 그러므로 넓은 의미에서 인간의 자율신경에 의한 소화 작용, 기계의 작동, 비가 오는 것과 같은 작용은 윤리적 판단의 대상에서 제외되는 것으로 생각하는 것이다. 그러므로 윤리는 옳고 그름에 관한 판단능력에 의한 행동과 관련된 것으로 보는 것이다.[31)]

---

31) Wadsworth Publishing Company가 발행한 Great Tradition in Ethics(p. 6)는 moral과 ethical에 관해 다음과 같은 주석을 하고 있다. The term moral is essentially equivalent to the term ethical. Etymologically, these terms are identical, the former being derived from Latin word mores, the latter from te Greek word ethos, both words referring to customary behavior. Both terms may be used with two different antonyms. Ordinary, the opposite of moral is to be immoral, so that we mean by a "moral person" one who is good and does what is right, and by an "immoral person" one who bad and does what is wrong. However, moral may also be used in a wider sense to refer

후자의 입장, 즉 ethical과 moral은 그 의미가 다르므로 바꾸어 사용해서는 안 된다는 입장에 있는 사람들은 미국의 대학에서 이 분야의 강좌 혹은 학문을 ethics로 일관되게 지칭하고 있고 그 내용은 moral 문제에 관한 이론적 혹은 합리적 해석으로 이루어진다고 말한다. 그러므로 ethical이라는 말은 이지적이고 개혁적인 행동과 관련되는 말인 반면에 moral이라는 말은 각 개인이 행위를 함에 있어서 준수해야 할 기존의 규범과 관련된 말이라고 말한다.

한편 영국에서는 미국에서 ethics에 해당하는 학문을 moral philosophy 혹은 moral science라고 한다.[32] 후자의 입장에 있는 사람들은 이와 같이 ethics를 moral로 부르는 것은 예외적인 것이라고 말한다. 영국에서는 경제학(그 당시는 정치경제학political economics라고 함)이 1903년 케임브리지 대학에서 처음 독립된 과목으로 개설되기 전까지는 moral philosophy의 한 분야로 여겨지고 있었다는 것은 시사하는 바가 있다. Aristoteles가 정치학(윤리학과 같은 의미) 모든 학문의 으뜸으로 그 이하의 학문의 위치 목적 등을 정하는 것이라고 보는 것과 같은 위치를 moral philosophy가 점하고 있었다고 생각된다.[33] 그러나 미국과 영국은 같은 내용을 달리 부르고 있는 것이므로 전자의 견해와 같이 ethical과 moral은 서로 바꾸어 사용하는 것으로 보는 것이 타당하다 할 것이다.

이상에서 미국과 영국의 예를 검토한바 결론적으로 모두에서 말한바와 같이 우리나라에서 사용하는 "윤리"와 "도덕"이라는 용어에 관해 같은 의미이며 서로 바꾸어 사용하는 것이 무방하다고 본다. 그러나 윤리로 통일하여 사용하는 것이 혼란을 방지하기 위해 바람직할 것으로 생각된다. 그러므로 서양에서 사용하는 ethical이나 moral도 "윤리" 혹은 "도덕"이라는 의미로 본다. 따라서 이 책에서는 되도록 "윤리"로 통일하여 사용하도록 하겠다. 다만 유교에서 말하는 "도덕"은 그 자체 고유의 의미가 있으므로 바꾸어 말할 필요는 없을 것이다.

---

simultaneously to right and wrong. In this case, its antonym is amoral. In this usage, people are moral in the sense that certain of their actions- for example, the way parents treat their children, the way we handle our obligations, the ideals by which we live, and so on-are subject to judgement of right and wrong. By contrast, the functioning of the digestive system, like the operation of a machine or the flavor of an apple, would be considered amoral, that is, they are objects to which moral judgement irrelevant. The same analysis may be made of the term ethical, that is, it may refer to what is wrong, or it may have as an antonym nonethical, in which case it would apply to objects which are not subject to moral or ethical evaluation.

32) William S. Sahakian의 Ethics 참조(박종대 역, 서강대학교 출판부, 윤리학, pp.23-24).

33) 이승환 역, 죽은 경제학자의 살아 있는 아이디어(원저 Todd G. Buchholz의 New Ideas from Dead Economists), 김영사, p.208 참조.

21. 윤리와 윤리규범

그러나 "윤리"와 "윤리규범"은 구별하는 것이 적합할 것 같다. 윤리는 원리 혹은 윤리감정을 말한다. 미국의 윤리학ethics 및 영국의 moral philosophy가 탐구하는 것이고 동양의 도덕이 말하는 것이다. 그리고 윤리규범은 이러한 원리 혹은 윤리감정에 의하여 도출된 개인의 습관 혹은 신조creed 혹은 객관적으로 존재하는 사회규범을 말한다. 그러므로 윤리학은 윤리의 원리를 탐구하여 이러한 개인의 그릇된 습관, 신조 및 사회의 그릇된 관습 등 규범을 개선하는 활동을 가리키게 된다.

우리가 윤리와 윤리규범을 구별하는 이유는 윤리학과 법률가, 엔지니어 등 동업자 단체가 정한 행동규범을 code of ethics과 같은 규범체계는 각각 고유의 사회적 기능을 하고 있기 때문이다. 사물과 인간의 원리 혹은 그것을 인지하고 탐구하는 이지적인 활동과 사회에 객관적으로 존재하는 관습과 같은 규범 혹은 이런 규범과 관련된 현상과는 구별되는 것이다. 윤리규범은 인간의 지식, 이성, 감성 혹은 덕에 나오는 윤리적 원리 혹은 윤리감정에 그 타당근거가 있으므로 윤리학의 대상인 것이다.

22. 윤리규범

규범norms은 사회에 존재하는 행동원칙 혹은 기준을 말한다. 이 규범에 관해서 Platon같은 사람은 인간의 이성에 의하여 인지되는 초월적인 원리에 의해 사회의 실정적 규범의 옳고 그름을 판단하고 진정한 인간의 행동규범을 찾을려고 하였다. 동양에서는 하늘이 인간에게 부여한 것이 性이고 성에 따를 것이 道라고 하고 도는 明德을 밝히는 것이라고 하여 인간의 덕을 통해 바른 행동규범을 찾으려고 하였다. 사회에는 진리에 맞든 그렇지 않든 객관적으로 존재하는 행동의 준칙이 있다. 이것이 규범인 것이다. 그리고 그것은 관습과 같이 누가 만든 것인지 모르는 것도 있지만 최초에는 관습도 누군가가 만들었을 것이다. 이와 같이 사회에 존재하는 윤리규범은 인간이 만든 것이다. 그러므로 누군가가 만들어 사람이 따르는 규범이 진리인가가 문제가 되는 것이고 윤리학은 바른 규범을 세우려 하는 것이다.

윤리규범은 존재 형태 면에서 여러 가지로 구별할 수가 있다. 우선 사회성원의 주관에 내재하는 습관 혹은 신조와 같이 주관적 규범과 객관적으로 존재하는 객관적 규범으로 나누어 볼 수 있다. 전자의 경우도 인간의 감성에서 연유한 것이 있고 이성에서 도출된 원리가 있다. 동양에서 부모에 대한 효, 형제간의 우애 같은 것은 애정과 같은 감성에서 연유한 규범일 것이고 家間 혹은 國家間의 규범은 질서 혹은 정의와 관련되는 이성적인 규범일 것이다. 동양에서 仁은 유대감 같은 것이므로 감성에 뿌리가 있을 것이고 義는 利를 형평하게 하자는 것이므로 이성에 근거한 것일 것이다.[34] 서양에서 ethos는 동양의 義와 같은 것이라 할 수 있다. 仁, 義, ethos는 그 사회성원의 마음 속에 보편적으로 내재하여 공감대를 형성함으로써 사회규범으로 작용하는 것이다. 한편 사회의 관습custom, 사회협약convention과 같은 것은 객관성이 더욱 강화된 것이다. 그러므로 그것을 따르지 않았을 때는 심리적 압박 혹은 다른 사람으로부터의 비난을 받는다. 동양에서 禮, 智 혹은 鄕約과 같은 것이 이에 해당한다고 할 수 있다. 서양의 ethike, mores가 이에 해당한다고 할 수 있다.

우리는 ethos와 같이 사회의 최대다수의 공감대를 형성하고 있어 객관성을 확보하고 있으나 강제력을 수반하지 않는 규범을 윤리규범으로 인식하는 것이다. 살아 있는 법을 말하는 사람들은 ethos를 법의 타당근거라고 한다. "ethos"라는 말은 지역, 민족 혹은 문화적 공동체community의 성원 간에 間主觀的 inter-personal으로 형성된 공감대를 말한다.[35] 그러나 관습, 예, 지, 향약과 같은

34) 李相殷은 "대학과 중용의 현대적 의의"라는 논고에서 仁·義·禮·法에 관해 설명하고 있다. 仁에 관해서는 "공자가 생장한 춘추전국시대는 周의 봉건세력이 이미 동요하기 시작한 때이지만 아직도 혈연·가족 중심의 사회였다. 공자는 이러한 사회의 정세를 잘 인식하였기 때문에 家間의 평화와 질서를 유지하고 家내부의 평화와 질서를 유지하는 것이 정치에 있어서 가장 중요한 문제라고 생각하였다. … 慈·子孝·兄友·弟恭하는 가족간의 정적유대를 仁이라 하고 이를 통해 내부의 분쟁을 해결하려 하였다"라고 말하고 있다. 기타 義에 관해서는 맹자가 말한 것으로 전국시대에 혈연적 봉건사회가 망하고 국왕 중심사회에서 王道를 말한 것이라 하고 禮에 관해서는 전국시대의 말기에 진과 같은 대국이 소국을 倂呑하는 과정에서 국가사이의 음모 등 어지러운 것을 본 荀子가 인간의 본성은 본래 利를 좋아하고 쟁탈·질투하는 본성을 가지고 있으므로(성악설), 이러한 본성을 그대로 방임하면 사회의 혼란은 필연적으로 발생하므로 반드시 어떤 객관적인 규범을 세워 놓고 그에 따르도록 敎導하는 것이 필요하다고 하고 그 규범을 그는 禮하라고 하였다고 말한다. 한편 法에 관해서는 진나라의 한비자가 순자의 성악설을 근본으로 하여 仁·義·禮를 무용지물이라 하고 실제적이고 구체적인 효과를 나타내는 법을 말하였다고 설명하고 있다. 자세한 설명은 李東歡 역해, 대학·중용, 청목문화사, pp.308-315 참조.

규범은 강제력을 수반하므로 법규범으로 인식하는 것이다.

23. 자명한 윤리와 과학으로서의 윤리학

윤리(앞에서 말한 바와 같이 도덕의 의미로 윤리를 사용한다)는 주관적이고 자명self-evident한 것이다. 그러므로 윤리는 과학의 대상이 될 수 없다. 그러나 경험주의적 입장에 있는 20세기의 철학자들은 종래의 직관적 윤리학을 부정하고 과학적 윤리학, 즉 사회과학으로 보는 경향이 주류를 형성하였다. 그러므로 직관적 윤리학은 주류에서 밀려 나갔다. 우리는 사회과학으로서 인간행동의 사회적 반응이나 효용성 및 사회적 타당성을 과학적으로 조사하여 사회정책이나 법정책의 자료를 제공하는 일을 부정하지 않는다. 그러나 도덕적 진술은 정의적인emotive 것이므로 철학적 진술에서는 제외되어야 한다고 주장하는 것은 옳지 않다. 과학으로 검증될 수 없는 인간적 진실은 너무나 많다. 그것은 과학의 대상이 될 수 없다.

Jaspers가 말한 것처럼 덕성은 인간의 문제를 해결하는 궁극적인 보루이며 정치적인 활동만으로 인간사회를 개선할 수 없다. 사회의 개선은 직관적인 윤리를 무시하는 것에 의하는 것이 아니라 오히려 인간의 직관적 판단을 존중하는 것에 의해 개선될 수 있다. 그러므로 Ross와 같은 20세기의 직관주의자들은 직관으로서의 선 혹은 직관적 의무prima-facie duty의 중요성을 말하고 있는 것이다.

24. 법과 윤리

규범으로서의 법과 윤리를 구별하는 것이 문제가 된다. 법과 윤리는 사회규범이라는 점에서는 같다 할 수 있다. 그러나 앞에서 동양적 분류방법에서 본 바와 같이 사회규범도 여러 가지 형태가 있다. 통상 강제력을 수반하는 규범을

---

35) Zippelius는 "법률적 판단에 있어서 공동사회의 지배적 정의관념이 기준이 되는 것이다. 최대 다수인이 사회적 질서유형의 확립에 참여하여야 하며 법관은 이와 같은 공동체의 대표로서 그 공동체 내의 지배적 관념에 따라야 하는 것이다"라고 말한다.

법이라 하고 그렇지 않은 것을 윤리라고 한다. Kant가 구별하는 방법이다. 그는 법을 타율other-oriented규범으로 보고 윤리를 자율self-oriented규범으로 본다. 또한 강제력이 있는 규범의 경우도 공식적인 강제력을 갖는 규범만을 법이라고 하는 견해가 있는 반면에 심리적 강제력 같은 비공식적 강제력을 갖는 것도 법이라 한다. 그러므로 후자의 견해에서는 심리적 압박을 주는 유행fashion도 법으로 인식하는 것이다. 그러나 이러한 구별이 중요한 것은 인간의 행동의 근거가 자율에 의한 것인가 타율에 의한 것인가가 중요하다. 타율적 규범을 맹목적으로 따르는 것이 아니라 인간의 본성과 자연의 섭리에 맞는 사회규범을 정립하는 것이 과제이기 때문이다. 윤리학의 과제라 할 수 있다.

25. 도덕과 법에 관한 지적 혼란

여기서 중세의 교회법canon law과 같은 공식적 규율절차를 가진 현대의 단체법이 문제다. 전문가사회에서는 윤리강령code of ethics이라고 하는 단체법이 공식적 강제절차를 가지고 강력한 힘을 발휘하는 경우가 많다. 미국에서는 이에 관해 윤리와 법에 관한 지적 혼란intellectual confusion이라는 비판이 가해지고 있다. 여기서 우선 미국에서 이런 규범을 윤리라고 부르는 것이 문제되는 것은 앞에서 말한 바와 같이 미국에서는 윤리ethics를 도덕morality의 의미로 받아들인다는 것을 알아야 한다. 그러나 단순히 용어상의 혼란이 아니라 현대사회의 도덕과 법에 관한 인식과 태도와 연결하여 비판하고 있다. John Ladd는 "우리 시대의 깊숙이 있는 문제 중의 하나는 법적 책임과 도덕적 책임을 너무나 간단히 동일시해 왔다는 것이다. 이런 움직임이 모든 책임을 배타적인 것으로 만들고 도덕적 책임을 몽땅 포기하도록 하는데 이론적 뒷받침을 하고 있는 것이다"라고 말한다. 그는 도덕과 법을 다음과 같이 구별한다.

> 도덕은 자기 지향적self-directed이지만, 법은 타인 지향적other-directed이다. 도덕은 집단책임collective-responsibility의 성격을 갖지만, 법은 역할책임role-responsibility의 성격을 갖는다. 윤리는 능력책임capacity-responsibility의 성격을 갖지만, 법은 결과책임result-responsibility의 성격을 갖는다. 도덕은 자기충족self-satisfaction으로 실현되지만 법은 합법성regality에 의하여 충족된다. 도덕은 자기반성

self-reflection에 의해 구제되지만 법은 응보retribution, 혹은 비난으로 구제한다.

그는 개인책임, 역할책임role responsibility(이것은 근대법 원리임)에 대하여 집단적 책임collective responsibility을 강조한다. 사회의 바람직하지 않은 결과에 관해서는 그것을 방지할 책임이 그 결과와 관련된 일을 하는 사람, 즉 역할을 맡은 사람에게만 있는 것이 아니라 사회의 모든 사람이 공동으로 책임이 있다는 것이다. 예를 들면 가정의 어린이가 위험에 처해 있을 때 그 위험을 구제하는 것은 어린이를 보살피는 역할을 맡은 어머니만의 책임이 아니라 가족 모두의 책임이라는 것이다.[36)]

26. 제3의 법

우리는 상술한 바와 같이 타율규범과 자율규범으로 윤리규범을 구별하는 것을 중요하게 생각한다. 그러므로 타율규범을 법으로 인식하는 입장에서 우선 국가법과 국가가 아닌 단체의 법을 법으로 인식한다. 사실 국가법도 국가라는 단체의 법이다. 국가는 통치권을 가지므로 국가 이외의 단체는 통치권적 혹은 국가법에 근거를 가지는 것이라고 할 수 있으나 다원사회를 주장하는 입장에서는 그렇게 보지 않는 견해도 있다. 결국 후술하는 바와 같이 관용의 질서 속에 국가와 국가가 아닌 단체의 관계는 변증법적으로 정립된다고 본다. 국가의 법 혹은 단체법은 공식적 규율체계를 가진 법이라 할 수 있다.

한편 공식적 규율체계를 갖지 않는 법규범이 있다. 관습custom, 여론general opinion, 유행fashion, 사회협약convention 등이 그것이다. 우리는 이것을 국가법 혹은 단체법과 구별하여 사회법social law[37)]이라고 하겠다. 사회는 단체와 구별되는 집단 혹은 공동체이므로 공동체법community law이라고 할 수도 있다.

또한 이 단체법과 사회법을 국가법과 구별하여 제3의 법[38)]이라고 할 수 있다. 전통적으로 과학기술사 사회에서 제3의 법은 강한 힘을 발휘하고 있으며 중

---

36) Deborah G. Johnson의 Ethical Issues in Engineering, pp.26-39, 131-136 참조(이태식·위성윤 역, 엔지니어 윤리학, 동명사, pp.63-86, 265-274).

37) 여기서 사회법은 법학에서 말하는 사회법과 같은 의미는 아니다.

38) 제3의 법이라는 단체법과 사회법을 국가법과 함께 법으로 구별하지만 국가법과 구별하는 의미에서 사용한 것이다.

요한 윤리적 문제를 제공하고 있다.[39)]

27. 여　론

현대사회에서 언론에 의하여 행사되는 여론은 강력한 힘을 발휘하고 있다. 언론의 본래의 기능은 사실의 보도를 본령으로 하나 비판기능도 가지고 있다. 이 공개적인 비판은 본래의 의도와는 달리 여론을 형성하고 강제력을 수반하게 된다. 그러므로 언론은 설립 등에 관해 공적인 기준이 요구된다. 법은 언론자유를 기본적으로 인정하지만 공공을 해하는 언론은 제한하는 것이다. 언론의 자유와 한계에 관해서는 많은 문제가 있다. 공공의 이익을 침해하는 것을 엄격하게 제한하는 경우 언론의 긍정적인 효과가 위축되는 성격을 가지므로 실제로 공공의 이익을 해한 경우라도 그 제한을 신중히 해야 한다는 것이다. 이와 관련하여 악의적 혹은 허위의 비판금지에 관한 문제가 있다. 악의 혹은 허위를 입증하기 어렵고, 감정적 다툼으로 발전하여 문제해결에 방해가 된다는 점에서 악의적 혹은 허위의 비판 금지에 관한 규정의 적용은 신중해야 한다는 것이 지배적 의견이다.

결국 모든 자유가 그렇지만 자유에 대한 제한은 그 자유가 심각하고 현저한 사회의 안전을 해하는 경우가 아니면 자유를 최대한 보장하는 관용tolerance의 정신에 의해야 한다는 것이다. 미국 헌법에 거짓말을 금지하는 법률의 제정을 금지하는 규정을 두고 있는 것은 그 악의 혹은 허위보도를 금지하는 법을 남용하는 경우 언론이 자유가 가지고 있는 긍정적인 면을 제약하기 때문이다. 그러므로 법치의 강화와 자유의 본질적 보호라는 양자간의 변증법적 윤리영역으로 남겨두는 것이다. 사회의 바탕에는 이와 같은 관용의 질서가 자리하고 있음을 인식하게 된다. 헌법 질서는 이 관용의 정신에 기초하고 있다.

---

39) Ethical Issues in Engineering, pp.93-154 참조(이태식·위성윤 역, 엔지니어 윤리학, 동명사, pp.201-305).

28. 단체법과 국가법의 충돌

한편 사회성원의 자유 혹은 권리에 관해 단체법이 강제력을 행사하여 제한하는 경우 국가법과 단체법이 충돌되는 문제가 있다. 예를 들면 단체의 윤리강령을 위반한 행위를 한 회원에 대해 회원자격을 박탈하는 경우이다. 회원자격을 박탈하는 것은 회원에 가입할 때 그 규정을 동의하여 가입한 것이므로 권리를 침해한 것이라고 볼 수 없다. 그런데 문제가 되는 것은 그 회원이라는 신분이 사회로부터 자신의 직업에 대한 사회적 신뢰의 징표로 되어 있는 경우이다. 미국의 경우 변호사는 변호사협회가 과하는 시험에 합격하여 회원이 되며 그것이 사회에서 변호사로 인정받는 근거로 되어 있다. 이 경우 회원의 자격은 변호사 자격과 직결되는 것이다. 그러므로 헌법에서 보장하는 직업의 자유와 관련되게 된다. 자유의 제한은 법률에 의하여야 하고 소정의 재판절차에 의하여 제한하여야 하는 것이 국가법의 원칙이다. 그러므로 재판절차가 아닌 단체의 징계위원회 등 징계절차에 의해 이와 같은 직업의 자유를 제한하는 것이 가능한가의 문제가 생기게 되는 것이다.

다원사회 관념에 입각하여 단체의 자율을 주장하는 사람들은 국가권력은 배제된다고 말한다. 그러나 다원사회를 인정하더라도 그 회원은 단체의 회원이면서 동시에 국가의 일원, 즉 국민의 지위를 갖는다. 그러므로 충돌이 생긴다. 그 화원은 국민이기도 하므로 국가법에 의해 정당한 재판을 받을 권리를 가지고 있는 것이다. 또한 난체의 회원으로 그 규성을 동의하고 회원이 된 입장에서 그 규정을 준수해야 하는 의무가 있다. 결국 다원사회를 인정하는 경우 관용tolerance에 의하는 것이다. 결국 다원주의 사회에서는 관용의 정신에 의해 운영될 수밖에 없다. 단체의 자율과 사회성원의 기본적 자유를 보호 간에는 우선성 가 있을 것이다. 역시 단체의 자율과 자유의 보장 간의 변증법적인 해결영역이라 할 수 있다.

29. 문제로서의 윤리

윤리학은 문제 지향적인 것이다. 법과 같이 규범의 해석 및 적용에 의해 해결할 수 없는 창조적이고 개혁적인 성격을 가지고 있기 때문이다. Platon과 같이 진리를 객관적인 혹은 초월적인 것으로 보는 경우는 그 초월적인 것을 인식하는 것이 윤리학이 될 것이다. 그러나 윤리는 동양에서 말하고 20세기의 서양 철학자들이 간파한 바와 같이 피안에 있는 것이 아니고 일상의 현실 혹은 문제 속에 있는 것이다. 이에 관해서는 Dewey는 다음과 같이 지적하고 있다.

> 과학에 비해 도덕이 뒤쳐져 있는 것은 고정되어 변하지 않는 우주의 소극적 방관자로 인간을 자리 매김하고 있는 전통적 관념, 즉 진리는 절대적이고 영원하다는 관념 때문이다. 그러므로 이론과 실제, 관념과 행동을 연결하는 믿음의 재건이 필요하다. 우주는 끊임없이 변화하며, 인간은 이 끊임없이 변화하는 조건 속에서 적응하는 문제 해결자이다. 변화하는 조건에 대한 인간의 반응은 충동적 반응, 습관적 반응, 성찰적 반응 세 가지가 있으며 과거의 경험과 창조적 아이디어에 의한 과학적 탐구와 같은 성찰적 반응reflective response만이 만족스러운 반응이다. 이 반응에 의해 과거 경험의 애매함, 의문, 모순 등이 해결되어 명확하고 안정되고 조화된 상황으로 전환된다. 문제해결에 성공하면 진리이고 만족스러운 해결이 되지 못 하면 거짓이다. 과학에서의 아이디어는 구체적인 문제에 대한 잠정적인 가설이고 이 가설이 경험적 검증을 통해 이론과 실제가 결합된다. 지식은 끊임없이 수정되고 이것을 통해 인간의 삶에 있어서 지속적으로 나타나는 문제를 해결해 간다.

30. 문제지향적인 법

법에 관해서 우리는 객관적 규범을 해석하고 적용하는 것으로 파악하는 것이 일반적이다. 그러나 우리는 법도 살아 있는 법으로 인식하는 것이 필요하다. 이에 관해서 독일의 법학자 Reinhold Zippelius는 다음과 같이 말하고 있다.

> "법은 옳은 질서와 형평의 기술이다"라는 문구는 가장 위대하고 가장 많은

영향을 끼친 법학저술Digesten의 첫머리에 기술되어 있다. 법은 인간의 행위를 규율함으로써 재화와 부담을 바르게 분배하고, 대립된 이해관계를 올바르게 조절하여 가벌적可罰的 행위를 적절하게 처벌하는 것을 내용으로 한다. 요컨대 법은 공동체에서 발생하는 법적 문제를 올바르게 해결하는 것을 내용으로 한다.40)

31. 정당한 해결방법 및 해결방법의 우선순위

위와 같은 법적 해결방법, 윤리적 해결방법, 사회적 해결방법이 정당한가 하는 문제가 있다. 국가에서 제정한 법도 부당한 법이 있을 수 있으며 단체가 정한 법도 부당할 수 있다. 또한 이치에 맞지 않은 공학은 문제 해결방법이 되지 않는다. 그러므로 항상 정당한 해결방법을 찾는 것이 문제가 된다. 그것은 해결방법의 우선순위를 통해 확보된다고 본다. 법적 해결방법 및 사회적 해결방법은 윤리적 타당성을 가져야 하고 사회적 해결방법, 즉 공동체적 해결방법은 단체적 해결방법, 즉 법적 해결방법보다 근본적인 것이기 때문이다. 따라서 해결방법의 우선순위를 윤리적 해결→사회적 해결→법적 해결로 도출할 수 있다.

32. 공학과 윤리

위와 같은 생각에서 우리는 윤리공학engineering ethics, 사회공학engineering sociology 및 법공학engineering law을 구별하고자 한다. 공학과 관련한 사회의 관행을 연구하여 그것을 개선하는 정책을 개발하는 활동을 사회공학이라 하고, 공학과 관련된 법률문제를 해결하거나 공학과 관련한 법을 연구하여 그 개선책을 강구하는 활동을 법공학이라 하는 것이다.

과학기술자나 공학자들은 스스로 그릇된 인식이나 편견을 개선하기 위해 질문하고 토론하고 성찰하는 활동을 해야 하는 것이다. 과학이나 공학은 윤리와 밀접한 관련을 가지면서 발달해 왔다. 고대 그리스 과학자들은 자신들의 공평무사한 판단과 행동이 인간을 이롭게 한다는 신념을 가지고 있었다. 자신의 행동

40) 법학방법론(Zippelius 저, 김형배 역, 삼영사), pp.23-32 참조.

이 선하다고 생각하고 행동하는 믿음belief이 중요한 것이다. 그 믿음이 사회에 나쁜 것을 가져다주면 성찰하여 바른 믿음을 갖도록 하는 끊임없는 성찰을 해야 하는 것이다. 그러나 이 믿음은 즐거움에서 나온다. 남을 위해 자신을 희생하는 행동은 공허하다. 남을 위하는 것이 자아를 위하는 것이 되고 자아를 위하는 것이 남을 위하는 것이 되어야 공허하지 않다. 이와 같은 간단한 원리가 허약한 것이 현재의 상황이다. 이러한 믿음과 실존적 즐거움existential pleasure 위에 공학을 세워야 한다. 윤리철학moral philosophy이라고 할 수 있다. 이것은 윤리공학, 사회공학, 법공학과 협동하여야 달성될 수 있는 것이다.

33. 과학기술자

우리가 "개인" "과학기술자" "경영자" 등으로 인간을 호칭하는 것을 본다. 이것은 인간을 역할에 의하여 부르는 것이다. 인간을 관념화하고 대상화하는 것이다. 그러므로 과학자 혹은 경영자라는 것이 인간을 떠나서 존재하는 것으로 생각하게 만든다. 이것이 인간을 역할로 분열되게 하여 갈등이 생기게 만드는 것이다. 불타佛陀는 다음과 같이 말하고 있다. "무명無明한 탓으로 우리는 지각된 세계를 개별적이고 분열된 사물로 쪼개고 마음이 낳은 고착된 범주에다 실제의 유동하는 형태를 붙잡아 매려한다." 불타는 개별적인 자아라는 잘못된 생각이 사라지고 모든 생명이 전일全一하다는 감정이 지속되는 상태를 해탈이라고 한다.

인간의 실존existence은 스스로 명상하는 것에 의해 스스로 아는 것이다. 모든 진실은 색깔이 없으며 소리도 없는 것이라 한다. 그러므로 다른 사람을 알 수가 없다. 그러나 우리는 인간은 근원에서 같으므로 보편성을 갖는다는 믿음을 갖는다. 따라서 내가 바라는 것은 마찬가지로 다른 사람도 바랄 것이라는 생각을 하며, 내가 싫어하는 것은 다른 사람도 싫어할 것이라는 생각을 한다.

토론과제

自我는 무엇인가?

(토론방법)

- 자아에 관한 철학적, 종교적, 사회적, 윤리적, 법적 관점을 검토하여 정리하도록 한다.
- 自我와 自己가 다른 점을 10가지로 정리하도록 한다.
- 本章에서 기술한 내용이 검토되도록 한다.
- 자아와 우주 혹은 세계와의 관계에 관해 토론한다.
- 그룹별 토의를 활용한다.

제 2 장

공 학 론

"공학법제와 윤리"라는 주제에 접근하여 보다 상세한 논의를 통해 나름대로 유용한 결론에 도달하기 위해서는 공학의 의의 및 역할을 검토하는 것이 선행되어야 할 것 같다.

1. 기술과 공학

공학[1]을 일반적으로 기술technology에 관한 학문이라 한다. "technology"는 기술을 가리키는 말이다. 그러므로 공학을 기술과학"technology science"라고 하는 것이 더 적합할 것이다. 그러나 기술에 관한 학문, 즉 공학을 "technology"라 하기도 한다. 기술technique은 어떤 기준 혹은 척도에 맞게 만드는 능력ability을 말한다.[2] 그러므로 기술자technician는 어떤 물건을 만드는 일에 있어서 기존의 기술에 숙련된 사람으로 이해된다. 서양에서 산업혁명 이전에는 기술tech은 비

---

1) 공학은 영어로 technology라고 하는 것이 일반적이다. technology는 technique에서 온 말이고 technique는 특별한 기술 혹은 방법, 특히 배워야 할 기술을 의미한다. 대체적으로 어떤 기준에 맞추어 정확하게 하는 according to the exact details in a set of rules 활동을 가리킨다. 그러므로 창조적인 공학의 특성상 technology라고 하는 것은 부적절 하고 engineering science가 적절하다.

2) 영어사전에서 "technical"에 관한 설명을 보면 산업이나 과학과 관련하여서는 실제적 지식, 재능, 방법과 관련된 말이고, 언어에서는 일반사람이 이해하기 힘든 특별한 방법으로 단어를 사용하는 것을 의미하고, 일반적으로는 정확하고 상세한 규칙에 따르는 것according to exact details in a set of rules을 의미하는 것이라고 설명하고 있다.

밀스럽게 도제apprenticeship에 의하여 이루어졌으나 이 도제적 기술이 산업혁명 당시에 일반적 기술이 됨으로써 technology가 되어 오늘날 이 technology를 공학이라고 하는 것이다. 그러나 현대의 공학은 기술기준technical standards을 수집·분석하여 그 척도에 맞게 훈련시키는 교육정도의 의미를 가진 technology로 보아서는 안 된다. 오늘날의 공학은 기술의 원리를 탐구하고 개발하여 필요한 기술규범technical norms을 생산하는 활동이다. 한편 기술이 과학과 접목되어 기술과학technology science의 의미를 가지게 되었다.

한편 근래에는 공학을 "engineering science"라 하기도 한다. 그러므로 "engineering"과 기술, 즉 "technology"를 같은 의미로 이해한다. 그러나 "engineering"은 어떤 사물을 만드는 일 혹은 활동activity을 가리키는 말이다. "technology"는 엔지니어링에서 사용하는 기술이므로 technology는 엔지니어링의 도구method가 된다. 같은 의미일 수 없다. 그러므로 공학은 엔지니어링을 위한 기술을 개발하고 그에 관한 규범을 생산하는 활동이며, 엔지니어링은 그 규범에 맞게, 즉 합규범적으로 사물을 만드는 일 혹은 활동으로 볼 수 있다.[3)]

그러나 엔지니어링[4)]을 공학이 생산하는 기술기준에 맞게 하는 합규범적인 활동으로 보지 않는 견해가 유력하다. 엔지니어링기술진흥법의 엔지니어링활동에 관한 정의에서도 나타나지만 실제로 엔지니어링은 기술적인 문제뿐만 아니라 연구, 기획, 평가, 관리 등 비기술적인 활동도 포함한다. 오히려 기술적인 문제보다 비기술적인 활동으로 엔지니어링을 이해하는 경향이 유력해지고 있다. 그러므로 엔지니어는 어떤 사업과 관련된 종합적인 문제를 해결하는 자로 스스로의 영역을 넓혀 가고 있기도 하지만 사회도 엔지니어에 대한 기대가 달라지고 있다.[5)] 공학과 엔지니어링의 차이점에 관한 좀더 자세한 논의는 후술한다.

---

3) 우리나라의 엔지니어링기술진흥법은 "엔지니어링활동이라 함은 과학기술의 지식을 응용하여 사업 및 시설물에 관한 연구·기획·타당성조사·설계 … 활동과 그 활동에 관한 사업관리를 말한다"라고 정의하고 있다.

4) 우리나라에서는 "engineering"이라는 영어를 "엔지니어링"으로 하여 사용한다. 영어의 "engineering"에 해당하는 적절한 우리나라 말이 없기 때문이다. 중국에서는 工程이라고 번역하여 사용한다. 그러나 工程이라는 말도 적절한 것 같지 않다.

5) 미국의 Engineers Council for Professional Development(1980년에 American Association of Engineering Societies로 개칭되었다)는 전문직의 속성에 관해 사회의 필수적인 이익을 만족시켜야 하고 재량적 판단을 행사하고 어떤 표준에 지배되지 않는다고 기술하고 있다. 이태식·위성윤 역, 엔지니어 윤리학, pp.136-141 참조.

2. 과학기술scientific technology

공과대학에서는 과학기술을 가르친다. 그러나 과학기술만이 기술은 아니다. 어떤 문제를 해결하는데 있어서 대학에서 배우지 않는 전통적 기술이 사용되고 있으며 경우에 따라서는 문제를 해결하는데 더욱 효과적일 수도 있다. 기술은 그것이 과학기술이든 전통적 기술이든 상관없이 인류의 역사가 시작되면서 존재해 온 것이다.

김영식 교수는 "역사적으로 볼 때 과학과 기술 사이의 관련이 항상 밀접했던 것은 아니며, 또한 과학과 기술이 본질적으로 밀접한 연관을 가져야 할 이유도 없다. 과학과 기술 사이에 밀접한 연관이 있을 것으로 생각하는 것은 현대사회에 있어서 이 둘 사이의 밀접한 관련으로부터 유추한 착각일 뿐이다. 사실, 자연에 관한 합리적·체계적 지식을 얻고자 하는 과학과 인간 생활의 편안을 추구하는 기술은 그 목적부터가 다르고, 따라서 다른 취향을 가진 다른 계층에 속하는 사람들에 의하여 종사되어 왔다"라고 말하고 있다. 기술은 인류의 역사가 시작되면서 오늘날 까지 인간의 소용을 위해 발전해 오고 있으며 과학은 오히려 기술을 위해 있는 것이라고 보아야 한다.[6)]

3. 전문화 현상

현대사회의 가장 두드러진 현상 가운데 하나는 전문화이다. 공학과 공학기술뿐만 아니라 모든 학문과 기술 혹은 직업이 나누어져 있고 더욱 세분화되어 가고 있다. 지식의 양이 증가하여 모든 분야의 지식을 한사람이 다 소화시킨다는 것은 불가능한 데서 연유한 것이다. 이와 같이 각 전문 분야가 역할에 의하여 나누어진 결과, 전문가는 자기 분야는 잘 알고 있으나 반면 다른 분야는 잘 알지 못하고 알려고도 하지 않는 경향이 나타나고 있다. 이 경향은 공학과 관련하여 두 가지 부정적인 작용을 하고 있다. 하나는 공학을 기술에 관한 것으로만 보는 것이다. 그러므로 기술의 자연적인 가치만이 공학과 관련되는 것이라

---

6) 김영식의 역사와 사회 속의 과학, pp.85-92 참조.

고 보는 것이다. 예를 들면 건물이 구조적으로 안전하게 설계하는 일만 엔지니어링의 영역이며 그 건물이 안전하지 않아 건물의 경제적 가치가 떨어진다든가 하는 것에 관해서는 자신의 문제가 아니라고 생각하는 것이다. 그러나 기술적으로 문제가 있어 그것이 안전하지 않고 안전하지 않으므로 경제적 가치가 떨어지는 식으로 기술적 가치와 경제적 가치는 연결되어 있는 것이다. 오히려 어떤 사업적 가치가 기술가치보다 상위에 있는 것이다.

예를 들어 최상으로 안전한 구조로 설계하는 것이 목적인 시합에서는 기술적 가치가 중요하겠지만 최소의 비용으로 안전한 집을 짓는 것이 목적인 경우에는 최상의 기술적 가치가 중요한 것이 아니라 최소 비용으로 안전한 집을 짓는 기술이 중요한 것이다. 더욱 우려할 만한 것으로는 전문가들이 일상의 삶에서도 자신을 전문가로 여기고 행동한다고 생각하는 것이다. 그러나 전문가는 하나의 역할일 뿐이지 전문가라는 직업이 전부는 아니다. 공학은 인간사회를 위해 필요한 것이므로 가치가 있는 것이며, 공학이기 때문에 가치가 있는 것이 아니다. 그런데 공학이므로 가치가 있다는 식으로 인식과 행동하는 것이 문제이다. 이와 같은 사고는 공학에 관한 일이 아니면 내 일이 아니라든가 내 책임이 아니라고 생각하게 만든다.

4. 전문가의 공인

전문화 현상이 가져다주는 또 하나의 부정적인 측면은 전문가의 사회적 공인제도의 출현이다. 전문가를 사회가 공인하고 독점적 권위를 인정하는 사회제도가 생김으로써 전문가는 특별한 책임을 진다고 생각하는 것이다. 법률에서도 전문가에게 일종의 신분적인 특별한 의무를 부과하여 책임을 무겁게 하고 있다. 예를 들면 동일한 사고(사람이 죽은 사고)라도 가솔린탱크를 운반하는 운전자는 보통의 차를 운전하다 사고를 낸 사람보다 무거운 책임이 있다는 것이다. 그러나 전문가 혹은 특수한 직업을 가진 사람이라고 해서 특별한 책임, 즉 무거운 책임을 진다는 생각은 옳지 않다. 책임의 유무와 책임의 경중을 혼동하고 있는 것이다. 업무의 성격상 위험이 클 수 있다는 것과 책임이 무겁다는 것을 혼동하고 있는 것이다. 전문가는 일반인보다 위험을 방지할 위치에 있으므로 일반인

보다 좀더 많은 주의를 기울여야 한다. 그러므로 본인으로서는 힘들고 위험한 일이 될 수 있지만 무거운 책임을 지는 것은 아니다. 사회가 전문가를 공인하는 것은 능력 있는 사람이 일을 하도록 함으로써 공중이 질 좋은 서비스를 받도록 하기 위함이다. 이것은 전문가 사회 스스로의 노력의 결과인 측면도 있다.

전문가의 사회적 책임과 관련한 또 하나의 문제는 전문가에 대한 기대가 상승하는 것이다. 이는 전문가에게 완벽성을 요구하는 것을 의미한다. 이 기대 상승expectation rise[7]현상으로 인해 불합리하게 책임이 강화되는 것이다. 이에 관해 뉴질랜드 과학기술자 협회의 보고서는 다음과 같이 말한다.

> 지난 세기 동안 과학기술자의 업무환경에 영향을 미친 사회구조 및 가치관에 많은 변화가 있었다. 이 변화 가운데 가장 큰 여향을 미친 것이 효율적이고 신속한 통신 수단의 발달이었다. 라디오와 텔레비전의 출현으로 전세계 대부분의 가정에 뉴스가 즉시 전달되게 됨으로써 소비자 운동의 촉진, 압력단체 및 소수그룹의 영향력이 증대하였다. 그로 인해 정부, 기업 및 전문가들의 행동, 말, 결정은 공중으로부터 즉각적이고 잦은 감시와 압력을 받게 되었다. 권위 있는 정보에 기초한 합리적인 결정이라고 생각되는 결정도 자신의 물질적 이득을 앞세우는 사람들에 의하여 어리석은 결정이라고 치부되어 뉴스의 헤드라인을 장식한다. 더욱이 과학기술자의 업무에 관한 공중의 기대수준은 높아지고 기대에 부응하지 못할 경우, 불만족스러워 하는 경향은 더욱 강해지고 과학기술 업무에 주어진 한계를 이해하는 능력은 점점 떨어지고 있다. 의뢰인의 경우도 종래에는 자신의 책임으로 돌렸던 사항에 관해서 보증guarantee을 요구하고 있으며, 업무를 요구할 때는 "적정한 기술appropriate technology"을 요구하였으나, 나중에 문제가 생기면 "가능한 모든 기술all available technology"을 적용하지 않았다고 비난한다.

5. 기술의 사회성

기술이라 하면 자연과학과 관련되는 기술로 보는 생각에 너무나 깊게 젖어 있다. 그러나 기술은 자연력에 관한 것만 있는 것이 아니고 경제기술, 법학기술

7) 기대상승의 문제는 책임의 경중문제가 아니라 책임의 유무문제이다. 책임을 지는 개연성이 높아지는 것과 관련되는 문제이다.

등 사회기술도 기술로 보는 생각의 전환이 필요하다. 우리는 사업project[8]의 조직 및 운영을 통해 이 점을 분명히 인식하게 된다. 인간의 생활에서 나타나는 문제는 이런 모든 기술이 결합되어 하나의 문제를 해결하는 것이다. 프로젝트는 인간 혹은 사회의 문제를 해결하기 위한 프로젝트도 있을 것이나 새로운 건설을 하거나 물건 등을 만들기 위한 것도 있을 것이다. 물건 등을 만드는 프로젝트의 경우는 흔히 자연과학적 지식만 필요한 것으로 생각하기 쉽고 또 그렇게 생각하고 있다. 그러나 이러한 경우에도 자연적 가치뿐만 아니라 인문·사회적 가치를 구현하는 것이다. 그러므로 프로젝트는 이러한 가치들을 구현하기 위한 자연력natural power, 인력human power 및 사회력social power에 관한 기술체제technical system라고 할 수 있다. 사회력은 경제기술, 법률기술 나아가서 윤리기술로 구성되어 있다고 할 수 있다.[9]

근래에는 인문적·사회적 의미가 자연적 의미보다 오히려 중요해져 가고 있는 것이 사실이다. 예를 들어 하나의 건물을 짓는데 있어서 자연의 원리에 맞게 지어야 거기에 살게 될 사람이 편리하고 안전하겠지만 그 건물의 인문·사회적 기능 나아가서 경제적·사업적 가치가 구현되어야 하는 것이다. 사실 편리하고 안전하다는 가치기준도 따지고 보면 사람이 안전하고 편리하다는 것이므로 자연력의 구현은 그 자체에 가치가 있는 것이 아니고 인간의 소용에 있는 것이다. 원자탄은 $E=mc^2$이라는 자연의 원리를 활용한 것으로 자연과학의 위대한 성과라고 할 수 있지만 그것이 가지고 있는 인문적·사회적 의미 측면에서는 우려의 대상이 되고 있는 것이다.

그러므로 사물의 자연적 가치는 인문·사회적 가치와 관계지어 평가되는 것이다. 따라서 공학자는 자연적 의미만을 이해해서는 안 된다. 반면 같은 문제사안과 관련된 사회학자나 경제학자도 그 문제사안과 관련된 공학에 관한 이해가 없으면 완전하다 할 수 없을 것이다.

8) "Project"의 의미를 사전에서 찾아보면 문제를 해결하거나 새로운 건설을 하거나 물건을 만들기 위한 사려 깊고 중요하게 계획된 일an important and carefully planned piece of work이라고 설명하고 있다. 그러나 통상 우리가 사업이라고 하는 business나 일상의 계획된 일도 project라고 할 수 있다. 인간의 삶은 항상 새로운 것이라는 생각에 이르면 인간의 삶 자체가 project인 것이다.

9) FIDIC의 엔지니어링업무 수요 및 엔지니어의 역할의 변화에 관한 조사보고서인 "Engineering Our Future" 참조.

6. 과학과 공학 및 엔지니어링

공학 및 엔지니어링은 과학원리를 활용한다. 그러나 공학 및 엔지니어링은 인간의 필요에 응하는 활동이므로 사람은 왜 죽는가, 바람은 왜 부는가와 같은 의문에 해답을 찾기 위한 활동과 구별되는 것은 분명하다. 예를 들면 더 빠르고 편안하게 가는 방법은 없을까에 대한 해답을 찾는 노력이 공학 및 엔지니어링이다. 공학 및 엔지니어링은 관념적이지 않고 실제적practical이다. 공학은 인간생활에서의 필요needs가 전제된다. 그러므로 과학science이 진리지향적truth-oriented이라면 공학 및 엔지니어링은 생활지향적life-oriented이라 할 수 있다.[10] 그러나 공학 및 엔지니어링은 진리라고 생각되는 것과 배치되는 것이 되어서는 안 되므로 진리 관계적truth-relative이다. 그러므로 공학은 과학이 밝히는 진리를 활용하여 인간의 삶의 필요에 답하기 위해 존재하는 것이다.

7. 공학과 엔지니어링

앞에서 말한 바와 같이 일반적으로 "공학"과 "엔지니어링"은 같은 의미로 본다. 그러나 공학을 기술을 연구하고 교육하는 것을 전문으로 하는 활동으로 보고 엔지니어링을 사업현장에서 공학에서 개발된 기술을 적용하는 일로 보는 것이다.[11] 그리고 앞에서 말한 바와 같이 공학은 기술규범을 생산하는 활동이지만 엔지니어링은 그 규범에 따라 물건을 만드는 활동이라 한다면 공학은 과학

---

10) Institution of Professional Engineers New Zealand의 Report of President's Task Committee on Professional Practice and Risk는 서문에서 "공학technology과 과학이 혼동되어 왔기 때문에 공학이 과학과 같이 분석적 방법을 사용하는 것은 놀라운 일이 아니다. 그러나 엔지니어링은 진리 지향적truth-oriented이라기 보다 목표 지향적goal-oriented이다. 목표가 달성되는 한 그것을 어떤 방법으로 하였느냐는 부차적인 것이다. 과학적 견지에서 뛰어난 엔지니어링을 추구하는 것과 (project의 목표를 달성하기 위한) 엔지니어링과는 다른 길이다.

11) Ernest Greenwood는 그의 논문 전문직의 속성에서 모든 전문직에서는 이론의 이해가 중요하기 때문에 전문직을 준비하는 과정은 현장에서 경험뿐만 아니라 이론교육이 중요하다. 이론 지도는 대학에서 공식적 교육과정을 통해 잘 이루어질 수 있다. 미국에서 전문직업교육학교가 출현한 이래 종종 대학이 이 직업학교를 합병하였다. 도제교육은 이론의 중요성이 증가함에 따라 공식교육에 그 자리를 양보하게 되었다. 이론의 중요성은 체계적 연구활동을 촉진시켰다. 따라서 과학적 조사 및 이론구성을 전문으로 하는 이론 연구가가 출현하였다고 말한다. (이태식·위성윤 역, 엔지니어 윤리학, pp.142-161 참조).

활동scientific activity이고, 엔지니어링을 기술활동technical activity이라 한다면 공학은 technical science 혹은 engineering science라고 하는 것이 적절할 것 같다.

명칭이야 어떻든 공학은 ① 기존의 기술을 수집·분석하여 교육하는 활동, ② 새로운 기술을 개발하고 그 기술에 관한 규범을 생산하고 교육하는 일, ② ③ 그 기술들을 현장에 적용하는 것에 관한 연구활동을 포함하는 것이다. 그런데 위에서 말한 ① 및 ②의 활동과 ③의 활동은 구별하여 보는 것이 필요하다. ①과 ②에 관한 공학은 분야가 다양하여 각기 특성을 가지고 있으므로 전문적인 것이 될 수밖에 없지만, ③에 관한 공학, 즉 엔지니어링에 관한 공학은 모든 기술이 종합되어 하나의 사업에 구현하는 활동이라는 특성을 갖는 것으로 구별해 볼 수 있다. 엔지니어링이 갖는 이 종합적인 특성 때문에 최근에 엔지니어링은 기술경영활동이라는 개념으로 바뀌어 가고 있다. 이와 관련하여 학부에서는 기술교육을 하고 MBA과정과 같이 대학원에서 엔지니어링 교육을 하는 식으로 교육과정의 재검토가 필요한 시점이다.

8. 엔지니어링

"엔지니어링engineering"이란 말을 분석해 보면 engin+eering, 즉 "기관이 돌아가게 하는 것" 혹은 "기관사가 하는 일"이라는 의미가 있는 것으로 볼 수 있다. 미국의 경우에도 엔지니어링을 위와 같은 의미로 이해하여, 엔지니어는 기관사와 같은 의미로 알고 있었다. 그러나 과학지식이 기술에 도입되면서 기관차의 엔진을 수리하고 운전하는 일 정도로 이해되던 엔지니어링이 거대한 댐, 철도 등 시설물, 기계 등을 설계하고 건설·제작하며 건설된 시설물 등이 잘 돌아가게 운영하는 일까지 엔지니어링 이라는 개념 속에 포함되게 되었다. 근래에는 사업주developer에 대해 문제 해결에 관한 전문적인 자문consulting을 하는 사업관리project management까지도 엔지니어링이란 개념 속에 들어가게 되었다. 더 나아가서 어떤 유체물에 관한 것뿐만 아니라 사회제도를 만들고 문제해결에 관한 자문을 하고 판단을 해 주는 일까지도 엔지니어링의 개념에 포함될 수 있는 상황에까지 와 있다. 그러므로 엔지니어는 무엇을 설계하고 만드는 일을 하는 기술자technician와 구별하는 경향이 생기고 있다. 엔지니어는 어떤 문제에 대한 전문적 판단 혹은 의사결정에 관해 자문하는 consultant의 역할로 변화되어 가고 있다.[12] 그러므로 technician인 engineer와 technical manager인 engineer를 구별해 볼 수 있는 것이다.

그러나 공학과 엔지니어링은 협동관계에 있는 것이다. 공학은 실험실이고 엔지니어링은 현장으로 비유할 수 있다. 그러므로 공학과 엔지니어링을 확연히 구별되는 영역으로 생각하는 것은 지양하여야 한다. 현장에 실험실을 갖는 것이 오히려 효율적이고 합리적일 수 있다. 실제로 기업부설 연구소에서 직접 연구활동을 하는 경향이 증가하고 있고 산학협동이 증가하고 있다. 현장에서 발견되는 문제가 연구의 소재가 되며 연구결과가 현장에서 검증되는 상호보완 혹은 협동적 관계에 있는 것이다 불가분의 하나의 시스템으로 되어 가고 있다. 나아가서 과학과 공학의 구분도 의미가 희박해져 가고 있다. 과학의 연구소재가 현장의 문제를 해결하는 것으로 바뀌고 있는 것이다.

한편 과학·공학·엔지니어링을 어떤 분업적 혹은 신분적으로 구별하는 개념이 있다. 그러나 진리를 탐구하는 활동·기술을 개발하는 활동·기술을 적용하는 활동, 즉 일work 혹은 임무responsibility로 구별하는 것이 적절하다고 본다. 그러므로 기술을 개발하는 일은 공학자만이 하며 그 기술을 적용하는 것은 엔지니어만이 하는 것으로 생각하는 것을 지양하는 것이다. 어떤 사람은 과학자이면서 공학자이며 엔지니어일 수 있다. 공학자이든 엔지니어든 자신이 맡은 임무가 무엇인가가 중요하고 문제해결자problem solver로 파악되는 것이다. 그러므로 근래에는 엔지니어가 경영전문가이기를 기대하는 경향이 늘어나고 있다. 물론 기술적 문제해결만이 임무인 경우도 있을 것이다. 기술을 사용하고 관리하는 자로서 엔지니어의 위치 및 역할의 중요성이 인식되고 있다.[13]

---

12) 엔지니어단체들의 세계연맹인 FIDIC의 총회 주제를 보면 환경문제 혹은 엔지니어의 리더십이 주요 주제로 다루어지고 있음을 본다.

13) 원자력발전을 예로 들어 원자력 개발에서 엔지니어의 위치는 사용할 기술의 위험을 제일 먼저 알 수 있고 평가할 수 있으며 위험기술이 적용되어 어쩔 수 없는 상태가 되기 전에 방지할 수 있는 위치에 있다고 말한다. Deborah G. Johnson의 Ethical Issues in Engineering, pp.159-173 참조.

9. 새로운 의미의 과학·공학·엔지니어링

자연과학이 자연의 원리를 탐구하는 학문이고 이 과학원리를 활용하여 기술적 문제를 해결하는 학문을 자연공학[14]이라 할 수 있다. 그런데 자연과학지식을 활용하여 기술적 문제를 해결하는 것에 관한 학문만을 공학이라 하고 사회과학지식을 활용하여 사회적 문제를 해결하는 것에 관한 학문을 공학이라 하지 않는다. 그러나 과학지식[15]을 활용하여 문제를 해결한다는 측면에서 그 성격은 같다. 그러므로 사회과학 지식을 활용하여 현실적 문제를 해결하는 학문을 사회공학이라 할 수 있다. 여기서 우리는 공학을 자연과학 분야만으로 한정하던 생각에서 공학에 대한 새로운 인식을 갖게 된다. 새로운 의미의 제1공학관이라 할 수 있다.

우리가 법률학, 경영학, 의학이라고 부르는 것들이 공학에 속하는 것인지 과학에 속하는 것인지 분간하기 어렵다. 그러나 법률학의 기초는 윤리학moral science[16]이라 할 수 있고, 경영학의 기초는 경제학이며, 의학의 기초는 생물학 혹은 심리학이라 할 수 있다. 그러므로 법률학, 경영학 및 의학은 공학이고, 윤리학, 경제학, 생물학, 심리학은 과학이다. 법률학이 사회의 법률적 문제를 해결하는 것을 목적으로 하고 의학은 질병을 치료하는 것을 목적으로 하는 것이라고 보면 법률학과 의학을 공학이라고 생각하는 것은 적절하다.

한편 실험실에서 연구하는 사람과 현장에서 연구결과를 적용하는 자는 구별된다. 선사가 공학자라면 후자는 엔지니어이다. 공학자는 실험실에 있지만 엔지니어는 현장에 있다. 사회학자 및 경제학자는 연구실에 있지만 사회복지사, 공무원, 기업의 경영자 등은 현장에 있다. 법률학자는 대학에 있지만 법률제정자는 국회에 있고 판사, 변호사는 법정에 있다.

---

14) 자연공학이라는 말은 일반적으로 사용하지 않는다. 그러나 자연과학natural science이라는 말은 사용하므로 무리한 용어는 아닐 것이다.

15) 자연현상을 탐구하는 활동을 자연과학이라 하고 사회현상을 탐구하는 활동을 사회과학이라고 하는 것처럼 과학은 자연이나 사회현상 등을 연구하는 활동이라고 할 수 있다. 영국에서는 윤리현상을 탐구하는 학문을 윤리과학moral science이라 한다.

16) 영국에서 20세기 초까지 경제학은 moral science로 분류되어 대학에서 경제학 강좌는 별도로 개설하지 않고 있었다. 경제학 분야에서 큰 영향을 미친 J. S. Mill 등은 동시에 윤리학 혹은 철학 분야에서 지대한 영향을 미쳤다.

그러나 과학, 공학, 엔지니어링을 개념상 구별할 수 있지만 제도적으로 구별되어 있는 것은 아니다. 과학자이면서 공학자일 수 있는 것이다. 그러나 전문화하고 분업화해 가는 추세에 있다.

앞에서 과학·공학·엔지니어링에 관한 새로운 범주new category를 논의하였으나 무엇보다 필요한 인식의 전환은 과학·공학·엔지니어링을 선험적apriori으로 인식하는 것이 아니라 문제중심problem-oriented으로 보는 것이다. 문제중심으로 보면 제3자는 협동관계에 있다. 우리는 나누는 것에 습관이 되어 있다. 타분야other discipline와 나누지만 동일 분야도 세분하여 나눈다. 그러나 하나의 문제에는 관련된 모든 것이 결합된다. 협동하여 문제를 해결하는 것이 목적이며 나누는 것이 목적이 아니다. 나누어 전문화하는 전문교육도 필요하지만 동시에 종합하는 종합교육도 필요하다. 양자가 균형을 유지해야 완전하다. 그러나 지금까지는 나누는 것에 무게를 두고 있었다. 이 불균형을 완화하기 위해 종합하는 부분에 관한 관심을 가져야 할 시점이다. 학부가 전문교육을 맡는다면 대학원은 프로젝트 중심 혹은 문제해결 중심교육을 담당하는 것이다. 전자는 기술적 문제를 교육하지만 후자는 기술경영을 교육하는 것이다. 그러므로 전자는 엔지니어를 양성하지만 후자는 기술경영자managing engineer를 양성하는 것이다. 나아가서 다른 분야의 기술경영까지 아우르는 전인적全人的 기술경영자를 양성하는 것이다.[17] 새로운 의미의 제 2공학관[18]이라 할 수 있다.

법학에 관해서 예를 들면 우리나라의 경우 학부에서 법학과를 설치하고 있지만 미국의 경우를 보면 학부에서는 전공학과를 설치하지 않고 대학원 과정이라 할 수 있는 Law School 제도가 있다. 이 Law School의 입학자격은 미술을 전공한 자, 의학을 공부한 자도 들어 갈 수 있고 그 법을 가르치는 방식이 문제 해결중심이다. 법의 원리를 탐구하고자 하는데 목적을 두지 않고 있다. 법문제는 경제와도 관련되고 공학과도 관련되므로 우리가 흔히 나누는 학문 분야는 별 의미가 없게 되는 것이다. 다만 그 전문분야 지식을 바탕으로 법 문제에 관한 문제 해결방식을 배우는 것이다. MBA 과정도 Law School과 마찬가지이다.

---

17) project manager의 필요성이 점차 증대하고 있다. 건설산업기본법 및 건설기술관리법에서 사업관리제도를 도입하고 있다. 그러나 이 분야에 관한 교육과정은 아직 정립되어 있지 않다.

18) 第1工學觀은 자연과학과 관련된 공학만을 공학으로 보는 것에서 탈피하여 의학, 사회학, 법학, 경제학 등도 과학과 공학으로 나누어 보는 것이고, 第2工學觀은 제1공학관의 관점에서의 공학을 다시 기술technology과 기술경영management으로 구별하여 역할과 교육과정을 달리 하는 것이 사회에 유익할 것이라는 제안suggestion의 의미를 담고 있다.

문제해결 중심의 교육과 원리를 탐구하는 과학교육이 구별되어 있는 것을 보게 된다.

10. 새로운 공학의 범주

공과대학에서 가르치는 교과목은 수학 및 물리학 등 자연과학을 가르치고, 있으므로 공과대학은 자연력의 문제를 해결하는 능력을 기르는 곳이라고 할 수 있다. 그 결과로 공학자가 관여하는 부분은 댐, 도로, 항만, 공장, 전자제품 등에 관한 사업을 구축하고 사업을 운영하고 유지하며 관리하는 일 중에서 자연력의 활용에 관한 지식만 알게 되는 문제가 있는 것이다. 반면 공학은 자연과학뿐만 아니라 인문·사회과학에 관한 지식을 필요로 한다고 보면, 공학자는 자연과학뿐만 아니라 인문·사회과학을 알아야 하고 반면, 인문·사회과학자는 자연과학 및 공학을 알아야 하는 문제가 있다.

현실적으로 이 분야들의 지식은 전문성을 가지고 있으므로 불가능할 것이다. 그러나 앞에서 우리가 문제시 한 것은 전통적으로 공학과 인문·사회학을 수평적 분야horizontal discipline로 나누어 서로 관련 없는 다른 분야other discipline로 보는 태도에 관한 것이다. 그러므로 필요한 것은 공학 및 인문·사회학을 하나의 문제를 해결하는 공유영역interface으로 파악하는 것이다. 여기서 공유영역은 문제에 관련된 각 분야가 자기 지향적이 아니고 사업목적의 달성을 위한 목적 시향적인 공동관세communal relations를 말하는 것이나. 그러므로 공유영역에서의 판단력 및 의사결정능력을 기르는 것이 새로운 공학의 범주가 된다.

11. 공동과 합동

여기서 "공동관계communal relations"라는 말의 의미를 검토할 필요가 있다. 여러 사람이 하나의 일을 하는 경우, 예를 들어 댐을 건설하는 경우 전체의 문제를 해결하는 방법에는 두 가지가 있을 수 있다. 하나는 전체를 관리하는 자가 있어서 그 사람의 지시와 감독으로 조정하는 체제이다. 이것은 공유부분을 수직적 연결점으로 보아 그 수직적 연결점에 관해서 한 사람이 조정하는 하는 합동체제corporate system이다. 각 분야는 기계의 부품과 같은 역할을 하고 그 부품은 연결점[19]에 의해 조정되는 것이다. 그러므로 각자는 자기가 맡은 바 일만하면 되는 것이므로 관리자에게는 모든 분야의 일을 다 알고 조정할 수 있는 능력이 필요하다. 이 체제의 특징은 사업에 관한 방침과 의사가 결정되어 있고, 이 의사에 따른 일방적인 지시에 의해 움직이며 전문가 상호 간에는 조정이 필요 없는 일방적·폐쇄적 체제이다. 그러나 공동체제communal system는 전문가 상호 간에 상호조정이 있고, 사업의 목적과 관련하여 나타나는 수많은 수직적vertical 문제 간에도 조정을 하여 전체적whole인 문제를 도출하고 해결해 가는 체제라고 할 수 있다. 다시 말하면 전문가 상호 간에 수평적·수직적인 망을 형성하고 있는 것이다. 이 체제의 특성은 의사교환이 쌍방으로 이루어지고, 모든 문제에 관한 이해를 공유하면서 문제를 찾아 해결해 가는 쌍방적·개방적 체제이다. 전자는 일사분란한 장점이 있을 수 있으나 체제의 본질상 전문가의 의견이 반영되지 않으므로 문제를 찾고 진실한 문제해결에 도달하는 것을 목적으로 하는 전문적인 일에는 부적합한 것이다. 또한 역할role에 따른 책임의 분할로 인한 타 분야에 대한 무관심 혹은 책임회피 분위기가 조성되어 분쟁위험이 상존한다. 이 체제는 명령과 신속한 명령의 이행이 중요한 관료조직에서는 적합할 것이지만, 진실한 해답을 찾으려는 체제로는 부적합한 것이 너무나 명백하다.

우리는 공동으로 일하는 사람으로서 각자는 타 분야에 관한 이해를 통해 자기 분야의 위치와 의미를 발견하고 전체사업의 목적과 연결지어 자기 분야의 위치와 의미를 조정할 수 있는 리더십이 필요하다. 그러므로 앞에서 말한 바와 같이 문제중심의 교육이 필요하다는 명제가 도출된다고 할 수도 있다. 그러나 각 분야별 지식은 깊고 방대하다. 그러므로 모든 분야의 지식을 알 수 없다. 자기 전문 분야에 관한 깊은 지식과 함께 타 분야에 관한 문제해결을 위한 의미와 위치를 알고 자신의 분야와 연결하여 보는 능력을 기르는 것이다. 이것이 문제 중심의 교육이라고 할 수 있다.

실제의 사업project을 보면 문제해결 중심의 교육이 필요하다는 것을 알 수 있게 된다. 예를 들어 댐을 건설하는 사업의 경우 댐의 건설이라는 문제를 해결하기 위해 자연과학 지식, 경제학 지식 등 사회학 지식 혹은 인문적 지식이

19) 기계의 중앙제어장치와 같은 것이다.

종합적으로 동원된다. 이 경우 자연과학 지식 혹은 경제학 지식은 독자의 의미를 상실한다. 댐의 건설이라는 문제에 종속되어 의미를 갖게 되는 것이다. 그러므로 각 분야가 공동으로 하나의 문제를 해결하는 것이다.

12. 엔지니어링과 법적 책임

기술적 측면에서 보더라도 과학 및 공학은 잠재적潛在的 활동이라 하면 엔지니어링은 과학 및 공학을 사용 혹은 적용하는 것이므로 현재적顯在的 활동이다. 공학은 소극적인 것이라면 엔지니어링은 적극적인 것이다. 잠재성에서 현재성 혹은 소극성에서 적극성으로 가는 순서를 도식화한다면, 과학→공학→엔지니어링의 순서가 될 것이다. 기술이 개발되어 있더라도 그 기술이 사용되기 전에는 법적으로는 문제가 되지 않는다. 그런데 엔지니어는 기술을 사용하는 자이다. 그러므로 엔지니어는 자기가 사용하는 기술을 평가하고 그 기술을 실제에 적용했을 때 그 영향impact도 예측하여야 하는 것이다. 그러므로 그 기술을 사용한 결과에 대한 책임은 엔지니어에게 돌아온다. 이것이 법의 논리이다. 엔지니어의 법적 책임문제 혹은 위험관리가 중요한 문제가 되는 이유이다.[20)]

그러나 공학의 규범생산 활동은 엔지니어링의 결과에 대한 절대적 지배력을 갖는다고 할 수 없다. 엔지니어는 그것을 평가하는 능력을 갖는 것으로 기대되기 때문이다. 그러므로 공학은 결과에 대한 법적 책임에서는 간접적인 관계에 있는 것이다. 결국 엔지니어는 법적 책임에서 공학자보다는 좀더 직접적인 위치에 있게 된다. 그러나 공학이 절대적 지배력을 행사하는 상황이라면(예를 들어 공학규범이 법령의 규정으로 된 경우) 공학에 관한 법적 평가가 달라질 수는 있을 것이다.

한편 공학자가 법적 책임에서는 다소 거리가 있다 하더라도 자신의 연구활동이 사회에 바람직하지 않은 결과가 발생하지 않도록 하는 도덕적 책임감에서 해방될 수는 없다. 결국 윤리는 바람직한 결과의 발생과 관련한 양심의 가

20) Institution of Professional Engineers New Zealand의 Report for Engineering Risk 서문은 "지난 수세기 동안 엔지니어링은 인간의 삶을 근본적인 변화시키는데 기여하였다. 그러나 아이러니한 것은 엔지니어링이 인간의 삶의 개선을 성취하면 할수록 엔지니어링에 대한 사회의 기대가 상승하여 엔지니어링이 인간의 복지에 미치는 영향에 대한 인식이 엄격해진다는 것이다"라고 기술하고 있다.

책과 같은 문제이므로 잘못된 공학기술을 세상에 공표하고 그것을 믿고 엔지니어가 사용하여 바람직하지 않은 결과가 발생한 것에 관해 법적 책임은 면하더라도 양심의 가책에서 해방될 수 없을 것이다. 전통적으로 엔지니어는 법적 책임보다는 윤리적 책임이 강조되어 왔고 권위적이었다. 그러므로 합리적 권위보다는 기존 이론을 존중하고 전분적인 것은 윤리적이라는 생각이 지배해 왔다.[21)]

13. 낙관적 공학과 비관적 공학

과학 혹은 공학이 인간에게 항상 유익하고, 인간을 유익하게 하는 소명을 가진 사람들이 과학자 혹은 공학자라고 생각했던 낙관적 공학관工學觀을 가진 때가 있었다. 미국의 경우 19세기가 그런 때였다. 기술이 인간을 노동의 질곡으로부터 해방시키고 풍요롭고 인간답게 살게 하는 기여를 하고 있던 때의 일이다. 그러나 현대로 오면서 공학이 인간의 고향을 황폐하게 만드는 것이라는 생각이 주목을 받고 있다. 즉 비관적 공학관[22)]이 생긴 것이다.

그러나 과학이나 공학의 대상인 자연의 섭리나 기술은 부정적 가치와 긍정적 가치를 함께 가지고 있는 가치중립적인 것[23)]이다. 그러므로 비관적 공학관이 과학 혹은 공학을 자연과 인류를 황폐하게 만드는 원흉으로 지목하는 것은 근거가 없다.[24)] 다만 공학을 나쁜 의도로 사용하는 것이 문제이다. 대량 살상무기도 과학원리 혹은 공학원리를 나쁘게 사용한 정치집단에 의하여 만들어진 것이다. 그러나 정치가의 의도를 알고도 그 기술개발에 참여한 공학자는 어떤가? 이 경우는 어떤 나쁜 의도에 참여한 것이므로 부도덕한 것이다. 그러나 이와 같은 나쁜 의도에 참여하게 된 공학은 산업이나 정치적 세력에 비해 사회적으로 약

21) 전문가의 권위적 분위기에 대해 과학적 방법의 채용은 합리성 혹은 객관성이라는 요소가 강화되었다. 이것은 전문가 사회의 전통주의와 반대되는 것으로 집단적 자아비판 및 이론적 저항을 촉진시켰다고 말한다.

22) 비관적 공학관과 낙관적 공학관에 관해서는 Samuel C. Florman이 쓴 "Existential Pleasure in Engineering"을 읽을 것.

23) 초음파원리는 도청장치를 만드는 데도 사용될 수 있고 해저광물을 탐지하는 데도 사용될 수 있다. 그러므로 과학기술자에게는 의뢰인에 대한 정서적 중립성affective neutrality을 요구한다.

24) 비관적 공학관에 관해 Samuel C. Florman은 "전후 절망적 분위기와는 달리 과학기술자들은 다가오는 밝은 장래에 가슴 설레고 자신의 직업에서 실존적 즐거움을 느끼고 있으며 인간의 가슴에는 영원히 희망이 샘솟는다"라고 말하고 있다.

한 처지 혹은 도덕성의 결여에 그 원인을 찾을 수 있다. 그러나 현실적으로 강한 세력에 대항하는 도덕적 용기를 공학자에게 강조하는 데는 한계가 있다. 그런데 세상 사람들은 과학자 혹은 과학기술자에게 책임을 돌리는 경향이 있다. 이것은 지배세력의 음모이거나 지적 혼란일 수 있다. 약한 자에게 강한 자를 대항하라고 강조하는 것은 문제의 본질을 비껴선 것이다.[25)]

14. 가치공학

모든 사물에는 긍정적 가치와 부정적 가치가 잠재해 있다. 최종소비자가 확인하기까지 가치는 잠재해 있는 것이다. 잠재해 있으므로 소극적 가치negative value라 한다. 사물을 생산하는 자가 그 생산물의 소비자가 느낄 가치를 예상하여 결정하는 가치는 적극적으로 실정하는 것이므로 적극적 가치positive value라 한다. 그러므로 소극적 가치에는 긍정적 가치와 부정적 가치[26)]가 공존해 있다. 그러므로 소극적 가치는 가치중립적인 것이다.

그러나 과학과 공학이 대응하며, 공학과 엔지니어링이 대응하며, 엔지니어링과 최종소비자가 대응한다. 공학은 과학원리를 사용하는 자이고 엔지니어링은 공학원리를 사용한다. 그러므로 과학원리의 가치는 공학의 입장에서 잠재적·소극적·가치중립적이다. 공학자의 자유의지가 작용하여 과학원리는 현재적·적극적·가치관계적인 것이 된다. 마찬가지로 엔지니어의 입장에서 공학의 가치는 가지숭립적이다. 나아가서 엔지니어링도 가지숭립적일 수 있다. 예를 들어 총기를 국토방위를 위해 사용할 수 있지만 강도행위를 위해 사용할 수 있는 것과 같다. 이 경우 최종 소비자는 강도에 의해 총으로 위협받은 강도피해자일 것이다. 이런 관점에서 과학·공학·엔지니어링을 가치중립적인 것이라 한다.[27)]

---

25) John Ladd의 논문 “집단과 개인적 측면에서의 엔지니어의 도덕적 책임collective and individual Moral responsibility in Engineering” (이태식·위성윤 역, 엔지니어 윤리학, pp.63-86) 참조.

26) 소극적 가치와 부정적 가치 및 적극적 가치와 긍정적 가치는 흔히 동의어로 혼동한다. 그러나 소극적 가치 및 적극적 가치는 잠재적인 가치인가 혹은 顯在的 가치인가와 관련되는 것이고 긍정적 가치 혹은 부정적 가치는 예를 들어 그것이 즐거움을 가져다주는가 혹은 고통을 가져다주는가와 관련된 말이다.

27) 김영식 교수는 “흔히들 현대사회의 많은 문제들이 과학의 책임 것으로 생각한다. … 그러나 일반사람들이 위의 문제들에 관한 책임을 과학에 돌리면서 흔히 가지는 생각은 과학의 가치중립성에 대한 잘못된 이해에서 연유할 때가 많다. 과학이 가치종립성이라는 말은 크게 보아서 다음 두 가지 의미를 지니고 있다. 첫째는 자연현상을 기술하는 데 있어서 얻게 되는

그러나 최종소비자의 입장에서 바라볼 때는 가치중립적일 수 없는 것이다. 그러므로 과학자와 공학자 및 엔지니어는 항상 최종소비자에 미치는 영향을 생각하면서 자신의 행동(과학자나 공학자의 경우는 대개 자신의 발견 등을 공표하는 것이 될 것이다)을 결정해야 하는 것이라고 볼 수 있다. 엔지니어링의 경우는 과학과 공학보다 명확하게 나타난다. 엔지니어링은 과학과 공학보다는 과학과 공학의 결과를 최종적으로 사용하는 것이기 때문이다. 그러나 엔지니어에게만 책임이 있는 것은 아니다. 전 단계에 있는 사람도 자신의 행동에 대한 책임에서 자유로운 것은 아니다. 그러나 그 행동들에 대한 가치평가는 최종소비자에 의하는 것이 아니고 자신이 나쁘다고 생각하는 행동을 하는 데에 있다. 즉 의지의 선한과 악함에 있다. 행위의 결과에 의해 행위의 윤리적 가치가 평가되는가 혹은 의지의 선함에 의하여 평가되는가의 문제는 윤리학에서 근본적인 문제로 논의되고 있다. 이에 관해서는 후술한다.

15. 공학의 긍정적 역할

앞에서 말한 비관적 공학관은 주로 공학의 사회에 대한 부정적 영향, 즉 부정적 가치를 중심으로 말한 것이다. 공학의 사회에 대한 부정적 역할이 현대생활에서 중요한 문제가 되어 있으나 공학의 긍정적 가치로 인해 인류의 삶이 풍요롭게 된 것도 사실이다. 그러므로 공학자의 창의성을 존중하고 공학자가 창의력을 발휘할 수 있는 여건을 조성하는 것이 사회 정책적인 측면에서 중요하다. 사회의 구성원은 공학의 긍정적인 역할이 신장되도록 해야 할 법적 혹은 윤리적 책임이 있다고 할 수 있다. 또한 공학자들은 이러한 사회제도를 확충하고 개선하는데 대해서 주도적으로 제안하고 개선하는 역할을 해야 할 책임이 있다. 그것은 공학자가 일반인보다 더 잘 알고 있다. 그러므로 공학자의 사회적

과학의 법칙이나 이론으로부터 개인적 취향이나 가치관에 따라 결론을 취사선택할 수 없다는 것이고 둘째는 과학으로부터 얻은 결론, 즉 과학지식이 그 자체로서 가치에 관한 판단이나 결정을 내려주지 못한다는 점이다.… 이 중 첫째는 수긍하면서 둘째에 대해서는 반론을 제기하기도 한다. 예를 들어 그들은 인간의 질병 중 어떤 것이 유전한다는 유전학의 지식이 유전성 질병이 있는 사람은 아기를 낳지 못하게 해야 한다는 결론을 … 내려준다고 생각한다. 그러나 보다 주의 깊게 살펴보면 이것이 착각이라는 것은 분명하다 … 이 결정은 전적으로 인간이, 즉 그런 질병을 가진 사람 자신이나 때로는 사회가 내리는 것이고 과학이 내려주는 것은 아니다"라고 한다. 김영식의 역사와 사회 속의 과학, pp.109-114 참조.

책임인 것이다. 공학자는 실험실에만 있을 것이 아니고 법이나 정책에 관심을 가져야 하는 당위가 있는 것이다.

16. 행위로서의 공학

흔히 행위action와 행동behavior을 같은 의미로 사용되고 있으나 구별할 필요가 있다. 행위는 무엇이 되게 하는 것이라는 뜻이다. 인간의 행동은 의지 등 마음에 근거를 가지고 움직이는 것이라고 본다. 그러므로 그 의지의 선함과 악함 등 인간의 마음을 통해 인간의 움직임을 이해하고 그 마음을 다스리려고 한다. 그러나 인간의 의지 혹은 감정은 알 수 없고, 인간의 내면세계도 알 수 없으므로 인간의 마음을 직접 인지하려는 태도를 버리고 인간의 행동을 사람이나 생물, 또는 심지어 기계적인 시스템들이 행하는 공적으로 관찰 가능한 것으로 보는 것이다.[28] 이는 20세기에 나타난 실증주의positivism의 영향이다. 이것을 행동주의behaviorism라 한다.[29] 범죄crime를 반규범적인 행위로 보지 않고 범죄의 징표로 본다. 그러므로 범죄는 반사회적인 성향으로 이해되고 형벌은 반사회적인 성향을 교정하거나 그 성향을 가진 사람을 사회로부터 격리시키는 것을 목적으로 한다. 인간의 행동은 자연현상과 같은 것으로 보고 자유의지에 의한 것으로 보지 않는 것이다.

이러한 관점을 법과 윤리의 영역에 확장하면 인간의 자유의지 및 그 의지의 선함과 악함에 의하여 행위의 가지를 평가하고 그 행위를 비난하여 도덕성의 회복을 목적으로 하는 윤리와 법은 의미가 없어진다. 우리는 인간의 행위를 외부적 증거에 의해 확인하는 태도는 바람직하나 인간의 자유의지와 그 자유의

28) "행함"과 어떤 것을 "행하게 함"은 구별하여야 한다고 하고 심리학자들은 후자, 즉 "행하게 함"에 관해서 관심이 없다. 그리고 행함(행동)에 있어서 반드시 어떤 목적을 지향하여 수행되어야 할 필요가 없다. 다만, 그 행동시스템에 내재하는 어떤 사건이 그 행동의 원인이 되기만 하면 된다. 예를 들어 로봇이 탁자를 향해서 움직여가서 책을 집어 들 경우에 로봇의 움직임은 자기가 수행하는 것이 무엇인지 알든지 모르든지 간에 그것은 로봇의 행동의 일부가 된다는 것이다. 김재권 지음, 하종호·김선희 역, 심리철학, pp.56-58 참조.

29) 행동주의behaviorrism는 20세기 초에 나타난 심리학의 한 방법론으로 등장한 이론이다. 행동주의의 초석을 낳은 J.B. Watson은 "심리학은 … 순전히 객관적이고 경험적인 자연과학의 한 영역이다. 그것의 이론적 목표는 행동을 예측하고 제어하는 것이다"라고 하였다. 심리학은 내적인 정신생활에 대한 연구가 아니라 객관적으로 관찰 가능한 인간의 행동과 동물의 행동에 관한 연구로 보는 것이라고 한다. 김재권 지음, 하종호·김선희 역, 심리철학, pp.51-86 참조.

지에 의하여 자신이 옳지 않다고 생각하는 행위를 하는 것이 옳지 않은 것이라는 신념을 잃어서는 안 된다.

공학이 법학 및 윤리와 관계되는 측면을 고찰하는 우리의 입장은 공학이 사회에 영향을 미치는 행위이고 사회에서 공학이 바람직한 것이 되기 위해서는 공학자 혹은 과학기술자가 가치관을 올바르게 정립하기 위한 것이다. 그러므로 법 및 윤리와 관련되는 공학에 관한 중요한 관점은 공학을 행위action로 파악하는 것이다. 공학이 좋은 영향을 미친다면 좋은 사회를 만드는데 필요하므로 사회적으로 권장되어야 하는 행위가 되고 우리의 삶을 황폐하게 만든다면 규제되어야 할 행위가 된다.

17. 외부적 행위와 내면적 행위

행위를 외부에 영향을 미치는 외부적 행위만 생각할 필요는 없다. 어떤 사람에 대한 원한을 품고 그 사람을 죽여야겠다는 마음을 먹고 계획을 세워 적당한 시기와 장소를 택해 그 사람을 죽인 경우와 같이 행동과 그 행동으로 인해 초래된 결과를 행위로 파악하는 것이 전형적인 것이지만, 어떤 사람을 원망하는 마음이 깊어 심리에 나쁜 영향을 미쳐 건강을 해로움을 끼친 경우와 같은 심리적 사건, 즉 내면적 행위도 행위라고 할 수 있다.

내면적 행위의 대상은 자아自我가 아니라 자신自身이다. 자아는 대상화할 수 없는 존재지만 자신은 대상화할 수 있는 것이다.[30] 심정은 육체와 마찬가지로 대상화할 수 있는 것이지만 덕德 혹은 직관은 자아에 속하므로 행위를 주관하는 자이므로 행위에 대상이 될 수 없다. 그리고 덕은 더 이상 대상화할 수 없는 것이다. 동양에서 자연의 섭리에 따르는 것을 道라 하고, 도는 덕을 밝히는 것이라 한다. 덕은 직관이고 직관은 자아가 보는 것이다. 그리고 자아는 개인적 자아가 아니고 우주적 자아이다. 그러므로 직관은 우주적 자아(불교에서는 眞我라고 한다)인 마음으로 스스로 보는 것이다. 그러므로 덕 혹은 직관이 윤리의

30) 행동주의 심리학은 인간의 심리를 대상으로 보는 태도일 것이다. 그러나 심리와 심성과는 구별하여야 한다. 그러므로 대상화할 수 있는 심리현상에 관한 이론을 인간의 행동의 주체인 덕 혹은 직관과 같은 심성을 대상화하는 것은 무리이다. 김재원 지음, 하종호·김선희 역, 심리철학, pp.53-56 참조.

원천이다.

18. 행위의 주체

개인적 행위, 단체적 행위, 공동적 행위를 구별하여야 한다. "단체적 행위"는 회사의 행위와 같이 조직체organization 의사에 의한 행위를 말한다. 그러나 단체 혹은 공동체 자체의 의사는 없다. 결국 단체 혹은 공동체를 구성하는 개인의 의사로 환원되기 때문이다. 다만 개인의사의 형태가 다를 뿐이다. 실상과 허상을 구별하여야 한다. 실상은 단체의 의사라는 것은 없으며 구성원이 다수결 혹은 전원합의 방식에 의해 결정된 것을 따르기로 합의한 것이며 그 절차에 따라 결정된 의사가 개인의 의사를 대신하는 것이다. 공동체의 의사라는 것은 각자의 의사밖에 없으나 구성원 간에 공감대가 형성되어 있으므로 공감하고 있는 개인의사sympathetic individual will를 공동체의사라고 부르는 것으로 이는 의제적 artificial 표현일 뿐이다. 문학에서 흔히 의인화하는 것과 같다. 말로 표현하는 것이 불가능하거나 오해를 불러올 수 있고 더 효과적으로 의미를 전달해 주기 때문이다. 성인들이 비유적 표현을 많이 사용하는 이유도 될 것이다.[31)]

단체의 의사는 명시적이나 공동체의 의사는 묵시적이다. 길가는 어린이를 돌봐 주는 것, 가정에서 어머니를 위해 가사 일을 도와 주는 것은 명시적 합의에 의해 하는 것이 아니라 어린이와 어머니의 어려운 사정을 공감하여 도와주는 것이다. John Rawls는 정의론a theory of justice에서 정의의 원천으로 인간사회의 원초적 상태initial quo를 가정하는데 이 원초적 사회, 즉 공동체는 바로 공감대 위해 형성된 사회인 것이다. 이 공동체가 사회의 기초를 형성한다. 그러므로 법과 정의의 기초는 공동체이며 법의 타당성 근거를 공동체의 공감대에서 구한다.

---

31) 영어에서 의제된 인격을 "person"이라 하고 자연인을 human이라고 하여 구별하여 사용한다. 우리나라 법에서 "人"이 영어의 "person"에 해당하는 말이다. 그러나 일반적으로는 "人"이라고 하면 사람, 즉 자연인을 가리킨다. person은 연극에서 役character과 같은 의미다. 자연인은 수많은 역을 가지고 있는 것이다. 가족의 일원이고 사회의 일원이며, 국가의 일원인 것과 같다.

19. 금지행위와 권장행위

"하지 않아야 할 것을 함"으로써 결과를 초래하는 관계로 파악되는 행위와 "해야 할 것을 하지 않음"으로써 결과를 초래하는 관계로 파악되는 행위가 구별된다. 전자는 금지하는 것을 위반하는 것이고, 후자는 권장하는 것을 하지 않는 것이다. 그러나 권장하는 "것" 혹은 금지하는 "것"을 하지 않는 것이라는 점에서는 동일한 성격을 갖는다. 법적 의무, 즉 해야 하거나 하지 않아야 할 법적 명령을 위반하는 행위는 불법행위 혹은 위법행위인 것이다.

20. 작위와 부작위

한편 행위를 적극적인 것과 소극적인 것으로 파악할 수 있다. 적극적 형태의 행위를 작위commission, 소극적 형태의 행위를 부작위omission라고 한다.[32] 부작위 행위의 경우를 예로 들면 얕은 연못(어린이의 키보다 깊으나 어른의 키보다 얕은)에 빠진 어린이를 본 행인(어른)이 그 어린이를 건져주지 않은 행동과 그 어린이의 익사와의 관계를 행위로 파악하는 것이다. 마찬가지로 근접한 곳에서 발생한 경미한 화재를 목격한 행인이, 그러나 인근에는 그 행인 이외에는 아무도 없는 상황에서 불을 끄지 않고 지나친 결과 대형 화재로 발전하여 많은 인명과 재산에 피해가 발생한 경우도 부작위의 예로 들 수 있다. 그러므로 어린이와 같이 본인의 잘못으로 연못에 빠졌거나, 타인에 의해 방화를 하였거나, 나아가서 자연력에 의한 것이거나 어떤 위험이 발생된 상태에서 그것을 방치한 결과 그로 인해 발생한 바람직하지 않은 결과 사이를 행위로 파악하는 것이 부작위인 것이다.

32) 作爲와 不作爲를 措定(a)와 反正(non-a)의 관계로 보는 견해가 있다(Radbruch). 또한 작위는 금지되어 있는 것을 행하는 것이고 부작위는 요구되어 있는 것을 행하지 않는 것이라고 보는 견해도 있다. 그러나 단순히 논리적인 조정과 반정으로 보거나 규범을 기준으로 판단할 일이 아니다. 이렇게 보면 모든 법의 위반행위는 부작위로 보아야 한다. 예를 들면 과세의무를 이행하지 않는 것과 같이 요구되어 있는 것을 행하지 않는 것도 부작위 행위이다. 그러므로 작위는 원인을 야기함으로써 바람직하지 않은 결과를 초래하는 행위형태를 말하는 것이고, 부작위는 타인이 방화한 것을 소화하지 않은 것과 같이 이미 야기된 위험을 방지하지 않음으로써 바람직하지 않은 결과를 초래하는 행위형태를 말하는 것이다.

과학기술자의 법 위반행위는 부작위인 경우가 많다. 회사에 근무하는 과학기술자나 사업주가 시키는 일이 공중public에 위해를 가할 것이 명확한 것을 알면서도 그대로 방치한 경우를 생각하면 쉽게 알 수 있다.

21. 착한 사마리안 조항

법은 이론상 이와 같은 부작위를 행위의 한 형태로 파악하므로 규정을 두지 않더라도 법적 책임이 발생하지만 명확히 하거나 제한적인 입장을 취하기 위해 부작위에 관한 규정을 따로 두는 경우가 있다. 이와 같은 부작위에 관한 규정을 "착한 사마리안 조항the good samaritan clause"라고 한다. 이것은 다음과 같은 성경 이야기에서 근거한다.[33]

> 어떤 사람이 예루살렘에서 예리고로 내려가다가 강도들을 만났다. 강도들이 그의 옷을 벗기고 상처를 입혀 거의 죽게 된 것을 버려두고 갔다. 마침 한 제사장이 그 길을 내려가다가 그 사람을 보고 피하여 지나갔다. 이와 같이 레위 사람도 그 곳에 이르러 그 사람을 피하여 지나갔다. 그러나 한 사마리아 사람이 그 길을 지나가다가 그를 보고 측은한 마음이 들어 가까이 가서 그 상처를 감람유와 포도주를 붓고 싸맨 후에 자기 짐승에 태워 여관으로 데리고 가서 돌보아 주었다. 다음 날 그는 두 데나리온을 꺼내어 여관 주인에게 주며 "이 사람을 돌보아 주시오. 비용이 더 들면 내가 돌아오는 길에 갚겠소"라고 말했다.

그러나 법은 이와 같은 부작위를 범죄로 파악하는 것에 관해 제한적인 입장을 취한다. 부작위를 넓게 볼 경우 모든 사람은 항상 모든 것에 관해 부작위에 의한 책임이 있다 할 수 있기 때문이다. 사실 모든 사물은 어떤 원인에 의하여 어떤 결과를 향해 계속 움직이고 있는 인과관계 속에 있다고 볼 수 있다. 원인은 수없이 이 순간에도 생기고 있으며 결과를 생산하면서 진행하고 있다. 그러나 인간에게는 모든 것에 관해 바람직하지 않은 결과를 예측하여 그 인과관계를 중단할 능력은 없는 것이다. 결국 인간의 지배력의 한계 내에서 책임을

33) 신약성서 누가복음 10장 30-33절.

질 수밖에 없다. 또한 지배력이 있다하더라도 적절히 한계를 설정할 필요가 있다. 부작위책임은 위험에 관한 원인을 적극적으로 제공한 자가 아니기 때문이다. 따라서 방지해야 할 중대한 필요성이 있을 것critical need, 위험이 자신과 근접한 곳에 있을 것proximity, 위험을 방지할 수 있는 능력이 있을 것ability to help, 자신 만이 그 위험을 방지 할 수 있을 것absence of other source 등 부작위 성립요건을 말한다.[34] 경우에 따라서는 더욱 제한적으로 "보증인적 지위"에 있을 것을 요구한다.[35] 이 입장에 의하면 예를 들어 자신의 고의로 돌릴 수 없는 원인으로 화재가 발생한 경우, "소화할 법률상의 의무를 가지고 있는 자"가 이미 발생한 화재를 이용할 의사로 방화에 필요한 수단을 강구하지 않은 경우에 부작위에 의한 방화죄가 성립하는 것으로 하는 것이다.

22. 자연주의적 행위개념과 의사지배적 행위개념

우리들은 흔히 인식하는 행위를 돌을 던지는 것과 같이 단순한 행동과 그 행동으로 인한 결과를 행위로 이해한다. 물이 흘러가거나 바람이 부는 것과 같은 자연현상과 같이 단순한 사실로만 보는 것이다. 행위를 이와 같이 보면 연못에 빠진 어린이를 건져주지 않는 것, 발생된 화재를 진화하지 않는 것은 행위라고 볼 수 없다. 그러나 연못에 빠진 어린이의 생사가 행인의 행위에 달려있는 상황이므로 "행인"의 부작위가 문제가 되는 것이다. 즉 어린이의 생사가 행인의 지배하에 놓여 있으므로 그 행위가 문제되는 것이다. 전자, 즉 우리가 흔히 생각하는 행위개념을 자연주의적 행위개념이라 하고, 후자와 같이 어떤 상황과 관련하여 인간의 의사 혹은 행동이 어떤 결과를 지배하는 관계로 행위를 파악하는 것을 의사지배적 행위개념이라 한다.

법이나 윤리는 인간이 마음을 다스리고 행동을 바르게 하여 자연과 인간을 해치지 않도록 하는 것을 목적으로 하는 것이므로 자연주의적 행위개념은 의미가 없다. 그러나 인간의 결과지배는 자신의 행동과 관련된 자연의 법칙과 관련되므로 자신의 행위가 자연, 즉 사물과 인간에 미칠 영향을 알아야 자신의 행

34) Michael C. McFarland의 논문 "The Public Health, Safety and Welfare: An Analysis of the Social Responsibilities of Engineers 참조(Prentice Hall, 1991, Ethical Issues in Engineering, pp.159-174).

35) 황산덕, 형법총론, 1981, pp.70-73 참조.

위를 바르게 할 것이므로 사물과 인간의 원리에 관한 탐구를 하여야 할 것이다. 그러나 인간이 사물을 지배함에 있어서 자연주의적 행위개념을 활용한다고 보아야 한다. 다시 말하면 인간의 의사가 자연주의적 행위를 지배하는 것이라 볼 수 있다.

23. 인과관계

한편 행위에 관해서는 몇 가지 논리적 난점이 있다. 예를 들면 앞에서 예로 든 원수를 죽인 결과(원수를 죽인 것이 문제가 아니라 "사람"을 죽인 것이 문제된다)의 원인을 확정할 수 있느냐의 문제이다. 흔히 어떤 것이 없었으면 어떤 것이 발생하지 않았을 것이라는 관계가 있으면 인간관계가 있다고 보는 것이 논리적 인과관계이다. 논리적 인과관계에 의하면 위 예에서 그 원수를 살해한 자를 낳은 어머니에게도 원인으로 볼 수 있을 것이며 심지어는 그 범인을 이 세상에 나오게 한 하느님에게도 원인이 있다고 생각할 수도 있다. 이렇게 생각하면 법적으로 혹은 윤리적으로 의미 있는 원인을 확정할 수 없게 된다.

반대로 원수를 죽인 행동에 관해 그 결과를 보면, 원수가 죽은 것뿐만 아니라 그 가족 나아가서 그가 다니던 직장 등 죽은 자와 관계를 가지고 있던 모든 사람들 나아가서 그가 관계를 맺고 있던 자연에게까지도 한없는 영향이 나타난다. 어떤 것이 그 행동의 결과라고 확정할 수 없다. 결과는 결과를 낳고 이 결과들은 서로 결합되기도 하여 넓고 강하게 그 영향이 확대된다. 장자의 나비의 우화 "The batting of a butterfly's tiny wings in Beijing causes a death from a hurricane in North Carolina"와 같은 "Butterfly Effect"가 나타난다.

24. 공리주의의 윤리적 난점

이 문제는 공리주의utilitarianism[36]의 이론적 난점으로 지적되고 있다. 사회

---

36) 공리주의는 올바른 행위는 최대의 쾌락이나 최소의 고통을 수반하는 행복을 산출하는 효용설doctrine of utility을 근거로 한다. 그러므로 행위의 윤리적 가치는 행위의 결과에 의해 판명된다.

의 효용, 즉 결과에 의해 행위의 윤리적 가치가 평가된다고 말하는 공리주의에 의하면 어떤 행위의 결과를 확정할 수 없으므로 행위 당시에는 그 행위가 도덕적인가를 평가할 수 없는 논리적 모순이 있게 되는 것이다. 그러므로 공리주의에 반해 직관주의intuitionism[37]는 행위의 의사적 가치 혹은 행동의 가치에 도덕적 평가의 기준을 둔다. 어떤 결과를 예측하고 그것이 나쁜 것임을 알면서도 그 결과를 초래할 가능성이 있는 행위를 하는 것, 즉 그 행위의사와 그에 의한 행위가 반가치 판단을 받는 것이다. 이것은 의지의 선함good will에 도덕적 가치를 두는 Kant의 생각과 같다.

25. 법에서의 행위개념

법은 일반적으로 결과에서 출발하여 그 바람직하지 않은 결과에 대한 응보를 하거나 발생한 손해를 배상시키기 위해서 원인을 찾는 실증적인 논리로 구성된다. 공리주의가 결과를 확정할 수 없는 이론적 난점[38]이 있는 것처럼 법은 논리적 인과관계(이것을 조건관계라고도 한다)에 의하면 원인을 확정할 수 없는 문제가 생긴다. 그러므로 법은 특정 결과에 대해서 사회통념상 원인이라고 생각되는 것을 원인으로 여기는 방법에 의하여 해결하고 있다. 이와 같이 행위를 보는 것을 규범적 행위론이라 한다. 행위의 옳고 그름은 통상적인 인간의 결과지배가능성을 기초로 정해지는 규범에 의해 평가되는 것이라고 생각하는 것이다. 법칙공리주의와 유사하다.

---

37) 윤리적 직관주의에 잇어서 옳고 그름은 즉각적으로 깨닫게 되는 것이고 어떤 사람의 행동의 결과나 성과에 의존하지 않고도 확인되어질 수 있다는 생각이다. 즉 행위의 궁극적 결과에 대해서 고려하지 않고도 올바른 행위를 이해할 수 있다는 주장이다.

38) 공리주의의 이론적 난점을 해소하기 위해 Mill은 "결과의 예측에 전적으로 기초해 있는 신중의 격률에 따라 사는" 법칙공리주의를 말한다. 이에 의하면 행위의 옳고 그름은 행동의 규칙으로서 규칙에 의존되는 것이라 한다. 즉, 어떤 행위는 배울 수 있는 일련의 규칙을 따르고 그렇게 할 때 옳다는 것이다. 여기서 법칙은 무엇인가? 자연법을 말하는가 혹은 人法을 말하는가? 자연법을 말하는 것이라고 보아야 한다. 인법을 말하는 것이라면 규범론 혹은 법이론이 되기 때문이다. 그러면 그 결과의 가치는 무엇이고 그 가치는 누가 판단하는가? 결국 결과가치는 행복이고 판단하는 자는 인간내면이다. 이것이 윤리의 필연적 측면을 말하는 것이라면 역시 윤리이론이 될 수 없다. 윤리는 인간의 자유에서 출발하기 때문이다. 그러므로 Mill의 이론은 결국 행복을 가져온다고 생각하고 하는 행위는 옳다는 것이 된다. 그러므로 공리주의가 반대하는 意志의 善을 말하는 것이 된다. 결국 법칙공리주의로는 결과가치에 윤리적 가치를 두는 공리주의이론의 모순을 해결할 수 없다. 박종대 역, 윤리학, 서강대학교 출판부, pp.69, 82-83 참조.

26. 인과적 행위론과 목적적 행위론

한편 규범적 행위론에 의하더라도 행위를 어떻게 규정하느냐가 문제 된다. 행위를 결과에 관한 원인관계로만 보는 경우 행위의 종류를 구별할 수 없는 이론적 난점이 생기기 때문이다. 예를 들어 사람이 죽은 결과를 놓고 볼 때 그 사람을 단순히 폭행하려고 했던 것이 죽음에 이른 것인지, 그 사람을 죽이려고 해서 죽인 것인지 행위의 목적을 고려하지 않으면 행위의 종류를 확정할 수 없는 이론적 난점이 생긴다. 그래서 결과는 실현하고자 하는 목적과 결부시켜 보아야 한다는 것이다. 행위의사의 내용과 관계없이 단순히 행위가 있고 그 행위에 의한 결과가 있으면 되는 것으로 행위를 보는 것을 인과적 행위론이라 하고 행위를 의사의 내용과 그 의사에 의한 결과로 보는 것을 목적적 행위론[39]이라고 한다.

27. 규범적 행위론

한편 행위를 행위의 목적과 결부시켜 행위를 파악하는 목적적 행위론에 의해서도 이론적 난점이 생긴다. 예를 들면 자동차를 운전하던 사람이 부주의하여 행인을 치어 죽게 한 경우, 그 운전자에게는 행인을 죽이고자 하는 의지 혹은 의사가 없기 때문이다. 그런데, 법은 바람직하지 않은 결과 혹은 법이 보호하고자 한 이익(법익)의 침해를 방지하고자 하는 목적을 갖는 것인데 과실의 경우를 처벌할 수 없는 난점이 생기는 것이다. 사람은 항상 어떤 상황에서 바람직한 결과가 발생하지 않도록 하는 주의의무duty of care가 발생하는 것이므로 과실은 그 주의의무를 해태negligence한 것이라고 보는 것에 의해 해결한다. 마찬가지로 의지 있는 행위, 즉 고의행위deliberate behaviour도 사람을 죽여서는 안 된다는 의무를 위반한 것이므로 고의행위나 과실행위는 다 같이 의무를 위반한 행위로 볼 수 있다. 이와 같이 의무를 규범이 기대하는 것으로 범죄행위를 그 기대에 반하는 행위로 보는 것을 규범적 행위normative behaviour론이라고 한다. 즉 법에서의 행위개념은 규범의 기대가능성을 요소로 한다는 생각이다.

39) 목적적 행위론은 독일의 형법학자 Welzel이 주장하는 행위이론이다.

토론과제

과학, 공학. 엔지니어링, 윤리, 법, 자아를 6차원적 세계관으로 구성해 보라.

(토론방법)

- 과학, 공학, 엔지니어링, 법, 자아의 개념을 제 1 장에서 토론한 방식과 같이 도출하여 정리하도록 한다.
- 6차원적 세계관을 앞에서 도출한 개념에 의하여 그림으로 구성하도록 한다. 가능하다면 computer programing 방법을 활용한다.

제 3 장

법과 윤리

1. 네 가지 사고의 틀

우리는 앞으로의 논의를 위해서 공학, 법, 윤리 등이 전체로 아울릴 수 있는 기본적 사고의 틀을 정립할 필요가 있다.

첫째는 통합적 사고이다. 공학, 법학, 윤리학은 각각 특성characteristics을 갖지만 어떤 문제와 관계되는 경우는 통합적인 관계에서 새로운 의미를 갖게 된다.

둘째로는 통찰력insight이다. 통찰력은 근원적인 인식능력 혹은 사고력을 말한다. 엔지니어링은 공학에 공학은 과학에 기초하는 것이므로 공학은 과학에 관한 이해가 있어야 그 진실한 모습을 볼 수 있고 엔지니어링은 공학에 관한 이해가 있어야 자신의 위치를 가늠할 수 있고 창의력이 생긴다. 마찬가지로 법은 윤리에 관한 이해를 가지고 바라보아야 그 의미와 타당성을 알 수 있다. 과학과 공학 혹은 공학과 엔지니어링의 관계는 법과 윤리의 관계와 같다. 근원적인 것에 의해 현실적인 것이 생성되고 의미를 갖게 된다. 현실은 근원에 관한 통찰과 성찰을 통해 끊임없이 생성되고 변용되어 가는 것이다.

셋째는 주체성 혹은 인간중심적인 사고이다. 모든 사회현상은 인간으로부터 나온다. 자연 현상도 단순한 대상만은 아니다. 인간이 그 법칙을 활용하고 영향을 미치고 있는 상호적인 관계에 있는 것이다. 인간은 자연에 주체적으로 참여하고 있다. 우리는 자연을 보고 경험하며 우리의 생각을 자연에 투입시키고 있다.

넷째는 역사성에 관한 편견에서 벗어나는 것이다. 인간이 만든 개념concept

은 역사적인 산물이 된다. 그러나 역사가 자체의 원리를 가지고 인간을 지배한다는 생각은 옳지 않다. 앞에서 Jaspers가 말한 "절대적 일시성absolute transience"에서의 해방이라는 명제와 과학 등 학문과 사회현상은 혁명적 구조를 가지고 있다고 한 Kuhn의 패러다임이론을 곰곰이 생각해 보아야 한다. 그런데 역사는 증거로서 강력한 힘을 갖고 있다. 그러므로 역사성에 의존하는 경향이 강해진다. Socrates나 공자 같은 위대한 정신을 가진 사람들도 전통적인 신화, 관습, 법률을 존중하였다는 사실은 역사의 증서로서의 힘을 증명하는 사례가 될 수 있다. 그러나 역사적 사실은 그 사실 자체에 원리가 있는 것이 아니고 역사적 사실이 현재의 행동에 참고가 될 뿐이다. 현실은 역사적 원리에 의한 것이 아니고 인간성의 원리에서 나오는 것일 것이다.

2. 역사성의 검토

그러나 온고지신溫故知新과 같은 말이 있듯이 법에는 안정성stability의 문제가 있다. 어떤 전통적 관습이 정의롭지 않다 하더라도 그것이 인간의 삶을 크게 위협하지 않는 이상 어느 정도 점진적으로 개선되어 가는 것이 인간을 더 이롭게 할 수 있기 때문이다. 문제는 절대시하는 것이다. 역사를 절대시하는 관념이 인류에게 커다란 영향을 미쳐왔다. 특히 법이나 윤리에 관한 생각에는 이 역사적 관념이 큰 영향을 미치고 있다. 역사적 산물인 실정법에서 법의 근원을 찾는 법실증주의자의 생각에는 Jaspers가 말하는 "절대적 일시성"의 문제가 있다고 할 수 있다.

역사적 사실의 유사성에 의하여 현실을 보는 것은 아날로그analogue적 사고라 할 수 있다. 인간은 자유로운 존재이므로 즉시적으로 선택하고 행동하는 것이고 합목적적合目的的[1]이다. 다만 그 행동의 평가는 그 행동의 진실 여부는 결과의 필연성에 의하여 검증되는 것이다. 사물은 근원에서 끊임없이 생성되고 소멸되는 것이므로 역사성"은 동시성spontaneousness"의 개념으로 전환되어야 하는

1) 합목적성은 digital적인 것인 세계관을 기초로 한다. "digital"은 숫자 혹은 악기의 건반을 의미한다. 피아노의 건반은 독자의 소리를 갖는 것이며 이 건반들이 다양하게 어울려 수많은 음악을 산출해 낸다. 마찬가지로 사물을 각자의 소리를 가지고 있으나 이것들이 어떤 목적에 의해 결합하여서 항상 새로운 것을 산출해 내고 있는 것이라 볼 수 있다.

것이다.

3. 발전과 혁명

역사성과 관련하여 좀더 생각해 보자. 우리는 흔히 변화를 발전이란 의미로 이해한다. 그러나 발전이라는 말은 어떤 최종적으로 달성해야 할 목표가 있고 그것을 향해 점점 나아져 간다는 의미를 가지고 있다. 어떤 목표 혹은 목적을 향한 발전의 관념은 목적론teleology적이다. 그러나 이 목적이라는 것은 관념 혹은 개념에 불과하므로 그것을 객관화 혹은 절대시하는 경우 인간을 속박하는 수단이 된다. 발전은 발견의 의미를 갖는 것으로 보아야 한다. Kuhn이 과학이론의 혁명적 구조를 말하는 것도 사회현상에 적용할 경우 모든 사회현상은 혁명적 구조를 가지고 있다고 할 수 있다. 동양사상에 "명명덕明明德"이라는 말이 있다. 말 그대로 진실은 현재 있지만 모르고 있는 것, 즉 무명을 밝히는 것이지 이상적인 것을 향해 가는 것은 아니다. 발견은 인간에게 주어진 통찰력, 즉 직관에 의존하는 것이다. 공자의 말에 인지생야직人之生也直이라는 말이 있다. 인간의 진실은 덕德에서 나오는 것이라는 말이다.

총체적으로 우리가 말한 "네 가지 사고의 틀"은 현대의 지평에서 공학을 포함한 모든 분야의 학문은 통합적 사고와 통찰력을 요한다는 말로 요약할 수 있다. 통합적 사고는 편견에서 탈피해야 한다는 것이고, 통찰력은 근원성에 관한 믿음과 성찰을 통해 현실을 보아야 한다는 것이다. 다시 말하면 미신에서 탈피해야 한다는 것이다. 우리가 공학의 법학 및 윤리학적 측면을 논의함에 있어서 이 네 가지 사고의 틀을 기본으로 하여 보고자 하는 것이다.

4. 우주적 사고

네 가지 사고의 틀은 동양적 우주관[2]과 관련이 있다. 우주를 모든 사물이

2) Fritjof Capra는 "동양적 세계관의 가장 중요한 특징은 모든 사물과 사건들의 통일성과 공동의 상호관계에 관한 깨달음, 즉 세계의 모든 형상을 기본적인 全一性의 현시로서 체험하는 것이다. 이것을 힌두교에서는 梵이라 하고 불교에서는 *法身*하며 도교에서는 道라고 한다. 우주의

주체성을 가지며 서로 관계를 가지고 변하는 열린 시스템open-system으로 파악하는 것이다. 모든 사물은 근원에서 나오고 근원은 하나로 통일되어 있으며 근원과 사물은 서로 작용하며 항상 변하고 있다는 생각이다. 하나의 사물은 부분이지만 이 부분은 그 하나하나가 전체를 내포하고 그것이 전체를 형성한다고 생각하는 것이다. 또한 각 부분은 상호 대응하여 역동적으로 생성·소멸하는 살아 움직이는 것으로 보는 것이다. 이 동양적 우주관은 관념을 절대시하고 사물을 이 절대관념에 예속되는 죽은 것으로 보는 서양의 Platon적 사고와 다른 것이다. 이 Platon사고가 수 세기 동안 서양사상을 지배하고 오늘날도 그 영향력을 발휘하고 있는 것이다.

5. 혼돈과 질서

우주universe를 세계cosmos라고도 한다. 그러나 "세계"는 질서cosmos를 가리킨다. 그러므로 우주를 세계라고 할 경우 우주를 컴퓨터와 같은 폐쇄 시스템closed-system으로 보게 한다. 그런데 "우주"는 질서뿐만 아니라 혼돈chaos까지를 포함한다. 그러므로 혼돈까지를 포함하는 우주를 세계라고 하는 것은 부적합하다. 우주를 세계라고 하는 것에는 우주가 질서적인 면만 있다는 생각이 들어 있다. 오히려 근원적인 것은 혼돈상태다. 질서는 형태가 있으나 혼돈은 형태가 없다. Anaximandros(610-547 B.C.)는 우주의 근본물질을 사방팔방으로 무한히 물질의 재료를 제공하고 회수하는 무한한 기금과 같은 "무한자"라고 보았다. Socrates가 무지ignorance를 강조한 것은 Anaximandros의 "무한자"를 생각한 것인지도 모른다. Anaximandros의 무한자는 동양적 우주관으로 말하면 "태극"과 같다 할 수 있다. 질서는 명시적이며 타율적이고 절대적이다. 혼돈은 묵시적이며

근본적인 전일성은 또한 현대물리학의 가장 중요한 발견 중의 하나다. 量子論은 근본적으로 물리적 현상을 관찰자와 분리된 대상이라는 개념을 버리고 관찰자의 개념을 참여자로서 대치시키기 시작했으며 이 세계를 기술하는 데 인간의 의식을 포함시키는 것이 필요하다는 것까지 깨닫고 있다. 그것은 전체와의 연결을 통해서만 정의되는 물리적·정신적 관계들의 상호 연결망으로서 우주를 보게 되었다는 것이다"라고 말하고 다음과 같은 Lama Anagarika Govinda의 말을 인용하고 있다. "佛敎徒는 독립적으로 또는 외따로 존재하는 바깥 세계가 있다고 믿지 않는다. 그에게 있어서 그 역동적 힘 속에 자신을 삽입시킨다고 믿지 않는다. 그에게 있어서 외적인 세계와 내적인 세계는 동일한 직물의 양면에 불과하다. 그 안에서 모든 힘과 사건들, 의식의 형태와 그 대상물의 실낱들이 서로 연관지어져 하나의 분리될 수 없는 끝없는 망으로 짜여지고 있다."

자율적이고 상대적이다. 하나의 질서는 혼돈 속에서 나오는 것이며, 질서는 모순을 노정하면 혼돈 속으로 소멸하며 새로운 질서 속으로 나옴으로써 모순을 해결한다.

공자는 "시詩에서 '솔개는 하늘에서 비상하는데 고기는 못에서 뛰어 오르누나' 했는데 이것은 도가 위와 아래로 나타남을 말한 것이다. 군자의 도는 필부에게서부터 발단되지만 그 지극한 데에 이르러선 천지에 나타난다"고 말했는데 앞에서 말한 동양적 우주관을 말한 것이다.

이와 같은 역동적·개방적·통일적 우주관은 불교, 도교, 유교 등 동양적 우주관에서 발견되는 것이지만 초기 그리스의 밀레토스학파의 사상에서 발견할 수 있다. 과학의 아버지라고 하는 Thales도 이 학파에 속하는데, 물질은 신성 godhead으로 충만해 있다고 하였으며, Anaximandros가 인체가 공기에 의해 유지되듯이 우주는 우주의 숨결인 영혼에 의해 지탱되는 일종의 유기체라고 한 것, 우주는 부단히 변화하고 영원히 생성하는 것, 우주 내의 모든 변화는 대립자들의 역학적이며 주기적인 상호작용으로부터 일어나는 것인데 이 대립자의 쌍을 하나의 통일체라고 한 Heracleitos의 사상에서 볼 수 있다. 이와 같은 그리스 초기의 사상 및 동양적 사고가 주목을 받는 것은 현대 원자물리학에서 나타나는 모순도 상대적인 우주관에 의해서만 설명이 가능하다고 한다. 개인은 혹은 자아가 수없이 쪼개진 분야 혹은 역할로 분열되어 갈등을 일으키고 국가나 법의 예속된 존재로 파악하는 인문·사회학도 사정은 마찬가지이다.

6. 철학적 사변의 필요성

이와 같이 사변적이라 할 수 있는 말을 하는 이유는 이러한 편견 혹은 미신 때문에 공학 및 산업을 포함한 모든 분야가 각기 나누어 자기의 생각만 함으로써 환경파괴, 대량 살상무기, 기아와 빈곤, 인간성의 파괴와 같은 종말론적 과제를 노정하고 있는 것이다. 어떻게 보면 "공학법제와 윤리"라는 강의의 진정한 주제는 위에서 말한 인식에 도달하여 과학기술, 법 및 윤리에 관한 우리의 편견과 미신을 제거하고자 하는 작업이라 할 수 있다. 다소 거창하고 고상한 이야기일 수 있다. 그러나 거창한 이야기가 아니다. 우리가 크게 인식하지 못하나 우리를 둘러싸고 있는 환경이다. 그만큼 우리의 사고와 감정은 경직되어 있거나 편견 혹은 미신으로 채워져 있다고 할 수 있다. 우리의 주변 이야기로부터 시작해서 거창한 이야기로 연결해 보자.

학생들이 대학에서 공부하는 것은 여러 가지 목적이 있다. 대부분 현실적 목적일 것이다. 가장 비근한 예가 취직을 위해 필요하기 때문이라고 볼 수 있다. 좋은 학점을 따야 좋은 직장에 갈 수 있기 때문에 좋은 학점을 따기 위해 공부하는 것이 1차적 목직이 되는 것이다. 물론, 취직한 다음에 능력을 인정받아야 승진할 수 있고 높은 보수를 받을 수 있으므로 실력을 쌓기 위해 공부를 열심히 하는 것이 2차적 목적이라 할 수 있다. 그러나 지금 우리가 논의하고 있는 공학의 윤리적·법학적 검토는 2차적 목적과는 관계가 없는 것처럼 보인다. 법은 그나마 혹시 업무와 관련하여 골치 아픈 법 문제에 휘말리는 것을 피할 방어수단으로 관심을 가질 수 있다. 그러나 윤리는 쓸모 없는 잔소리로 들릴 가능성이 많다. 경제력 혹은 사회적 지위가 모든 것을 해결해 주는 시대적 상황에서는 어쩔 수 없는 것이라는 생각을 한다. 그러나 취업을 위해서 혹은 사회적 지위를 얻기 위해서 공부한다고 생각하면 썩 기분 좋은 말은 아닐 것이다. 더욱이 사회가 이것을 얻기 위한 경쟁체제로 되어 있다는 생각에 이르면 이것이 우리가 바라는 세상인가라는 생각을 하기도 할 것이다. 현실적인 성공을 거둔 다음에 자기의 모습을 떠올릴 때 혹은 자신의 인생이 어려움에 처했을 때 과연, 경제적 성공으로 만족할 수 있을 가하는 생각도 하게 될 것이다. 우리는 현실 속의 존재이므로 현실이 그렇다면 그에 순응할 수밖에 없으나 현실이 바람직하지 않을 경우 개선되기를 바라는 희망을 버릴 수는 없을 것이다. 순수성, 희망 등은 청년 더욱이 지성인의 특권이라는 것은 여러 사람이 말했다. 그 이유는 청년기의 육체적·정신적 특성을 즐겨야 한다는 것은 아닐 것이다.

J. S. Mill(1806-1873)은 “모든 인간은 고귀함을 느끼는 능력을 가지고 태어나지만 어린 싹처럼 매우 연약하여 쉽게 상한다. 젊은이들은 자신의 인생이 걸린 직업이 고상함을 느끼는 능력을 발휘하는데 호의적이지 않을 경우, 더욱 쉽게 이 능력이 없어진다”라고 말했다. 그런 점에서 학생 시기의 이상적 사고는 중요하다. 아마 오늘날과 같은 사회에서 이 시기가 고상한 생각, 인간과 세계의 근본, 인간의 희망에 관한 생각을 해볼 수 있는 유일한 시기일 수 있고, 그것이 후에 인생을 행복하게 사는데 자양분이 될 것이라는 생각을 해본다. 또한 세계

와 사물을 보는 통찰력이 자신의 직업적 성공에 도움이 될 수도 있다. 미국에서 성공한 과학기술자로 알려진 Florman은 엔지니어의 길을 가다가 잠시 철학과 문학을 공부하기 위해 엔지니어의 길에서 벗어난 적이 있었다. 다시 엔지니어의 길로 들어섰는데, 후에 자신이 직업적으로 성공할 수 있었던 것은 잠시 이탈했던 시기의 철학과 문학을 통해서 얻은 지식이 큰 도움이 되었다고 말했다. 우리는 인생을 격렬하게 살다가도 잠시 뒤돌아보는 여유를 가질 수 있어야 한다. 그래야 거짓된 삶에서 벗어날 수 있다고 본다. 이 잠시 뒤돌아 볼 수 있는 여유와 사고력은 청년기에 길러진다고 본다. 과학기술자 나아가서 모든 사회의 구성원이 이런 여유를 가질 때 사회는 진실해지고 보다 살기 좋은 세상이 될 것이라고 생각한다. 고상한 문제도 거창한 문제가 아니게 되고, 고상한 문제가 우리의 것이 아니라는 생각에서 벗어날 때 진실한 삶이 전개 될 것이다.

이제 우리의 주제로 다시 돌아가기로 하자. 우리는 이제 성숙한 사고를 할 수 있다. "네 개의 사고의 틀"과 "우주적 사고"라는 생각에 도달했기 때문이다.

7. 법적 세계관

법의 세계는 Aristoteles가 정치학에 의해 모든 학문의 정당성이 확보 된다[3]고 하는 것처럼 상위의 개념을 통해 하위개념의 정당성을 확보하려고 한다. 법은 헌법에서 정당성을 찾는다. 그러나 헌법은 어떤 개념에서 정당성을 찾는가를 물으면 어색해진다. 그러므로 근본규범basic norm[4]을 말한다. 그러나 근본규범은 어디에 근거하여 정당성을 찾는가하고 물으면 또다시 어색해 진다. 개념만으로 통일된 법이론을 구성하는 데서 나온 논리의 한계이다.

가정family과 국가의 관계를 생각해 보자. 흔히 국가는 가정보다 상위에 있는 것이라고 생각한다. 최상의 질서에 의해 그 밑은 질서는 내포되어 있으므로 최상의 것으로부터 정당성을 확보하는 것이다. 그러므로 가정의 질서는 국가의

3) Aristotle의 Nicomachos Ethics(최명관 역, 니코마코스 윤리학), pp.31-59 참조.

4) 법실증주의자인 Kelsen이 헌법의 효력을 설명하기 위해 도입한 개념이다. 그에 의하면 선험적·논리적 전제라고 하고 다음과 같이 말한다. "하나의 규범의 효력근거에 대한 모색이 결과에 대한 원인을 찾는 것처럼 끝없이 갈 수는 없다. 이 모색은 최후·최고의 규범으로 전제된 하나의 규범에서 끝나지 않으면 안 된다. 이 규범의 효력은 더 이상 더 높은 규범에서 이끌어 내어질 수 없으며 그 효력의 근거는 더 이상 문제될 수 없다"라고 말한다. 최종고의 법학통론, 1990, p.108 참조.

질서 속에 있으며, 법률은 헌법질서 속에 있는 것이다. 아리스토텔레스의 말처럼 모든 학문은 정치학의 질서 속에 있는 것으로 파악한다. 그러나 국가가 가정에 우선한다는 생각은 어색하다. 잘못하면 국가를 위해서는 가정은 희생되어도 좋다는 말이 되기 때문이다. 가정과 국가를 구성하는 것은 같은 개인 individuals, 즉 성원member이다. 정확히 말하면 인간human이다. 개인은 가정의 일원이기도 하고 국가의 일원이기도 하다. 이 개인이 국가를 만들기도 하고 만들어진 국가를 유지하며, 그 국가를 개혁하기도 파괴하기도 한다. 그러므로 가정, 국가 등은 개인에 의하여 관계지어지고 움직이는 것이다. 전체는 부분으로 되어 있고 부분은 전체를 움직인다. 그러므로 국가가 가정 혹은 개인보다 우월하다고 할 수 없다. 다만 국가적인 일은 가정의 일보다 자신의 행복의 증진을 위해 더 가치 있는 일이 있을 것이다. 그러나 국가이기 때문이 아니고 국가적 일이 자신에게 더 가치가 있기 때문이다. 개인이 혼자서 사는 것보다는 협동하며 사는 것이 낳기 때문에 국가가 존재하는 것이지 협동 자체를 위해 국가가 있는 것은 아니다.

8. 자연법칙과 규범

"법法"이라는 말의 한자의 의미는 "본받을 것"이라는 의미가 있다. 그러므로 "규범"이라는 의미를 가진 말이라 할 수 있다. 규범은 인간의 행위에 관한 말이다. 그러나 법이라는 말을 이와 같이 단순히 이해해서는 안 된다. "법"이란 말이 가지고 있는 가장 넓은 의미는 규칙rule이라는 의미일 것이다. 건강법, 요리법, 옷 입는 법, 공부하는 법, 물체의 운동법칙 등에서 법이 갖는 의미이다. 인간의 행위에 관한 것뿐만 아니라 천체의 운동법칙과 같은 자연법칙을 포함하여 법이라 한다.

그러므로 인간의 법칙은 자연법과 규범을 구별해 볼 수 있다. 그러나 자연법칙을 인간이 활용할 수 있고 인간의 행위에 의해 자연이 영향을 받는 관계에서 보면 인간의 규범과 자연법칙을 분리해서 생각할 수 없다. 우리가 집을 짓는 것도 자연원리를 활용하여 집을 짓는 것이다. 인간의 규범과 자연법칙이 결합되는 것이다. 생각이 여기에 미치면 인간과 자연을 분리해서 생각하는 것이 이원론적 편견에 사로잡혀 있는 것인지도 모른다. 동양사상은 자아를 우주적인 생명인 범梵과 같이 본다. 그러므로 자연과 인간을 구별하지 않는 것이다.

9. 자유와 필연

그러면 자연법과 규범은 무엇에 의해 구별되는가? 인간의 자유의지를 전제로 하는 것이 규범이며 인간의 자유의지가 개입되지 않는 필연법칙이 자연법이다. 그러면 인간도 필연성의 지배를 받는 존재인데 자연의 필연성에서 이탈하는 인간의 자유는 무엇인가? 생각이 여기에 미치면 혼란스러워진다. 인간이 자연과 하나라면 인간의 행위도 자연의 필연법칙에 의해 움직이는 것으로 보아야 하기 때문이다. 그러므로 생각을 달리 해야 한다. 인간의 자유는 분명히 있는 것이며 자연의 필연법칙도 있는 것이다. 그러나 자유는 필연은 상호 연관되어 있다고 생각하는 것이다. Epicurus는 Democritus의 원자론에 입각하여 "영혼도 원자로 되어 있으며 원자운동을 한다. 그러나 원자운동은 일률적으로 밑으로 떨어지는 운동만 하는 것이 아니라, 자발적으로 이탈하거나 방향을 바꾸는 불규칙 운동도 한다. 그러므로 필연이 악일 경우 필연에 따를 필요는 없다"라고 하였다. 자유와 필연을 설명한 것으로 큰 의미가 있지만, 자유를 불규칙 운동으로 보는 것은 어색하다. 우주를 물질적 일원론으로 보는 데서 나오는 어색함이다. 자유와 필연, 삶과 죽음, 유와 무, 적극positive과 소극negative, 논리와 비논리를 통합하는 일원론으로서만이 해결할 수 있는 문제이다.

인간의 행위는 자유성liberty와 필연성necessity을 동시에 갖는다. 좀더 부연하여 설명하면, "외적 힘"은 힘을 행사하는 쪽에서 보면 자유성을 갖는다고 할 수 있으나 강제력을 받는 사람의 쪽에서 보면 필연성을 갖는다고 할 수 있다. 인간은 자유의사에 의해 행동하지만 그 행위는 필연성에 의해 타당성을 확보하게 된다. 그러므로 자유는 적극적인positive 것이라 하면 필연성은 소극적인 negative 것이다. 전등을 발명하는 것은 자유이나, 그것의 효용은 필연성에 의해 평가되는 것이다.

10. 자유와 책임

그러므로 인간의 행위의 본질은 인간의 자유의지free will에 있으며 이것은 적극적인 것이고 생성적인 것이다. 그러나 인간의 행위는 소극적인 측면을 갖는다. 이 소극적인 측면은 필연성의 원리에 의한다. 인간의 행위는 자신을 해치거나(과도한 음주로 몸이 상한 경우와 같다), 자연을 해치거나 다른 사람에게 피해를 주는 등 영향을 미친다. 그러므로 자아로부터 질책을 받거나 자연의 응징(환경피해가 생존을 위협하는 경우와 같다) 다른 사람으로부터 질책 혹은 응징을 받게 된다. 이 소극적인 측면은 필연성이다. 물론 피해를 입은 사람은 자유의지에 의해 비난하거나 응징하지 않을 수 있다. 그러나 인간의 심성은 싫은 일을 좋다고 하지는 않는다. 그러므로 결국 인간의 심성의 필연성에 의해 응징을 받는다. 그러므로 인간의 행위는 소극적 측면, 즉 필연성을 갖는다. 그러므로 인간은 자신의 행위의 결과를 예견하고 그 결과의 가치를 판단하여 자신에게 이익interest이 되는 행위를 선택하는 것이지만 선택에 따른 책임이 필연성에서 의해 생기는 것이다. 도덕적 책임은 필연성에 의해 생기지만 자신을 성찰하는 자율적인 것이라는 특성을 갖는다. 자신의 자아[5]에 대한 책임이다.

11. 행위의 평가

그런데 다른 사람의 행위를 도덕적으로 평가하고 도덕적 책임을 지우는 경우가 있다. 자연의 응징을 신이 인간의 행위를 평가한다고 생각하는 것이다. 다른 사람은 다른 사람을 평가하여 응징하는 것이다. 그러므로 이것은 앞에서 말한 자신의 자아에 대한 책임인 도덕적 책임과는 다른 것이다. 법적 책임과 같다. 평가하는 사람이 자신의 외부에 있다.

어떤 사람이 행위를 하도록 강제한 행위에 대한 도덕적 평가는 어떻게 할 것인가? 우선 자유의지에 의한 것인가가 문제된다. 강제하는 사람은 자유의사에 의하여 행동하지만, 강제를 당하는 사람은 자유의사에 의하는 것이 아니다. 강

5) “자신”과 “자아”를 구별할 필요가 있다. 자신은 개별적 자아를 말한다. 자아는 더 깊은 내면에서 우주와 통하는 보편자이며 개별적 자아를 바라보는 존재다.

제는 두려움과 같은 인간의 심리를 활용하는 것이다. 물리적인 운동과 같다 할 수 있다. 자유의지가 인간의 행위의 본질이므로 자유의지에 의하지 않은 물리적인 작용은 행위가 아니다. 인간을 도구로 사용하는 것이라 할 수 있다.

한편 강제와 두려움을 구별하는 사람이 있다. 두려움에 의한 행위는 자발적인 행위, 즉 자유의지에 의한 행위이지만 강제에 의한 행위는 자발적인 것이 아니라고 구별한다. Thomas Aquinas(1225-1274)는 "두려움 혹은 욕심에 의한 행위는 두려운 것을 피하기 위해 혹은 어떤 욕심이 지향하는 목적을 위해 한 것이므로 자발적인 것이지만, 강압에 의한 행위는 자발적인 것이 아니다"라고 말한다. 그러므로 전자는 비윤리적unmoral or immoral이지만 후자는 초윤리적인amoral[6] 것이다. 그러므로 후자의 행위는 자유의지에 의하지 않은 것이므로 도덕적 비난으로부터 자유롭지만 전자는 자유의지에 의한 것이므로 도덕적 비난으로부터 자유롭지 않다고 한다. 그러나 Aristoteles는 과도한 고통이나 "고도한 고통"[7]이 두려워서 한 행위는 자유의지에 의하지 않은 비자발적인 행위involuntary action라고 한다. 자유의지를 도덕적 책임의 근거로 보는 점에서 양자는 같으나 무엇이 자유의지인가에 대한 견해의 차이다. Aristoteles은 이성에 기초하여 자유의지를 보고 있으나 Aquinas는 신의 질서의 반영인 자연법[8]에 의해 말하고 있다. 그러므로 Aquinas는 자유의사에 의한 행위라도 도덕적 평가를 달리한다. 그는 행위는 顯示된 행위overt act, 동기motive, 행위가 미치는 영향consequence-bearing circumstances로 구성된다고 하고 이 구성요소에 의해 자발적 행위voluntary action라고 도덕적 평가가 달라진다고 말한다. 다음과 같은 예를 들어 설명하고 있다.

어떤 사람이 처음으로 발표할 논문의 초고를 제출하였는데 그는 이 논문이 잘 알려지지 않은 同學relatively unknown colleague에게서 도움을 받았다는 사실을 밝힌 경우와 잘 알려진 同學distinguished colleague에게서 도움을 받았으나 그 사실을 밝히지 않은 경우를 비교하여, 전자의 경우는 행위에 정직성이 현시되어

---

6) 초윤리적amoral이라는 말은 옳음과 선에 관한 판단능력이 없는 사람의 상태를 가리키는 말이다. 그러나 기계의 동작과 같이 자유의지에 의하지 않은 것을 형용하는 데도 사용된다. "번개가 치는 것은 초도덕적인 것이다"라고 말하는 것과 같다.

7) Aristotle은 "과도한 고통excessive pain"은 이성적인 행위가 아니고 무지에서 나온 것이고 외부적 힘에 의한 것이라고 본다. "과도한"이라는 말은 결핍된 것과 과도한 것을 이성에서 나온 것이 아니라고 보는 것은 그의 중용golden mean사상에서 나온 것이다.

8) Aquinas는 인간은 자연적 행복만 있는 것이 아니고 하느님에서 오는 행복이 있다고 말한다. 즉 진리의 근원은 두 가지가 있다, 전자는 인간의 기능faculty이 제공하는 것이지만 후자는 신이 啓示한다고 말한다. 이 신의 계시를 자연법이라고 한다. 그러므로 자연법은 신이 인간이 사용하도록 만든 것이다.

있고 그 동기는 동학에 대한 감사gratitude의 마음에서 나온 것이고 결과적으로 논문을 발표할 수 없게 되었다 하더라도 도움을 준 동학에 피해를 준 것은 아니다. 그러나 후자의 경우는 정직하지 않은 것이고 그 동기는 자신을 위해 동학의 도움을 이용한 것이고 결과적으로 그 동학에게 피해를 준 것이다. 전자의 경우에서 도움을 받았다는 사실을 밝힌 것이나 후자의 경우에서 도움을 받았다는 사실을 밝히지 않은 것은 다같이 자발적인 행위이나 전자의 경우가 도덕적으로 우월한 행위라고 말한다.[9)]

"너희 가운데서 누가 걱정한다고 해서 제 수명을 한 순간이라도 늘릴 수 있느냐? 믿음이 적은 사람들아, 오늘 있다가 내일 아궁이에 들어갈 들풀도 하느님께서 이와 같이 입히시거든 하물며 너희들을 입히시지 않겠느냐?"[10)]와 같이 인간은 신에 대한 믿음을 갖고 신의 뜻에 따라야 하는 것이다. 그러므로 두려움은 자신을 위한 것이고 믿음이 없는 마음에서 나온 것이다. 자연법에 따르지 않은 것이 되고 그러므로 자유의지에 의한 것이 아니라고 보게 되는 것이다. 그러므로 결국 신의 뜻을 따르는 것이 자유의지라고 보는 것이다.

Aquinas가 말하는 바와 같이 신의 섭리 혹은 자연의 섭리에 따라야 하는 것이지만 신의 계시에 의하여 인간의 행위를 평가하는 것은 결국 법적인 사고이다. 신법 혹은 자연법에 따라 인간을 평가하려는 것이기 때문이다. 도덕적 책임은 자신의 자아에 대한 책임이다. 그러므로 신의 계시는 다른 사람이 말하는 것이 아니고 자아가 듣는 소리일 것이고, 자연의 소리도 자연이 말하는 것이 아니고 자아가 느끼고 듣는 것이다.

12. 자연법과 윤리

인간은 필연성의 지배를 받는 존재이다. 그러므로 인간을 움직이는 자연적 힘이 무엇인가를 아는 것이 인간과 관련한 사회현상을 잘 이해할 수 있는 방법이 될 수 있다. 인간은 내면적 자연력에 의해 스스로 움직이기도 하지만 외부의 자연력에 의해 움직이기도 한다. 스스로 행동하도록 만드는 것은 내적 힘internal power이고 어쩔 수 없이 행동하도록 하는 힘은 외적 힘external power이

9) Great Tradition in Ethics, p.109.

10) 마태복음 6장 30절-32절.

라고 할 수 있다.[11] 자연법에서 내적 힘과 외적 힘은 서로 반응하며 연결된 하나이기 때문이다.[12]

사람을 움직이게 하는 "내적 힘"은 이익interests이라고 할 수 있다. 여기서 이익은 반드시 물질적 이익만을 의미하는 것으로 보아서는 안 된다. 그러므로 사람이 갖는 관심interest이라고 이해하는 것이 무난하다. 그 관심은 사람마다 다를 수 있으므로 이익이 무엇이라고 규정할 수는 없다. 그런데 자신의 이익을 위하는 행위가 다른 사람을 해치거나, 자연을 해치거나, 나아가서 우주적 생명을 해치거나 하면 다른 사람으로부터, 자연으로부터, 우주적 생명으로부터 제재를 받는 것이다. 이것을 외적 제재external sanction라고 할 수 있다. 외적 제재는 필연적인 응보의 성격을 갖는다. 동시에 그것은 인간의 내적 제재로 나타난다. 자아실현의 불만족 혹은 가책을 느낀다. 이것이 내적 제재internal sanction이다. 이 가책 혹은 불만족이 다시는 그와 같은 바람직하지 않은 결과가 나타나지 않도록 반성하여 행동하는 것이다.

그러나 인간은 내적 제재를 받을 만큼 항상 도덕적이지 않다. 그러므로 인간이 이 자연의 제재, 다른 사람의 제재로부터 해방되고 자신을 실현하기 위하여서는 자연의 원리 및 인간의 원리를 탐구하고 성찰하여 그 원리에 맞게 행동해야 하는 당위가 생기는 것이다. 이것이 윤리적 의무 혹은 도덕적 의무라고 할 수 있다. 동양사상에서는 천명天命, 즉 가장 근본적인 생명을 성性이라 하고, 성에 따르는 것을 도道라 한다. 이 도를 어기면 제재를 받는 것이므로 "도"는 "외적 힘"이고 "외적 제재"라고 할 수 있다. 그러므로 "도"는 "자연법"이라 할 수 있다. 그리고 "도"에 맞게 행동하도록 수련된 "내적 힘"을 "덕"이라 할 수 있다. 그러므로 "덕"은 바른 것을 선택하는 습관에 의하여 형성된다고 한다.[13] 한편 자신에게 이익이 된다고 생각하는 것이 옳다는 믿음이 있어야 이익을 추구하는 힘이 생긴다. 그러므로 믿음이 내적 힘의 근원이라고 할 수 있다. 그러

11) Saint Augustine은 "인간은 진리를 사랑하고 진리 속에서 진리인 신을 발견하게 된다. 사람은 내면적 체험과 강한 믿음을 통해 진리에 도달할 수 있다. 그러므로 진리에 도달하기 위해서는 우선 믿음을 가져야 한다. 이성을 초월한 영혼으로 신을 보게 된다. 그러므로 믿음, 진정한 지식, 신비적 투시력mystical vision이 신을 만나는 단계이다." Augustine이 이성과 구별하여 말하는 "신비적 투시력mystical vision"은 Aquinas가 말한 "종교적 체험에서 나타나는 직관immediate intuitions in religious experience"을 말하는 것이다. 공자가 말하는 直心, 화엄경에서 "信은 道의 근원이요. 공덕의 어머니로서 모든 善의 뿌리를 길러낸다"하고, 능엄경에서 "보는 것이 곧 진심이고, 본다는 것은 마음으로 보는 것이다"라고 한 말들과 상통한다.

12) 주 2) 참조.

13) Aristoteles가 한 말이다.

므로 바른 믿음을 갖기 위해서는 끊임없이 성찰하고 경험하여야 하는 것이다. 그래서 화엄경은 "믿음은 도의 근원이요, 공덕의 어머니로서 모든 선의 뿌리를 길러낸다"라고 말한다.

13. 힘과 원리

흔히 법이나 윤리를 원리 혹은 원칙을 말하는 것으로 이해하고 있다. 그러나 힘이 뒷받침되지 않는 원리는 의미가 없으며, 원리principle가 없는 힘power은 의미가 없다. 힘인 원이고 원리인 힘이라고 보아야 한다. 인간에게는 이성과 감성이 있다. 이 감성이 인간을 행동하게 하는 원천이다. David Hume은 "살인이 악이라고 할 경우 이 악이 살인행위 자체에 객관적으로 존재하는 것이 아니고 살인행위에 대한 불찬동의 감정이 가슴 속에 생기기 전에는 악은 존재하지 않는다. 형사재판에서 피의자가 혐의 사실을 반증하거나 그 반증을 정당화하기 위해 지적 기능intellectual faculty을 활용하는 것은 사실이지만 이성 자체는 인간을 행동하게 하는 기능을 가지고 있는 것이 아니므로 도덕의 원천이라 할 수 없다"라고 말한다.[14)]

14. 제도적 의미의 윤리와 법

법과 윤리를 제도화하는 것에 따라 개념적인 법과 윤리가 나타난다. 이것을 제도적 의미[15)]의 법과 윤리라고 하겠다. 앞에서 우리가 검토한 자연적 의미의 법과 윤리는 필연적인 힘 혹은 원리로 파악하는 것이다. 그러므로 제도적 의미의 법과 윤리는 인위적인 법과 윤리라고 파악할 수 있다. 그러나 제도적 의미의 윤리에 관해서는 의문이 있을 수 있다. 윤리는 법과 같이 제도적으로 정하는 것이 아니고 본래 비실정적인 것이기 때문이다. 윤리감정ethos와 같이 법의 타당성의 근거로 작용하고 있으므로 그런 의미에서 제도에 투입되고 있다. 그러

---

14) Great Tradition in Ethics Chapter 9 "Conscience in Morality" 참조.

15) "제도적"이라는 말은 이미 마련된arranged 것이라는 뜻이므로 "실정적positive"이라는 뜻으로 이해하여도 된다.

므로 윤리가 법의 타당근거로 작용하는 경우 그 윤리는 제도로서 변용되는 것이라 볼 수 있다. 법과 윤리는 적극positive과 소극negative의 관계에서 서로 작용하는 하나의 시스템으로 보는 관점이다.

15. 윤리배제적 법체제

제도적으로 법과 윤리의 관계를 설정하는 방법 중의 하나는 법을 윤리와는 관계없는 것으로 하는 것이다. 윤리배제적exclusive of morality 법체제라 하겠다. 이 체제에서의 법적 책임은 사회방위 책임 혹은 강제 혹은 은보의 성격을 갖는다.[16] 윤리는 자율이므로 강제, 즉 타율은 윤리적인 것이 아니기 때문이다. 법적 책임에 의해 실현하고자 하는 것은 사회정책적인 타율에 의한 사회방위이다. 윤리와 법을 자율과 타율로 구별하는 입자에서 법은 원래 강압적인 성질을 가진 것으로 보게 된다. 법실증주의 사상과 결합될 경우 법이 지배계급의 강압수단으로 작용할 수 있다.[17]

16. 윤리적 법체제

또 하나는 법을 윤리에 기초하는 것으로 하는 것이다. 윤리적 법체제라 할 수 있다. 이 법체제에서의 법적 책임은 공동체적 책임의 성격을 갖게 되고, 법적 책임에 의하여 실현하고자 하는 것은 윤리적 공동체 성원의 자유 혹은 권리 보호이며 그 실현방법은 권리침해에 대한 도덕적 비난이다. 도덕적 비난이므로 도덕적 능력이 없는 초윤리적amoral인 사람에 대해서는 비난하지 않는다. 비윤리적 행위를 비난함에 있어서도 관용적인 태도를 취한다. 인간의 존엄 혹은 자

16) Lombroso는 범죄는 질병과 같이 사람의 선천적 소질에서 오는 필연적 현상이므로 이에 대한 형벌도 치료적 입장에서 과하여야 한다고 주장하고, Ferri는 범죄는 범인의 개인적 원인, 즉 성격·유전 등에서 뿐만 아니라 보다 더 중요한 것은 그 환경을 형성하는 사회적 원인에서 발생하는 것이라 하여 범죄의 사회학적 연구의 필요성을 강조했다. 한편 Garofalo는 범죄는 성실의 결여에서 오는 것이라고 보고 범죄심리학적 연구의 필요성을 강조하였다. 이상의 이론은 실증주의positivism철학에 근거하고 있다.

17) 법실증주의자인 Kelsen은 근본규범을 말하고 근본규범은 형이상학적인 논리적 전제를 말하므로 윤리배제적인 법을 말하는 것은 아니다.

유를 중히 여기기 때문이다.

17. 이원적 법체제

한편 윤리적 법과 윤리배제적 법을 동시에 가지는 체제가 있다. 윤리를 기초로 하는 공동체적 법에서는 비난할 수 없지만 질서의 유지를 목적으로 하는 단체법의 입장에서는 위험할 수 있기 때문이다. 그러므로 초도덕인 사람을 관용하는 것이 아니라 사회방위 차원에서 조치하는 법을 동시에 가지는 것이다. 여기서는 초도덕인 사람은 사회방위를 위해 추방 혹은 감호 등의 조치를 취할 대상으로 보게 된다.[18)]

윤리법과 윤리 배제적 법의 공존의 근원은 Aristoteles의 다음 말에서 찾을 수 있다. "인간정신에는 이성적인 부분과 이성에 의하여 억제할 수 없는 비이성적인 부분이 있다. 그러므로 비이성적인 부분은 이성이 아닌 다른 힘에 그 억제를 맡겨야 한다"고 말한다. 여기서 이성이 아닌 다른 힘은 강제를 말한다고 할 수 있다.

전근대적인 법이 근대를 통해 윤리에 근거하는 법으로 전환되어 점점 윤리를 법의 기초로 하는 부분이 확대되어 왔으나 강력하고 효과적인 질서유지가 필요한 부분에 관해서는 윤리 배제적 법을 가지고 있는 것이다.

18. 살아 있는 법

법은 미래의 행위자 혹은 미래에 행위를 평가할 자에게 어떤 기준을 제시할 필요성에서 개념화conceptuation가 필요하기 때문에 규범성을 가진다. 그러나 법을 규범으로 보는 것에서 나오는 나쁜 점은 법을 객관적으로 실재하는 것으로 보거나, 법 자체가 힘을 가지고 있는 자동 시스템automatic system으로 생각하게 만드는 위험이 있다. 그러나 법과 윤리는 외부에 존재하는 것이 아니라

18) 사회보호법은 "이 법은 죄를 범한 자로서 재범의 위험이 있고 특수한 교육 개선 및 치료가 필요하다고 인정되는 자에 대하여 보호처분을 함으로써 사회복귀를 촉진하고 사회를 보호함을 목적으로 한다"라고 규정하고 있다.

사회의 성원의 마음속에 편재ubiquity하고 있는 것이다. 법은 윤리에 근원을 가지고 사회성원의 마음속에서 끊임없이 새롭게 태어나고 변용되어 가는 것이다.[19)]

19. 법의 해석 및 적용

법은 규범성을 갖고 그 규범은 누군가가 정하는 것이고 언어로 표시되며 일반적으로 규정되므로 구체적 사안에 적용하기 위해서는 해석을 요한다. 그러나 입법자의 의도를 알 수 있을까? 언어는 입법자의 의도를 명확히 알 수 있을 만큼 완벽하지 않다. 그리고 반드시 입법자의 의도에 구속되어야 하는 것인가? 어떻게 보면 법의 해석은 자기가 생각하는 것을 입법자의 의도라고 가장하여 해석하는 것이라고 볼 수 있다. 그 해석이 다른 사람의 생각과 다르면 논란이 생긴다. 그러면 그 논란은 해결될 수 있는 것인가? 언어가 갖는 의미의 폭 내에서 해석할 것이나 사람마다 그 의미가 일치하지 않는다. 결국 공감을 많이 얻는 주장이 승리할 것이다. 그러므로 법이 만든 개념이 실재하는 것이라는 생각은 허망한 것이다. 그것을 만든 사람의 생각이 언어라는 매개체를 통해 사람들의 생각과 사람들의 공감 속에 존재하는 것이라고 보아야 한다. 다만 언어라는 것을 통해 어느 정도 제약장치를 설정한 것이 성문법의 역할이라고 보아야 한다. 그러나 법을 해석하여 적용한다하더라도 입법자의 의도가 그릇된 것이면 어떤가? 우리는 여기서 공동체community의 묵시적 합의tacit agreement로서의 정의justice가 법의 근원이라는 신념을 놓쳐서는 안 된다. 정의에 관해서는 제6장에서 좀더 상세히 논의하기로 한다.

19) 법규범이 법공동체 내에서 준수되고 관철되는 기회를 다분히 보유한 때에만 그 법이 유효하다 할 수 있다. 그러므로 법은 이러한 적용가능성 내에서 하나의 사실적 요소를 갖는다. 국가에 의하여 보장된 법의 특수성은 그 법이 준수되지 않을 경우 법에 의하여 조직된 강제절차를 통하여 관철될 수 있는 확실한 가능성을 가졌다는 점에 있다. 그러나 이 가능성은 자연법칙의 필연성에 따라 가해진다는 것은 아니다. 오히려 규범의 관철이 고도의 개연성을 가지고 있다는 것을 의미할 뿐이다. 김형배 역, 법학방법론, pp.20-22 참조.

20. 자아실현으로서의 윤리

윤리를 자아의 실현이라고 할 때 인간은 자기만을 위해 행동하는 것으로 생각하기 쉽지만 사실은 자연과 사회를 전제로 하지 않는 행동은 의미가 없다. 인간은 사회 속의 자아 및 자연 속의 자아를 실현하기 위해 행동하는 것이라고 할 수 있다. 자연과 사회를 분리하여 생각하기 쉽지만, 실은 사회는 자연을 포함하는 것이다. 인간의 행위는 자연법칙을 활용하고, 자연에 영향을 미친다. 우리가 지은 건축물도 인간의 자유의사에 의해 자연법칙을 구현한 것이라 할 수 있다. 물론 사람의 행동원칙을 정한 것과 같은 정신적인 것으로만 된 구축물도 있다. 법과 같은 사회제도social arrangements가 그렇다. 그러나 그것도 자세히 들여다보면 자연법칙인 인체의 원리, 심리에 관한 것이 구현되어 있고, 나아가서 우주관이 구현되어 있음을 보게 된다.

21. 행위로서의 윤리

흔히 윤리를 이성moral reason에 의하여 도출된 윤리원리moral principles로 보기 쉽다. 그러나 윤리는 오히려 힘이고 "나"를 실현하기 위한 행위 자체가 윤리이다. 윤리를 원리로 보는 것은 윤리를 규범으로 보게 만든다. 즉 수단으로 보게 만든다. 그러나 윤리는 자족적인 것이고 그러므로 행위action 자체이다.[20] 왕양명이 주관적인 행위의 적극적인 교정에 의하여 선천적인 도덕능력을 최대한 발휘하는 것을 윤리라고 보는 것과 같다. 동양사상에서도 도道는 밖으로부터 얻어지는 외물外物이 아니라 자기 안에 있는 성性에 말미암아 온 것이라고 생각한다.

20) Aristoteles은 행복을 최고선이라 하고 최종적이므로 다른 것을 달성하기 위한 수단이 될 수 없는 그 자체 가치가 있는 자족적인self-sufficient 것이라 한다.

22. 사회 속의 나

"사회 속의 나"는 사회의 다른 성원이 내포된 것이다. 즉 나를 위하는 것이 남을 위하는 것이 되고, 남을 위하는 것이 나를 위하는 것이 되는 관계에 있다. "자신이 서려고 하는 데에 남도 세울 것이요, 자신이 달하려고 하는 데에 남도 달하게 할 것이다"라고 한 공자의 말, "백성이 좋아하는 것이 좋은 것이며 백성이 싫어하는 것이 싫은 것이다. 이것을 두고 백성의 부모라 한다"는 유교의 친민親民사상과 같다. "너의 의지의 격률maxim이 언제나 동시에 보편적인 입법의 원리로서 적용할 수 있도록 행위하라"고 한 Kant의 도덕률과도 같다. 남을 위한다는 것이 나를 위하는 것이 된다는 말은 현실적 논리로는 모순된다. 그러나 "나"와 "남"이 근원에서 통일되어 있다고 생각하면 논리적 모순이 아니다. 그러므로 자기지향적self-directed이고 자기충족self-sufficiency으로 실현된다는 것은 동시에 자비benevolence 혹은 이타를 행하는 행동인 것이다.

동양사상에 "대아"라는 말이 있다. 나와 남을 포괄하여 나로 파악하는 것이다. 그리고 이 대아는 자연도 포함된다. 환경을 파괴하면 인간에게도 해가 된다는 것은 우리는 알고 있다. 그러므로 자연 혹은 우주는 인간과 분리되어 있는 것은 아니다. 자아는 우주적 존재이기 때문이다. 물론 인간은 항상 완전한 존재는 아니므로 이기적일 수 있다. 그러나 이기적 자아에서는 진정한 행복을 얻을 수 없다. 거창한 말을 하지 않아도 우리는 일상생활에서도 단견으로 나를 위하는 행동이 결국은 나를 위하는 행동이 되지 않는 것을 쉽게 볼 수 있다.

23. 현재지향적인 윤리

우리는 현재뿐만 아니라 미래를 생각한다. 미래의 조건을 생각하고 미래의 행동 원칙을 정하여 남에게 권장 혹은 명령하기도 한다. 법이 규범성을 갖는 것은 이런 이유일 것이다. 그러나 윤리는 자기지향적이고 내면적인 것이므로 남에게 권장하거나 명령하지 않는다. 과거는 증거로서 자신의 의사결정에 영향을 미칠 뿐이며 중요한 것은 현재의 선한 행위이다.

24. 법과 윤리

그러나 법은 미래의 행동 원칙을 제시하여 그에 따르도록 하고 있다. 그러므로 그 법을 적용할 때는 그 법은 이미 과거의 것이다. 그러나 그 법의 타당성은 현재에 있다. 그러므로 윤리는 타당한 법을 발견하는 역할을 하는 것이다. 그러나 법의 발견을 통해 이 규범이 실정되면 그 때는 이미 윤리가 아닌 것이다. 도덕경에서 "도를 도라고 말하면 그것은 늘 그러한 도가 아니다. 이름을 이름 지우면 그것은 늘 그러한 이름이 아니다"라고 한 것은 이 이치를 말하는 것이다. 실정된 법은 늘 변하는 여건에 따라 소용이 없는 것이 될 수 있다. 타인 지향적인 법의 어쩔 수 없는 특성이다.

윤리가 새로운 법 원리를 발견하는 것은 인간이 아닌 어떤 목적을 가지고 하는 것이 아니다. 인간이라는 알 수 없는 생명의 샘에 촉수를 드리우고 인간에게 좋은 것을 끊임없이 깨닫고 길러 올리는 것과 같다. 선과 악의 판단에 관한 객관적 기준은 은 없다. 선은 인간의 개념을 초월한 실존적인 것이고 즉시적인 것이다.

25. 법적 책임의 특성

H.L.A. Hart[21]는 법적 책임의 특성으로 역할책임role-responsibility, 원인책임causal-responsibility, 배상책임liability-responsibility, 능력책임capacity-responsibility을 들고 있다. 법을 기계라고 하고, 법의 적용을 받는 사회의 성원을 기계의 부속parts이라고 생각하여 Hart가 말하는 법의 특성을 적용해 보면 Hart가 말하는 네 가지 법적 책임을 쉽게 이해할 수 있다. 기계는 각 부속에 역할이 주어지고 그 역할이 기능함으로써 돌아간다. 역할책임이라 할 수 있다. 실제로 법이 잘 돌아가도록 하기 위해서는 그 돌아가는 원리를 각 구성원이 알 고 있어야 하는 하므로 성문법을 통해 공표한다. 그런데 기계의 부속이 제 기능을 하지 않으면 수리를 해야 한다. 법적 책임은 이 수리와 관련된다. 수리를 하여 원상을 회복

21) 저서로 Concept of law와 Punishment and Responsibility가 있다.

하기 위한 것이다. 기계를 수리하기 위해서는 원인을 찾아야 하는데(원인책임), 그 원인은 기계를 설계할 때 주어진 어떤 부품의 기능, 즉 역할의 이상을 찾는 것이고(역할책임), 그 원인이 되는 부적절한 역할을 찾은 후에는 그것을 수리해야 하는데 그것은 그 부적절한 역할의 원상을 회복을 하는 것(형벌 및 배상)이다. 그런데 부품이 원래 불량한 경우에는 그 부품의 수리는 불가능하다(능력책임). 여기서 우리는 중요한 사실을 알게 된다. 법은 설계자의 생각에서 벗어나지 못하는 폐쇄적인 것이고 스스로 고장을 치유하여 스스로 돌아가는 자율기계가 아니라는 것이다. 또한 기계를 설계하고 제작하고 운전하고 수리하는 자가 기계 외부에 있다는 사실이다. 그러므로 법을 Hart와 같이 보는 경우에는 법은 타율시스템이고 폐쇄시스템이다.

그러나 살아 있는 법을 말하는 사람들은 법을 이와 같이 보지 않는다. 법은 사회성원의 마음 속에 편재ubiquity하는 것이며 그것은 윤리와 교감하면서 자동적으로 변화하는 것이다.

26. 입헌민주제

한편 법을 자율시스템으로 하려는 시도를 한다. 입헌민주제constitutional democracy가 그것이다. 법을 국민이 뽑은 대표자가 만든다고 보면 그렇게 보인다. 국민이 뽑은 대표자가 법을 만들도록 함으로써 자기가 자기를 규율하는 것이 되므로 타율이 아니라는 것이다. 그러나 대표자를 뽑는 절차 자체도 법으로 정하는 것이므로 어쩔 수 없이 타율이고 폐쇄시스템인 것이다. 그러므로 법이 개방적이고 자율적이기 위해서는 법을 윤리와 접목시키는 것이다.

이 문제에 관해서는 두 가지 생각이 있다. 하나는 Hans Kelsen이 말하는 것과 같이 최고의 법인 헌법에 "근본규범basic norm"을 만들어 부착시킴으로써 이것으로 하여금 입헌민주제를 구현하게 하면 된다는 생각이다. 그러나 근본규범 자체도 개념인 것이므로 법의 폐쇄성은 벗어날 수 없다. 결국 법이 개방적인 자율시스템이 되게 하기 위해서는 윤리시스템에 의하여 수시로 변용될 수 있고 생명력을 수혈 받는 시스템으로 만드는 것이다. Radbruch가 말하는 "사실의 규범력normative Kraft des Faktischen"이 이것을 말하는 것이라고 볼 수 있다. 그러나 Radbruch가 말하는 것은 법의 사실적 필연성을 말하는 것이므로 실정법적인 원리는 아니다. 그러므로 변덕스러운 지배자가 정의에 입각하지 않을 경우 법의 윤리적합성은 확보되지 않는다. 결국 최종적으로 인간이 의존할 수 있는 곳은 Jaspers가 말한 바와 같은 "극기를 통한 개인의 독립성"과 "지식과 더불어 자라나는 개인의 자유의식," 즉 사회성원의 덕성이라고 할 수밖에 없다. Jaspers의 생각과 유사하게 John Rawls는 다음과 같이 말한다.

질서정연한 사회well-ordered society, 즉 정의가 지배하는 사회에서의 성원들은 정의의 원칙들이 요구하는대로 행위하고자 하는 강력하고도 정상적인 욕구를 가지게 된다. 다시 말하면 제도들이 정의로울 경우 그러한 체제에 가담하는 사람들은 그에 상응하는 정의감과 그 체제를 유지하기 위해 그들의 본분을 다하려는 욕구를 갖게 된다. 그러므로 하나의 정의관이 다른 정의관보다 더 안정적이라 함은 그것이 일으키는 정의감이 보다 강하고 분열가능성을 진압할 가능성이 더욱 크다는 것을 말한다. 그리고 안정성은 불관용자intolerant에 대한 관용toleration과 밀접한 관련이 있다. 자유를 보호받고 정의로운 헌법으로 인해 이득을 받는 사람들은 별다른 사정이 없는 경우에는 불관용자라 하더라도 어느 기간에 걸쳐서 헌법에 대한 충성심을 갖게 된다는 심리학적인 원칙에 의하여 내적 안정성이 달성된다.

27. 윤리에 관한 John Ladd의 견해

John Ladd는 Hart가 말하는 법의 특성과 대비되는 윤리적 책임의 특성을 다음과 같이 말한다. 윤리적 책임은 역할책임과 같이 배타적exclusive 책임이 아니라 비배타적non-exclusive 책임, 즉 집단책임collective-responsibility의 특성을 가지며, 인과책임과 같이 사후 구제적backward-looking 책임이 아니라 사전 예방적forward-looking 책임인 특성을 가진다고 말한다.

한편 Hart의 견해에 대해서는 Hart가 단체corporation는 심리적 책임능력이 없음을 들어 법적 책임이 발생하지 않는다고 한 것은 법적 책임과 도덕적 책임을 혼동하는 데서 나온 것이라고 지적한다.[22]

22) Ethical Issues in Engineering, pp.26-39(이태식・위성윤 역, 엔지니어 윤리학, pp.63-86).

28. 단체의 책임

John Ladd는 단체corporate의 윤리적 책임능력에 관해 다음과 같이 말하고 있다.

법적 측면에서는 회사도 법인격을 갖지만 법과 도덕은 혼동되어서는 안 되기 때문에 법인격이 있다고 해서 회사가 도덕적 인격을 갖는 것은 아니다. (중략) 회사는 일반적으로 도덕적 의사결정 및 도덕적 행동을 할 수 없는 것이 필연적이다. 회사의 합리적 행동이 어쩔 수 없이 회사의 목적인 이익의 창출에 묶여 있다면, 회사는 도덕적 고려에 근거한 행동은 있을 수 없기 때문이다. 결국 나의 분석의 본질은 회사를 그 회사를 구성하는 자연인과 명확히 구별하는 것이다.

그러나 단체corporation는 여러 사람으로 이루어진 조직이라는 점에서는 개인individual과 다르지만 여러 사람이 어떤 조직원리에 의해 구성된 개인의 다른 형태라고 볼 수 있다.[23] 조직원리에 의해 단체의 성원에게 권한과 책임이 배문되고 단체의 권리는 각 성원에게 귀속하는 관계일 뿐이다. 그러므로 개인이 단체적 원리에 의해 행동하는 것이다. 단체가 실재하는 것으로 보고 단체와 단체를 구성하는 개인을 구별하여 보는 것은 오류이다. Ladd는 회사와 같은 단체를 그 구성원을 초월한 추상적 존재이므로 단체는 의사능력이 없다고 보는 것 같다. 그러나 단체는 추상적 존재가 아니다. 법인이라는 것이 추상적인 것이다. 단체의 법인격은 법기술적인 추상적이지만 단체는 개인이 모여서 된 실재하는 것이다. 큰 단체들이 사회를 지배하는 현대사회에서 단체의 윤리적 책임을 부인하는 것은 부당하다.

---

23) 단체는 법인legal person과 혼동하는 경향이 있다. 법인을 의제인artificial person으로 보는 savigny의 이론이 유명하다. 최종고의 법학통론, 1990, pp.361-364 참조.

29. 윤리적 책임의 특성

(1) 내면적 구속력

윤리적 책임이 능력책임의 특성을 갖는 것에 관해 검토해 보자. 이를 위해서는 비도덕적인unmoral 사람과 초도덕적인amoral 사람을 구별힐 필요가 있다. 비도덕적인 사람은 사물에 관한 판단능력을 가지고 있다. 그러므로 자신이 나쁜 짓을 할 경우 양심의 가책을 느낀다. 그러나 초도덕적인 사람은 이러한 능력이 없는 사람이다. 자유의지를 갖는 사람이 아니라고 본다. 그러므로 윤리의 세계에서는 배제된다.

(2) 의무감과 책임감

욕구와 만족 혹은 불만족 사이에는 의무감과 책임감이 작용한다. 스스로 선을 얻고자 욕구하면 그 욕구를 충족시키기 위해 무엇을 해야 하고 무엇을 하지 않아야 한다는 생각을 할 것이다. 이 무엇을 해야 되고 무엇을 하지 않아야 한다는 생각이 의무감이라 할 수 있다. 그러나 이 의무감에 의하여 행동한 결과 선을 얻지 못했다면, 선을 얻고자 하는 욕구로 인해 무엇이 잘못되었는가를 반성하여 그것을 개선하여 자기가 바라는 욕구를 충족시키려는 노력을 할 것이다. 이것이 책임감이다. 그러나 내면적인 고통pain, 즉 제재sanction와 책임responsibility은 구별된다. 책임은 고통, 즉 제재를 받는 지위position를 말한다. 도덕의 세계에서는 스스로 욕구하고 스스로 욕구하는 것이며 스스로 의무감을 느끼고 스스로 책임감을 느끼는 것이다. 스스로가 행위자이고 스스로가 입법자이고 스스로가 재판관인 것이다. 그러나 법의 세계에서는 자기가 아닌 타인이 나에게 요구하고, 나에 대한 제재수단을 가지고 있으며, 의무를 부과하고, 의무위반을 판단하여, 책임을 나에게 돌려 제재를 가하는 것이다.

(3) 선 의 지

도덕의 세계는 선한 의욕(의지)과 만족이라는 두 개의 축에 의하여 움직인다. 그러므로 악한 의지를 가지고 행동했는데 결과가 선하다고 만족하는 것은 논리상 맞지 않다. 선한 의지의 결과가 스스로 선하다고 생각하므로 만족하는 것이다. 마찬가지로 선한 의지를 가졌는데 스스로 생각하기에 악한 결과를 가져온 경우도 만족할 수 없다.

그런데 결과는 나중에 나타나므로 행위 당시에는 "선한 의지"를 가지고 한 행위가 실제로 선한 것인지는 알 수 없다. 만족이라는 것은 없다. 선한 의지를 가지고 행동한 결과 선한 결과가 나타나면 만족하는 것이고 악한 결과가 나타나면 불만족, 즉 고통을 받는다. 그러나 선하다고 생각하고 행위하는 것이 중요하다. 이 생각이 없으면 선한 결과, 즉 만족도 없기 때문이다.

(4) 결과와 선의지

예를 들면 사슴을 잡기 위해 총을 쏘았으나 사슴을 맞춘 것이 아니라 엉뚱하게 평소 자신이 죽이고 싶은 원수가 그 총에 맞아 죽은 경우에, 원수가 죽은 결과에 대해 악의에 의한 것인가? 그러므로 윤리적 책임이 발생하는가의 문제이다. Thomas Aquinas는 다음과 같이 말한다.

악한 결과를 인식하지 못했으나 인식하였더라면 그 결과의 발생을 의욕하였을 것이라고 생각되는 경우는 그 결과에 대한 책임에서 자유롭지 않다. 또한 악한 결과를 인식하지 못했으나 결과에 대한 인식을 하지 못한 것이 그 결과를 의도적으로 알려고 하지 않은 경우에도 무지를 의도적으로 가장한 것이므로 그 결과에 대한 의지를 가지고 있다고 보아야 한다. 또한 악한 결과의 발생을 알 수 있었거나 알아야 할 의무가 있는 경우에도 결과에 대한 책임에서 자유로울 수 없다

그러나 자기가 어떤 사람을 죽이려고 마음을 가진 자체는 이미 결과가 발생하지 않더라도 악한 것이다. 결과와 결부시켜 의지의 선악 혹은 책임을 판단하는 것은 법적 사고이다. 법은 결과가 선결문제고 그것과 관련하여 의지의 선을 고려하여 비난하는 것이다. 결과가 객관적으로 선하면 문제로 삼지 않으며 악한 결과가 발생한 경우 그 결과에 대한 의지를 가지고 있었느냐를 문제 삼는다. Thomas Aquinas는 도덕을 신법 혹은 자연법에의 참여로 보는 사람이다. 그러므로 자연법에 합당한가를 따지는 법적 사고가 스며들어 있음을 알 수 있다.

(5) 공 동 선

인간은 악한 결과에 만족하는 사람도 있을 수 있다는 말은 성립하지 않는다. 인간은 선, 즉 좋은 것을 추구하는 존재이기 때문이다. 그러나 각자가 무엇을 선으로 보는지는 알 수 없다. 따라서 선의 객관적 근거는 없다고 할 수 있다. 그러므로 사회의 공동선은 성립할 수가 없다고 할 수 있다. 그러나 무엇을 선으로 보는 가는 사람마다 다른 것이 아니고 내가 선으로 생각하는 것은 다른 사람도 선이라고 생각한다고 믿어야 한다. 그렇지 않으면 공동선에 관한 근거가 없기 때문이다. 인간은 본질적으로 대아이다.

(6) 자유의지

앞에서 말한 바와 같이 Thomas Aquinas는 자발적 행위voluntary[24]에서 도덕적 책임의 근거를 찾고 강압에 의한 행위는 비자발적 행위이고 두려움에 의한 행위는 자발적인 행위라고 한다.

강압에 의한 행위의 경우는 자발적 행위가 아니므로 도덕적 책임이 없다고 할 수 있다. 그러나 두려움에 의한 행위는 두려움을 피하기 위한 자발적인 행위이므로 도덕적 책임에서 자유로울 수 없다.

중국고전인 大學에 나오는 말 가운데 "선한 것을 알고知止, 이것에 마음을 정하여有定, 동요하지 않게 되고能靜, 마음이 편안하게 되어야能安, 사려 깊게 대처할 수 있게 되어能慮, 선을 얻을 수 있다. "能得"라는 말이 있다. 여기서 "사려 깊게 대저할 수 있는 능력"이 판단능력에 해당된다고 볼 수 있다. 그런데 사려 깊게 대처할 수 있는 능력이 생기기 위해서는 마음을 정하여 동요하지 않게 되어 편안하게 되는 상태가 되어야 한다고 말하고 있다. 결국 마음의 문제이다. 사려 깊은 사람은 선을 얻을 수 있는 것이고 그렇지 못한 사람은 선을 얻을 수 없을 것이다. 강압이 있더라도 자유로울 수 있는 사람이 있을 수 있다. 윤리의 세계에서 두려움을 극복하는 것이 옳고 두려움을 극복하지 못하면 그르다고 할 일은 아니다. 사려 깊은 사람은 선을 얻을 수 있는 것이고 사려 깊지 못한 사람은 선을 얻지 못할 것이다. 오직 자연의 섭리만이 판단하는 것이며 그 판단은 묵시적으로 전달될 것이다. 신의 뜻을 예단할 일은 아니다.[25]

24) 자발적인 행위는 자유로운 의지free will에 의한 행위를 말한다.

25) Aquinas는 자연법을 신이 인간이 활용하도록 만든 것God makes natural laws available to

그러나 법에서는 자신이 정한 기준이 있으므로 그것에 의해 도덕적 책임을 묻는다. 그러나 이 경우에도 무제한적인 도덕적 책임을 묻는 것은 아니다. 평균적 인간을 기준으로 한다. 대표적인 인간이 극복할 수 없는 두려움에 의한 행위는 초도덕적 행위로 보는 것이다. 그러므로 그런 경우에는 처벌을 하지 않는 것이다.

(7) 자비심benevolence

윤리는 자아의 실현을 목적으로 한다고 보면 남과 전혀 관계가 없는 것인가 하는 의문이 생긴다. 그러나 윤리적 의무를 인식하고 책임감을 느끼는 것이 내면적인 것이라는 것이지 윤리적 의무감이 타인과 관련이 없다는 말은 아니다. 유교에서 말하는 남을 딱하고 가엾어 하는 마음惻隱之心, 부끄러워 하는 마음羞惡之心, 겸손하여 받지 아니하거나 응하지 않는 마음辭讓之心, 옳고 그름을 아는 마음是非之心, 소위 사단四端은 남과 관련된 마음인 것이다.

(8) 내 면 성

외재적 힘에 대항하는 것이 윤리문제인가 하는 의문이 생긴다. 논의의 주제는 다르나 탁석산 교수는 한국의 주체성이라는 책에서 윤리는 내면적 문제만은 아니라고 말하고 있다. 그러나 윤리는 어디까지나 내면적 문제라고 보아야 할 것이다. 역시 법과 윤리를 혼동하는 것이라 볼 수 있다. 우리는 강제력에 대항하는 것은 결국 내가 남에 대해 강제력을 행사하는 것, 즉 타율이라 할 수 있으므로 외부의 강압에 저항하는 것은 윤리가 아니라고 보는 것이다. 저항하는 것은 법의 문제이다.

힘 있는 자가 강제력에 의해 부당한 사회의 가치를 지배하는 경우 우리가 우리의 가치를 보호하기 위해서는 그보다 우월한 강제력을 기르는 방법에 의해야 하는 것인가? 윤리의 본령은 내면화 작업이라 할 수 있지 않는가? … 노예라 해도 영혼은 자유로울 수 있다는 것, 목숨을 빼앗을 수는 있을지라도 신념을 꺾지 못한다는 것, 이런 것들이 정신의 특성이다. 그러므로 주체성이 (즉 윤리가) 내면적 특성을 갖는다는 데는 아무도 이의를 달지 않을 것이다. 문제는

---

humans이라고 예단하고 있다.

주체성을 내면성에 한정하는 데 있다. 주체적인 태도나 자세는 외적으로 표출되어야 한다. 내면에만 머무는 주체성은 도사나 선사의 세계와 비슷할지 몰라도 현실을 살아가는 우리에게는 너무나 고상하고 다다르기 어렵다.

Socrates 경우는 어떤가? Socrates는 신을 모독한 죄로 기소되었다. 그러나 사실은 신을 모독한 것이 아니고 정치적 반대세력의 음모에 의한 부당한 것이었다. 그러므로 재판에서는 자기가 신을 모독한 죄로 기소된 것의 부당성을 다음과 같이 말하였다.

익살스런 표현을 쓴다면 나는 한결같이 여러분을 붙잡고 각성시키고, 설득하고, 비난함으로써 여러분을 돕는 신이 보낸 쇠파리(성가신 사람)이다. 그러므로 단잠에서 갑자기 깨어난 사람같이 화를 벌컥 내면서 나를 쉽게 죽이고 싶을 것이다. 그러나 나를 죽이면 여러분은 나머지 평생을 깨어 있지 못하고 잠자면서 보내게 될 것이다.

Socrates는 법이 정당하기를 바란 것이다. 그러나 사형선고를 받았다. 재판관에게 공손하게 변론을 함으로써 자신을 구할 수도 있었고, 친구들의 도움으로 감옥을 도망쳐 부당한 법의 집행을 모면할 수도 있었다. 그러나 사형선고를 순순히 받아들여 독배를 마셨다. 자신의 변론을 통해 말한 것처럼 부당한 법이었으므로 자신을 반성하고 뉘우치는 도덕적 고통은 없었다. 그러나 Socrates는 "나는 합법적인 적자로 태어나서 아테네의 시민이 되고, 아버지의 양육을 받을 수 있게 만든 법률에 감사한다"라고 말한 것처럼 아테네의 법을 존중하였기 때문에 법의 명령에 따랐다. Socrates의 이와 같은 태도에 대해 "재판에 의한 자살 judicial suicide"이라고 평가하는 사람들도 있다. Socrates가 부당한 법에 대한 저항권을 행사하지 않은 것을 비판하는 말일 것이다. 그러나 법률에 대한 감사와 신에 대한 소명감을 손상시키고 싶지 않은 도덕적인 행위였을 것이다.

30. 저 항 권

법에서 저항권을 인정하는 경우가 있다. 즉 악법인 경우 국민이나 법원은 법으로서의 효력을 부인할 수 있다고 규정하는 것이다. 그러나 저항권의 근거를 윤리에서 찾는 입장과 법에서 찾는 입장으로 나누어 볼 수 있다. 그러나 후자의 입장이 옳다고 본다. 법은 부당한 법의 실효성 측면에서 도덕 감정moral ethos 혹은 법 감정legal ethos에 반하고 부당한 권력을 그것을 개선하는 절차를 장악하고 있는 경우 정상적인 방법에 의해서는 개선이 불가능하므로 법이 저항권을 인정하는 것이다. 부당한 법은 도덕 감정이 작용하여 그것을 따르지 않을 것이므로 실효성이 없을 것이다. 이런 점에서는 윤리감정이 작용하는 것이나 법에서 저항권을 인정하는 것과 구별하여야 한다. 저항권을 인정하는 것은 어디까지나 법이다. 법이 윤리적 타당성을 결한 경우 법관이 그 효력을 부인 할 수 있다고 본다. 그러나 법관이 그 효력을 부인하여 적용하지 않는 것은 윤리가 아니라 법적 행위이다.

31. 법적 책임의 특성

(1) 외부적 구속력

한편 법적 책임은 본질적으로 이와 같은 내적 의무감과는 관계없이 법에서 보호하고자 하는 이익이 침해된 경우 그에 상응하는 외부제재external sanction를 법을 주관하는 자로부터 받는 것을 말한다. 그러므로 도덕적 책임과 법적 책임은 다른 것이다.

(2) 윤리적 비난

도덕적 책임을 전제로 법적 책임을 부여하는 경우가 있다. 앞에서 언급한 바와 같이 사물을 이해understanding하고, 판단reasoning하여, 자신의 행위를 조종control할 심리적 능력이 없는 자는 처벌에 관한 책임을 지우지 않는 것은 법적 책임이 도덕적 책임을 전제로 한 것이다. 이것을 윤리라고 보아야 하는가? 혹은 법이라고 보아야 하는가? 처벌하는 것은 윤리가 아니다. 그러므로 법과 윤리는 구별하여야 한다. 법은 비윤리적인 사람을 비난하는 것이다.

그러나 모든 법이 윤리를 전제로 하지 않는다. 도덕적으로 비난할 수 없는 사람, 즉 도덕적 능력이 없는 사람도 사회방위를 위해 불가피하게 필요한 경우 일정한 장소에 격리하여 감호하는 등의 조치를 취한다. 이 감호는 윤리적 비난의 성격을 갖지 않는다. 그러므로 법이 반드시 윤리적 책임을 전제로 하지 않는 것을 말해 준다. 오히려 법은 이와 같은 사회방위를 목적으로 한다. 정의실현 혹은 사회방위가 법의 본래의 목적이기 때문이다. 그러므로 법과 윤리를 구별하는 근본적인 특성은 법은 타율이고 윤리는 자율이라는 데서 찾아야 한다. 아리스토텔레스의 다음 말에서 법과 윤리의 구별에 관한 시사를 얻을 수 있다.

덕은 인간의 정신활동 중 이성의 활동이다. 그런데 인간의 정신에는 이성적인 부분과 비이성적인 부분이 있다. 즉 이성에 의하여 억제할 수 있는 것과 억제할 수 없는 것이 있다. 그런데 비이성적인 부분은 스스로 성장하는 성질을 가지고 있다. 그러므로 이 부분은 이성의 힘이 아닌 다른 힘에 그 억제를 맡겨야 하는 것이다.

위에서 말한 아리스토텔레스의 말 가운데 "이성에 의하여 억제할 수 있는 것"은 윤리의 세계를 말하고 "이성의 힘이 아닌 다른 힘에 그 억제를 맡겨야 하는 것"은 윤리의 세계 밖에 있는 것, 즉 타율의 세계를 말한다고 할 수 있다. 인간은 양심 혹은 이성의 힘과 같은 내면적 힘에 의해서 움직이지만 강제, 두려움, 이익을 줌에 의한 회유 같은 외부적 힘에 의해서도 움직인다. 후자를 법의 힘 혹은 타율의 힘이라 할 수 있다. 법은 근본적으로 외부적 힘, 즉 타율에 의하여 인간의 행위를 규율하려는 데에 본질적 특성이 있다.

(3) 타율의 방법

타율은 사회질서를 어기는 것을 방지하기 위해 혹은 이미 발생한 부정의한 상태를 원상으로 회복키기 위해 행해진다. 위험을 방지하는 것을 사전예방이라 하고 원상으로 회복시키는 것을 사후구제라 한다. 사후구제방법은 물질적인 구제와 정신적 구제가 있다. 전자는 손해배상과 같이 물질적 손해를 그만큼 보충해서 원상으로 돌리는 것이며 정신적 구제는 부당한 행위로 받은 사람들의 고통만큼 행위자에게 고통을 줌으로써 원상을 회복하는 것이다. 이와 같은 사후구제방법을 응보retribution라 한다.[26] 응보는 사실의 세계에서도 나타난다. 나쁜 행위를 했을 때 느끼는 양심의 가책 혹은 내면적 고통은 내면의 응보이고 자연

26) "죄를 범하였기 때문에 처벌된다"는 것이 응보원리이고 "눈에는 눈, 이에는 이"와 같이 양적으로 동등한 해악으로 보복한다는 고대로부터의 사상이다. 우리 형법에서도 살인죄를 더 중한 형벌을 과하는 것은 이 응보원리에 의한 것이다.

을 훼손했을 때 자연이 인간에게 주는 고통은 자연의 응보이다. 그러므로 법이 응보를 정의의 실현이라고 하는 것은 인간을 자연으로 보는 생각이다. 자연적 응보를 법이 대신하여 주는 것이라 할 수 있다. Aristotle의 말로 바꾸어 말하면 인간의 비이성적인 부분에 대한 대책이다.

그러나 윤리는 이성을 전제로 하므로 응보적 방법을 사용할 수 없다. 그러므로 응보적 방법을 사용하는 법은 비이성적인 인간을 대상으로 하는 것이다. 법이 윤리를 전제로 하는 경우에는 응보적 방법을 사용하는 것이 아니라 윤리적 인간으로의 회복을 목적으로 해야 한다. 윤리는 인간의 자유의지를 전제로 한다. 그리고 이 자유의지를 도덕적 책임의 근거로 한다. 인간이 고통을 느끼는 것 바람이 부는 것은 초도덕적인 것이라 한다. 윤리적 책임은 자유의지에 있고 자유의지에 의하지 않은 행위에 대한 윤리적 조치는 윤리적으로 바람직하지 않은 행위에 대한 반가치 판단, 즉 비난reproach일 수밖에 없다. 그러므로 비이성적인 행위에 대해서는 비난하지 않는 것이다. 그러나 형벌이 고통을 주는 방법임은 부인할 수 없다. 그러므로 형벌을 비난의 성격을 가진 것이라고 말하는 것은 A인 것을 A가 아니라고 하는 것과 같은 모순된 말이다. 그러므로 형벌을 가하는 법은 비이성적인 행위 혹은 인간에 대한 응보이고 타율을 본질로 하는 것이라고 말할 수밖에 없다.

한편 과학의 발달로 인해 인간은 완전히 자유로운 존재는 아니라는 것이다. 그러므로 비교적 자유롭지 않은 사람에 대해서 과하는 형벌은 비교적 자유로운 인간으로의 회복을 위한 교육[27]이라 한다. 그리고 심각하게 부자유한 사람에 대해서는 치료하거나 사회로부터 격리하여야 한다고 한다.

32. 법현상과 윤리현상

타율절차를 가지고 있는 규범 혹은 체제 자체를 법이라고 보는 관념은 지양하여야 한다. 예를 들어 "사람을 다치게 해서는 안 된다"는 규범이 형식상으

27) 동양에서 성악설을 주장한 순자가 교육을 주장한 것과 같이 교육은 인간을 비이성적인 것으로 보는 생각이 들어 있다. 형법이론에서는 형벌을 죄를 범하지 않도록 하기 위한 것이라고 보는 사람은 형벌을 범죄를 예방하기 위한 교육작용이라 한다. 죄와 형벌을 법에 규정하여 공표하는 위하를 통해 법공동체에 대한 교육작용을 일반예방이라 하고 범인 개인에 대한 형벌을 통해 하는 교육작용을 특별예방이라고 한다.

로는 강제절차를 갖는 법규범이라 하더라도 그것을 법이라고 인식해서는 안 된다는 것이다. 법규범이나 법체제는 하나의 가능성으로만 존재하는 것이다.[28] 타인을 살해하지 말라는 법적 의무는 법원과 형집행기관에 의하여 처벌될 가능성이 있다. 그러나 이와 같은 가능성은 형벌이 자연법칙과 같이 필연성에 따라 가해진다는 것은 아니다. 이와 같은 가능성은 그 규범의 관철이 고도의 개연성을 가지고 이루어진다는 것을 뜻할 뿐이다.[29] 인간의 자유의지가 존재하고 있기 때문이다. 그러므로 실제로 그 규범이 자기의 내면적 규범으로 수용되어 자율적으로 실현되는 경우에는 그것은 법 현상이 아니고 윤리현상으로 보는 것이다. 타율에 의해서 인간의 행동하면 법적 행동인 것이고 같은 행위라도 자율로 행해지면 윤리적 행위인 것이다. 법이나 윤리를 객관적으로 존재하는 것과 관련지워 보는 것이 아니라 실제적인 행위현상의 특성에 의해서 구별하는 것이다. 대부분의 법체제가 달성하려는 목적이 타율이 아니라 자율적인 윤리적 행위에 의해 달성될 때 바람직한 사회일 것이고 사회성원의 지지를 받지 못하는 법은 실효성이 없을 것이다.

---

28) Dewey와 같은 실용주의자들은 하나의 진술은 미래의 행동을 위한 도구일 뿐이며 좋은 결과를 많이 수반하는 견해가 진리라고 하였다.

29) 김형배의 법학방법론, pp.20-21 참조.

토론과제

열린 세계관과 닫힌 세계관을 비교하여 비판하라

(토론방법)

- 열린 세계관과 닫힌 세계관의 개념을 정리하도록 한다.
- 열린 세계관과 닫힌 세계관을 가진 사상을 동양과 서양의 종교사상 혹은 철학사상에서 찾도록 한다.
- 대표적인 열린 세계관과 닫힌 세계관을 가진 사상가를 비교하여 그 사상이 미친 영향을 분석한다.
- 비판적 의견을 제시하도록 하여 토론한다.

제 4 장

윤 리 론

1. 윤 리 학

윤리학은 윤리원리moral principle를 탐구하는 활동이다. 그러므로 윤리학은 학자들이나 도덕가들이 하는 것으로 생각해 왔다. 그러나 실은 윤리학은 우리의 생활 속에 있는 것이다. 바른 행동 혹은 선한 행동을 위해 스스로 명상하고 실천하는 것이 윤리학이다. 인간과 자연의 원리 혹은 사회의 원리에 맞는 덕을 함양하여 자연 속의 나 혹은 사회 속의 자아를 실현함으로써 자족self-sufficiency 하는 주체적인 생활 자체가 윤리학이다.[1] 이에 관해 John Ladd는 다음과 같이 말하고 있다.

> 흔히 철학자는 엔지니어 윤리를 포함하여 윤리적 문제에 대한 해답을 제시할 특별한 권위를 부여받은 사람으로 여겨지고, 철학자 자신들도 윤리에 대한 전도사 역할을 자임하는 경우도 흔히 있다. 이런 태도는 공리주의자들utilitarians이나 정의론자들rights theorists이 견지하는 철학의 가치에 관한 입장이다. 그들은 엔지니어의 윤리문제와 같은 특수한 사안에 관해서도 의문을 제기하는 사람에게 어떻게 행동해야 되는가에 관해 즉각적인 해답을 제시한다. 나는 철학의 역할에 관해 이들과는 전혀 다른 견해를 가지고 있다. 철학자가 사회에 기여할 수

1) 공자(551-479 B.C.)는 "尊德性而道問學"이라 하였다. 덕성을 존중하는 것이 道問學이라는 것이다. 여기서 學은 무엇을 배우는 것이 아니고 도를 탐구한다는 것이다. 그래서 問學이라 한 것이다. 한편 논어의 첫머리에 나오는 "學而時習之"에서 學은 오늘날 말하는 학문이라는 의미와는 거리가 멀고 당시의 실용적인 藝와 관련이 깊고 미지의 예를 향한 탐구를 말하는 것이라 한다(김용옥, 도울논어 2, pp.155-160).

있는 가장 유용한 것은 문제를 확인하고 그 문제점을 명확히 하고 분류하여 문제와 관련된 미신, 편견 및 비합리적인 가정을 제거하는 것이라고 생각한다. 그러므로 나의 목적은 질문을 던지고 조사하고 의문점을 제시하는 것이다. 즉 엔지니어 윤리문제에 관해 회의주의자skeptics2)와 같은 접근방법을 택하는 것이다.

한편 객관적인 윤리현상을 조사하고 분석하여 사회정책을 수립하는 데 기초적인 자료를 제공하며 정책이나 사회규범의 윤리 적합성 혹은 타당성을 평가하고 개선하기 위한 전문적인 활동도 필요할 것이다. 우리는 전자를 생활로서의 윤리학ethics as life이라 하고 후자를 과학으로서의 윤리학ethics as science이라 하겠다. 전자의 윤리학은 직관적인 활동이라면 후자는 과학적인 활동이다. 그러나 후자는 전자를 바탕으로 한다. 생활과 동떨어진 윤리학은 소용이 없기 때문이다. 전자는 토론과 성찰방법을 사용한다. 그러므로 후자의 윤리학은 사회의 성원 각자가 사회 속에서 자아를 실현하는데 있어서 도움을 주기 위해 문제를 제시하고 그와 관련한 정보를 제공하고 생각하는 기회를 제공하는 활동이다. 이하에서 과학으로서의 윤리학을 검토해 보기로 한다.

2. 문제지향적인 윤리학

우리는 모든 학문은 문제지향적problem oriented이어야 한다고 생각한다. 어떤 문제와 관련하여 자신의 행동을 결정하는 문제이다. 문제를 해결하는 것이

2) 회의주의자skeptics는 일반적으로 우유부단한 사람을 가리키는 말로 사용되나 원래 그리스어에서 유래한 말로 주의 깊게 탐구하는 사람을 가리키는 말이다. 고대 희랍에서 형이상학적 체계를 반대하는 사람들을 의미했다. 그러나 근세에 와서 경험주의 사상에 근거하여 지식에 대한 회의적 태도를 회의주의라 한다. Plato와 같이 세계는 필연적 원인과 결과로 결합되어 있는 순一한 것이라는 생각을 부정하는 사상이다. 이성주의자들은 원인과 결과의 결합은 사물의 본성에 그럴 수밖에 없도록 갖추어져 있는 어떤 특성이 나타나는 것이라고 주장한다. 그러나 Hume은 그러한 원인과 결과의 결합은 도저히 파악할 수 없고, 잇따라 나타나는 관념들 사이에 사실 그대로 연속적 관계가 있다고 생각하는, 즉 필연적 관계가 있다고 간주하는 버릇에서 나온 것이라고 말한다. 그러므로 우리가 필연적이라고 생각하는 인과관계cause-and-effect relations는 실은 현재의 인상present impression의 연상작용으로 형성되는 관념을 사실로 믿고 그것에 근거한 추론에 불과하다고 말한다. 우리가 지각consciousness들의 변함 없는 규칙적인 결합을 아무리 많이 경험한다 하더라도 필연성의 인상을 경험했다고 말할 수 없기 때문이다. 이것은 자연과학이 사용하는 방법이다. 그러므로 Hume은 자연과학natural philosophy의 경험적·실험적 방법emprical·experimental method을 도덕철학에도 채용되어야 한다고 주장한다. 이명숙·곽강제 옮김, 서양의 지혜, pp.327-335 및 Great Traditions in Ethics pp.163-178(Morality and Sentimet) 참조.

아니면 소용이 없다.[3] 그리고 일반적 이론으로 모든 문제에 접근하는 것은 의미가 없다. 어떤 문제에는 그 문제에 고유한 원리가 있다. 윤리문제도 인간의 고통 및 행복과 관련된 문제들로 구성되어 있다.

그러므로 과학적 윤리학은 답을 미리 알고 문제가 나타나면 바로 답을 제시하는 것이 아니다. 답은 사람에 따라 다를 수 있으므로 모든 사람을 향해 "이것이 답이다"라고 하지 않는다. 그러므로 마치 환자가 고통을 호소하는 데서부터 치료가 시작되는 것처럼 어떤 문제에서 시작하여 그 문제에 고유한 해결방법을 찾는다. 문제가 제시되면 문제점을 찾아내어 각자가 윤리적 판단을 하는데 있어서 미신이나 편견을 갖지 않도록 하는 것이다. 여기까지가 과학적 윤리학의 역할이다. 실제로 문제를 해결하는 것은 각자가 한다. 그러므로 과학적 윤리학은 각자가 바람직한 해결을 하는 방법의 성능에 관한 안내서 작성자의 역할을 하는 것이다. 의사가 환자를 수술하여 치료하는 것과 다르다. 윤리적 질병을 치료하는 의사는 각자의 덕성이다. 윤리적 질명은 외과수술로는 치유되지 않는다. 마음의 문제이기 때문이다.

3. 윤리문제의 영역

윤리학은 사회 구성원 각자가 윤리문제를 해결하는 데 도움을 주고자 하는 데에 목적을 두지만 그 문제영역은 법 등 사회제도 혹은 관행에 관한 문제를 포함하여 한다. 사회 속의 자아실현은 이기적이고 고립된 자기[4]실현이 아니고 대아大我를 실현하는 것이므로 사회의 제도 혹은 관행도 대아에 포함되어 실현되어야 하는 것으로 보는 것이다.[5]

"문제지향적problem oriented"이라는 말의 의미에는 합리지향적reason oriented인 것이 아니라 상황지향적situation oriented라는 의미를 내포하고 있다. 문제는 새롭게 생기며, 같은 문제는 하나도 없으며, 그러므로 문제의 해결방법은 항

3) 과학은 원래 지식이라는 의미를 가진 라틴어 "scientia"에서 유래한 말이다. 그러므로 지식이 원래 그런 것처럼 체계적이다. 그러나 과학에 대한 이런 생각은 변하고 있다(thosmas Khun의 패러다임 이론 참조). 과학을 문제지향적인 것으로 보는 생각은 실용주의 사상을 참고할 필요가 있다. Great Tradition in Engineering, pp.296-314(sientific method in ethics) 참조.

4) 동양에서는 小我라고 한다.

5) Aristotle은 개인은 사회 속에서 보다 완전하게 된다고 말하였다.

상 새로운 것이다. Dewey가 말한 것처럼 문제를 해결하는 것이 진리이며 따라서 인간은 문제해결자인 것이다.

4. 과학기술자사회의 윤리학

국가사회에는 국가법 공동체만 있는 것이 아니며 수많은 공통체가 있다. 이 공동체들이 공감 혹은 관용의 질서[6]에 의해 통합된 것이 국가사회이다. 과학기술자는 과학기술자 공동체의 성원일 뿐만 아니라 국가사회의 성원이다. 그러므로 과학기술자의 윤리문제에는 과학기술자 공동체의 문화 이념 혹은 관행 나아가서 과학기술자단체corporate of engineers의 규율 혹은 정의와 관련된 문제뿐만 아니라 국가공동체national community 및 국가state[7]의 문제와 관련된다.

5. 다원사회

우리는 국가사회를 다원적인 사회로 본다. 수많은 문화공동체가 관용적인 질서에 의해 통합된 것이 국가사회이다. 과학기술자사회engineering society도 역사와 전통 혹은 이념적인 면에서 특성을 갖는 하나의 공동체를 형성하고 있다. 국가의 경우 국가사회라는 공동체가 헌법을 제정하고 기구를 결성하여 의사결정을 하는 단체로서의 국가state를 구성하는 것처럼 과학기술자사회도 과학기술자단체를 구성한다. 그러나 이 단체는 그 근원이 공동체이므로 그 단체를 지도하고 개선해 나가는 것은 그 단체가 기초하고 있는 공동체의 이념 혹은 문화이다. 우리나라의 경우 과학기술자 공동체는 뚜렷한 전통, 이념, 관행 혹은 문화가 형성되어 있다고 볼 수 없는 측면이 있다. 역사가 오래지 않고 정부가 주도로 형성된 사회이기 때문이다. 그러나 과학이나 공학을 공부한 사람들, 그러므로 다른 사람들부터 가신들이 과학기술자라고 불려지는 데서 나오는 과학기술자로

---

6) 관용toleration은 어느 정도까지 상호 허용하고 참는 것, 즉 믿는 것을 말한다. 규칙성regularity에 대하는 말이다. 단체는 기계와 같은 규칙성이 강조되지만 독립적인 개인의 모임인 사회는 관용의 질서이다. 그러므로 국가사회에 존재하는 여러 공동체 혹은 단체 간의 관계는 각자의 독립성을 인정하는 관용의 질서인 것이다.

7) 국가공동체와 국가는 구별된다. 후자는 단체corporate로서의 국가를 말한다. 헌법전문 참조.

서의 공감대 혹은 선·후배·동료로서의 공감대가 존재함을 부인할 수 없을 것이다. 또한 아직은 문화적 집단이라기보다는 이익집단의 성격을 가지고 있다고 보여지지만 전통과 문화가 형성되는 과정에 있다고 할 수 있다. 서양의 경우는 우리보다 오래된 역사에 의해 자생적으로 형성된 전통과 문화를 가지고 있다. 그러므로 우리는 우리의 과학기술자사회의 윤리학을 논함에 있어서 선진 과학기술자사회의 윤리학을 함께 고려할 수밖에 없다.[8)]

6. 윤리학의 범주

윤리학의 범주를 검토할 필요가 있다. 상술한 바에 의하면 기본적인 것은 개인[9)]윤리학과 사회윤리학이 될 것이다. 사회도 여러 가지가 있으므로 국가사회 윤리학, 과학기술자사회 윤리학 등으로 나눌 수 있을 것이고, 문제중심으로 나누면 윤리법학, 윤리공학, 윤리의학 등으로 나누어 볼 수 있을 것이다.

그러나 이 범주들의 문제를 엄격히 분리하여 서술하거나 논의하는 것은 부적절하다. 어떤 문제에는 이 범주에 속하는 문제들이 모두 관련되어 나타나는 하나의 문제이기 때문이다. 가장 좋은 논의 방식은 어떤 구체적인 문제를 중심으로 이 범주와 관련된 사항을 논의하는 것이다. 소위 문제중심 논의case study가 바람직하다. 우리의 중심문제는 공학 혹은 과학기술과 관련한 윤리문제이다. 사회윤리학 혹은 공학윤리학 등은 결국 개인윤리학에 기초하여야 하므로 이하 개인윤리학, 즉 생활로서의 윤리학을 논의한다.

7. 윤리의 정의definition

우리는 "생활로서의 윤리학"을 인간이 사물의 원리를 탐구하여 알고, 그 원리를 활용하여 사회 속에서 선한 자신을 실현하는 윤리원리를 탐구하여, 그 원

8) 미국의 과학기술자사회의 형성에 관해서는 이태식·위성윤 역, 엔지니어 윤리학, pp.101-133 참조.
9) 개인이라는 말은 단체에 대한 말로 법률적 용어이다. 자연인을 가리킬 때도 흔히 개인이라고 한다. 여기서는 자연인의 의미로 사용하였다. 개인, 전문가, 공동체의 구성원 등은 자연인의 사회적 혹은 법률적 지위position or status인 것이다.

리에 맞는 스스로의 행동원칙, 즉 규범을 정하고(자기입법), 그 규범에 따라 행위 함으로써 사회 속에서 선한 자신을 실현(자기실현)하는 일련의 자율적 활동이다"라고 정의한다.

이상의 정의에서 말한 "윤리원리"와 "윤리"를 혼동할 가능성이 있다. 윤리는 윤리원리를 탐구하고 그것에 의하여 스스로 규범을 정하며, 그것을 실현해 가는 것이다. 그러므로 윤리원리는 깨달음의 대상이며 윤리는 실천 자체이다.[10)]

윤리에 관한 생각은 다양하고 복잡하다. 이상의 정의에서 "탐구", "사실", "규범", "행위", "사회", "선", "자기입법", "자기실현", "자율"이라는 말이 나온다. 이것이 윤리를 구성하는 개념들이다. 그러나 이 개념들은 반대되는 개념들과 비교 검토하여야 의미가 나타난다. 윤리에 관한 다양한 이론들은 이 개념들의 어떤 것들은 윤리의 세계에서 제외시키거나, 반대되는 개념으로 대체시키거나, 이 개념들 간의 관계를 달리 보는 것에서 연유한다.

(1) 사물의 원리 탐구

사 물[11)]

사물things은 외부적 자연만을 말하는 것이 아니다. 인간의 내면적 정신현상뿐만 아니라 사회현상도 포함한다. 인간은 사물의 원리와 자신의 인식을 일치시키는 것이 중요하므로 사물의 진리를 탐구하는 것이다. 그러므로 사물은 인식의 형태로 인간의 마음 속에 존재하고 있다고 할 수 있다. 탐구를 계속함으로써

10) 동양의 성리학에서 朱熹1130-1200는 사물의 이치를 궁구하는 것을 중시하였으나 왕양명은 실천을 중시하였다. 왕양명은 格物에 관해 "뜻이 發하는 데에는 반드시 그 일이 있을 것이니 뜻이 있는 바의 일을 物이라고 한다. 格은 바르게 한다는 뜻이니 그 바르지 못함을 바르게 하여 바르게 돌아가게 함을 말한다. 바르지 못함을 바르게 한다는 것은 惡을 버린다는 말이요, 바름에 돌아가게 한다는 것은 善을 한다는 말이다"라고 말한다.

11) 사물이라는 말은 일반적으로 인간의 인식의 대상을 말한다. 동양에서 朱熹도 마찬가지로 사물은 인식의 대상인 외부의 존재를 의미하였다. 그러나 王陽明1472-1529에 의하면 "物이란 것은 일事이다. 무릇 뜻이 발하는 데에는 반드시 일이 있을 것이니 뜻意이 있는 바의 일을 物이라고 한다"라고 하여 인식의 대상으로 보지 않았다. 사람의 뜻과 그 뜻에 의한 일 속에서 사물은 의미를 갖는다. 객관적 존재인 사물은 알 수 없는 것이다. 회의주의자인 Hume이 자연과학의 인과관계도 지각에 의하여 얻은 지식을 연상작용에 의해 생긴 믿음에 불과하다고 한 것과 유사하다. 그러나 왕양명은 경험주의자 혹은 회의주의자는 아니다. 왕양명이 이야기하는 뜻은 내면의 절대자에 의해 직관되는 뜻일 것이다. 왕양명이 사물에 관해 이와 같은 독특한 견해를 갖게 된 데는 일화가 있다. 주희가 格物에 관해 객관적 사물의 이치를 궁구하는 것이라고 하는 말에 좇아 한 그루의 대나무를 아무리 궁구하여도 그 이치를 깨달을 수 없는 자신의 부족함을 한탄하여 실의하고 방황하던 중 어느 날 갑자기 이와 같은 생각을 하게 되었다는 것이다.

우리의 인식 속에 있는 사물은 진리에 가까워지는 것이다. 인간은 진리를 바로 인식할 수 있다고 하는 사람이 있는 반면에 사물은 다만 증거에 의해 인식될 되는 것이라고 하는 사람들이 있다. 그러나 우리는 진실한 자아에 접근하는 수밖에 없다. 어떤 사람의 말이 진리라고 하는 것은 허망하다. 인간의 마음 깊은 곳에 있는 선천적인 판단능력을 믿을 수밖에 없다.[12)]

탐구research and study

사물의 원리를 알기 위해서는 탐구가 필요하다. 탐구는 이성에 의해 행해진다. 그러므로 윤리의 탐구라는 본질을 통해 윤리가 과학과 연관된다는 것을 알 수 있다. 사물의 탐구는 과학이기 때문이다. 윤리학에서 사물의 원리의 탐구는 목적적으로 행해진다. 행복을 증진시키기 위해서 사물 혹은 자연이 우리에게 줄 수 있는 것을 찾는 것이며, 사물의 원리에 거슬리지 않아야 하므로 사물의 원리를 탐구하는 것이다. 그러므로 과학은 윤리학에 봉사하는 것이라 할 수 있다. 동양에서 격물格物이 이에 해당한다고 할 수 있다. 격물은 예를 들면 부모를 섬기기 위해 사물의 원리를 바르게 하여 그 이치가 사물에 미치게 한다는 의미를 가지고 있는 것이다.[13)]

사실facts

사실은 인간의 의식consciousness에 의하여 지각되는 사물의 인상impression을 말한다. 그러므로 사실은 사물의 본질, 즉 진리 자체는 아니다. Plato와 같은 이성주의자들은 사실은 진리의 그림자일 뿐이고 인간은 부여된 이성에 의해 직관하여 객관적이고 절대적 진리인 이상Idea과 유사한 지식을 얻게 되는 것이라고 생각한다.[14)] 그러나 경험주의자들은 질서정연한 객관적 통일적 세계원리를

---

12) 왕양명은 致知에 관해 "致知라 함은 이른바 지식을 채우고 넓힌다는 의미와 같은 것이 아니요, 내 마음의 良知를 극진하게 하는 것일 뿐이다. 양지라는 것은 孟子의 이른바 옳다 그르다 하는 마음은 사람마다 다 지니고 있다고 한 바로 그것이다. 是非之心은 생각하기를 기다리지 않고서 알며 배우기를 기다리지 않고서 능하다. 이 때문에 良知라고 하는 것이다"라고 말한다.

13) 格物에 관한 朱熹의 생각이다. 陽明은 이성적인 활동이 아니고 실천적인 활동으로 생각하였으나 격물에는 이성적인 측면이 있는 것도 사실이다. 다만 이성이 근본적인 것은 아니므로 이성이 넘을 수 없는 근본적인 것이 있다. 그것을 양명이 말하는 것이다.

14) 기계론적 우주관이고 analogue적 인간관이라 할 수 있다. Aristoteles은 자유의지를 말함으로써 analogue적 인간관에서 어느 정도 벗어나고 있다고 할 수 있다.

전제하지 않으며 인간과 통일적 원리와는 단절되어 있다고 본다. 그러므로 세계의 원리가 있다하더라도 직관할 수 없고 인간의 지식은 지각consciousness을 통해서만 형성되고 이 지식들의 유용성만이 인간이 알 수 있는 진리라고 말한다. 주관주의적이고 상대주의적 세계관이다.[15)]

한편 G.E. Moore는 사물의 본질은 있으나 그 본질은 인간의 의식에 의하여 지각할 수 없으므로 윤리에 관한 진술은 자명self-evident[16)]하거나 외부적 증거에 의해 그 진실성이 증명된다고 말한다. 사물의 본질은 인간의 의식과는 독립하여 객관적으로 존재하는 것이라는 점에서는 Plato의 객관주의적 세계관과 같다. 그러나 Plato가 진리는 이성에 의하여 직관된다는 독단주의dogmatism를 경계한다. Moore에 의해 형성된 사조를 윤리적 사실주의ethical realism라 한다.[17)] 이는 객관주의이다. 그러나 Plato와 같은 절대적 객관주의 혹은 선험적 객관주의가 아니고 상대적 객관주의 혹은 경험적 객관주의[18)]를 세운 것이다. 윤리학에의 과학적 방법[19)]의 도입이다. 그러므로 과학적 진술이 아닌 윤리적 진술 혹은 윤리적 활동을 윤리의 세계에서 몰아내는 데 일조했다고 할 수 있다. 그러나 과학적 방법 및 객관성만이 중요한 것은 아니다. 윤리적 진실은 인간의 깊은 자아와 연결되어 있는 직관intuition에 의하여 알 수 있는 것이 진실이라는 신념을 잃어

15) system적이고 digital적 인간관이라 할 수 있다.

16) 자명self-evident이라는 말은 다른 전제로부터 유추되는 것이 아니라는 것을 의미한다. 그 외부의 증거를 통해 진실성이 증명될 필요가 없는 것을 말한다. "나는 행복하다"는 진술은 자명한 것이다. 윤리적 직관인 것이다. 그러므로 Moore는 윤리의 직관성을 부인하는 것이 아니라 사실성을 부인한 것이다. 객관적으로 진술할 수 없으므로 moral science의 대상이 아니라는 것이다. 그러나 윤리학이 반드시 객관적 사실을 진술하는 과학으로 한정할 이유는 없는 것이다. 명상하고 성찰하고 행동하는 개인의 독립성과 자유가 사회를 개선한 원천이기 때문이다. Great Tradition in Ethics, p. 317 참조.

17) G.E. Moore(1873-1958)에 의하여 주장된 윤리적 사실주의ethical realism는 분석철학운동을 촉발시켰다.

18) 사실에 관한 진술의 진위는 사실의 경험에 의해 검증되므로 상대적이다.

19) 과학적 방법scientific method에 관해 가정을 세우고 그 가정을 그 가설로부터 연역된 결론들을 검증하는 방법을 연역법이라 하고, 특수한 사실들에 대한 지식으로부터 일반화된 지식을 추론해 내는 귀납법이라 하여 구별하고, 전자는 철학적 방법이며 후자의 방법을 과학적 방법이라고 하는 것이 일반적 견해이다. 그러나 과학적 방법도 연역적 방법을 사용한다고 하는 것이 인정되고 있다. 오히려 귀납적 방법은 불가능하고 연역적 방법에 의하는 것이라고 한다. 과학의 아버지라고 하는 Thales가 "만물을 물로 되어 있다"는 말을 한 것은 복잡한 현상을 귀납적으로 얻은 결론이 아니며 몇 가지 사실과 그 사실을 연결하는 통찰력에서 나온 것일 것이다. 통찰력과 그 통찰력에 의한 가정이 과학적 방법의 본질 일 것이다. 그것은 진실 여부는 검증되어 새로운 가설이 나오고 다시 검증되어 가는 것이다. 그러므로 가설과 검증이 과학적 방법의 특성이다. 독단적이지 않고 회의적이다. 과학의 방법에 관해서는 김영식의 "역사와 사회 속의 과학," pp.3-54 및 Great Ethics in Ethics, pp.296-314(Scientific Method in Ethics) 참조.

서는 안 된다. Jaspers가 말한 것처럼 개인윤리만이 이 세상을 개선하는 최후의 보루이기 때문이다. 공자(551-479 B.C.)는 "生은 直心이다"[20]라고 말했다. 인간의 내면에서 나오는 직관만이 세상을 구제할 수 있다.

한편 W.D. Ross[21]는 G.E. Moore와 같이 윤리적 사실주의 입장에 있으면서도 윤리적 진실을 행위 당시에 알 수 없고 행위의 결과, 즉 외부적 사실에 의하여 증명되어 확인될 수 있다는 공리주의적 생각에 고민한다. 따라서 그는 진실한 의무actual duty와 잠정적 의무prima facie duty를 구별한다. 행위의 윤리성을 인정하지 않으면 윤리는 의미가 없다는 것이다. 잠정적 진리를 인정한 것이다. 후에 진실이 아니라고 하더라도 자신이 행위가 옳다는 신념을 배제하는 것은 공허한 것이다. W.D. Ross는 진실한 의무와 직관적 의무를 구별하여 다음과 같이 말한다.

> 옳음은 자명self-evident한 것이다. 그러므로 어떤 행동에 관한 도덕적 진술은 다른 것에 의해 증명할 수 없는 자명한 것이다, 잠정적 의무prema-facie duty와 진실한 의무는 다른 것이다. 윤리적 의무의 이 특성을 무시하면 의무가 확정되지 않고 도덕적 믿음이나 행동에 맞는 윤리이론이 되지 못한다. 내가 어떤 사람과 무엇을 주고받기로 약속하였으면 도덕적으로 그 사람에 대한 의무가 생기는 것은 자명한 것이다.

Ross는 잠정적 의무와 진실한 의무를 혼동하는 것에서 오는 가장 큰 문제는 윤리적 의무를 확정할 수 없는 것이라고 말한다. 진리는 잠정적인 것이라는 것이다. 그러므로 자명한 잠정적 의무에 의한 행동이 악한 결과를 가져왔을 때

---

20) 안연과 자로가 스승인 공자를 모시고 있었는데 공자가 말하기를 "어찌 너희들은 각기 자기의 포부를 말해보지 않느냐?"라고 하자 자로는 "저의 수레와 말, 그리고 입고 있는 가벼운 겉옷을 친구와 더불어 이용하다가 그것을 망가뜨린다 하여도 유감이 없게 되기를 바랍니다"라고 말하였고, 안연은 "스스로의 재능을 자랑하지 말며 스스로의 공로를 내세우지 말기를 바랍니다"라고 말하였다. 자로가 다시 "선생님의 포부를 듣고 싶습니다"라고 말하자, 공자가 말하기를 "늙은이를 편안히 해 드리고, 친구를 신의로써 대해 주며, 어린이를 사랑으로 어루만져 주는 것이다"하고 이어서 "사람의 삶生이라는 것은 바른 마음直心이다. 바른 마음을 갖지 않고 살 수 있는 것은 요행이 죽음을 모면한 것이다"라고 하고 다시 이어서 "이 도리를 아는知 사람은 그 도리를 좋아 하는好 사람만 같지 못하고, 그 도리를 좋아 하는好 사람은 그 도리를 즐기는樂 사람만 가지 못하다"라고 하였다. 논어에 나오는 記述이다. 공자의 말은 덕에 관한 철학적인 견해를 피력한 것으로 보인다. 그는 인간의 삶은 德 자체라고 한 것이고, 그 덕을 直心, 즉 자아의 직관 속에 인간의 생명이 있다는 것을 설파한 것이라고 해석될 수 있다.

21) W.D. Ross(1877-1971)는 윤리적 직관주의ethical intuitionism 입장에 있는 윤리학자임. Great Tradition in Ethics Chapter 19(Prima Facie Duty) 참조.

검증되고 개선되어 진실한 의무에 가까워져 가는 것이라는 것이다.

상대적 진리

여기서 어느 장소, 어느 시대 어느 장소에서도 동일하게 들어맞는 윤리적 진리가 있을 수 있는가 하는 문제를 검토할 필요가 있다. 시대정신, 민족정신, 지역문화라는 말을 흔히 한다. 인간에게는 본질적 성정 외에도 습관이라는 특성이 있으며 이 습관은 후천적으로 형성된다. 그러므로 관습은 어떤 시대, 어느 지역 혹은 어떤 민족의 삶의 과정에서 달리 형성될 것이다. 이렇게 볼 때 어느 시대, 어느 지역에도 완전히 타당한 원리가 존재하지 않는다.

앞에서 말한 바와 같이 어떤 시대, 지역 혹은 민족에 따라 에토스가 다르지만 동일한 사안에 관해서도 상황situation에 따라서 다른 의미를 갖게 된다. 법에서 형평衡平, equity의 이념은 이와 관련된다. “사람을 다치게 한 사람은 처벌하여야 한다”는 법칙이 있다고 하자. 어떤 버스회사에 고용된 운전사가 자기가 몰고 가는 버스의 핸들에 이상이 생겨 행인을 다치게 한 사고가 있었다. 그런데 이 운전사는 평소 그 사고를 낸 자동차가 흔히 핸들의 고장이 잘 나는 자동차라는 것을 알고 있었다. 회사도 그 사실을 알고 있으면서도 그 차를 배차시키고 있었다. 그러나 운전사들은 회사의 배차를 거부할 경우 회사로부터 자신에게 내려질 불이익을 두려워하여 배차를 거부하지 못하고 있었다. 사고를 낸 운전사의 경우도 마찬가지였다. 이 운전사는 직장을 잃을 경우 가족의 생계가 위협받는 형편에 있는 사람이었다. “사람을 다치게 한 사람은 처벌하여야 한다”는 법규정과 관련하여 기소되어 재판을 받게 되었다. 이 사건의 재판을 하는 데 있어서 1심 법원의 A판사는 인간은 완전히 합리적이고 자유로운 존재이므로 자신의 행위에 대한 책임은 전적으로 자신에게 있다는 생각을 가지고 있다. 그런데 이 운전수는 그 자동차가 불시에 고장을 일으킨다는 것을 평소에 알고 있었으므로 사고발생가능성을 예견할 수 있었다. 그러므로 배차를 거부하지 않아 행인을 다치게 한 것에 대한 책임이 있다. 따라서 행인을 다치게 한 것에 관한 법적 처벌을 받아야 한다고 판결하였다. 그러나 상급법원의 B판사는 인간은 완전히 자유로울 수 없다는 생각을 가지고 있다. 이 운전사의 경우 자신의 직업의 위험에 관한 두려움에서 그 자동차가 행인을 다치게 할 위험이 있다는 것을 알고 있었으나 배차를 거부하지 못하고 허용한 것이므로, 즉 자유로운 행위가 아니므로 행인을 다치게 한 것에 관한 책임이 없다. 따라서 그 사태에 관계된 사람들 중 누가 더 자유로우냐에 따라 법적 책임이 돌아가야 한다고 생각하는 사람이다. B판사는 이 사건에서 운전자가 가족의 생계 걱정 혹은 자신의 직업을 보호하여야 한다는 강박관념이 있었으며, 한편 회사는 그 자동차가 문제가 있다는 것을 알고 있었으면서 오히려 그 운전사의 어려운 사정을 이용하였다. 그러므로 그 행인을 다치게 한 책임은 그 운전자에게 있지 않고 그 차를 배차시키지 않아야 할 책임, 즉 사고를 발생하지 않도록 예방하였어야 할 책임이 회사에 있으므로 그 운전사는 무죄라고 판결하였다. 근대 법에서는 A판사의 판결이 우세하였으나 현대 법에서는 B판사의 판결이 우세하다.

공자가 제자인 자로와 대화는 장면이 있다. 자로子路가 강强함에 대해 공자에게 물었다. 이에 답하여 공자는 "남방南方의 강함인가, 북방北方의 강함인가, 아니면 너의 강함인가?"라고 대답했다. "강함"이라고 해서 다 같은 것이 아니라는 뜻이라고 해석한다. 부드러운 것으로써 가르치고 무도한 행위에도 보복하지 않음이 남방의 강함이고, 창과 갑옷을 깔고 누어도 한탄하지 않음이 북방의 강함이며, "너," 즉 자로의 강함은 학자로서 참된 인간이 되기 위하여 자각적으로 사색하고 실천하는 데에 있다는 뜻이다. 상황에 다르더라도 바뀌지 않는 것이 있다. 그러나 그 바뀌지 않는 것은 의미는 상황에 따라 달라진다. 강함이라는 것은 바뀌지 않아도 그 강함에 관한 의미는 북방과 남방이 다르다. 동양에서 변하지 않는 것을 庸이라 하고 변하는 것을 中이라 한다. 또한 고유한 성질을 體라고 하지만 그것을 작용 혹은 효용을 用이라 한다. 피아노의 건반은 각각 고유한 소리를 갖지만 각각 다른 曲에서는 다른 의미로 나타난다. 어떤 물건도 누가 사용하느냐 혹은 어떤 상황에서 사용하느냐에 따라 의미가 달라진다. 기름진 음식물은 비대한 사람에게는 해롭지만 허약한 사람에게는 오히려 이로운 음식물이 된다. 선풍기는 더운 곳에서는 좋은 것이지만 추운 곳에서는 좋지가 않다. 초음파장치가 해저탐사를 위해 사용되면 이로운 것이지만 도청을 위해 사용되면 해롭다. 기름진 음식은 항상 이로운 것이 아니고 초음파장치는 항상 이로운 것이 아니고 선풍기는 항상 좋은 것이 아니다. 庸과 體는 객관적이고 절대적이지만 中과 用은 상대적이고 경험적인 것이다. 善은 庸과 體에서 나오지만 中과 用 가운데 있는 것이다.

윤리학의 태도

윤리가 인간에게 직관되는 깨달음 및 믿음과 관련되고 그 믿음의 실현으로 충족되는 주관적인 현상이라고 하는 것에 공감한다. 또한 시대와 장소 사람에 따라 달라질 수 있는 상대적 진리라는 것에 공감한다. 그러나 윤리학의 역할을 윤리적 진술을 언어적으로 분석하는 것에 국한하는 것에 관해서는 공감할 수 없다.[22] 다만 이것이 진리라고 말하는 독단적 태도는 옳지 않다고 보는 것이다. 그러므로 윤리학자는 정답을 가르쳐 주려는 것이 아니고 각자가 윤리문제에 관해 가지고 있는 편견과 미신으로부터 벗어나게 하여 각자가 합리적으로 문제를 해결할 수 있도록 도와주는 역할을 해야 한다고 본다. 윤리학자나 윤리에 관해 저술하는 사람들의 역할 및 태도에 관해 John Ladd가 다음과 같이 말한 것에 공감한다.

> 정의론자rights-thorists들은 윤리문제에 관해 형이상학적인 즉각적 해답을 제시하려고 한다. 그러나 철학자나 윤리학자가 사회에 기여할 수 있는 가장 유용한 것은 윤리적 문제에 답을 제시하려는 것이 아니라 각자가 윤리적 판단을 하는 데 있어서 문제를 확인하여 그 문제점을 명확히 하며 그 문제와 관련된 비합리적인 믿음, 편견, 비합리적인 가정을 제거하도록 하기 위해 질문을 던지고 의문점을 제시하여 각자가 조사하고 성찰하게 하는 것이다.

(2) 자기입법

규범norm

규범은 인간의 행위와 관련하여 "…을 위해서는 …을 하여야 한다" 혹은 "…을 하여서는 안 된다"는 것과 같은 객관화된 진술 혹은 규정을 말한다. 그러므로 당위當爲라고 한다. 자기 마음 속에서 스스로 정한 신조 같은 것은 규범이라 하지 않는다. 사회 구성원 간의 공감대ethos 같은 것도 객관화된 것이 아니므로 규범이라 할 수 없을 것이다. 오히려 규범의 근거라고 할 수 있을 것이다. 규범은 공식적 합의에 의해 정해지는 경우도 있으나 사회관습과 같이 자연발생적인 것도 있다. 그러나 이 자연발생적인 관습도 당초에는 누군가에 의해

---

22) 서양에서 20세기에 G.E. Moore에 의해 촉발되어 Ayer의 Meta-ethics로 대표되는 분석철학사조 analytic movement를 말한다.

정해졌을 것이다. 그러나 누가 정한 것인지는 모른다. 누군가가 정한 것을 습관적으로 따르고 있는 것이다. 그러므로 비합리적인 관습도 많다. 더욱이 비합리적인 신조는 많은 문제를 이 세상에 던져주고 있다. 믿음과 결부되어 마음속에 깊이 침잠되어 있기 때문이다. 그러므로 필요한 것은 관용이다.

규범과 선

그런데 규범을 먼저 생각하고 그 규범에 맞는 행위를 선한 행위하고 생각하는 사람들이 있다. 그러나 도덕의 세계에서는 선을 달성하기 위한 목적에 비추어 옳기 때문에 이 규범에 따르는 것이다. 선의 달성이 목적이지 규범에의 일치가 목적이 아니다.

규범과 사실

규범은 사실을 통해 도출된다. "텅스텐 선에 전류가 흐르면 밝은 빛을 발한다"는 것은 사실이다. 이 사실을 바탕으로 "전등을 만들기 위해서는 텅스텐 선에 전류가 흐르게 하여야 한다"는 규범이 도출되는 것과 같다. 중국고전인 대학은 다음과 같이 두 가지 진술을 통해 규범과 사실의 관계를 알아보자.

> 사물의 이치를 탐구格物하여 안致知 다음에야 뜻이 진실되고誠意 뜻이 진실된 다음에야 마음이 바르고正心 몸이 닦아진다修身. 몸이 닦아진 다음에야 가정이 바로 잡히고齊家 가정이 바로 잡힌 다음에야 나라가 다스려지고治國 나라가 다스려진 다음에야 천하가 평화롭게 된다平天下.
>
> 명덕을 천하에 밝히려는 자는 먼저 그 나라를 다스렸고, 그 나라를 다스리려는 자는 그 집안을 바로잡았으며, 그 집안을 바로 잡으려는 자는 먼저 그 몸을 닦았다. 또한 몸을 닦으려는 자는 먼저 그 마음을 바르게 했고. 그 마음을 바르게 하려는 자는 먼 그 뜻을 성실하게 했으며, 그 뜻을 성실하게 하려는 자는 먼 그 앎을 투철하게 하였으며, 그 앎을 투철하게 하려는 자는 사물의 이치를 탐구하였다.

전자의 진술은 "…한 다음에 …된다"와 같이 서술적 진술descriptive sentence이다. 반면 후자의 진술은 동일한 내용을 가지고 "…을 하려는 자는 …을 하여야 한다." 즉 무엇을 하기 위해서는 무엇을 하여야 한다는 식으로 당위적 진술 혹은 규범적 진술normative sentence 이다. 전자의 진술을 들여다보면 사실을 말한 것이다. 그 사실을 아는 것은 사람이지만 알고자 하는 사실의 主語는 인간이 아니다. 있는 그대로의 자연이거나 그 사실을 주재하는 자가 주어일 것이다. 그러나 두 번째 진술은 인간이 주어이다. 이와 같이 인간이 실천적 행위의 주어主語가 될 때는 당위적 진술로 바뀜을 알 수 있다. “텅스텐은 전류를 흐르게 하면 빛을 발한다”는 사실은 인간이 주어가 될 때는 “빛을 발하는 것, 즉 전등을 만들기 위해서는 텅스텐에 전류를 흐르게 하여야 한다”는 것으로 바뀌는 것과 같다. 그러므로 사실과 규범은 그것이 천하를 평화롭게 하는 일이든 빛을 만드는(전등을 만드는) 일이든 서로 관계지어 있음을 알게 된다.

규범의 타당성

우선 인간은 이성적 존재이므로 항상 왜 그런가 라는 질문을 하게 되어 있다. 그러므로 이 이성적 원리가 뒷받침되지 않은 규범은 실효성이 없다. 예를 들면 “부모를 공경하여야 한다”는 규범은 “가정은 부모와 자식이 서로 사랑하고 존경하는 가운데 가족 모두가 행복해질 수 있다”와 같은 합리적 원리가 있어야 그 규범이 설득력을 가지고 타당하게 된다.

인지의 발달은 합리성이 인간의 본질이라고 인식하게 되었다. 그러나 합리성에 기초하지 않은 규범도 있다. 합리성이 지배하지 않는 사회에서는 “우주는 감정을 가지고 있고 부모를 공경하지 않으면 이 우주적 감정의 노여움을 사서 벌을 받는다”는 것과 같은 신비적 원리에 입각하고 있음을 보게 된다. 이와 유사한 것으로 “절대 권력자가 정한 규범은 신에 의해 그 권한을 부여받았으므로 절대 권력자가 정한 규범을 지키지 않는 것은 신의 명령을 위반하는 것이다”와 같이 신에 대한 공포심을 이용하는 것도 역사상 찾아볼 수 있다. 그러나 신 혹은 자연에 대한 공포심 혹은 권위를 이용하는 것은 비합리적인 것이다. 그러므로 윤리적인 문제를 둘러싸고 있는 여러 가지 관념, 관행, 규범이 기초하고 있는 인식들에 관한 비합리적인 요소를 비판하는 것이다.

한편 사실, 즉 존재법칙에 맞지 않는 규범의 효력과 관련하여 사실의 규범력 즉 규범이 사실원리, 즉 존재원리에 맞지 않을 경우 그 규범은 효력이 없다고 생각하는 사람들과, 규범은 규범 자체에 의해서만 확인되고 따라서 규범 자체에서 힘이 나오는 것이라고 보는 사람들 간에 논쟁이 있다. 그러나 규범 자체에서 그 규범의 힘이 나온다는 것은 무의미한 것이다. 대학의 진술과 같이 규범은 사실에 근거하는 것이다. 그러므로 사실에 맞지 않을 때 그 규범은 타당성을 잃는 것이다. 그 상술한 바와 같이 사실이 진리인가의 문제가 있으나 그것은 별개의 문제이다. 규범은 인간의 실존 및 자연의 법칙으로부터 끊임없이 그 생명력을 수혈받아 살아 움직이는 것이다.

(3) 행위action

행위요소

행위[23]는 인식, 의지, 믿음과 관련이 있다. 인식은 자기가 하려는 행위가 선을 달성하기 위해 옳은 것인가를 판단하여 그것이 옳은 행위라는 믿음이 생기면 그것을 실현하려는 의지가 생기고 행동방침을 정해 행동act하게 된다. 행동의 결과가 악한 것일 경우는 그에 대해 불만족 혹은 고통이 생긴다. 불만족에 의해 성찰이 시작되어 다음의 행동에서는 이를 반영할 것이다. 인간은 진실로 선한 것, 즉 좋은 것을 얻고자 끊임없이 정진하는 존재이기 때문이다.[24] 또한 결과가 선하면 일단은 그것으로 만족할 것이다. 그러나 같은 행위가 언제나 어느 곳에서나 항상 선한 결과를 가져오는 것은 아니다. 상황이 변하면 달라진다. 선이 아니라는 것을 알게 되면 다시 성찰하여 정진하는 것이다. 이 모든 과정이 행위이다. 그러나 일반적으로는 인식으로부터 시작해서 결과까지를 행위action라고 한다. 행위의 결과는 유형적인 것이라고 생각하지만 유형은 그 자체는 의미가 없다. 그것이 나의 마음이든 다른 사람의 마음이든 종착점은 마음이다. 종국적으로는 나의 마음에 도달한다. 행위의 동기도 마음이지만 결과도 마음이다. 그러므로 행위의 핵심적 요소는 나의 의지will 및 감정sentiment이다. 자연에 미치는 결과도 자연은 나의 일부이므로 결국 나에게 도달하고 나의 마음에 도달하는 것이다.

행위의 유형

행위는 자기 혹은 타인에 영향을 미치는 일련의 사실관계를 말한다. 그리고

23) 행위와 행동에 관해서는 제2장에서 논의한 바 있다.

24) Socrates는 선을 아는 선을 아는 사람은 그 선을 행하는 것이 인간의 본질이라고 말한다. 그러므로 진실한 선지식true knowledge of good이 도덕의 원천이라고 하였다.

이 관계는 인간의 의지에 의한 실제적 지배관계 혹은 지배가능성으로 파악된다.[25] 또한 행위는 원인되는 행위를 비로소 야기하는 경우도 있지만 남이 야기한 것을 방지하지 않은 관계에서도 파악된다. 또한 규범과 관련하여서는 규범이 금지하는 행위를 하는 것과 같은 위반형태도 있으나 권장하는 행위를 하지 않는 위반 형태도 있다.

(4) 선good

의지의 선

선한 것이라고 생각하고 한 행위(의지가 선한 행위)가 악한 결과를 가져온 경우와, 악한 것이라고 생각하고 한 행위가 선한 결과를 가져온 경우가 있다. 어느 것을 기준으로 행위가 선하다고 하여야 할 것인가?

행위의지에 도덕가치가 있는가 혹은 행위의 결과에 도덕적 가치가 있는가에 관한 논란이 있다. 행위의 결과에 도덕적 가치가 있다고 보는 사람들과 행위의지에 도덕적 가치가 있다고 보는 사람들로 나뉜다. 선한 결과를 의욕했기 때문에 선한 결과에 만족하는 것이지만 악한 결과를 의욕했으나 실제는 선한 결과가 된 경우 자족할 수 없다. 그러므로 행위의 도덕가치는 의지의 선함에 있다. Kant는 의지의 선을 택했다. Kant는 다음과 같이 말한다.

> 선의지는 그것이 좋은 결과를 가져왔기 때문이 아니라 그 자체로서 좋은 것이고 가치 있는 것이다.

공리주의자들은 결과의 선을 택한다. 그렇다면 행위의 결과는 무한히 계속되므로 옳은 행위 혹은 선한 행위라는 것을 정할 수 있을까? 그러므로 법적 공리주의rule-utilitarianism가 나타난다. 즉 결과는 사실세계에서 무한히 이어지는 결과가 아니라 법이 정하는 결과라는 것이다. 그러므로 규범이 정하는 바람직하지 않은 결과를 의욕하는 것이 악한 것이다. 윤리와 법을 혼동하고 있는 것이다.[26] 윤리는 내면적인 것이며 무제한 적인 성찰을 요하는 개혁적이고 창조적인

25) 행위를 지배가능성으로 파악하는 것은 규범적 행위개념이라는 것은 제2장에서 기술하였다.

26) 법칙공리주의를 소개한 Brandt는 "어떤 행위는 배울 수 있는 일련의 규칙들에 따르고 오로지 그렇게 할 때에 옳다. 그리고 사회의 모든 이에 의해 도덕적으로 구속력 있는 것으로서 본래적 가치를 최대화하면 옳다"라고 말한다. 그러나 Rawls는 규칙에 관해 개요적 개념

것이다. 그리고 옳고 그름은 행위의 결과가치에 있는 것(행동공리주의나 법칙공리주의나 공히 가지고 있는 생각이다)이 아니고 행위의 결과는 내면의 소리에 의한 성찰의 대상이 될 뿐이다. 그래서 Kant는 의지의 선을 말하는 것이다. 그러나 칸트가 말하는 의지의 선은 보편적 이성에 의한 의지의 선이므로 법칙공리주의가 말하는 "사회에 존재하는 모든 이에 의해 도덕적으로 구속력 있는 것"을 최대화하는 의지와 다를 것이 없다. 다만 결과가 아니라 그 의지에 의해 행위의 도덕적 가치가 있다고 보는 점에서만 다를 뿐이다. 보편성을 기준으로 한 법칙공리주의자가 말하는 규범과 다를 것이 없다.

이성과 선

Kant는 보편적 이성에 의해 선과 악이 판단된다고 한다. 그러므로 결국 Kant가 말하는 선은 보편법의 재판관인 이성이 옳다고 하는 선인 것이다. 그러나 선은 인간의 "실존이 느끼는 어떤 감정sentiment"인 것 같다. David Hume은 Kant의 생각과 달리 다음과 같이 말한다.

> 살인이 악이라고 할 경우 이 악이 살인행위 자체에 객관적으로 존재하는 것이 아니고 살인행위에 대한 불찬동의 감정이 가슴속에 생기기 때문이다. 불찬동의 감정이 생기기 전에는 악은 존재하지 않는다. 즉 악은 이성의 판단, 즉 객관적 이성의 판단 대상이 아니고 주관적 감정의 대상이다. 형사재판에서 피의자가 혐의사실을 반증하거나 그 반증을 정당화하기 위해 지적기능을 활용하는 것은 사실이나 이성 자체는 인간을 행동하게 하는 것은 아니므로 도덕의 원천이라고 할 수 없다.

인간은 행복을 추구하고 그것을 얻음으로써 자기를 실현하는 존재하고 볼 때, 이성은 여러 가지 사실과 관련하여 행복을 얻을 수 있는 방법 혹은 원리를 찾아내는 기능을 하는 것이지만 인간의 의지, 믿음, 그 믿음을 통해 행복을 얻

---

summary concept과 실천적 개념practice concept를 구별하고 전자는 과거에 있었던 결정의 요약을 반영한 것으로 인생의 준칙이나 지침으로 사용되는 것이고 후자는 규칙에 규정된 일을 하는 경우 자신의 행동을 그 규칙에 해결하는 것을 말한다고 한다. 그리고 이 규칙에 따르는 것은 개혁자의 임무가 아니라고 한다. 개혁자는 이러한 규칙을 변화시키고자 하는 것이다. 그러므로 개혁자는 어떤 행위가 어떤 사람에게 불행을 가져온다면 그 행위가 총체적인 행복을 증가시킨다고 하더라도 그 행위를 하지 말아야 하는 것이라고 주장한다. 이 개혁적인 태도가 윤리이다.

기 위해 행동하게 하거나 그 행동을 통해 행복을 느끼는 인간의 본질적인 기능은 하지 않는 것이라는 것이다. 인간은 결국 감성적 본질에 의해 자기를 실현하는 것이다. 인간이 경제적 이익을 취하는 것도 그 재물 자체가 아니라 그 재물을 취함으로써 나타나는 육체적 만족과 같은 감성적인 것 때문이다. 그러나 이 감성은 단순한 쾌락과 같은 규정할 수 있는 유형적인 것은 아닐 것이다. 인간은 궁극적으로 보다 근원적인 직관적 만족하여야 완전한 만족이 있을 것이다. 이성주의자라고 할 수 있는 Plato나 Aristotle도 이것을 행복이라고 하였다. 그런데 행복은 이성으로 알 수 있는 것은 아니다. 그러므로 Hume은 감성sentiment이 도덕의 원천이라 한 것이다.

감성과 선

현대철학에서 인간의 비이성적 요소 혹은 감성적 본질에 관한 철학적 논의를 철학적 주제로 삼은 것은 실존주의extentioalism 철학자들이다. 그러나 동서양을 막론하고 오래 전부터 논의되었던 것이다. 동양에서의 주기론主氣論과 주리론主理論의 대립이 그것이고 서양에서 인간은 쾌락을 추구하는 존재라든가, 행복을 추구한다든가, 마음의 평화가 행복이라고 말하는 것은 인간의 감성적 본질에 관한 것이라고 할 수 있다. 그러나 인간의 이성을 부인하는 것이 아니고 어느 것이 더 본질적인 것인가 하는 문제이다.

사단四端· 칠정七情[27]에 관해 우리나라의 유학자들 간에 논쟁이 있었다. 사단은 딱하고 가엾음惻隱, 부끄러워하고 미워함羞惡, 겸손하여 받지 아니하거나 응하지 아니함辭讓, 옳고 그름是非을 판별하는 마음을 말하고 칠정은 희喜, 노怒, 애哀, 락樂, 애愛, 오惡, 욕慾을 말한다. 주리론자들은 사단은 이理에서 발하고 칠정은 이에 따른다고 하였고 주기론자들은 그 반대의 입장을 취한다. 氣와 理를 구별하고 주리론은 氣를 배척하며 주기론은 理를 배척하는 점에서 二元論이다. 한편 主氣論을 말하는 徐花潭은 氣를 주로 하지만 理를 배척하지는 않는다.

27) 七情은 〈예기〉의 禮運篇의 기록에 있는 것이고 四端은 맹자가 선의 四大範疇로 仁·義·禮·智를 말한다. 中庸의 天人篇에서도 "喜·怒·哀·樂이 발하지 않는 상태를 中이라 하고 발해서 다 절도에 맞는 것은 和라고 한다. 中은 천하의 大本이요, 和는 천하의 達道다. 중화의 도를 극진히 하면 천지가 제자리하며 만물이 이루어진다"고 하여 四情이 나타난다. 맹자는 사단에 관해 밖으로부터 온 것이 아니고 내게 본디부터 있는 것이라 한다. 같은 인간의 性에서 나온 四端이 純善한 것인데 반해 七情은 선한 것도 있고 악한 것도 있는 것인가 하는 문제에 부딪혀 쟁점이 생긴 것이다. 따라서 四端은 本然之性인 理로 보고 七情은 天地之性인 氣로 보면서 理·氣論이 전개된 것이다.

이율곡은 "사단은 칠정을 내포하지만, 칠정은 사단을 내포하지 않는다"라고 하여 理를 주로 하지만 理에는 氣가 내포된다 했으므로 氣를 배척하지 않는 점에서 이기일원론理氣一元論이라 할 수 있다.[28)]

선은 어떤 것에 대한 찬동하여 좋은good 마음이다. 우리는 인간은 무엇이 선한 것을 가져올 것인가를 직관intuition하여 행동하고, 행동의 결과 행복과 고통도 직관하는 것이라고 본다. 그러므로 우리는 칠정은 물론 이고 사단도 감성에서 나오는 것이라 보는 것이다. 옳고 그름도 결국 감성에 의하여 좋은 것이 옳은 것이다. 선이 옳고 그름의 근원인 것이다. 그런 의미에서 사단과 칠정은 "한 곳"에서 나온다고 한 이율곡의 말은 막연하지만 직관과 같은 것을 말하는 지도 모르겠다. 그러나 인간의 행위의 결과는 인과적 질서에 있다. 행동의 결과를 예측하고 자신의 의지를 조정하는 데 이성이 작용할 것이다. Hume도 인과적 질서자체를 부정하지는 않는다. 다만 필연적인 것은 아니고 인간의 지각에 의한 경험적 지식인 것이라는 것이다. 필연적인 것이 아니므로 형성되어 가는 것인지도 모른다. 인과관계가 주체적으로 형성되어 가는 것이라면 개방적 역동적인 동양적 우주관과 만날 것이다.

정의할 수 없는 선

G.E. Moore는 선은 정의definition할 수 있는 것이 아니라고 한다. 예를 들어 어떤 사람이 어떤 물건의 색깔이 노랗다고 말했을 때 노랗다는 것은 단순개념이어서 언어로 설명할 수 없으므로 그 사람이 말하는 노랗다는 말의 의미를 알 수 없다는 것이다. 선도 마찬가지라는 것이다.[29)]

> 선은 그 자체가 분해할 수 없는 순수한 것simple property이므로 더 이상 설명할 수 없는 궁극적인 것이다. 노랑색이 무엇인지 모르는 사람에게 어떤 수단 방법에 의해서도 노랑색이 무엇인지 설명할 수 없는 것과 같다. 그러므로 선은 인간의 객관적 인식과는 독립하여 존재한다. 그러므로 윤리적 진술은 실

28) 이병도의 율곡의 생애와 사상(서문당 발간 1976년판), pp.63-88 참조.

29) 선은 사물의 속성이다. 그러므로 정의할 수 없는 것은 당연하다 하겠다. 주어가 아니라 형용사다. Kant의 말을 빌리면 선에 관한 진술은 종합판단이다. 동양사상에 至善이라는 말이 있다. 이에 관해서는 인간에 내재하는 천성이 외부의 질서로 구현되어 내외·주객이 조화되는 상태를 말한다고 한다. 그러므로 존재론적인 것은 아니다. 동양적 관점에서 선은 體가 아니고 用이다. Hume도 선·악은 외부사건으로 인해 인간의 마음에 생긴 호감 혹은 반감과 같은 감정이라고 말한다.

제에 관한 것이며 윤리적 진술의 진위는 자명하거나 외부적 증거에 의해 증명된다. 선은 정의할 수 없으므로 선에 관한 명제들은 자명한 것이다. 선을 정의할 수 없다면 선을 정의하려는 이론은 비판받아야 한다.

Moore의 이론은 종래의 윤리학자들이 선을 객관적으로 존재하는 무엇으로 보고 그것을 정의하려는 이상적이고 독단적 태도에서 벗어나지 못하고 있는 것을 비판하여 윤리학의 새로운 조류를 형성하였다.[30] 그러나 정의할 수 없다는 것과 알 수 없다는 것은 다르다. 우리는 인간의 직관으로 선을 알 수 있다는 신념을 잃어서는 안 된다. 다만 그것을 설명할 수 없을 뿐이다.

(5) 자 율

윤리는 자기입법이라는 점, 자기가 정한 규범에 따라 행동하는 것이라는 점에서 타인을 규율하려고 하는 법과 구별된다. 자기실현을 위해 사물의 원리를 탐구하여 사물의 원리에 맞게 규범을 정하고 행동함으로써 자신을 실현해 가는 것이다.

자기규범은 무엇에 의하여 발견되고 유지되는가? 보통 良心conscience.[31]이

30) 善은 사물의 속성attributes을 말하는 것이다. 그러므로 선은 존재론적인 것이 아니다. 동양에서 至善에 관한 논의가 있으나 대체적으로 보면 인간에 내재한 천리가 외부의 질서로 구현되어 내외·주객관이 합치·조화된 상태를 의미한다고 한다. 동양적 관점에서 體가 아니고 用이라고 할 수 있다. Hume도 선악은 외부의 사건에 의해 그 결과로 가슴 속에서 생기는 감정 같은 것이라고 한 것을 보면 선과 악은 존재론적인 것은 아니다. 마음 속의 어떤 상태이므로 증명할 수 없는 것이고, 그러므로 단순한 것이다.

31) 양심conscience를 윤리의 원천으로 말한 철학자로 Joseph Buttler(1692-1752)가 있다. 그는 양심을 일반적으로 이해하고 있는 바와 같이 옳고 그름을 바로 알 수 있는 이성과 다른 인간이 가지고 있는 제3의 눈an additional eye으로 보지 않고 도덕적 행위의 특성을 식별하는 성찰적reflective·합리적rational 능력faculty이라고 보았다. 합리적이라는 말은 실제적practical이고 과학적인scientific 이성을 말하므로 과학정신이 들어 있다. 동양에서 良心을 말한 사람은 孟子(372-289 B.C.)가 있다. 그는 性善說의 입장에서 "개가 개요 소 아닌 점이 개의 개된 所以로서 그것이 개의 性이요, 소가 소요 사람이 아닌 것이 소의 소된 所以로서 그것이 소의 性이요, 사람이 사람이요 다른 짐승이 아닌 것이 사람의 사람된 所以로서 그것이 사람의 性이다"라고 말한다. 이에 대해 성악설의 입장에 있는 告者는 "태어난 그대로를 性이라 한다"하고 하여 인간은 개나 소와 달리 본질적으로 선한 소질을 가지고 태어났다는 것을 부정한다. 그러므로 告者의 말은 인간의 性을 선하다 악하다는 하는 것은 오류라는 것이다. 맹자가 인간의 性은 선하고 짐승의 性은 악하다고 하는 것은 무엇을 선이라고 하는 기준을 가지고 하는 말이므로 인위적일 수 있다. 그러므로 맹자가 어떤 기준을 가지고 말했다면 告者의 비판은 일리가 있다. 맹자가 인간의 본성을 선하다고 한 것은 무리인 것 같다. 선은 인간의 본성의 특질이 아니라 인간이나 짐승이나 자기의 본성에서 좋게 느끼는 것이 선한 것이다. 즉 느낌이 선한 것이다. 선은 존재하는 것은 아니다. 명사가 아니고 형용사다. 그러므로 Moore가 선은 정의할 수 없는 것이라고 말하는 것은 당연하다. 인간은 좋은 것을 추구하는 것은 분명하다. 그러므

라고 한다. 이 양심은 어디서 오는 것일까? 인간이 태어나면서부터 가지고 나오는 천성이라고 한다. 그러나 성악설도 있다. 후천적으로 형성된다고 한다. 그러므로 교육을 강조한다. 그러나 교육을 하는 사람은 선한 사람이고 교육을 받는 사람은 악한 사람인가? 선한 사람은 그 선한 천성을 어디서 받았는가? 모든 사람은 선한 천성을 가지고 있으나 태양이 구름에 가리어져 어둡다가 구름이 걷히면 밝게 빛나는 것과 같이 그 천성이 가리어지기 쉬우므로 그 구름을 벗기기 위해 교육을 하는 것이라고 할 수밖에 없는 것 같다. 그러므로 교육은 정답을 가르치려 하거나 그 정답에 의하여 훈육하려는 것이 아니라 각자가 성찰할 수 있는 기회를 주는 것이라고 말한다. 그러므로 양심은 자신의 행위의 결과를 통해 검증되어 개선되어 가는 것이다. 그런데 역사상 소수의 뛰어난 사람만이 진리를 알 수 있다는 생각을 한 사람들이 많았다. 이때의 양심은 천상의 것이다. 그러므로 그것을 알기 위해 윤리학을 하는 것이며 그것을 아는 자의 말을 들어야 선한 행위를 할 수 있는 것이 된다. 무엇이 선한 행위인가를 보통 사람들은 모르는 것이다. Plato도 그런 사람들 중의 한 사람이라 볼 수 있다. Plato의 다음과 같은 말에서 그의 생각을 확인할 수 있다.

> 도덕의 기초가 되는 궁극적 지식은 초월적인 지식이다. 현실의 경험적 지식과 구별된다. 이 궁극적 지식은 노력을 통해 최종적으로 알 수 있다. 이 지식은 철학자만이 알 수 있다. 국가의 진실한 지도자는 진실로 선한 것을 알아야 한다. 그러므로 철학자가 국가의 지도자가 되어야 한다.

(6) 자아실현

윤리는 자아충족(자족)으로 실현된다고 한다. 그러나 법은 규범에 합당하게 됨으로써 실현된다고 한다. 자족이라는 것은 무엇인가? 자아의 믿음에 합당하게 행동하여 그것이 가져다주는 만족을 말한다. 자족을 행복이라 보는 생각 eudaimonism이 있는가 하면 쾌락이라고 보는 생각으로 크게 나뉜다. 고대 그리

로 맹자는 인간에 대한 부정적인 견해를 취하는 것은 "스스로를 해치는 자" 혹은 "스스로를 포기하는 자"라고 하였다. 서양에서 쾌락이 좋은 것이라 하는 사람들이 있는가 하면 행복이 좋은 것이라 하는 사람들이 있다. 그러나 쾌락이 좋은 것이지만 궁극적인 것은 아니다. 쾌락은 고통을 불러오는 경우가 흔하기 때문이다. 그러나 쾌락이 무엇인지 행복이 무엇인가는 말로 표현할 수 없다. 인간의 본성에서 스스로 느끼는 것일 뿐이다. 성선설에 관해서는 이동환 역주, 大學·中庸(청목문화사, 1985년 발행), pp.126-131 참조.

스 사람들은 쾌락과 행복을 구별하려고 하였다. 쾌락pleasure과 행복happiness은 어떻게 다른가?[32] 고대 그리스의 행복론자들은 쾌락을 유형적인 것이고 상대적

---

32) 서양에서는 즐거움pleasure을 흔히 쾌락이라고 한다. 행복과 다른 것으로 본다. 쾌락은 유형적인 것, 육체적인 것, 심리적인 것이므로 상대적인 것이며, 행복은 무형적인 것, 즉 인간의 육체와 심리를 초월한 절대적인 것으로 본다. 고대 그리스에서 쾌락주의자들은 쾌락을 선이라고 하는 사람들이고 행복주의는 행복을 선이라고 보는 사람들이다. Plato는 쾌락pleasurer과 고통은 상대적인 것이지만 선good, 즉 행복은 절대적이라는 Socrates와 Callicles 간의 다음과 같은 대화를 기술하고 있다.

S : 당신은 쾌락과 선은 같다고 하면서 지식과 용기와는 같지 않다고 말했다.
C : 당신은 이 말을 동의하는가?
S : 나는 동의하지 않는다. 당신도 자신을 진실하게 들어다 보면 나와 같이 쾌락과 선이 다르다는 데 동의할 것이다. 아마 당신은 행운과 불행은 서로 반대되는 것으로 생각할 것이다.
C : 그렇습니다.
S : 행운과 불행이 서로 다르다면 건강과 질병의 관계와 같이 행운과 불행은 서로 배척하는 관계exclude one another에 있는 것이다. 그렇다면 사람은 동사에 행운과 불행을 가질 수 없거나 둘 다 가질 수 있을 것이라고 생각하는가?
C : 무슨 말입니까?
S : 육체적인 질병을 예로 들어보면 사람은 눈에 염증이라는 병이 생길 수 있지요?
C : 그렇지요.
S : 그러면 그는 감염되지 않은 눈과 감염된 눈을 동시에 가지고 있는 것인가?
C : 아니지요.
S : 그러면 그 눈의 염증이 없어진 경우 눈의 건강도 함께 없어진 것인가?
C : 아니지요

(중략)

S : 강함과 악함을 동시에 가질 수 있는가?
C : 아니지요
S : 빠름과 느림은?
C : 아니지요.
S : 선 및 행복 혹은 악과 불행을 서로 서로 바꾸어 갖거나 가지지 않을 수 있는가?
C : 그렇지요
S : 이와 같이 동시에 가질 수 있거나 가질 수 없는 것이 있는가 하면 선과 악과 같이 동시에 가질 수 없는 것이 있다는 데 동의하는가? 신중히 대답해 보시오
C : 전적으로 동의합니다.
S : 우리가 앞에서 동의한 것에 근거하여 다시 당신이 했던 말을 검토해 보자. 당신은 배고픔(단순히 배고픈 상태state of hunger를 말한다)이 즐겁다고 했습니까? 혹은 고통스럽다고 했습니까?
C : 고통스럽다고 말했습니다. 그러나 배고플 때 먹는 것은 즐겁다고 말했습니다.
S : 알았습니다. 그러나 굶주림actual hunger이라는 것은 고통스러운 것입니다. 내 말이 틀렸나요?
C : 맞습니다.
S : 목마름이라는 것도 역시 고통스러운 것이지요?
C : 매우 고통스러운 것이지요.
S : 예를 더 들까요? 모든 결핍want과 욕망desire은 고통스러운 것이라는 데 동의합니까?
C : 그렇지요. 예를 더 들지 않아도 알겠습니다.
S : 좋습니다. 그러면 당신이 목마를 때 물을 마시는 것은 즐거움이라는 것은 동의하지요?
C : 예
S : 당신이 방금 말한 "목마름thirsty"이라는 단어는 고통을 의미합니까?

인 것으로 보는 반면 행복은 무형적인 것, 즉 형이상학적인 것이라고 보았다. 그러므로 진실한 것은 행복이므로 행복이 선이라고 한 것이다. 그리고 후세 사람들은 쾌락을 선이라고 하는 사람들의 생각을 향락주의hedonism라고 하였다. 술을 마시면 즐거울 수 있지만 고통을 수반하는 경우가 있다. 그러므로 쾌락은 궁극적인 즐거움 혹은 자아실현은 아니다. 참다운 즐거움을 찾아 고민한 것이다. 그러므로 이성에 의해 조절되는 소극적 쾌락, 우정, 평화, 미적 추구에서 나오는 긍정적인 즐거움epicureanism, 고통에 무관심한 금욕주의stoicism, 가난한 마음,[33] 자연법의 참여Thomas Aquinas, 신의 사랑Saint Augustine 등 정신적이고 무형적인 것을 주구했다.

굳이 구별하는 행복과 쾌락은 다 같이 마음의 어떤 느낌인 고통pain과는 다른 것은 분명하다. 그리고 그 느낌이 일시적인 것인가 혹은 보다 지속적이고 궁극적인 것인가, 자신 혹은 남에 대한 피해를 수반하는 것인가 등의 경험적 사실에 의하여 구별되는 것이고 본질적인 구별이 아닌 것은 분명하다. 그러므로 후에 행복[34]이 선이고 이 선은 외부의 경험적 사실에 의해 증명되는 것이라는 공리주의 이론[35]이 나타나는 것이다. 그리고 이 공리주의자들은 최대다수의 최대행복을 가져다 주는 결과가 선이라고 하였다. 그러나 행복은 스스로 느끼는 것self-evident이다. 그러므로 나는 다른 사람의 행복을 직관적으로 확인할 수가

C : 예
S : 그리고 "물을 마심drinking"이라는 단어는 쾌락pleasure 및 결핍의 만족satisfaction을 의미하지요?
C : 예
S : 물을 마시는 것에 쾌락이 있습니까?
C : 그렇지요.
S : 목이 마른 것에 쾌락이 있습니까?
C : 그렇지요
S : 고통에 쾌락이 있습니까?
C : 그렇지요

33) Jesus의 산상수훈이라고 일컫는 마태복음 5장에서 7장은 "심령이 가난한 자는 복이 있나니 천국이 저희 것임이요"라는 말로 시작하고 있다.

34) 공리주의utilitarianism의 창시자라고 하는 Bentham은 자연주의적 입장에서 이기적인 즐거움, 즉 쾌락을 추구하는 것이 인간의 본질이라고 보았고 그 쾌락의 추구에 의한 최대다수의 최대행복을 가져다주는 것이 선이라고 하였다. 그러므로 Bentham에 있어서 행복은 각자가 쾌락을 추구한 결과로 도달하는 최대다수의 어떤 상태를 말하는 것 같다. 선을 효용가치에 의해 판단하는 것이므로 공리주의라고 한다. Bentham의 공리주의에 대해서는 이기적 쾌락주의 egoistic hedonism라는 지적과 함께 인간을 이기적인 존재라고 보면서 최대다수의 최대행복을 선이라고 하는 것은 스스로 논리적 모순을 범하고 있다는 비판을 받고 있다.

35) 공리주의는 이기주의적 쾌락을 선이라고 보는 이론egoistic hedonism이다. 그런데 최대다수의 최대행복을 가져오는 것이 선이라고 본다. 그러므로 자명한 쾌락과 최대다수의 치대행복이라는 효용가치로서의 쾌락간의 이론적 모순을 가지고 있다.

없다. 그러므로 외부적 증거에 의해 확인하는 것이지만 최대다수의 최대행복은 확인 할 수 없다. 결과는 수없이 이어지기 때문이다. 결국 다른 사람이 행복할 거라고 생각하고 나의 행동에 만족하는 것이다. 공리주의자의 생각은 결국 외부의 재판관이 최대다수의 행복을 판단하는 것이라는 생각에 귀결될 수밖에 없다. 그 이론적 근거로 공리주의자인 Mill은 인간의 내적 제재internal sanction을 말하나 외부적인 판단에 의존할 수밖에 없는 최대다수의 최대행복이라는 효용설을 극복할 수 없다.

사회 속에서의 자아실현

그러나 사람은 사회적 존재일 수밖에 없다. 그러므로 Aristotle은 인간은 사회 속에서 보다 완전한 자신을 실현36)할 수 있다고 말한다.

> 상수리가 참나무가 되듯이 인간은 이성적으로 사는 것에 의해 사회에서 자아를 실현하는 것이다. 선을 추구하는 것은 개인이나 사회에서 같이 나타나지만 사회의 선을 실현하는 것이 보다 완전하고 아름다우며 거룩하다.

덕virtue

자아를 실현한다는 것은 무슨 의미인가? 저절로 되는 것인가? 자아를 실현하는 것은 동서양을 막론하고 인격 혹은 덕을 쌓는 것이라고 말하는 것 같다. 덕은 사물의 구성요소들이 고유의 기능을 잘 발휘하여 전체적으로 사물이 고유의 기능을 잘 발휘하는 상태를 말한다. 인간의 경우는 인간의 이성과 감성이 고유의 기능을 발휘하여 전체로서의 인간이 탁월해지는 상태를 말한다. 이러한 상태는 습관에 의하여 형성된다. 그러므로 덕은 수련과 그 결과로 형성된 습관 즉 인격을 말한다. 덕이 무엇인가는 아리스토텔레스는 다음과 같이 설명하고 있다.

> 인간은 이성적 존재이다. 그러나 이성원칙에 맞게 사고하고 행동할 수 있는 기능faculty은 사람에 따라 다르다. 이 기능은 사람에 따라 다른 덕과 관련된

---

36) 실현actuality은 잠재potentiality에 반한 말이다. Aristotle은 형상form은 사물에 내재하는 것이라 하여 plato와는 다른 입장이다. 인간은 이성적인 삶을 통해 자신에 내재하는 잠재성을 실현시키는 것이라고 한다. 그러므로 행복은 이성을 충분히 시현시킴으로써 달성된다고 본다.

다. 수금lyre 연주는 본래의 연주법에 따라야 하지만 좋은 연주를 할 수 있는 연주자가 있는 반면에 그렇지 않은 연주자가 있는 것과 같다.

동양의 유교사상37)에서는 덕을 인간이 천성으로 지니고 있는 것이라고 보고, 그것이 평상시에는 가리어져 있으므로 그것을 밝히는 것明明德을 과제로 하고 있다. 아리스토텔레스의 말도 수금lyre을 잘 연주하는 것은 그 구체적 악기가 가지고 있는 본래의 고유한 기능을 잘 발휘하게 하는 능력을 자기 안에서 찾는 것을 말하므로 그 의미에서 동양과 차이가 없다고 하겠다.

37) 유교사상은 불교, 도교의 영향을 받아 사상적 변천이 있었다. 그러므로 유교사상과 불교사상 및 도교사상은 공통점이 있다. 따라서 동양사상으로서의 의미를 갖게 된다. 이동환의 대학·중용 역해, pp.306-307 참조.

토론과제

善은 무엇인가?

(토론방법)

- 德과 善의 개념을 정리하여 비교하도록 한다.
- 善과 正義의 개념을 정리하여 비교하도록 한다.
- 善은 實在하는 것인가에 관해 토론한다.

제 5 장

공학사회와 윤리학

序

현대사회에서 과학기술은 우리의 삶의 모든 방면에 스며들어 있으며 커다란 영향을 미치고 있다. 우리의 삶을 풍요롭게 하는 데 결정적 기여를 하고 있다. 그러나 그 이면에는 인류의 고향을 황폐하게 만드는 환경파괴문제, 인간성 파괴문제, 현세를 풍요롭게 살기 위해 자원을 탕진함으로써 후손들이 살 수 없게 만드는 자원낭비문제, 대량살상무기와 같이 인류의 생존 자체를 위협하는 문제를 제공하고 있다. 그것은 과학기술의 책임이 아니고 과학기술을 이용하는 산업이나 부당한 정치집단의 책임이라고 할 수도 있다. 그러나 과학기술이 결과적으로 산업에 봉사하고 있으므로 그 책임에서 자유로울 수는 없을 것이다. 그러므로 급진적 과학기술관[1]을 가진 사람들은 과학기술을 사라져야 할 존재로 지

1) 김영식은 우리나라 대학생들은 과학기술자에 관해 진정한 지식인이나 폭넓은 교양인이 되지 못하고 단순한 전문기능인에 불과하여 자연히 과학기술은 사회를 지배하고 있는 계층의 이익을 옹호하고 그들에게 유리한 사회경제적 구조를 확장하는데, 그러므로 민중을 억압하고 착취하는 데 사용된다고 보고 있으며 또한 과학기술교육이 전문적인 과학적 기술적 내용에만 치중한 결과 과학기술이 지니는 정치, 경제, 사회적 의미에 대해서는 무지하거나 무능하다는 것이고 전문화로 인해 일반 대중과는 유리된 결과가 되었으며, 현대사회의 여러 심각한 문제들이 과학기술의 산물이라는 생각을 가지고 있다고 한다. 그는 이런 생각을 급진적인 과학기술관이라고 말한다. 김영식의 역사와 사회 속의 과학, pp.115-124 참조.

Samuel C. Florman은 미국의 Truman 대통령이 수소폭탄의 개발착수를 발표하고 이에 대해 Einstein이 "이제 대기의 방사능 오염으로 인한 지구상의 생물의 생존은 과학기술이 하기에 달리게 되었다. 결국 생명체의 전멸을 부를 것이다"라고 말한 1950년 1월 31일을 과학기술의 암흑기Dark Age기가 시작되는 순간이라고 말한다. 그가 말하는 과학기술의 암흑기는 과학기

못한다. 그러나 인류가 기아와 질병으로부터 해방되는 희망을 갖게 하고 있는 것도 과학기술이다. 희망과 절망을 동시에 제공하고 있는 것이다. 결국 과학기술과 산업의 나쁜 측면을 개선하는 것이 과제가 된다. 자유와 책임, 풍요와 청렴, 과학기술과 산업의 의미를 다시 생각할 시점에 와 있다. 진정으로 인간을 위하는 윤리적 기업 혹은 과학기술이어야 환영받는 시대가 시작되고 있는 것이다. 여기에 과학기술을 전공하는 학생들에게 과학·기술·윤리학을 하도록 하는 이유가 있다.

윤리는 가르치지는 것이 아니고 우리의 마음 속에 있는 것을 찾아 구현하는 것이다. 그러므로 Socrates는 참다운 지식을 찾는 것이라 했고, Jaspers는 참다운 지식과 더불어 자라나는 자유라 하였고, 동양에서는 대학大學은 덕을 밝혀 백성과 함께 선하게 되는 것[2]이라고 하였다. 원래 과학기술이 발달하기 시작하면서부터 과학기술의 윤리적 중요성은 강조되어 왔다. 그러나 윤리의 본질에 관한 지적혼란 때문에 진정한 윤리가 실종되어 과학기술에 관한 윤리적 무관심 속에서 살아왔다.[3] 한편 풍요롭게 잘 사는 것 혹은 경쟁에서 이기는 것에만 관심을 가지고 살아온 것이다. 형식적 자유주의 혹은 공리주의 사상이 이와 같은 태도를 강력하게 뒷받침하여 왔다. 그런 사이에 우리는 인류를 파멸로 이끌 수도 있는 거대한 힘을 가진 과학기술이 사회를 지배하는(사실은 과학기술자가 지배하는 것이 아니고 과학술자를 고용한 자가 지배하는) 세상에 살고 있는 우리를 발견한 것이다. 자신도 이익에 골몰하고 있고 편견과 지적 혼란에 빠져 있는 데에 놀라고 있다. 그런데 이 거대한 힘을 가진 과학을 조종하고 있는 사람들은 어떤가?

이 장에서는 과학기술의 사회적 의미, 과학기술이 사회에 미치는 영향 및 과학기술자 사회의 관행 나아가서 과학기술에 관한 법의 태도를 탐구하는 것을 과업으로 한다. 그러므로 과학기술사회 윤리학은 사회과학의 한 분야라 할 수

술에 관한 대중의 찬사 및 믿음이 사자진 시기를 말한다. 그리고 과학기술에 대한 찬사와 과학기술자들이 인류를 위해 은혜를 배푸는 자라고 생각했던 황금기는 1850년경에 시작되었다고 말한다. 미국에서 1970년대에 급진적인 과학기술관이 사회의 우세한 견인 위치를 점하고 있었다. Florman이 1976년에 저술한 "The Existential Pleasures of Engineering" 참조.

2) 大學之道 在明明德 在親民 在止至善은 大學의 첫 장에 나오는 말이다.

3) John Ladd의 논문 "The Quest for a Code of Ethics: Intellectual and Moral Confusion" 및 Heinz C. Luegenbiehl의 "Code of Ethics and Moral Education"(이태식·위성윤 역, 엔지니어 윤리학, pp.265-303) 참조.

있다.[4] 그러나 사회과학과 윤리학은 구별하여야 한다. 영국 사람들이 "윤리철학moral philosophy"이라고 하는 것과 같다. 사회윤리학과 사회과학의 관계를 사회과학의 철학 혹은 과학의 과학meta-science인 관계로 보는 것이다. 그러므로 과학기술자사회의 윤리학은 사회윤리학의 한 범주가 될 것이다.

한편 사회를 거시적인 관점에서 바라보는 사회윤리학[5]은 사회와 관계되지만 미시적인 관점에서 보는 개인윤리학[6]과 구별된다. 그러므로 과학기술자 윤리학과 과학기술자사회 윤리학을 구별하는 것이다. 과학기술자 윤리학은 과학기술자의 믿음, 사랑, 옳음과 선을 주제로 하는 것이다. 어느 관점에서 사회를 바라보느냐의 차이이다. 과학기술자라는 것도 사회적 개념이므로 결국 사회학의 대상으로 볼 수 있다. 그러나 사회의 관점에서 보는 것과 개인의 관점에서 사회를 보는 것은 다르다. 사회윤리학의 극단적 모습은 사회를 법과 같은 어떤 규범에 일치하는 것으로 하려는 목적을 가질 것이다. 그러나 우리가 앞에서 간파한 바와 같이 사회는 개인으로 구성되므로 사회윤리학은 사회의 성원을 위한 것을 목적으로 해야 한다. 그러므로 사회윤리학은 개인윤리학, 즉 과학기술자 윤리학을 기초로 하여야 한다. 결국 과학기술자사회 윤리학은 과학기술자의 과학기술활동과 관련된 사회의 관행 및 법 제도의 윤리적 문제를 찾고 그 것을 비판하고 개선방안을 제시하는 개혁적인 역할을 하는 것이다.

1. 시나리오

다음의 시나리오는 현대의 과학기술자가 접할 수 있는 전형적인 윤리문제에 관한 것이다. 이 시나리오에서 윤리문제에 봉착한 어떤 과학기술자를 A라고 호칭하였으나 A만의 문제가 아닐 것이다. 그러므로 과학기술자 공동체에 속한 우리 모두의 문제이다. 그러므로 A는 "우리"라고 할 수 있다.

---

4) 실증주의positivism철학의 입장에 있는 Ayer는 당위적 진술normative sentence은 정의적 의미emotive meaning만을 갖고 있으므로 과학일 수 없고 사실적 진술descriptive sentence을 하는 과학이 아니라고 한다. 그러므로 윤리학은 윤리적 언어의 분석을 윤리학만이 의미가 있다고 한다. 그러나 이와 같은 분석에 근거하여 후자를 윤리학이 아니라 사회과학social science라고 하였다.

5) 사회윤리학을 거시적 윤리학macro-ethics이라 한다.

6) 개인윤리학을 미시적 윤리학micro-ethics이라 한다.

A는 대학에서 원자력 공학을 전공하여 국가로부터 원자력분야 전문가로서 인정을 받았다. 그는 정부로부터 원자로를 포함한 원자력 발전소 설계 및 원자력 발전소 운영에 관한 업무를 위탁받아 처리하는 것을 업으로 하는 회사에 원자력 발전소 건설 전문가로 취직하여 일하고 있다. 회사에 들어온 후 핵폐기물 처리분야에 전문성을 길러 현재는 그 일을 담당하는 부서의 팀장으로 일하고 있다. 지금 A가 하고 있는 일은 회사가 설계하여 건설한 원자력발전소의 핵폐기물을 저장할 시설을 추가로 건설하는 것에 관한 일이다. 그는 이 일과 관련하여 회사가 적용하고자 하는 기술에도 문제가 있다고 생각하고 있다. 여러 번 문제점에 관해 회사에 보고하였으나 회사는 A의 제안을 받아들이지 않고 이미 다른 전문가에 의해 완성된 기존의 설계안을 확정하여 건설공사를 추진할 단계에 있다. 그런데 건설예정지 주변 주민의 완강한 반대에 부딪혀 건설공사를 착공하지 못하고 있다. 또한 환경단체들은 원자력 발전은 반인류적이라는 구호를 내세워 원자력발전소 가동중단운동을 벌이고 있다. 새로운 핵폐기물 처리장 건설공기는 5년으로 계획되어 있으며 5년 후에 완공되지 않을 경우 계속 발생하는 핵폐기물을 처리할 곳이 없어 발전을 중단해야 할 위기에 처해 있고 그럴 경우 국가의 전력공급에 큰 차질을 가져올 것이 예상되고 있다. 그는 원자력발전이 국가경제 차원에서 필요한 것이지만 핵폐기물의 영구적 안정성 및 원자력 발전이 기술상으로는 안전하다 하더라도 우발적인 사고로 인한 방사능 유출사고 위험은 상존한다는 것을 알고 있다. 따라서 환경단체의 주장에는 공감하는 부분이 있다고 생각하고 있다.

(1) 당 사 자

이 문제와 관련된 직접적인 당사자는 핵폐기물 저장소를 건설하려는 정부, 이에 관한 업무를 위탁받아 일하고 있는 회사, 그 회사의 건설 전문가로 일하고 이 일을 담당하고 있는 부서의 책임자인 엔지니어 A, 그리고 건설을 반대하고 있는 환경단체와 건설 예정지의 주민이다. 그러나 저장소 건설을 통해 영향을 받을 수 있는 말 없는 다수도 있다. 각 당사자의 태도를 알아보면 아래와 같다.

(2) 당사자의 태도

이 문제와 관련된 당사자는 A만이 아니다. 어떤 문제를 어느 한 사람 혹은 몇 사람의 문제로 보는 태도는 지양하여야 한다. 하나의 문제는 사회의 문제이

므로 사회의 성원 전체의 문제이다. 다만 그 역할의 중요성에서 차이가 있을 것이다.[7]

이 문제의 주요 당사자 중의 하나인 정부는 A의 건의를 받아들일 경우 설계비용 및 건설비의 추가 등 예산상의 문제에 비해 A가 말하는 위험은 무시되어도 좋다고 생각하고 있다. 한편 정부는 이 방면의 다른 전문가로부터 이 정도의 위험은 무시하여도 된다는 의견을 받아 놓고 있다.[8] 두 전문가의 의견이 엇갈리므로 설계상의 문제를 숨기지 않고 일반에게 공개하여 동의를 받아 해결하는 방안이 있을 수 있다는 생각을 해 보았다. 그러나 이해 관계자의 의견은 다양하므로 합의에 도달하기가 현실적으로 불가능할 뿐만 아니라 정부가 모든 사업을 일반인의 합의를 얻어 추진하는 것은 합당하지 않다고 생각하고 있다.[9] 또한 건설예정지 주민의 반대에 관해서는 주민들은 저장소로 인한 피해를 염려하기보다는 일반인이 싫어하는 혐오시설이 자기 고장에 들어오는 것 자체를 싫어하는 것이므로 설득이 불가능하다고 생각하고 있다. 환경단체의 주장에 대해서는 원자력발전에 관한 근본적 의문을 제시하고 있으므로 국가경제와 직결되는 원자력발전에 관한 의견으로 받아들일 수 없는 것으로 생각하고 있다. 한편 대체 에너지로서 화력발전의 증가로 인한 대기오염 및 수력발전을 증대시키는 경우 댐의 건설로 인한 환경파기를 생각하면 원자력발전이 더 환경친화적이며

7) John Ladd는 윤리적 책임을 집단적 책임collective responsibility의 성격을 갖는 것이라 하고 "세계인구의 대부분이 사회의 공동선, 즉 사회성원에 대한 도덕적 책임을 포기하고 자신에게 주어진 임무에 따르는 것을 선택하는 것을 본다. 독일인 들이 이와 같은 공동선에 관한 도덕적 책임을 포기한 결과로 나타난 것이 히틀러 였고, 미국의 경우는 월남전이 이 경우에 해당한다 … 핵무기의 경우 어떤 사람들은 과학기술자에게 책임이 있다고 한다. 그러나 핵무기는 단순히 과학기술의 문제 혹은 과학기술자의 문제가 아니다. 제품의 안전 혹은 환경의 보전에 관해 과학기술자에게도 윤리적 책임문제가 있으나 과학기술의 문제만은 아니다. 이 모든 것이 모든 사람의 문제이다all of these things are everybody's business"라고 말한다. Ethical Issues in Engineering, pp.37-38 참조.

8) Michael C. McFarland는 원자력 발전의 위험에 관한 손익계량분석cost-benefit analysis은 공리주의자들이 상품가치를 비교하는 것과 같이 인간의 생명의 가치를 경제적 가치로 비교하는 가정이 숨어 있다고 말한다. 또한 이 방법은 최대의 이익을 지향하는 것이므로 소수의 위험위에 다수의 이익을 지향하는 위험부담의 형평문제가 있다고 말한다. 예를 들면 우라늄광산의 노동자 등 힘없는 소수powerless minority의 문제가 있다는 것이다. Ethical Issues in Engineering에 개제된 McFarland의 논문 "The Health. Safety and Welfare: An Analysis of the Social Responsibilities of Engineers" 참조.

9) Stephen H. Unger는 과학기술로부터 영향을 받을 사람들에 대한 고지된 동의informed consent에 관해 이론과 실제 양면에서 한계가 있다고 말한다. 어떤 프로젝트로부터 이익을 얻는 사람도 있고 해악을 입는 사람들이 있으므로 어떤 비율에 의하여 적절히 승인된 것으로 보아야 하는 지를 결정하기 어려운 문제가 있다는 것이다. Ethical Issues in Engineering에 게재된 Unger의 논문 "Code of Engineering Ethics" 참조(이태식·위성윤 역, 엔지니어 윤리학, pp.235-237).

전력생산비 측면에서도 훨씬 원자력발전이 유리하다고 생각하고 있다.[10] 회사는 회사의 기대이익이 상실될까를 염려하고 있다.[11] 또한 문제의 폐기물저장소의 설계는 큰 문제가 없다고 생각하고 있다. A의 생각이 옳다하여도 이 사업과 관련해 지득한 정보를 외부에 공개하여서는 안 되는 의무를 정부에 대해 지고 있다.[12]

환경단체는 국내에 있는 모든 원자력발전의 중단을 요구하고 있다. 그들은 국제 환경단체인 그린피스와 연계하여 활동을 하고 있다. 그들은 과학기술이 환경에 미치는 영향을 우려하고 있으며 기술을 앞세운 강대국들에 의한 세계화를 반대하고 있다. 반면 정부는 원자력발전이 화석연료를 사용하는 발전보다는 환경오염을 적게 하고 경제적이라는 긍정적 입장을 가지고 있다.

건설 예정지 주민은 조상 대대로 살아오고 자손들의 근거가 될 자기고장이 파괴될 것을 두려워하고 있다. 더욱이 아름답게 살아온 가지고장에 혐오시설이 들어오는 것은 용납되지 않는 것이다. 원자력 시설에 관한 혐오에는 원자력발전의 안전성에 관한 불신이 짙게 깔려 있다. 그러나 그 불신에 관해 조사하고 분석하는 자세보다는 다분히 감성적인 측면이 강하다. 정부는 각종 혜택을 제안하고 있다. 그러나 당장의 혜택보다는 자기고장을 지키는 것이 더 절실하다.

---

10) cost-benefit analysis에 의한 원자력발전의 정당성을 주장하는 사람들의 주요 논지이다.

11) 신자유주의 입장에 있는 사람들은 기업의 사회적 책임을 부인한다. Milton Friedman의 논문 "The Social responsibility of Business Is to Increase Its Profits"와 이에 대한 비판논문인 Robert V. Hannaford의 "The Teoriretical Twist to Irresponsibility in Business" 참조(이태식·위성윤 역, 엔지니어 윤리학, pp.163-189).

12) 정부와 회사 간에 당해 업무에 관한 비밀을 지킬 것을 약정한 계약에 의하여 그 회사에 고용된 과학기술자는 당연히 비밀을 지켜야 할 책임을 지거나 관련 법규정에 의해 당해 업무를 하는 자로서 비밀엄수에 관한 법적 책임을 지는 경우도 있을 것이다. 이와는 달리 일반적으로 과학기술자가 회사에 고용될 경우 업무와 관련하여 지득한 회사의 비밀을 외부에 공개해서는 안 되는 계약조건이 기본적으로 포함되고 그것이 불법한 것으로 여겨지지 않는다. 우리나라 "부정경쟁방지 및 영업비밀보호에 관한 법률" 제10조는 영업비밀 침해행위를 하거나 하고자 하는 자에 대하여 그 행위에 의하여 영업상의 이익이 침해되거나 침해될 우려가 있는 경우는 때에는 법원에 그 행위의 금지 또는 예방을 청구할 수 있고 손해배상청구할 수 있고, 정당한 이유 없이 영업비밀을 침해한 기업의 임·직원에 대해서는 벌칙을 두고 있다. 영업비밀의 부당한 침해에 관해서는 여러 가지 논의가 있다. 기본적으로는 과학기술의 사회적 공유에 의한 사회적 이익과 기업의 이익의 충돌문제가 논의 된다. 이에 관해서는 근래의 추세인 기술자의 이동mobility와 기업의 영업비밀의 보호 간의 충돌이 문제가 된다. 한편 사회적 위험을 수반하는 비밀의 경우는 고용된 과학기술자의 과학기술자로서의 사회적 책임에 근거한 사회에 대한 고발whistle-blowing과 고용된 자의 고용계약상의 의무duty of loyalty 간의 책임 간의 충돌문제가 주요하게 논의되고 있다. 이에 관해서는 "Ethical Issues in Engineering"에 게재된(pp.225-297) Marcia Baron의 "The Moral Status of Loyalty," Ronald Duska의 "Whistle-Blowing and Employ Loyalty," Alfred G. Feliu의 "The Role of the Law in Protecting Scientific and technical Dissent," Michael S. Baron의 "Trade Secrets: What Price Loyalty" 참조.

말 없는 다수는 건설예정지 인근에 살고 있는 사람들 중에서도 반대운동에 참여하지 않고 있는 주민들이 있다. 한편 원자력 사고가 나는 경우 그 피해는 인근주민에게만 미치는 것이 아니다. 그러나 그들은 자기의 의견을 표현하지 않고 있다. 통상 인근부민의 문제로만 보는 것이 문제일 수 있다.

주민 중에는 그 혜택을 바라는 사람도 있다. 또한 원자력 발전은 필요하고 그러기 위해서는 어디엔가는 저장소 건설을 하여야 하므로 모든 고장이 반대하면 문제라는 것을 이해하고 있는 사람들도 있다. 그러나 반대하는 사람들의 위세에 눌려 말을 하지 못하고 있다. 내가 관여하지 않아도 다른 사람이 해결해 주겠지 하는 방관적 자세를 가진 사람들도 있을 것이다.[13)]

엔지니어 A는 자신의 힘으로는 이 문제를 타개할 수 없는 현실에 절망하고 심각한 고민에 빠져 있다. 회사는 이 핵폐기물 저장소가 안전하고 오히려 주변 주민에게 많은 혜택이 주어진다는 것을 홍보하라고 지시하였다. 그러나 저장시설의 설계에 안전에 관련된 기술상의 문제가 있다고 보고 있는 자신이 어떻게 거짓말을 할 수 있는가? 오히려 회사에 대한 보다 강경한 항의를 하거나 그것이 받아들여지지 않을 경우 자신에 대해 회사가 지시한 업무를 거부하는 것도 심각하게 고려하고 있다.[14)] 그렇다고 문제가 해결될까? 회사의 지시를 거부할 경우 할 경우 자신의 직업상의 안전이 위협받을 것이 아닌가? 직업의 위험이

13) Stephen H. Unger는 윤리행동을 해야 하는 경우 딜레마는 어떤 행동이 여러 사람에게 각기 다른 영향을 미치고 그 결과는 알 수 없다는 것이다. 그렇더라도 윤리적 의무에서 해방되는 것은 아니다. 그러나 어떤 경우에는 무슨 결정을 하는 것이 옳다는 것이 분명한 경우가 있다. 이 경우 대부분의 사람은 부적절한 행위를 하면 마음이 편치 않을 것이므로 옳은 일을 해서 고통을 피하려는 강한 잠재의식이 있다. 그러나 이렇게 명백한 윤리적 판단에 의한 경우에도 외부적 요인에 의해 윤리적 행동이 고통을 수반하는 경우가 많다. 그러므로 "내가 하지 않으면 다른 사람이 그 일을 할 것이다" 혹은 "다른 사람도 다 그렇게 한다" 혹은 "힘 있는 관청과 싸울 수 없지 않은가?"와 같은 소위 무익한 주장futile argument이라는 심리과정에 의존하여 자기의 부적절한 행위를 합리화하려고 한다고 말한다. 그러나 장기적으로 무익한 주장은 인간의 역사발전의 중요한 요인이 되어 온 것은 증명되어 있다. 그러므로 이와 같은 변명은 합리적이라기보다 약함의 변명일 수 있다고 말한다. 이태식·위성윤 역, 엔지니어 윤리학 pp.257-259 참조.

14) 과학기술자가 업무의뢰에 관한 선택권에 관해서는 두 가지 상반된 견해가 제시되어 있다. 긍정설을 취하는 입장에서는 자기의 양심에 따라 사회가 승인하지 않는 일을 하거나 하지 않을 수 있는 권리가 있다고 말한다. 예로서 의사와 변호사의 경우를 들고 공적 업무를 수행하는 정부의 경우에도 선택권은 갖는다고 말한다. 전문직profession의 윤리관에는 전문가는 정서적으로 중립성을 유지한다는 것이다. 이것을 사회학자 Parsons는 보편구제주의universalism라고 한다. 즉 전문가는 개인의 이익보다는 직무를 최고의 수준으로 수행하고자 하는 충동에 직무동기가 있다는 것이다. 선택의 자유를 말하는 입장은 이와 같은 이론에 바탕을 두는 것일 것이다. 법도 직업선택의 자유 및 계약체결의 자유가 보장하고 있다. 그러나 법적 책임은 계약에 의해서만 생기는 것은 아니다. 경우에 따라 법적 의무가 과하여 지는 경우가 있다.

닥칠 경우 지금까지 쌓아온 자신의 전문가로서의 삶은 어떻게 될 것이며 가정의 불안은 어떻게 할 것인가? 주민의 피해를 무시하고 회사의 방침에 순응하는 것이 자신에게 이익이 되는 것이 아닌가? 당장은 직업상의 위험은 회피할 수 있다 하더라도 언제 사고가 발생할지도 모르는 불안과 양심의 가책을 감당할 수 있을 것인가? 대학에서 가르침을 받은 존경하는 스승에 대한 배반은 어떻게 할 것인가? 동료들의 실망은 어떻게 할 것인가? 직업상의 위험을 피하는 것이 진정으로 가정을 위하는 것이 될 것인가? 자신과 가족은 만일에 발생할 지도 모르는 사고에서 안전할 수 있는가? 자신을 엔지니어로 인정해 준 사회에 대한 배반은 어떻게 할 것인가? 실제로 사고가 발생할 경우 그 위험을 알고 있었는데 조치를 하지 않은 자신의 행동에 대한 법적 책임은 없는 것인가? 법적 책임은 없다 하더라도 주변의 비난을 감당할 수 있을까? 진실을 공개하여 여론을 통해 문제를 해결하는 방법을 생각해 보았다. 그럴 경우 자신에 대해 대우를 아끼지 않고 많은 배려를 해 준 회사나 정부가 받을 고통은 어떻게 할 것인가? 고발만이 최후의 해결방법일까? 자신이 엔지니어의 길을 택한 것을 후회하고 있다. 자신이 이 직업을 택하지 않았으면 이와 같은 괴로움은 당하지 않았을 것이 아닌가? 한편 사회가 자신을 엔지니어로 인정하고 회사가 나를 고용한 것에 대한 책임은 기술상의 문제에 관해 진실을 말하는 것 이상의 것은 아니지 않는가? 기술상의 문제는 이미 여러 번 보고했으므로 그것으로 사회나 회사에 대한 나의 책임은 다한 것 아닌가? 기술적 문제에 관해 내가 보고한 위험에 관해 조치하는 것은 회사나 정부가 할 일이지 내 책임은 아니지 않는가?

2. 문 제 점

(1) 정부의 문제

정부는 A의 건의는 예산상의 문제로 현실성이 없으며, 핵폐기물 저장소의 설계에 관한 검토의견에 관해서는 A가 지적한 위험은 염려하지 않아도 될 수준이라는 다른 전문가의 검토의견에 근거하여 타당하지 않다는 결론을 내렸다.15)

15) 미국원자력위원회(AEC)의 상업용 원자로의 사고위험에 관한 보고서로 Rasmussen Report(1975년)가 있다. 이 보고서는 미국의 상업용 원자로의 잦은 사고로 일반의 원자력발전에 대한 우

환경단체의 원자력발전 중단에 관해서는 역시 국가 에너지 정책과 관련하여 현실성이 없다는 것을 들고 있다. 특히 환경단체의 태도에 관해서는 정치성을 띤 것으로 그들의 진정한 목적은 자신들의 정치적 입지를 확대하려는 것이며, 주민 혹은 국민의 건강을 위한다는 것은 명분일 뿐이라고 생각하고 있다. 한편 주민의 반대에 관해서는 소위 님비NIMBY 현상으로 보고 설득을 통한 해결은 불가능하다고 생각하고 있다.

예산상의 문제

만일 사고가 날 경우 그로 인한 정부비용은 엄청날 것이다. 그러므로 재설계 비용 및 설계변경으로 인한 건설 예산의 증대를 이유로 A의 의견을 현실성이 없다고 하는 것은 설득력이 없다.16) 건설사업construction project의 전체 비용life cycle cost 측면에서 초기단계에서의 투자가 가져다주는 전체 비용절감효과는 연구를 통해 인정되어 있는 사실이다. 사업의 완료단계에 가까이 갈수록 잘못된 것을 시정하는 데에는 점점 더 큰 비용이 든다. 그러므로 초기 단계에서의 비용에 관한 예산문제를 크게 염려하는 것은 설득력이 없는 것이다. 초기단계의 잘못으로 인한 피해는 사업비만이 아니라 사회에 미치는 영향까지 고려할 때는 기하급수적일 수 있다.

전문가에 대한 태도

정부가 다른 전문가의 의견을 근거로 A의 의견이 옳지 않다고 판단하고 있

려가 증가하고 있던 때에 AEC의 위탁에 의하여 MIT의 Norman Rasmussen 교수를 위원장으로 있는 한 위원회가 수행하였다. 이 보고서에 관해서는 두 가지 문제점이 지적되고 있다. 첫째는 연구결과를 원자로의 사고위험을 정당화하는 데 사용하였다. 이 보고서는 원자로의 위험은 자연재해를 포함하여 전체 재해의 0.1%에 불과하므로 원자력발전이 가져오는 경제적 이익 등 여러 가지 이점과 비교하면 이 정도의 위험은 수용하는 것이 이익이라는 결론을 내렸다. 이에 관해서는 인간의 생명을 경제적 가치와 비교하는 데 대한 비판이 가해졌다. 두 번째 문제는 기술온정주의technical paternalism의 위험에 관한 것이다. 기술온정주의는 기술적 결정의 불확실성uncertainty in technological determination을 간과하는 위험을 가지고 있다. 기술적 결정은 모든 판단요소가 잘 정의되고 잘 이해되어 계량화될 수 있다는 가정에 기초하고 있다. 따라서 원자력 엔지니어는 불확실한 것은 제외하고 수량적 조작이 가능한 것만 판단요소로 하게 된다. 그러나 인간적 실수human fallibility 등 불확실한 안전상의 문제를 광범하게 고려하면 실제적 위험은 보고서에 나타난 가능성의 수 제곱several order of magnitude이 될 가능성이 있다(Ethical Issues in Engineering, p.164 참조). 위험도 평가의 신뢰성에 관해서는 Engineering Risk p.25 참조.

16) Van Nostrand Reinhold Company 발행(1983), "Project Management Handbook" 참조.

다. 그러나 어느 전문가의 의견이 옳은지는 알 수 없는 것이다. 그러므로 A의 의견은 그 자체로서 의미가 있다. 그러므로 다른 전문가의 의견을 정부의 의견을 합리화시키는 방법으로 활용하는 것으로 의심을 받을 수 있다. 실제적으로 전문가의 의견을 무시함으로써 엄청난 회사뿐만 아니라 공중의 피해를 가져온 사례는 많다. 미국의 경우 대표적인 것으로 우주 왕복선 챌린저호 폭발참사와 포드사에게 엄청난 경제적 손실을 가져다 준 Pinto Case가 있다.[17)]

원자력발전

경제적 측면에서는 건설 및 발전비용이 저렴한 원자력발전을 선호하는 것은 당연하다 할 수 있다. 이에 관해서는 원자력발전은 화석연료를 이용하는 발전이나 생태계를 파괴할 수 있는 수력발전보다 훨씬 환경친화적이라 한다. 이것을 바탕으로 손해보다는 이익이 많으므로 소위 손익교량 분석법에 의하여 원자력발전을 정당화하는 의견이 제시되어 있다. 또한 인간의 힘으로는 어쩔 수 없는 자연재해에 비해 원자력발전 사고에 의한 피해는 미미하다는 논리로 원자력발전의 치명적인 성격을 합리화하려고도 한다. 이에 관해서는 미국 원자력 위원회가 Rasmussen보고서에 근거하여 원자력발전의 정당성을 주장한 사례는 언급한 바 있다.

그러나 원자력발전에 내포되어 있는 사회 구성원의 생존 문제는 에너지 정책상 경제적인 문제와 비교할 사항이 아니다. 원자력발전이 안전하다는 전제에서만 경제적 문제가 고려될 수 있다. 그러나 원자력발전이 안전하다는 합의는 없다. 가능성이 희박하더라고 만일의 경우는 알 수 없고 한번의 큰 사고는 그것으로 생존문제를 제공할 수 있기 때문에 확실성을 요구한다. 그러므로 원자력발전의 안전에 관한 확신이 없다면, 구성원의 생존을 위해서 에너지문제와 에너지 생산비용의 절감 혹은 화석연료로 인한 공해문제가 원자력발전의 위험보다 더 절실해야 원자력발전의 정당성이 확보될 수 있다. 그렇더라도 수단의 정당성이 있어야 한다. 즉 원자력발전의 위험을 감수하지 않아도 국가의 에너지 문제를 해결할 수 있는 방법이 있으면 위험을 택할 이유는 없기 때문이다. 또한 원자력 발전의 위험보다 에너지의 저렴한 공급 및 낮은 공해도가 현세를 위해 중요하더라도 원자력 발전에 관해서는 고려할 점이 있다. 그것은 원자력발전사고

17) Ethical Issues in Engineering, pp.6-14, 175-186 참조.

로 인한 방사능 유출문제는 후대에까지 영향을 미치는 문제가 있기 때문이다. 현세의 문제를 해결하기 위해 후대에 미치는 위험을 무시할 수는 없을 것이다. 물론 후대를 위해 현세를 희생시킬 수도 없을 것이다. 그러므로 현세에 살고 있는 사람들에게는 원자력발전과 같은 문제가 없는 대체에너지의 개발을 병행해야 하는 책임이 있는 것이다.

손익교량분석

손익계량분석cost-benefit analysis의 판단요소에 인간의 존엄에 관한 사항이 포함될 수 없음은 위에서 말한 바와 같이 분명하지만 다음과 같은 문제가 있다. 손익분석은 총체적인 이익을 비교하게 되므로 다수의 이익에 의하여 결정되는 것이다. 그러므로 소수의 이익을 희생하는 문제가 생긴다. 그러므로 구성원 모두의 이익이 되어야 정당성을 확보할 수 있는 사회정의 관점에서는 부당한 것이다. 공리주의자들이 말하는 최대다수의 최대행복이라는 이론이 비판받는 이유와 같다.

정부와 산업

현대 산업사회는 모든 사회문제를 경제적인 관점에서만 다루는 경향이 강하다. 급진적인 비관적 과학기술관도 이런 환경에서 자라난 것이라고 할 수 있다. 정부가 국민의 봉사자가 아닌 산업의 봉사자가 되어야 할 이유는 없다. 다만 현대적 배경에서 산업의 경쟁력을 보호 내지 보장하는 것이 국가의 생존을 위해 필요해서 일 것이다. 문제는 산업 혹은 기업의 본질이 이윤추구를 목적으로 하고 사회적 책임을 무시하는 데에 있다. 이것은 본래의 정부의 목적과는 다르다. 정부는 국민을 위해 존재하기 때문이다.

(2) 회사의 문제

회사는 정부에 대해 지득한 정보를 외부에 공개해서는 안 되는 책임을 지고 있다. 회사로서는 이 의무의 이행은 중요한 것이 된다. 이 의무를 위반할 경우 정부와 회사 간의 신뢰관계에 손상이 가고 다음의 일감에 영향을 미칠 뿐만 아니라 경우에 따라서는 손해배상 및 형사처벌 문제도 생길 수 있기 때문이다.

그러나 사회의 안전문제와 같은 사안에 관해서도 이 법적 의무가 유효하지는 않을 것이다. 법은 사회의 안전이 우선할 것이기 때문이다. 그러므로 그로 인한 손해배상이나 처벌은 모면할 수 있다하더라도 회사는 복잡한 법 대응문제가 귀찮을 뿐만 아니라 의뢰인과의 관계악화를 사회적 책임 이행보다 더 중요하게 생각할 것이다. 그러므로 회사의 사회적 책임은 실종되는 것이 현실이라고 할 수 있다. 그러므로 이런 문제는 정부와 회사 나아가서 민간인도 참여하는 문제해결기구가 활성화되거나, 도덕적인 정부가 되는 것만이 해결방법일 것이다.

다른 하나는 회사가 A의 의견을 무시한 것이다. 전문적인 문제에 관한 최종적인 판단은 전문가가 하여야 한다는 의견이 제시되어 있다. 그러기 위해서는 전문가의 판단의 독립성이 보장되어야 한다.[18] 과학기술은 공중의 건강·생명 및 재산에 지대한 영향을 미치므로 과학기술은 공공성을 갖는 것이라 하고 그 공공성을 확보하기 위해서는 과학기술자의 판단의 독립성이 보장되어야 한다고 하는 것이다. 그런데 회사와 고용된 과학기술자는 관료조직으로 묶여 있다. 그러므로 사회가 과학기술업무의 공공성을 인정하여 전문가제도를 두고 있으면서 실제는 과학기술자가 관료주의적 지배구조에 의해 과학기술자의 판단의 자유를 보장하지 않는 것은 과학기술자와 사회 간의 계약위반이라고 말한다. 사회가 과학기술자에게 공공적 의무를 부여하였다면 그에 상응하는 권리를 보장해 주는 것은 당연하다는 것이다. 산업의 관료주의적 통제에 관한 버남의 견해를 들어보자. 근대적 자유주의도 아니며 봉건적 관료주의도 아닌 산업사회 이후의 새로운 사회를 예견하고 있는 것이다.

> 봉건사회가 시민사회로 넘어오는 과도기에 있었던 것과 같은 사회혁명이 시민사회에서 경영자사회로 넘어가는 과도기인 현대사회에서도 일어나고 있다. 그 증거로 다음과 같은 것을 들 수 있다. 첫째 사기업에 있어서의 사실상의 지배자는 자본가가 아니고 그 실권이 점차 경영전문가를 중심으로 한 테크노크라트로 옮겨지고 있다. 둘째 정부기구의 확대, 국가 소유 산업의 강화는 생산수단 소유자에 대한 정부의 지배력을 확충시켜 경제를 자본주의 지배로부터 이탈시키고 이윤원리의 경제원리가 후퇴하고 있다. 생산수단의 주요부분이 정부의 소유와 통제 하에 놓이게 될 때 이행은 완료되고 경영자사회가 도래할 것이다.

18) Ethical Issues in Engineering, pp.45-61 참조.

(3) 환경단체의 문제

환경단체가 사회구성원의 안전문제를 걱정하고 행동에 옮기는 것에 관해서는 비판할 여지가 없다. 그러나 급진적인 문제해결방법과 진정한 목적과 관련하여 문제가 있다. 급진적 해결방법이라고 한 것은 현실적인 문제를 고려하지 않는 지나치게 이상적인 것만을 앞세우고, 과학기술을 사라져야 할 존재로 본다든가, 정부는 산업과 협동관계에 있다는 등의 고착된 관념에 의하여 본다든가, 문제의 주체에서는 자신들을 제외시키고 대립적인 관계로 설정한다는 급진적 태도의 특성을 말한다. 그러나 문제해결은 현실적인 문제를 고려하지 않고 상대를 적으로 보아서는 문제가 해결되지 않는다는 것이다. 그러므로 상대방의 배경과 처한 문제점을 이해하는 것부터 시작하여 문제의 핵심을 찾아내서 해결하는 것이 바람직하다.

그리고 핵폐기물 저장소 건설반대운동의 진정한 목적과 관련하여 국제환경단체와의 연계 혹은 국내 정치적 세력과의 연계는 바람직하지 않다. 이 문제를 이용한 정치적 입지를 신장시키기 위한 것이 진정한 목적으로 비칠 수 있다는 것이다. 사회의 환경단체에 대한 신뢰에 문제가 생기면 문제해결은 더욱 어려워질 것이다.

(4) 건설예정지 주민의 문제

지역이기주의

그들이 핵폐기물 저장소 건설을 반대하는 운동을 환경단체와 연대하고 있으나 환경단체와 같이 비관적 과학기술관을 그 배경으로 하고 있지는 않다. 그러므로 환경단체와는 다른 측면을 가지고 있다. 일반들이 혐오하는 시설이 자기고장에 들어오는 것에 관한 불만과 소위 님비NIMBY현상이 결합된 지역이기주의라 할 수 있다. 지역이기주의와 유사한 것으로 집단이기주의가 있다. 과학기술자 사회가 단체의 자율을 사회에 요구하는 것도 일종의 집단이기주의라 할 수 있다. 집단이기주의는 강력한 세력에 대항하여 일방적으로 의사가 결정되는 것을 완화하는 압력단체pressure group로서 사회적 순기능을 한다. 그러나 압력단체가 반드시 좋은 방향으로 가는 것은 아니다. 지나친 이기주의가 작용할 때는 사회에 역기능을 할 수 있다. 그러나 정당한 권리를 주장하는 기능을 사회에서 추방하면 안 되기 때문에 존재의 가치가 있다. 노동조합이 결성이 법적으로 인정되고 정당한 경우 파업 같은 단체행동이 인정되는 것은 그 이유다.

님비현상

그러나 님비현상은 집단이기주의와 다르다. 님비현상은 합리성을 기초로 하기보다는 감성을 기초로 하는 것이기 때문이다. 자기 고장에 핵폐기물이 반입되는 것이 어떤 영향을 미치는가를 분석하여 대처하는 것이 아니고 자기 고장에 혐오시설이 들어오는 것 자체를 거부하는 것이기 때문이다. 그러나 님비현상은 두 가지 형태가 있다.

하나는 거부하는 대상에 관한 막연한 불신이 그 원인인 경우이다. 이 경우는 그 불신을 해소하는 방법에 의해 해결할 수 있을 것이다. 그러므로 정부는 자기의 요구가 정당한 것인지를 검토하고 불신의 요소를 찾아 주민을 납득시키는 일이 중요하다. 다른 하나는 무조건적인 경우이다. 그것이 무엇이든 지금까지 평온하게 잘 살고 있는 내 고장을 방해하는 것은 싫다는 것이다. 마치 급진적인 비관적 과학기술관을 가진 사람들처럼 감성적인 것이다. 그러므로 해결이 어렵다. 윤리적으로는 초윤리적인 것이라고 할 수 있다. 그러므로 정부는 강제적 조치를 고려하게 된다. 그러나 주민의 안전에 문제가 없고 사회의 생존을 위협하는 중대한 사안이어서 강제하는 방법밖에 다른 방법이 없을 때 사회 윤리적 정당성이 확보될 것이다.

혜택의 제공

이익을 줌으로써 회유하는 방법을 생각할 수 있다. 그러나 회유는 비윤리적이다. 회유는 정당성에서 접근하는 것이 아니고 물질적 힘을 이용하여 관철하기 위한 수단이기 때문이다. 부당한 강제와 다를 것이 없다. 부당한 강제는 두려움을 이용하는 것이며 회유는 인간의 물질적 욕심을 이용하는 차이밖에 없다. 인간을 목적으로 하지 않고 수단으로 하는 점에서 같다.

회유는 인간의 판단력을 흐리게 하는 목적을 갖는 점에서 뇌물의 비윤리성과 같다. 다만 뇌물은 타인의 이익을 자기의 이익으로 돌리는 이익의 상충conflict of interests문제가 생기는 점에서 회유와 차이가 있다. 회유는 남의 이익을 침해하는 성격을 갖지 않는 반면 뇌물bribe은 고용인, 의뢰인 혹은 사회의 이익을 해하고 대신 자기의 이익을 취하려는 것이기 때문이다.

뇌물의 부도덕성에 관해서는 상대방의 공정한 판단력을 흐리게 할 목적으로 금품을 주는 데에 있는 것이 아니고 금품을 제공함으로써 결과적으로 공정한 판단을 흐리게 한 데에 뇌물의 부도덕성이 있다고 말하는 사람들이 있다. 그러므로 상대방의 판단을 흐리게 할 목적이 없는 선물present의 경우도 상대방의 판단을 흐리게 한 결과를 초래할 가능성이 있으면 뇌물이 되어 법적으로 처벌된다고 말한다. 따라서 이 입장에 있는 사람들은 상대방의 판단을 흐리게 할 가능성이 있는 것으로 판단되는 기준으로 일정금액 등을 판례를 통해 제시한다. 또한 일정금액 이하라 하더라도 공개적으로 주어야 한다는 기준을 제시하고 있다. 이와 반대로 의지의 선함에서 도덕적 가치를 찾는 사람들은 선물이 상대방의 판단을 흐리게 한 결과를 초래했더라도 부도덕한 것이 아니므로 법적으로 처벌할 수 없다고 말한다.

또한 강청에 의한 뇌물과 자발적인 뇌물을 구별하고 강청에 의한 뇌물은 부도덕한 것이 아니라고 말한다. 기타 신속하고 성실히 수행해 줄 것을 목적을 제공되는 사례금lubrication bribe에 관해서는 정당하게 해야 할 것을 하지 않게 하거나 하지 않아야 할 일을 하게 하려는 것이 아니고 일종의 봉사료tip와 같은 것이므로 부도덕한 것은 아니라는 의견과 결과적으로 급행료는 왜곡된 서류작성 등을 수반하는 문제가 있으므로 부도덕하다고 하는 의견이 있다. 또한 정부 등의 합법적인 대리인에게 주는 합법적인 수수료agent's fees가 부도덕성을 갖는 것인가에 관한 논의가 있다. 이 뇌물에 관해서는 자유경쟁의 질서를 해하는 것이므로 현대사회에서는 중요한 윤리문제 및 법문제로 다루어지고 있다.[19)]

(5) 말 없는 다수의 문제

핵폐기물 저장소 건설에 관해 목소리를 내고 있는 사람들은 건설예정지 인근주민과 환경단체이다. 주민 가운데도 내심으로는 반대하지 않는 사람도 있다. 정부가 혐오시설이 들어가는 조건으로 주민에게 편의시설을 건설해 주고 복지에도 혜택을 주겠다고 약속하고 있으므로 생활에 보탬이 될 것이고 오히려 지역발전에 유익할 것이라고 생각하는 것이다. 또한 다른 곳에 건설한 핵폐기물 저장소도 아직까지 문제가 없는 것으로 보아서 크게 염려할 일이 아니라고 생

19) Ethical Issues in Engineering, pp.327-329 참조.

각하고 있는 것이다. 그러나 반대하는 사람들의 목소리가 워낙 크고 위압적인 자세이므로 찬성의 목소리를 내지 못하고 있다. 한편 "다른 사람들이 잘 해주겠지" 혹은 "내가 반대한다고 될 일이 아니지 않는가" "힘 있는 사람들이 하는 일이므로 그들이 생각하는 대로 할 것인데 소란스럽게 할 필요가 없다"와 같이 생각하거나 관심이 없는 사람들도 있을 것이다.

원자력사고로 인한 피해는 인근주민만의 문제는 아니다. 어쩌면 전국적인 문제라 할 수 있다. 그러나 다른 지역의 사람들은 목소리를 내지 않고 있다. 자기 고장의 문제가 아니라고 생각하고 있는 것이다. 오히려 자기 고장에 들어오지 않는 것에 안도하고 있다. 언론도 반대시위를 사건기사로 다룰 뿐이지 핵폐기물 저장소 혹은 원자력 발전에 관한 근본적인 문제를 다루지 않고 있다.

위험가능성이 있는 사업을 추진하는 경우 그 사업으로 인해 영향을 받을 수 있는 사람들에게 위험성과 필요성을 설명하여 동의consent를 받아야 한다는 의견이 제시되어 있다. 그러나 동의를 받는 것은 이론상으로 성립되지 않고 실제적으로도 불가능하다는 반대 의견이 제시되어 있다. 같은 사업에 관해서 이해관계가 가가 다를 것은 쉽게 짐작할 수 있다. 그런데 "동의"는 전원합의를 의미한다. 그러므로 동의는 이론적으로 성립될 수 없다는 것이다. 그러므로 전원합의라고 하기 위해서는 다수결 원칙에 의한 투표에 의해야 한다. 그런데 이 투표방법에도 문제가 있다. 이 사업과 관련한 이해관계의 종류는 무수하다. 그러므로 우선 그 많은 이해관계 중에서 어느 것을 선정하여 투표할 것인가가 문제될 것이다. 누가 어떻게 그 투표할 사항을 정할 것인가도 문제될 것이다. 또한 투표에 부치는 사항을 선정하여 그 각각에 관해 투표에 부쳤다 하더라도 많은 사항 중 어느 사항에 비중을 두어 사업의 시행 여부를 결정할 것인가가 문제될 것이다. 더 근본적으로는 다수결에 의한 결정방법은 그 전제로 다수결 원칙에 대해 이해당사자 전원의 합의가 있어야 한다는 문제가 있다. 그리고 투표에 부치는 사항을 정할 수 없는 문제도 있다. 어떤 사업으로 인해 영향을 받을 수 있는 사람의 범위는 무한정하고 어떤 경우는 후대의 문제도 된다. 그러므로 결국 전문가 혹은 정부 등 결정권자가 결정할 수밖에 없다. 다만 그 결정을 위해서 위험가능성과 필요성을 널리 알리고 여론을 수렴하여 합리적으로 결정하여야 할 것이다.

다 수 결

다수의 의견에 따르는 것은 일종의 사회계약이다. 그러나 이 사회계약은 이론상으로는 합리적인 것 같지만 허구라는 의견을 가진 사람들이 있다. 사회계약에 의하여 권한을 위임받은 권력자가 양심적이고 합리적이어야 하나 그 사람이 양심적이지 않을 경우 그것을 통제할 수 없기 때문이다. 결국 통치권자의 도덕심에 의존할 수밖에 없는 것이 된다. 그러므로 러셀Bertrand Russell은 루소의 사회계약론에 관하여 다음과 같이 말한다. 그러나 전원합의라는 것은 사실상 존재하지 않으므로 다수라는 것이 최후의 보루일 수밖에 없다. 그래서 결국 세상은 힘이 지배하는 것이라 할 수 있다. 다수가 정당하지 않을 때가 문제이다. 그러므로 정의를 말한다.

> 루소는 "사회계약"에 의하여 사람이 자신의 권리를 전체로서의 사회에 이양하고 나면 개인으로서 누릴 수 있는 모든 자유를 상실하게 된다고 보았다. 그러므로 루소는 개인에게 몇 가지 자연권이 주어져야 한다고 주장한 점에서 안전장치를 인정하고 있는 것은 사실이다. 그리고 이 안전장치, 즉 자연권은 통치권이 실제로 (일반의지에 의해) 항상 이 자연권을 존중할 것이라는 가정을 토대로 하고 있다. 그러나 이 가정이 이루어질 것인가는 의심스럽다. 통치권은 그 보다 더 높은 권위의 통제를 전혀 받지 않게 마련이기 때문이다. 그러므로 이 "일반의지"라는 것은 개인의 의지가 통치권자의 의지에 반할 경우에 실상은 자기의 의지이면서 "일반의지"라고 하여 개인들에게 복종을 강요하는 것을 합리화할 수 있는 (합리화하기 위해 이용하는) 일종의 합성사진 비슷한 것이라 하겠다.

헌법이론에 헌법제정(개정)권자 이론 및 헌법개정 한계이론이 있다. 헌법제정(개정)권자 이론은 국가의 통치권 위에 통치권을 통제하는 권력을 설정하는 것이고, 헌법개정의 한계이론은 다시 헌법제정(개정)권자의 권력보다 더 높은 곳에 있는 자연법의 권위에 의해 제한하려는 것이다. 그러나 사회계약론과 같이 공허한 관념에 불과하다. 그래서 저항권을 인정하기도 하나 역시 법에서 저항권을 인정한다 하더라도 권력자에 의하여 수용되지 않으면 소용없는 것이다. Russel의 말처럼 그 정의의 실현은 힘에 의존되는 것이다. 정의로운 다수가 필요한 것이다. 결국 사회성원의 독립성과 자유 및 관용이 필요하고 이것들은 인간성의 신뢰 위에 설 수밖에 없다. 가장 확실한 것은 선이다. 인간은 좋은 것을 추구하는 존재이고 좋은 것은 궁극적으로 좋은 것이다.

이것은 공중에 달아 논 "영원한 노스탈쟈의 손수건"[20]인가? 어느 날 이 깃발을 찾아 홀연히 "백마를 타고 오는 초인"[21]을 기다리는가? 세상은 왜 "최악의 것"은 정열적인 긴장감으로 꽉 차 있고, "순진무구의 예식"[22]은 물에 빠져있는가?" 죽은 땅에서 라이락을 키워내고, 추억과 욕정을 뒤섞고, 잠든 뿌리를 봄비로"[23] 깨우는 것은 무엇인가?

(6) A의 문제

A가 고민하고 있는 것들은 ① 업무거부, ② 사회에 대한 고발, ③ 업무를 거부하거나 고발할 경우 정부 및 회사에 대한 충성심과의 갈등, ④ 업무를 거부하거나 고발하는 경우 자신의 직업의 안전 및 가정의 안전에 대한 우려, ⑤ 회사방침에의 순응할 경우 스승, 동료 등 과학기술자사회, 공중public에 대한 충성심과의 정신적 갈등, ⑥ 법적 책임 및 비난에 대한 우려, ⑦ 과학기술자의 책임 한계에 관한 회의, ⑧ 자신의 직업에 관한 회의 등이다.

업무의 거부

A는 이미 설계상의 문제점을 회사에 보고했으나 받아들여지지 않았다. 그러므로 다시 한번 강력한 항의를 하려고 하였으나 역시 받아들여지지 않을 것이 분명하므로 자신에게 지시된 업무를 거부할 생각을 고려하고 있다. 업무를 거부하는 것은 윤리의 내면적인 특성에서 볼 때 윤리적 해결방법은 아니고 법적 혹은 사회적 해결방법 혹은 법적 해결방법이라 할 수 있다. 거부함으로써 회사의 생각을 바꾸게 하려는 것이기 때문이다.

이 문제에 관해서는 두 가지 견해가 있다. 하나는 과학기술자의 권리로 파악하는 것이다. 변호사가 범죄인을 변호하는 것을 거부하는 것과 같다고 말한다. 다른 하나는 수임할 의무로 파악하는 것이다. 예를 들면 변호사가 가난한

20) 유치환의 시 "깃발"에 나오는 구절.
21) 이육사의 시 "광야"에 나오는 구절.
22) Yeats의 시 "제2의 도래"에 나오는 구절.
23) T.S. Elliot의 시 "죽은 자의 매장"에 나오는 구절.

소송의뢰인의 소송의뢰를 받지 않을 경우 국선 변호인제도를 통해 변호를 받을 권리를 보장하고 있다는 것이다. 그러므로 변호사에게는 업무를 거부할 권리가 있으나 과학기술자는 그렇지 않다는 것이다. 위험을 알고 그에 대한 도덕적 책임감을 갖는 것은 당연하다 할 것이다. 그러나 도덕적 책임은 해결능력이 없는 자에게는 성립되지 않는다. 초윤리적인 문제가 된다. 이 입장에 있는 사람들은 최소한 다음과 같은 의무가 있다고 말한다. 즉 과학기술자는 자신의 의사결정으로 제3자의 권리에 미치는 영향을 인식하고 그 제3자에게 완전하고 정확하며 알기 쉽게 정보를 제공하여 이해 당사자들의 적절한 동의를 구해야 할 의무가 있다는 것이다. 이에 대해서는 과학기술자의 직업의 자유와 배치된다는 문제점과 상반된 이해당사자의 전체적 동의를 얻는 것은 사실상 불가능하며 안전을 중시하느냐 건설비용을 중시하느냐 등의 상반된 문제가 많으므로 논리상 합의는 불가능하다는 반론이 있다.

한편 과학기술자 각자가 자신의 신조에 의해서 사회에 해약을 끼칠 것으로 생각되는 업무를 거부할 경우 대부분의 과학기술 사업은 위험성을 내포하고 있으므로 사회적 문제가 될 수 있다는 것이다. 그러나 이것은 도덕적 의무가 아니라 법적 의무를 말하는 것이다. 책임을 부여함으로써 문제를 해결하려는 것이기 때문이다. 또한 과학기술자가 다른 사람의 도구로 악용될 소지가 있다. 그러나 업무를 거부할 수 있는 권리와 도덕적 책임이 있는 것은 분명한 것 같다. 극단적인 예로 유태인을 학살하기 위한 가스실 설계를 명령한 경우 그것을 거부할 권리가 있고 그것을 방지해야 할 윤리적 책임은 당연한 것처럼 보인다.

그러나 업무를 거부하는 것으로는 문제해결에 도움이 되지 않을 가능성이 많다. 회사는 다른 과학기술자에게 그 일을 맡길 것이기 때문이다. 그러나 거부함으로써 문제를 해결할 수 있는 가능성이 있다 하더라도 도덕적 책임은 해결능력이 없는 자에게는 성립되지 않는다. 그러므로 A에게 그런 능력이 있느냐가 문제된다. 그러나 A는 상관 혹은 고용인의 명령에 따르지 않는 것을 좋지 않게 보는 관료주의적 사회관행 혹은 회사와의 계약에 위반하는 것이 되어 고통을 당할 개연성이 너무나 많다. 그러므로 도덕적 능력이 없다고 할 수 있다.

그러므로 우리는 문제해결에 관한 새로운 인식이 필요하다. A를 포함한 이해 당사자 나아가서 사회전체 구성원이 공동으로 해결해야 할 거시적 문제로 보는 것이다. 이에 관해서는 전술하였다.

업무의 거부와 관련하여 미국의 전문엔지니어 협회NSPE의 윤리강령(Ⅲ.1.b)은 "그가 속한 동업자사회에서 일반적으로 받아들여지는 기준에 일치하지 않고 공중의 안전, 건강 및 복지를 해하는 계획 및 시방서에 서명 날인하여서는 안 된다. 의뢰인이나 고용인이 비전문가적인 행동을 강요할 경우는 관계기관에 이를 알리고 그 프로젝트의 직무를 포기한다"라고 규정하고 있다. 그러므로 A가 만약 미국토목학회의 회원이라면 업무를 거부하는 것은 윤리적이고 거부하지 않는 것은 비윤리적인 행위가 된다. 과학기술자 사회의 윤리강령이 윤리문제를 법과 같이 과학기술자 개인에게 책임을 부여함으로써 문제를 해결하려는 태도를 가지고 있음을 알 수 있다. 그러나 우리의 윤리적 책임에 관한 관점에서는 윤리강령에 위반하였으므로 비윤리적이라는 말은 성립할 수 없다. 다만 위험한 것을 알고도 그것을 방지하려는 노력을 하지 않는 것이 비윤리적이다. 그러므로 A가 이 문제에 대한 결정권을 가지고 있다면 위험을 알고도 건설을 추진하는 것은 비윤리적이다. 그러나 A에게는 최종적인 결정권이 없다. 그러므로 거부하려는 것이다. 그러나 거부하는 경우 개인적 희생이 따른다. A가 자신의 희생을 우려하여 업무를 거부하지 않는 것은 비윤리적이 아니고 초윤리적이라 할 수 있다. 초윤리적인가는 자신의 희생이 중대하고 개연성이 높은가 등이 고려될 것이다. 그러나 희생이 따르더라도 도덕적인 능력을 가지는 사람이 있을 것이다. 도덕적 책임은 무제한의 성찰의 문제이기 때문이다.

다만 NSPE의 윤리강령과 같이 비도덕인 것을 이유로 사회가 비난하는 경우는 평균적인 사람들을 기준으로 도덕적 용기를 기대할 수 없을 때는 비난할 수 없을 것이다. 비도덕인 이유로 사회가 어떤 사람의 비도덕인 행위에 대한 비난은 평균적인 사람을 상정하여 심리적으로 자유로운 판단이 가능한 경우를 전제로 하여야 하기 때문이다. 그러므로 관료조직 환경에 있는 A에게 무조건적으로 윤리적 책임이 있다고 할 수 없을 것이다. 결국 과학기술자가 사회의 안전문제에 대한 결정권을 부여하거나 이해 당사자가 모두 참여하여 문제를 해결하는 공식적 의사결정 시스템을 만드는 것이 개인에게 도덕책임을 부여하는 문제보다 우선적인 문제가 된다. 원자력발전의 안전문제는 여러 여건을 고려할 때 A만의 문제가 아니기 때문이다. 개인적 희생에 의해 사회문제를 해결하려는 NSPE의 태도는 잘못된 것이라 할 수 있다. 그 잘못에 관해서는 전술한 바 있다. A의 경우에 과학기술자단체가 하여야 할 일은 오히려 단체에 대한 사회의 신뢰를 활용하여 사회적인 해결방법을 모색하는 것이라고 할 수 있다.

고발whistle-blowing

A는 업무를 거부하는 것으로는 문제가 해결될 수 없다는 것을 알고 있다. 그러므로 진실을 사회에 공개하여 여론을 통해 문제를 해결하는 방법을 고려하고 있다. 그러나 A는 고발[24]방법은 윤리적 해결방법이 아니라는 생각을 하고 있다. 외부의 권력자 혹은 여론을 통해 남을 규율하려는 것이기 때문이다. 이 문제에 관해서 미국전문엔지니어협회National Society of Professional Engineers는 윤리강령은 업무거부에서와 마찬가지로 과학기술자에게 책임을 부여하고 있다. NSPE의 윤리강령(Ⅱ.1.a)은 "항상 자신의 기본적 의무가 공중의 안전, 건강, 재산 및 복지를 보호하는 것임을 인식하여야 한다. 그러므로 공중의 안전, 건강, 재산 및 복지가 위태롭게 되는 상황에 관한 자신의 전문적 판단이 받아들여지지 않을 경우에는 고용인, 의뢰인 등 이 사안에 관해 영향을 받을 수 있는 자에게 적절한 방법으로 알려야 한다"라고 규정하고 있다. 고발하지 않으면 비윤리적인 행위가 된다. 그러나 윤리는 규정의 준수문제가 아니다. 또한 고발이라는 것 자체가 강제적인 문제해결방법이므로 윤리의 범위를 벗어나는 것이다. 외부적 힘을 이용하여 다른 사람의 행위를 조정하려는 것이므로 법적 방법과 그 성격이 같다. 법에서 고발의무를 과하는 경우가 흔히 있는 것을 보아도 알 수 있다.[25] 이 경우는 고발하지 않으면 위법이고 경우에 따라서는 처벌을 받는다. 한편 고발하는 사항이 회사의 비밀일 경우 업무상 비밀누설로 인한 회사의 이익침해와 고발자의 사익 혹은 공익과의 상충문제[26]가 생길 수 있다.

"고발"은 약자가 문제를 해결하는 가장 효과적인 방법이고 사회의 안전을 위한 것이라는 법적 정당성이 있다. 그러나 사회의 안전을 위한 것이면 무조건

24) 고발whistle blowing은 어떤 사람의 부도덕하거나 불법적인 행위를 다른 사람에게 알리는 행위를 말한다. 고발의 종류로는 직장의 고위층에 알리는 내부고발internal whistle blowing, 외부의 개인, 기자, NGO같은 공익단체 혹은 정부기관에 알리는 외부고발external whistle blowing, 성적 학대와 같은 고발자의 피해에 관한 사적 고발personal whistle blowing, 다른 사람의 피해에 관한 공적 고발impersonal whistle blowing, 현재 근무하는 직장과 관련된 현직고발current whistle blowing, 전 직장에 관한 전직고발alumni whistle blowing, 기타 자기의 신분 등을 밝히고 하는 현명고발open whistle blowing, 익명으로 하는 익명고발anonymous whistle blowing 등으로 그 종류를 구별할 수 있다.

25) 우리나라 형법 제151조, 제156조, 제317조 및 국가보안법 제10조 참조.

26) 법적으로 문제될 경우는 회사의 이익보호보다 공익 혹은 개인의 권리보호가 우선한다고 생각될 경우는 위법성이 없을 것이다. 형법 제20조 참조.

정당성이 있는 것은 아니다. 여기서 고발을 권장하는 법에 관한 윤리적 정당성의 문제가 검토되는 것이다.27) 또한 고발당하는 상대방의 피해와 고발자의 이익 혹은 사회의 안전과의 관계에서의 형평성 혹은 정당성justification이 문제된다. 그러므로 단순히 상사의 경미한 부정과 같이 사회에 커다란 안전문제를 야기할 사항이 아닌 것에 관한 고발은 윤리적 정당성이 확보될 수 없다.28)

한편 근본적인 윤리문제는 범죄자 혹은 부도덕한 자라도 인간적 신뢰를 포기하는 것은 최후의 수단이 되어야 한다. 그런 의미에서 고발자를 영웅으로 만드는 것과 같이 고발에 의존해 사회문제를 해결하려는 것은 비윤리적이다. 현직에 있는 자가 회사의 비를 고발하는 경우는 해고를 당하는 것은 물론이고 사회로부터도 배신자로 취급받아 다른 직장에서도 환영받지 못하게 된다. 때로는 보복을 받거나 고발당하는 자로 하여금 죽이고 싶도록 증오심을 갖게 만든다. 이런 고발을 권장하고 고발자를 영웅으로 만들 것인가? 고발자도 약한 자신에게 피해를 주거나 사회에 대해 나쁜 짓을 획책하는 것을 보고 분노하고 있다. 이와 같이 고발은 분노로 인해 생기고 고발당하는 자에게 분노를 다시 심어주어 분노하는 세상으로 만든다. 자기의 잘못을 고발한다고 분노하는 것은 우습다. 그러나 고발당하는 자가 분노하는 것을 어떻게 할 것인가? 이것이 인간의 한계다. 그러므로 이 인간의 한계에서 분노를 만드는 것이 아닌 다른 방법을 찾아야 한다.29) 그러므로 Jesus는 다음과 같이 말하고 있는가?

> 너희 아버지 자비하심 같이 너희도 자비하라 비판치 말라 그리하면 너희가 비판을 받지 않을 것이요 정죄하지 말라 그리하면 너희가 정죄를 받지 않을 것이요 용서하라 그러면 너희가 용서를 받을 것이요 주라 그리하면 너희에게 줄

27) 법이념으로 利益較量 혹은 손익계량의 원칙이 있다. 예를 들면 의학적인 징후를 근거로 낙태수술을 하지 않을 경우 산모의 생명의 위험과 낙태할 경우 사회적 질서를 침해를 교량하여 산모의 생명을 보호하는 것이 더 큰 가치가 있으면 불법한 낙태가 허용된다는 원칙이다. 이 경우 이익침해의 개연성 및 이익침해의 강도가 고려되어야 한다고 말한다. 김형배의 법학방법론, p.80 참조.

28) 법이념에는 비례성의 원칙과 과잉금지의 원칙이 있다. 비례성의 원칙은 예를 들면 어떤 적법한 행위 자체가 실현됨으로써 얻어지는 이익보다 더 큰 이익이 침해되는 경우 그 행위는 금지되어야 한다는 원칙이고, 과잉금지의 원칙은 적법한 목적을 실현하는 데 있어서 목적실현을 위해 적합한 수 개의 행위 중에서 이익의 침해를 가장 적게 주는 행위가 선택되어야 한다는 원칙이다.

29) Gene G. James의 논문 "Whistle-Blowing: Its Moral Justification"은 고발을 야기하는 부도덕한 행위를 감소시키는 방안으로 고발자에 대한 법적 보호방안과 기업 등 조직의 성격을 개선하는 공적인 방안을 제시한다(Ethical Issues in Engineering, pp.275-277).

것이니 곧 후히 되어 누르고 흔들어 넘치도록 하여 너희에게 안겨 주리라 너희가 헤아리는 그 헤아림으로 너희도 헤아림을 도로 받을 것이니라.[30)]

충성loyalty

업무를 거부하는 문제와 사회에 대한 고발의 문제와 관련한 A의 도덕적 책임은 회사 및 사회에 대한 충성문제와 충돌한다. A는 평소 회사의 자신에 대한 배려를 고맙게 생각하고 이 직장이 자신의 가정의 행복을 보장해 주는 은혜로운 곳이고 자신의 과학기술자로서의 보람을 가져다 주는 곳이라는 생각을 하고 있다. 그러므로 회사에 대한 충성심이 지극하다. 그러나 A는 회사에 대한 충성심만 가지고 있는 것은 아니다. 자신이 안전하고 평화롭게 살 수 있게 해 주는 이웃과 사회에 대해서도 감사하게 생각하고 있는 것이다. 사회가 안전하고, 회사가 번영하고, 이웃이 건강해야 자신과 자신의 행복도 가능하다고 생각하고 있다. 그러므로 사회의 안전문제를 고민하고 있는 것이다. 사회에 대한 충성과 회사에 대한 충성심이 충돌하고 있는 것이다.[31)]

충성loyalty은 믿음faith과 같이 가장 기본적이고 순수한 도덕심이다. 회사corporation에 대한 충성에 관해서는 다음과 같은 의견들이 제시되어 있다. 하나는 충성은 상호관계reciprocity에서 생기는 것이므로 회사와 같은 추상적인 것에 대한 충성은 성립하지 않는다는 것이다. 회사는 도덕적 인격을 가지고 있지 않을 뿐만 아니라, 회사의 행동은 회사의 이익에 맞추어져 있기 때문에 일방적이라는 것이다. 공리주의적 이념을 가지는 회사를 일반화하여 회사의 성격으로 를 규정하는 잘못이 있는 것 같다.

그러나 이에 대해서 회사는 추상적인 것이 아니고 자연인이 모여서 된 실재하는 것이고, 회사의 행동은 반드시 이익에 맞추어져 있는 것은 아니라는 것이다. 그러므로 회사에 대한 충성은 상호관계에서 생기므로 회사를 구성하고 있는 사람들과의 관계에서 생기는 것이므로 회사를 구성하고 있는 사람들에 대한 충성이라고 말한다.

한편 회사와 종업원의 관계를 애정과 존경의 관계가 아니라 일과 대가의 관계로 생각하는 사람들이 있다. 회사는 경제적 이득을 최대한으로 하기 위한

30) 누가복음 6장 36절-38절.
31) Ethical Issues in Engineering, "Moral Status of Loyalty" 및 "Whistle Blowing and Employee Loyalty," pp.225-247 참조.

일방적 관계라는 생각과는 조금 다르다. 경제적 관계로 보는 것은 같으나 일을 해 주고 그 대가를 받는 쌍방적 관계로 보는 점에서 차이가 있다. 회사와 종업원의 관계를 경제적 관계로만 보는 경우 충성의 문제는 생기지 않는다. 도덕적 의미에서 충성은 애정, 믿음과 같이 마음속 깊은 곳에서 나오는 무형적인 것이기 때문이다. 그러므로 종업원은 회사가 주는 대가만큼 일을 하면 되는 것이고, 회사는 일한 만큼 보수를 지급하면 되는 것이다. 현대의 자유주의 시장경제사회에서 회사와 종업원의 관계는 이와 같을 것이라 생각되는 것이 일반적이다. 너무나 경제적이다.

충성의 충돌문제는 다음과 같은 의견이 있을 수 있다. 하나는 사회의 안전문제는 다수에 영향을 미치는 문제이므로 회사에 대한 충성보다 우선한다고 할 수 있다. NSPE의 윤리강령이 “과학기술자는 공중의 안전, 건강 및 복지를 위하는 것을 최우선으로 하여야 한다”고 한 것은 이와 같은 생각이라고 여겨진다. 그러나 다수를 위해 소수를 희생해도 좋다는 생각은 인간을 목적으로 하지 않고 수단으로 보는 생각이므로 비도덕적이라 할 수 있다. 또한 이 생각은 사회의 이념을 구성원을 굴종시키는 것으로 활용할 소지가 있는 위험한 것이기도 하다. 그렇다면 회사를 위할 수도 없고 사회를 위할 수도 없는 곤란한 지경에 처하게 된다. 그러므로 회사의 충성과 사회에 대한 충성의 충동문제는 사회를 위하는 것이 회사를 위하는 것이 될 때 해결될 수 있다고 보는 것이다. 회사의 구성원은 회사의 구성원이기도 하지만 기본적으로는 사회의 구성원이다. 또한 사회가 안전할 때 회사도 생존할 수 있다. 그러므로 회사도 자기만을 위하는 것이 종국적으로 이익이 되지 않는다는 것을 깨달아야 하고 사회의 구성원도 회사만을 희생시키는 것이 종국적으로 사회를 위해 좋은 것이 아니라는 것을 깨달아야 화합점이 나타날 것이다. 수평적으로 나누는 것에 익숙해 있는 우리의 편견과 미신을 성찰해야 한다. 불교사상에 “일체의 존재는 서로 연결되고 의지하여서 무한히 유동해 간다. 따라서 한 사물 속에 삼라만상의 움직임이 보이며 나타나 있다”라는 것이 있다. 자아自我는 독립된 실체라는 편견을 가지고 있다. 그러나 자아는 독립된 실체가 아니라 가족, 직장, 도시, 국가관계 등의 여러 관계 속에서 있는 관계라고 보아야 한다.

충성의무는 법의 명령이나 계약에 의해 법적 의무로 나타난다. 그러나 이것은 도덕적 의무가 아니고 법적 의무이다. 현대사회는 관료조직을 보호한다. 그러므로 고용계약을 하여 회사의 피고용인이 된 자는 회사의 명령에 따라야 할 의무가 있다. 그러므로 그것을 지키지 못했을 때는 계약위반이 되어 손해배상 혹은 해고의 사유가 된다. 그러므로 A는 만일 자기가 고발할 경우에 자신에게 닥칠 해고의 위험을 한편으로 걱정하고 있다.[32] 이 법적 의무에 관해서는 회사의 이익을 위하는 것보다 사회의 이익을 보호하는 것이 더 중요한 경우 회사의 명령을 거부할 수 있느냐의 문제가 있다. 이 문제에 관해서는 이익교량의 원칙이 있다. 즉 회사의 이익과 사회의 이익을 비교하여 이익이 더 큰 쪽을 택하는 것이 정당하다는 생각이다. 앞에서 말한 바와 같이 이와 같은 생각에는 인간을 목적이 아니라 수단으로, 인간 이외에 더 가치 있는 것이 있는 것으로 보게 하는 위험이 있다.

영업비밀의 보호와 과학기술자의 이동문제

충성의무와 관련하여서는 근무 중 지득한 기술에 관한 문제가 있다. 이 지식은 회사를 떠난 후에도 공개하지 못하도록 하고 있기 때문이다. 과학자가 보다 유리한 조건에서 근무하기 위해 회사를 옮기거나 자신이 스스로 사업을 하려고 하는 경우에 문제가 된다. 회사는 과학기술자가 회사의 업무를 통해 지득한 것은 회사의 소유라는 생각을 가지고 있는 것이다. 그러나 과학기술자가 지득한 지식은 단순히 있는 것을 머리 속에 담는 것은 아니다. 연구와 검토를 통해 확신이 설 때 자기의 지식이 되는 것이다. 그러므로 회사가 그 지식을 얻을 수 있는 계기는 만들어 준 것이라고 할 수 있지만 회사의 소유라고만 할 수 없다. 또한 회사에서 지득한 것과 그렇지 않은 것을 구분하기도 곤란하다. 지식은 여러 지식이 연결되어 총체적으로 형성되어지고 나타나기 때문이다. 회사에서 취득한 지식을 보호하기 위해서는 전체의 지식을 사용하지 못하도록 해야 하는 문제가 생긴다. 그러므로 기술자의 이동을 막으려고 하는 것이다. 인간을 담보로 자신의 소유권을 확보하려는 것과 같다. 인권침해의 문제가 될 수 있다. 미국에 이에 관한 사례Goodrich vs. Wohlgemuth[33]가 있다.

---

32) Ethical Issues in Engineering, "The Role of the Law in Protecting Scientific and Technical Dissent," pp.248-261 참조.

33) Ethical Issues in Engineering, pp.279-290(Trade Secrets: What Price Loyalty) 및 pp.291-297(Trade Secrets, Patents, and Morality) 참조.

우주복 분야의 첨단기술을 보유하여 독점적 지위를 점하고 있는 A사의 개발책임자인 엔지니어 B는 경쟁사인 X사의 파격적인 스카웃 제의에 응해 그 회사로 가기 위해 사표를 냈다. 회사는 법원에 충성의무위반을 들어 B에게 다음과 같은 금지명령injunction을 내려 줄 것을 요청했다.

· 우주복을 개발하는 어느 회사에서도 근무하지 못하게 할 것
· 어떤 사람에게도 우주복에 관한 정보를 공개하지 못하도록 할 것
· A사의 기술을 사용하는 어떤 업무도 하지 못하도록 할 것
· A사의 종업원과는 어떤 접촉도 하지 못하도록 할 것

재판결과 법원은 B에게 다음과 같은 명령을 내렸다.

· 영업비밀을 공개하여서는 안 된다.
· 고용계약서에 경쟁사로 이동하는 것을 제한하지 않고 있으므로 X사로 이동하는 것을 허용한다.

법원은 판결이유로 B의 행동을 제한하는 범위가 지나치게 광범하다는 것, A사가 보호하고자 하는 권리 이상의 것에 관해 제한하려고 하고 있다는 것, A사가 보호하고자 하는 지적재산권의 실제적 침해 위험이 명백하지 않다는 것을 들었다. 따라서 B의 이동을 허용하면서 그 회사에서 일하는 과정에서 A회사에서 지득한 기술을 공개해서는 안 된다고 판결한 것이다. A회사와 B의 손을 같이 들어 준 것이다.

그러나 이 판결로 인해 B는 결국 이동한 X사에서 자기의 기술을 활용해 일을 할 수 없게 되었다. 무엇이 A회사에서 지득한 기술인지 알 수 없으므로 B사의 클레임을 우려해 X사는 B에게 우주복 개발이 아닌 다른 일을 맡겼기 때문이었다.

과학기술자의 이동을 제한하는 것은 사회적인 문제가 된다. 과학기술자의 자유로운 이동의 제한은 많은 프로젝트에서 다양한 경험을 가지고 있는 과학기술자가 수시로 필요한 현대적 배경에서 과학기술의 발전을 저해하는 사회문제가 된다. 기업의 영업비밀의 보호를 통한 과학기술의 발전 혹은 경제발전과 기술의 공유를 통한 과학기술의 발전 중 어느 것이 사회를 위해 좋은 것인가? 우선 종업원이 회사에 대한 충성심을 갖도록 하는 것이 중요한 문제일 것이다. 기술자가 이동하는 가장 큰 이유가 회사에 대한 불만일 것이기 때문이다. 산업

사회는 지금까지 자기만이 갖는 기술, 즉 독점에 의한 경쟁방법을 택해 왔다. 특허와 같은 제도가 이것을 보호하기 제도이다. 그러나 특허는 영업비밀trade secret을 보호수단으로서 효과적인 것이 되지 못하였다. 그러므로 기술자가 지득한 영업비밀의 보호가 중요하다. 특히 첨단기술의 경우는 더욱 그러하다. 그러므로 기술자의 이동을 최대한 억제하려고 한다. 그러나 이것은 정보를 공개하고 공유하여야 과학기술은 발전하고 따라서 인류의 복지를 증진시킬 수 있다는 입장에서는 부당하다. 사회는 아직 결론을 제시하지 못하고 있다. 새로운 해결방안을 모색하여야 한다.

직업의 안전

A는 자기가 업무를 거부했을 때 혹은 고발할 경우 해고의 위험을 우려하고 있다. 자신의 직업의 안전과 가정의 안전이 위협받을 것이 예상되기 때문이다. 직업의 안전은 과학기술자에게 중대한 문제이다. 전문직은 그 직업자체가 자신의 인생life이기 때문이다. 전문가의 특성은 자신의 만족 혹은 행복을 일 자체에서 찾는 다는 것이다. 자신의 일이 사회에 유익하고 그 유익함을 실현한 자라는 인식에서 오는 실존적 즐거움existential pleasure에서 찾는다고 말한다.[34] 구체적 직장이라는 의미는 희박해지고 평생직업career 혹은 소명calling으로 인식하는 현상이 나타난다. 직업 자체가 수단이 아니고 목적이다.[35] 19세기 과학기술자들은 이 소명의식이 선민의식elitism으로 발전하였으나 전문가들은 사람의 병을 고치는 일, 젊은이를 교육시키는 일, 국가사회의 발전을 위하는 일 등에 관해 실존적 즐거움을 느끼는 것은 사실이다. 남이 시키는 일만 하는 것으로 만족하지 않고 그 일을 완수하는 데서 의미를 찾는다. 그러므로 직업의 안전은 경제적 문제를 떠나 과학기술자에게 중대한 문제가 된다.

A는 관료주의적 사고와 관행이 지배하는 사회라는 것을 알기 때문에 자신이 회사를 배반한 자betrayer로서 사회에서 배척되는 사람이 되는 것을 더 우려

34) Smamuel C. Florman은 과학기술자의 실존적 즐거움의 원천은 여러 가지가 있으나 가장 기본적인 즐거움은 기술적 문제를 해결하여 project를 성공적으로 완수하는 데서 나오는 즐거움이며, 이 즐거움은 인류의 역사가 있은 이래 지금까지의 기술자의 즐거움이라고 말한다. Florman의 "The Existential Pleasures of Engineering," pp.3-10, "What was Troy to This" 참조.

35) 현대에서 전문적인 활동은 남녀를 불문하고 생활의 대부분을 점유하고 인생의 목표를 제공하며 행동을 결정하여 개성을 형성하게 되었다고 말한다. Ethical Issues in Engineering, pp.67-68 참조.

하고 있다. 회사에서 해고되는 경우 배반자로 낙인이 찍혀 다른 직장에서도 받아 주지 않을 것을 우려하고 있는 것이다. 그렇게 될 경우 평생직업을 잃게 될 것이기 때문이다.

근대적 개인책임주의

여기서 우리는 A가 혼자서 고민하는 배경을 검토해 볼 필요가 있다. 그 배경은 근대적 개인책임주의에 있다. 그러므로 그를 비난하고 책임을 묻는 기구와 사람들은 많지만 그를 도와 주는 사회적 시스템은 빈약하다. 가장 비근한 예가 앞에서 말한 NSPE의 윤리강령과 같은 동업자단체의 회원에 대한 태도이다.[36)] 우리 사회의 근대적 편견에 관해 Peter F. Drucker는 다음과 같이 말한다.

> 오늘날 정치적 환경은 급속도로 변모하고 있다. 우리가 예상하고 관찰하고 있는 경우 아직도 18세기의 자유주의 이론에 입각한 개인주의적인 것을 전제로 하기 쉽다. 그러나 우리의 현실에 있어서의 행동을 지배하는 것은 어느 모로는 조직화된 중앙집권적인 것이다. 이 조직화의 경향으로 하나의 전기가 이루어지고 있다. 즉 최대의 조직인 정부를 비롯한 카톨릭교회, 대학과 같은 조직체에 대한 환멸과 비판이 일어나고 반항이 일어나며 세계의 어느 나라에서도 젊은 세대는 기성조직에 대해 적의를 품고 이를 부정하는 태도를 취한다. 그러나 자유의 범위가 어디까지냐 하는 것은 논외로 하더라도 조직체는 그 자체를 활동시키고 개인의 자유를 지킨다는 쌍방을 위해서도 필요한 것이다. 어쨌든 우리는 사회의 정치적 구조 및 개인의 지위와 역할에 대해 심각하게 생각할 시기에 직면하고 있다는 것이다. 우리의 앞에 있는 것은 새로운 다원주의이고 새로운 조직사회라는 것이다. 그리고 우리가 필요로 하는 것은 새로운 개인주의와 새로운 책임인 것이다.

과학기술자 사회에 대한 의무

A는 자기의 동료 및 대학에서 가르침을 주었던 스승에 대한 배반을 우려하고 있다. 과학기술자 사회에 대한 의무감의 문제이다. 전문가들은 평생직업이라는 속성 때문에 부차적으로 작업장 밖에서 연합하는 경향이 있다. 그러므로 그

---

36) John Ladd는 우리시대의 깊숙한 문제 중의 하나는 모든 책임을 배타적인 책임으로 하여 "나누는 것에 의해 정복하는 것divide and conquer을 목표로 하고 있는 것"이라고 말한다. Ethical Issues in Engineering, pp.37-38 참조.

들은 가족 간에도 교류가 있으며 전문지식 및 사용하는 전문적 용어는 전수되어 공유하며, 여가시간을 같이 보내므로 비슷한 행동방식 및 세계관을 갖는다. 소 문화권을 형성하는 것이다. 그러므로 집단의식을 갖는다. 미국의 과학기술발전협의회ECPD는 과학기술자의 속성으로 동업자 집단의식을 들고 있다. 그러므로 동지애와 믿음에서 나오는 과학기술자사회에 대한 의무감이 생기는 것이다. 그러나 앞에서도 말한 바와 같이 어려움에 처한 동료를 도와 주는 것이 아니라 비난하는 것으로 문제를 해결하는 태도로 정착된 것이 과학기술자 사회의 문제이다. 전문가사회의 덕목으로는 다음과 같은 것이 말해지고 있다.

첫째로 평등, 협동 및 지원이다. 그러므로 동업자 사회는 지식을 공유하려고 하고 독점적 태도를 부적절하다고 본다. 또한 전문가 간의 경쟁을 부인한다. 입찰에서 과학기술자 간에 가격경쟁을 하는 것을 천박한 것으로 보거나 금지한다.

둘째는 보편구제주의universalism를 든다. 전문가는 의뢰인의 나이, 수입, 신분, 정파, 종교, 성 및 사회적 신분과 관계없이 직무를 제공하는 것을 거부해서는 안 된다는 것이다.

셋째는 공평무사disinterest를 든다. 전문가는 직무를 최고수준으로 수행하고자 하는 데에 직무의 동기가 있으므로 의뢰인의 발에 맞추는 서비스를 제공해서는 안 되고 의뢰인의 요청이 있으면 자신을 희생해서라도 최상의 서비스를 제공할 준비가 되어 있어야 한다는 것이다.

기타 합리주의 혹은 객관주의objectivity 및 전통에의 순응orientation을 든다. 그러나 현대의 과학기술사회는 과학적 방법을 채용함으로써 전통주의 덕목과 합리주의 덕목 간에 갈등현상이 나타나게 되었다. 한편 이기주의 및 경제지상주의가 지배하는 현대적 배경에서 자연발생적인 과학기술자사회의 동지애와 소명의식은 사라져가고 있다고 할 수 있다. 한편 현대적 지평에서 이와 같은 전통적 덕목들은 맞지 않고 미친 나쁜 영향을 미친 측면도 있다. 새로운 성찰이 필요한 시기가 왔다.[37)]

37) Ethical Issues in Engineering, pp.67-77(Attributes of a Profession) 참조.

부작위 책임

A는 자기가 우려하는 설계상의 문제가 현실로 나타났을 때 그것을 알고도 건설을 진행한 것에 관한 법적 책임을 우려하고 있다. 우선 회사의 지시에 따른 것이므로 A의 책임은 아니라고 할 수 있다. 그러나 단순히 지시에 의한 것이므로 법적 책임이 없다고는 할 수 없다. 바람직한 결과를 방지할 수 있었느냐가 법적 책임 판단의 기준이 된다. 그러므로 회사의 지시가 그 지시에 따를 수밖에 없는 강압적이었느냐가 문제된다. 회사는 잘 모르고 지시했을 수도 있고, 알고 지시했더라도 여러 가지 상황을 설명함으로써 회사의 방침을 변경시킬 수도 있다. 그러므로 그러한 가능성에 관한 노력이 없이 "회사의 지시니까 결과가 어찌되던 나와는 상관없다. 하라는 대로 하자"의 자세로는 법적 책임을 모면할 수 없다. 과학기수자사회의 윤리관에 이와 같은 태도가 엿보인다. 과학기술자의 사회적 책임을 기술적인 영역으로 제한해 온 전통적 과학기술자 사회의 윤리관에 의하면 A는 회사에 문제점을 보고했으므로 그것으로 사회에 대한 책임을 다 했다고 생각할 수 있을 것이다.

이와 같이 과학기술자의 법적 책임은 이미 다른 사람이나 자연에 의해 야기된 상황situation과 밀접한 관계를 갖는다.[38] 예를 들어 문제의 사건의 근방에 있었고 그 문제를 해결할 수 있는 자가 자기뿐인 상황에서는 자기가 저지른 일이 아니어도 법적 책임이 발생한다. 길을 가다가 조그만 웅덩이 물에 빠진 어린이를 우연히 목격한 경우, 주위에 그 아이를 물에서 건져 줄 사람이 아무도 없고, 자신은 아무 피해를 입지 않고 간단히 구해 줄 수 있었으나, 그 어린이를 구해주지 않고 지나쳐 버린 결과 그 어린이가 죽은 사건에서, 그 행인은 그 어린의 죽음에 대한 관한 법적 책임에서 자유로울 수 없는 것과 같다. 과학기술자가 적극적으로 사회의 법익을 침해하는 경우도 있을 수 있으나, 그것은 극히 희소하고, 대부분 과학기술자의 법적 책임은 물에 빠져 죽을 위험에 처한 어린이를 구하지 않은 것과 같은 경우에 발생한다. 즉 현존하는 위험을 방지하지

38) Michael C. McFarland는 과학기술자의 사회적 책임에 관해 John G. Simon 등이 수행한 대학의 기금운용에 관한 사회적 책임연구(The Ethical Investor: University and Corporate Responsibility, 1972)에서 예시하고 있는 Kitty Genovese Case를 들어 설명한다. Kitty Genovese Case는 어떤 여자가 살고 있는 아파트 밖에서 그 아파트의 이웃들neighbors이 지켜보는 가운데 괴한에게 살해된 사건이다. 이 사건에서 이웃들은 그 여자의 죽음을 저지하지 않았을 뿐만 아니라 경찰에 신고도 하지 않았다. 이 사건에서 살해된 여인의 이웃이 처한 여건과 과학기술자의 여건을 비교하고 있다. Ethical Issues in Engineering, pp.160-161 참조.

않은 것에 관한 책임, 즉 부작위omission 책임이다. 부작위 책임에 관한 법규정을 성경(누가복음 10장 30-33절)에 나오는 사마리아인에 비유하여 "착한 사마리안 조항the good Samaritan clause"이라고 한다. 이 성경이야기는 다음과 같다.

> 어떤 사람이 예루살렘에서 예리고로 내려가다가 강도들을 만났다. 강도들이 그의 옷을 벗기고 상처를 입혀 거의 죽게 된 것을 버려두고 갔다. 마침 한 제사장이 그 길로 내려가다가 그 사람을 보고 피하여 지나갔다. 이와 같이 레위 사람도 그 곳에 이르러 그 사람을 보고 피하여 지나갔다. 그러나 한 사마리아인이 그 길로 지나가다가 그를 보고 측은한 마음이 들어 가까이 가서 그 상처에 감람유와 포도주를 붓고 싸맨 후에 자기 짐승에 태워 여관으로 데리고 가서 돌보아 주었다. 다음날 그는 두 데나리온을 꺼내어 여관 주인에게 주며 "이 사람을 돌보아주시오. 비용이 더 들면 내가 돌아오는 길에 갚겠소"라고 말했다.

그러나 성경 이야기 같이 법은 두 데나리온을 꺼내 주는 것까지 요구하는 것은 아니다. 다만 죽을 지경에 처한 사람을 구해야 하는 책임을 부과하고 있는 것이다. 그것도 모든 경우에 그런 것이 아니다. 과학기술자의 부작위 책임 발생요건에 관해서 다음과 같은 의견이 제시되어 있다.[39)]

· 방지해야 할 필요성이 중대할 것critical need
· 위험이 근접한 곳에 있을 것approximation
· 위험을 방지할 수 있는 능력이 있을 것ability to help
· 자신만이 그 위험을 방지할 수 있을 것absence of other source of help

위 요건에서 알 수 있는 바와 같이 부작위 책임은 사회의 기대 혹은 기대수준과 관련된다. 위에서 말한 네 가지 요건은 어떤 상황에서 현존하는 위험을 방지할 책임이 발생하느냐에 관한 판단요소라고 할 수 있다.

그러나 이 부작위 책임을 판단함에 있어서 "결과에 대한 책임"과 "직무 책임"을 혼동하는 경우가 있다. 예를 들어 어떤 사람이 방화를 하고 있는 것을 근거리에서 목격한 소방관이 있었다고 하자. 그러나 그 소방관은 그것을 저지하지 않고 지나쳤다고 하자. 그런데 그 방화의 결과로 집이 타고 그 안에 살던 사람이 죽었다고 하자. 화재를 방지하고 소화를 해야 하는 것은 소방관의 직무

---

39) Ethical Issues in Engineering, pp.161-163 참조.

다. 그러므로 소방관이 그 방화를 저지 않은 것은 직무상의 의무를 이행하지 않은 직무유기가 될 것이다.[40] 그러나 방화를 저지하지 않음으로써 사람이 죽은 것은 직무유기의 문제보다 그로 인해 사람이 죽은 것이 문제이다.[41]

앞의 예에서 소방관의 책임은 상황과 관련된다. 소방관이 방화현장을 지나치고 있을 때 이미 자신의 능력으로 끌 수 없는 상황인 경우에는 자신의 생명의 위험을 무릅쓰고라도 그 건물에서 나오지 못하고 있는 사람들의 생명을 구해야 하는 직무상의 의무가 있다고 할 수 없을 것이다. 그러나 앞에서 든 예와 같이 자신에게 위험이 없이 어린이를 구해 주지 않은 행인의 경우와 같이 그 방화가 경미하여 그 불을 끌 수 있는 상황이면 살인의 책임이 검토될 수 있을 것이다.

직무상 책임

한편 법적 책임을 직업적 의무와 관련시켜 그 경중을 달리 해야 한다고 생각한다. 앞의 예에서 그 불로 인해 그 집에서 살고 있는 사람들이 소사하였다고 하자. 법은 사람이 죽은 결과에 대해서 소방관은 화재를 방지하는 일을 전문으로 하는 사람이므로 그 결과를 방지해야 할 의무가 일반인보다 더 크므로 더 크게 처벌해야 한다고 한다.[42] 그 이유로 소방관에게는 사회가 더 큰 기대를 가지고 있기 때문이라고 한다. 그러나 법의 이와 같은 생각은 비판의 여지가 있다.

흔히 과학기술자는 소방관과 같이 사회의 안전을 지키는 직무상의 의무가 있다고 생각한다. 그러나 직무상의 책임은 아니다. 원자력발전의 폐기물 저장소의 건설과 관련하여 사회가 A에게 그 사안에 관한 결정권을 주었고 그 결정의 범위가 안전의 문제까지 포함한다면, 소방관의 경우와 같이 직무상의 책임이 발생할 것이다. 그러나 A에게는 그러한 권한이 주어지지 않았다. 그러므로 소방관과 같은 직무유기로 인한 책임 문제는 없다. 그러나 같은 불법적 결과라도 일반인 보다 더 중한 처벌을 받아야 한다고 생각하는 것이다. 그 이유는 과학기술자는 일반인 보다 결과를 방지할 의무가 더 크다는 것이다.

법적 책임은 사회의 기대가능성과 관련이 있다. 그러므로 기대가 크면 책임

40) 형법 제122조 참조.
41) 형법 제164조 및 제18조 참조.
42) 형법 제171조 참조.

도 크다고 생각하기 쉽다. 그러나 기대가 크기 때문에 책임, 즉 처벌을 중하게 하는 것은 타당치 않다. "기대가 크기 때문에" 책임이 있는 것이 아니고 "기대하기 때문에" 책임이 있는 것이다. 과학기술에 관한 업무를 함에 있어서 일반인인 경우 위험을 알 수 있는 능력이 있으므로 책임이 발생하는 개연성이 높을 뿐이다.[43)]

한편 과학기술자의 능력에 대한 사회의 기대수준이 높아지는 것이 문제다. 그로 인해 과학기술자는 불합리하게 법적 책임에 훨씬 많이 노출되는 환경에 처하게 되었다. 뉴질랜드 엔지니어협회의 보고서Engineering Risk는 과학기술자에 대한 기대상승expectation rising으로 인한 과학기술자의 곤혹스러운 처지를 다음과 같이 말한다.[44)]

> 지난 세기 동안 과학기술자의 업무환경에 영향을 미친 사회구조 및 가치관에 많은 변화가 있었다. 이 변화 가운데 가장 큰 영향을 미친 것은 효율적이고 신속한 통신수단의 발달이었다. 라디오와 텔레비전의 출현으로 전 세계의 대부분의 가정에 뉴스가 즉시 전달되게 됨으로써 소비자보호운동의 촉진, 압력단체 및 소수그룹minority의 영향력의 증대하였다. 그로 인해 정부, 기업 및 전문가들의 행동, 말, 결정은 공중public으로부터 즉각적이고 잦은 감시와 압력을 받게 되었다. 권위 있는 정보에 기초한 합리적 결정이라고 생각되는 것도 물질적 이득material gains을 앞세우는 사람들에 의하여 어리석은 생각으로 치부되어 뉴스의 헤드라인을 장식한다. 더욱이 과학기술자의 업무에 대한 공중의 기대수준은 높아지고 있으면서도 기대에 부응하지 못할 경우 불만족스러워 하는 경향은 더 강해지고, 과학기술 업무에 관해 주어진 한계를 이해하는 능력은 떨어지고 있다. 의뢰인도 종전에는 자신의 책임으로 돌렸던 사항도 과학기술자에게 보증을 요구하고 있으며, 업무를 할 당시에는 적정한 기술appropriate technology이었으나, 나중에 문제가 생기면 가능한 모든 기술all available technology을 사용하지 않았다고 비난한다.

---

43) 형법이 업무상 과실에 대해 형을 가중하는 이유에 관해서는 업무자는 업무에 관한 인식의 범위가 넓고 그 인식이 확실하기 때문에 조금만 주의를 하였어도 결과발생을 방지할 수 있었을 것이므로 크게 비난을 받을 만 하다는 의견이 있으나 업무자 중에는 미숙련자도 있으므로 타당치 않다고 하고 사회정책적으로 업무자에 주의의무를 강요하기 위한 것이라는 견해가 통설이다. 책임의 경중문제가 아니고 책임의 유무문제라는 우리의 견해와 유사하다. 그럼에도 불구하고 형법이 업무상과실을 가중하는 이유는 정책적인 것이라고 볼 수밖에 없을 것이다.

44) Engineering Risk, pp.12-16 참조.

한편 위와 같은 상황에서 과학기술자의 손해배상책임과 관련하여 경제적 형평성에 관한 논의가 활발히 전개되고 있다.[45] 그 이론적 근거는 다음과 같다.

· 사업주는 과학기술자의 직무를 통해 이득을 취한다. 그러나 그 이득은 과학기술자에게 배분되지 않는다.
· 반면 과학기술자가 잘못하여 사업주에게 손해를 입히거나 다른 제3자에게 손해를 입힌 경우 그 배상책임은 과실책임주의에 의해 배상할 책임이 전부 과학기술자에게 돌아간다. 사업주는 일종의 손해보험을 과학기술자에게 들고 있는 것과 같다.
· 그러므로 경제적으로 형평성이 없다. 과학기술자는 자신이 큰 과오가 없다면 그 업무에 대한 수가의 범위에서 손해배상책임을 지도록 하는 것이 경제형평상 옳다.

한편 과학기술은 창조적 성격을 가지므로 일종의 사회에 대한 모험venture이다. 그러므로 엄격한 법적 책임을 물을 때 안전만 추구하게 되므로 과학기술의 발전은 기대할 수 없는 측면이 있다. 물론 안전문제는 어느 것에도 양보할 수 없는 것이다. 그러나 개인의 법적 책임을 엄격히 하는 문제로 해결할 수 있는 것이 아니다. 사회적 안전시스템을 구축하여 예방하는 등 사회적 윤리시스템을 구축하는 것이 중요하다.

사회적 책임의 한계

A는 설계상의 위험을 보고했으므로 자신의 책임은 다한 것이라고 스스로 위안을 받으려고 한다. 그러나 마음의 깊은 곳에서는 고민하고 있다. 윤리적 책임이 있다고 생각하지만 자신이 처한 환경이 자신으로서는 도덕적 용기를 낼 수 없는 것이다. 그러나 과학기술자는 자기가 하는 일과 관련하여 바람직하지 않은 결과를 방지해야 할 도덕적 책임에서 자유로울 수 없는 환경에 처해 있다는 것이 문제다.

NSPE의 윤리강령(Ⅲ.2.b.)에는 이 경우 “의뢰인이나 고용인이 비전문가 적인 행동을 강요할 경우에는 관계당국에 이를 알리고 그 프로젝트의 직무를 포기하여야 한다”라고 하고 있다. 개인의 도덕적 책임으로 돌리고 있는 것이다.

---

45) DPIC의 The Contract Guide, p.201 참조.

그러나 단체는 개인에게 책임을 돌려 비난하는 것 외에 자신은 사회적 책임에서 초연해 있는 것이다. 그러나 현대의 관료주의적 혹은 공리주의적 상황에서 의뢰인이나 고용인이 과학기술자에게 비전문가적 행위를 강요할 경우 과학기술자는 초윤리적amoral 상황에 처해 있다고 할 수 있다. 이런 상황을 고려하면 과학기술자에게 윤리적 행동을 강요하는 것은 부적절하다.

직업의 선택과 책임

A는 자신이 과학기술자의 길을 택한 것을 후회하고 있다. 과학기술자가 아니라면 지금과 같은 고민을 할 필요가 없을 것이라고 생각하고 있다. 직업의 선택은 자유이나 일단 선택하면 그로 인해 새롭게 인간관계가 형성되고 사회의 기대가 생긴다. 그러므로 책임은 선택보다는 선택을 통해 형성되는 인간관계 및 사회의 기대에서 생기는 것이다. 한편 인간을 자유로운 존재로 볼 때는 책임은 선택에서 생기는 것이라고 말한다. 그러므로 Sartre는 다음과 같이 말한다.[46]

> 인간의 본질은 인간의 선택에 의하여 결정되는 것이지 인간의 본질에 의해 선택이 이루어지는 것은 아니다. 그런데 고도로 조직화된 사회는 인간의 개성을 상실하게 하고 인간을 외부의 힘에 종속시킨다. 인간이 자신을 군중 속의 일원으로 정당화하는 것은 연민의 정을 자아내게 한다. 그러나 이와 같은 군중에의 호소는 자신의 책임을 회피하는 것이다. 양심과 책임에 의한 선택에 따라 진실하게 사는 것이 문제다. 외부의 압력을 변명으로 자신의 선택은 불가능하다고 말하는 것은 인간을 주체가 아닌 대상으로 전락시키는 것이다.

인간이 완전히 자유롭다면 선택하지 않았으면 그런 관계가 생기지 않을 것이므로 선택으로 인해 책임이 생기는 것이라고 할 수 있다. 그러나 인간은 완전히 자유로운가? A가 과학기술자의 길을 택한 것도 완전히 과학기술자의 길이 어떤 것인지 알고 선택한 것은 아니었을 것이다. 자기가 과학기술자로서 업무를 할 때 봉착하는 문제를 미리 알지 못 하였을 것이고 수학을 좋아했다든가 하는 자신의 적성 혹은 부모의 희망에 따랐을 가능성도 있다. 그러므로 A가 과학기술자의 길을 택한 것은 완전히 자유로운 선택은 아니다. 인간이고 싶어서 인간으로 태어난 것은 아닌 것과 같다.

---

46) Great Tradition in Ethics, pp.366-379 참조.

영국의 시인 키플링Kipling은 과학기술자를 그의 시에서 다음에 인용하는 성경 이야기에 나오는 마르다Martha에 비유하여 "마르다의 후예sons of martha"라고 하였다. 시에서 그는 주에 대해 잠시 불경한 죄로 평생을 마리아와 같은 편한 길을 택한 사람들을 위해 편안하게 쉬지 못하고 끝도 없이 봉사하는And because she lost he temper once, and because she was rude to the Lord her Guest, Her Sons must wait upon Mary's Sons, would without end, reprieve, or rest 운명을 가지게 되었다고 은유하고 있다. 그러나 실은 안타까워하기보다는 오히려 과학기술자의 인류를 위한 숭고한 자기희생을 찬미하는 내용이다. "잠시 불경한 죄"는 성경의 이야기에서 마르다가 주님께 불평하는 것으로 되어 있기 때문에 그렇게 말하였을 것이다. 또한 과학기술자의 희생을 그렇게 정당화할 수밖에 없어서였을지도 모른다. 과학기술자의 길을 사회에 대한 봉사로 본 그 시대의 과학기술자관이 반영되어 있음을 알 수 있다.

> "주님 내 동생이 나 혼자 일하게 두는 것을 아무렇지 않게 생각하십니까? 가서 거들어 주라고 내 동생에게 말씀해 주십시오." 그러나 주께서는 마르다에게 대답하셨다. "마르다야, 너는 많은 일로 들떠 있다. 그러나 필요한 것은 하나뿐이다. 마리아는 좋은 몫을 택하였다. 그러니 그는 그것을 빼앗기지 않을 것이다."(누가복음 10장 41절-42절)

그러므로 과학기술자의 길이 자기희생이 따르는 험난한 길이라면 사회는 이를 알려 줄 의무가 있다. 그것은 우선 과학기술자가 되기 위한 예비단계인 대학교육에서 가능할 것이다. 그러나 과학기술자의 길을 자기희생이라고 보는 것은 잘못된 것이다. 과학기술자는 일반인과 다른 특별한 책임을 지는 것이 일과 관련하여 바람직하지 않은 결과를 예측하고 그것을 예방할 책임을 지는 것이다. 다만 과학기술자는 자신이 받은 교육과 경험으로 인해 다른 사람보다 과학기술의 의미와 위험을 잘 알 수 있고, 다른 사람보다 그 위험 가능성을 먼저 알 수 있는 위치에 있을 뿐이다. 반면에 과학기술자에게 무거운 책임이 있다고 말하는 사람들이 있다.

예를 들어 가솔린탱크를 운반하는 운전자는 보통의 차를 운전하는 사람보다 사고가 날 경우 그것으로 인한 위험이 크므로 더 주의를 기울여야 하는 것처럼 책임이 무겁다고 말하는 것이다. 사회의 안전을 위해 사회구성원 간에는 직업에 따라 주의의무의 크기가 배분proportionate care된다고 보는 것이다. 이와 같은 생각에서 법에서 업무상과실을 일종의 身分犯으로 보는 사람들이 있다. 그 신분에 있는 사람에게는 사회가 고도의 주의의무를 기울여 줄 것을 기대하기 때문에 일반인보다 더 무겁다고 말한다. 그러나 어떤 신분을 갖기 때문에 특별하고 큰 책임을 지우는 것이라고 생각하는 것은 옳지 않다. 일반인도 위험을 알 수 있고 처리할 능력이 있으면 그에 상응하는 책임을 지는 것이다. 일반인이 실제로 위험을 알았고 방지할 능력이 있으면 과학기술자가 아니라고 해서 책임이 가볍다고 할 수 없을 것이다. 그러므로 과학기술자의 책임에 관해 "같은 분야에 종사하는 양심적이고 합리적인 기술자들이 동일한 상황other conscientious, reasonably competent practitioners of the same discipline under similar circumstances"에서 일반적으로 할 수 있을 것으로 기대되는 주의를 할 의무가 있다고 말하여진다.

3. 문제해결방법problem solving methods

윤리적 해결방법ethical method

당사자 각각이 다른 생각을 가지고 있는 것이 문제다. 힘 있는 정부가 강행하는 것으로 일단은 문제가 해소될 수 있을 것이다. 그러나 환경단체, 주민 및 엔지니어의 불만은 해소되지 않을 것이다. 그러므로 모두에게 이익이 되는 방안을 찾는 것이 진정한 해결방안이다. 이 해결방안은 당사자들이 상대방의 생각과 주장의 배경을 조사하고 이해하는 것이다. 자기가 주장하는 것에 불합리한 믿음이나 편견이 없는가를 찾고 상대방의 생각의 배경 등을 조사하고 분석하여 해결점을 찾는 방법이다.

법적 해결방법legal method

정부가 강행하는 방법을 말한다. 정부는 이 일에 관한 법적 근거를 가지고 있다. 그러므로 가능한 일이다. 그러나 법은 종국적으로 윤리적 타당성을 가져야 한다. 그러므로 법적 해결방법을 모색하는 것도 불가피한 것인가 하는 정당성이 문제가 된다.

사회적 해결방법social method

주민과 환경단체가 연합하여 집회를 하고 구호를 외치는 것은 여론을 활용하려는 것이다. 언론은 상당한 강제력을 발휘한다. 법을 능가하는 힘을 가지고 있는 것이 요즘의 추세이나 여론이 오도되면 큰 문제가 발생하므로 언론은 사회적 책임문제가 따른다.

정당한 해결방안justifiable method

윤리적 해결방법, 법적 해결방법, 사회적 해결방법은 모두 사회정의를 실현하는 것에 목적을 두고 있는 공통점이 있다. 그러므로 윤리적 해결방법이 종국적이지만 필요한 경우 법적 해결방법 및 사회적 해결방법도 함께 모색하는 것이다. 다만 그것이 다수의 이익보호를 위한 소수의 희생이라든가 진리를 해하는 것이 되어서는 안 된다.

4. 과학기술

우선 "과학기술"이라는 용어가 현대사회에서 어떤 의미를 가지고 있는 가를 조사해 보자. 과학과 관련되는 말 가운데는 과학기술이라는 말 외에도 공학, 엔지니어링기술 혹은 엔지니어링이라는 용어가 사용되고 있다.

"과학기술"이라는 말은 "과학science"과 "기술art"이라는 말이 합성되어 있다. 우선 "기술"의 의미를 밝히는 것이 필요하다. 원시인들이 석기를 돌을 두드려서 만드는 방법과 갈아서 만드는 방법을 사용하였다고 할 때 두드려서 만드는 방법과 갈아서 만드는 방법을 기술이라 한다. 객관화된 기술을 가리키는 것이다. 그러므로 이 의미의 기술은 기술규범technical standards이다. 법에서 규율하는 기술이고 교육의 기준이 되는 기술이며 특허의 대상이 되는 기술이다. 또 하나의 의미는 특정인이 가지고 있는 지식 혹은 경험 등으로 구성된 능력을 말한다. 주관적 기술이고 특정 기술이다. 그러므로 특정인의 기술을 다른 사람이 사용할 때는 객관적 의미의 기술이 될 것이다. 국가의 기술능력은 이와 같은 특정인의 기술, 즉 주관적 기술의 총체라고 할 수 있다.[47] 객관화된 기술은

47) Thomas Kuhn은 과학자 사회의 구성원 전체가 공유하는 이론, 법칙, 지식, 방법, 가치, 믿음,

하나의 규범일 뿐이므로 능력이 아닌 기술은 소용이 없다. 아무리 좋은 법이라도 그것을 준수하지 않을 때는 소용없는 것과 같다. 산업혁명은 이 주관적인 기술을 객관화시킴으로써 발달하였다고 한다. 그러나 이 객관화된 기술은 기술에 관한 정보로서의 가치밖에 없다. 그것을 습득하고 실제로 적용하여 얻은 경험을 가진 기술자가 없이는 구현되지 않을 것이다.

한편 과학기술이라는 말의 의미에는 두 가지가 있다. 하나는 "과학의 기술"이라는 의미일 수 있고, 또 하나는 "과학적인 기술"이라는 의미일 수 있다. 후자의 의미에서의 과학기술은 과학원리를 활용하는 기술을 말하므로 과학이 아닌 다른 곳에서 사용하는 것이 된다. 이 책에서 사용하는 과학기술은 후자의 의미라 할 수 있다. 그러므로 과학기술을 엔지니어링에서 사용하면 엔지니어링기술이 과학기술로서의 속성attributes을 갖게 되고 공학에서 사용하면 공학기술이 과학기술로서의 속성을 갖는다. 그러므로 기술은 규범 혹은 능력으로서의 본질intrinsic nature[48]을 갖고 있지만 현대에서는 과학기술로서의 속성을 갖는다고 할 수 있다.

과학기술과 엔지니어링기술

그러므로 모든 "엔지니어링기술"은 "과학기술"이라 할 수 없다. 엔지니어링이 과학기술을 사용하기 전에는 엔지니어링기술은 과학기술이 아니었다. 그러므로 엔지니어링기술과 과학기술은 같은 것이 아니다. 그러므로 "엔지니어링기술"은 "기술"이라는 말로 대치해도 된다. 모든 기술은 무엇을 만드는 기술이기 때문이다. 기술과 과학에 관해 김영식 교수는 다음과 같이 말한다.

> 누구나 기술은 과학의 응용이고 과학의 발전이 관련 기술의 발전을 가져왔다고 믿으며, 심지어는 "과학기술"이라는 말이 하나의 단어로 느껴질 정도로 뗄 수 없는 관계에 있는 것이다. 그러나 역사적으로 볼 때 과학과 기술 사이의 관련이 밀접했던 것은 아니며 또한 과학과 기술이 본질적으로 밀접한 관련을

심지어는 습관 같은 것을 통틀어 패러다임paradigm이라 하고 과학자들이 과학의 이론, 법칙, 개념 등을 섭취하는 것은 명시적 규정이나 정의로부터라기보다는 그러한 개념과 과학지식을 포함하고 그러한 법칙들을 이용한 구체적 예제exemplar로부터라고 말한다. 김영식의 역사와 사회 속의 과학, pp.36-40 참조.

48) 本質은 어떤 물건 혹은 사람이 고유하게 지니고 있는 것을 말하고 屬性은 어떤 물건 혹은 사람이 유용하다든가 혹은 선하다든가 하는 效用을 가리키는 말이다. 동양에서는 본질을 體라하고 속성을 用이라 한다.

가져야 할 이유도 없다. … 사실 자연에 관한 합리적 체계적 지식을 얻고자 하는 과학과 인간생활의 편안을 추구하는 기술은 그 목적부터가 다르고 다른 취향을 가진, 심지어는 사회적으로 다른 계층에 속하는 사람들에 의해 종사되어 왔다.[49)]

엔지니어링기술과 엔지니어링

엔지니어링기술은 엔지니어링에서 사용하는 "기술"이라는 의미이고 엔지니어링은 엔지니어링기술을 사용하여 설계 등을 하는 "활동activity"을 가리키는 말이라는 점을 유의할 필요가 있다.

과학과 엔지니어링

엔지니어링이 과학기술을 사용한다고 해서 엔지니어링이 과학은 아니다. 엔지니어링의 목적과 과학의 목적은 다르기 때문이다. 이에 관해서는 과학은 진리지향적truth-oriented이지만 엔지니어링은 목표지향적goal-oriented이라고 하여 구별한다. 엔지니어링에서는 목표와 관련하여 적정한 기술을 사용하는 것이고 최상의 기술을 사용하는 것은 아니다. 그러므로 엔지니어링은 최적화optimization를 목적으로 한다고 말한다.

엔지니어링

"엔지니어링engineering"이라는 말의 의미를 좀더 자세히 알아보자. 이 말은 흔히 사용하지만 그 의미를 정확히 이해하지 못하고 있는 것이 일반적이다. 그 단어만을 분석해 보면 engin은 기관이고, engineer는 그 기관을 다루는 사람, 즉 기관사이므로 결국 engineering은 기관사가 하는 일로 이해될 수 있다. 그러나 오늘날 엔지니어링은 만들어진 엔진을 단순히 수리하고 운전하는 기관사의 일에서 그 기관을 설계하고 만들며, 운영하는 일뿐만 아니라 엔진이 아닌 공장, 댐, 공항, 도로 등 거대한 사업project을 설계하고, 만들고, 그것이 돌아가게 하는 일로 일의 범위가 확대되었다. 그러므로 엔지니어링은 시스템을 설계하고, 구축하고, 운영하는 일로 이해된다. 시스템엔지니어링이라는 말이 나타난다. 그러나 공장은 그것으로 고립된 시스템이 아니다. 사회시스템과 연결되어 있다. 오히려 공장은

49) 김영식의 역사와 사회 속의 과학, pp.85-92 참조.

사회시스템에 맞추어야 한다. 그러므로 사회제도를 설계하고 구축하며 운영하는 일도 엔지니어링으로 생각하게끔 되었다. 그래서 사회공학이라는 말도 나타난다. 실제로 규모가 큰 프로젝트가 수행되는 것을 보아도 공학적 기술뿐만 아니라 경제학, 경영학, 생물학, 법률학 등의 지식이 동원되고 있다. 사회 혹은 자연시스템을 설계하고 구축하며 운영하는 것이라고 이해할 수 있다.[50)]

엔지니어링의 정의

한편 미국의 공학인증원Accreditation Board of Engineering and Technology은 엔지니어링을 다음과 같이 정의하고 있다.

> 엔지니어링은 수학 및 자연과학natural science에 관한 지식을 습득하여, 이에 관한 경험experience 및 실제적용practice을 통해 얻은 지식을 활용하여 재료와 자연의 힘을 인류를 위해 경제적으로 유용하게 사용하는utilize economically 것에 관해 판단judgement하는 전문직업profession이다.[51)]

위의 정의에 관해 문제점을 지적하면 다음과 같다. ① 엔지니어링에 필요한 지식을 수학 및 자연과학에 한정하고 자연과학기술을 사용하는 것으로 한정하고 있다. ② 엔지니어링의 효용가치를 경제적인 것으로 한정하고 있다. ③ 엔지니어링을 전문직으로 보고 있다.

①의 문제점에 관해서는 엔지니어링은 자연과학 지식만 필요한 것이 아니고 사회과학 내지 인문과학 지식을 필요로 한다는 점을 지적하고자 한다. ABET는 과학을 자연과학으로 이해하고 있다. 그러나 사회과학도 과학이며 실제로 어떤 프로젝트에 적용되는 기술은 사회과학지식이 필요하다.[52)] ②의 문제점에 관해서는 엔지니어링은 경제적 효용만을 지향하는 것이 아니고 환경, 인간 및 사회를 위한 경제외적 가치도 지향한다는 점을 지적하고자 한다. ABET의 정의는 산업 측의 과학기술관을 반영한 것으로 보인다.[53)] ③의 문제점에 관해서

50) 김영식의 역사와 사회 속의 과학, pp.183-200 참조.

51) Engineering is the profession in which a knowledge of the mathematical and natural sciences gained by study, experience, and practice is applied with judgement to develop ways to utilize, economically, the materials and forces of nature for the benefit of mankind.

52) FIDIC의 보고서, “Engineering Our Future” 참조.

53) Engineering Risk, pp.12-14 참조.

는 엔지니어링은 과학자다운 전문적인 일만 하는 것은 아니라는 점을 지적한다. ABET의 정의는 엔지니어링 가운데서 전문가의 일과 전문적이지 않은 일을 나누어 전문적인 일만 엔지니어가 하는 것으로 하려는 과학기술자 단체의 입장을 반영한 것이다.

5. 비관적 과학기술관

과학기술사회Technological Society

현대사회에는 환경단체의 주장과 같이 비관적 과학기술관을 가진 사람들이 많다. 비관론자들은 과학기술을 인류의 고향을 황폐하게 만드는 주범이라고 생각한다. 현대사회를 과학기술사회technological society라고 하는 것과 깊은 관련이 있다. 이 말은 사회의 모든 방면에 과학기술이 스며들어 있으며 이 과학기술은 우리의 삶을 풍요롭게 하고 있다는 말로 이해된다. 그러나 이 말 가운데는 비관적인 생각이 들어 있다. 과학기술은 긍정적 가치를 사용하면 기아와 질병과 같은 현대사회의 가장 큰 문제를 해결하여 인류를 고통으로부터 해방시킬 수 있는 힘을 가지고 있지만, 반면에 부정적 가치를 사용하면 인류를 파멸로 이끌 수 있는 악마적 요소를 가지고 있다. 비관론자들은 이 부정적 가치를 강조하는 것이다.[54] 원자폭탄 같은 가공할 무기를 생각하면 현대의 과학기술에 대한 비관적 시각은 설득력을 가지고 있는 것이 사실이다.

현대과학기술의 역사적 배경

현대과학기술은 19세기부터 발달하기 시작하는 거대한 산업과 함께 그 모습이 나타났다. 산업사회의 수요에 의해 현대과학기술은 발전한 것이다. Edwin N. Layton은 미국의 경우 두 단계를 거쳐 발달하였다고 다음과 같이 말한다..[55]

> 첫번째 단계는 1816년에서 1850년 사이에 거대한 건설사업을 한 시기였다. 그 당시 사업을 맡아서 한 조직은 거대한 자본을 가진 큰 기업들이었다. 그러

54) The Existential Pleasure of Engineering, pp.45-56 참조.
55) Ethical Issues in Engineering, pp.45-62(The Engineer and Business) 참조.

므로 토목엔지니어civil engineer들이 이 기업들의 필요에 의하여 출현하였다. 1816년에 약 30명 정도였던 엔지니어가 1850년에 실시한 인구조사에 의하면 2천명으로 늘었다. 제2의 발전단계는 대기업이 출현하고 산업에 과학기술이 적용되기 시작한 1880년에서 1920년 사이였다. 이 40년 동안에 엔지니어의 수는 7천명에서 13만6천명으로 거의 20배가 늘었다.

급진적 과학기술관

비관적 과학기술관을 가진 사람들 중에는 과학기술의 역할을 사회구조적으로 보는 급진적 과학기술관을 가진 사람들도 있다. 과학기술은 사회를 지배하고 있는 계층에 의해 이용당하고 있으며 과학기술을 자신들의 이익을 위해 다른 사람을 위험에 빠뜨리고 있는 부당한 세력의 지배구조를 강화시키는 역할을 한다는 시각으로 본다. 그러므로 이들은 "민중을 위한 과학기술" 혹은 "과학기술의 해방"을 외친다.[56]

급진적 과학기술관의 비판

이 급진적 비관론의 특성은 과학기술은 인간의 통제를 떠난 존재이므로 사라져야 할 것으로 보는 것이다. 그러나 과학기술을 인간의 손을 떠난 괴물로 보는 시각은 인간에 대한 희망을 포기하는 것이 된다. 현대의 과학기술이 괴물처럼 보이게 만든 것이 인간이라면 그것이 인류를 위해 봉사하는 것으로 개선하는 것도 인간일 것이기 때문이다. 또한 누구의 책임으로 돌리는 자세도 있다. 비난하는 것이 목적인 자세를 말한다. 인류를 위험에 빠뜨리고 있는 것이 과학기술이 봉사하는 산업사회이든 과학기술 자신이든 혹은 과학기술을 즐긴 일반대중이든 누구에게 책임을 돌리는 것이 아니라 문제를 함께 해결하는 자세가 중요하다. 그러므로 비관론자들과 과학기술자를 포함한 우리 모두에게 필요한 것은 비관론자들이 이와 같은 주장을 하게 된 배경을 이해하는 것이고 과학기술자 혹은 현대 산업 측에서도 자신의 문제점을 찾으려는 비판적 자세를 갖는 것이다. 그리고 이것을 통해 현대과학기술의 단점을 축소시키고 장점을 신장시키는 해결방안을 모색하는 것이다.

56) 김영식의 역사와 사회 속의 과학, pp.115-124 참조.

6. 낙관적 과학기술관

불합리한 믿음

19세기의 과학기술자들이 가지고 있는 낙관적 과학기술관에 의하여 형성된 불합리한 믿음 가운데는 다음과 같은 것들이 있다.[57)]

① 과학기술은 항상 사회에 유익한 것이다.
② 과학기술에 관해서는 자신들만이 알고 과학기술은 오류가 없으므로 과학기술은 자신만이 하여야 한다.
③ 과학기술자는 객관적 사실만을 말함으로써 사회에 봉사하는 사람들이므로 객관적 사실은 말하는 것으로 사회적 책임을 다하는 것이다.

이 불합리한 믿음 가운데 근원적인 것은 첫째번 것이다. 그 다음의 것들은 여기에서 파생되는 것들이다. 이러한 믿음이 생긴 배경과 과정을 이해하는 것이 낙관적 과학기술관의 불합리한 점을 밝히는 관건이 될 것이다.

믿 음

여기서 "믿음"에 관해 생각해 보자. 행동은 의지에 의해 행해진다. 의지는 행동의 추진동력 같은 것이다. 그러나 의지는 집착과 같은 욕구에서 나오는 맹목적인 것일 수 있다. 한편 의지는 이성과 연결되어 있다. 그러므로 합리적인 사람이라면 자기의 행동이 선을 가져올 것이라고 판단되어야 의지를 가질 것이다. 한편 이성은 지식의 도움을 받는다. 그러므로 바른 지식을 가질 때 바른 이성이 나올 것이다.[58)] 그런데 의지는 이성과만 연결되어 있는 것이 아니다. 감성

57) Ethical Issues in Engineering, pp.63-66(The Definition of a Profession) 및 pp.67-77(Attributes of a Profession) 참조.

58) Socrates는 지식에 관해 다음과 같은 견해를 가지고 있었다. 덕은 선지식이며 이 둘은 동일한 것이다. 옳음이 무엇인지 아는 사람은 그러한 지식으로 말미암아 자동적으로 옳은 행위를 할 것이다. 선지식은 선한 행위의 동기가 된다. 악한 행위는 무의지적인 행위involuntary act라는 것이다. 선의지는 선지식에서 나온 것이므로 의지will는 도덕적 의미가 없는 것이다. 참다운 지식, 즉 선지식은 도덕적 통찰moral insight을 말하는 것이다. 동양의 도덕관과 같이 자연주의적이라 할 수 있다. 이에 반해 Aristotle은 선지식을 가지더라도 악한 행위를 할 수 있다고 말한다. 그러므로 선과 악은 의지에 의해 선택되고 그 의지의 선택은 행복을 목적으로 한다고 한다. 그러므로 Aristoteles는 목적론적이다.

과도 연결되어 있다. 그리고 선한 지식(참다운 지식), 참다운 이성과 감성은 덕virtue의 본질이다. 그러므로 참다운 덕성을 가져야 선한 이성과 선한 감성이 나온다. 그런데 이 덕성을 지탱하고 있는 것이 믿음이다. 그러므로 믿음이 없으면 인간의 행동은 즐거움도 희망도 없는 공허한 것이 된다. 그래서 불교에서 "믿음은 모든 불도의 근본이요 공덕의 어머니다. 선을 증진시키고 모든 의혹을 없애고 애욕의 집착에서 벗어나게 하여 마침내 열반의 문을 열어젖힌다"라고 말한다. 그러나 믿음에는 합리적이고 선한 믿음도 있으나 비합리적이고 악한 믿음도 있다. 그러므로 성찰이 없는 그릇된 믿음은 우리를 질곡의 길로 들어가게 만든다. 그래서 용수보살은 "불법佛法의 대해는 믿음으로써 들어가고 지혜로써 건넌다"라고 하였다. 또한 믿음에는 견고한 믿음도 있으나 얕은 믿음도 있다. 오랜 세월 동안 침전된 견고한 믿음은 신조creed가 된다. 이 신조는 쉽게 변하지 않으며 이성을 마비시키는 경향이 있다. 그러므로 대립되는 신조들이 만드는 세상이 어떤 것일 가는 짐작된다.

낙관적 과학기술관의 역사적 배경

19세기의 과학기술자 사회가 가지고 있던 "과학기술은 항상 사회에 유익한 것이다"는 믿음의 연원은 고대 그리스 사회에서 찾을 수 있다. 고대 그리스 사회는 객관적인 진리가 아닌 것을 진리라고 주장하고 이것을 자신의 이익을 위해 사용하는 궤변론자sophist들에 대한 반감이 있었다. 반면 공평무사한 객관적인 사실을 말하는 과학자를 존경하였다. 그리스 사람들은 공평무사한 객관적 사실만을 말하는 것으로 여겨지는 과학자는 인류에게 유익하고 윤리적이라고 생각하였다. 그러므로 그 당시 과학자들은 자신들은 객관적 진리를 말함으로써 인류를 위해 봉사하는 사람들이며 객관적 진리를 말하는 것은 신탁을 받은 자신들의 사명이라는 신념을 가지게 되었다. 사회의 믿음이 자신들의 신념으로 된 것이다. 이와 같은 그리스시대 철학자 혹은 과학자들의 신념은 그 이후 서양에서 철학자 혹은 과학자들의 신념으로 받아들여져 왔고 계몽주의 시대를 거친 19세기의 과학자나 철학자들에게도 계승되었다.

19세기의 과학기술자들이 이와 같은 오래된 과학자의 신념을 자신들의 직업관으로 받아들인 데는 그 시대의 배경이 작용하였다. 19세기 후반에는 과학의 발달로 하루가 멀게 전화, 전등, 증기기관차, 대양을 횡단하는 선박 등이 발명되어 나타나고, 마천루 같은 거대하고 환상적인 건축물뿐만 아니라 교량, 터널, 댐 등 인간에게 편의를 제공하는 시설물들이 건설되고 있었다. 이런 것들을 과학기술자들이 하고 있었다. 그러므로 그 당시의 사람들은 그리스 사람들이 철학자 혹은 과학자들을 인류에게 유익한 사람들로 여기고 존경한 것과 같이 과학기술자를 칭송하였다. 따라서 그 시대에 과학기술자가 된다는 것은 위대한 사업에 참여하여 사회의 발전을 이끄는 사람이 되는 것이었고, 그리스 과학자 혹은 철학자들이 자신들은 신탁을 받은 사람이라고 생각했던 것처럼 19세기의 과학기술자들은 자신들은 성경에 기초하여 신의 영광 및 인류의 복지를 실현하기 위해 이 땅을 개척하라는 소명을 받은 사람들이라고 생각하였다. 20세기 초 미국 토목학회 회장으로 선출된 Robert Moore가 "20세기의 과학기술자"라는 제목으로 한 취임사 중 다음의 말은 이 시대의 분위기 및 과학기술자의 신념이 나타나 있다.59)

> 과학기술자는 지금까지 인류의 삶을 지속시켰을 뿐만 아니라 더욱 풍요롭고 살기 좋게 만들었다. 20세기에도 자연의 숨겨진 비밀을 밝히는 것은 과학기술자의 몫이고 점점 더 인류의 지도자로서 인류에게 은혜를 베푸는 자가 될 것이다. 과학기술의 능력은 계속 성장하고 그 성과는 더욱 광범할 것이므로 이웃과 세계의 존경을 받을 것이다.

엘리트주의elitism

"과학기술은 과학기술자만 알 수 있고 오류가 없으므로 과학기술자만이 하여야 한다"는 신념에 관해 검토해 보자. 여기에는 다음의 3가지 믿음이 있음을 알 수 있다. 첫째는 과학기술은 과학기술자만이 알 수 있다는 믿음, 둘째는 과학기술자에게는 오류가 없다는 믿음, 셋째는 과학기술은 과학기술자만이 하여야 한다는 믿음이다.

전문가주의professionalism

"과학기술은 과학기술자만이 안다"는 첫째번 신념은 자신들을 전문가로 만든 데에 뒷받침이 된 신념이라 할 수 있다. 그러므로 19세기 과학기술자들은 자

59) Florman의 Existential Pleasure of Engineering, pp.3-10 참조.

신들의 직업에 관해 독점적 권위를 사회가 인정해 주기를 요구했으며 한편으로 과학기술에 관해 사회의 간섭으로부터 독립적인 전문가사회professionalism를 형성하였다. 이 전문가사회를 형성하는 데는 기술을 경험에서 습득되는 것이라는 기술에 관한 뿌리 깊은 인식이 자리 잡고 있다. 또한 기술이 비전적esoteric으로 전수되었던 중세의 도제apprenticeship와 깊은 관련이 있다. 이 도제제도는 서양의 중세에서부터 서양사회에 뿌리 깊게 자리 잡고 있는 기술자사회의 전통이다. 한편 과학기술이 확립되지 않아 많은 부분에서 수공업적인 방법을 사용하고 있던 19세기 초의 상황에서도 여전히 기술자사회의 전통이었다. 따라서 과학기술자사회를 건설함에 있어서도 그들은 소문화권을 형성하여 전통을 중시하고 자신들 문화에 순응하는 과학기술자를 양성하는 방향으로 나아갔다. 과학기술자의 독점적 권위를 허가하는 전문과학기술자professional engineer제도를 도입하고 윤리강령code of ethics의 제정을 통해 과학기술자 및 과학기술문제를 자율적으로 규율하고 과학기술자의 양성에 주도적 역할을 하였다. 과학기술자사회가 가졌던 이상에 의해 과학기술사회가 조정되고 사회가 이를 수용하였다. 그러나 이와 같은 19세기의 과학기술자들이 가졌던 직업관은 과학기술사회technological society, 전문화사회, 민주화사회, 자유주의 시장경제, 합리주의 등 현대사회의 특성과 관련하여 많은 문제점을 제공하고 있다.

기술온정주의technical paternalism

"과학기술자가 하는 일에는 오류가 없다"는 둘째 번 신념은 기술권위주의 혹은 기술온정주의technical paternalism로 발전한다. 상품을 구매하는 자는 상품의 질을 스스로 판단하여 구매하는 것이 당연하다. 그러나 백화점에서 상품을 구매하는 사람을 고객customer이라고 하는 반면에 전문적 서비스를 구매하는 사람을 의뢰인client이라고 하는 것은 그 때문이라고까지 말한다. 전문서비스professional service를 구매하는 의뢰인은 서비스의 질에 관한 판단을 전문가에게 일임하는 것으로 생각하는 것이다. 소비자의 권한은 사라지고 없는 것이다. 그리스의 철학자나 과학자들이 자신들을 신탁 받은 사람들이라고 생각하였고 19세기의 과학기술 중흥기의 과학기술자들이 자신들을 소명 받은 사람들이라고 믿었던 불합리한 믿음에서 나온 것이다.

미국에서 원자력발전을 상업화할 당시 미국의 원자력 과학기술자들은 원자력발전은 안전하다고 생각하고 있었다. 그러나 크고 작은 방사능 유출사고가 많이 발생하였다. 이에 대해 미국 원자력위원회는 원자력발전은 화석연료를 사용하는 화력발전보다 공해가 적으며, 생산비가 저렴한 점 등 이익이 재해위험에 비해 월등하게 유리하다는 소위 손익교량분석cost-benefit analysis에 의해 원자력발전을 정당화시켰다. 이 결론은 원자력발전으로 인한 사고발생 가능성은 전체 자연재해 발생가능성의 0.1%에 불과하다는 Norman Rasmussen교수의 조사보고서에 기초하였다. 피해를 볼 수 있는 사람들 혹은 소비자에 의하여 결정된 것이 아니고 과학기술자의 의견과 권위를 가진 자에 의하여 결정된 것이다. 기술온정주의 예다. 그러나 Rasmussen보고서는 사고발생 가능성을 판단하는 판단요소factor에 문제가 있었다. 0.1%라는 수치는 흔히 과학기술자들이 하는 것처럼 확실하지 않은 판단요소는 배제하여 계산한 결과였다. 즉 불확실한 판단요소는 배제하고 수량적으로 계산해 낼 수 있는 조정된 판단요소에 의해서 산출해 낸 것이다. 확실한 것을 추구하는 과학기술자의 태도에서 나온 것이다. 그러나 채용하지 않은 요소를 고려한다면 방사능 유출 등 원자력발전 사고의 피해 가능성은 기하급수적several order of magnitude일 수 있다는 것이다.

모든 과학기술사업engineering project은 이 세상에 처음으로 하는 창조적인 것이므로 사회에 대한 실험의 성격을 갖는다.[60] 극명한 예가 타이타닉taitanic 사건이다. 그 배를 건조한 과학기술자들은 빙하가 있는 바다에서도 최고 속력으로 달릴 수 있을 만큼 완벽하게 설계된 안전한 배이므로 침몰할 위험은 전혀 없다고 장담하였다. 따라서 구명보트도 당시의 법이 규제하고 있던 최소한인 승선정원의 1/3에 해당하는 825척만 장착하였다. 아마 그것도 법에서 정하고 있으므로 하는 것이지 필요 없는 것이라고 생각했을지도 모른다. 따라서 처녀 출항에서 안전성을 믿은 선장은 칠흑같이 어두운 대서양을 최고 속도로 달리다 빙하에 부딪쳤다. 갑판이 부서져도 물이 배 안으로 들어오지 않을 만큼 안전장치가 되어있다는 배는 서서히 침몰하기 시작했다. 2,227명의 승객 중 1,522명이 죽은 참사를 빚은 것이다. 선박의 안전성을 믿은 결과 구명보트를 승객정원만큼 준비하지 않은 결과였다.

현대의 과학기술자는 과학기술사업이 가정에서 출발하는 창의적인 성격을 갖고 있다는 것을 잘 알고 있다. 따라서 개략설계를 할 때부터 엔지니어링개념

60) Ethical Issues in Engineerig, pp.196-209(Engineering as Social Experimentation) 참조.

및 가정과 관련된 조사 및 실험을 통해 안전성 및 성능을 검증한다. 개략설계는 예비시험 및 시뮬레이션을 통해 상세설계를 정하고 최종 생산물이 나올 때까지 진전된 실험이 계속적으로 행해진다. 그러므로 설계과정은 반복적인 실험을 통해 얻어진 정보에 의해 수정되어지는 시험설계과정이라고 할 수 있다. 그러나 이것은 기술적인 것에 관한 것일 뿐이다. 생산물 혹은 시설물이 실제로 사용되는 경우 자연, 인간 혹은 사회에 어떤 영향을 미칠 것인가 하는 것은 알기 어렵다. 그러므로 과거의 유사한 사례를 통해 알 수밖에 없다. 더욱이 사회에 미치는 영향에 대해서는 예측하는 것은 거의 불가능하다. 결국 그 생산물 혹은 시설물이 실제로 사용되어야 알 수 있는 것이다. 그러므로 엔지니어는 무지상태에서 행해진다고 할 수 있다. 이와 같은 과학기술의 성격을 "사회에 대한 실험으로서의 엔지니어링engineering as social experiment"이라고 말한다.

그러므로 결국 소비자의 의견에 의하는 민주적 방법을 제안하는 사람들이 있다. 소위 고지된 동의informed consent에 의해야 한다고 말한다. 그러나 소비자에게 문제점을 알려 동의를 얻는 것에도 이론적, 실제적 문제가 있다. 우선 같은 시설물이라도 그와 관련된 사람들의 이해관계가 다르다. 예를 들어 댐을 건설하는 경우 그 댐으로 인해 이익을 볼 수 있는 사람들이 있는 반면에 손해를 볼 수 있는 사람들도 있다. 동의는 이해관계자의 합의를 의미하는 것이다. 실제적으로 이해관계가 다른 사람들의 합의는 불가능하다. 대개 이런 문제에서는 소수의 사람들만이 나선다. 그러므로 말없는 다수의 의견이 문제된다. 그러나 말없는 다수의 의견은 확인하기 어렵다. 한편 과학기술사업을 관계자의 합의에 따라 한다면 사업의 추진은 매우 어렵다. 결국 전문가의 의견에 따르는 방법밖에는 없는 것이 된다. 그러나 전문가는 위험을 알리고 소비자의 의견을 최대한 수렴하는 자세를 가져야 한다. 그러므로 소비자의 동의가 아니라 소비자에게 문제점을 알리는 것이 중요하다. 이 민주적 자세를 바탕으로 정치는 정치가가 하는 것이며 경제는 경제전문가가 하는 것이며 과학기술은 과학기술자가 하는 것이다.

독 점

"과학기술은 과학기술자만이 사용하여야 한다"는 셋째 번 믿음은 첫째 번 믿음과 둘째 번 믿음의 결론이다. 이 셋째 번 믿음으로 인해 스스로를 기술영역으로 한정하여 지도력leadership 없는 사람이 되게 하였다. 이 전문화는 책임의 한계를 명확히 하고 전문성의 깊이를 더 할 수 있게 하는 좋은 점도 무시할 수 없으나 자신들 스스로 과학기술을 기술적 영역으로 한정하여 결과적으로 좁은 자기분야만 아는 사람으로 만든 것이다. 아이러니 하게도 19세기의 과학기술자들이 자신들을 사회를 개혁하고 인류에 봉사하는 소명을 가지고 있다는 신념과는 다른 좁은 영역에 스스로를 한정한 것이다. 나누고 갖고 남이 들어오는 것을 방어하는 일에 골몰한 것이다. 한편 이로 인해 일반 사람들도 과학기술은 과학기술자들이 하는 일이고 자신들과는 무관하다고 생각하게 되었다. 과학기술에 관한 일반인의 무관심을 가져온 것이다. 같은 과학기술분야에서도 학력 및 실무경험에 의해 전문 분야discipline를 세분하고 서로 영역을 침해해서는 안 되는 것으로 하였다. 과학기술자사회는 이것을 자신들이 제정한 윤리강령에 규정하여 확인시켜 주고 있다. NSPE의 윤리강령(Ⅱ.2)은 다음과 같이 규정하고 있다.

a. 특정 기술전문 분야에 관한 학력 및 실무경험에 의해 수행할 능력이 있는 직무만을 수임한다
b. 자신의 능력에 미치지 못하거나 자신이 지침을 주거나 조정하지 않은 일에 관한 계획서 혹은 엔지니어링문서에 서명하지 않는다.
c. 프로젝트 전체에 관한 조정책임을 맡은 경우 그 프로젝트의 각 전문 분야의 일이 그 일을 수행할 수 있는 능력이 있는 엔지니어가 수행하여 서명 날인한 경우에만 전체 프로젝트에 관한 문서에 서명한다.

미국의 과학기술발전협의회가 과학기술자에 대해 내린 다음의 정의에서도 과학기술자사회의 인식을 확인할 수 있다.

① 재량적 판단을 행사하고 어떤 표준에 지배되지 않는다.
② 특정 분야의 교육과 실습을 거쳐서 획득한 높은 수준의 과학지식 및 기술적 능력에 의하여 행해진다.
③ 법적인 지위를 가져야 하며 사회적 허가를 요한다.

한편 Earnest Greenwood는 과학기술자에 관한 사회제도와 과학기술사회의 인식에 기초하여 분석한 과학기술자의 특성 중에도 나타나고 있다.

① 체계적 이론body of theory
② 전문적 권위authority
③ 사회의 허가 및 독점licensing, monopoly
④ 윤리강령code of ethics
⑤ 전문가 문화professional culture

현대의 프로젝트는 과학기술지식뿐만 아니라 경제, 경영, 사회환경, 자연환경 등에 관한 많은 지식이 필요하다. 그러므로 프로젝트가 성공적으로 되기 위해서는 참여하는 전문가들이 자기 분야만 알아서는 안 되며 다른 분야를 이해하는 것을 통해 자기 분야의 의미와 역할을 찾아야 한다. 사실은 현대의 사업만 그런 것이 아니고 원래 사업은 복합적인 것이라 할 수 있다. 다만 현대의 사업에서는 경제적 고려 등이 중요해지고 전문적 지식을 요하는 것뿐이다. 그렇다고 프로젝트에 참여하는 사람들이 모든 분야에 관한 전문가가 될 수는 없을 것이다. 그렇지만 과학기술자는 자기 기술의 경제적 가치를 알아야 경제원리에 맞게 과학기술을 적용할 수 있고 경제학자는 과학기술을 알아야 적용하려고 하는 과학기술에 관한 경제적 가치를 평가할 수 있다. 자기 전문분야만 최상으로 하려는 사고가 아니라 시스템적인 이해와 사고를 할 수 있는 전문가가 되어야 한다는 말이다.

그러나 전문화 현상은 점점 심화되어 가고 있다. 전문인이 알아야 할 지식의 양은 늘어나고 점점 어려워지므로 같은 과학기술분야에서도 서로 다른 분야의 지식은 알 수가 없게 되었다. 자신이 알아야 할 지식을 소화하기에도 벅차다. 어떤 사업을 감독하거나 관리해야 할 경우 자기가 결정해야 할 일에 관해 알지 못하게 되었다. 이에 관해 FIDIC은 "과학기술의 장래engineering our future"라는 보고서에서 다음과 같이 말하고 있다.

> 종전과는 달리 현대의 프로젝트는 많은 기술을 요하고 의뢰인도 시간과 예산상의 제약하에서 과학기술자에게 창의적인 서비스를 바라는 경향이 나타나고 있다. 새로운 조달체계의 수립, 사업관리, 자연 및 사회환경의 보호, 사업주의 이익보호에 관한 업무의 요청이 증가하고 있다. 그러나 과학기술자들이 그 동안 이와 같은 시장수요에 대응하지 못한 결과 타 분야 전문가가 과학기술자가 해야 할 일을 메우고 있다.

앞에서 과학기술자사회의 전문화의 문제점을 말하였으나 이 전문화 현상은 다른 분야other discipline에서도 마찬가지로 진행되었다. 그러므로 현대사회의 하나의 특성으로 전문화사회라고 말한다. 미국의 인구조사국United States Census Bureau은 전문가를 일반적으로 특별한 기술, 지식 및 정신적 집중을 요하는 활동을 직업으로 하는 사람들로 정의하고 이 전문가에 속하는 사람들로 회계사, 건축가, 예술가, 변호사, 성직자, 대학교수, 의사, 언론인, 과학자, 사회사업가, 교사, 과학기술 등을 들고 있다.

대학교육의 전문화

당연한 결과이지만 과학기술자사회의 전문화현상이 대학교육에 영향을 미치고 있는 것이 더 큰 문제다. 미국의 경우 과학기술자사회가 형성되기 시작하는 때부터 전문교육을 받은 사람으로 형성되었다고 할 수 있다. 그러나 문제는 자기분야만 아는 지도력leadership 없는 전문가를 양성하고 있는 데에 있다. 한편으로 과학기술정책을 결정하고 집행하여야 할 일반지식인을 양성하는 대학도 과학기술을 모르는 지식인을 양성하고 있다. 현대사회를 과학기술사회로 보는 관점에서 역시 지도력을 발휘하지 못하는 일반지식인을 양성하고 있는 것이다. 과학기술자를 양성하는 대학이나 일반지식인을 양성하는 대학이나 전인교육에서 멀어져 있는 것이다. 김영식 교수는 대학교육의 이런 현상에 관해 다음과 같이 우려하고 있다.[61)]

> 과학이 점점 중요한 위치를 차지하는 동안 과학의 내용은 점점 전문화하고 어려워져 왔다. 특히 복잡한 수식이 도입된 과학 분야들은 일반지식인으로서는 알 수 없는 정도로 전문화되었고 많은 경우에는 과학자들까지도 자기 분야 이외의 과학내용을 이해할 수 없게 되었다. 결국 사회에서의 과학이 가지는 중요성은 높아지면서 그러한 사회를 이끌어 갈 일반지식인이 과학을 이해하는 것은 거의 불가능해지게 된 것이다. 이것은 퍽 우려할 일이다. 사회의 중요한 문제들에 접해서 선택과 결정을 내려야 할 사람들이 이들 문제의 바탕이 되는 과학의 내용을 이해하기는커녕 접근하기조차 힘들도록 과학이 일반지식인들로부터 유리된 것은 커다란 문제인 것이다.

---

61) 김영식의 역사와 사회 속의 과학, pp.143-153 참조.

대학이 전인교육에서 멀어진 데는 산업사회의 영향도 크지만 스스로 과학기술에 대한 이해의 부족도 작용하고 있는 것 같다. 우선 과학을 자연현상을 탐구하는 학문이라는 생각이 강하다. 사회현상을 연구하는 학문도 사회과학이라고 하므로 학문분류 체계상 과학을 자연과학으로 한정하는 것은 아니다. 그러나 일부 교양과목으로 가르치는 경우는 있으나 어떤 문제를 놓고 과학기술과 사회과학지식을 통합적으로 적용하여 문제를 해결하는 교육은 아닌 것 같다. 더욱이나 철학이나 윤리학적 측면에 관한 통합적인 사고를 할 수 있는 전문가를 양성하지 못하고 있는 것이다.

7. 사회적 책임

객관주의objectivism

한편 과학기술은 과학기술자만이 하여야 한다는 신념에 의해 파생된 것으로는 과학기술자의 사회적 책임을 제한하는 태도가 문제된다. 19세기의 과학기술자 사회는 일반사회에 대해 "과학기술자는 객관적 사실만을 말함으로써 사회에 봉사하는 사람들이므로 객관적 사실을 말함으로써 자신들의 사회적 책임을 다하는 것이다"라고 선언하였다.[62] 이 선언은 과학기술자는 기술을 통해 사회에 봉사하는 것이므로 기술에 관한 결정권은 자기들에게 있다는 것을 사회에 선언하고 요구하는 적극적 의미가 있지만 한편으로는 자신들의 과학기술과 관련한 사회적 책임을 객관적 사실 그것도 기술적인 사항에 관한 책임 이외는 책임이 없다는 소극적 의미를 담고 있다. 자신들의 사회에 대한 책임을 한정하고 있는 것이다. 이 선언은 관료주의 및 산업사회의 공리주의 혹은 신자유주의와 연결되어 현대사회에서 급진적인 비관적 과학기술관이 나타나는 중요한 원인을 제공하고 있다.

우선 자신들이 사회에 봉사하는 사람들이라고 여긴 것, 즉 과학기술을 자선benevolent service으로 여긴 것에 관해 검토해 보자. 과학자의 경우 자연의 원리를 탐구하고자 하는 동기에서 보수를 바라고 하지 않는 일면이 있으므로 타당하다고 할 수 있을 것이다. 그러나 19세기의 과학기술자도 그러했지만 현대사회

62) Ethical Issues in Engineering, pp.98-104(Code of Ethics for Engineers) 참조.

에서 과학기술자 혹은 과학자까지도 보수를 받기 위해 회사에 고용되는 것이 일반적이고 독립적으로 직무를 하는 과학자나 과학기술자도 영업business의 형태로 일하는 것이 일반적이므로 과학기술서비스를 자선으로 보는 것은 현대사회에서는 맞지 않는 관념이다. 그러므로 회사원으로 근무하는 과학기술자들도 회사가 자신을 대우하고 애정을 기울인 것에 상응하여 회사에 대한 의무감이나 충성심이 생기는 것이라고 생각하는 것이다.

과학기술자들이 자신들의 사회적 책임을 기술적인 사항으로 한정하는 선언은 과학기술자 사회가 제정하는 윤리강령을 통해서 하고 있다. 그러므로 윤리강령의 규정을 검토함으로써 그 의미를 알아보자. NSPE의 윤리강령의 예를 들면 기본강령으로 "과학기술자는 객관적으로 진실한 것만 공표하여야 한다"라고 규정하고 세부강령(Ⅱ.3)에서 다음과 같이 정하고 있다.

b. 어떤 기술적 문제의 주된 사항에 관한 적절한 지식과 수행능력이 있는 경우에만 전문적 의견을 공표할 수 있다.
c. 이해당사자로부터 보수를 받거나 지시 받은 기술적 사항에 관해서는 사전에 이해 당사자에게 문제점을 말하지 않고는 기술적인 문제를 공개적으로 말하거나 비판 혹은 이의를 제기하여서는 안 된다. 다만 엔지니어 자신의 이익과 관련되는 경우에는 그 사실을 밝히고 기술적인 사항과 관련한 문제점에 관해서는 공개적인 비판 등을 할 수 있다.

관료주의bureaucracy

한편 기본강령으로 채택하고 있는 또 하나의 원칙에서 "자기를 고용한자 혹은 의뢰인의 성실한 대리인 혹은 수임자로서 직무를 수행하여야 한다"라고 하고 있어서 위에서 말한 객관적 진실만을 공표하는 사회적 책임은 의뢰인의 성실한 대리인 혹은 수임자로서의 한계 속에서 이행하는 것임을 알 수 있다. 의뢰인과의 관계에 관한 규정(Ⅱ.4.)을 보면 다음과 같다.

a. 자신의 판단이나 업무의 질에 영향을 미쳐 고용인 혹은 의뢰인의 이익과 상충되는 것을 알고 있거나 예상될 때는 그 사정을 의뢰인 혹은 고용인에게 알려야 한다.
b. 모든 이해당사자들에게 알려서 합의된 경우가 아니면 당해 프로젝트의 의뢰

인 혹은 당해 프로젝트와 직접 관련이 있는 일과 관련되어 의뢰인 이외의 자로부터 재정적 혹은 기타 형태의 보상을 받아서는 안 된다.

c. 자신의 고용인 혹은 의뢰인이 맺고 있는 다른 계약당사자로부터 직접 혹은 간접적으로 금전 기타 가치 있는 배려를 받아서는 안 된다.

d. 정부기관 혹은 준정부단체의 구성원, 자문 혹은 피고용인으로서 공무를 수행하는 경우에는 이들로부터 요청을 받거나 발주된 의뢰인의 업무에 관한 의사결정에 참여하여서는 안 된다.

e. 자신이 속한 조직의 대표 혹은 임원이 정부단체의 구성원이 된 경우에는 당해 정부기관에 계약을 청약하거나 의뢰 받아서는 안 된다.

또한 "엔지니어는 공중의 안전, 건강 및 복지를 위하는 것을 최우선으로 하여야 한다"는 기본강령의 세부강령(Ⅱ.1)에서도 위와 같은 관계가 나타난다. 세부강령을 보면 과학기술자가 "공중의 안전, 건강, 재산 및 복지가 위태롭게 되는 상황에 관한 자신의 전문적 판단이 받아들여지지 않을 경우 고용인, 의뢰인 등 이 사안에 관해 영향을 받을 수 있는 자에게 알려야 한다"고 규정하고 있으나 공중이나 당국에 알리는 것이 아니고 의뢰인 혹은 고용인에게 아리도록 되었다. 해결주체에서 자신들은 빠져 있다. 해결은 기업이나 다른 권한 있는 기관이 하는 것이다.

a. 항상 자신의 기본적 의무가 공중의 안전, 건강, 재산 및 복지를 보호하는 것임을 인식여야 한다. 그러므로 공중의 안전 , 건강, 재산 및 복지가 위태롭게 되는 상황에 관한 자신의 전문적 판단이 받아들여지지 않을 경우에는 고용인, 의뢰인 등 이 사안에 관해 영향을 받을 수 있는 자에게 알려야 한다.

c. 법과 이 강령에서 허용하거나 요구하는 경우를 제외하고는 고용인 혹은 의뢰인의 사전동의를 받지 않고 자신의 직무와 관련하여 지득한 사실, 데이터 및 정보를 공개하지 않는다.

관료주의와 전문가주의의 타협

과학기술자에 대한 위와 같은 제약은 과학기술자사회와 산업사회의 갈등문제, 즉 관료주의bureaucracy와 전문자주의의 갈등문제가 산업사회의 영향력에 의해 적당히 타협된 결과라고 볼 수 있다. 과학기술자, 즉 전문가들은 일반사회가 자기들에게 사회의 안전과 복지를 위해 전문지식을 사용할 권위를 주장한다면 당연히 자기들에게 자신의 직무와 관련한 최종적인 결정권도 있는 것으로 주장하는 것이 맞다. 그러나 과학기술자는 고용인의 지시명령 혹은 의뢰인과의 계약에 종속되는 위치로 정립된 것이다. 그러므로 이런 상황을 혹자는 불평등계약이라고 말한다.

현대 산업사회의 특징 중 하나는 공공 분야뿐만 아니라 민간 분야에서의 거대한 조직의 출현이다. 이 거대한 조직들은 지시와 명령에 따라 관리되고 있다. 이 관료조직의 구성원은 조직의 명령을 따르도록 되어 있다. 또한 법석 의무로 되어 있다. 명령에 복종하지 않으면 구성원은 조직 내에서 생존할 수 없다. 그러므로 조직의 명령이 비윤리적이라 하더라도 그 명령에 따를 수밖에 없게 된다. 과학기술자가 사회의 공동선을 위해 기업의 방침과 다를 행동을 하는 경우 직업의 안정에 위협받는다. 이것을 구제해 주는 제도도 없다. 그러므로 현대사회를 관료주의사회라고 한다. 지식인이 중요시되는 정보화사회로 이행하고 있는 요즘은 관료주의적이지 않는 조직이 출현하고 있으나 아직도 전반적으로는 관료주의 사회이다.

역사적 배경

그러나 이것에도 역사적 배경이 있다. 미국의 예를 들면 과학기술자단체가 태동하는 19세기 중엽 과학기술자단체를 구성함에 있어서 기업에 소속되지 않아 독립성을 갖는 전문가단체로 구성하느냐 혹은 산업과 관계industrial affiliation를 가진 전문가단체로 구성하느냐 혹은 전문가가 아닌 기업가도 포함시켜야 하느냐는 것과 관련하여 입장이 대립되었다. 당시 과학기술자들은 대부분 산업과 관계를 가지고 있었다. 결국 다음과 같은 기준에 의해 절충된 상태로 정착된 것이다.

① 기술적 창의력technical creativity
② 설계능력ability to design
③ 책임 있는 직책responsible charge
④ 산업과의 관계industry affiliation

이 기준에 합당하기 위해 필요한 요건은 다음과 같았다. 우선 "창의적 기술력"은 체계적 지식을 갖추었느냐에 인정되었다. 여기서 체계적 지식은 대학에서 습득된 지식을 의미하는 것이다. 이것은 과학기술자를 체계적 지식을 갖추지 않은 기술자와 구별하는 의미를 담고 있다. 창의력은 대학교육을 받은 자만이 가질 수 있다는 편견을 낳고 있다. 따라서 오늘날 공과대학에서 소정의 과목을 이수하는 것이 과학기술자가 되기 위한 필수요건이 된 것이다.

"설계능력"은 상당한 기간의 현장에서의 경험이 있느냐에 따라 인정되었다. 이것은 현장 경험이 없는 예를 들면 연구소에서 연구활동만 하는 과학자와 과학기술자를 구별하는 의미를 담고 있다.

"책임 있는 직책"은 기업에서 과학기술에 관한 책임 있는 직책을 말한다. 그러나 이 기준은 과학시술자의 독립성 및 위치를 약화시키는 원인으로 작용하는 것이다. 기업에서 책임 있는 직책을 가진 자는 기업에 속하여 관료주의적 통제를 받을 수밖에 없기 때문이다. 그러나 그 당시 사람들은 전문가의 이상과 기업가의 이상의 조화라는 명분을 택한 것이다. 앞에서 검토한 과학기술자단체의 윤리강령에 나타나 있는 바와 같이 과학기술자가 의뢰인 혹은 고용인과의 관계에서 종속적인 관계로 설정된 원인을 제공한 것이다.

"산업과의 관계"는 전문가가 아닌 사람, 즉 기업을 말한다. 기준은 과학기술자의 위치를 더욱 약화시키는 데 기여하였다. 단체의 운영비는 대부분 이들이 내는 회비에 의존되므로 자연스럽게 이들의 발언권이 과학기술자사회를 지배하게 되기 때문이다. 한편 관련 기업들로만 구성되는 단체가 출현하는 계기를 만들었다. 이들은 전문가단체보다 사회에 대한 영향이 크므로 일반사회의 정책결정에 관여하여 과학기술자 사회가 지도력을 발휘하지 못하는 결과도 낳고 있다.

과학기술자는 객관적 진실만을 말하는 것으로 자신들의 사회적 책임을 제한한 과학기술자사회의 규범이 현대사회에 드리우고 있는 어두운 그림자는 과학기술자가 관료주의라는 틀에 묶여 과학기술이 기업가의 공리주의적 이상에 봉사하는 결과를 낳은 것이다. 그런데 문제는 공리주의 이상이 사회의 공동선에 관한 사회적 책임과는 거리가 있다는 데에 있다.

따라서 과학기술자사회는 기술적인 사항에 관해 객관적 사실을 말하는 것으로 사회적 책임을 다한다고 생각하고 한편으로 기업은 이윤을 최대로 냄으로써 사회적 책임을 다한다고 생각하고 있는 것이다. 사회의 공동선과 관계없이 과학기술자의 이상과 기업가의 이상은 결합된 것이다.

그 결과 기업에 의해 과학기술은 돈벌이 수단으로 된다. 새로운 과학기술은 소비를 촉진하고 기업 간의 경쟁에 의해 새로운 기술의 개발이 촉진된다. 소비는 더욱 촉진된다. 과학기술자 자신도 과학기술이 돈벌이 수단이 되어 더욱 기업에의 예속이 촉진되고 산업은 확장되고 거대해져 기업이 지배하는 사회가 된다. 그 산업에서 배출되는 공해가 환경을 오염시키며 자원을 고갈시킨다. 과학기술이 인간의 생존을 위협하고 인간의 손을 떠난 괴물같이 보이게 된 것이다. 과학기술이 괴물같이 된 것에 기업도 과학기술자도 책임이 없다. 자신의 역할만 하면 되는 것이다.

8. 사상적 배경

자유주의

자유주의는 봉건적 속박으로부터 벗어나기 위한 17세기 시민사회의 정치이념이다. 인간을 합리적인 존재로 보는 것을 기초로 한다. 국가는 구성원이 자유롭게 자기가 선택한 길을 가는 데 있어서 서로 충돌하지 않도록 하는 일만 하는 것이라 한다. 그러나 시민적 자유주의이다. 그 시민의 주체는 신흥 자본가이다. 자본가의 재산은 소유권 절대의 원칙으로 보장된다. 자본가가 종사원을 속박하는 것도 자본가의 자유이다. 실질적으로는 영주의 봉건적 지배구조가 자본가의 봉건적 지배구조로 전환된 것이고 귀족의 관료주의가 시민계급의 관료주의로 전환된 것일 뿐이다. 사회구성원 전체의 자유는 완성되지 않고 있다. 한번 시작된 자유는 멈추지 않는다. 시민계급의 자유에서 시작된 자유는 여자의 자유로, 노동자의 자유로, 형식적 자유에서 실질적 자유로 사회의 각 부분으로 확장되어 가는 길을 걷는다. 그러나 아직도 자유로의 여정은 완성되지 않고 있는 것이다. 현대에서는 지식인의 자유, 전문가의 자유가 진행되고 있다.

공리주의utilitarianism

18세기 영국에서 나타난 공리주의 사상은 역시 자유주의 사상에 기초하고 있으나 인간은 고통을 피하고 쾌락을 추구하는 존재라고 생각하는 데에서 출발한다. 그들의 공격대상은 봉건적 법률과 윤리였다. 법이나 윤리는 사회구성원 각자가 자신들의 최대한의 이익을 추구하도록 서로 충돌하지 않도록 하는 역할만 하는 것이고 사회문제는 각인이 최대의 이익을 추구하려는 합리적 조정능력에 의해 저절로 조절된다고 말한다. 사회구성원을 규율하는 것은 자유를 억압하는 것이 되어 사회의 발전을 저해하는 것이라고 생각한다. 이러한 공리주의사상은 산업혁명에 의하여 성장한 자본주의를 뒷받침했다. 그러나 선을 쾌락이라 함으로써 경제적 가치를 최대의 가치로 여기는 물질주의가 현대 서구사회를 지배하게 만드는 데 기여하였고, 각자가 자신의 이익을 최대한 추구하는 것에 의해 사회는 발전하고 사회정의가 달성된다고 봄으로써 사회윤리 혹은 사회적 책임을 망각하게 만들었다는 비판을 받고 있다. 공리주의가 인간의 자유를 강조하지만 그 자유가 무엇을 위한 자유인지 의문을 갖게 만든다. .

결국 공리주의 사상은 현대 산업사회에서 기업가의 이상과 결합됨으로써 자신들은 이윤을 최대로 내는 것이 바로 사회적 책임이라고 생각하게끔 한 것이다.[63] 그러나 공리주의는 원래 도덕적 원리인 것이다. 이익을 추구하지만 순수한 이익만을 추구하지 않는 인간의 성정을 전제로 한 것이다. 그러므로 인간의 경제적 행위는 공정한 관찰자impartial spectator에 의하여 조정되어지는 것이라고 말한다.[64] 각자의 내면적인 합리적 조정능력internal sanction을 말하는 것이다. 그러므로 사회는 방관하는 것이다. 그러나 공리주의가 동정심 혹은 자비심을 말하는 것은 논리적 모순이라는 것이다. 공리주의가 선이라고 보는 쾌락pleasure은 순일한simple 개념이므로 자비심이 끼어들 여지가 없다는 것이다. 그리고 인간은 항상 합리적이지 않다. 결국 공리주의는 거대한 조직 혹은 자본가의 이윤을 추구하는 활동을 윤리적으로 선한 것으로 보게 된다. 그러므로 친자본가적 이론이다. 산업에서 잉태한 현대의 과학기술은 경제주의와 관료주의라는 세속적 강력한 무기를 가진 산업과 타협할 수밖에 없었던 것이다. 그러므로 근대적 자유주의는 사회주의 혹은 공산주의marxism가 나타날 씨앗을 잉태하고 있다. 자유로의 여정이 계속되는 것이다.

---

63) Ethical Issues in Engineering, pp.78-83(Milton Friedman의 "The Social Responsibility of Business is to Increase Its Profits") 참조.

64) Adam Smith는 모든 사람이 본능적으로 자기 자신의 이익을 추구한다면 타인들을 만족시키는 도덕적 결정들이란 있을 수 없는 것이 아닌가? 그렇다면 이 세상은 지금 어떻게 유지되어 가는 것인가? 라는 의문과 씨름하였다고 한다. 여기서 얻은 영감이 "공정한 관찰자impartial spectator"라고 한다. 즉 사람들은 도덕적 결정을 내릴 때 일종의 공정한 관찰자가 자기를 내려다보고 있다고 상상하고 순수한 이익만을 추구하기보다는 긍휼이나 동정심에 바탕을 둔 결정을 내린다는 것이다.

사회주의

사회주의는 형식적 자유주의 혹은 자본주의의 반동으로 나타난다. 형식적 자유주의 혹은 자본주의의 폐해를 시정하려는 것이다. 사회주의는 인간을 비합리적인 것으로 보는 데에 본질이 있다. 인간의 합리성을 전제로 자율에 의해 사회를 유지 발전시킬 수 없다고 보는 것이다. 그러므로 공리주의자들은 기업의 사회적 책임을 말하는 것은 사회주의적 발상65)이라고 말한다.

사회주의는 사회정의를 실현하기 위해서는 인간은 규율되어야 한다고 보는 것이다. 이런 생각은 현대에 와서 나타난 것이 아니고 인류의 역사가 생기면서 나타난 오래된 것이다. 자유주의는 오히려 근세에 와서야 나타난 것이고 그 이전은 사회주의 사회라고 할 수 있다. 자유주의 혹은 자본주의에 대한 반동에서 나온 현대의 사회주의와 다른 전통적 혹은 본질적 사회주의라고 할 수 있다. 자유주의에서는 구성원 각자는 옳고 그름을 알 수 있고 합리적으로 판단 할 수 있으므로 각자가 능동적 책임을 지는 것이다. 사회주의에서는 사회정의를 실현하기 위해 사회정의에 반하는 행위를 하지 않을 책임, 즉 피동적 책임을 지는 것이다. 그런데 사회는 법에 의하여 다스려진다. 법치주의는 인권을 보호하는 것을 목적으로 한다고 한다. 그러나 인권을 보호하기 위해 불가피한 경우 인권을 제한한다. 타율은 법의 본질이다. 자유를 위해 규율하는 것이다. 그러므로 자유주의 사회도 본질적 의미의 사회주의를 내포하고 있다. 자유는 미시적인 것이고 규율은 거시적인 것이다. 사회는 양자가 결합되어 있는 것이다.

추상적 사회주의

한편 사회를 보는 관점에 따라 유기체적 사회주의와 추상적 사회주의로 나누어 볼 필요가 있다. 유기체적 사회주의는 사회를 사회성원의 조직으로 본다. 그러므로 사회성원이 살아 있다. 추상적 사회주의는 사회를 사회구성원을 초월한 어떤 존재로 보는 것이다. 그러므로 사회성원은 사라지고 없다.

독재자가 실은 자기의 의사이면서 국가의 의사라고 하여 정치적으로 국가의 성원을 속박하기 위한 교리dogma로 활용한 사례는 많다. 한편 어떤 공리주

65) Friedman은 기업의 사회적 책임에 관한 논의는 시장기구market mechanism가 아니라 정치기구political mechanism에 의하는 것이 적절하다는 사회주의자의 견해를 기초로 하는 것이라고 말한다. Ethical Issues in Engineering, p.80 참조.

의자는 추상적 단체를 실재하지 않는 것으로 여기면서도 이상한 결론을 낸다. 회사와 같은 단체는 추상적인 것, 즉 인위적인 것이므로 도덕주체가 될 수 없다고 한다.[66] 그러므로 책임은 회사에 있는 것이 아니라 자연인 소유자에게 있고, 회사의 경영자는 소유자에 대해 회사의 경영에 관한 의무를 지는 것이라 한다. 결국 단체의 실재에 관해 상반된 의견을 가지고 있으면서 비합리적인 결론을 낸 점에서는 동일하다. 독재자나 공리주의자는 다 같이 단체가 구성원의 조직으로서 실재하는 것을 보지 못한 것이다. 추상적 단체의 실재성을 부인하였으나 역시 구성원의 조직으로서 실재하는 것을 보지 못한 것이다. 단체는 목적을 갖고 그 목적을 달성하기 위해 구성원 간에 권한과 책임이 배분되고 소유가 배분된 가운데 존재하는 것이다. 결국 단체는 그 성원의 권한과 책임의 배분 및 행위 원리 및 권리의 귀속원리일 뿐이다. 그러나 목적과 그것을 실현하기 위한 원리는 각 성원의 마음 속에 살아 움직여 전체를 구성하고 있는 실재다.

공산주의marxism

공산주의는 사회적 통제를 강화하려는 사회주의 이념과 뿌리를 같이 한다. 그러나 자본주의의 모순을 해결하려는 것에 중점을 두고 자본주의 체제가 가져온 노동자의 소외문제에서 출발한다. 반면 사회주의는 경제문제를 중심문제로 하지만 경제에 관한 것만은 아니다. 사회주의는 자유주의에 대한 개념이라 한다면 공산주의는 자본주의에 대한 개념이다.

Marx는 인간은 자신의 목적과 결합된 창조적 활동을 통해 자신을 실현한다고 보았다. 그런데 자본주의 체제에서는 노동자의 창조적 부분, 즉 잉여가치는 자본가가 차지하므로 노동자는 자신의 목적과는 상관없는 남을 위한 일을 하는 것이 된다. 노동자의 소외문제가 생긴다. 인간의 본질적인 문제이므로 자본주의 체제는 자본주의 스스로를 파괴하는 씨앗을 가지고 있다는 것이다. 자본가의 경쟁력은 노동력을 최대한 효과적으로 이용하는 것에 달려 있다. 그러므로 노동력을 효과적으로 이용할 수 있는 거대한 조직이 생겨난다. 자본가는 점점 부자가 되고 노동자는 점점 가난해진다. 필연적으로 계급투쟁이 생기고 무산자의 봉기

66) Friedman은 회사에 책임이 있다고 하는 경우 회사는 인위적인 것으로 존재하지 않는 것이므로 실제는 경영자의 책임이라고 말한다. 그런데 경영자는 회사의 소유자의 고용인이다. 그리고 경영자는 소유자에 대해 법이 허용하는 한 회사의 이윤을 최대로 내야 할 의무를 지고 있다. 따라서 경영자는 회사의 돈을 사회적 책임을 위해 쓸 권한이 없다고 말한다. Ethical Issues in Engineering, pp.78-80 참조.

를 초래한다는 것이다. 노동자의 소외는 자본가의 돈 및 사유재산에 관한 탐욕 때문이다. 그러므로 노동자가 소외를 극복하는 길은 노동자가 봉기하여 생산수단을 자본가로부터 빼앗는 것이라는 급진적 주장을 한다. 사회의 상층구조인 예술, 종교, 철학, 윤리는 생산수단을 소유한 자본가의 이익을 정당화하기 위한 이데올로기라고 주장한다. 그러나 마르크스는 결국은 노동자의 이익을 대변하는 것이므로 스스로가 노동자를 위한 이데올로기인 점에서 설득력이 없어진다.

이 이론은 러시아의 혁명을 촉발시키고 세계가 자본주의를 신봉하는 세력과 공산주의를 신봉하는 세력으로 양분되는 이념전쟁을 초래하였다. 한편 자본주의 사회에서도 소유의 공개념이 생기고 복지국가의 건설을 목표로 국가의 통제를 강화해 갔다. 슘페터Schumpeter는 다음과 같이 말한다.

> 자본주의는 마르크스의 필연적 붕괴론에서 보는 바와 같이 경제적 실패의 중압으로 붕괴되는 것이 아니고 오히려 자본주주의의 눈부신 성공이야말로 자본주의를 옹호하고 있는 여러 사회제도를 뒤엎고 불가피적으로 그 자신의 존속을 불가능하게 하며, 나아가서는 그의 후계자로서 사회주의를 강력히 지향하는 사태를 만들어 낸다. 자본주의가 키워온 합리주의 정신은 종국에는 자본주의 체제 그 자체에 대해서 비판의 화살을 돌리게 된다. 원래 자본주의의 합리성은 자유의 관념과 결부되어 봉건영주, 법왕을 공격하고 또 봉건적 인간관계도 파괴하여 드디어는 그 도덕적 권위까지도 압도하였던 것으로서, 자본주의는 그의 이러한 구제도에 대한 공격에 의해서 성립 발전했었다. 그렇지만 한편 자본주의의 합리적 문명은 그 자신에 대한 초합리적 충성에 의해서 지지되어온 만큼 합리주의적인 비판을 감당해 낼 수가 없다. 이리하여 반자본주주의적인 사회적 분위기가 지배적인 것이 되며, 이것을 대표하는 것이 "지식인learned man"이라고 일컬어지고 있는 특수한 집단인 것이다.

복지국가

초기 자본주의의 인간소외문제를 급진적으로 해결하려고 하였던 것이 공산주의라고 한다면 점진적으로 이 문제를 해결해 온 것이 후기 자본주의라고 할 수 있다. 소유의 공개념, 복지개념의 도입을 통해 정치적으로 수정자본주의가 진행된 것이다. 한편 산업 측에서도 생산혁명 및 경영혁명을 통해 노동의 가치가 인정되고 지식인이 대우받는 시대로 변해 가고 있다. 그러나 기업의 이윤추구로 인한 환경의 파괴문제, 관료주의 등 인간의 소외문제는 여전히 남아 있다. 노동자의 경제적 소외문제도 해결되었다고 할 수 없다. 오히려 공산체제의 붕괴로 산업사회의 이윤추구의 우월성은 확인되었다. 미국을 중심으로 자유주의를 옹호하는 신자유주의가 나타난다. 자유는 인간의 본질이다. 그러나 자유는 한계가 있다. 자원은 한정적인 것이다. 그러므로 자유의 총량에서 서로 공정하게 분배하는 문제는 필연적이다.

9. 과학기술자사회의 윤리

윤리강령

앞에서 윤리강령을 전문가사회 혹은 과락기술자사회의 속성 중의 하나로 말하여진다는 것을 말한 바 있다. 19세기의 과학기술자 단체는 이 윤리강령을 통해 다음 두 가지 목적을 달성하려고 했다. 하나는 과학기술의 문제는 과학기술자 사회가 국가의 간섭으로부터 해방되는 과학기술의 자율권을 윤리강령을 통해서 했다. 이 과학기술자율권을 사회에 요구하는 방법으로 윤리강령code of ethics를 제정하여 공표하는 방법을 택했다. 우리는 이렇게 하는 사람들이므로 사회나 국가는 그렇게 인정해 달라고 윤리강령을 통해 요구한 것이다. 이 단체자율의 이상은 과학기술자는 사회를 개혁하는 소명을 가지고 있는 사람들이라는 신념에서 나온 것이라고 볼 수 있다. 그러나 그것은 앞에서 검토한 바와 같이 산업사회에 예속된 한정된 과학기술자의 자율권이라고 할 수 있다. 또 하나의 윤리강령을 통해 하고자 한 것은 과학기술사회의 소속원을 규율함으로써 자기들이 윤리적인 집단이라는 것을 보여주고 또한 윤리적 집단으로서 사회의 신뢰를 계속 유지하려는 하나의 방법으로 구성원을 규율하려는 데서 나왔다. 후자에 직접적인 목적이 있었다. 결국 단체법에 의해 구성원을 규율하려는 함으로써 문제를 해결하려는 태도에 문제가 있었다.

문 제 점

그 문제점을 열거해 보면 다음과 같다.

① 사회가 공동으로 해결해야 할 문제를 단체자율의 문제로 돌린 것이다.

사회적 합의의 문제를 단체법으로 공표함으로써 해결하려 한 것이다.

② 거시적 문제를 과학기술자는 "…을 해야 한다"는 식으로 규정함으로써 개인의 책임문제로 돌린 것이다. 개인에게 책임을 돌림으로써 사회문제를 해결하려는 것이다. 즉 거시적 문제를 미시적 윤리문제로 돌린 것이다.

③ 과학기술자들에게 윤리적 무관심을 유발한 것이다. 윤리는 기본적으로 개인의 성찰의 문제이다. 그런데 법처럼 규율함으로써 구성원에게 윤리에 관한 무관심을 유발하게 한 것이다.

④ 단체가 거시적 문제에 관해 사회에 대해 할 일을 망각하게 만든다는 것이다.

⑤ 자신의 행동을 윤리적으로 정당화하는 수단으로 활용한다는 것이다. 즉 자신의 행동은 윤리강령에서 비윤리적이라고 규정하지 않고 있으므로 자신의 행동은 윤리적이라고 하거나 윤리강령에 윤리적이라고 규정되어 있으므로 자신의 행동은 윤리적이라고 생각하게 만드는 것이다. 윤리강령을 자신의 행동을 정당화는 수단으로 사용하게 한다는 것이다.

⑥ 법치주의에 의해 정당한 재판을 받아야 할 개인의 권리와 의무에 관련되는 사항을 단체가 자율적으로 규율함으로써 적법절차를 무시하는 것이 된다. 국가법과 단체법의 대립이라는 문제를 야기하게 된다는 것이다. 결국 과학기술자 사회는 윤리라는 이름으로 윤리의 세계가 아니라 법률의 세계를 건설한 것이다.

단체자율

위에서 말 한 ①의 문제에 관해서는 전문직제도의 사회학적 특성에 관한 다음과 같은 두 가지 견해와 관련지어 논의된다. 전문직제도를 사회와 전문가집단 간의 권한의 교환구조로 보는 관점exchange-structural view에서는 전문가집단과 사회 간의 계약에 기초하는 것이라고 본다. 사회가 자신들에게 전문가로서 독점적 권위를 인정해 주는 대신 자기들은 윤리강령을 통해 회원을 규율함으로써 윤리성을 유지하려는 현상으로 보는 것이다. 반면 전문직제도를 권력원리에 의해 단체의 권한으로 보는 관점power-theorist view에서는 윤리강령은 전문가집단이 권위와 독점을 달성할 목적으로 자기 집단의 윤리적 이미지를 표현하는 수단으로 보는 것이다. 전자의 견해로 보면 단체는 국가법과 충돌하는 문제는 없을 수 있다. 그 계약에 기초하여 국가법이 단체의 자율을 함께 허용할 수 있기 때문이다. 그러나 법치주의 원칙에 어긋나는 사항에까지도 단체법에 위임할 수는 없을 것이고 위임받았다고 생각할 수 없을 것이다.

거시적 문제와 미시적 문제

②의 문제에, 즉 거시적 문제를 미시적 문제로 돌리는 태도는 법에서도 찾아 볼 수 있다. 근대의 법은 개인책임원칙 위에 서 있다. 문제를 발생한 일을 맡은 개인에게 주의의무를 부과하고 그 일로 인한 모든 책임을 지우는 것이다. 각자에게 책임을 부여하는 것으로 사회문제를 해결하고 있다. 근대의 법 원칙에 의하면 만약 A가 핵폐기물 저장소설계에 안전상의 문제가 있음을 알았으나 회사의 지시에 따라 어쩔 수 없이 건설공사를 집행한 결과 나중에 안전사고가 발생하여 인근 주민이 건강상의 피해를 입었다면 그에 관해 A가 그 피해에 관한 모든 책임을 지는 것으로 된다. 그 업무와 관련된 정부, 회사, 원자력에 관한 전문가 나아가서 공동체에 속한 모든 사람이 그 역할에 합당하게 배분하여 책임을 져야 하는 것이 아니다. 이에 관해 독일의 법학자 Reinhold Zippelius는 다음과 같이 말한다.

> "법은 옳은 질서와 형평의 기술이다"라는 문구는 가장 많은 영향을 끼친 법학저술Digesten의 첫 머리에 기술되어 있다. 법은 인간의 행위를 규율하는 것으로서 재화와 부담을 바르게 배분하고 이해관계를 올바르게 조절하며 可罰的 행위를 적절하게 처벌하는 것을 내용으로 한다.

사회윤리는 사회의 안전 등에 관한 문제에 관해서는 그 결과를 예측하고 그 방지하는 책임을 모두가 지는 관계 속에 있다. 그러므로 윤리적 책임의 특성을 사전 예방적 책임이라 하고 집단적 책임이라 한다. 반면 법은 역할책임, 원인책임, 배상책임, 능력책임의 논리에 의해 누구에게 책임을 돌리는 것에 의해 사회문제를 해결하려고 한다. 과학기술자 단체는 윤리라는 이름을 사용하였으나 결국 법과 같이 역할책임 등을 찾아 책임 있는 자를 규율하려고 한 것이다. 그러나 이런 현상은 과학기술자사회에만 있는 것은 아니다. 이에 관해 John Ladd는 사회가 구성원을 분리하여 통치하려는devide and rule 음모라고 하면서 다음과 같이 말하고 있다.

> 우리시대에 깊숙이 있는 문제 중의 하나는 사람들이 철학자, 변호사 및 경영자들이 이끄는대로 따라왔다는 것과 법률적 책임과 도덕적 책임을 너무나 간단히 동일시 해 왔다는 것이다. 이와 같은 움직임은 모든 책임을 배타적인 것으로 만들고 도덕적 책임을 몽땅 포기하도록 하는데 이론적 뒷받침을 하고 있다. "그가 그 일을 했지 내가 한 깃이 아니다." "그깃은 그의 일이지 나의 일은 아니다" 등 우리들은 배상책임 역할책임을 지울 사람을 끊임없이 찾고 있는 꼴이다. …세계인구의 꽤 큰 부분이 사회의 공동선, 사회구성원의 이익을 위한 도덕적 책임을 포기하고 자신의 일에 따르는 것을 볼 수 있다. 독일인들이 이와 같은 책임을 포기한 결과로 나타난 것이 히틀러였다.

위와 같은 비판을 통해 과학기술자단체의 윤리강령에 관한 새로운 방향new direction이 모색되고 있다. 윤리강령을 법과 같은 규범norm이 아니라 윤리적 행동을 장려하거나 권장하고 지원하는 지침guide or reminder으로서의 가치를 갖는 것으로 개선하려는 것이다. 따라서 Stephen H. Unger는 다음과 같이 몇 가지 방향을 제시하고 있다.

· 소극적negative인 규정이 아니라 바람직한 활동을 옹호하는 적극적positive인 규정이 되어야 한다.
· 전문적인 업무와 관련된 것만을 규정하거나 윤리적 결정이 필요한 모든 사항에 관해 상세하게 규정하려고 해서는 안 되고 본질적인 내용을 규정해야 한다. 그 이유를 윤리의 핵심은 도덕심에 관한 것이고 모든 것을 규정하는 태도를 취할 경우 규정에서 누락된 것은 윤리와 관계없는 것으로 생각하게 하는 탈출구를 만들어 주는 것 때문이라고 설명하고 있다.
· 가급적 적은 요구사항으로 하고 종교, 정치, 기타 다양한 가치개념을 포용할 수 있도록 하여 과학기술자가 각기 자신의 도덕적 가치개념에 따라 해석될 수 있는 여지가 많게 규정하여야 한다.

그러므로 윤리강령이 간결하고 포괄적이어야 한다는 생각에서 William H. Wisely는 "과학기술자는 그의 지식과 기술을 항상 대중의 이익을 위해 적용하고 정직, 성실 및 명예를 존중하여야 한다"는 규정으로 충분하다고 말한다.

윤리적 무관심

③의 문제인 윤리강령이 윤리에 관한 무관심을 유발하는 문제에 관해 John Ladd는 이것은 법과 윤리를 혼동하는 지적혼란intellectual confusion에서 나온 것이라 하고 다음과 같은 점을 지적하고 있다. 그는 성문화된 윤리강령 자체를 부정하고 있다.

· 윤리는 기본적으로 무제한적open ended, 반성적reflective, 비판적critical, 지적intellectual 활동이라는 본질을 가지고 있으므로 윤리는 조사되어 연구되고 숙고되어 토론되어야 할 쟁점들로 구성되어 있다.
· 윤리규정으로 다른 사람을 강제하려는 기도는 사람은 자율적 도덕주체autonomous moral agent라는 관념과 모순된다. 이와 같은 기도는 윤리를 법, 즉 타율로 만든다. 윤리는 자기지향적self-directed이지 타인지향적other-directed 이 아니기 때문이다.
· 윤리에 관해 과학기술자단체가 윤리규정을 정한다는 것은 자신이 윤리전문가임을 자처하는 것이다. 그러나 윤리문제에 관한 전문가는 없다. 모든 사람은 자신이 도덕교사이다. 덕에 관한 지식은 건축가나 선박기술자가 가지고 있는 기술과 같은 것이 아니다.
· 전문직업에 속하는 특수한 윤리라는 것은 없다. 어떤 직업을 갖는다고 해서 일반인이 갖는 의무와 책임으로부터 해방되는 것은 아니며 그들에게만 있는 특별한 도덕적 의무를 갖는 것도 아니다. 다만 직업과 관련하여 사회, 의뢰인, 고용주 및 동료와 관계와 같은 관계에서 생기는 것이다. 전문가와 사회의 관계는 전문가는 일반적으로 특별한 훈련을 받은 사람으로 여지고 있는 전문가 집단과 사회와의 문제(거시적 윤리macro-ethics)이고 고용주, 의뢰인 혹은 동료 등과의 관계(micro-ethics)는 정직, 관대함, 정중함과 같은 개인과 개인 간의 윤리관계이다. 그러므로 직업을 중심으로 단체가 구성원에 대한 윤리강령은 필요 없는 것이다.

단체의 본분

④의 문제는 윤리강령이 법과 같이 회원을 규율하려는 태도를 가짐으로써 윤리의 본령에서 벗어나 단체가 하여야 할 본분을 잃고 있다는 것이다. 윤리적 문제에 봉착한 사람에게 단체가 할 수 있는 일은 비난하고 규율하려는 것이 아니라 각자가 윤리문제를 합리적으로 해결할 수 있도록 하는 일, 윤리적 행동이

법이나 사회적 관습 혹은 관념으로 인해 고통을 받는 자를 도와주는 일, 사회의 공동선에 관해 책임을 느끼고 공동으로 해결하는 일, 나아가서 잘못된 법이나 관습을 개선하여 정의로운 사회를 건설하는 일이다.

비윤리적 행동의 정당화

⑤의 문제는 과학기술자 단체가 윤리강령으로 무엇이 전문가의 행동인가를 표방함으로써 고용주 혹은 의뢰인의 부적절한 요구를 사전에 방지하는 역할을 한다는 것이다. 전문가단체가 윤리강령을 제정하여 공표하는 이유 중의 하나로 볼 수 있다. 이 경우는 윤리강령의 적용을 받는 대상은 회원이 아니라 고용주나 의뢰인 나아가서는 일반사회이다. 법률에 반영하여 할 일을 단체의 윤리강령으로 하고 있는 것이다. 단체법과 일반사회의 법을 혼동하고 있는 것이다.

법과 단체법의 충돌

⑥의 문제인 단체법과 국가법의 충돌 문제는 회원에 대해 가격견적 혹은 입찰서 제출을 금지하는 NSPE의 윤리강령에 관하여 법원이 독점금지법anti-trust law에 의해 회원의 개인적 권리를 제한하는 것으로 위법한 것이라고 판결하여 그 삭제를 명령한 한 사례가 있다.

법과 윤리의 혼동

이와 같이 과학기술자사회의 윤리강령이 이상한 모습으로 된 데는 윤리와 법을 혼동하는 지적혼란이 그 저변에 깔려 있다. 이 지적 혼란은 당시 과학기술자들의 욕심이 당시의 선례를 무비판적으로 수용한 것이 큰 작용을 하였다. 19세기 당시 과학기술자들은 자신들의 사회에 대한 공헌한 것에 비해 자신들의 사회적 지위social status가 의사나 변호사와 같은 전문가에 비해 낮은 것에 불만을 가지고 있었다. 따라서 당시 전문가로서 인정받기 위한 징표인 윤리강령을 정하여 자신들이 의사나 변호사들처럼 윤리적이라는 것을 사회에 공표하는 것이 필요했다. 이것은 회원을 규율하여 과학기술자사회의 윤리성을 유지하겠다는 사회에 대한 약속이기도 했다. 그러므로 자연스럽게 기존의 전문가 단체가 하였던 것처럼 회원을 규율하기 위해 윤리강령이 자리 잡은 것이다.

역사적 배경

법과 윤리의 혼동문제 외에도 과학기술자 단체들이 의사나 변호사의 예에 따라 윤리강령을 정함으로써 나타나는 다른 문제점들이 있다. 기술온정주의 technical paternalism가 그 중 하나이다. 의사나 변호사가 제공하는 서비스와 과학기술자들이 제공하는 서비스는 성격이 다른 측면을 인식하지 못한데서 나온 것이다. 의사나 변호사가 제공하는 서비스는 항상 그 서비스의 소비자를 대면하고 제공하는 직접적인 서비스인 반면에 소비자가 특정되어 있지 않은 간접적 서비스indirect services인 성격을 갖는다. 공공서비스의 성격을 갖는다. "간접적"이라 하는 것은 예를 들어 교량을 건설하는 경우 그 업무를 발주하는 것은 정부기관이지만 궁극적 소비자는 공중public이다. 그러므로 과학기술서비스는 의사와 같은 권위보다는 공중의 동의를 구하는 민주적 자세가 필요한 것이다. 반면에 온정주의paternalism는 의사의 환자에 대한 애정 어린 보살핌과 그에 상응한 환자의 의사에 대한 존경심이 우러나오는 것과 같은 관계에서 나타난다. 이 때문에 의사와 환자 간의 성적접촉에 관한 규정도 의사사회의 윤리강령에는 나타난다. 온정주의는 의사와 환자와의 관계와 같은 곳에서는 합당한 것이지만 과학기술자에게는 맞지 않다.

사회적 책임은 환자에게 개별적으로 서비스를 제공하는 의사에게는 중요하지 않지만 공중에게 서비스를 제공하는 과학기술자에게는 중요한 것이다. 그런데 미국의 과학기술자사회의 초창기 윤리강령에는 사회적 책임에 관한 규정이 없었다(사회적 책임을 규정한 것은 상당한 시일이 지난 다음에 나타난다). 의사회 등 기존의 윤리강령을 무비판적으로 받아들인 결과였다.

과학기술자단체가 앞에서 말한 바와 같이 윤리강령을 도입하는 데 있어서 문제가 있었고 부정적인 현상으로 나타났지만 전문직 활동은 윤리적이어야 한다는 생각은 옳다. 인간을 위한 것이기 것이어야 하기 때문이다. 현대사회에서는 과학기술의 윤리성이 더욱 중요해지고 있다. 그러므로 우리는 이 혼동과 무관심에서 벗어나 새로운 과학기술의 윤리세계를 건설하는 것이 문제다.[67)]

67) Ethical Issues in Engineering, pp.105-129 참조.

10. 과학기술자사회의 덕목

한편 과학기술자사회의 덕목으로 진실truth, 정직honesty, 성실truthworthiness, 인류의 생명 및 복지의 존중, 공정faire play, 공개성openness, 전문적 능력 competence이 말해지고 있다. 과학기술의 협동적 성격에서 다른 사람을 믿지 못하면 불가능한 것이고 이 믿음은 각자가 진실하고 정직하며 성실해야 가능하다는 것이다. 또한 과학기술자는 인류의 생명을 존중하고 복지를 존중해야 한다는 것이다. 이것은 고대 그리스 사회에서부터 현대사회까지 이어지는 덕목이다. 그러나 현대적 배경에서 복지는 풍요함을 말하는 것인가? 그러므로 현대의 산업사회가 풍요함을 지향하고 있는 것과 관련하여 청렴성의 덕목이 말해진다. 현세나 후세의 번영은 환경의 보호와 자원을 절약하는 것에 의해 가능하기 때문이다. 무한한 자유와 창의를 인정하는 것을 통해 환경문제와 자원의 문제를 해결하는 것이 좋은가 혹은 절약하고 청렴하게 사는 것이 옳은 것인가? 자유주의 사회가 해결해야 할 가장 어려운 과제가 된다.

비관적 과학기술관을 가진 사람들은 청렴하게 사는 것이 옳다고 하는 것이다. 공정성과 공개성은 자유와 평등, 기회균등을 말한다. 민주주의 사회의 덕목이며 롤스가 말하는 바다. 과학기술은 다른 사람의 지식을 활용할 수 있어야 발전하는 것이므로 공개성의 덕목은 과학기술사회의 덕목으로 중요하다. 그러나 한편으로는 전통적으로 과학기술사회 및 산업사회는 비밀을 지키려는 전통을 가지고 있다.

산업사회는 자신의 기술 및 영업에 관한 비밀을 지키는 것이 경쟁에서 유리한 고지를 점할 수 있는 방법이기도 하다. 그러므로 사회의 발전을 위해 공개의 덕목이 중요한가, 비밀을 보장해 주는 것이 중요한가의 문제가 나타난다. 역시 현대사회가 해결해야 할 어려운 과제이다. 전문적 능력이라는 덕목은 전문가의 속성에서 나온다. 사회가 자신을 전문가로 인정하므로 그 기대에 걸 맞는 능력을 갖추어야 하는 것은 당연하다.

11. 과학과 윤리학

탐구대상이 다르다는 편견

한편 과학자는 윤리적이어야 한다고 생각하면서도 과학 자체는 윤리와는 무관하다고 생각하는 것 같다. 우선 과학과 윤리학은 그 탐구대상이 다르다는 생각을 하고 있다. 윤리학은 인간의 내면세계에 관한 탐구이고 과학은 자연현상, 사회현상과 같은 인간의 외부세계에 관한 탐구라고 생각한다. 그러면 심리학은 과학이 아닌가 하는 의문이 생긴다. 이에 관해서는 인간의 내부세계를 이성과 같은 정신현상과 감각, 인식, 기억과 같은 심리적 현상으로 나누어 볼 수 있다. 본질적 부분인 정신현상을 내면세계로 하면 그 내면에서 심리현상은 외부세계가 된다. 이 기준에 의하면 심리현상은 외부세계에 속하므로 심리학은 과학이라 할 수 있다. 그러므로 과학과 윤리학을 탐구대상이 외부 혹은 내부인 것에서 구분하는 것은 의미가 없다.

과학이나 공학에서 나올 수 있는 진술을 예로 들어 검토해 보자. "탄소로 만든 가는 선에 전류가 흐르게 하면 밝은 빛을 발한다. 그러므로 전등을 만들려면 탄소로 만든 가는 선에 전류를 흐르게 하여야 한다"는 진술이 있다고 하자. 이 진술의 앞부분의 말은 외부사실, 즉 자연의 원리를 진술한 과학적 진술이다. 뒷부분은 공학에서 나올 수 있는 진술이다. 그런데 이 공학적 진술은 즉 전등을 만드는 것에 관한 진술은 인간에게 편의를 제공하려는 목적을 가지고 있다. 종래에 있던 석유램프의 불편한 점을 개선하여 편리하게 하려는 정신이 들어 있다. 여기서 과학기술은 인간의 내면과 관련되어 있는 것을 알 수 있다. 오히려 인간의 내면세계가 기술을 지배하는 것이라고 말할 수 있다. 여기서 아리스토텔레스가 "니코마코스 윤리학"에서 한 말에 유의할 필요가 있다.

> 모든 기술적 탐구, 또 모든 행동과 추구는 어떤 선을 목표로 삼는 것이라 생각된다. 그러므로 선이란 모든 것이 목표 삼는 것이라는 주장은 옳은 것이라 하겠다. … 그런데 행동·기술·학문에는 여러 가지가 있기 때문에 목적 또한 여러 가지로 많다. 가령 의술의 목적은 건강이요, 경제학의 목적은 富다. 그런데 몇 가지 기술이 하나의 능력 아래 종속하는 경우, 예컨대 말굴레 제작이나 이

> 밖에 마구의 제작에 관계되는 다른 모든 기술이 승마의 기술에 종속하고 또 이 승마의 기술과 모든 군사적 행동이 兵法에 종속하고 또 여러 가지 기술이 또 다른 여러 가지 기술에 종속하는 경우, 이 모든 것에 있어서 으뜸가는 기술의 목적은 모든 종속적 목적보다 나은 것이다. 왜냐하면 전자 때문에 후자가 추구되기 때문이다. … 정치학(윤리학)은 다른 모든 학문을 구사하는 것이기 때문에, 또 우리가 무엇을 해야 하며 무엇을 해서는 안 되는가에 대해 입법하는 것이기 때문에, 그 목적은 모든 학문의 목적을 내포하여야 하며, 따라서 그 목적은 인간을 위한 善이어야 한다.
>
> 우리는 항상 행복 그 자체를 위해 행복을 갈망하지 결코 그와는 다른 어떤 것을 위한 수단으로 갈망하지는 않는다. 우리는 무엇보다 행복을 가장 바람직한 것으로 생각한다. 그러므로 행복은 모든 행위의 목표로서 최종적인 것이며 자족적인 것이다.

과학은 물질적이라는 편견

한편 과학은 물질적이고 윤리학은 정신적인 것이라는 편견에 대해 검토해 보기로 한다. 우리가 통상 윤리에 관한 진술이라고 하는 진술이라고 하는 "자녀들이 부모를 공경하면 가정이 평화롭고 행복해진다. 그러므로 가정이 평화롭고 행복해지려면 자녀들이 부모를 공경하여야 한다"는 진술을 검토해 보자. 형식면에서 과학적 진술이라고 하는 앞의 전등에 관한 진술과 다를 것이 없다. 내용면에서는 어떤가? 효도에 관한 진술은 가정의 행복 혹은 평화에 관한 진술이고 전등에 관한 진술은 전등을 만드는 것에 관한 진술이라는 점에서 그 진술의 대상이 다를 뿐이다. 목적 면에서 보자. 가정의 행복이나 인간의 편의나 모두 인간의 내면과 관련된다. 결국 목적 면에서도 차이가 없다.

모든 학문이 천하가 평화롭게 잘 살기 위한 최종적 목적을 달성하기 위한 하나의 수단으로 진술되어 있는 것을 유교의 고전인 "大學"에서도 볼 수 있다. "사물의 이치를 탐구格物하여 안致知 다음에야 뜻이 진실되고誠意 뜻이 진실된 다음에야 마음이 바르고正心 몸이 닦아진다修身. 몸이 닦아진 다음에야 가정이 바로 잡히고齊家 가정이 바로 잡힌 다음에야 나라가 다스려지고治國 나라가 다스려진 다음에야 천하가 평화롭게 된다平天下"라고 말하고 있는데, 여기서 격물은 치지를 위한 수단이며, 치지는 성의를 위한 수단이며, 성의는 정심을 위한 수단이며, 정심은 수신을 위한 수단이며, 수신은 제가를 위한 수단이며, 제가는 치국을 위한 수단이며, 치국은 최종적으로 평천하를 이룩하기 위한 수단이라는 식으로 되어 있음을 알게 된다. 그러므로 인간의 모든 탐구와 행동은 인간의 행복과 같은 정신적 요구를 충족시키기 위한 것 혹은 자신을 실현하기 위한 것이라고 할 수 있다.

전등의 발명이 직접적으로는 돈을 벌기 위해서 한 것이라고 하면 일반적으로 돈을 버는 것은 좋은 집을 갖고 좋은 음식을 먹기 위한 것으로 생각할 수 있으므로 물질적이라 생각할 수 있다. 그러므로 산업활동을 물질적으로 보는 것이다. 그러나 전등을 만들고 인간에게 편리한 것을 생산하는 활동이 물질적인 측면만 있는가? 인간의 자유를 확대해 주고 육체적 고통으로부터 인간을 해방시켜 주어 정신적 자유를 누릴 수 있는 기회를 확대해 준다.[68] 반면 가정의 행복을 위해 부모를 공경하는 것은 돈을 벌기 위한 것 혹은 산업활동이나 경제활동이 아니므로 정신적인 것이라고 생각하는 것이다. 그러나 부모를 공경하는 것도 좋은 음식과 따뜻한 옷을 만들어 드리는 물질적인 것이 필요하다.

John Dewey는 윤리학이 현실의 문제를 보지 않고 이상만을 추구하는 것에 관해 다음과 같이 비판하고 있다. 반면 이 비판은 이상을 보지 않고 현실만을 추구하는 과학기술에도 해당되는 말이 된다. 철학, 윤리학이 현실적 문제를 해결하기 위한 수단이라는 점을 망각하고 있는 것은 과학기술이 인간의 이상을 실현하기 위한 수단이라는 점을 망각하고 있는 것과 같기 때문이다.

> 세계에 관한 인간의 믿음과 인간의 행동을 지도하는 목적을 결합시키는 것이 필요하다. 현대의 삶에 있어서 가장 깊숙하게 자리하고 있는 문제는 인간의 실생활과 유리되어 있는 철학이다. 이상적 행동의 비현실성은 이것은 목적을 달성하기 위해 필요한 수단에 관한 관심을 두지 않는 데에 기인한다. 수단과 목적의 유리에 의한 나쁜 결과는 현대의 경제현상에서도 나타난다. 이상의 추구는 물질적 번영과 관계되지 않는다는 가정은 오류이다. 이 그릇된 관념 때문에 경제활동의 도덕적 가치평가가 결여되어 있고 물질적 번영에 있어서 필요불가결한 도덕적 기초가 결여되는 결과가 되었다.

탐구방법이 다르다는 편견

이제 탐구방법이 다른 것에 의해 과학과 윤리학을 구별하는 것에 관해 검

---

68) Florman의 Existential Pleasure of Engineering, pp.3-10 참조.

토해 보자. 과학은 경험적 사실로부터 일반화된 지식을 추론해 내는 경험적, 귀납적 방법을 사용하는 학문이고 윤리학이나 철학에서는 선험적, 연역적 방법을 사용하는 학문이므로 과학과 윤리학이 구별된다고 한다. 그러나 Thales는 그렇게 생각하지 않았다. "나는 왜 이것이 발생하는지를 모른다. 신이 그것을 발생하게 했을 것이라고 가정한다. 그러나 인간은 세계와 그 작동원리를 이해할 수 있을 것이다"라는 탈레스의 가정이 있다. 그러므로 세계는 인식할 수 있는 실제이고 그것의 작동은 하나 이상의 기축적 요소에 의하여 설명될 수 있다는 가정은 그리스 철학자들의 세계를 보는 방법이 되었고 그것이 그리스 식으로 세계를 보는 방식으로 오늘날까지 과학자들이 추구하는 바가 되었다. 실제로 현대의 위대한 과학원리가 탄생하는 과정을 보더라도 어떤 선험적 가정에서 출발하여 이 가정된 법칙으로부터 특수한 사실을 연역적으로 추론해 내서 그것을 경험적 사실들과 비교하여 검증하는 형태로 이루어졌다는 것이다. 경험적 사실이 아무리 많다하여도 그것들부터 논리적 과정만을 거쳐 일반화된 지식을 얻는 것은 불가능하기 때문이라고 한다.[69]

앞에서 말한 과학이 사용하는 가정을 실제 경험을 통한 검증방법과 관련하여 흔히 윤리학은 검증의 과정이 없는 것처럼 생각된다. 그러나 어떤 윤리규범이 사실과 맞지 않을 때는 수정된다는 사실로부터 윤리학에도 경험적 검증과정이 있는 것은 분명하다.[70]

과학은 원래 가정에서 출발하며 경험적 검증을 통해 진리로 받아들이며 일단 진리로 알고 있는 것이라도 다른 상황 또는 다른 사실과의 관계에서 맞지 않는 점이 발견되면 새로운 가정을 하고 그 가정이 경험적으로 검증되이 새로운 원리가 정립되어 가는 계속적인 과정이라는 점에서 회의적인skeptic 특성을 가지고 있다. 이에 반해 철학이나 윤리학은 불변하는 객관적 진리를 말하는 독단적인dogmatic 학문이라고 한다. 그러나 철학이나 윤리학이 독단적으로 보이는 것은 실험과 같은 가시적인 검증방법이 아니고 마음 속에 이루어지는 직관적 판단 혹은 검증이 많기 때문일 것이다. 다만 철학자와 윤리학자가 독단적 태도, 즉 불변하고 확실한 진리라고 말하는 것이 문제이다. 따라서 John Dewey는 윤리학이 과학적 방법을 사용하여야 한다면서 과학적 방법에 관해 다음과 같이

69) 김영식의 역사와 사회 속의 과학, pp.3-15 참조.

70) Hume은 도덕철학moral philosophy는 자연과학과 마찬가지로 경험적 방법을 사용하여야 한다고 주장한다. Great Traditions in Ethics, pp.164-165 참조.

말한다.

> 과학에서 아이디어는 구체적 문제에 대한 잠정적인 것이고 실험에 의하여 검증되어야 하는 가설이다. 이 가설이 경험적 검증을 통해 이론과 실제가 결합된다. 지식은 끊임없이 수정되고 이것을 통해 인간의 삶에 있어서 지속적으로 나타나는 문제를 해결해간다.

윤리공학engineerig ethics

과학과 윤리학은 방법상의 차이가 없다. 그러므로 사회과학으로 볼 수 있다. Ayer 같은 사람은 윤리학을 사회학으로 본다. 그러나 개인 윤리학도 있으므로 보지만 사회과학으로만 볼 수는 없다. 물론 개인 윤리학도 사회와 관련된 것이라고 볼 수 있을 것이다. 그러나 사회를 전제하지 않는 윤리학도 있다. 죽음, 마음의 평화, 행복 등은 반드시 사회를 전제로 하는 것은 아니다.

윤리학과 사회학의 관계는 다음 두 가지 시각이 있을 수 있다. 하나는 공동체원리는 윤리를 기초로 한다는 생각이다. 그러므로 사회학을 윤리학의 한 분과로 취급할 수는 것이다. 또 하나는 사회학에는 윤리적 문제와 윤리외적 문제가 있다고 보는 것이다. 윤리나 법은 다같이 사회문제를 해결하기 위한 수단이지만 윤리는 자율의 원리에 의하고 법은 타율의 원리에 의하므로 윤리외적 방법에 의한다고 보는 것이다. 그러므로 사회학은 윤리학과는 별도로 독자의 의미가 있다고 보는 것이다. 우리는 후자의 입장에 있다. 그러므로 윤리도 사회현상의 하나이지만 윤리현상만 분리하여 연구하는 것이다. 그리고 공학과 관련한 윤리학을 윤리공학이라 하는 것이다. 그러나 사회학과 관계를 가지고 하는 것이다. 그러므로 윤리공학은 거시윤리학macro-ethics과 미시윤리학micro-ethics으로 구성되는 것이다.

사회공학engineering sociology

사회공학은 공학 혹은 과학기술에 관한 법, 경제, 문화 등을 연구하는 분야가 될 것이다. 물론 윤리역사에 관한 연구를 포함할 수 있을 것이다. 일본의 시바야마 토모야 교수는 "건설사회학"을 제안하면서 다음과 같이 말하고 있다.

> 토목공학이란 토목공학에 관하여 과학적, 기술적 지식과 견해를 실현화시키는 과정인 동시에 인간의 사회생활을 향상시키는 과정이다. (중략) 최근에 이르러 보다 좋은 토목사업의 집행을 지향하는 환경보존론이나 경관론 등 새로운 이론이 제출되기 시작하였으나 이들 이론은 종래의 역학적 공학구조에 새로운 요소를 부가한 것에 지나지 않으며 (중략) 합리성, 과학성을 추구하는 것에 의한 인류의 행복실현이라는 근대를 규정하는 모든 가치 자체를 바로잡는 것(패러다임의 전환)은 아니었다.
>
> 1980년대 이후에 사회의 도시화, 정보화, 다양화에 대응하여 인간과 사회의 관계를 어떤 관점과 구조로 포착할 것인가에 관한 패러다임의 전환이 일어났다. 일본사회는 "재건과 확립의 시대"로부터 재출발하고 "확대와 발전의 시대"와 "구조 변용의 시대"로 변화를 수행하여 왔다고 말한다. "재건과 확립의 시대"와 "확대와 발전의 시대"에는 토목공학의 역학적 패러다임은 유효하게 기능하고 있지만 "회의와 조정의 시대"가 된 다음에는 역학패러다임만으로 설명할 수 없는 것이 나오게 되었다. 한신 아와지 대지진 복구책의 입안, 토목사업집행제도의 재검토, 개발도상국에 대한 기술·교육 원조의 필요성 등은 그 구체적인 사례이다.

과학과 공학

사회적 역할 혹은 관행 측면에서 과학은 일반적으로 순수학문이므로 어떤 사회적 효용 혹은 목적을 가지고 하는 것이 아니지만 공학 및 엔지니어링은 어떤 사회적 효용을 목적으로 하는 점에서 구별된다고 한다. 그리고 과학, 공학, 엔지니어링은 실제 과학기술이 구현되는 측면에서 공학은 과학원리를 활용하고 엔지니어링은 공학원리를 활용하는 관계에 있다. 그러므로 공학에서 과학원리가 현재화되므로 공학에서 과학원리는 잠재적인 것이고 엔지니어링에서 공학원리는 잠재적인 것이라 한다.

이상과 같은 과학, 공학 및 엔지니어링의 사회적 역할과 실제 구현되는 측면에서 그 윤리적 의미를 다르게 본다. 즉 사회적 역할 측면에서 과학은 인간의 용도를 위한 원리를 탐구하기보다는 있는 그대로의 사물의 원리를 탐구하는 것이라는 점에서 과학은 윤리적으로 몰가치적인 것이고 공학은 어떤 인간의 용도를 위해 기술을 개발하는 것이므로 가치 관계적이라고 한다. 한편 과학, 공학 등이 실제에 구현되는 측면에서 보아 과학원리 및 공학원리는 엔지니어링에서 활용하여야 그것이 실제세계에서 의미를 갖기 때문에 과학과 공학은 엔지니어링에서 사용되어야 그 윤리적 의미가 나타나고 그 원리를 사용하느냐하는 것은 엔지니어링에서 결정되므로 윤리적 책임에서 멀리 위치한다고 한다. 행위의 목적이나 의지의 선함과 악함을 기준으로 윤리적 평가가 이루어진다는 견지에서 보는 것이다.

그러나 과학과 공학이 이루어지고 있는 현대적 양상을 보면 엔지니어링에 필요한 기술이 먼저 상정되고 그 기술을 개발하기 위해 과학과 공학이 동원되는 일이 많다. 그러므로 반드시 윤리적 가치가 위와 같지 않다.

또한 과학 혹은 공학이 인간에 미치는 영향, 즉 결과 측면에서 보면 전적으로 과학기술자에게만 책임이 있다고 할 수 없다. 과학자나 공학자도 자신들이 발견하거나 개발한 원리가 인간에게 해로운 방향으로 쓰여질 가능성이 있다고 여겨지면 그것을 발표하지 않아야 하는 윤리적 책임이 없다 할 수 없다. 그것을 발표한 과학자에게 있느냐 혹은 그것을 활용한 엔지니어에게 있느냐의 문제가 된다. 그러나 후술하겠지만 윤리는 누구에게 책임을 돌리는 문제가 아니고 스스로 책임을 느끼는 문제이다.

생명공학

과학기술의 발달로 생명의 비밀을 상당부분 알게 되고 조작할 수 있게 됨으로써 본래적 의미의 생명, 즉 하늘이 내려 준 것이어서 존엄하다는 관념이 깨어지고 있다. 특히 종교적 생명관과 배치되는 상황이 생기고 있다. 기독교에서는 인간은 하느님이 본인의 형상을 닮게 만든 것이므로 존엄하다고 한다. 유교에서도 하늘이 명命한 것을 인간의 성性, 즉 이성이라 한다. 그러므로 인간의 도道는 이것을 따르는 것이라 한다. 인류를 기아와 질병으로부터 해방시키기 위해 유전자 조작을 적극적으로 권장하고 복제를 허용해야 하는가, 생명은 존엄한 것이므로 인간은 그것을 알고 있지만 삼가야 하는가, 생명공학이 단순히 생물학적인 문제인가, 인간의 본성을 침해하는 것인가, 그러므로 인간의 존엄성을 범하는 것인가, 생명공학이 인간의 생존을 위협할 가능성은 없는가? 우리는 비록 가상 이지만 영화(과학기술의 부정적인 면을 다룬 영화 목록을 부록에 수록하였다)를 통해 그 가능성을 알고 있다.

정보화 사회

정보매체는 권력화되는 성향을 가지고 있다. Mcluhan이 "미디어는 메시지다"라는 말은 이것을 가리키는 말이다. 그러므로 모든 사람이 존중하고 애써서 이룩한 가치와 사회구조가 무너지고 난폭한 것이 지배하는 무정부 상태를 우려하는 것이다. Charles Van Doren은 정보화 사회가 가져올 무정부 상태를 우려하면서 Yeats의 "두 번째의 도래"라는 시를 인용하고 있다.[71)]

원형을 넓히면서 돌고 돌면서
암 송골매는 숫 송골매를 돌 수 없다.
사물들은 떨어져 있고 중심은 잡히지 않는다.
단지 무정부 상태가 세계에 드리워져 있다.
희미한 핏빛이 드리워진 모든 곳에서
순진무구의 예식은 물에 빠졌다.
최고의 것은 모든 신념을 잃은 반면
최악의 것은 정열적인 긴장감으로 꽉 차있다.

(중략)

그리고 난폭한 짐승들은 어떤가?
마침내 그 시간이 다가오고 있다.
베들레헴을 향한 걸음이 시작되는가?

다가오는 정보화 사회의 위험은 위에서 말한 무정부 상태뿐만 아니라 사회의 모든 활동이 컴퓨터에 의존되는 점에도 있다. 모든 의사소통, 의사결정, 금전의 유통이 전산망에 의존되는 상황을 말한다. 중앙기억장치가 사고를 당하면 모든 사회생활이 일시에 중단될 수 있다. 사회가 너무나 간단하게 통제될 수 있고 무너질 수 있는 것이다. 사생활의 비밀도 보장되지 않는다. 삶의 의미에 대한 근본적 의문에 접근하게 된다.

71) Charles Van Doren의 "지식의 역사" 참조.

토론과제

생명공학은 장려되어야 하는가?

(토론방법)

- 생명공학에 관한 종교적·사회적·법적·과학적 관점을 조사하도록 한다.
- 이 조사를 바탕으로 비판적 의견을 제시하도록 하여 토론한다.

제 6 장

사회정의론

1. 시나리오

어떤 버스회사에 고용된 운전사 A가 자기가 몰고 가는 버스의 핸들에 이상이 생겨 행인을 차에 치게 한 결과 그 사람이 죽게 된 사고가 있었다. 그런데 A는 평소 고장을 낸 문제의 버스가 핸들에 고장이 잘 나는 버스라는 것을 알고 있었다. 회사도 그 사실을 잘 알고 있었으면서도 큰 문제가 없으리라고 생각하고 배차시키고 있었다. 그 회사의 운전사들은 그 차를 자기가 몰아야 하는 경우가 생기지 않기를 바라고 있었으나 회사의 배차를 거부할 경우 회사로부터 자신이게 내려질 불이익을 두려워하여 배차를 거부하지 못 하고 있었다. A의 경우도 마찬가지였다. 더욱이 A는 직장에서 받는 월급이 유일한 생계 수단인 사람이었다. 그러므로 만일의 경우 직장을 잃는 것은 중대한 문제였다. A는 이 사고로 인해 업무상 과실치사죄로 검찰에 의하여 기소되어 재판을 받게 되었다. 재판에서 검사는 A가 평소에 그 버스가 핸들에 고장이 잘난다는 것을 알고 있었으므로 행인을 칠 수 있다는 가능성을 알 수 있었음이 인정된다. 따라서 배차를 거부했어야 할 의무가 있으므로 응분의 처벌을 받아야 한다고 주장하였다. 그러나 재판 결과 판사는 A는 결과 발생 가능성을 알고 있었으나 배차를 거부할 경우 자신에게 닥칠 해고의 위험을 두려워하여 배차 거부를 하지 못한 것이므로 A가 배차를 거부해야 할 의무의 이행을 기대할 수 없다. 따라서 처벌할 수 없다고 판결하였다.

2. 판사의 정의론적 지위

상기한 시나리오에서 판사가 A를 처벌할 수 없는 것으로 판결한 것은 법률 규정을 해석하여서 한 것이라고 볼 수 있다. 그러나 판사의 행위가 반드시 법률에만 구속되는 것인가?라는 근본적인 물음으로부터 정의에 관한 논의를 해보자. 판사는 반드시 법률에 근거하여 판결하여야 한다고 생각하는 사람들은 다음과 같이 말한다. 판사의 법률에 의하여 부여된 지위이므로 법률이 그 지위에 따라 부여한 역할의 범위에서 행위해야 하는 것이라고 말한다. 그 판사라는 지위가 법률에 따라 재판하도록 되어 있으면 법률에 근거하여 판결하여야 하는 것이 그 법률의 세계에서는 당연할 것 같다. 그러나 판사인 그 자연인은 판사라는 지위만 가지고 있는 것은 아니다. 법률 이전의 국가공동체[1]의 일원인 지위도 가지고 있다. 헌법상으로는 사법부[2]라는 헌법상의 공동체의 일원인 지위도 갖는다.

여기서 우리는 법률을 넘어서 존재하는 법의 이념 혹은 정의에 관한 이해를 통해 이 문제를 검토해 볼 필요가 있다. 우선 사회정의에 관한 검토를 위해서는 인간의 사회에서의 생존조건에 관한 통찰을 요한다.

원초적 사회

인류의 원초적 모습은 아마 풍부하지 않은 자원 혹은 생산력부족이라는 한계상황에서 힘 있는 소수에 의한 자원의 독점으로 인해 대다수는 굶주림 상태에 있었을 것이고 힘 있는 사람도 자원쟁탈을 위한 끊임없는 침략을 했을 것이다.[3] 반면 이 침략의 위협으로부터 자신을 보호할 수 있어야 생존할 수 있었을 것이다. 인지가 발달하고 합리적 사고력이 증대하면서 폭력과·미신 대신에 합리성으로 대체되어 가고 있으나 본질적으로 Hobbes가 말하는 "만인에 대한 만인

1) 국가공동체nation는 법률공동체로서의 국가state와 구별되는 것이다.

2) 헌법 제101조 1항에서 "사법권은 법관으로 구성된 법원에 속한다"고 한 규정에서 사법부를 말한다. 이 규정에 의하여 나중에 구성되는 사법부는 헌법상의 기관으로서의 성격을 갖는다.

3) Hobbes는 인간성을 완전히 이기주의적인 것이라고 보고 원초적 사회는 "만인의 만인대한 투쟁"상태라고 말한다. Hume은 환경 혹은 인간적 자원이 마음대로 얻을 수 있을 정도로 풍부한 상태에서는 정의는 불필요할 것이라고 말한다. Great Traditions in Ethics, pp.130-132(Hobbes) 및 pp.173-175(Hume) 참조.

의 투쟁"상태라는 인간의 조건은 그대로 존재하고 있다고 할 수 있다. 인간의 욕망은 한이 없는 것 같으며 합리성을 빌미로 인간을 속박하기도 한다. 이와 같은 생존조건의 질곡으로부터 해방되는 방법으로 인간이 생각해 낸 발명품이 협동하고 규율하는 것이다.

시대는 끊임없이 변하고 있으므로 시대에 따라 사회의 협동원리 및 규율방법은 동일하지 않을 것이다. 생존의 위협으로부터 어느 정도 해방되어 이제는 보다 인간답게 사는 것 혹은 보다 풍요롭게 사는 것이 과제였을 근대에서는 사회성원의 자유의 보장이 협동 혹은 발전의 원리로 중요했으며, 현대에 오면서는 증대된 생산물의 분배에 관한 불평등의 해소가 중요해졌다고 할 수 있다. 시대와 지역에 따라 그 중요성에서 차이가 있다 하더라도 인간의 생존, 보다 나은 생활, 사회적 생산물의 적절한 분배는 인류역사의 시초로부터 지금까지 협동을 위한 모든 사회의 공통적인 문제라 할 수 있다. 따라서 사회는 이 문제를 해결하기 위한 체제를 구축하게 되는데 이 체제의 성립 및 운영에 관한 기본이념이 정의의 원칙principles of justice이고 이 원칙에 따라 사회제도와 구성원의 권리와 의무를 설정하는 것이다. 그러므로 정의의 원칙은 사회제도 및 구성원의 권리·의무를 규정하는 법률의 이념theory of law이라 할 수 있다.

3. 정　　의

개인적 정의와 사회적 정의

개인적 정의individual justice 및 사회적 정의social justice에 관한 생각은 Plato의 다음 말 속에서 발견하게 된다.

> 다양한 사물과 관련되어 나타나는 욕망들이 이성에 의하여 지배된 결과로서 이 욕망들이 충족되는 가운데 개인적 정의가 있는 것처럼 국가에서는 지배자, 군인, 기술자 및 농민이 자기들의 임무를 수행하는 질서 혹은 조화 속에 사회적 정의가 있다.

개인적 정의와 사회적 정의는 어떻게 다른 것인가? 역시 Plato의 다음 말에서 찾아볼 수 있다.

> 인간에게는 지식 및 질서를 위한 이성의 욕망과 자아를 보호하고자 하는 영혼spirit의 욕망desire과 육체적 욕망이 있다. 현실세계에서 사물과 관련하여 나타나는 이 다양한 욕망들이 이성에 의하여 지배되어 그 결과로서 이 욕망들이 충족되는 가운데 개인적 정의individyal justice가 있다. 도시국가에서는 지배자(개인의 이성에 해당), 외침으로부터 국가를 방위하는 군인(개인의 영혼에 해당), 필요한 물품을 생산하는 기술자 및 농민(개인의 육체적 욕망에 해당)이 각각 자기의 임무를 수행하는 질서order 혹은 조화harmony 속에 사회적 정의social justice가 있다.

그러면 개인의 정의와 사회정의는 서로 관계없이 분리되어 있는 것인가? 사회가 없는 곳에서는 개인의 정의만이 문제될 것이나 사회 속에 있지 않은 인간은 상정하기 곤란하다. 그러므로 개인적 정의는 당초부터 사회정의이다. 건강이나 생명과 같은 것은 개인적 정의라고 할 수 있을 것이나 건강이나 생명도 사회와 관련지어질 때 보다 완전하게 확보될 수 있는 것이다. Aristotle은 사회적 정의에 관해 "선을 추구하는 것은 개인이나 사회에서 같이 나타나는 것이지만 사회의 선을 실현하는 것이 보다 완전하고 아름다우며 거룩하다"고 말한다.

그러면 사회정의는 사회구성원, 즉 개인의 정의를 초월한 추상적인 것인가? 앞에서 Aristotle은 "개인은 사회 속에서 보다 완전하게 된다"라고 하였다. 그러므로 사회정의는 개인적 정의를 초월한 것이다. 사회정의는 인간이 추구해야 할 객관적이고 절대적인 목적이 된다. 그러나 이와 같은 정의관에 관한 비판은 앞에서도 여러 번 언급한 바 있다.

4. 사회정의의 실현

사회정의의 실현에 관해서는 대강 다음과 같은 네 가지 견해가 있다고 할 수 있다.

하나는 덕치주의이다. 덕치주의는 사회성원의 자율에 의해 사회정의를 실현하려는 생각이다. 인간은 본성적으로는 선하고 합리적이지만 보통은 항상 합리

적으로 행동하지 않다는 인간관에 기초하고 있다. 그러므로 덕을 함양하는 것을 목표로 한다.[4)]

다른 하나는 법치주의이다. 이 생각을 하는 사람들은 인간은 본성적으로 선한 것이 아니라 한다. 서양에서는 Hobbes가 법을 사회정의의 원천으로 보고, 동양에서는 순자가 권위주의적인 교육을 강조하고 한비자가 법가사상을 말한 것은 이에 속한다고 할 수 있다. 인간을 규율되어질 대상으로 보는 것이다. 그러므로 법에 의한 사회정의의 실현을 말하는 것이다. 이상은 사회정의의 실현에 관한 윤리일원론 혹은 법일원론이라 할 수 있다.

셋째는 윤리적 문제와 윤리외적 문제를 이분법적으로 구별하는 생각이다. 아리스토텔레스가 말한바와 같이 인간의 본성을 이성적인 부분과 비이성적인 부분으로 나누어 이성적인 부분은 이성의 지배, 즉 자율에 맡기고 비이성적인 부분은 이성의 지배하에 있지 않으므로 이성이 아닌 다른 것에 의하여 규율해야 한다는 생각이다. 사회정의를 실현하기 위해서는 윤리적 방법만에 의존할 없으므로 강제적인 법적 방법이 필요하다는 것을 암시하고 있다고 할 수 있다.

넷째는 기본적으로 앞에서 말한 법과 윤리를 이분법적으로 구별하여 윤리와 법의 역할을 다르게 인정하지만 윤리를 근간으로 법치주의를 인정하는 입장이다. 법을 윤리에 근거하도록 함으로써 법치주의에 제한을 가하는 것이다. 그러므로 법의 타당성을 윤리에서 발견하는 관계로 법과 윤리를 결합시키는 것이다. Hart가 법치주의를 근간으로 하면서 사물에 관한 이해 혹은 판단하는 능력, 즉 심리적 능력을 법적 책임의 특성으로 들고 있는 것은 이 입장에 의하는 것으로 볼 수 있다. 그러나 법에 타당근거를 제공하는 윤리에 관해서는 윤리를 객관적인 사회적 관습 혹은 협약convention에서 찾는 사람들과 주관적 윤리감정(법감정이라고 하기도 한다)에서 찾는 사람들로 나누어진다고 할 수 있다. 우리는 법의 타당성을 사회적 실정규범, 즉 관습에서 찾을 수 있지만 그것이 법감정ethos에 맞지 않을 경우는 법의 타당근거가 될 수 없다는 생각이다. John Ladd가 말한 것처럼 윤리는 사회적 권위에 의해 정해지는 실정적인positive것이 아니고 무제한적인 성찰과 논의를 통해 자아를 실현하는 활동이므로 사회윤리는 간주관적이고 비실정적인negative 것이다.

---

4) 덕치주의와 다른 자연주의가 있다. 무위자연을 말하는 동양의 노장사상이 이에 해당한다고 할 수 있다. 仁·義를 강조하는 맹자는 덕치주의라 할 수 있으나 禮·法을 강조하는 순자는 덕치주의라고 할 수 없다.

위에서 말한 셋째 번 입장은 현행의 법에서 확인된다. 비윤리적 행위는 비난하고 초윤리적 행위는 윤리 외적 문제이므로 비난하지 않는 것이나 초윤리적 행위가 사회의 안전을 심히 해할 우려가 있는 경우는 윤리적 비난이 아닌 사회로부터의 격리 혹은 감호조치를 하는 것을 본다. 법이 윤리를 근거하면서 한편으로 윤리를 근거로 하지 않는 것은 모순이다. 그러므로 이 양자를 통합하는 원리가 필요하다.

결국 넷째 번 입장인 사회적 정의에서 찾아야 하는 것이다. 그리고 그 정의는 사회의 성원의 사회 내에서의 행복과 관련된 윤리감정인 것이다. 그리고 이 윤리감정은 윤리적 혹은 초윤리적이라고 하는 것과 같이 선험적 혹은 실정적 판단[5]을 기준으로 하는 것이 아니고 인간의 자연적 욕구와 관련된 이해관계인 것이다. 경험적 판단이라 할 수 있다. 그러므로 자연적 인간성에 기초하는 Socrates의 정의론과 인간의 무지상태를 상정하는 John Rawls(1921-2002)의 정의론을 주목하는 것이다. 이에 관해서는 후술한다.

5. 법 감 정

위에서 말한 윤리감정은 개별적인 것이지만 사회에서는 공감대를 형성하고 이 공감대가 법의 기초가 되는 것이다.[6] 법과 관련된 이 공감대를 법감정 rechtsgefüle이라고 한다. 이 입장에서는 법은 재화와 부담을 바르게 분배하고 대립된 이해관계를 올바르게 소절하며, 가벌적 행위를 적절하세 처벌하는 것을 내용으로 한다고 보고 있다. 그러므로 한편으로는 자유로운 개인의 인격의 발전, 창의성과 자유롭게 처분할 수 있는 소유에 대한 욕구를 최대한 보호하면서 한편으로는 사회의 약자에 대한 보호와 부의 공평한 분배를 조절하느냐 하는 것이 법의 과제가 된다는 것이다. 따라서 법을 문제 지향적인 것으로 보는 것이다. 올바른 문제 해결을 위한 기준으로 현실세계에서 나타나는 법 감정에 근거한 지배적 법 에토스를 Reinhold Zippelius는 다음과 같이 말한다.

5) 비윤리적 혹은 초윤리적이라는 판단은 법적 판단을 하기 전에 확정되어야 하므로 실정적인 판단이 될 수밖에 없다.

6) Zippelius는 정의의 문제에 관한 판단을 내리기 위해서는 가능한 한 넓은 범위의 간주간적 기초를 찾아야 하는 것이므로 최대다수의 법감정과 그 법감정에 근거한 지배적 법 에토스에서 이를 구해야 할 것이라고 말한다. 김형배의 법학방법론, p.27 참조.

법 해석과 법 윤리적(실정적) 원칙에 의하여 법의 명확성과 의심할 여지없는 방향을 찾을 수 없는 문제들에 끊임없이 봉착하고 있다. 여기에서 법 발전과정은 객관적인 기준에 의해서 사전에 완전히 확정될 수 있는 순수한 인식과정이 아니라는 것이 명백히 드러난다. 그러나 법의 확실성을 얻지 못하는 그러한 문제들에서 우리는 법의 생명력을 인식한다. 모든 것이 사전에 확정되어 있다면 시도와 형성의 자유는 우리에게 존재하지 않게 될 것이다. 외견상 확립된 것처럼 보이는 법적(실정적인) 사회 윤리적 질서에도 한계가 있으며 바로 그곳에 개인적 법 감정과 새로운 정의의 시도가 끊임없이 요청되기 때문에 법은 형성의 생명력을 유지하게 된다.

6. 사　　회

사회society라고 하면 “여러 사람의 모임group”을 말한다. “모임”이라는 말은 단순히 사람들의 물리적 집합상태를 말하는 것이 아니고 성원들 간의 어떤 관계를 말한다. 그런데, 우리는 흔히 그 모임이 그 성원을 초월한 어떤 존재로 보는 편견이 있다. 애초에 생각했던 순진하지만 진실에 가까운 사회에 관한 관념에서 벗어나고 있는 것이다. 지난 강의에서도 우리가 도달한 깨달음과 같이 사회는 그 성원을 떠난 초월적 존재가 아니라 “상호 관계를 맺고 있는 성원들members in relation with one another”이다. 유기적으로 통일되어 있는 전체organic whole이지만 그것이 성원을 초월한 초월적 전체 abstract whole가 아니라 각 성원의 주관 속에 들어 있고 그 주관들이 서로 내면적으로 유기적 관계를 가지면서 통일되어 있는 내면적 혹은 공감적 전체로서 변화되어 가는 살아 있는 실체적 전체인 것이다. 그러나 인간을 초월한 신성한 원리가 있고 그것을 불변하는 존재로 파악하는 것은 Parmenides적인 사고이고(이 사고방식이 서양적 사고를 지배하고 있다), 이 사고방식에 의하여 사회를 초월적 존재로 보게 되는 것이다. 이와 같은 사회관념은 지배원리인 정치적 원리 혹은 법적 원리에서 나온 것이다. 그러나 사회는 초원적인 존재가 아니다. 실존주의 철학자 Kierkegaard가 “구성원을 초월한 사회 자체가 실존하는 것이라는 가정에 기초한 사회제도 및 관습은 실존하는 인간을 개성 없는 묵종하는 인간으로 전환시킨다”라고 한말은 바로 Parmenides적인 사고, 즉 법적이고 정치적인 사회관념으로 윤리적 사회를 보는 해악을 지적한 것이라 할 수 있다.

사회는 기본적으로 자연발생적인 것이다. 어떤 지역, 혈연 혹은 문화적 공감대에 의해 자연적으로 형성되는 것이다. 그러므로 일반적으로 사회라 하면 이 자연상태의 사회natural society를 말한다. 이것을 넓은 의미에서의 사회라고 할 수 있다. 그러나 사회는 사람이 모인 어떤 조직을 가리키기도 한다. 가정, 학교, 회사, 국가 등을 말한다. 그러나 이 좁은 의미의 사회의 조직형태는 다양하다. 명시적 합의에 의한 경우도 있고 묵시적 합의에 의한 경우도 있다. 전자의 경우를 단체corporate라하고 후자를 공동체community라 하여 구별한다. 후자의 공동체가 우리가 말하는 사회society이다. 전자는 어떤 목적에 의해 뭉친 것이다. 이익을 목적으로 하는 단체도 공익을 목적으로 단체도 있다. 한 사람의 영향력에 의해 운영되는 단체가 있는가 하면 구성원의 합의에 의해 운영되는 단체도 있다. 그러나 후자는 문화적 공감 혹은 이념에 의하여 형성된다. 지역사회와 같이 영구적인 사회도 있으나 광장에서의 집회와 같이 일시적인 것도 있다. 전자는 조직에의 입·출이 비교적 부자유하고 후자는 비교적 자유롭다. 지역에 의하여 구별되는 사회가 있는가 하면 지역을 초월한 사회도 있다. 모사회가 있는 반면에 모사회의 산하에 있는 종속적인 사회도 있다.

국가에는 두 가지 개념이 있다. 하나는 단체로서의 국가개념이고 다른 하나는 사실적인 공동체로서의 국가개념이다.[7] 단체로서의 국가는 목적이 명확하며, 규율이 강하고 입·출이 비교적 자유롭지 못하다. 공동체로서의 국가는 민족, 지역 혹은 문화적 공감대를 바탕으로 형성된다. 그러므로 조직에의 입·출이 비교적 자유롭다. 단체로서의 국가는 단일한 사회라는 특성을 갖는다. 산하에 소사회, 즉 단체를 거느리나 국가에 포괄된다. 그러나 공동체로서의 국가는 다원적 사회이다.

7. 추상적 사회와 유기적 사회

사회를 보는 관점에는 세 가지가 있다. 하나는 사회를 그 구성원을 떠난 어떤 초월적 존재로 보는 것이고 또 하나는 초월적 존재로 보지 않지만 사회의

7) 공동체로서의 국가는 우리나라 헌법 前文에 나타나 있다.

성원으로 구성된 조직체 자체를 사회로 보는 것이다. 다른 하나는 사회를 구성원이 유기적으로 결합된 관계로 보는 것이다. 우리는 세 번째 견해를 취한다. 인간을 초월한 것은 없다고 보기 때문이다.[8] 또한 조직체 자체를 사회라고 보는 생각도 그 조직체 자체가 구성원을 초월하는 것으로 보는 점에서는 사회를 초월적인 존재로 보는 생각과 다를 것이 없다. 조직체가 의사를 가지고 있다고 보기 때문이다. 그러나 조직체가 의사를 갖는 것이 아니고 구성원의 유기적 의사가 단체라는 이름으로 나타나는 것일 뿐이다. 의제적인 방법이다.

초월적 사회관념 혹은 조직체적 사회관념에 의해 인간을 구속하는 예를 역사 속에서 많이 찾을 수 있다. 회사를 위해 헌신하여야 한다는 말을 흔히 듣는다. 회사를 회사원을 떠난 어떤 초월적 존재로 여기는 말이다. 그러나 회사는 회사에 속한 모든 사람의 상호관계 속에 있는 것이다. 그러므로 회사를 위한다는 말은 회사를 구성하고 있는 모두를 위한다는 말이 된다. 이에 관해 Kierkegaard(1813-1855)는 다음과 같이 말하고 있다.

> 인간을 추상화한 사회 자체가 실존하는 것이라는 가정에 기초한 사회제도 및 관습은 인간을 개성 없는 묵종하는 인간으로 전환시킨다.

8. 공동체와 단체

공동체community와 단체corporate의 특성을 검토해 보자. 공동체는 각 성원이 자아로서 독립적 지위를 갖고 있는 사회이다. 따라서 성원의 자유를 기초로 하는 묵시적, 간주관적 공감적 유기체인 사회이다. 반면 단체는 각 성원의 자아로서의 지위는 사라지고 단체의 예속적 지위를 갖는 사회이다. 그러므로 명시적, 명령적, 지배적인 사회이다. 정의justice를 생산하고 헌법을 제정하는 것은 공동체로서의 국가에서 하는 것이며, 법을 제정하고 집행하는 것은 단체인 국가가 하는 것이다. 그러나 단체인 국가는 공동체인 국가에 근원을 두고 있으므로 단체로서의 국가가 정하는 법이 공동체의 정의관에 맞지 않을 경우는 타당성이 없게 되는 것이다.

---

8) 인간을 초월한 것이 있다고 보는 것은 Plato와 같은 이상주의자들의 생각이다. 진리에 관한 이상주의적 생각을 사회에 관해서도 유추 적용하는 것이다.

9. 법인legal person

그런데 이 유기체적인 단체를 추상적인 단체로 파악하는 경우가 있다. 예를 들어 "A 회사에 부과할 세금은 … 만원이다"라는 진술에서 "회사"는 실재하는 회사를 가리키는 것이 아니고, 단순히 회사 등록부에 기록된 회사를 가리키는 말이다. 그러므로 등록부에 적힌 회사의 주소로 세금고지서를 보내면 되고, 세금을 내지 않을 경우 회사의 명의로 된 예금통장을 압류하면 되는 것이다. 따라서 법에서 법인法人제도가 있다. 어떤 단체가 법에서 요구하는 일정한 요건을 갖추어 청구하면 법이 법인으로 인정하여 등록하는 제도이다. 이와 같이 법인제도는 법기술적인 것이다. 실재하는 단체를 가리키는 것이 아니다.

그런데 이 법인과 관련하여 혼란이 야기된다. 가상적 회사, 즉 단체에 부착된 법인격을 실재하는 회사와 혼동하여 회사를 법인으로만 보는 것이다. 따라서 회사는 가상적인 존재이므로 생각하고 행동하고 고통을 느낄 수 있는 자연인과 다르다고 보는 것이다. 법인의제설이라고 한다.[9] 그러므로 윤리적 주체가 될 수 없다는 결론을 끌어낸다.[10]

이와 같은 편견은 현대사회에서 커다란 영향을 미치고 있는 단체가 윤리적 책임에서 배제되는 문제점을 제공한다. 물론 개인책임으로 돌린다. 그러나 개인책임과 단체책임과는 다르다. 단체에서의 개인은 독립된 개인이 아니고 단체의 조직과 관련되는 개인이다. 단체적 현상을 무시할 수 없는 것이다. 단체는 목적을 가지며 그 구성원은 그 목적에 구속되어 단체적 행동을 하는 것이나. 나만 단체자체의 행동이 여러 사람의 유기적 관계에서 행해진다는 점에서 독립적인 개인의 행위와는 다르다. 그러므로 단체의 조직원리에 의한 문제되는 행위와 관련하여 구성원을 처벌하는 것은 개인을 처벌하는 것이 아니고 그 단체를 처벌하는 것이 된다. 그러므로 단체현상을 문제시 하는 것이다.

---

9) 법인의제설은 Savigny에 의하여 주장되었다. 법인은 의제적인 것으로 보는 것은 옳다. 문제는 이 이론을 단체에 관해 일반화하는 것이다. 공리주의자인 Friedman은 이 법인의제설에 의해 기업의 사회적 책임을 부인하는 이론적 근거로 삼는다.

10) Hart는 법적 책임은 윤리적 책임을 근거로 하므로 법인의 법적 책임은 인정할 수 없다고 하는 반면 Ladd는 법적 책임은 윤리적 책임과 다르다는 입장에서 법인의 윤리적 책임은 인정할 수 없지만 법적책임은 인정된다고 한다. 그러나 양자 공히 법인은 윤리적 책임의 주체가 될 수 없다는 점에서는 일치한다.

법은 일반적으로 법인의제설에 의해 법인인 단체의 형사책임을 부인한다. 한편 벌금형은 가능하다고 한다.[11] 벌금형은 돈만 내면 되는 것이므로 금전출납 행위로 보는 것이라 할 수 있다. 그런데 같은 형벌인 징역형은 안 되고 벌금형은 된다는 논리 자체는 일관성이 없다. 벌금을 내는 것은 단순한 금전지출이 아니라 형벌이기 때문이다.

10. 묵시적 사회와 명시적 사회

단체로서의 사회와 공동체로서의 사회를 구별하는 중요한 관점으로 우리는 묵시적 합의tacit agreement와 명시적 합의officially arranged agreement를 말하고자 한다. 단체로서의 국가state는 어떤 명시적 합의에 기초하고 있는 사회이다. 단체로서의 국가를 명시적 합의에 의한 사회로 보는 것은 옳다. 문제는 국가를 이 명시적인 사회로만 보는 편견이다. 국가는 묵시적 사회, 즉 공동체로서의 국가nation를 전제로 하고 있다. 묵시적 사회와 모든 명시적 사회는 묵시적 사회를 전제로 한다는 것을 규명하기 위해 묵시성을 기초로 하는 가정family의 예로 들어보자. 가정은 혈연적 관계이므로 자연적으로 형성된 것이라 할 수 있다. 그러나 "자연적"이라는 말은 사실은 적합한 말이 아니다. 가정이 형성되는 계기는 혈연이라는 자연적인 것이지만 가정이라는 인식이 각 성원에게 있기 때문에 가정이 되는 것이다. 그러므로 묵시적 사회이다. 혈연관계는 있으나 헤어져 어디에 사는지 모른다면 가족의 일원이 아닌 것을 보면 쉽게 알 수 있다. 그러므로 가정은 묵시적 합의tacit agreement가 있어야 가정의 일원이 되는 것이다. 한편 가정은 가장의 권위 혹은 명령권을 인정하고 있고 가솔이 그 명령을 따라야 하는 명시적 사회가 되기도 한다. 그러나 그것은 사랑과 믿음관계인 묵시적 가정이 바탕이 되어 있는 것이다.

마찬가지로 명시적 국가, 즉 단체로서의 국가로만 보는 것의 문제점도 쉽게 알 수 있다. 국가가 명시적 합의에만 기초한다고 하면 그 합의는 더 이상의 근거가 없는 확고한 것이므로 국가는 영구불변의 폐쇄체제closed system가 되기

11) 법인 유기체설의 입장에서도 벌금형만을 인정한다. 단체의 구성원 전체를 감옥에 보낼 수 없다는 생각 때문일 것이다. 그러나 관련된 구성원을 감옥에 보내는 것이고 그것이 단체현상에서 단체를 처벌하는 것이다.

때문이다. 그러나 이것은 적절치 않다. 또한 논리적으로 보더라도 명시적 합의가 이루어지기 위해서는 그 합의가 이루어지는 근거가 있어야 한다는 생각을 하지 않을 수 없다. 논리를 초월해서도 정당성을 확보할 근거가 있어야 하는 것이 분명하기 때문이다. 그러나 논리적 근거보다 근원적인 것은 정당성의 근거이다. 논리적 근거는 다시 근거의 근거를 찾아야 하는 식으로 근거가 확정되지 않기 때문이다. 그러므로 어떤 관념이 아니라 "상호관계를 맺고 있는 성원들" 즉 인간에서 근거를 찾을 수밖에 없다. 예를 들면 Kelsen은 법률을 지도하고 근거가 되는 법을 헌법이라고 한다. 그리고 헌법에 정당성을 부여하는 것을 근본규범basic norm이라고 한다. 그러면 근본 규범에 정당성을 부여하는 규범을 찾아야 하는 것과 같다.[12] 결국 위와 같은 불확정 논리 혹은 모순논리에서 벗어나기 위해서는 명시적 국가의 근본을 시민들의 묵시적 합의, 즉 개념을 초월한 사실에서 찾아야 하는 것이다. 그 사실이 개념들을 산출할 살아 있는 근원이 되는 것이다.

그러므로 우리나라 헌법 전문은 문화 공동체cultural community, 민족 공동체national community, 지역공동체로서의 "대한국민"을 말하고 있다. 헌법이 선언하고 있으므로 헌법공동체이다. 묵시적 합의는 계약과 같은 명시적 의사표시에 의한 합의가 아니라는 데에 특성이 있다. 성원들 간의 어떤 공감sympathy을 말한다. 이 공감은 객관적으로 존재하는 것이 아니며 각 성원들의 주관 속에 있는 것이며 그 주관들이 상호 공감하고 있는 상태인 것이다. 그러므로 간주관적인inter-personal 공감이라 한다. 이와 같이 국가의 기초를 법공동체로 파악함으로써 국가는 살아 움식이게 되고 정의justice가 생성되고 변용되는 살아 움식이는 기초를 발견하게 된다. 따라서 확고한 위계질서를 이루고 있는 불가변적不可變的·절대적인 가치의 왕국Reich von Wert[13]으로부터 해방될 수 있는 것이다.

---

12) Kelsen은 최고법인 헌법의 근거를 그 헌법에 있는 근본규범에서 찾는다. 그리고 이 근본규범을 선험적인 관념이라고 하여 최종성을 부여하려고 한다.

13) Zippelius는 법감정에서 법의 기초를 발견하는 것을 가치경험주의라고 한다. 그리고 이 가치경험주의에 관해서 생명을 구해 주는 일을 희생적이고 용감하다고 생각한다든가 어떤 형벌을 가혹하다고 느끼는 경우에 다른 사람들도 내용적으로 동일하게 느끼는 것과 같이 다수인의 합치된 견해는 존재할 수 있다고 말한다. 그러나 가치경험주의는 하나의 확고한 위계질서를 가지고 있는 불가변적·절대적 가치의 왕국을 전제로 하는 것은 아니라고 말한다. 또한 가치경험주의는 심리주의와는 다르다고 말한다. 개인의 심리적 경험은 일회적이고 극히 개인적이다. 결국 가치경험주의는 다수인의 합치 가능성을 전제로 하는 것이라고 말한다.

11. 사회적 효용

그러므로 법감정은 공리주의자들이 사회정의의 기초로 하고 있는 사회적 효용social utility과 다르다. 사회는 공리적인 측면을 가지고 있는 것은 분명하다. 사회의 정의는 구성원 모두에게 이익이 되는 것이어야 하기 때문이다. 그러나 최대다수의 최대해복과 같은 확정적인 것은 아니다.[14] 최대다수의 최대행복은 정의관에서는 가능성으로 존재하는 것이고 확정적인 것은 아니다. 사회성원 각자가 공감대 위에서 창출해 가는 것이 사회정의이다.

12. 개인적 정의와 사회적 정의

개인의 행복을 위하는 것이 개인정의이라고 할 수 있다. 개인의 건강 문제 같은 것이 이에 해당한다고 볼 수 있다. 한편 사회정의는 사회의 행복을 위하는 것이라 할 수 있다. 그러나 앞에서 말한 바와 같이 사회는 구성원을 초월한 존재가 아니다. 그러므로 사회 속에서의 개인정의가 개인정의라고 할 수 있다. 그러나 사회와 관계없는 순수한 자연으로서의 개인정의는 부정할 수는 없다. 그러므로 사회정의의 입장에서 이기주의egoism가 문제된다. 공리주의는 이기주의를 전제로 하고 있다. 이기주의적 사회윤리는 개인의 무제한적인 이기주의에 의해 최대다수의 최대행복이 달성될 수 있다고 보는 것이다. 앞에서 말한 바와 같이 무한한 자유를 전제로 사회적 효용의 극대화를 목적으로 한다. 그러므로 법이나 윤리의 역할은 각인이 자유로운 이기적 활동을 하는 데 있어서 충돌하지 않도록 하는 교통정리자의 역할 혹은 분쟁조정자의 역할로 규정한다. 그리고 공정한 관찰자impartial spectator를 상정한다. 그러므로 개인 간의 이기적 충돌이 크게 문제되지 않는다고 한다. 각자는 그 공정한 관찰자를 생각하고 자기의 이기적 활동에 스스로 제약을 가하기 때문이라고 한다.[15]

---

14) 공리주의는 인간의 행위의 윤리적 가치는 행위의 결과가치, 즉 효용에 의하여 결정된다고 본다. 그러므로 행위시에는 불확정적인 것이지만 결과적으로 확정적인 것이다. 그리고 그 가치의 결정은 행위자가 하는 것이 아니라 결국 객관적 기준에 의하는 것이므로 실정적이다.

15) 利己는 단순개념이므로 利他가 내포되지 않는다는 견해를 가진 사람들도 있다. 그러나 이타가 이기일 수 있다. 그러므로 순수한 의미에서의 利他는 자기를 희생해서 타인의 이익을 위

그러나 이기주의에 의해 최대다수의 최대행복은 달성이라는 명제는 이론적으로 모순을 내포하고 있다. 행복의 총량은 달성된다 하더라도 최대다수와는 달성될 수 없는 목표이다. 사회성원의 일부계층의 이익을 자기의 것으로 하여도 행행복의 총량은 같기 때문이다. 그리고 앞에서 말한 바와 같이 자유는 무한정한 것이 아니다.[16] 자유의 총량은 한정되어 있다. 그러므로 현실적으로 소외되는 계층이 생긴다. 최대행복은 일부에게만 분배되는 것이다. 공정한 관찰자는 이것까지 관심을 가지는 것은 아니다. 그러므로 이기주의 문제는 여전히 유효하게 된다.

앞에서 언급한 바 있는 그리스의 과학자나 철학자 19세기의 과학기술자들이 신탁을 말하고 소명을 말하는 것은 이타주의에 서 있다고 할 수 있다. 그러나 자신을 희생하여 남을 위한다는 이타주의에 의해 사회정의를 세우는 것도 바람직하지 않다. 남을 위하는 것이 나를 위하는 것이 되고 나를 위하는 것이 남을 위하는 것이 되는 상호관계reciprocity에서 사회는 성립되고 존속될 수 있는 것이다. 구성원의 자아실현을 바탕으로 하지 않는 사회는 무의미할 것이다. 또한 공리주의와 같이 나만을 위하는 사회도 의미가 없다. 사회정의는 바로 이 관계를 형성해 가는 과정이라고 할 수 있다.

13. Hobbes의 사회정의관

Thomas Hobbes(1588-1679)가 활동하였던 17세기 영국은 절대적 왕권이 부너지고 Charles I 세와 의회parliament 간의 반목이 극도에 달하고 의회도 왕당파와 공화파 간에 정적을 서로 살해하는 치열한 정권다툼을 벌이는 혼돈에 빠져 있었다. 한편 Hobbes가 살았던 당시 유럽은 Copernicus(1473-1543), Kepler(1571-1630), Galileo(1564-1642) 등에 의해 천체의 운동이 역학적으로 해석되어 태양중심설 혹은 지동설이 나와 있었다. 이것은 신학적 우주관에서 벗어나 과학적 우주관이 나타나고 있는 것을 말한다. 인체의 생리에 관해서도 William Harvey의 이론이 제시되었다. 철학분야에서는 경험주의철학이 태동하고 있었다. 종래의 형이상학적인

하는 것이고 이기는 타인을 희생하여 자기의 이익을 위하는 상대적 개념으로 보아야 한다. .

16) 타인의 이익과 자신의 이익을 조정하는 것이 자신에게 이익이 된다는 계산은 합리적인 사람이라면 쉽게 할 수 있다.

학문에나 소용되었던 삼단논법(연역적 방법)은 경험적 탐구의 결과 축적된 많은 자료의 관리 및 그 자료로부터 결론을 도출하는 데에는 유용하지 않다는 것을 알게 되었다.[17] 따라서 Francis Bacon(1561-1626)에 의해 경험적 탐구의 방법으로 귀납적 방법이 제시되었다. 인간에 대해서도 종래의 형이상학적인 인간관에서 벗어나 경험주의적 인간관이 태동하고 있었다.[18] Bacon의 경험주의 철학에 보다 깊은 통찰력을 가지고 체계적으로 접근하여 경험주의 철학의 토대를 마련한 철학자가 Hobbes이다.[19] 그러므로 Hobbes는 현대적 정의를 논의하는 데 있어서 그의 이론을 검토하고 넘어가야 할 중요한 위치를 점하는 사람이다. 사회계약론은 현대의 입헌민주제 혹은 법치주의 사상의 효시로서의 의미를 갖는다. 또한 그의 과학과 철학에 관한 통합적 사고는 과학으로서의 윤리학을 말하는 20세기 후반의 윤리학 사조의 효시적 의미를 가지고 있다. 그의 철학의 특징은 종래의 형이상학적 가장된 지식을 벗어 버리고 자연그대로의 인간을 보는 자연주의적 인간관에 있다.[20]

Hobbes의 사회정의에 관한 사상은 상술한 바와 같은 과학의 발달에 영향을

---

17) 삼단논법은 대전제, 소전제, 결론의 도출방식으로 전개되는 논법을 말한다. "동물은 어느 땐가는 죽는다, 사람은 동물이다, 그러므로 사람은 어는 땐가는 죽는다"와 같은 논법이다. 모든 동물은 같은 특성을 갖는가? 사람은 동물인가? 죽는다는 것이 동물의 특성인가? 등 여러 가지 의문이 있을 수 있다. 그러나 삼단 논법은 그러한 의문과는 관련이 없다. 대전제와 소전제가 가지고 있는 단어의 등식관계에 의해서만 결론을 내리는 형식적 논법이기 때문이다. 단어를 단어로만 보는 것이다. 그러므로 개념적 조작이라 할 수 있다. 수학적 방식이라고 할 수 있다. 위의 예를 수학기호로 바꾸어 보면 다음과 같다. 동물을 A라 하고 사람을 B라고 하고, 죽음을 C라고 하면 B⊃A and A=C ∴ B⊃C 와 같다. 사람이 동물이 아니고, 동물과 사람의 특성이 동일하지 않다면 결론은 오류일 수 있다. 그러나 삼단논법은 사실의 확인과는 관계가 없는 독단적 진리에 의한 수학적 논리이다. "절대적 질서는 절대자의 이성에 의해 움직인다, 절대자의 이성과 사람의 이성은 연결되어 있다. 그러므로 사람도 이성에 의해 움직여서 절대적 질서에 참여 한다"와 같이 철학적 진술은 이와 같은 삼단논법으로 되어 있다. 신과 사람의 본질의 동일성을 분석하여 이것을 통해 두 가지 사실을 연결한 것이다. Kant는 이와 같은 진술을 분석적 진술이라고 하였다. 그러나 여러 가지 경험적 사실에서 공통점을 찾아 종합하는 작업에서는 적용할 수 없는 논법인 것이 분명하다. 그런데 과학은 동일한 경험적 사실의 동일한 특성을 분석하는 분석작업도 하는 것이지만 분석하여 아는 것만으로는 의미가 없다. 여러 가지 경험에 의해 알게 된 사실을 인과관계 등으로 종합하여 하나의 원리를 도출하는 작업이 없으면 소용없다. 그러므로 삼단논법만으로는 과학이 한계가 있음을 알게 된 것이다.

18) Bacon은 인간이 스스로 만든 네 가지 정신적 약점에 관해 희망하는 것을 실재하는 것으로 믿는 종족의 우상, 잘못된 생각을 고집하는 동굴의 우상, 언어에 현혹되는 시장의 우상, 사상의 체계나 학파에 대해 맹신하는 동굴의 우상을 말한다.

19) 이명숙·곽강제 역, 서양의 지혜, pp.280-283 참조.

20) 후에 Lock(1632-1704)는 인간의 정신은 원래 하얀 백지와 같은 것으로 보고 시작하여야 한다고 말한다. Rawls가 공정으로서의 정의를 말하면서 무지의 베일veil of ignorance를 말한 것과 상통한다.

받고 당시의 정치상황에 대한 반감에서 촉발된다. 특히 Galileo의 물리학과 Harvey의 생리학physiology에 영향을 받은 인간의 행동원리에 관한 이론의 근간을 이룬다. 그는 종래 도덕철학moral philosophy의 영역으로 분류되었던 심리학, 윤리학 및 정치학을 물리학, 생물학과 함께 자연철학natural philosophy의 영역으로 끌어들인다. 모든 인간의 행동을 포함한 모든 사물의 움직임을 궁극적으로 역학적·물질적 동기mechanistic material motivation로 해석하는 것이다. 마음과 육체는 서로 다른 실재substances라는 종래의 견해를 부정하고 도덕현상을 심리적 운동 혹은 물리적 운동에 불과하다는 견해를 갖게 된다. 그러나 인간의 자발적 행동voluntary behaviour과 비자발적인 행동involuntary behaviour을 구별하여 인간의 자유의지를 부정하지는 않는다. 그는 인간의 자발적 행동의 동기를 어떤 대상에 대한 호감과 혐오하는 두 가지 심리적 동기로 해석한다.[21] 이 동기는 평가기능을 포함한다 하고 그 평가에 의한 마음이 움직이는 방향으로 행위의 동기를 해석한다. 그러므로 선·악을 인간의 마음에 찬동되는 것인가 혹은 혐오감을 주는 것인가에 의하여 구별한다. Hobbes의 선·악관의 특징은 사물은 본질적으로 선하고 악한 것을 가지고 있는 것이 아니고 그 대상에 대한 인간의 호감이 선이고 혐오감이 악이라고 생각하여 종래의 선·악관을 벗어나고 있는 것이다.[22] 선·악은 일시적이고 상대적인 것이고 경험적인 것이다. 한편 그의 윤리학의 또 하나의 특징은 인간은 철저하게 이기적 성향을 가지고 있다고 하는 것이다.[23] 그리고 인간이 자신의 욕망을 계속적으로 충족시키는 방법은 각자가 가지고 있는 정신적·육체적 힘mental and physical power이라는 것이다.

Hobbes의 사회정의에 관한 사회계약론은 이상과 같은 인간성human nature을 기초로 도출한다. 그는 우선 인간의 자연상태natural state를 상정한다. 그는 인간사회의 자연상태를 다음과 같이 말한다.

---

21) Hobbes는 인간의 동작을 혈액의 흐름, 맥박과 같은 생명을 유지하기 위한 비자발적 운동vital motion과 자발적 운동voluntary motion으로 구분하고 전자는 인간의 心象imagination에 의하여 그 운동이 생기는 것이 아니고 살아 있는 동안 스스로 계속적으로 움직이는 반면, 후자는 마음속에서 생기는 심상에 의해 움직인다고 한다. 이 심상은 보는 것 혹은 듣는 것과 같은 감각sense에 의하여 인간내부에 자발적으로 생기는 것이므로 이 심상이 자발적 행동의 시발점이다. 그리고 이 심상에 의해 걷거나 말하거나 하는 행동behaviour을 하기 전에 인체의 내부에서 일어나는 중간적 운동이 있는데 이것을 心向endeavor이라고 한다. 그리고 이 심향이 대상(예: 음식물) 쪽으로 움직이는 것을 가리켜 호감desire이라 하고, 반대 방향으로 움직이는 것을 혐오aversion라고 한다고 말한다. 이와 같이 Hobbes는 인간의 자발적인 마음과 행동을 철저하게 기계적·물리적 운동으로 해석하고 있다.

22) Hume(1711-1776)의 선·악관과 같다.

23) Bentham(1748-1832)의 인간관과 같다.

> 인간은 전적으로 욕망과 고통이라는 자기중심의 틀 속에 갇혀 있으며 동정심, 자비심 혹은 사교성은 결여되어 있다. 욕망의 대상을 획득하는 방법은 정신적 혹은 육체적 힘이다. 그러나 인간은 자연 상태에서는 그 힘이 거의 같다. 그러므로 만인의 만인에 대한 극한적 투쟁상태가 되며 이 상태는 인간의 행복을 얻을 기회를 감소시킬 뿐만 아니라 인간의 생존 자체를 위협한다. 따라서 이성은 자신의 힘을 가장 효과적으로 사용하기 위해 집단적 조직을 구성하는 방법을 강구하여 이 조직의 지배자에게 자신의 권리를 넘겨주고 생존 및 행복에 필요한 조건을 제공받는다. 이 사회계약으로 국가가 설립되면 윤리의 필요충분한 조건이 생긴다.

따라서 사회성원의 집단assembly of men과 절대권력자 간에 권리를 포기하는 대신 자신들의 행복을 제공하고 생존을 보장하는 계약을 하고 중앙권력central power[24)]을 세우게 된다. 이 계약을 그는 사회계약social contract이라고 칭하고 사회는 시민사회civil society로 전환 된다고 말한다.[25)] 그리고 이 사회계약에 의하여 도덕의 기초가 제공된다고 하고 절대권력자의 법에 합치되는 것은 옳은 것이며, 이에 반하는 것은 그른 것이라고 한다. 그러나 절대권력자는 전제국가의 왕권과 같은 것을 말하는 것은 아니다. 시민에 의해 선출된 권력자를 말한다. 그러므로 Hobbes는 시민적 권위civil authority[26)]와 법law을 도덕의 기초foundation of morality라는 이론을 세운 것이다. 우리는 흔히 Hobbes의 이론을 절대권력을 옹호하는 이론으로 생각하는 경향이 있으나 그가 말하는 절대자sovereign는 시민적 권위를 대변하고 시민의 복지를 위하는 자로 상정하고 있으므로 정의로운 시민사회를 건설하기 위한 것이다. 그는 다음과 같이 말한다.

> 국가commonwealth는 사회성원의 다수multitude의 합의로 설립된다. 그리고 그 계약은 가장 중요한 것으로 사회의 성원에게 자신들의 대표자를 선출할 권리 및 대표자로 선출될 권리가 주어져야 한다. 또한 대표자로 선출된 자에게

---

24) Hobbes는 이 중앙권력을 거인Leviathan이라고 비유하였다.

25) Rawls가 공정으로서의 정의에 관해 자연상태를 상정하는 있는 것과 Hobbes가 사회계약론에서 자연상태를 상정하고 있는 것은 형식상으로는 동일하다. 그러나 인간관에서는 Rawls와 Hobbes는 같이 자연주의적 입장에 있으나 Rawls의 인간은 Hobbes의 인간과 같이 호감과 반감만이 주요 동기인 기계적·이기적·폐쇄적 인간이 아니다. 그러므로 Rawls의 인간은 서로 공감하며 생활을 개선하기 위해 변화를 추구하며 협동을 위한 방법으로 중앙권력을 활용하나 절대적이지 않다.

26) Hobbes는 시민이 선출한 지배자가 그를 선출한 목적, 즉 국민을 보호하는 일을 제대로 하지 못한 경우는 지배받는 사람들이 정당하게 그 계약의 무효를 선언할 수 있다고 말한다.

사회의 성원의 일을 자신의 일처럼 생각하여 사회의 모는 사람들과 더불어 평화롭고 서로 침해하지 않는 조건에서 행위하고 판단할 수 있는 권위를 부여하는 것을 내용으로 하여야 한다.[27]

동양사상에서도 Hobbes의 인간관과 같은 생각을 한 사람들이 있었다. 그 중의 한 사람이 순자(298-238 B.C.)라는 사람이다. 그가 활동하던 당시 중국은 국가와 국가 간의 약육강식이 빌어지고 있던 시대였다. 조금 앞서 살았던 맹자(372-289 B.C.)[28]가 태어났던 때의 시대상황의 묘사에 의하면 周나라의 왕실의 힘이 극도로 미약하여 사람들이 그 존재조차도 망각할 정도에 이르렀고 각 제후들은 각축전을 벌여서 약육강식의 극도로 혼란하였다. 도덕이 땅에 떨어지고 폭력과 사설이 횡횡하여 백성들은 도탄의 구렁텅이에서 신음하며 갈 바를 몰랐다. 세상이 쇠퇴하고 도가 희미해져 신하가 임금을 죽이는 자가 있고 자식으로서 아비를 죽이는 자가 있었다. 순자가 활동하던 시기는 맹자가 살았던 시기보다 전국시대의 참혹상이 극에 달했던 시기였다.[29]

영국의 시대상황이 Hobbes에게 미친 영향은 앞에서 보았다. 순자에게도 춘추전국시대의 시대상황이 그의 사상에 영향을 미쳤을 것은 분명하다. 동시대에 살았지만 그래도 맹자는 공자의 가르침을 따라 하늘이 부여한 성을 따르는 것이 도way라는 믿음을 잃지 않았다. 인간간의 유대감인 仁을 바탕으로 사회정의라고 할 수 있는 義를 설파하였다. 하늘[30]에 대한 외경심과 공경심을 유지하고 있었다.[31] 그러나 순자는 냉철한 눈으로 자연과 인간을 바라보고 있다. 해와 달이 비추고 계절이 바뀌며 만물이 각기 조화를 이루어 생성하는 그런 객관적인 대상이 자연인 것이다. 그러므로 하늘을 공경하기 보다는 물자를 비축하고 자연을 이용하는 것이 바람직하다고 말한다. 인간성에 관해서도 인간은 자기의 이를

27) Great Tradition in Ethics, p.128 참조.

28) 맹자는 거의 동시대를 살았지만 순자와 같이 인간을 본래 악하다고 하지 않았다. 오히려 성선설을 주장한다. 이와 같은 인간에 대한 관념의 차이로 인해 맹자는 仁義를 강조하지만 순자는 禮를 강조하고 이를 위해 스승師의 권위 및 왕권君의 권위를 존중하였다.

29) 이 시대를 기록한 책으로 "春秋"라는 책이 있다.

30) 동양에서 하늘天은 근원적인 하나를 의미한다. 모든 사물과 인간의 마음이 나오는 곳이라고 생각하는 것이다.

31) 공자의 말은 전부가 자연 혹은 하늘에 대한 외경심을 바탕으로 하고 있다고 할 수 있다. 論語에 나오는 다음의 말을 통해서도 우리는 쉽게 그것을 발견할 수 있다. "私利에만 의존하여 행동을 한다면 다른 사람의 원망을 많이 살 것이다," "아는 것은 안다고 하고 모르는 것은 모른다고 하는 것이 곧 아는 것이다," "진실로 어진 마음에 뜻을 둔다면 자연히 악한 일을 하지 않을 것이다."

추구하는 본성을 갖는다고 말한다. 남을 위해 베푸는 것은 인간의 본성으로는 부질없는 것이며, 세상에서 믿을 수 있는 것은 나 이외에는 어느 누구도 없다고 생각하고 행동하는 것이 인간의 본성은 악하다는 것이다. 일단 인간의 본성을 냉철하게 인정하는 것이다. 물론 순자가 인간의 본성이 악하다고 보는 견해(성악설)가 옳다는 것은 아니다.[32] 순자는 이러한 인간성에 관한 냉철한 인식을 바탕으로 그의 윤리관 혹은 사회관을 전개하고 있다.

14. Bentham의 사회정의관

현대의 정의관에 큰 영향을 미친 사상으로 Jeremy Bentham(1748-1832)의 공리주의를 들 수 있다. 그는 우선 윤리이론으로 인간은 이기적인 본성을 가지고 있으므로 쾌락이 선이고 고통은 악이라고 한다.[33] 법에 관해서는 각자가 최대의

32) 善을 단순히 인간에게 좋은 것으로 보면 같은 일이라도 상황의 변화에 따라 인간에게 좋을 수도 있고 해로울 수도 있다. 그러므로 선은 존재론적인 것이라기보다 경험론적인 것이다. 동양적 관념으로 말하면 體가 아니고 用이다. 본질이 아니라 속성이며, 명사가 아니라 형용사다. 그러므로 순자가 인간의 본성이 악하다고 한 것은 선을 속성으로 본 것이 어니고 인간의 본질로 본 것이라 할 수 있다. 그러나 순자가 인간의 본성이 악한 것으로 보았다는 주장은 철학적 과오이다. 성악설에 의하면 교육과 예를 주장하는 순자의 도덕론의 근거가 없다. 본래의 선한 인간으로 회복시키고자 한 것이다. 이와 같이 악을 인간의 속성으로 보면 순자의 뜻이 명확해진다. 순자가 성악설을 주장하였다면 인심이 흉흉해져 남을 돌보지 않고 자신만의 이익을 취하는 그 당시의 인간들의 행태에 대해 "이것이 인간의 본성이다"라고 말하는 것으로 그쳐야 한다. 그러나 순자는 이런 상황에서 자기의 이익을 취할 수밖에 없는 것이 인간의 속성이므로 그렇게 행동하는 것이 옳다고 하지 않았다. 그 당시 인간들의 악한 속성을 인식하고 禮를 세우고 이에 따르는 것이 옳다고 하였다.

33) Bentham도 Hobbes와 같이 심리학적 원리를 통해 전통적 윤리이론과 결별하는 근거로 삼는다. Hobbes는 인간의 자발적 행동voluntary motion에 관해 외부적 감각senses에 의하여 자발적인 심상imagination이 형성되고 이 심상이 평가기능에 의해 방향성을 가진 심향endeavor의 작용으로 대상을 향해 움직이는 것이 호감desire이고, 이와는 반대로 대상과 반재방향으로 움직이는 것이 반감aversion이라고 한다. Hobbes의 심리학은 기계론적이다. 그러나 자유를 바탕으로 한다. 기계론과 자유론을 결합시키는 것은 어색한다. Bentham은 Hume의 심리적 연상이론에 기초하고 있다. 그러므로 Hobbes의 기계론적 심리학에서는 벗어나 있다. Hume은 연상이론을 설명하기 위해 다음과 같은 과학적 진술과 도덕적 진술을 예로 든다. "산성액체에 리트머스 시험지를 담갔더니 그 리트머스 시험지가 붉게 변했다"라는 진술은 전자의 경우, 즉 과학적 진술이고, "다친 사람을 도와주었더니 기분이 좋았다"라는 진술은 후자의 경우, 즉 도덕적 진술이다. 그는 이 두 가지 진술에 관해 유사성, 다른 점을 통해 비교분석하여 다음과 같이 연상이론을 도출한다. 두 가지 진술은 인과관계에 관한 필연적 진리necessarily true를 말한 것이 아니고 우연한 인과진리contingently true를 진술한 점에서 유사하다. 그러나 전자는 외부에 있는 두 가지 현상facts에 관한 인과관계를 말한 것이고 후자는 외부적 사실과 내부적 사실 간의 인과관계를 말한 점에서 다르다. 한편 전자는 두 가지 외부의 사실에 관한 경험 experiential events을 연결conjunction한 것이고, 후자는 외부의 사실에 관한 경험과 내부적 경험

쾌락을 추구하는 과정에 동일한 목표를 추구하는 다른 사람의 활동을 해치지 않도록 하여 최대다수의 최대행복the greatest happiness을 달성하는 것을 목적으로 하여야 한다고 말한다. 그러므로 사회를 최선의 상태로 끌어 올리는 역할은 법에 맡겨지며, 윤리는 그 법의 기초이론을 제공하는 위치, 즉 좋은 법에 관한 이론으로서의 의미를 갖는다. 인간은 이기적인 행동을 하는 것이 옳은 것이고 이 이기적인 행동에 의해 최대다수가 각각 최대의 행복을 성취하도록 하는 법이 좋은 법이라는 것이다. 그 좋은 법에 관해서 그는 법은 사회의 성원을 규율하려는 태도를 버리고 각인이 최대의 행복을 추구하는 과정에 서로 충돌하지 않도록 하는 역할만을 하는 것이라고 말한다. 그리고 인간의 행위의 옳고 그름은 결과의 가치, 즉 사회적 효용utility에 의하여 평가된다고 한다. 그러므로 공리주의utilitarianism라고 한다. 결국 공리주의는 최대다수의 최대행복을 달성하기 위한 방법론인 것이고 법이 윤리의 기초인 것이다.[34)]

법의 제한적 태도에 관한 이론적 근거로는 인간은 자기만의 이익을 위해 타인에게 해를 끼칠 경우 그것으로 인해 자신에게 해가 되어 돌아오는 것도 알고 있는 합리적 인간이라는 점에서 찾는다. 따라서 사회는 이와 같은 각인의 합리적 조정능력에 의하여 조정되므로 법이나 윤리는 사회구성원을 규율하려는 역할을 포기하여야 한다고 한다. 본질적 자유주의radical liberalism이다. 각자가 합리적으로 자신의 쾌락 혹은 이익을 추구하면 되는 것이고 법이나 윤리는 각자가 충돌하지 않도록 교통정리자로서의 역할만 하면 되는 것이라는 생각을 한다. 근대적 시민사회의 이념과 일치하게 된다. 교통정리자, 즉 법이나 윤리는 최

을 연결한 것이라는 점에서는 유사하다. 그러나 전자는 외부적인 비자발적인 것에 관한 것이나 후자의 경우는 외부적 사실은 자발적 행위이고 내부적 사실은 찬동 혹은 불찬동과 같은 감정이므로 자발적인 것에 관한 인과관계라는 점에서 다르나. 여기서 다음과 같은 연상에 관한 주장을 한다. 전자의 경우와 같이 인간은 경험적 사건(산성액체에 리트마스 시험지를 담그는 것)에 의한 우연한 결과(리스마스 시험지를 붉게 한다)를 그 사건 자체가 항구적 속성을 갖고 있다고 생각하는 습관이 있다. 마찬가지로 후자의 경우와 같이 인간의 자발적 행동(다친 사람을 도와주는 것)이 선한 결과(기분이 좋은 것)를 가져오는 속성을 갖는다고 생각하는 습관이 있다. 그러므로 인과관계에 관한 진술은 이와 같은 습관 혹은 믿음faith에 근거하는 것이다. 그러므로 Hume은 주관주의자다.

이 주관주의적 윤리관에 의해서는 사회정의와 같은 것이 객관적 원칙이 성립할 수 없다는 관한 비판에 대해 Hume은 인간은 거의 동일한 심리를 가지고 있다고 하고 그것이 도덕의 기초라고 한다. 따라서 객관적인 사회적 유용성이 도덕의 근거가 된다고 말한다. 사회적 유용성을 도덕적 판단의 기준으로 하는 점에서 공리주의와 같다. Bentham은 Hume의 연상심리학에 의한 이기주의와 효용설에 기초한 최대다수의 최대행복론을 결합시킴으로써 공리주의 이론을 세운 것이다. Hume의 연상이론에 곤해서는 Great Tradition in Ethics, pp.165-166 참조.

34) 윤리의 기초를 법에서 찾는 점에서 Hobbes의 생각과 다르지 않다.

대다수의 최대행복이라는 사회적 효용utility을 최대로 실현하는 것을 목적으로 하는 것이라 한다. 자연적 자유를 바탕으로 한 사회윤리라고 할 수 있다.

공리주의는 단순한 철학상의 이론이 아니었다. 사회개혁운동 이념으로서 의미를 갖는다.[35] 인간은 자신의 생활을 개선하기 위해 행위하는 것이고 그것은 옳은 행위라고 하는 단순한 이론이지만 하지만 인간의 현실에 접근해 있으며 당시의 사회적 여건과도 맞아 떨어져 엄청난 사회변혁의 원동력을 제공하였다.[36] 따라서 그의 이론은 많은 동조자를 얻게 되었으며 실제로 Bentham은 급진적 사회개혁론자였다. 자유방임주의는 경제발전 원동력이 되어 자유주의 경제사회를 건설한 성과를 거둔 결과가 되었고 오늘날도 자유시장free market원리는 힘을 발휘하고 있다.

그러나 인간성에 관한 신뢰는 너무 낙관적이었다. 사람들은 자신의 행동이 사회를 해칠 것인지 항상 주의 깊게 생각하지 않는다. 자본가의 욕심은 근로자를 비참하게 하였으며 사회적 문제가 되었다. 그 이후의 거대한 반자본주의적 운동은 세계적 이념전쟁을 일으켰다. 이제 공리주의의 허점과 이에 반하는 공산주의Marxism도 완전한 것이 아니라는 것을 알게 된 시점에 서 있다. 자유의 가치는 중요하다. 그러나 무한한 자유unlimited liberty에 의한 사회발전이라는 모토가 사회주의의 실패로 현실적 설득력을 얻고 있다. 이 점에 관해서는 Rawls의 정의론을 통해 논의하기로 한다.

벤담의 이론은 그 당시 사회에서 자기의 생활을 개선하기 위해 이익을 추구하는 사람들의 행동에 이론적 기초를 제공함으로써 큰 힘을 실어 주었으나 여러 가지 이론적 모순을 가지고 있었다. 벤담의 공리주의가 비판받고 있는 점을 요약하면 대강 다음과 같다.

첫째는 이기적 쾌락egoistic pleasure을 선으로 봄으로서 인간의 실존을 너무나 단순화한 것이다.[37] 쾌락은 감각 같은 생리적인 것에서 오는 유형적 충족이라는 한계를 가지고 있기 때문이다. 경제적 생활개선을 열망하는 사회적 분위기에서는 이기적 추구를 정당화하는 이론은 강력한 힘을 발휘하지만 그런 열망이

---

35) Bentham은 희생을 강조하는 기존의 윤리에 대해서 사회의 지배계층이 이미 확보하고 있는 이익을 지키기 위해 계획적으로 만들어 지배를 받는 계층만 따르도록 강요하는 속임수라고 말하였다. 이와 꼭 같은 주장을 후에 공리주의를 배척한 Marx가 하고 있는 것은 아이러니다.

36) 오늘날 자본주의자들은 공격의 대상이 되고 있지만 당시는 개혁주의자들이었다.

37) Bentham은 쾌락은 강도intensity, 지속duration, 범위extent에 의해 평가가 달라진다고 하였다. 따라서 양적쾌락주의라고 한다.

사라질 때는 쾌락과 利己는 허망한 것이 된다. 인간의 실존은 그렇게 단순한 것이 아닌 것이다. 인간이 이기적 성향을 갖는 것을 부인할 수 없지만 물질적인 것으로만 충족되지 않는다. 인간의 정신은 보다 깊은 곳에서 우주의 마음의 평화와 같은 무형적인 것과 연결되어 있다. 그러므로 행복과 같은 무형적 가치를 존중했던 서양사상의 전통은 Socrates 이후부터 존중되어 왔던 것이다. 그러므로 공리주의자들은 공정한 관찰자impartial inspector라는 것을 상정하여 이기심은 타인을 고려한 공정한 이기심이라고 함으로써 비난을 모면하고 있었다. 그러나 공정한 관찰자에 의해 구제받을 수 있다고 생각했던 Bentham의 공리주의 이론체계는 이기심은 더 이상 분해할 수 없는 순일simple한 것이므로 자비심과 결합될 여지가 없다는 것이 설득력을 얻었다. 자비심과 이기심은 전혀 다른 것이라는 것이다. 그러므로 이기심에 기초한 공리주의 윤리이론은 비난을 면치 못하게 되었다. 그러므로 J. S. Mill(1806-1873)은 쾌락의 종류를 말하고 쾌락은 양적인 차이도 있으나 종류에 따라 질적인 차이도 있다고 하였다. 그러므로 Bentham은 쾌락의 양적인 차이를 말한 것이고 질적 쾌락을 배척하는 것은 아니라고 하여 공리주의를 옹호하려고 하였다. 또한 그는 내적 제재internal sanction[38]라는 관념을 도입하였다. 그리하여 이기적 쾌락주의는 단순히 행위의 동기에 관한 사실법칙이고 반드시 자기의 이익을 위해 행동하여야 한다는 규범을 말한 것은 아니라고 하여 공리주의를 옹호하려고 하였다.

그러나 이기심에 의한 공리주의의 기초를 옹호하기보다는 새로운 기초를 찾는 것이 합당했을 것이다. 결국 자기self와 타인이 결합되는 대아적 이익에서 찾을 수밖에 없다. 남을 위하는 것이 나를 위하는 것이 되어 자기를 위하는 것이 남을 위하는 공감의 장이 기초가 되어야 한다.[39] Mill이 말하는 내적 제재는

38) Mill은 개인적·심리적 쾌락주의individual psychological hedonism와 우주적·윤리적 쾌락주의universal ethical hedonism를 구별한다. 전자는 고통보다는 쾌락을 취하는 인간의 행위 동기에 관한 것을 말하고, 후자는 최대다수의 최대행복이라는 목적 혹은 기준에 따라 행위하여야 한다는 것을 말하므로 구별된다고 말한다. 그러므로 전자는 행위의 동기를 설명하는 사실에 관한 원칙descriptive doctrine이고 후자는 행위의 결과에 관한 규범적 원칙normative doctrine이라고 한다. 그러나 개인의 이익을 위한 심리적 동기가 동시에 사회의 이익을 위한다고 할 수 없고 인간은 자기의 이익을 위해 행위한다는 사실에서 인간은 이익을 위해 행위하여야 한다는 규범이 도출되는 것이 아니다. 그러므로 사실관계가 도덕원칙으로 전환되는가를 설명하여야 하였다. 그는 이에 관해 그는 인간은 법을 어겼을 때의 처벌과 같은 외적 제재와 도덕법칙을 따랐을 때의 즐거움과 위반했을 때의 고통을 생각하고 법에 따르는 행위 혹은 도덕원칙을 따르는 행위를 한다는 것이다. Great Tradition in Ethics, pp.200-202 참조.

39) 이기주의와 반대로 자신을 희생하는 利他主義도 利己主義와 동일한 문제가 있다. 자아를 배제한 세상은 허망한 것이다.

인간내면의 보다 근저에 있는 것에서 나온 것일 것이다.

노자[40]가 도덕경에서 “늘 욕심이 없으면 천지의 묘妙함을 보고 늘 욕심이 있으면 그 가장자리만 본다”라고 말한다. 여기서 “묘함”은 무형적인 것 즉 자연의 원리 같은 것을 말할 것이고, “가장자리”는 우주의 근원인 묘함, 즉 무형적인 것에서 나온 유형적인 것을 말할 것이다. 그리고 실존주의자들은 부조리를 말한다. 그러므로 이 무형적인 것은 반드시 합리적인 것만은 아니다.

둘째는 최대의 행복[41]을 말한 것이다. 결과적 가치를 선이라고 하는 것이다. 그러나 윤리는 결과를 예측하고 그 예측되는 결과에 관한 선악의 판단을 수반하는 사전적인forward-looking 것이다. 그러므로 의지will의 선을 중시한다. 이런 점에서 “선의지는 그것이 좋은 결과를 가져왔기 때문이 아니라 그 자체가 좋은 것이고 가치 있는 것이다”라고 한 Kant의 말은 공리주의를 비판하는 말이 된다. 또한 최대의 행복은 인간의 자유의 무제한성을 전제로 하는 점에서 문제가 있다. 인간의 생존조건은 욕구하는 바를 다 충족시킬 수 있을 만큼 풍부하지 않다. Hobbes가 말하는바 “만인의 만인에 대한 투쟁 상태”는 인간의 생존조건의 한계성을 암시하고 있는 것이다. 그러므로 최대의 행복이 아니라 주어진 자유의 한계 총량에서 공정한 자유의 분배가 중요한 것이다.

셋째는 최대다수의 행복을 말하므로 소수의 행복은 희생되어도 좋다는 말이 된다. 소수는 다수의 목적달성을 위한 수단으로 전락한다.[42] 최대다수의 최대행복이라는 사회 효용가치는 누가 판단할 것인가? 최대다수의 최대행복은 객관적 결과이므로 외부자의 판단이다. 외부자의 논리에 따르는 것은 법의 논리이

---

40) 노자는 공자보다는 앞선 시대에 살았으나 확실한 연대는 모른다. 그러나 공자의 사상은 노자로부터 많은 영향을 받은 것은 사실이다. 道德經은 그의 작품으로 알려지고 있다.

41) 행복은 행위의 결과가치이다. 이와 관련하여 Socrates도 공리주의적 측면이 있다고 한다. Socrates는 덕은 선한 것에 관한 지식일 뿐 아니라 선은 유용하고 유익하고 도움이 되는 것이며 이것을 획득함으로써 행복이 이루어진다고 주장하였기 때문이다. 그러나 그가 말하는 유익한 것은 인간의 열망을 만족시킬 수 있는 것을 말한 것이다. 그러므로 Bentham이 말하는바 행위의 판단기준으로서의 객관적 유용성usefulness, 즉 효용utility은 아니다. Socrates를 공리주의자로 말하는 것은 적절치 않다. Hume도 도덕적 판단기준으로 효용성을 말한다. 그러므로 공리주의자이다. 그는 윤리적 진술은 외부의 사건과 인간의 감정과의 관계에 관한 진술에 불과하다는 자신의 주장에 대해 윤리를 인간의 기호taste에 불과한 것이므로 사회 윤리적 기준이 될 수 없다는 비판에 대해, 인간은 동일한 본성을 가지므로 각인의 도덕적 판단은 일치하는 것이라고 하고 사람들의 도덕적 판단이 불일치하는 것은 행위의 여건에 관한 오해 혹은 행위의 결과에 관한 불완전한 예측에서 기인하는 것이라 하였다. 이 같은 생각에 기초하여 행위의 옳고 그름의 기준이 객관적으로 존재한다고 하고 그 판단기준은 행위의 효용social utility이라고 하였다.

42) 실제로 Bentham은 민주주의 체제보다 자비로운 전제주의 체제를 찬성하였다. 다수에 의한 전제를 의미할 것이다. 이명숙·곽강제 역, 서양의 지혜, p.388 참조.

다. 결국 공리주의는 사회의 지배자가 인간을 속박하는 것에 반대할 수 없는 이론이 되었다. 그러나 윤리의 역할은 부당한 법에 대한 비판을 하고 개선하는 것으로 자유에서 출발하여 인간을 속박하는 논리로 비약한 것이다.

최대다수의 최대행복과 관련한 또 하나의 이론적 난점은 인간의 행위에 관한 도덕적 판단이 결과에 의해 행해진다는 점이다. 그러나 행위의 결과는 무한히 계속되는 것이므로 확정할 수 없는 것이다. 그러므로 행위의 도덕적 판단을 할 수 없다는 논리적 귀결이 나온다. 그러므로 공리주의는 윤리이론으로 말한 것이나 윤리이론이 될 수 없는 것이다. 결국 공리주의는 윤리이론이 아니라 법이론일 수밖에 없다.

> 사회적인 것이건 초자연적인 것이건 외부적 강제로 어떤 도덕적 원칙을 만족스럽게 준수하도록 할 수 없다. 왜냐하면 인간은 내면적인 구속력에 따르기 때문이다. 이 내면적 구속력은 자비심feeling for humanity이다.

15. 공리주의의 수정

Bentham의 이론은 이론적 모순 및 결함을 노정하고 있다. 그러므로 많은 호응을 얻어 서구 국가의 경제정책이나 정치에 많은 영향을 미쳤으나 그 도덕적 혹은 이론적 결함 때문에 많은 비판을 받고 있다.[43] 이기적 행동, 공리적 행동 및 규범적 행동에 관해 체계적으로 접근하여 공리주의 이론을 수정한 철학자로 Henry Sidgwick(1838-1900)가 있다.

그는 우선 철학과 과학을 구별하고 철학을 기술철학과 실용철학으로 나누며 과학을 기술과학과 도덕과학으로 나눈다. 그에 의하면 기술철학technical philosophy은 자연현상에 관한 지식을 체계화하는 역할을 하고, 실용철학practical philosophy[44]은 도덕에 관한 지식을 체계화into a systematic and coherent whole

---

43) W.D. Ross는 공리주의에 관해 다음과 같은 결함을 지적하고 있다. 공리주의는 ① 우리의 행위와 관련된 복잡한 상황을 너무나 단순화하고 있고, ② 무슨 행위가 옳고 선한 것인가에 관한 믿음이 사람마다 다를 수 있다는 사실을 무시하고 있으며, ③ 어떤 상황과 관련하여 동시에 주장되는 다양한 도덕적 원칙 가운데서 진실한 원칙을 선택하는 단일한 기준으로 한다는 것이다. 그러므로 공리주의는 진실한 의무에 관한 기준은 복잡한 상황에서 단순하고 그 판단의 범위가 너무 제한되어 있다는 것이다. Great Tradition in Ethics, p.333 참조.

44) Sidgwick가 도덕철학moral philosophy을 기술철학technical philosophy과 대비하여 실용철학

하는 것이 그 역할이라고 말한다. 그리고 자연과학지식은 사실의 경험에서 오는 것이지만 도덕과학지식은 상식common sense에서 오는 것이라고 말한다. 그러므로 철학은 새로운 것을 발견하는 것을 역할로 하는 것이 아니고 과학지식을 분석하고 종합하는 것을 역할로 한다고 말한다.

그는 실용철학의 상식적 방법으로 자명self-evident한 당위를 도출하는 직관적 방법intuitive method, 비교적 이기심에 의해 단순한 계산을 하는 이기적 방법egoistic method, 사회적 이익이 되는 것을 도출하기 위해 복잡한 계산을 요하는 공리적 방법utilitarian method를 구별한다.

직관적 방법은 자명한 원리를 제공하고, 이기적 방법과 공리적 방법은 개인의 행복 및 모두의 행복에 관한 원리를 제공한다. 그런데 이기적 방법과 공리적 방법에 의한 도출된 결론은 서로 모순되는 것이 일반적이다. 그는 이 양자의 방법에서 나오는 모순을 해결하는 방법으로 직관적 방법을 말한다. 이 직관적 방법은 다른 당위규범을 분석·종합해서 도출하는 것이 아니므로 직관적이라고 한다. 그리고 이 직관적 방법에 관해 다시 동일한 여건에서 동일한 모든 사람에게 옳은 행동을 추구하는 정의원칙justice principle, 현재의 작은 이익보다는 장래의 더 큰 이익을 취하는 신중원칙prudence principle, 다른 사람의 행복도 자신의 행복만큼 생각하는 이성적 자비원칙rational benevolence principle, 도덕적으로 선한 행동을 추구하는 바람직한 양심의 원칙desirable consciousness principle을 들고 있다.

앞의 세 가지 원칙은 공리주의자들이 말한 것과 같으나 네 번째 원칙은 말하지 않았다고 말한다. 이 양심의 원칙은 감각, 덕virtue[45] 등 추구함으로써 달성할 수 있는 것이 아니고 궁극적·초감각적·초현실적인 것이므로 정의할 수 없는indefinable 우주적 행복원칙universal happiness principle이라고 하였다.[46]

practical philosophy이라고 한 것은 다음과 같은 두 가지 중요한 의미를 갖는다. 첫째는 기술을 어떤 규범에 의한 행위로 본 것이고 도덕을 어떤 규범 혹은 원리적합적인 활동으로 보아 자연과학 등 과학이 이에 해당한 것으로 본 반면 도덕은 어떤 규범 혹은 원리적합적 활동이 아니고 개혁적 혹은 창조적 활동으로 본 것이고, 둘째는 도덕원리는 형이상학적인 원리에서 나오는 것이 아니고 상식common sense적 활동이라는 것이다.

45) Sidgwick가 덕virtue을 유한적인 것으로 본 것은 동양의 德에 관한 생각과는 다른 것을 알 수 있다. 동양의 덕은 오히려 Sidgwick가 말하는 우주적 행복과 통하는 것이다.

46) Sidgwick는 Mill은 쾌락을 선으로 보고 그것을 정의하려는 것이 그의 이론이 타격을 받았다고 말한다. Great Tradition in Ethics, pp.261-263 참조.

16. Rawls의 사회정의관

그러나 홉스가 말하는 바와 같이 법에 의지하여 자유를 포기하는 사회원리와 벤담이 말하는 바와 같이 완전하고 무한한 자유에 의하는 사회원리도 부적절하다. 사회는 자유를 기초로 하지만 공동의 문제를 해결하기 위해 규율이 필요한 것이다. Hobbes가 간파한 바[47]와 같이 인간의 생존조건은 한계가 있다. 또한 인간은 완전히 합리적이지도 않다. 그러므로 자신의 생활을 개선하고 생존하기 위해서는 협동과 협동을 위한 규율이 필요하다. 이 협동과 규율을 위한 것이 사회계약이다. 이에 관해 Rawls는 다음과 같이 말한다.

> 혼자만의 노력에 의해 살기보다는 사회적 협동체제를 통해서 모두가 보다 나은 생활을 할 수 있다는 점에서 이해관계가 일치한다. 그러나 사람들은 그들의 노력에 의하여 산출된 보다 큰 이득의 분배방식에 관해 무관심하지 않으며, 자신들의 목적을 추구하기 위해 보다 큰 몫을 원하기 때문에 이해관계가 상충된다. 그러므로 이득의 분배[48]를 결정해 줄 사회체제를 선정하고 적절한 분배에 필요한 적절한 원칙들이 요구된다. 이러한 원칙들이 바로 정의의 원칙들로서 그것은 기본적인 사회제도 내에서 권리와 의무를 할당하는 방식을 재시해주며 사회협동체제의 이득과 부담의 적절한 분배를 결정해 준다.

---

47) Hobbes가 말한 만인의 만인에 대한 투쟁 상태는 자원의 부족을 전제한 것이라 할 수 있다. 나중에 Hume은 인간이 자기가 욕구하는 것을 충족시킬 만큼 자원이 풍부하면 정의는 필요 없을 것이라고 말했다.

48) Aristotle은 가장 일반적인 정의로 인간의 심정 및 행위를 공동생활의 일반원칙에 적합하게 하는 것, 즉 아테네의 법을 준수하는 것이라고 하고 특수적 정의는 법의 구체적 원리에 따라 각인의 이해를 평등하게 하는 것이라고 하였다. 그리고 이 특수적 정의를 개인 상호간에 이해가 균등한 것끼리 교환하여 서로 간의 이해를 균등하게 하는 평균적 정의commutative justice와 단체의 목적에 비추여 적절히 배분하는 분배적 정의distributive justice를 구별하였다. 전자는 개인적 정의이고 후자는 단체적 정의라고 할 수 있다. Aristotle의 정의는 법을 준수하는 것이므로 개인적 정의도 단체법에 의해 정당화되는 것이므로 결국 개인적 정의는 단체적 정의의 일종이라고 할 수 있다. 그러나 Rawls가 말하는 정의는 공동체적 정의이다. 그러므로 Aristoteles가 말하는 단체적 정의와 개인적 정의를 내포하고 있으나 개인적 정의가 우선이며 단체적 정의는 부차적인 것이라고 보아야 한다. 또한 공동체적 정의이므로 묵시적인tacit 것이다. 이에 관해 Rawls는 "Aristoteles은 정당하게 각자에 속하고 그에게 당연히 돌아가야 할 바가 무엇인가에 대한 설명을 전제로 하고 있음이 분명하다. 그런데 나는 이러한 각자의 당연한 몫은 흔히 사회제도나 그 제도가 제시하는 적절한 기대치로서 도출된다고 생각한다. …내가 채택한 정의는 곧바로 기본구조의 정의에 적용되기 위하여 마련된 것이다. 그러므로 전통적 사상과도 아무런 대립이 있을 수 없는 것이다"라고 말한다. 최종고, 법학통론, 1990, p.39; 황경식 옮김, 정의론, pp.44-45 참조.

우선 Bentham의 정의관과 다름을 알 수 있다. Bentham은 사회성원 전체의 사회계약에 정의의 기초를 두지 않는다. Bentham의 사회는 완전한 자유를 목적으로 하기 때문이다. 그리고 분배를 생각하지 않는다. 자유는 무한하다는 것을 전제하기 때문이다. 자유의 최대화가 목적이다. 그러므로 정의의 역할이 다르다. Bentham은 각자의 이기적 활동은 자신의 마음 속에 있는 공정한 관찰자impartial spectator[49]에 의해 자율적으로 조정된다고 보므로 Rawls와 같이 법 등 사회제도가 정의원칙에 의한 기본적인 권리와 의무를 할당하는 역할을 인정하지 하지 않고 오히려 그 역할을 배척한다.

또한 Rawls의 사회계약은 Hobbes의 사회계약과 다르다. Hobbes의 사회계약은 법의 지배에 관한 합의이지만 사회계약은 법이 따라야 할 정의에 관한 합의이다. 그러므로 전자는 단체로서의 국가를 설립하는 원칙에 관한 합의이지만, 후자는 설립될 국가의 기본조건에 관한 합의이다. 그러므로 전자는 단체적 합의이지만, 후자는 공동체적 합의이다. 따라서 전자는 객관적이고 명시적 합의이지만 후자는 주관적이고 묵시적 합의이다. 묵시적 합의tacit agreement는 인간의 생존조건의 변화에 따라 끊임없이 정의원칙과 법을 생산하는 궁극적 조건에 관한 합의이다. John Rawls는 이 묵시적 합의에 관해 다음과 같이 말한다.

> 사회가 성립하기 위한 궁극적 기초는 사회성원 모두가 지지하여 지키는 일련의 영구적인 묵시적 합의에 있다. Hobbes의 사회계약론에서는 생존을 위해 사회계약을 지켜야 하는 의무가 생긴다고 하므로 생존의 위협을 느끼지 않는 자는 사회계약을 지켜야 하는 도덕적 의무가 없다. 따라서 이것은 사회의 궁극적 기초가 될 수 없다. Plato의 이상국가론에서는 지도자는 사회질서를 위해 고상한 거짓말Noble Lie을 해서라도 시민을 조정해야 한다고 호소하고 있으나 사회구성원은 자신을 목적이 아니고 수단으로 보는 사회원리에 동의하지 않을 것이다. 그러므로 사회성원 모두가 사회계약에 참여하기 위한 제 1 조건은 사회의

49) Rawls는 공정으로서의 정의justice as fairness를 말하기 위해 공리주의자들이 말하는 공정한 관찰자impartial spectator와 유사한 이상적 관찰자ideal observer라는 개념을 도입한다. 그러나 고전적 공리주의자들이 말하는 공정한 관찰자는 한량없는 자유의식에 충만하고 있고, 사회는 이 한량없는 자유에 의해 무한히 발전할 것이고 그것은 모든 것을 알고 공동체와 자신을 조정할 능력을 가진 완전히 합리적인 존재인 자신들에 의해 가능하다고 생각하고 있다. 그러므로 법이나 윤리는 필요 없는 것이라고 생각하고 있다. 그러나 Rawls의 합리적 관찰자는 자신들의 생존조건을 제공하는 자연은 자신들의 무한한 욕망을 채워 줄 수 있을 만큼 풍부하지 않고, 자신들도 모든 것을 알고 공동체와 자신을 적합시켜 나갈 수 있는 완전히 자유롭고 합리적인 존재가 아니라는 것을 알고 있다. 그러므로 자신들의 생활을 개선하기 위해서는 협동이 필요하다는 것에 공감하고 있는 평등하고 이성적인 원초적 존재이다.

개개인의 변덕에 좌우되지 않는 영구적인 것에 기초하여야 한다는 것이고, 제2 조건은 구성원이 사회계약의 본질을 알고 있어야 한다는 것이다. 성원의 사회계약에 관한 이해가 증가할수록 성원의 사회에 대한 참여 및 책임감이 강화되기 때문이다.

원초적 사회[50]의 시민은 협동을 위해 타율이 필요하다는 것은 공감하고 있다. 따라서 자신들의 대표자를 선정하여 사회를 규율할 책임을 맡겨야 한다는 데에 공감하고 있는 것이다. 그러므로 Hobbes의 생각과 같다. 그러나 Rawls의 사회계약은 Hobbes의 사회계약과 같이 단체계약이 아니고 자신들이 따라야 할 제도를 지도할 조건에 관한 공동체적 합의이다.[51] 사회계약이 성립할 수 있는 제1조건에 관해 다음과 같이 말한다.

> 사회성원은 아무 제약이 없이 선택이 가능한 공정한 상황에서 최대한의 자유가 주어지는 자유원칙 및 모든 사람에게 이익이 된다는 조건에서만 불평등(차등)의 원칙이 통용되는 곳에 사회정의가 있다. 자유의 원칙이 사회의 불평등을 초래하는 경우에도 자유원칙은 옹호되어야 하고 불평등(차등)의 원칙이 적용되는 것은 생존 자체가 위협받는 상황에서만 허용되어야 한다. 장기적으로 자유의 원칙이 사회의 발전과 번영을 가져다주기 때문이다.

최대한의 자유의 원칙은 Bentham의 최대의 행복원칙과 같다. 그러나 Rawls는 불평등의 원칙, 즉 자유를 제도적으로 제한하는 것을 인정하고 있는 점에서

---

50) Rawls의 원초적 사회original society 혹은 원초적 상태는 Hobbes의 자연상태natural state와 비견된다. Rawls는 이 관념의 도입에 관해 "나는 원초적 입장이라는 관념을 통해 사회계약이라는 관념을 한층 더 일반적이고 추상적인 방법으로 활용했다. (이 관념을 통한) 공정으로서의 정의justice as fairness의 가장 일차적인 목표는 바로 기본적인 권리와 자유, 나아가 이들의 우선성에 대한 설득력 있는 해명을 제시하는 것이고, 두 번째 목표는 이 해명과 평등에 대한 민주주의적 이해를 결부시키는 것이었다. 이렇게 함으로써 공정한 기회균등의 원칙과 차등의 원칙에 이르게 되었다. 나는 (공정으로서의 정의를 통해) 공리주의에 합당하면서도 체계적인 대안을 제시하는 정의관을 고안하고자 하였다. 사실 공리주의는 앵글로색슨의 정치사상을 지배해 왔다. …이와 같은 대안을 찾고자 하는 일차적인 이유는, 내가 볼 때 공리주의적인 교설의 취약성, 즉 입헌 민주주의적 제반제도의 기초로서의 공리주의의 취약성 때문이다. 특히 공리주의는 민주적인 제도들을 해명하는 데 있어서 최우선적으로 중요한 사항인 자유롭고 평등한 인격체로서의 시민들의 기본적 권리와 자유에 대해 만족스러운 해명을 제공하지 못한다"라고 말한다. 황경식 옮김, 정의론, p.16 참조.

51) 사회계약은 결국 사회성원 자신들의 규율에 관한 합의라고 생각하는 것은 Hobbes의 생각과 다를 것이 없다. 그러나 Hobbes는 사회성원의 자유를 규율자에게 양도하였으나 Rawls는 양도하지 않고 사회의 기초로서 영구적으로 유지시키고 있는 점에서 다르다.

그것을 인정하지 않는 Bentham과 다르다.[52] 그리고 사회계약이 타율을 수용하는 것이라는 점에서 Hobbes의 사회계약과 Rawls의 사회계약은 다를 것이 없지만, Rawls의 사회계약은 법을 지도하는 정의의 원칙에 관한 것이어서 법적 권리·의무에 관한 Hobbes의 사회계약[53]과 다르다.

한편 평등한 자유의 원칙과 차등inequality의 원칙의 관계에 관한 논의가 있다. 이와 관련하여 고전적 공리주의도 최대다수의 최대행복이라는 법의 목적에서 차등의 원칙을 수용하고 있으므로 다른 점이 없는 것으로 볼 수 있다. 그러나 고전적 공리주의는 자유와 차등의 관계는 상호적 관계correlative에 있지만, Rawls는 성원 전체의 생존위협을 모면할 수 없는 명백한 상황condition of stark survival에 직면한 경우가 아니면 자유의 우선성의 원칙이 적용된다고 하므로 평등한 자유와 자유의 차등은 상호적 관계에 있지 않다. 평등한 자유를 보장하는 결과 자유가 심각히 침해되는 경우가 생길 수 있으나 평등한 자유를 보장하는 것이 장기적으로 성원 전체의 이익을 위해 유익하기 때문이고 말한다.

17. 자유의 유한성

자유에 관한 고전적 공리주의자들[54]의 생각과 Rawls의 생각의 근본적 차이

52) 고전적 공리주의는 내재적 제한자로 공정한 관찰자impartial spectator라는 개념을 도입한다. Rawls도 이와 유사한 이상적 관찰자ideal observer라는 개념을 도입한다. 그러나 공정한 관찰자는 단체의 성원의 마음속에 내재하는 자로서 자연과 사회에 관한 모든 지식을 갖추고 개인의 이기적 행동을 규율하는 자이며, 개인의 자유를 제도적으로 제한 혹은 규율하는 것을 허용하지 않는 반면, Rawls의 이상적 관찰자는 공동체의 성원에 내재하는 것이지만 정의로운 법을 생산하고 지도하는 자로서 자유의 제도적 제한을 허용하는 자이다.

53) Hobbes는 사회계약에 의하여 국가가 성립하면 윤리의 필요 충분한 조건이 생긴다고 말했다.

54) 공리주의는 가장 넓은 의미로 올바른 행위는 최소의 고통으로 최대의 행복을 산출하는 행위라고 말하는 효용설the doctrine of utility을 근거로 하고 있는 윤리사상을 말한다. 공리주의는 효용을 객관적 효용, 즉 사회적 효용으로 이해한다. 그러므로 객관적·사회적 효용가치를 행위의 윤리적 판단기중으로 하는 사상이다. 그러므로 사회이론이고 반 직관주의 혹은 반 도덕주의라고 할 수 있다. 이 사상은 객관적 효용설을 상술하고 있는 John Gay(1699-1745)의 "덕과 도덕성의 기본적 원리에 관한 연구" 및 William James(1743-1805)의 "도덕과 정치철학의 원리"라는 두 저서로부터 발전되었다. 후에 Jeremy Bentham(1748-1832)가 이 효용설을 사회개혁의 원리로 삼으면서 서구의 자본의 성장 및 정치적 자유의 신장과 함께 경제사상과 정치사상을 지배하는 사상으로 자리하게 되었다. 그러나 효용을 중시하는 사상에 관해서는 찬동하면서도 Bentham의 사상이 가지고 있는 이기적 쾌락주의, 자유방임주의, 자본주의 및 객관적 효용주의에 대한 비판이 가해지면서 공리주의 이론은 수정되었다. 그러므로 넓은 의미의 공리주의는 그 사상적 배경과 의견이 다른 광범한 견해wide spectrum of opinions를 포괄하게 되었다. 따라서 Bentham의 이론적 모순을 해명하여 Bentham의 교설이 담고 있는 사회이론으로

점은 자유의 유한성limit of liberty에 관한 전제이다. 공리주의는 자유의 무한성을 전제로 하는 반면, Rawls를 포함한 사회계약론자들은 자유의 유한성을 전제로 한다. 고전적 공리주의는 최대다수의 최대행복을 말한다. 그러므로 고전적 공리주의는 사회적 효용의 무한한 확대가 목적이다. 그러나 Hobbes의 만인에 대한 만인의 투쟁이 암시하는 바와 같이 정의의 필요성 및 사회제도의 필요성은 인간의 욕구를 충족시킬 만큼 인간이 활용할 수 있는 외부적 혹은 내부적 자원이 풍부하지 않다는 데에 있다. 그러므로 사회정의는 인간의 자유에 관한 합리적 제한을 그 본질로 한다.[55] 그러나 사회구성원의 자유를 제약하기 위해

중요성을 가지고 있는 사회적 효용설을 유지하면서 이기적인 쾌락주의 등을 수정하여 공리주의를 완전하게 하려는 노력은 지금까지도 계속되고 있다. 이와 같이 공리주의에 도덕적 기초 혹은 과학적 기초를 세우려는 노력을 한 사람들을 일반적으로 공리주의자utilitarian라고 하거나 신벤담주의자들neo-Benthamite이라 한다. 이러한 새로운 공리주의자로는 이상적 공리주의를 말한 Hastings Rashdall(1858-1924)와 G.E. Moore(1873-1958) 및 Henry Sidgwick(1838-1900)를 든다. Rawls는 Sidgwick에 의해 고전적 동리주의는 가장 명료하고 접근하기 쉽게 정식화되었다고 하고 이것을 고전적 공리주의classical utilitarianism라고 한다. Rawls는 공리주의를 부정하지는 않는다. 그러나 공리주의를 사회의 기초로 하는 것에는 부정적 입장에 있다. Rawls는 그의 저서 "A Theory of Justice"의 초판(1971년) 서문에서 "이 책을 쓰는 나의 의도를 다음과 같이 설명하는 것이 가장 좋을 것이다. 현대의 많은 도덕철학 가운데서 가장 우세한 체계적 이론은 어떤 유형의 공리주의였다. 그 이유의 하나는 공리주의가 그 범위에 있어서나 정교함에 있어서 실로 인상적인 사상체계를 구성했던 일련의 많은 석학들의 지지를 받아 왔다는 사실이다. 우리가 흔히 잊기 쉬운 것은 Hume이나 Adam Smith, Bentham 그리고 Mill 등의 위대한 공리주의자들이 일급의 사회이론가요 경제학자들이라는 점이며, 따라서 그들이 제시한 도덕이론은 그들의 보다 광범위 한 관심사들에 대한 요구를 만족시키면서도 이를 보다 포괄적인 체계로 종합하기 위해 구성된 것이라는 사실이다. 평자들은 그들을 보다 좁은 관점에서 비판하곤 했다. 비판자들은 공리의 원칙이 지닌 애매성을 지적하고 그것이 함축하는 여러 가지 의미와 우리의 도덕감 사이의 표면상의 불일치에만 주목했다. 그러나 내가 생각하기에 이들은 대체할 만한 유력하고 체계적인 도덕관을 제시하는데 실패한 것이다. 우리는 공리주의와 직관주의intuitionism 가운데서 선택하지 않을 수 없을 것으로 생각된다. 결국 우리는 직관주의적인 특정 제한조건들에 의해 한정된 일종의 공리원칙으로 해결을 볼 것이 거의 확실하다. 이러한 견해가 불합리하다고 볼 수 없으며 그 이상의 길이 있다는 보장도 없다. 그러나 다른 길을 모색해서는 안 된다는 이유도 없다. 지금까지 내가 시도해 온 것은 Lock나 Rousseau 그리고 Kant에 의해 제시된 바와 같은 전통적 사회계약론the traditional theory of social contract의 전통적 이론을 보다 일반화하고 추상화하는 일이다. 이렇게 함으로써 내가 바랐던 것은 흔히 이러한 이론에 치명적이라 생각했던 명백한 반박을 면하도록 하여 그것을 발전시키는 일이었다. 나아가서 이러한 이론이 전통적 공리주의보다 더 상위인superior to the dominant utilitarianism of tradition (그러므로 공리주의에 도덕적 근거를 제공해 주는) 정의justice를 체계적으로 설명하는데 대안이 될 것이라 생각하고 논의를 전개했다. 결과적으로 본질에서in nature 지극히 Kant적이다"라고 말하고 있다. 한편 Rawls는 Sidgwick에 의하여 명료하게 정식화된 고전적 공리주의는 최대다수의 최대행복, 즉 개인의 만족의 최대 순수잔여량을 달성하도록 편성되어 있다고 말한다. 박종대 역, W.S. Sahakian의 윤리학, pp.57-85 및 황경식 옮김, 정의론, pp.26, 58 참조.

55) Hume은 정의의 근거는 사회적 효용이라고 하면서 그 욕구를 충족시키지 못하는 인간조건human circumstances 혹은 사회조건에 있다고 말한다. 그러므로 Hume의 사상도 공리주의적이라 할 수 있지만 같은 공리주의적 사상을 가진 Bentham의 공리주의와는 생각을 달리한다고 볼 수 있다. Great Tradition in Ethics, pp.173-175.

서는 그 제약이 사회의 일부 세력의 이익을 위한 것이 되어서는 안 된다.[56] 그러므로 자유를 제약할 수 있는 조건에 관해 John Rawls는 다음과 같이 말한 것이다.

> 사회구성원은 아무 제약이 없이 선택이 가능한 공정한 상황에서 최대한의 자유가 평등하게 주어지는 자유원칙equal liberty principle 및 모든 사람에게 이익이 된다는 조건에서만 불평등이 허용되는 차등원칙difference principle이 통용되는 곳에 사회정의가 있다.

18. 평　　등

Rawls가 말하는 평등한 자유equal liberty는 무엇을 말하는 것인가? 우선 결과의 평등을 말하는 것이 아니고 기대이익에 관한 기회의 균등을 말하는 것은 분명하다. 그러므로 차등의 원칙을 포함하는 평등이다. 기대되는 이익의 총량에서의 균등을 말한다. 현실적으로 각인의 자연적·사회적 여건은 평등하지 않다. 출신과 타고난 자질에 따라 자유의 양과 질은 사람마다 다르다. 그러나 Rawls는 사회계약은 원초적 입장, 즉 자연상태에서의 자유는 평등하다고 보는 것에서 출발하여야 한다고 말한다.[57] 그러므로 원초적 입장에 있는 시민은 무지의 베일veil of ignorance 속에 있어야 한다고 가정한다. 원초적 입장에 있는 시민의 지식에 관해 Rawls는 다음과 같이 말한다.

> 그들은 어떤 종류의 특정 사실을 모른다고 가정된다. 무엇보다도 사회에서 자기의 지위나 계층을 모르며 천부적 지능과 체력 등 능력과 자신의 운수, 자신의 인생계획 등 특수한 사정을 모른다. 그들이 알고 있는 유일한 특수사정은

56) Rawls는 민주주의적 평등은 공정한 기회균등원칙과 차등의 원칙의 결합에 의하여 이루어진다고 하고, 혜택 받는 사람들에게 보다 매력적인 전망을 허용함으로써 보다 혜택 받지 못하는 사람들의 이익이 도모되지 않는 한 사회질서는 그러한 전망을 설정하거나 보장하지 않아야 한다고 말한다. 고전적 공리주의의 자유의 상대적 우선성 원칙은 인장하나 문제는 소수에게 불편을 가하는 일이 다수가 누릴 더 큰 이익의 총량에 의해 정당화될 수 있느냐는 데에 있다고 말한다. 결국 각자가 기대할 수 있는 이익의 총량을 축소하는 하는 것은 정당성을 확보할 수 없다는 것이다.

57) Hobbes가 자연상태의 인간을 기초로 사회계약론을 전개한 것이나 Bentham이 자연상태의 인간에서 출발하여 공리주의를 주장한 것이나 인간은 자연상태에서 동등하다는 생각에서 출발하고 있는 것은 Rawls와 마찬가지다.

자신들이 정의의 여건하에 있다는 것이다. 그러나 그들은 사회의 일반적인 사실에 관해서는 알고 있다. 사회조직의 기초와 인간 심리의 법칙 등을 알고 있다. …정의관conception of justice[58]이 자기 스스로를 지지하는 근거를 만들어 내야 한다는 것은 정의관(나의 정의론)의 중요한 특징이다. 정의의 원칙(혹은 정의의 개념concept of justice)은 그것이 사회의 기본적인 구조 속에 실현될 경우 사람들이 그에 해당하는 정의감sense of justice을 갖고자 하고 그 원칙에 따라 행동하고자 하는 욕구를 개발하는 것임에 틀림없다. 이런 類의 일반적 지식은 원초적 입장에서 용납할 수 있을 것이다.

그러므로 Rawls가 말하는 평등한 자유는 생산물의 분배에 관한 평등과는 다르다. 전자가 전향적forward-looking 분배의 평등이라고 한다면, 후자는 후향적 backward-looking 혹은 사후 구제적 분배의 평등이다. 전자는 윤리적 평등이라고 한다면 후자는 법적 평등이다. 현대의 사회주의[59]는 후자에 관심을 두고 있는 주장이다. 전자의 평등은 후자의 평등을 위한 조건이다. 그러므로 후자의 평등을 달성하기 위해서는 전자의 평등으로부터 시작하여야 한다. 주어지는 조건이 평등하여야 결과도 평등하게 될 것이기 때문이다. 그러나 평등한 조건은 필연적으로 평등한 결과를 가져오는 것은 아닐 것이다. 그러므로 사후적 조정을 배제할 수는 없을 것이다. 그러나 그 사후적 조정은 자연 상태보다 증대된 생산물에 관한 분배라는 조건을 충족하여야 한다. 그러므로 원초적 입자의 자유를 제한할 수 없는 것이다.

현대의 사회주의가 갖는 결정적인 약점은 전자의 평등의 기본적 조건인 평등한 자유를 인정하지 않는 것이다. 공동의 노력으로 생산된 부를 균등하게 나누는 것에 의해 평등을 달성하려는 것이다. 그러나 애써서 노력한 사람이나 노력하지 않는 사람이나 그 몫이 같다면 노력한 필요가 없게 되어 인간의 자발성이나 창의력[60]을 끌어내지 못하게 된다. 부의 불평등문제 등 인간의 소외문제를

58) Rawls는 정의관conception of justice과 정의의 개념concept of justice을 구별한다. 정의의 개념은 정의관에 의해 구현되는 정의의 원칙principle of justices과 이에 관한 견해들로 형성되는 공통적인 개념이라고 한다. 그러므로 전자가 기본적인 것이고 주관적인 것이라면 후자는 부차적인 것이고 객관적인 것이라 할 수 있다. 그러므로 사회생활의 이득에 관한 상충되는 요구를 적절히 조정해 줄 규칙이 있을 경우 정의관에 의해 그 제도는 정의롭다는 점에 합의할 것이라는 것이다. 황경식 옮김, 정의론, p.38 참조.

59) 현대의 사회주의와 본질적 사회주의를 구별하고자 한다. 본질적 사회주의는 사회계약 자체가 사회주의라는 생각이다.

60) Bentham이 이기주의에 의해 끌어내려고 하였던 것이다.

해결하기 위한 것이 인간을 근본적으로 소외시키는 것이 된다. 그러므로 평등한 자유의 분배와 생산물의 평등한 분배는 동시에 고려되어야 한다.

지난 세기 세계는 이 두 가지 정의와 관련되어 양대 진영으로 나뉘어 다투어 왔다고 할 수 있다. 그러나 이 두 가지 평등개념은 접점을 발견하고 있다. 자유진영은 비합리적인 자본의 힘을 합리화하여 배분적 정의를 실현해 가고 있으며 공산주의 혹은 사회주의 진영은 비합리적인 배분적 정의를 수정하여 자유를 도입함으로써 자유진영에 가까워지고 있다. 그러므로 자유주의가 기본구조로 하고 있는 평등한 자유, 즉 기회균등을 통해 배분적 정의를 실현한다는 목표에 대해 사회주의 진영도 공감하고 있으며, 사회주의가 기본구조로 하고 있는 생산물의 평등한 분배에 대해서도 평등한 자유도 종국적인 목표는 생산물의 평등한 분배라는 점에 공감하고 있는 것이다. 결국 합리성의 승리이다.

평등한 자유가 종국적 평등, 즉 결과적 평등을 지향하는 것이라는 인식과 관련하여 원초적 시민에 대한 평등한 자유의 가정과 현실적인 불평등에 대한 문제가 남아 있다. 특수한 사회적·자연적 불평등이 종국적인 불평등을 초래하는 것은 경험상으로 명백하다. 생래적으로 생활능력이 없거나 출신으로 인해 기대를 구현할 기회가 출신이 좋은 사람보다 제한되는 것은 부인할 수 없다. 따라서 평등한 자유는 현실적 불평등을 보상하지 않으면 원초적 시민이 성취하고자 하는 이득에 관한 기회를 균등히 하여 종국적으로 평등을 달성하려는 논리가 성립할 수 없기 때문이다. 현대적 사회주의는 이 문제에 대한 해답을 제시하려고 했던 것이라고 할 수 있다. 그러나 평등한 자유를 무시한 데에 문제가 있었다. 또한 자유주의는 현실적 불평등을 무시하려고 했던 데에 문제가 있었다. 현실적 불평등문제에 관해 Rawls는 다음과 같이 말한다.[61]

> 차등의 원칙은 보상의 원칙이 아님은 분명하다. 차등의 원칙은 예를 들어 교육에 재원을 할당하는 배려를 함으로써 장기적으로 최소 수혜자의 기대치를 향상시켜 주게 된다. 만일 보다 나은 처지에 있는 사람들에게 보다 많은 배려를 함으로써 그러한 목적이 달성된다면 그러한 배려는 허용할 수 있으나 그렇지 않을 경우는 허용할 수 없는 것이다. … 그래서 차등의 원칙은 보상의 원칙과 동일한 것은 아니지만 보상원칙의 취지를 어느 정도 실현시켜 주고 있다. … 차등의 원칙은 결국 천부적 재능의 분배를 공동의 자산으로 생각하고 그 결과

61) 황경식 옮김, 정의론, pp.151-160 참조.

에 상관없이 이러한 분배가 주는 이익을 나누어 가지는 데 합의한다는 것을 의미한다. 천부적으로 보다 유리한 처지에 있는 사람들은 그들이 누구든지 간에 아주 불리한 여건에 있는 사람들의 여건을 향상시켜 준다는 조건하에서만 그들의 행운에 의해 이익을 볼 수 있다. 천부적인 혜택을 받은 사람들은 그들이 재능을 더 많이 타고 났다는 바로 그 이유만으로는 이득을 볼 수 없으며 훈련과 교육비를 감당하고 불운한 사람들도 도울 수 있도록 그들의 자질을 사용해야 한다. …사람이 천부적으로 타고나는 것은 정의롭다거나 부정의하다고 할 수 없으며, 사람이 사회의 특정한 지위에 태어나는 것도 부정의하다고 할 수 없다. 이것은 단지 자연적인 사실에 불과하다. 그러나 정의 여부가 문제되는 것은 제도가 그러한 사실들을 처리하는 방식이다. 귀족사회나 계급사회가 不正義한 이유는 그러한 사회가 이러한 우연성을 한정되고 특전을 가진 계층에 속하게 되는 귀속근거로 삼기 때문이다, 그러나 이러한 우연성에 자신을 내맡길 필요는 없다. 이러한 사회체제란 인간이 통제할 수 없는 불변적인 질서가 아니며 인간행위의 한 양식이다. 그러므로 공정으로서의 정의에 있어서 사람들은 공동의 이익을 가져오는 경우에만 자연적·사회적 여건의 우연성을 이용하기로 약속한다.

19. 극단적 사회주의

사회계약 자체가 사회주의라 할 수 있다. 그러므로 공동체의 공감에 기초하는 Rawls의 정의론도 사회주의 이론이라 할 수 있다. 개인이 사회를 구성하여 협동하기 위한 것이기 때문이다. 이런 의미의 사회주의는 어떤 사회든 근본적으로 가지고 있는 것이다. 모든 법이 그러한 것처럼 모든 사회의 원리는 재화와 권리와 의무의 적절한 분배를 목적으로 하는 것이기 때문이다. 이것을 근본적 사회주의라 할 수 있다. 그러므로 사회주의는 개인의 가치와 사회의 가치 중 어느 것을 더 중시하느냐의 문제를 중심으로 여러 가지 형태의 사회주의가 나누어지는 것이다. 자유주의는 개인의 자유를 극대화하는 것을 통해 사회성원의 행복이 증진될 수 있다는 믿음이라고 보게 되는 것이다. 그러므로 자유주의와 근본적 사회주의는 서로 배척되는 것은 아니다. 현대의 사회주의는 경제적 불평등 문제를 중심으로 하고 있는 특성을 갖는다. 그런데 사회주의에는 본질상 서로 다른 것들이 있다. 사회를 무엇으로 보느냐에 따른 상점이다.

근본적 사회주의는 공동체를 기초로 하는 사회주의이다. 그러므로 공동체성원의 합의에 기초하는 것이다. 이와 다른 것으로 추상적 사회주의를 말할 수 있다. 추상적 사회주의는 어떤 단체를 그 성원을 초월하는 존재로 보는 것을 기초로 하는 사회주의이다. 단체 자체의 의사가 있고 단체 자체의 목적을 성원의 의사를 초월하는 것으로 보는 생각이다. 이 단체사회주의에도 여러 가지가 있을 수 있다. 단체를 초월한 불변하는 이념을 기초로 하는 사회주의가 있다. 서양에서 근대 이전의 왕권신수설과 같다. 한편 단체의 의사는 변하는 것이지만 결정된 단체의 의사를 절대적인 것으로 보는 것이다. 국가사회주의Nazis가 후자의 예라 할 수 있다. 추상적 사회주의의 특성은 사회를 위해 개인, 즉 사회의 성원이 존재한다고 보는 것이다. 그러나 우리는 사회는 개인을 위하고 개인은 사회를 위하는 상호관계 속에 있다고 본다. 극단적 사회주의와 극단적 자유주의가 문제이다.

자유와 평등은 사회가 성립하고 사회정의를 달성하기 위한 조건이며 사회구성원을 지배하는 기본적 관념이 된다. John Rawls는 그것을 사람들의 변덕에 좌우되지 않는 영구적인 합의, 사회를 지배하는 관념이 인간을 수단이 아니라 목적으로 보는 것, 즉 이성적인 인간으로서의 인간의 존엄을 인정하는 것 및 사회의 구성원이 사회적 합의 본질을 아는 것이라고 말한다. 사회적 합의가 이루어져 사회가 성립되더라도 그것을 유지하는 것은 결국 윤리, 즉 덕이다. 그러므로 롤스는 인간을 수단으로 보지 않고 목적으로 보아야 하며 사회의 구성원은 이에 대한 믿음을 가져야 한다고 말한 것이다. 동양의 유교사상에서도 가정과 국가 혹은 천하가 태평하게 되는 것, 즉 사회정의를 달성하기 위한 조건으로 투철한 지식致知, 진실한 뜻誠意, 바른 마음正心을 말한다.

20. 정의justice

정의라는 말은 유일한 것, 옳고 공정한 것이라는 의미를 가지고 있다. 어떤 행동이 법적인 혹은 도덕적인 판단을 하는데 있어서 정당한 근거라는 의미를 갖는 말이라 할 수 있다. 과학에서 사용하는 진리truth에 해당하는 말이라고 할 수 있다. 그러나 흔히 진리를 인간을 초월한 신성한 원리이며 절대적인 것으로 이해한다. 정의에 관해도 같은 문제가 있다. 앞에서 말한 바와 같이 정의는 간주관적인 공감이므로 그 내용은 규정할 수 없는 것이다. 그러므로 Rawls는 정의를 묵시적 합의로 보는 것이다. 정의는 명시적 사회를 구성하고 명시적 사회의 성원들의 행동을 지도하고 판단할 기본원리가 나오는 절차 혹은 조건과 같은 원천source이 될 수밖에 없는 것이다. 정의는 발견되고 또 변용될 수 있는 무한히 열려있는 것이다. 정의의 내용은 알 수 없으며 구체적인 사안과 관련하여 발견되는 것이고, 명시적 사회의 지도원리로서 의미를 가져야 한다.

그러므로 회의론자skeptics들은 옳고 그름에 대한 기준 혹은 규범을 제시하려는 정의론자right-theorist를 비판하고 있다. 정의는 규정되는 것이 아니라 발견되는 것이라는 회의론자의 관점은 옳다고 볼 수 있다. 그러나 정의가 비록 묵시적이라 하더라도 정의가 발견되는 근거에 대한 합의는 있어야 한다. 그러므로 Rawls는 정의를 내용적으로 규정하려는 정의론자에 반대하지만 그 것이 나오는 절차 혹은 조건은 있어야 한다고 생각하는 것이다. 이렇게 정의를 관념하는 정의론을 묵시적 정의론자tacit right-theorist라 할 수 있다.

현대의 가장 투철한 정의론자인 John Rawls는 묵시적 정의론자라 할 수 있다. 그는 정의가 생산되고 변용되는 근거인 묵시적 합의 사회를 "원초적 상태 initial quo"의 사회라고 하고 그 사회성원은 자신의 사회적 출신, 지위나 사회계층상의 위치를 모르며 자신들의 가치관이나 특수한 심리적 성향도 없는 무지ignorance의 상태에 있는 것으로 가정한다. 자신들이 선택하는 정의의 원칙들은 이와 같은 무지의 베일veil of ignorance 속에서 선택하는 것이다. 아무도 자신의 특정 조건에 유리한 원칙들을 구상할 수 없는 상태에서 자신의 목적과 성의삼을 가진 합리적이고 도덕적인 인간이 결정하는 것이므로 최초의 합의, 즉 정의에 관한 합의는 공정fairness한 것이라고 한다. 그러므로 그는 정의를 "공정으로서의 정의 justice as fairness"라고 한다. 그러므로 정의는 "가치의 왕국"[62)]을 건

62) 가치의 왕국은 확고한 불가변적이며 절대적인 객관적 가치에 의해 세워진 위계적 질서를 말한다. 가치경험주의 혹은 가치회의주의에 對한 말이다. 불가변적이고 절대적이며 객관적인 이데아를 말한 Plato, 절대적 목적으로서의 최고선을 말한 Aristotle은 가치의 왕국을 건설하려는 사람들로 여겨질 수 있다. 그러나 Kant의 경우는 보편적 법칙을 기준으로 하므로 객관적이지만 그 보편성은 그 기초를 인간의 도덕성에 두므로 주관적이고 상대적이며 경험주의적이다. 따라서 객관적이지만 그 개관성은 보편성에서 찾는다. 보편적 가치의 왕국을 세우려고 한 사람으로 볼 수 있다. Kant는 행복을 "자기의 바람과 의지에 따라 모든 것과 조화되는 이성적 존재조건"으로 본다. 한편 고전적 공리주의는 최대다수의 최대행복이라는 객관적인 사회적 효용가치를 근거로 행위의 가치를 매기려 하므로 가치의 왕국을 건설하려는 것으로 볼 수 있다. 반면 가치회의주의는 객관적 가치는 존재하지 않으며 오직 인간의 경험에 의하여

설하는 것이 아니다. 이러한 John Rawls의 정의관은 우리가 "우주적 사고"라고 부른 세계관에 기초하고 있다고 볼 수 있다. 그리고 정의원칙은 결국 도덕원칙임을 알 수 있다. 그러므로 정의에 관한 합의는 도덕적합의moral agreement, 즉 도덕적 공감moral sympathy인 것이다.

21. 고전적 정의론

Aristotle은 광의의 정의를 인간의 심정 및 행동을 공동생활의 일반적 원칙에 적합하게 하는 것, 즉 아테네의 법을 준수하는 것이라고 하고, 협의의 정의를 법의 구체적 원리에 따라 각인의 물질적, 정신적 이해를 평등하게 하는 것이 정의라고 한다. 그리고 후자의 정의를 평균적 정의commutative justice와 배분적 정의distributive justice로 나누었다. 이 정의론이 후세의 정의론에 결정적인 영향을 미쳤다. 한편 Kant는 형벌의 본질을 응보라 하고 정의의 실현이라고 한다. Aristotle와 같이 형별을 평균적 정의의 실현이라고 보는 것이다. 정의에 관한한 법적인 것으로 보고 있는 점에서 Aristotle과 같다고 할 수 있다.

고대 로마의 Ulpianus는 정의를 "각자에게 그의 몫을 돌리려는 항구적 의지"라고 하였다. 정의의 "항구성"을 말하는 점에서 Aristotle과 다르다. Aristotle은 법에 근거를 두고 있기 때문이다. 그러므로 현대적 정의론의 표준으로 여겨지고 있다. Rawls가 정의에 항구성을 부여하려는 것과 같다.

정의는 불가변적 확실한 가치 혹은 객관적인 것을 확립하려는 것이 아니라 보다 근원적인 가치가 생산되고 변용될 수 있는 항수적 근거이여야 한다. Aristotle과 같이 "이것이 정의이다"라는 태도를 취하지 않는 것이고 법 이전의 법이 근거는 하는 것이 되어야 한다는 것이다. Socrates가 말한 것처럼 정의는 "인간의 본성"에서 찾을 수밖에 없다. Plato는 이성과 용기와 절제의 부분덕목이 조화될 때 나오는 종합덕목으로 본다. 그러나 부분덕목을 이성에 의하여 발견되는 절대적인 것이므로 인간의 본성에서 찾는 Socrates적 정의론과 다르다고

형성된 지식에 의하여 실증되는 것이라는 생각을 가진 사람들을 말한다. 즉, 과학주의적이라 할 수 있다. 법실증주의도 이러한 사상을 바탕으로 하는 것이라 할 수 있다. Rawls는 공동체의 공감적 가치에 근거를 둔 정의로운 사회를 건설하려는 사람이다. 그러므로 객관적 가치의 왕국을 세우려는 사람은 아니다. 그러나 그는 Kant와 같이 인간의 직관을 기초로 보편적 가치의 왕국을 건설하려는 사람이라 할 수 있다. 그러므로 가치회의주의자는 아니다.

할 수 있다. Aquinas가 정의를 사랑과 같은 불가 확정적인 것으로 보는 것은 인간의 본성에서 정의를 찾는 신의 뜻에 따라 사랑을 실천하는 것으로 본 것은 그리스도교의 세계관에 근거한 것이지만 근원적이고 항구적인 것에서 정의를 찾는 점에서 Socrates의 생각과 그 맥을 같이 하는 것이라 볼 수 있다.

22. 현대적 정의론

현대 법철학의 양대 산맥이라 할 수 있는 Kelsen과 Radbruch의 정의론을 살펴보자. 우선 법실증주의자인 Kelsen(1881-1973)은 "정의에 대하여 자신의 견해만이 정당하고 절대적으로 타당한 것이라고 하는 것은 자신의 감정적 행위를 합리적으로 정당화하려는 요구가 너무나 절실해서 생기는 자기기만"이라고 말한다. 그러므로 그는 정의를 인정하지 않는 것이라 할 수 있다. 실재reality하는 것은 법규범뿐이며 그 법규범을 통해 모든 행위의 옳고 그름이 판단되는 것이라고 생각하는 것이다. 그래서 법을 단계적 구조로 파악[63)]하고 가장 상위에 있는 규범을 근본규범basic norm이라고 하고 이것에 의해 이하의 규범이 정당성을 확보하게 된다고 한다. 그리고 이 근본규범은 선험적인 것a priori[64)]이라 하고 이것이 종국적인 법의 근거라고 한다.

그러므로 Kelsen의 경우 법 이외의 정의는 없는 것이다. 굳이 말한다면 정의는 근본규범 속에 있는 것이다. 규범(법) 내재적 정의라고 할 수 있다. Kelsen의 근본규범을 종국적인 것으로 보는 점에서 Kant의 정언명령categorical imperative과 유사하다고 할 수 있다.

그러나 Kant의 정언명령과는 다르다.[65)] Kant의 정언명령은 인간의 보편성,

---

63) Kelsen은 법단계설Rechtliche Stufentheorie을 주장한다. 법이 법으로서의 효력을 갖는 것은 보다 상위의 법으로부터의 당위적 효력을 위임받기 때문이라는 것이다.

64) Kant가 말한 것이다. 그는 회의주의 철학skepticism이 경험내용에서 과학과 윤리의 근거를 찾는 것에 대해 그것은 오류로서 확실한 근거가 될 수 없다 한다. 다시 말하면 과학과 윤리학 지식이 확실한 것으로 보증되는 것은 마음의 범주categories(concepts) of the mind가 작용하는 법칙에 의해서 라고 말한다. 회의주의자들이 말하는 경험적 지식 혹은 현상phenomena에 대한 지식은 확실한 것이 아니고 물자체things-in-themselves 혹은 궁극적 실재ultimate reality에 대한 지식은 경험으로는 불가능하다고 말한다. 그리고 이 마음의 범주는 선험적인 것a priori인 것이라고 한다. 선험적이라는 말은 초경험적이라는 말이다.

65) Kant는 보편적인 도덕적 의무는 사람마다 다른 인간의 욕망이나 성향에 관한 경험적 자료에 의해서 발견될 수 없고 모든 사람이 가지고 있는, 즉 인간의 마음속에 내재하는 이성rational nature에 있다고 한다. 따라서 이성적 인간에게 모순 없이 적용될 수 없는 도덕법칙은

즉 인간의 마음 속에 있는 보편적 인식ordinary moral consciousness 속에 있기 때문이다. 그러므로 Kelsen의 생각은 Kant와 같은 생각을 가지고 있는 Rawls와도 다르다. Rawls는 정의는 공동체 성원의 공감 속에 있고 법(규범) 외재적이지만 법체제legal system 내에서 법을 생산하고 법을 지도하며 법의 타당성을 부여하는 역할을 한다. Rawls의 정의론에서는 법은 정의에 포섭되어 있으므로 하나의 체제 속에서 상호작용하는 것이다. 결국 정의는 법 내재적이지만 Kelsen이 말하는 근본규범 같은 규범적인 것은 아니다. Kelsen은 실증주의positivism사상에 기초하고 있다.[66] 그러므로 언어의 분석, 즉 법률의 해석이 유일한 법적 판단의

유효한 것이 아니라고 말한다. 다시 말하면 도덕원칙은 자신을 포함하여 모든 사람이 반드시 따르기를 의욕 할 수 있는 것이어야 한다고 한다. 그래서 그는 道德律의 핵심으로 정언명령categorical imperative을 말한다. 이것은 어떤 격률maxims이 모든 사람에게 모순 여부를 확인하는 시금석test of consistency이다. 그러므로 모든 사람에게 모순이 없는 격률에 일치하는 행위는 옳은 것이고, 모든 모순 없이 사람이 따르지 않을 것으로 여겨지는 격률에 의한 행위는 그른 행위가 되는 것이다. 그러므로 Kant는 경험주의적이다. 그러므로 그가 말하는 보편성은 dogma가 아니다. 그러나 절대적이다. 정언명령은 도덕적 명령이며 그 자체가 목적이고 무조건적이기 때문이라고 말한다. 그러므로 "만일 네가 이것을 원한다면 그렇게 해라"와 같은 가연명령은 그 자체가 善이라기보다 내재적 선에 대한 수단이므로 정연명령과는 다르다고 말한다. Great Traditions in Ethics p.180-182 참조

66) 실증주의positivism는 선을 정의할 수 없다, 즉 인간의 의식으로는 없는 실재하는 것이라고 하고, 그러므로 윤리적 진술은 자명하거나 외부적 사실에 의하여 증명되는 수밖에 없다는 (윤리적 사실주의moral realism라고 한다) G.E. Moore(1873-1958)의 분석적 태도에서 비롯된 것이라고 한다. 그는 윤리적 문제에 관한 의견의 불일치는 대부분 윤리적 문제에 답하기 그 해답에 포함된 명제들에 대한 의견이 불일치한 데서 비롯되는 것이므로 그것들에 대한 분석인 선행되어야 한다고 하였다. 윤리학의 분석적 태도는 종래의 체계적 윤리학을 버리고 논리 및 언어를 분석하는 것을 윤리학의 본령으로 한정하는 A.J Ayer(1910-), Charles L. Stevenson(1908-1979) 같은 논리실증주의 혹은 언어실증주의가 나타났다. 그들은 Moritz Schlick(1882-1936), Rudolf Carnap(1891-1970) 등의 영향을 받았다. Schlick는 "나는 어떤 것을 마땅히 하여야 한다"란 말은 단지 "내가 그것을 하기를 누군가가 원한다"를 의미할 뿐이라고 말한다. 그는 가치는 개인적 욕구와 행복의 능력과 연관되어 있기 때문에 객관적인 도덕원리나 의무감 따위는 없다는 것이다. 그리고 도덕원리는 경험적 혹은 사실적 존재에 의해 설명되는 것이라는 것이다. 그러므로 가치평가는 규범적인 것이 아니고 사실적인 것이라는 것이다. 윤리학을 사실과학으로 자리매김한다. Schlick는 윤리학을 과학의 범주로 하고 있으나 Ayer와 Stevenson은 윤리적 실재는 인간이 의식할 수 있는 것이 아니므로 윤리진술은 다만 각 개인의 정의적인 진술일 뿐이라면 윤리학, 즉 규범학은 논리나 언어의 분석을 본령으로 하여야 하고 윤리적 사실에 관한 연구는 윤리학이 아니라 사회과학의 영역으로 넘겨주어야 한다는 것이다. 결국 핵심은 윤리적 진술은 각자의 욕망을 진술한 정의적 표현이라는 것이다. 법규범의 해석에 의지할 수밖에 없다고 하는 법적 법실증주의는 논리실증주의와 같다. 그러나 Kelsen은 선험적인 근본규범을 말하므로 가치허무주의와는 다소 다르다고 할 수 있다. 그는 Edmund Husserl(1859-1938)의 영향을 받았다고 한다. Husserl이 창시한 현상학은 현상에서 이념적이고 지성적인 구조를 찾아내려는 사조이다. 즉 지식은 과학적 방법이나 단순한 감각 혹은 지각에 한정되지 않으며 인간은 감각과 이성을 초월한 현상을 직관적으로 기술할 수 있다는 것이다. 그러므로 근본규범은 이러한 직관적 통찰을 기술한 것이 되는 것이다. 그러나 규범의 해석을 통해 그것을 알 수 있는 것이다. 논리실증주의적이지만 현상학을 통해 가치허무주의를 극복하고 있다.

근거인 것이다.

자연법주의자인 Radbruch(1878-1949)는 정의를 합법성으로서의 정의와 실정법을 평가하는 정의를 구별하고 후자의 정의를 평등이라고 말한다. 그러므로 Aristoteles의 정의론은 합법성으로서의 정의가 될 것이다. 한편 실정법을 평가하는 정의로 "사실의 규범력"이라는 관념을 통해 필연적인 자연법을 말한다. 그러나 정의는 자연법칙과 같은 필연적 원리가 아니고 인간의 마음에 형성되는 원칙이고 가치관념이다. 그러므로 자연법은 우리가 생각하는 정의일 수 없다.

Rawls에 의하면 정의원칙은 인간의 열망과 관련되고 공동체 성원의 간주관적 공감 혹은 보편성을 확보하여 정의의 원칙이 되는 것이다. 그러므로 Radbruch의 사실의 규범력에 관한 이론은 정의론과는 관계없는 것이라 할 수 있다. 한편으로 Radbruch는 인권 등 기독교적 가치를 강조하고 있다. 결국 Kelsen과 Radbruch는 정의가 규범적인 것인가 혹은 사실적인 것인가에 근본적인 차이가 있다.[67] Kelsen은 실증주의 철학에 근거하여 법을 순수하게 개념적인 것으로 보는 것이고 Radbruch는 자연주의적 철학에 의하여 법을 개념적인 것으로만 파악하는 것을 거부한데에 차이가 있다.

Kelsen은 정의를 규범(법) 내재적인 것으로 보는 반면, Radbruch는 법의 실효성(타당성)을 확보해 주는 법 외재적인 사실로 보는 것이다. 그러므로 Radbruch의 정의에 관한 생각의 결정적인 결함은 법 내재적인 원리가 되지 못하고 정의를 단순한 사실로 보는 것이고, Kelsen의 결정적인 결함은 규범내재적인 것으로 법(규범) 외재적인 성의를 법(규범)과 연결하지 못하고 있는 것이라 할 수 있다. 그러므로 우리는 법체제legal system를 규범 자체가 아니라 규범이 돌아가게 하는 하나의 공동체의 체제communal system를 파악하고, 규범을 공동체의 성원의 공감된 정의관conception이라는 경험적 사실과 결합하는 Rawls의 정의론을 주목하는 것이다.

Radbruch는 규범은 논리적 허상에 불과하므로 규범에 의해서는 정의를 보장할 수 없는 점을 염려할 것이고 Kelsen은 정의로운 법, 즉 타당한 법은 정치에서 해결해야 할 것으로 볼 것이다. 그러나 정의는 법에 구현되고 그 것의 실효성은 법공동체 내에 존재하는 공감에 의에서 끊임없이 검증되어 개선되어 가

67) 최종고, 법학통론, 1990, pp.52-54 참조.

는 것으로 생각하고 그렇게 체제와 법을 구현해가야 한다. 결국 인간의 믿음과 그 믿음을 실천하는 덕성에 달려 있다. 양심conscience을 도덕의 원천이라고 한 Joseph Butler(1692-1752)는 자기의 윤리사상은 로마서 2장 14절-15절에서 도출하였다고 하면서, 이 성경구절은 "모든 사람은 정의의 원칙the rule of right과 의무를 자신에게서 발견할 수 있다"는 것을 가르쳐 준다고 말한다.

> 율법을 가지지 않은 이방 사람이 사람의 본성을 따라 율법이 명하는 바를 실천하면 그들은 율법을 가지고 있지 않아도, 자기가 자기에게 율법이 됩니다. 그런 사람들은 율법이 요구하는 일이 자기의 마음에 적혀 있음을 드러내 보입니다. 그들의 양심도 이 사실을 증언합니다.

23. Rawls의 정의원칙

John Rawls는 정의의 원칙을 공동체의 시민이 정의관에 공감하는 묵시적인 합의라고 보고 이후 시민들이 명시적으로 정할 모든 합의를 규제하는 것으로서 그들이 정할 제도들에 관한 모든 비판과 개혁을 규제하게 된다고 말한다. 그리고 정의의 원칙들은 시민, 즉 사회 성원의 기본적 자유의 보장과 협동의 결과 산출된 이득의 공정한 분배의 원칙으로서 사회 전체의 한정된 자유의 총량을 극대화하고 구성원의 복지의 극대화를 기하기 위한 우선성의 규칙에 의하여 정립된다고 말한다. 그리고 다음과 같은 정의의 원칙을 제시하고 있다.[68]

〈정의의 두 원칙〉

제1원칙: 시민 각자는 다른 사람의 유사한 자유의 체계와 양립할 수 있는 평등한 기본적 자유의 광범위한 체계와 양립할 수 있는 평등한 기본적 자유의 가장 광범위한 체계에 대하여 평등한 권리를 가져야 한다.[69]

제2원칙: 사회적, 경제적 불평등은 ① 그것이 정의로운 저축체계와 양립하면서 최소 수혜자에게 최대 이득이 되고, ② 모든 사람에게 개방된 직위와 직책

68) Rawls의 정의의 원칙을 객관적 규범으로 보아서는 안 된다. Kant의 정언명령에서 격률maxim과 같은 것이다. Kant의 경우는 가장 보편적인 도덕적 정언명령categorical imperative인 도덕률이나 Rawls의 경우는 입헌민주주의 사회의 정언명령이라고 보아야 한다. 좀더 특수적이다. 헌법정신에 나타나는 정의의 원칙이라 할 수 있다.

69) 제1원칙을 평등한 자유의 원칙이라 한다.

과 결부되게끔 편성되어야 한다.[70)]

〈제1우선성 규칙〉

정의의 원칙들은 축차적 서열로 이루어져야 하고 자유는 자유를 위해서만 제한할 수 있다. ① 덜 광범위한 자유는 모든 이가 공유하는 자유의 전 체계를 강화해야만 하고, ② 덜 평등한 자유는 보다 작은 자유를 가진 사람들에게 받아들여질 수 있어야 한다.

〈제2우선성 규칙〉

정의의 제2원칙은 서열상으로 효율성이나 이득의 총량의 극대화 원칙에 우선하여야 하며 공정한 기회는 차등의 원칙에 우선하여야 한다. ① 기회의 불균등은 보다 적은 기회를 가진 사람들의 기회를 증대해야만 하고, ② 과도한 저축률은 결국 이러한 노고를 치르는 사람들의 부담을 경감시켜야 한다.

24. Rawls의 정의원칙의 이해

정의론적 자유

인간의 자유는 본질적인 자유radical freedom[71)]로 파악하여야 한다. Sartre가

70) 제2원칙을 차등의 원칙이라 한다.

71) 서양에서 17세기에 태동한 자유주의는 정치적 폭정, 종교적 박해, 경제적 횡포, 지적 억압과 같은 모든 억압적 권위로부터의 해방을 의미했다. 그러나 자유의 개념에 관한 본질적 접근은 경험주의 철학에 기초하여 인간의 정신은 원래 하얀 종이와 같은 것으로 본 Lock(1632-1704)로부터라고 할 수 있다. 사상적 측면에서 Hume과 같은 공리주의가 가지고 있는 자유주의에도 영향을 미쳤다. 정치적으로는 미국의 헌법이 자유주의를 기초로 하는 근거가 되었다. 그러나 보다 본질적인 자유개념을 논의한 것은 실존주의existentialism에서 나타난다. Hume 과 등 공리주의자를 포함하여 경험주의 철학자들과 Kant도 인간의 자유를 본질적인 자유를 인정하지만 인간의 주체적 자유를 말하는 것은 아니기 때문이다. 그들은 Plato와 같은 외부세계, 즉 객관적 질서와 내부세계, 즉 주관적 질서를 구분하고 있다는 것이다. 실존주의 철학자인 Sartre는 이것을 이원주의dualism이라고 하고 자유와 책임, 객체와 주체, 존재being와 무nonbeing, 실존existence과 본질essence를 대립시킴으로써 논리적 일관성을 확보하는 데 실패하고 있어서 인간은 실존reality의 주체가 되지 못하고, 인간을 전체totality로서 보지 못하고 있다는 것이다. 따라서 그는 인간의 조건human condition을 본질적 자유radical freedom로 파악한다. 그는 다음과 같이 말한다. "실존이 본질에 앞서는 것이라면 누군가에 의하여 주어진 인간의 본성human nature을 설명하는 결정론determinism은 타당할 수가 없다. 그러므로 인간은 자유자체이다. 따라서 신God은 존재하지 않는 것이므로 인간의 행동을 정당화시키는 가치나 명령은 없는 것이다. 이와 같이 투명한 가치의 영역the bright realm of values에서 인간은 자신의 행동을 변명할 수 있거나 정당화할 수 있는 근거가 없는 것이다. 인간은 변명할 수 없는 독

"인간의 본질은 인간의 선택에 의해 결정되는 것이지 인간의 본질에 의하여 선택이 이루어지는 것이 아니다"라고 하는 것과 같다. 불교의 세계관과 같이 스스로 선정禪定을 통해 우주에 접하고 우주에 동화됨으로써 인식할 수 있고, 내가 경험한 것에 의하여 우주가 형성되는 세계의 주체로 인식하는 것이다. 그러므로 인간의 자유liberty는 규정될 수 없는 인간의 본성에서 나오는 것이라 할 수 있다. 따라서 천부적 권리 혹은 불가양不可讓의 권리로 보는 것이다. 따라서 자유는 누구에 의하여 주어지는 것 혹은 법에 의해 실정됨으로써 존재하는 것, 즉 적극적positive인 것이 아니고 본래부터 있는 것, 즉 소극적negative인 것이라는 점이 전제되어야 한다.

그러나 Rawls는 정의론에서 중요한 의미를 갖는 자유의 의미는 인간의 본질적 자유를 전제하지만 법에 의한 자유의 제한과 관련하여 파악되는 자유라고 말한다.[72]

평등한 자유

Rawls는 정의의 원칙이 갖는 매력적인 특징 중의 하나는 그것이 평등한 자유의 안전한 보호를 보장하는 점이라고 하고 다음과 같이 말한다.[73]

존alone이다.

72) 사상의 자유, 양심의 자유 및 신체의 자유는 인간의 본질적 자유이다. 자연적 자유natural liberty, 즉 소극적 자유negative liberty이다. 공리주의가 파악하는 자유의 개념이다. 그러나 이 자연적 자유도 인간을 둘러싸고 있는 조건과 관련되는 공동체에서의 자유이다. 그러므로 자연적 자유, 즉 소극적 자유는 무한하지 않다. 따라서 Rawls는 이 자연적 자유에 관해서도 공리주의자들이 취하는 효용의 극대화보다는 효율efficiency 혹은 최적optimity를 극대화하는 것을 목적으로 하는 것으로 본다. 정의는 이 공동체와 관련된다. 그러므로 Rawls는 정의의 원칙에서의 자유는 법적인 제한과 관련되는 것으로 파악한다. 즉 법적 제한이 없는 상태를 자유로 보는 것이다. 즉 적극적 자유positive liberty를 정의론에서 자유의 의미로 해석하는 것이다. 헌법 19조는 "모든 국민은 양심의 자유를 가진다"는 규정에서 "자유"는 본질적 자유, 즉 소극적 자유를 규정하고 있다고 보아야 하나 그것을 침해해서는 안 된다는 것이 정의론적인 의미라는 것이다. 그러므로 헌법 37조는 모든 기본적 자유와 권리에 관한 일반조항으로 "① 국민의 자유와 권리는 헌법에 열거하지 아니한 이유로 경시되지 아니한다. ② 국민의 자유와 권리는 국가안전보장, 질서유지 또는 공공복리를 위하여 필요한 경우에 한하여 법률로써 제한할 수 있으며, 제한하는 경우에도 자유와 권리의 본질적인 내용을 침해할 수 없다"라고 규정하고 있는 데, 제1항은 본질적 자유, 즉 소극적 자유에 관한 규정이라고 할 수 있고 제2항은 자유의 보장, 즉 적극적 자유에 관한 규정이라 할 수 있다. 그러므로 소극적 자유는 당연히 전제되는 것이므로 헌법에 열거하지 않는 이유로 경시되지 아니하는 것이며, 적극적 자유는 제한하지 않는 것에 의하여 보장되므로 제한할 수 있는 원칙을 제시하고 있는 것이다. 여기서 제한이 정의로운가가 문제된다는 것이라는 것이고 이것이 정의론에서 자유의 문제라는 것이다.

73) 황경식 옮김, 정의론, pp.280-288 참조.

원초적 지위에 있는 시민들은 그들 스스로 준수해야 할 도덕적·종교적 책무를 가지고 있다. 공정으로서의 정의관에 의하면 이러한 책무들은 시민 스스로 부과한 것으로서 공정으로서의 정의관에 의해 부여된 구속은 아닌 것이다. 그러나 원초적 지위에 있는 시민들은 자신들을 고립된 단일한 개인으로 보아서는 안 된다. 그러므로 그들은 자신들이 최선을 다해 보호해야 할 것에 관심들을 가지며 그와 비슷한 요구를 할 다음 세대와 자신들이 관련을 맺고 있다고 생각한다. 그래서 그들은 종교적·도덕적 자유의 온전함을 보장해 줄 원칙을 틀림없이 선택할 것이다. 그러나 그들은 종교적·도덕적 신념이 무엇인지 모르며 그들의 종교적·도덕적 책무에 대해 그들 나름대로 해석하게 될 특정한 내용이 무엇인지 모른다. 그런데 평등한 자유는 원초적 입장에 있는 사람들이 받아들일 수 있는 유일한 원칙이라고 생각된다. 그들은 어떤 지배적인 종교적 혹은 도덕적 교설이 제멋대로 다른 교설을 박해하거나 악압하는 것을 허용함으로써 그들의 자유에 모험을 걸 수는 없을 것이다.[74)]

그러므로 시민들은 공리의 원칙principle of utility에도 찬성하지 않을 것이다. 이것을 받아들일 경우 그들의 자유는 사회적 이해관계의 계산the calculus of social interests에 맡겨질 것이며 만족의 보다 큰 순수 잔여량net balance of satisfaction[75)]을 낳는 경우라면 자유의 제한도 인정하게 될 것이기 때문이다.

평등한 자유의 원칙에 대한 최초의 합의는 최종적[76)]인 것이다. 종교적·도덕적 책무를 받아들이는 개인이 다른 이익을 실현하기 위한 수단으로서 그러한 책무를 수행한다고 생각할 수 없으므로 그러한 책무들은 절대적 구속력을 갖는 것으로 간주된다. 경제적·사회적 이득을 얻는 것이 보다 덜 평등한 자유를 받아들이는 데 대한 충분한 이유가 되지 않는다. 그러므로 불평등한 자유에 동의하게 되는 유일한 경우는 자유 그 자체의 관점에서 보아 저항하는 것이 현명하다고 볼 수 없는 압제의 위협이 있을 경우에 한하는 것이다. 예를 들면 반항하지 않으면 자신의 종교적·도덕적 견해가 묵인될 수 있으나 평등한 자유를 내세우는 경우에는 제대로 저항할 수조차 없는 보다 큰 탄압을 초래하게 될 그러

74) Rawls의 평등에 관한 생각은 그가 원초적 지위의 시민을 무지의 베일로 보아야 한다는 것과 밀접히 관련되어 있다. 이것은 기존의 관념이나 어떤 교설에 의한 원칙을 받아들여서는 안 된다는 것을 말한다. 그러므로 공동체의 성원으로서 공동체의 목적과 인간으로서 기본적인 도덕성과 생존조건만을 알고 있는 것이다. 가장 기본적인 것으로 환원된다. 그러므로 평등한 것으로 가정되는 것이다. 이것은 공리주의가 최대다수의 최대행복이라는 공리를 전제하는 것과 구별된다.

75) 최대가수의 최대행복이라는 공리주의 원칙은 전체 사회성원의 행복을 최대로 하는 것으로 무한한 자유, 즉 욕구의 잔여량을 최대로 하는 것이라고 하는 것이다.

76) "최종적"이라는 말은 목적적이라는 말로 이해할 수 있다. 공동체 시민에 대한 평등의 가정은 그것이 수단일 수 없고 목적이 되어야 하기 때문이다. 평등의 본질적 측면을 말하는 것이다. Kant가 말한 바와 같이 인간을 수단으로 보아서는 안 된다고 하는 것과 같다.

한 상황과 같은 것이다.[77]

원초적 지위에 있는 시민들은 후손이나 타인을 위해 이루어지는 결정과 관련하여서는 부권적 간섭주의 원칙principle of paternalism이 있다.[78] 이것은 타인들을 위해서 그들이 이성을 갖추어 합리적으로 결정할 수 있는 아이가 되면 그들 스스로 택하리라고 믿을 만한 이유에 따라 선택하여야 한다는 것이다. 그러나 원초적 시민들은 그들 자신에 관해서 알고 있는 것 이상으로 그들의 후손들이나 타인에 대해 알고 있을 수가 없으므로 그들은 기본적 가치들에 대한 이론에 의존해야만 한다. 그래서 아버지는 만일 자신이 평등한 자유의 원칙을 채택함으로써 자기 후손들의 권리를 보장하지 못하게 된다 해도 자기에게는 아무런 책임이 없다.

이와는 달리 J.S. Mill은 진보하는 존재로서의 인간이라는 관념에 입각하여 선택의 자유를 권장하는 조건에서 인간들이 갖게 될 관심들과 그럴 경우 그들이 추구하기를 바라는 활동을 말하고 있다.[79] 즉 가치에 대한 선택기준을 말하고 있는데, 한 활동이 다른 활동보다 낫다고 할 수 있는 기준은 그 양자를 평가할 수 있고 자유로운 상태 아래서 그 활동을 경험해 본 사람들이 한 활동을 더 우선적으로 선택하는 것에 있다고 한다. 그는 이 자유제도free institution의 세 가지 근거를 예증하고 있다. 첫째는 그러한 제도는 인간의 능력과 힘을 개발시키며 강력하고 활력 있는 성격을 일깨우는 데 필요하다는 것이다. 두 번째로 자유제도와 그것에 의하여 가능하게 될 경험에의 기회는 인간들의 선호가 합리적이고 지혜로운 것이 되기 위해서 어느 정도까지 필요한 것이다. 셋째로 인간들은 자유로운 제도 아래서 살기를 더욱 바랄 것이라고 한다. 그러나 밀의 주장은 모든 사람에 대한 "평등한 자유"를 정당화하지는 못할 것이다. 한편(Mill의 논리에 의하면) 공리주의의 "표준적인 가정standard assumptions"과 유사한 것을 필요로 하게 된다. 그러나 진보하는 존재로서의 인간들의 활동과 관심에

77) 본질적 평등을 인정하는 기본적 입장에서 자유의 실현가능성에 관한 공리적 계산을 인정하는 것이다. 그러므로 정의의 원칙에서는 법적 제한과 관련되므로 공리적 계산은 인정되는 것이다. 그러나 공리적 계산이 본질적 평등을 능가하는 것은 아니다.

78) 전통적 윤리원칙은 부권적 간섭주의paternalism의 입장에 있음을 상기할 필요가 있다.

79) Mill은 공리주의자임을 상기할 필요가 있다. Mill은 Bentham의 양적 쾌락과는 달리 질적 쾌락을 말하고 쾌락의 전문가라는 개념을 도입하고 있다. 그는 "어떤 쾌락이 더 가치 있는가 하는 결정은 쾌락의 유형에 대하여 적절한 경험을 갖고 있으며 또한 그것을 평가하는 법을 알고 있는 쾌락 전문가에게 맡겨져야 한다"고 말한다. 자기도취에 빠진 사람은 이지적인 사람이 되기를 거부할 것이기 때문이라고 말한다. 결국 도덕적 결정을 내리는 기준에 관해 Brand가 말한 바와 같이 "어떤 행위가 최대효용을 지니는가의 문제가 아니라 어떤 규칙이 최대의 효용을 지니는가"의 문제라고 하는 법칙공리주의와 결합된다. Rawls는 이러한 법칙들에 대해 의문을 갖고 또 이런 것들을 변화시키고자 하는 것이 개혁자의 임무라고 말하고 어떤 행위가 어떤 사람에게 불행을 가져온다면 총체적 행복을 증가시킨다고 하더라도 그 행위를 하지 말아야 한다고 말한다.

대한 개인들의 능력이 동일하다고 가정해야 하며, 또한 개인들에게 할당되는 기본권의 한계가치가 체감하는 원칙도 가정해야 한다. 그렇지 않으면 인간적인 목적들의 실현이 어떤 사람의 자유를 억압하거나 아니면 최소한 제한된 자유만을 인정하는 일과 양립할 수 있을 것이다. 또한 사회가 본질적 가치intrinsic value의 총계나 관심에 대한 만족의 순수잔여량을 극대화하는 시도를 할 경우 그러한 단일한 목표를 위한다는 명목 아래 소수자의 자유에 대한 무시가 정당화될 수 있다는 것을 쉽게 발견할 수 있을 것이다. 그러므로 "목적론적인 원칙teleological principles"에 입각할 경우 평등한 시민의 자유는 불안정한 것이 된다. 그러므로 자유에 대한 논거는 "추정적인 계산precarious calculations"과 더불어 "논의의 여지가 있는 불확실한 전제controversial and uncertain premises"들에 의거해야 하는 것이다.

(그러나) 본질적 가치를 지닌다고 해도 표준적 가정을 사용하는 방식이 되지 않으면 아무 소용이 없다.[80] 다시 말하면 우리가 이 원칙을 적용하기 위해서는 이들 가정들이 사실이라고 생각해야 하는 것이다. 이렇게 함으로써 우리가 확실히 완전론자perfectionist나 공리주의자utilitarian입장에서 도출되는 전제들보다 평등한 자유의 원칙에 더 신뢰를 두고 있다는 사실을 확인시켜 주는 이점이 있기 때문이다. 계약론적인 입장contract view에 의하면 이러한 "평등한 자유의 원칙에 대한 신뢰의 근거"는 본질적 가치를 극대화시키는 방법도 아니며 만족의 최대 순수잔여량을 달성하기 위한 방식도 아니다. 오히려 시민 각자가 도덕적인 존재로서 공정하게 대접받을 경우 협동체제의 원칙들을 실현하기 위해서 그러한 권리들이 할당될 것이라는 것이다. 그러나 이러한 원칙들에 의하여 규정되는 모든 것을 고려해서 정의의 요구사항들을 가장 잘 만족시킨다는 형식적인 의미를 제외하고 어떤 것을 극대화시키는 그러한 입장은 아닌 것이다.

이해관계

Rawls는 인간의 생활관계를 이해관계로 파악하고 사회에서의 모든 문제는 이해관계의 충돌문제로 환원하여 본다. Rawls가 "모든 사람의 이익이 되리라는 것이 합당하게 기대되어야" 한다고 한 것은 이것을 말하는 것이라고 볼 수 있다. 그런데 "이익"은 행복과 같이 궁극적으로 인간이 향유함으로써 최종적으로 나타나는 것이다. 그리고 물질적인 것에서 얻을 수 있는 이익만을 말하는 것은 아니다. 인간의 열망에서 좋은 것이라고 할 수 있다. 이익은 내면적으로는 자신의 마음을 바르게 한 결과로 나타나거나 외부의 사물을 향유했을 때 나타나는

80) 이러한 표준적 가정은 법에서 나타날 것이지만 정의관에 내포하고 있어야 한다는 말이다.

것이므로 항상 장래의 이익에 관한 것이다. 그러므로 "합당하게 기대되는 것"이다. 장래의 이익은 알 수 없으므로 이익 자체를 적극적으로 규정하여 권리의 객체로 할 수 없다. 따라서 자유와 권리는 장래의 이익을 산출할 수 있는 수단을 보호하는 형태를 갖는다. 예를 들면 토지에 관한 권리는 농사를 짓거나 공장을 건립할 수 있는 토지의 지배권을 보호함으로써 장래의 이익을 보장하는 형태를 갖는다. 이것이 권리이다.

권 리

법에서 자유를 보장하는 경우 그것은 권리權利의 형태를 갖게 된다. 권리에 관해서는 다음의 두 가지 관점이 있다. 하나는 어떤 이익을 지배하는 "의사will의 힘"이라는 견해 이다. 다른 하나는 "법의 힘"이라고 보는 것이다. 자신의 이익을 실현하려는 의지가 있어야 하는 것은 사실이지만 그것은 힘은 아니다. 그러므로 권리는 자신의 의지의 실현을 방해하는 외부적 방해를 막아 주는 자신의 힘 혹은 외부적 힘, 즉 법의 강제력이 필요하다. 그런데 권리rights라는 말에는 "어떤 기준에 의하여 옳은 것 혹은 허용되는 것"이라는 의미가 들어 있다. 옳고, 그름과 같은 합규범성은 법의 세계에 존재하는 것이다. 그러므로 이 말의 의미는 법과 관련 있는 것이다. 반면 공동체에서의 자유는 상호 존중하는 관용toleration하는 관계에서 보장된다. 어떤 힘은 지배력을 상정하지 않는다. 이것이 자연권이다. 그러나 상호 간의 이익이 충돌하는 경우 공동체는 위기를 맞는 것이고 법의 필요성이 나타난다. 그러므로 법에서 권리는 옳고 그름의 판단과 힘에 의한 보장의 형태로 나타난다.

자유의 소극성

한편 자유를 법에서 보장하는 경우 자유의 소극적 성격[81] 때문에 직접적

81) 소극적negative이라는 말은 非實定的이라는 의미를 갖는다. 변증법에서 反과 合에 해당한다. 이 反이 나오는 근거는 인간의 본성 혹은 자연의 원리와 같은 근원에서 나오는 것이고 그것에 공감하므로 合이 이루어진다. 이 합은 다시 正이 되고 다시 反이 나타나서 다시 合이 이루어지는 일련의 과정이 된다. 그러므로 변증법은 점점 더 완전한 합의점을 향한다. 동양사상의 음에 해당한다. 그리고 陰·陽의 대립, 즉 변증법적 대립이 끝나 완전히 합일되는 곳, 그러므로 근원이 되는 곳에 太極이 있다. 동양의 태극은 인간의 본성 속에 있다. 그러나 Plato와 Hegel은 인간외부에서 태극을 찾았다. 반면 Socrates와 Kant, Rawls는 인간의 내면에서 찾았다. 그러므로 전자의 이론은 실정적이라면 후자의 이론은 비실정적인 것이다.

혹은 명시적으로 규정할 수 없는 문제가 있다. 이에 관해 Rawls는 "자유는 자유의 주체agents who are free, 이 주체에 대한 제한restriction, 혹은 한계limitation 및 주체가 자유롭게 행하거나 행하지 않을 것이 무엇인가what it is that agents free to do or not to do와 관련지어서 자유를 설명할 수밖에 없다. 그러므로 자유에 관한 일반적인 진술은 이 사람 혹은 저 사람이 이런 저런 제한으로부터 자유롭다 혹은 자유롭지 않다는 형식을 취할 수밖에 없다"라고 말한다. 다시 말하면 자유는 그것을 침해하지 않을 다른 성원의 의무를 규정하는 형식으로 보호되는 것이다. 그러므로 사람들이 어떤 것을 행함에 있어서 자유롭다는 것은 그들이 어떤 것을 행하거나 행하지 않는 것이 어떤 제약을 받지 않고 다른 사람의 간섭으로부터도 보호된다는 형식으로 나타난다는 것이다.

제한과 규율

Rawls는 제한restriction과 규율regulation을 구별하여야 한다고 말한다. 규율은 예를 들면 언론자유와 관련하여 질문과 논쟁의 질서에 관한 규칙과 같이 그 "규율"을 받아들이지 않고서는 언론의 자유자체가 그 가치를 상실하는 것과 같은 것이므로 언론의 자유의 기대가치를 축소시키는 "제한"과는 구별된다는 것이다. 그러므로 자유의 제한에 관한 원칙을 제시하는 정의원칙에서 "규율"은 관심 사항이 아니라는 것이다.

자유권의 총량적 제한

개별적 자유는 분리할 수 없는 총체적인 것이므로 개별적 자유 자체가 의미가 있는 것이 아니고 각 자유의 총제적인 관계에서 가치가 있다. 즉 자유의 총량이 문제가 되므로 자유의 제한은 자유의 총량이 최대인 방향에서 조정하는 문제가 된다. 따라서 Rawls는 정의의 원칙은 "하나의 자유의 가치는 다른 자유들을 규정하는 것에 달려 있으므로 여러 자유는 전체로서, 즉 하나의 시스템으로 고려하여야 하고, 합리적 조건에서는 이 자유들의 가장 핵심적인 부분의 적용이 확보되며 가장 기본적인 이익이 보장될 수 있도록 규정할 수 있어야 한다"라고 말한다. 그러므로 최선의 자유체제를 산출하기 위해 다양한 자유를 어떻게 명시되어야 하는가를 결정하는 경우 기본적인 자유 간의 조정은 상호 균형을 유지하는 것에 의해 할 수밖에 없으므로 자유들에 관한 제한의 총량

totality of limitation 내에서 할 수밖에 없다고 말한다.

자유의 제한은 자유의 총량을 축소하는 것이 될 수 없다. 그러므로 어떤 자유를 제한하는 경우 자유의 총량 혹은 자유의 전 체계를 강화하는 것이 되어야 하는 것이다. 한편 평등은 다른 사람과 상대적인 것이므로 평등의 차등은 사회 내에서의 기회의 총량을 신장하거나 기회균등의 전 체계를 강화하는 것이 되어야 하는 것이다. 따라서 Rawls는 "자유는 자유를 위해서만 제한할 수 있다"라고 말하는 것이다.

자유의 우선성

자유는 신체의 자유, 사상의 자유 혹은 정치적 자유와 같이 여러 가지 종류가 있다. 그러므로 자유의 총량을 계산함에 있어서 자유의 종류 간에 어느 것이 더 자유의 가치량價値量이 더 광범한가를 결정할 필요가 있다. 예를 들면 사상의 자유는 정치적 자유보다 근본적인 것이므로 자유의 가치량이 크다고 할 수 있다. 공동체 성원 각자가 생각하고 그 생각을 실현하는 자유가 없으면 법에 의해 정해지는 정치적 자유, 즉 국가적 자유는 실효성이 없을 것이기 때문이다. 그러므로 정의의 원칙에는 가치의 우선성에 관한 원칙이 있어야 한다. 따라서 Rawls는 "정의의 원칙들은 축차적 서열로 이루어져야 한다"라고 말하는 것이다. 평등한 자유equal liberty에 대한 원칙은 정의의 두 원칙의 축차적逐次的 서열serial order에 의해 우선성이 부여된다고 말한다. 다시 말하면 제1원칙인 기본적인 평등한 자유의 원칙에 대한 침해가 제2원칙에 의한 보다 큰 사회적·경제적 이득에 의하여 정당화되거나 보상될 수 없다는 것이다.

작은 자유의 보상

Rawls의 말을 그대로 인용한다. 이하의 논의점에 관해서도 Rawls의 말을 인용하고 필요한 부분은 주석을 통해 이해를 돕도록 하겠다.

> 빈곤이나 무지 혹은 수단의 결여로 인해 자신의 권리나 기회를 이용할 능력이 없는 것이 자유의 특유한 제한조건으로 간주된다. 자유는 평등한 시민이 갖는 자유의 완전한 체제에 의해 표현되는 반면 자유의 가치the worth of liberty는 그 체제가 정해 주는 형태 내에서 자신의 목적을 증진시킬 수 있는

역량에 달려 있으므로 평등한 자유보다 작은 자유에 대한 보상compensating문제는 생기지 않는다. 그러나 자유의 가치는 모든 이에게 동일하지 않다. 어떤 자는 큰 권력과 부를 가지므로 그들의 목표를 달성할 수 있는 큰 수단이 된다. 그러나 차등의 원칙, 즉 정의의 제 2 원칙이 충족될 경우 그 불평등을 받아들이지 않는 다면 그들의 목적을 달성할 능력이 더욱 저하될 것이므로 자유의 보다 작은 가치가 보상되어지는 것이다. 그러나 이것을 불평등을 정당화하는 것으로 혼동하여서는 안 된다. 그러므로 두 원칙을 함께 생각하면 모든 시민이 공유하는 평등한 자유의 완전한 체제는 최소 수혜자의 자유의 가치를 극대화하도록 편성되어야 한다. 이것이 정의의 목적the end of social justice이다.

관용toleration

Rawls 정의론의 특징 중의 하나는 관용의 관념이다. 공동체의 공동이익common interest을 위한 자유의 제한의 유일한(근본적인) 근거는 보다 큰 부정의나 큰 자유의 상실을 피하기 위한 것이지 공동의 이익에 반하는 것(어떤 기준에 반하는 것)이기 때문은 아니라는 것이다. 그러므로 공동의 이익을 해치게 되리라는 인정되는 합리적인 예상이 있을 때만 가능하다. 공통적 이해, 즉 당사자간의 합의과정을 전제로 하여 공동의 이익에 반하는 것이 결정된다는 것이다. Rawls 정의론의 핵심인 공정으로서의 정의justice as fairness의 본질적 부분이다. 정의는 공동의 이익을 위해 자유의 제한과 직접 관련되는 것이지만 이 자유의 제한은 공정하여야 하는 것이다.[82] 정의를 어떤 규범에서 나오는 것이 아니고 그 규범에 타당성을 부여하는 보다 광범한 살아 있는 체제system로 보는 것이라 할 수 있다. 그러므로 죽어 있는 개념일 뿐인 기존의 교설doctrine 혹은 규범norms이 기준인 것이 아니고, 공동체의 성원 상호 간의reciprocal 공감적 합의에 의하여 생성되고 적용되는 규범이 기준인 것이다. 정의 혹은 규범은 자율적인 공동체 성원 상호 간의 반론과 납득 혹은 관용하는 과정인 변증법적 체제이며, 이 변증과정을 통해 산출되는 믿음[83] 자체인 것이다. 그러므로 Rawls의 정의는

82) Rawls는 공정으로서의 정의를 자율성autonomy에 관한 Kant의 관념에 기초를 두고 있다고 말하고, Kant에 의하면 인간이 자율적으로 행동하는 경우란 그 행위의 원칙들이 자유롭고 평등한 합리적 존재로서 그의 본성을 가능한 한 가장 적합하게 표현해 주는 것으로서 그에 의해 선택될 때라는 것이다. 그러므로 관용은 이 자율성과 관련되는 것이다. 황경식 옮김, 정의론, pp.338-347(공정으로서의 정의의 Kant적 해석) 참조.

83) 믿음信에 관해 불교에서는 “물을 맑게 하는 구슬과 같으니 구슬은 물을 능히 맑게 하기 때문이다”라고 한다. 이에 관해 믿음은 신앙이라기보다 마음이 어떤 것인가를 똑똑히 알아서 그대로 실천하고 그대로 실천하면 반드시 훌륭한 일이 생긴다는 것을 확신하는 것을 말하는

모든 교설과 반론을 포용하는 체제인 것이다.

공정으로서의 정의는 평등한 양심의 자유에 대한 강력한 논거를 제시하고 있다. 마찬가지로 공정으로서의 정의는 평등한 자유의 원칙도 뒷받침해 줄 수 있다. 따라서 자유의 우선성priority of liberty을 해명하는 경우에도 역시 뒷받침되는 것이 분명하다. 이러한 자유들은 공공의 안녕이라는 국가적 이익에 의해 규제되지만, 국가는 특정한 종교를 선호할 수 없으며 어떤 종교에 가입하거나 탈퇴한다고 하여 벌금이나 근신을 부과할 수 없다. 이와는 달리 특정 단체들은 그 구성원들의 희망에 따라 자유로이 조직될 수 있으며 그 구성원들이 그 단체에 대한 계속적인 참여 여부를 선택한다는 제한조건 아래 그 자체 내부의 규율을 할 수 있다.84)

법은 한 종교에 대한 배교뿐만 아니라 전혀 종교를 갖지 않는 것까지도 법률상의 죄로 인정하거나 형벌을 부과할 수 없다는 의미에서 종교상의 권리를 보호한다. 마찬가지로 공공의 질서나 안녕에 공동의 이익에 비추어 양심의 자유를 제한하는 데 대해서도 누구나 동의할 것이다. 그러나 이러한 제한을 받아들이는 것은 공공의 이익이 어떤 의미에서 도덕적·종교적 이익보다 우월하다는 것을 뜻하는 것은 아니며 정부가 종교적 문제를 관심 밖으로 여긴다든가 어떤 철학적 신념이 국가의 이익과 상충한다고 해서 그것을 탄압할 권리를 주장하는

것이라고 설명한다.

84) 우리나라 헌법 제21조 제1항은 "모든 국민은 언론·출판의 자유와 집회·결사의 자유를 가진다"라고 규정하고 있다. 결사는 단체를 구성하는 것을 말한다. 단체를 구성할 자유는 단체를 자율적으로 규율할 자유를 포함한다. 가장 광범한 구성원을 가진 단체인 국가state와 국가 이외의 단체와의 관계에 관한 관점이 갈린다. 하나는 국가 이외의 단체를 국가라는 단체의 일원으로 보는 것이며, 다른 하나는 국가와 대등한 단체로 보는 것이다. 그러나 단체자체가 실재하는 것이라고 보는 데서 나온 지적 혼란이다. 국가나 국가 이외의 단체이든 단체를 그것을 구성하는 개인으로 환원하여 보아야 한다. 그러므로 개인은 국가의 일원으로서의 인격personality을 가지기도 하지만 다른 단체의 일원으로서의 인격을 가지는 것이라고 보아야 한다. 결국 결사의 자유는 개인들이 어떤 목적 실현을 위해 자신의 역할과 지위 혹은 권리와 의무를 상호 간에 배분하는 조건에서 행위 하는 하나의 약정관계contract로 보게 되는 것이다. 그러므로 단체의 의사는 이러한 약정 혹은 목적에 의해 규율되는 개인활동 혹은 개인의사의 한 형태인 것이다. 그러므로 단체는 그 개인에 의해 정의에 참여하는 것이며 자유를 갖는 것이다. 그러나 개인과 단체적 약속에 의한 것은 구별된다. 개인은 아무 구속이 없는 순수한 것이나 단체는 단체의 목적에 의하여 규율되어 나타나는 개인의 의사 혹은 개인의 자유이기 때문이다. 그러므로 Rawls가 말하는 것은 단체적 목적 혹은 의사에 관해 말하고 있는 것이라 보아야 한다. 그러므로 단체에도 순수한 개인과 마찬가지로 자유의 문제 관용의 문제가 있게 된다. 사회는 이러한 자유와 관용의 질서이다. 이 관용의 질서가 잘 나타나나 보이는 것은 헌법상의 통치기구 간의 견제와 균형질서이다. 사법부는 사법권을 가지고 있지만 행정부의 법률위반 행위를 국가의 목적에 비추어 적합할 경우 법률 위반을 문제삼지 않는 것과 같다. 그러나 Rawls는 개인 혹은 단체에 관한 법의 태도도 근본적으로 관용의 질서에 바탕한다고 보는 것이다.

것도 아니다. 정부는 어떤 종교단체를 합법화시키거나 불법화시킬 권한이 없으며 예술이나 과학에 관해서도 그러한 권한을 갖지 못한다. 국가는 (종교단체와 마찬가지로) 평등한 시민들에 의하여 구성한 단체로서 이해해야 한다. 그러므로 국가는 철학이나 종교적 교설에 관여하지는 않으나, 평등한 최초의 상황에서 시민들이 합의한 원칙들에 따라서 그들의 도덕적·정신적인 관심분야에 대한 추구를 규제하게 된다. 이런 식으로 그 권한을 행사함으로써 정부는 시민의 대행자로서의 역할을 하게 되고 그들의 공공적 정의관의 요구들을 만족시키게 된다. 그러므로 만능적인 기속적 국가관omnicompetent laicist state은 거부된다. 그 이유는 정의의 원칙에서 볼 때 정부는 도덕이나 종교의 문제에 있어 그 자체나 혹은 다수자가 바라는 것에 따를 권리도 의무도 갖지 않기 때문이다. 그러므로 공공질서와 안녕을 유지하려는 정부의 권한은 모든 사람이 자기의 이익을 추구하고 각자 나름대로 이해한 자신의 의무에 따라 사는 데 있어서 필수적인 조건들을 공평하게 뒷받침해 주는 의무를 수행하기 위해 정부가 가져야 할 권한부여적 권리enabling right라고 할 수 있다.[85)]

불관용의 관용toleration of the intolerant

정의의 원칙은 불관용자들the intolerant에게도 관용을 베풀 것이 요구되는가? 종교적 문제를 예로 들어 몇 가지 문제를 구분하여 검토해 보자. 첫째는 불관용하는 종파가 자기에게 관용을 베풀지 않는다고 해서 불평할 명분이 있는가 하는 문제이다. 둘째는 어떤 조건 아래서 관용적인 종파가 불관용적인 종파에게 관용을 베풀지 않을 권리가 있는가 하는 것이며, 어느 경우에 그들이 관용을 베풀지 않을 것이며, 어떤 목적을 위해서 불관용의 권리가 행사되어야 할 것인가이다.

첫번째 경우는 불평할 명분이 없다고 생각된다. 어떤 사람이 불평할 권리를 갖는 것은 그 자신이 인정한 원칙을 다른 사람들이 위반하였을 경우에 국한되기 때문이다. 불평이란 성실성에 입각하여 타인에 제시되는 항의이다. 그것은 쌍방이 받아들이는 어떤 원칙의 위반에 관한 주장이다. 그렇다고 관용적인 종파들이 불관용적인 종파를 탄압할 권리를 갖는다고 할 수 없다. 그러나 불평할 권리는 가질 수 있다. 그러나 그들이 불평권을 갖는 것은 불관용자에 대한 불

85) 황경식 옮김, 정의론, pp.288-294 참조.

평권으로서가 아니라 단지 정의의 원칙이 어겨지는 경우에 반대한다는 권리로서이다. 충분한 이유 없이 평등한 자유가 부인되는 경우에는 언제나 정의가 침해되기 때문이다. 그런데 문제는 타인에게 관용을 베풀지 않는 것이 그 사람의 자유를 제한하는 충분한 근거가 되는지의 여부이다.

관용적인 종파들은 그들 나름의 이유를 가지고 진지하게 생각해 보아서 관용을 베풀지 않는 것이 그들 자신의 안전을 위해서 필요한 경우에는 불관용자들에게 자유를 베풀지 않을 권리를 갖는다고 할 수 있다. 그 이유는 원초적인 입장에서 각자는 자기보존self-preservation의 권리를 합의했기 때문이다. 정의는 사람들이 그들의 존재기반을 타인들이 파괴하는 경우에도 그대로 수수방관해야 할 것을 요구하지는 않는다.

나머지 유일한 문제는 불관용자들이 타인들의 평등한 자유에 직접적인 위험을 주지 않을 경우에 관용자들이 불관용자들을 구속할 권리가 있는지의 여부이다. 그 불관용적인 종파의 구성원들을 그들이 불평할 수 있다는 단지 그 이유만으로 억압해서는 안 될 것이다. 정의로운 헌법이 존재하는 까닭에 모든 시민들은 그것을 유지하기 위한 정의의 자연적 의무를 가진다고 할 수 있다. 타인들이 부정의 하게 행동하는 경향을 가진다하여 우리가 그러한 (불관용적인 종파의 구성원들을 구속해도 그들이 불평할 수 없다는 이유만으로 그들을 구속하여서는 안 된다는) 의무로부터 벗어날 수는 없다. 그러므로 (이 헌법적 의무에는) 보다 엄중한 조건이 요구된다. 그것은 우리들 자신의 합리적인 이해관계에 어떤 상당한 위험이 있어야 한다는 것이다. 그래서 정의로운 시민들은 자유 그 자체와 그들 자신의 자유가 위협당하지 않는 한 모든 평등한 자유와 더불어 그 헌법을 지키기 위해 노력하여야 한다. 그러므로 헌법 그 자체에 위험이 없을 경우에는 불관용자들의 자유를 부인할 마무런 이유가 없다.[86)]

그러나 Rawls가 자유의 보장 혹은 제한을 위한 법체제를 구상하는 것을 보면 인간을 완전하게 자율적인 것으로 보는 것은 아니다. 완전히 자율적인 인간을 상정한다면 법이 필요 없을 것이기 때문이다. 그러나 Hobbes와 같이 만인의 만인에 대한 투쟁 상태가 아니라 조화와 협동이 가능하고 궁극적으로 자율적이고 도덕적으로 회복될 수 있는 인간성에 대한 신뢰를 하고 있다. 따라서 관용toleration이 필요한 것이다.

86) 황경식 옮김, 정의론, pp..295-301 참조.

선의 문제

법에서 자유를 제한하는 것은 도덕적이지 않은 행동에 대한 제한을 의미한다. 그러므로 도덕적이지 않다는 판단하기 위해서 무엇이 도덕적인가 하는 "기준"이 있어야 한다. 그러나 도덕적 기준을 정한다는 것은 자유의 개념과 모순된다. 자유는 모든 것이 나오는 근원이므로 옳고, 그름이 있을 수 없기 때문이다. 인간의 행위에 관해 옳고, 그름이 있으려면 인간의 자유를 넘어선 자유를 규율하는 다른 존재가 있다는 것을 인정하는 것이 된다. 그래서 Rawls는 옳고 그름이라는 개념보다는 자연적 인간, 즉 무지 베일veil of ignorance을 상정한다. 자연의 원리에 맞게 생각하고 행동하는 순수한 상태로 보아야 한다는 것이다. 선악은 인간의 본성에 관한 것은 아니다. 그러므로 Rawls는 기본적으로 "자유는 인간의 열망human aspirations에 깊이 뿌리를 내리고 있는 것이다"라고 말한다. 성선설도 아니고 성악설도 아니다. 자연주의라고 할 수 있다. 인간을 자기에게 좋은 것이 선이다. 선은 사물의 본질에 내재하는 것은 아니다. 선은 규정할 수 없는 것indefinable thing이 아니라 실체가 없는 것이다. 그러므로 선을 규정하려는 것은 허망한 일이다. 규정된 어떤 객관적 기준으로서의 선이 아니라 주관적이며 효용[87]으로서의 선인 것이다.

그러나 Rawls는 공정으로서 정의에서는 정당성이 선에 선행한다고 말한다. 공동체에서의 선은 그 공동체에 이미 주어진 정당성의 원칙들에 입각한 생활방식에 부합할 경우에 한하기 때문이라고 한다. 그러나 공정으로서의 정의에서의 선과 원초적인 입장에서 공동체들이 갖는 선과는 구별하여야 한다고 말한다.[88]

25. 경제적 정의[89]

경제적 정의는 Rawls의 정의론의 중심적 문제라고 할 수 있다. 앞에서도 언급한 바와 같이 공동체의 생활은 성원 간의 이해관계이며 현실적으로 이해관계는 대부분 재정적인 문제이다. 특히 현대사회에서는 더욱 그러하다. 사회주의와 자유주의의 대립의 핵심도 실은 경제문제라고 볼 수 있다. Rawls는 정의의 제2

87) 공리주의자들이 말하는 사회적·객관적 효용이 아니라 주관적 효용이다.
88) 황경식 옮김, 정의론, pp.511-582(합리성으로서의 선) 참조.
89) 황경식 옮김, 정의론, pp.348-436(제5장 분배의 몫) 참조.

원칙으로 "자유로운 저축의 원칙과 양립하면서 최소 수혜자에게 최대 이득이 되고 공정한 기회균등의 조건 아래 모든 사람들에게 개방된 직책과 직위가 결부되게 편성되어야 한다"라고 말한다. 여기서 저축이나 이익은 반드시 경제적 조축이나 이익을 말하는 것은 아니다. 그러나 경제적인 문제가 중심적인 문제이다. 그러므로 제2원칙은 경제적 정의에 관한 것이다. 이 정의의 원칙은 지난 세기 동안 줄곧 문제가 되었던 자유주의와 사회주의 문제를 포괄하는 경제적 정의에 관한 해답이 될 수 있다고 본다. 공리주의적 경제체제에 대한 대안으로 제시된 것이기 때문이다.

여기서 정의의 제2원칙에 의한 경제체제 및 정책 그리고 그 배경적 제도를 평가하고자 한다. 정치경제학political economy의 이론에는 정의관에 기초를 둔 공공선public good에 관한 설명이 포함되어야 한다. 경제에 관한 정치적 견해에는 선이 무엇인가 및 사회적 이익의 정의로운 분배에 대한 어떤 기준criterion for the just division of social advatages이 있어야 한다는 것이다. 이것은 공정으로서의 정의가 사회의 기본구조basic structure of society에 적용되어야 한다는 것을 말한다. 다시 말하면 공정으로서의 정의는 제도가 갖고 있는 폐쇄체제closed system를 평가하기 위한 것이다. 경제체제는 단순히 기존의 욕망과 욕구를 만족시키기 위한 제도적 방도일 뿐만 아니라 미래에 있어서의 욕구를 창조하고 형성하는 방식이기도 하기 때문이다. 따라서 경제적 이유뿐만 아니라 도덕적 정치적 이유에서서도 이루어진다.

우리는 대립적인 경제학자들이 우연히 작용하는 방식에 따라 사태가 결정되도록 내맡겨 두기도 한다. 그러나 정치·경제학은 도덕적·정치적 문제를 탐구하여야 한다. 사회체제가 사람들의 견해에 미치는 영향을 염두에 두는 사람들은 계약론의 경우도 개인들은 목적에 근거하고 있으므로 개인들이 이 목적에 따라 선택하는 원칙에 의하여 사회를 규제하여야 한다고 생각할지 모른다. 즉 완전론적인 혹은 선험적인 근거에 의해 도달한 이상적인 인간관에 비추어 제도를 판단하는 이외에는 다른 대안이 없는 것으로 보일지 모른다. 그러나 계약론에 의한 원초적 입장은 사람들이 원하는 것이 무엇이던 그들이 원할 것으로 생각되는 사회의 기본적 선에 대해서 관심을 갖는다는 것만이 가정된다. 이것은 정의관을 특정한 사회제도에서 생겨날 수 있는 것과 같은 인간적인 관심의 특수한 양태와 결부시키는 것과는 다른 것이다. 그러나 일단 정의 원칙들이 설정되면 선善에 관한 입장에 어떤 제한을 설정하게 된다. 그러므로 효용성에 대한 자유의 우선성과 사회적·경제적 이득에 대한 자유의 우선성이 생겨난다. 본래적으로 부정의한 것에 대한 욕구들이나 정의로운 체제를 위반하려는 욕구는 막아야만 하기 때문이다. 그러나 나아가서 우리는 안정성stability 문제도 고려하여야 한다.

공리주의적 경제체제

한편 공리주의utilitarianism는 모든 만족이 어떤 가치를 가지고 있기 때문에 이상적인 인간상을 선택할 기준을 갖지 않는 것처럼 보인다. 그러나 공리주의자들은 어떤 사회적 여건과 인간의 이해관계가 주어져 있을 경우 어떤 대안적 체제 아래서 어떻게 전개될 것인가를 고려할 때 다른 것보다 어떤 특정한 욕구를 권장하는 것이 만족의 보다 큰 순수잔여량을 낳기 쉽다는 것에 근거를 두고 있다. 이러한 근거 위에서 공리주의자들은 이상적인 인간상을 설정하고 있는 것이다.

공정으로서의 정의에 의한 경제체제

이와는 달리 공정으로서의 정의의 핵심은 개인주의적인 특성에도 불구하고 현존하는 욕구나 현재의 사회적 여건에 의존하고 있지 않는 점이다. 그러므로 공정으로서의 정의는 제도들을 평가하고 사회변동의 전체적인 방향을 지도해 줄 기준이 될 수 있다. 아르키메데스적인 점Archimedean point을 찾기 위해 반드시 선험적인 혹은 완전론적인 원칙에 의존하지 않아도 된다. 적절하게 규정된 최초의 상황에서 이루지게 될 합의를 기본 바탕으로 삼음으로써 우리는 현존하는 여건들로부터 해방될 수 있는 것이다. 모든 사람들은 유사한 정의감을 가지고 있다고 보므로 이러한 관점에서 질서정연한 사회는 동질적인 것이다. 그러므로 정치적 논의는 이러한 도덕적 합의moral consensus에 근거하게 된다.

도덕적 합의에 관한 만장일치unanimity라는 가정은 특별히 이상주의적인 점은 없다. 이러한 조건은 원초적 입장에 대한 절차적 관점의 일부이며 따라서 논의에 대한 제한조건의 의미를 가지고 있다. 흄과 아담스미스도 마찬가지로 사람들이 “공평한 관망자impartial spectator”의 관점을 취하면 그들은 유사한 신념에 도달할 것이라고 보았다. 직관주의를 포함하여 철학의 전통이 가정해 온 것은 적어도 어느 정도 유사하고 충분한 지식을 가진 합리적인 인간들 사이에는 도덕적 문제에 관한 만장일치가 기대될 수 있는 적합한 관점이 존재한다는 것이다.

우리는 공정으로서의 정의를 공동체의 가치에 대해서 중심적인 위치를 부여한다. 그리고 이 이론적 기초 위에서 사회적 가치 및 제도, 공동체 그리고 단체 등이 갖는 본질적 가치를 해명하려고 하는 것이다. 그러나 우리는 원초적인 사회를 "상호관계를 맺고 있는 성원들members in relations with one another"로 보므로, 그 모든 성원들의 생활과 구별되고 그것보다 우월하고 그 자체 생명을 가진 유기적인 전체organic whole로 가정하기를 원치 않는다. 비록 이 관점이 개인주의적인 것으로 생각되기는 하지만 우리는 결국 공동체community의 가치를 설명하여야 한다. 그렇지 않고는 정의론이 성공할 수 없다.

26. 원초적 사회 시민의 구상

시민들은 혼자만의 노력으로 살기보다는 협동을 하면 보다 많은 이득을 얻을 수 있고, 보다 나은 생활을 할 수 있다는 점에서 이해관계가 일치한다. 그러나 그들은 자기들의 공동의 노력에 의하여 산출될 이득의 분배에 관해 각자 적은 몫보다는 큰 몫을 원할 것이기 때문에 구성원 간의 이해관계가 충돌conflicts of interests하는 문제가 있음을 알고 있다. 그러므로 그들 간에 이득의 적절한 분배distribution를 정해 줄 사회체제와 분배를 합의하는 데 필요한 원칙들을 사회의 구성과 동시에 정하기로 하였다. 이 원칙들이 사회정의social justice원칙이며 이 원칙이 기본적인 사회제도basic institutions of society 내에서 권리와 의무를 할당하는 방식을 제시하여 주며 이득과 부담의(권리와 의무의) 적절한 분배를 결정해 줄 것이라고 생각한 것이다.

시민들은 이와 같은 공공적 정의관을 모든 시민들이 받아들이고 사회의 기본제도가 이 정의의 원칙을 충족시키고 있다는 것을 널리 주지하고 효율적으로 규제되는 경우 질서정연한 사회well-ordered society가 될 수 있을 것이라고 생각한다. 그러나 기존의 사회가 이런 식으로 질서정연한 경우는 드물다는 것을 알고 있다. 정의와 부정의가 무엇인지에 관한 논란이 흔하고 공동체의 기본조건을 정해줄 원칙에 대해서도 의견이 불일치하기 때문이다. 그러므로 이러한 다양한 정의관conception of justice과 구별되면서 그 상이한 원칙들과 견해들이 공통적으로 갖는 역할을 나타내주는 정의의 개념concept of justice이 필요하다는 인식을 갖게 된다.

상이한 정의관을 가진 사람들은 개인들 간의 기본적 권리와 의무를 할당함에 있어서 어떤 부당한 차별이 없을 경우, 사회생활의 이득에 대한 상충되는 요구를 적절하게 조정해 줄 규칙들이 있을 경우 제도가 정의롭다는 점에 합의할 수 있을 것이기 때문이다. 그러나 각자가 갖는 정의관에 관해 이와 같은 합의의 기준이 있어야 하는 것이 사회가 존립하기 위한 유일한 선결요건은 아니라는 것도 알고 있다.

구성원 각 개인들이 갖는 인생계획이 서로 양립할 수 있어야 하고 타인의 합당한 기대에 과히 어긋나지 않게 달성될 수 있어야 한다. 나아가서 이러한 계획의 실현은 효율적이면서도 정의에 부합하는 방식으로 사회적 목적이 달성되어야 하는 것이다. 그리고 사회 협동체제는 안정적인 것이어야 한다. 즉 사회의 기본규칙들이 지속적인 호응을 받는 동시에 기꺼이 준수되는 것이어야 하고, 위반이 생길 경우 더 이상의 탈선을 예방하고 그 체제를 회복하려는 안정세력이 존재하여야 한다. 그러나 각자가 다른 정의관이 필요한 것도 알고 있다. 각자의 정의관이 기본적인 권리와 의무를 구체적으로 명시해 주고 적절한 배분의 몫을 정해 주는 것이며, 효율이나 조정 및 안정의 문제에 영향을 미치는 역할을 하는 것이기 때문이다. 그러나 이 정의관의 역할을 분배적 역할 하나만으로 평가할 수 없다. 어떤 한 정의관이 다른 것들과 모든 조건이 같더라도 그것이 가져올 광범위한 결과에 있어서 더 바람직할 경우 그 정의관이 더 낫다는 것은 당연할 것이기 때문이다.

공정으로서의 정의justice as fairness의 채택

원초적 사회의 시민들은 사회의 구성에 참여하는 원초적 지위original position를 다음과 같이 설정하고 있다. 누구도 자신의 사회적 출신, 지위나 계층상의 위치를 모르며 누구도 자기가 어떠한 소질이나 능력, 지능, 체력 등을 천부적으로 타고 났는지를 모른다. 심지어 자신들의 가치관이나 특수한 심리적 성향까지도 모른다. 그러므로 자기들이 선택하는 정의의 원칙들은 이와 같은 무지의 베일veil of ignorance 속에서 선택하는 것이다. 아무도 자신의 특정조건에 유리한 원칙들을 구상할 수 없으므로 최초의 합의는 자신의 목적과 정의감을 가진 합리적이고 도덕적인 인간이므로 공정하다고 생각한다. 이것을 "공정으로서의 정의justice as fairness"라 하고 그 후의 모든 합의를 규제하는 것으로서 사회협동체의 종류와 설립할 정부형태를 명시하게 될 것이라고 생각한다. 이러한 생각에서 그들은 공정으로서의 정의는 그들이 정할 제도들에 관한 모든 비판과 개혁을 규제하게 될 정의관의 원칙을 선택하는 것으로부터 시작한다. 이들은 이 정의의 원칙이 그들의 대표자로 구성할 제헌위원회가 이 정의관에 따라 헌법을 선택하여 그에 따라 사회의 기본구조를 선택하고 그에 따라 구성될 입법기관이 시민의 권리와 의무를 설정할 것이며 이 모든 것들이 처음에 합의한 원칙들에 따라서 이루어질 것이라고 생각한다. 따라서 헌법위원회가 따르게 될 정의관conception of justice의 두 원칙을 다음과 같이 정한다.

첫째, 시민 각자는 다른 사람들의 유사한 자유의 체계와 양립할 수 있는 평등한 기본적 자유의 가장 광범위한 체계에 대하여 평등한 권리를 가져야 한다. 둘째, 사회적·경제적 불평등은 ① 모든 사람의 이익이 되리라는 것이 합당하게 기대되어야 하고, ② 모든 사람들에게 개방된 직위와 직책과 결부되게끔 편성되어야 하는 두 건을 만족하여야 한다.

Rawls는 입헌민주주의constitional democracy를 모델로 한 것이라고 말한다. 그리고 입헌민주주의 사회를 모델로 한 것은 입헌민주주의가 유일한 정의로운 체제임을 논증하려는 것이 아니고, 사회제도는 다양하여 그 것들을 다 다룰 수 없을 뿐만 아니라 숙고한바 근사치이기 때문이라고 말한다.

27. 사회제도 구축을 위한 시민의 세 가지 판단단계

합의된 정의의 두 원칙에 의하여 사회체제를 구성하기 위해 시민들은 다음과 같은 세 가지 판단을 하게 된다.

첫째로는 입법과 사회정책이 정의의 원칙에 부합하는 가를 판단하게 된다. 그러나 사람들의 판단이나 소견은 특히 이해관계가 관련되는 경우에는 서로 다르기 마련이므로 자신의 의견이 타인의 의견과 언제나 일치하는 것은 아니라는 사실을 알고 있다.

둘째로 판단하는 것은 시민들의 정의에 관한 상반되는 견해를 조정하기 위해 어떠한 체제가 정의로울 것인가를 결정해야만 한다. 이러한 기구를 설계하는 단계에서 어떤 방식이 다른 방식보다 더 정의롭다고 간주하게 된다. 그래서 완전한 체제는 법과 정책을 평가해 줄 수 있을 뿐만 아니라 법으로 제정될 어떤 정치적 견해를 선정하는 절차의 등급을 매겨줄 수도 있는 것으로 본다. 그런데 이것으로도 문제가 해결되었다고 보지 않는다.

그러므로 세 번째로 시민들은 특정한 헌법을 정의로운 것으로 받아들이면서 어떤 전통적인 절차, 예를 들면 적절한 제한이 가해지는 다수결의 절차가 합당한 것이라고 생각한다. 그러나 정치과정이란 기껏해야 불완전한 절차적 정의의 하나인 까닭에 그는 다수에 의한 입법이 어느 때 준수되어야 하고 어느 때에 더 이상 구속력이 없는 것으로 거부될 수 있는가를 확인하여야 한다. 간단히 말하면 정치적 의무 및 책무의 근거와 한계를 정할 수 있어야 한다.

헌법제정단계

원초적 사회의 시민들은 정의의 원칙을 채택한 후에 그들이 파견한 대표자들로 하여금 제헌위원회를 구성한다. 제헌위원들은 정치형태의 정의를 결정하고 헌법을 선택하게 된다. 그들은 이미 채택된 정의의 원칙이 갖는 제한조건 아래서 정부가 갖는 헌법상의 권한과 시민의 기본권을 구상하게 된다. 다양한 정치적 견해를 다루게 될 절차의 정의를 고려하는 것은 바로 이 단계에서 이다. 적당한 정의관은 이미 합의가 되어 있기 때문에 무지의 베일은 부분적으로 걷히게 된다. 물론 이 위원회의 위원들은 아직 특정한 개인들에 대한 아무런 지식도 갖고 있지 않다. 또한 그들은 자신들의 사회적 지위나 타고난 천부적 자질의 배경에서의 위치 혹은 가치관을 알지 못하고 있다. 그러나 사회이론의 원칙들을 이해하는 것과 더불어 사회와 관련된 자연적 여건, 경제발전의 수준, 문화 등 일반적 사실들을 알게 된다. 이제 그들은 더 이상 정의의 여건들에 내포된 지식에 제한되지 않는다. 그들이 이론적 지식이나 그들 사회에 관한 일반적 사실을 알고 있는 까닭에 그들은 가장 효율적이고 정의로운 헌법, 즉 정의의 원칙들을 만족시키고 정의롭고 효율적인 입법을 가장 잘 해 줄 것으로 생각되는 헌법을 택하게 된다.

정의로운 헌법에 관해서는 두 가지 문제를 구분할 필요가 있다고 생각한다.

하나는 정의로운 결과를 보장하도록 하는 정의로운 절차에 관한 문제이다. 그 절차는 헌법에 의해 규제되는 정치적 과정이며 그 결과는 제정된 입법의 체계일 것인데, 정의의 원칙들은 이 절차와 결과 양자에 대한 독립적인 기준을 정해 줄 것이다.

이와 관련한 첫번째 문제는 정의로운 절차를 구상하는 문제이다. 이를 위해서 평등한 시민권의 자유들이 명시되고 보장되어야 한다. 이들 자유는 양심의 자유, 사상의 자유, 선택의 자유, 동등한 정치적 권리들을 포함한다. 물론 실제의 정치과정이 정의롭지 못한 결과를 가져올 수 있다. 사실상 정의롭지 못한 입법이 이루어지지 않도록 보장해 주는 절차상의 정치적 규칙의 체계란 없는 것이다.

그러므로 두 번째 문제는 정의롭고 현실성이 있는 절차적 체제 가운데서 효과적이고 정의로운 법적 질서를 낳을 가능성이 가장 큰 것을 선정하는 것이다. 이 선정의 원칙은 공리주의자 벤담과 같이 (최대다수의 최대행복을 말함으로써) 이해관계의 인위적 동일화artificial identification의 문제를 야기하지 않을 원칙이 제시되어야 한다. 그러므로 정의의 원칙들에 부합할 듯한 입법을 할 수 있는 규칙들이 만들어져야 한다. 그래서 이 문제를 현명하게 해결하기 위해서는 시민들이 갖기 쉬운 신념과 이해관계를 알 필요가 있으며, 주어진 여건 아래서 이용하는 것이 합리적이라고 생각되는 정치적 전략에 대한 지식도 요구된다. 그러므로 정의로운 헌법을 만드는 데 있어서 이미 선택된 정의의 두 원칙이 바람직한 결과에 대한 독립적인 기준을 정해 준다는 것이다. 그 이유는 이러한 기준이 사회이론에 입각해서 가능한 정의로운 모든 헌법을 살펴보아 현존하는 여건 아래서 효과적이고 정의로운 사회체제를 낳을 가능성이 가장 큰 하나를 찾아 낼 것이기 때문이다.

입법단계

시민들은 다음 단계인 입법의 단계legislative stage에 이르게 된다. 제안된 법안은 항상 자신에 대한 특수 사정을 모르고 있는 입법자의 입장에서 판단된다. 법규는 정의의 원칙뿐만 아니라 헌법에 의하여 부과되는 모든 제한조건을 만족시켜야 한다. 그러므로 제헌단계와 입법단계를 오감으로써 최선의 헌법이 발견된다. 그런데 입법이 특히 경제 및 사회정책과 관련해서 정의로운가의 문제는 상당한 의견 차이가 있게 마련이므로 순이론적인 정치적·경제적 학설과 사회이론에 달려 있는 경우가 흔하다. 법이나 정책에 관해 우리가 말할 수 있는 최선의 것은 적어도 그것이 분명히 부정의不正義하지는 않다는 점이다. 정의의 제2원칙, 즉 차등의 원칙을 정확히 적용하기 위해서는 제1원칙을 적용한 경우보다 많은 지식이 필요하게 된다.

사회의 정의의 상이한 문제들을 다루는 단계들 간에는 분업이 성립한다. 이러한 분업은 대체로 기본구조의 두 부분에 대응하는 것이다. 평등한 자유의 제1원칙은 제헌위원회의 1차적 기준인데 그 중요한 요구조건은 개인의 기본적 자유와 양심 및 사상의 자유가 보장되고 전체로서의 정치과정이 정의로운 절차여야 한다는 것이다. 그래서 헌법은 평등한 시민의 공동적 지위를 확립하고 정치적 정의를 실현하게 된다. 제2원칙은 입법의 단계에서 작용하게 된다. 평등한 자유가 유지되는 것을 전제로 하여 사회적·경제적 정책들이 공정한 기회균등의 조건 아래 최소 수혜자의 장기적 기대를 극대화하는 데 목표를 두어야 한다는 것을 지시한다.

법규의 적용 및 준수단계

이 단계에서는 모든 사람들에게 모든 사실들이 완전히 알려지게 된다. 법규의 전체계가 채택되어 개개인의 특정한 상황에 따라 적용되므로 이 단계에서는 지식에 대한 어떤 제한도 남아 있지 않다. 이 단계에서 이용되는 지식은 대체로 다음 세 가지이다.

첫째는 사회이론의 제1원칙들과 그 결과들, 둘째는 사회의 규모 및 경제발전의 수준, 그 제도적 구조와 자연적 여건 등과 같은 사회에 관한 일반적 사실들, 셋째는 개인들의 사회적 지위, 천부적 속성 그리고 특유한 이해관계와 같은 개인들에게 특수한 사실들이다.

28. 정의의 역할

정의는 법을 지도하는 이념이다. 그러므로 법의 제정 및 개정뿐만 아니라 실정법의 흠결의 보충 및 해석의 근거로 작용한다. 여기서 실정법의 어의적語義

的 한계를 일탈하는 법의 흠결보충이 정의관에 의하여 가능한가의 문제이다. 실정법도 정의관이 항상 뒷받침되어야 하는 것이기 때문이다. 역사적인 산물인 실정법이 현실의 사안에 정의로운 법이 되지 않을 경우는 국민으로서의 지위보다 더 근본저인 시민으로서의 지위를 동시에 가지고 있는 국가 공동체의 성원은 부정의 한 국가법의 지배 혹은 적용을 거부할 수 있을 것이다. 그러므로 역사적 시민시회에 근거한 현행법은 현재의 시민사회의 정의관에 일치하지 않으면 무효인 것은 당연하다.

한편 자신이 합의한 헌법이 정한 바에 따라야 하는 측면은 어떤가? 즉 자기가 한 약속은 지켜야 하는 것은 아닌가? 그러면 한번 한 약속은 영원한 것인가? 아닌 것 같다. 헌법도 역사적 산물이므로 현재의 시민의 정의관이 여기에 구속될 이유는 없는 것 같다. 약속을 지키는 문제보다 정의로운가가 더 우선하는 것이다. 그러나 법의 안정성stability이라는 다른 문제가 있다. 그러므로 우리가 실정법의 효력을 안전하게 하고자 하는 절차와 규정이 절대적 효력을 가지고 있기 때문이 아니라, 그것을 어느 한계에서 지키는 것이 시민사회를 위해 보다 좋은 것으로 생각하여 지키는 것이라고 생각해야 한다. 그러므로 명백하고 중대한 사유가 아니면 실정법을 인정하는 것이며, 법의 효력을 부인하고 개정하는 절차가 있으면 그 절차를 존중하는 것이다.

토론과제

자유주의와 사회주의는 상반되는 것인가?

(토론방법)

- 헌법전문의 내용을 요약하도록 한다.
- 형식적 자유주의와 실질적 자유주의를 비교하여 정리한다.
- 헌법전문을 중심으로 자유주의와 사회주의를 비교하여 토론한다.

제 7 장

이해관계론

그러나 네가 올바르지 못한 일을 하였으니, 죄가 너의 문에 도사리고 앉아서,
너를 지배하려고 하니, 그 죄를 다스려야 한다.[1] (창세기 4 : 7)

1. 시나리오

정부의 엔지니어링사업을 추진하는 부서의 책임자로 있는 과학기술자 A는 이 사업의 설계회사를 선정하기 위해 사업수행능력 평가를 한 결과 우수업체로 선정된 3개의 회사 중 최우수업체를 선정하여 이 사업의 설계업무를 위탁할 계획으로 있다. 3개의 업체 중 하나인 X1사의 대표자가 자기 회사가 낙찰된다면 상당한 보수가 보장되는 자기 회사의 일자리를 제공하겠다고 A에게 은밀히 제안하였다. 마침 A는 자기가 현재 근무하는 곳이 집에서 너무 멀어서 통근하기가 어려우므로 그만 둘 생각을 하고 있었다. 퇴직금으로 자기가 눈여겨 보아온 자그마한 과수원을 사서 경영할 생각으로 있었다. 그런데 공교롭게도 일자리를

1) 창세기 4장에 기록된 것으로 아담과 이브의 두 아들 Cain과 Abel에 관한 이야기이다. Cain은 토지에서 난 처음 수확을 주께 제물로 바쳤고 Abel은 기르는 양을 잡아 그 기름을 짜서 제물로 바쳤다. 주는 Abel과 그 제물을 반기셨으나 Cain과 그 제물은 반기지 않았다. 이에 Cain이 화를 내고 열굴 색이 변하였다. 그것을 본 하느님이 Cain에게 화를 내고 얼굴색이 변한 이유를 묻고 "네가 올바른 일을 하였다면, 어찌하여 얼굴을 펴지 못하느냐? 그러나 네가 올바르지 못한 일을 하였으니, 죄가 너의 문에 도사리고 앉아서, 너를 지배하려고 하니, 너는 그 죄를 잘 다스려야 한다"고 말씀하셨다. 여기서 Cain의 제물은 단순히 공물present의 의미를 가지고 Abel의 제물은 "신이 계시한 뜻에 복종한다는 믿음의 증거(evidence of his faith by obedience to God's revealed will)"인 의미를 갖는다. 그러므로 Cain의 행위는 희생이 없는, 그러므로 소유에 집착하는 죄로 보는 것이다. Erich Fromm의 말을 빌리면 Cain은 소유양식의 사람이고 Abel은 존재양식의 사람이다.

제안한 X1사가 그 과수원과 가까운 거리에 있었다. A는 자기에게 돌아올 이득을 생각하여 X1사가 결정되도록 선정위원들을 설득할 생각을 하고 있다. A는 선정위원회가 열리기 전에 지난번 제의가 아직 유효한지, 봉급과 지위에의 확실한 보장에 관해 확인할 생각을 하고 있다. 그렇게 하더라도 문제가 없다고 생각하고 있다. 자기가 생각하기에도 X1사가 다른 2개의 회사(X2, X3)보다 우수하다고 생각되기 때문이다. 그러나 한편으로 자기에게 은밀히 제안한 사실이 꺼림직하게 생각되기도 하였다. 그러므로 X1사를 낙찰에서 제외시켜 줄 것을 설득할 생각을 하고 있다. 자기가 위원들에게 낙찰되도록 지원을 요청하지 않더라도 X1사가 낙찰될 경우 자기가 지원해서 낙찰된 것이라는 소문이 날 수 있고 그렇게 될 경우 불공정행위로 고발되어 퇴직금마저도 타지 못하고 직장을 그만두어야 할 상황을 염려하고 있다.

2. 이해의 충돌에 관한 이론

(1) 이해관계interests

사실상의 이해관계와 관념상의 이해관계

사회생활은 이해관계로 환원하여 볼 수 있다.[2] 이 경우 이해관계는 재정적

2) 과학이나 철학은 세계를 형성하고 움직이는 기본적이고 단순한 원리 혹은 실체가 있다는 생각에 바탕을 두고 있다. 과학이나 철학이 이와 같은 단순한 원리 혹은 실체를 찾으려는 것은 이 원리를 이해하여 장래를 예견하고 자신 혹은 사회가 당면하고 있는 문제를 해결하려는 목적을 가진 활동임을 부인할 수 없다. 그러므로 학문의 결과 도출된 원리는 그 자체로는 의미가 없으며 더 근본적인 그 학문을 한 사람의 목적과 연결하여 볼 때 의미가 나타나는 것이다. 그 원리자체는 죽어 있는 것이다. 단순히 그 원리를 깨우침으로서 만족하는 과학자나 철학자도 있을 것이다. 그러나 이것도 자신과 세계를 연결하여 자기의 존재를 확인하고자 하는 욕구에서 나온 것으로 볼 수 있다. 인간은 고통으로부터의 해방과 더 많은 욕구 혹은 열망의 충족을 위해 산다는 형식보다 더 근본적인 것을 찾을 수 없다. 자연 혹은 인간의 원리를 찾고자 하는 과학자나 철학자의 노력도 인간과 인간이 사는 사회의 실존을 보다 충실히 하여 인간에게 도움이 되는 것에서 의미가 주어지는 것이다. 한편 과학자나 철학자들의 주장에는 권위 혹은 맹신이라는 속성이 따르게 된다. 어떤 원리자체가 맹신의 대상이 된다. 따라서 권위 있는 과학자나 철학자의 주장은 세상에 해악을 끼친 경우가 많다. 잘못된 주장에 관한 맹신을 깨뜨리는 것을 목적으로 하는 과학자나 철학자들이 있다. Socrates가 지식에 관해 가장 확실한 지식은 "모른다는 것을 아는 것"이라고 하여 지식의 기반을 세우려고 한 것과 같다. 이 말도 맹신의 대상이 될 수 있다. 그러나 세상에 해악을 끼치지는 않는다. 무지를 말하고 있기 때문이다. 세상에 해악을 끼칠 수 있는 주장은 생명이 없는 물질에 관한 원리를 인간의 행동원리로 삼거나, 인간이 만든 생명이 없는 어떤 관념 혹은 개념을 단단하고 깨지지 않아서 불변하고 확실한 기본적인 세상의 원리로 삼는 것이다. 살아 있는 인간의 실존을 기초로 하지 않는 원리는 세상을 생명이 없는 것으로 만든다. 예를 들면 "사고한다는 것은 곧 무엇에 대한 사고가 존재한다는 것을 의미한다"고 하여 인간의 사고를 절대시 한

이해관계financial interests만을 말하는 것은 아니라는 것을 분명히 하여야 한다. 인간의 실존과 관련되는 모든 것이 이해관계이다. 재정적 이해관계는 보다 깊은 곳에 자리하고 있는 인간 존재의 이해를 위한 方便인 것에 불과할 수 있다.

"이해관계interests"는 행위의 영향권에 있는 사람들 간에 이익benefit이 되고 손해damages and loss가 되는 사실관계를 말한다. 이 사실상의 이해관계는 관념[3]상의 이해관계와 구별하여 보아야 한다. 관념상의 이해관계는 어떤 규범에 규정된 이해관계와 같다. 한편 사실상의 이해관계는 향유되는 최종적 이해와 그 최종적 이해를 위한 수단으로서의 이해관계로 나누어 볼 수 있다. 전자의 이해는 실제로 향유되는, 즉 어떤 물건의 효용을 소비함으로써 느끼는 것이다. 그러므로 어떤 물건의 가치가 소멸하는 것이다. 그러므로 최종적final이다. 영양가 있는 음식을 섭취함으로써 몸에 이로운 것이 되는 것과 같다. 후자는 예를 들면 어떤 토지에서 곡물을 생산하기 위해 토지에 대한 지배권을 확보하는 것과 같은 것이다. 그러므로 수단에 관한 이해관계이다. 이 후자의 이해관계는 최종적인 목적을 향해 단계적인 구조를 가지고 있다. 토지의 지배권에 관한 이해관계, 거기서 생산된 곡물에 관한 이해관계, 그 곡물의 거래에 관한 이해관계를 갖게 되고, 최종적으로는 그 곡물을 소비함으로써 소멸하는 것과 같이 어떤 가치가 수없이 파생되어 각각 어떤 목적과 관련되어 이해관계를 형성하게 되는 것이다.

Parmenides의 주장과 같다. Rawls는 공정으로서의 정의의 원천으로 자연적인 욕구와 열망을 가진 사함들의 공감 혹은 공동체를 기본으로 한다. 이 공동체의 성원들은 인간의 실존에서 나오는 이해관계에 관한 계산을 할 줄 아는 사람들이다. 그리고 그들은 자신들에게 주어진 생존조건의 한계를 알고 있다. 이 생존조건을 개선하기 위해서는 협동하는 것이 필요하다는 데에 기본적인 이해관계가 일치하고 있다. 그리고 그들은 어떤 객관적인 이상을 가지고 있지 않다. 다만 협동함으로써 정의롭고 질서정연한 사회를 건설할 수 있을 것이라는 희망을 가지고 있다. 그들은 국가를 구성하고 법체제를 만들고 목표와 이상을 설정할 것이다. 그러나 그것들이 인간 혹은 공동체의 존재양식에 합당하지 않을 경우 이 원초적 입장에서 성찰하여 개조하고 다시 구축하는 것이다. 열려 있으며, 변하고 실존적이다. 반면 확실하고 완전하며 불변하는 어떤 것을 인간의 이상으로 삼는 것은 인간을 그 원리의 종속적인 존재가 되게 한다. 그 원리를 구현하는 것에서 인간의 의미가 찾아지기 때문이다.

3) 관념notion은 아이디어와 같이 心行act of mind에 의하여 마음 속에 최초로 형성된 것이다. 그러므로 극히 주관적이다. 이것이 이성reason의 도움을 받아 일반관념conceptions이 되어 인생관, 세계관 등이 된다. 이 일반관념이 경험을 통하여 확인되어 좀더 영구성을 가지고 믿음faith으로 형성된 깃이 개념concepts라고 할 수 있다. 그러나 개념은 일반개념과 구체개념으로 나누어 볼 수 있다. 일반개념은 Kant가 말하는 categorical concepts라 할 수 있다(물론 Kant는 이것을 선험적인 것으로 본다). 이 일반적 개념은 수많은 구체적 개념을 거느리게 될 것이다. 법과 같은 규범상의 개념은 이와 같은 구체적 개념들일 것이다. 그러므로 관념이 그 이후의 心行의 근거가 된다. 그러나 관념은 마음속에 형성된 것이지 마음의 주체는 아니다. 이 관념의 주체는 직관intuition, 즉 德이다. 이 직관이 내면의 인식 혹은 외부의 경험과 연결되어 관념을 형성하는 것이다. 그러므로 관념은 불변적인 것은 아니다.

그리고 이러한 예상되는 사실상의 이해관계를 관념하는 데서 관념상의 이해관계가 생기는 것이다.

법이 곡물을 생산할 토지에 대한 소유권을 규정하고 생산된 곡물에 대한 소유권 혹은 그 곡물을 판매할 경우의 거래관계에 관한 권리·의무 등을 예상하여 규범을 정하는 것과 같다. 이와 같이 어떤 관념에 의하여 생기는 어떤 물건 혹은 다른 사람의 행위(용역service이라고 한다)에 관한 지배력을 "권리right"라고 한다. 이와 같이 관념의 세계에서는 이해관계는 권리·의무의 객체objects로 존재한다. 그러나 관념상의 이해관계는 법과 같이 실정적 개념에 의하여서만 생기는 것이 아니고 비실정적인 관념에 의해서도 생긴다. 이 비실정적인 관념은 정의관conception of justice 혹은 정의원칙principle of justice과 같은 것이다. 그러므로 윤리의 문제도 된다. 또한 실정적인 관념도 추상적인 것과 구체적인 것이 있다. 규범상의 관념은 추상성을 갖는다. 이 추상적인 규범에 근거하여 개인의 구체적인 사건 혹은 행위와 관련하여 관념되는 권리·의무관계는 구체적인 것이다.[4] 그러므로 규범상의 이해관계는 잠재적인 것이다.

윤리를 규범으로 파악하는 입장[5]에서는 윤리의 경우도 추상적인 것과 구체적인 것으로 나누어 볼 수 있을 것이다. 관습상의 이해관계는 추상적인 관계일 것이고, 이 관습에 의하여 구체적인 사람 간에 관념되는 것은 구체적인 이해관계가 된다. 한편 구체적인 이해관계는 추상적 이해관계에 근거를 두고 있으므로 추상적 이해관계는 구체적인 이해관계에 정당성을 부여하는 관계에 있다. 그러나 윤리는 비실정적인 것으로 본다. 그러므로 윤리에는 추상적 규범에서 정당성을 찾는 문제는 없다. 오히려 기존의 추상적 규범에 대해 구체적인 사실관계와 관련하여 타당성을 검증하고 그 규범을 개혁하려고 하는 것이 윤리이고 정의관이며, 그것이 공감을 얻어가는 과정이 윤리인 것이다.[6]

---

4) 법에서는 이 구체적인 권리·의무관계를 법률관계legal relations라고 한다.

5) 관습과 같은 규범이 법인가의 문제가 있다. 실정규범인 점에서 같기 때문이다. 그러나 관습은 국가법 혹은 단체법과는 다른 점이 있다. 국가법과 같이 공식적인official 절차에 의해서 정해진 것이 아니기 때문이다. 그러므로 통상 국가법에서는 법이 인정하지 않는 관습은 법이 아닌 것으로 한다. 결국 실정성을 기준으로 하는 경우는 관습과 같은 비공식절차에 의하여 정해진 것도 법의 범주에 속하게 되며, 공식적 규범성을 기준으로 할 경우 관습은 법의 범주에 들어가지 못한다. 윤리의 비실정성을 강조하는 입장이 일반적이므로 관습과 같은 실정규범을 윤리로 보지 않는 것이 일반적이다. 우리도 이러한 입장을 견지한다.

6) Rawls는 규칙(규범)에 관해 개요적 개념summary conception과 실천적 개념practice conception을 구별하고, 전자는 과거에 있었던 결정의 요약이며 후자는 어떤 사람이 규칙과 관련된 일을 한다면 자신의 행위에 관한 문제를 규칙에 의해 해결하는 것과 같다고 한다. 그리고 이러한 규칙을 변화시키고자 하는 것이 개혁자의 임무라고 말한다. 윤리가 그것일 것이다. 윤리는

이해관계와 권리·의무

사람들은 이해관계를 질서정연하게 보장받으려고 한다. 그러므로 이해관계는 배타성을 갖는다. 배타적으로 이해관계에 관한 지배력을 설정하는 방법에는 두 가지가 있다. 하나는 어떤 물건(반드시 有體物만을 말하는 것은 아니다)의 효용utility에 대한 배타적exclusive 지배권을 설정하는 것이다. 예를 들면 어떤 물건을 "사용할 배타적 지배력" 혹은 "처분할 배타적 지배력"을 설정함으로써 그 물건으로부터 나오는 이익을 향유할 수 있도록 하는 것이다. 이러한 물건에 대한 배타적 지배력을 법에서는 물권[7]이라 한다.

그러나 물건에 대한 배타적 기배권의 설정은 두 가지가 있다. 하나는 물건의 효용에 대한 포괄적 지배권, 즉 소유권[8]의 설정이고, 다른 하나는 소유권에

어떤 규칙에 구속되는 활동이 아니기 때문이다.

7) 우리나라 민법에는 물권으로서 점유권, 소유권, 지상권, 지역권, 전세권, 유치권, 질권, 저당권을 규정하고 있다.

8) 물권의 대상, 즉 객체는 有體物만이 아니고 지배가능한 자연의 효용 및 인간의 지적 작품에서 나오는 효용과 같이 관리 가능한 것이라고 이해된다. 한편 소유권ownership은 이와 같은 객체에 대한 포괄적 지배권이다. 그 객체의 사용을 통한 수익 및 그 수익물의 사용·수익·처분을 포함한다. 보다 더 근본적인 것은 권리의 객체가 "나의 것"이라는 관념이 들어 있다. 시민법이 발달했던 로마법에 그 연원이 있고 오늘날은 전 세계적으로 통용되는 개념이 되었다. 그러나 게르만 관습법에서는 "나의 것"이라는 개념보다는 내가 사실상 지배하고 있다는 관념이므로 "내것"이라는 관념보다는 자의식이 적다. 이것을 점유gewere라고 한다. 영국에서도 토지의 경우 "나의 것"이라기보다는 국가의 것 혹은 삶의 터전으로 그냥 있는 것it is이고 그것을 사용·수익하는 권리라는 관념이 강하다. 영국에서 오늘날과 같은 "나의 것"이라는 관념이 자리 잡게 된 것은 귀족들이 공유지를 사유지로 만들기 위한 울타리치기enclosure운동을 벌이면서부터 이다. 자본주의 혹은 자유주의의 발달 혹은 자의식의 발달로 인한 것이다.

Erich Fromm은 의사 앞에서 환자가 "나는 잠을 이룰 수 없습니다"라고 해야 맞는 어법을 "나는 불면증을 가지고 있습니다"로 어법이 바뀌고 있다고 하고, 이것을 동사가 명사로 바뀌는 현상이라고 말한다. 그리고 이러한 어법상의 변화는 소유에 관한 관념이 강화된 것, 즉 사유재산의 발달과 관련이 있다고 분석한다. 이러한 동사로 표현해야 할 것을 명사화하여 누가 "갖는다"라는 식으로 표현하는 어법은 사유재산이 아니라 기능적 재산관념이 지배하는 사회에서는 "갖는다"라는 말이 없다는 사실이 시사해준다고 말한다. 그는 생존양식을 소유양식과 존재 양식으로 나누면서 다음과 같이 말한다. "우리가 살고 있는 사회는 재산을 획득하고 이익을 추구하는 데 전념하고 있기 때문에 우리는 좀처럼 생존의 존재양식에 대한 어떠한 증거도 보지 못하며, 대부분의 사람들은 소유양식을 가장 당연한 생존양식으로, 심지어는 우리가 받아들일 수 있는 유일한 생활방식으로 알고 있다. 이 모든 것은 사람들로 하여금 존재양식의 본질을 이해하고 나아가서는 소유는 가능한 하나의 志向에 지나지 않는다는 사실을 이해하는 것을 특히 어렵게 만들고 있다. 그 어느 쪽도 추상적으로, 순전히 사색의 문제로만 검토의 대상이 되어서는 안 되며, 또 검토될 수도 없다. 두 가지 모두 우리의 일상생활에 반영되어 있으며, 따라서 구체적으로 검토되어야 한다." 그리고 일상생활에서 소유와 존재가 어떻게 나타나고 있는가의 예들 중 하나의 예를 다음과 같이 든다. "생존의 소유양식을 가지고 있는 학생들은 강의를 듣고 그 내용의 논리적 구조와 의미를 이해하기 위하여 귀를 기울일 것이며, 그 말을 모두 노트에 적은 후에 그 노트를 암기하여 시험에 잘하면 합격할 수 있다. 그러나 그 내용은 그들 자신의 개인적인 사고체계의 일부가 되지 못하므로 그들의 사고를 풍요하게 하지 못한다. …소유양식을 가지고 있는 학생들은 단 한 가지 목표를 세우고 있다.

포함된 물건의 특정용도use에 대해 지배권을 설정하는 것이다 그러나 물건에 대한 지배권이 아니라 다른 사람의 행위에 대한 지배권의 설정이 있다.[9] 이것을 법에서는 채권이라고 한다. 그러나 그 행위를 하는 사람에 대한 배타적 지배권은 아니다. 다만 그 행위의사와 행위내용 및 행위의 결과를 배타적으로 지배한다. 그러므로 행위를 제공하는 자와 제공받을 자와의 관계에서는 자기에게 제공할 의사와 목적에 적합한 결과를 지배하고, 당사자가 아닌 타인과의 관계에서는 제공하는 자와 제공받는 사의 관계relation, 즉 계약관계에서 생기는 구체적 관계를 방해받지 않을 배타적 지배권이 설정된다. 예를 들면 변호사의 법률상담을 받는 것에 관한 권리와 같다.

권리와 의무

물권이나 채권으로 설정되는 지배권은 다른 사람에 의하여 방해받지 않는 권리가 핵심이다. 그러므로 법이 어떤 사람에게 어떤 물건 혹은 사람의 용역제공에 대한 지배권을 방해하지 말아야 할 의무duty를 모든 사람에게 설정한다.

즉 그들은 배운 것을 단단히 기억하거나 또는 노트를 조심스럽게 간직함으로써 "배운 것"을 고수하는 것이다. 그들은 반드시 새로운 것을 생산하거나 창조하지 않는다. 사실 소유형의 사람들은 어떤 주제에 대한 새로운 사고나 개념에 대해 다소 당혹을 느낀다. 왜냐하면 새로운 것은 그들이 가지고 있는 고정된 量의 지식에 의혹을 만들기 때문이다. … 세계에 대하여 존재양식으로 관계를 맺고 있는 학생들에게 있어서는 학습의 과정은 전적으로 다른 성질을 가지고 있다. 그들은 강의가 다룰 문제를 미리 생각하며, 그들 자신의 어떤 질문과 문제를 이미 마음속에 간직한다. 그들은 강의 주제에 몰두하게 되며 또 흥미를 느낀다. 그들은 말과 개념의 수동적인 저장소가 되는 대신에 귀를 기울이고, 듣고, 그리고 가장 중요한 것은 능동적이고 생산적인 방법으로 받아들이고 반응한다. 그들이 듣는 것은 그들 자신의 사고과정을 자극한다. 새로운 질문, 새로운 개념, 새로운 전망이 마음 속에 일어난다." 그리고 존재의 철학적 개념에 관하여 "Parmenides, Plato 및 스콜라 학파의 實在論者들이 주장하는 바와 같이 존재를 영원한, 시간에 구애를 받지 않는 불변의 실체, 생성과는 반대의 개념으로 보는 입장은 이데아idea가 궁극적 실재라는 이상주의적 개념의 토대 위에서만 의미를 갖는다. 사랑이라는 이데아가 사람의 경험보다 더욱 실재적이라면 우리는 이데아로서의 사랑이 영구적이며 불변하는 것이라 말할 수 있다. 그러나 우리가 존재하고 사랑하며 미워하고 고통 받는 인간들의 실재를 따지기 시작하면 거기에는 생성하고 변하지 않는 존재는 없다. 살아 있는 조직체는 생성하는 경우에만 존재할 수 있다. 또한 변화하는 경우에만 존재할 수 있다. 변화와 생성은 생명과정에 내재되어 있는 특질이다." 김진홍 역, "소유나 삶이냐(To Have or To Be)," pp.1-71 참조.

9) 물건과 같이 사람에 대한 포괄적 지배권을 설정하였던 것이 노예제도slavery이다. 근대법에서는 인정하지 않는다. 그러나 한정적이고 본인의 자유의사에 의한 계약에 근거하지만 사람에 대한 지배권은 한정적으로 살아있는 것을 현대의 법에서도 찾아볼 수 있다. 고용계약에서 충성의무 및 명령복종은 용역의 제공과는 직접관련이 있는 제도는 아니라고 볼 수 있다. 사람을 지배하는 제도이다. 특히 고용계약 중에 지득한 노하우에 대한 소유권적 통제는 연구과제가 될 수 있다.

이것이 권리의 배타성이다.

그러나 권리자가 자신의 권리를 행사하는 것은 자유이다. 법은 권리의 행사를 강요하지는 않는다. 한편 자신의 지배력을 행사하는 것은 절대적이고 무제한적인 자유는 아니다. 일정한 한계가 설정된다. 자유, 즉 권리에는 자연적 한계 혹은 공동체적 한계가 있기 때문이다. 그러므로 법은 그 한계를 인식하고 그 권리·의무의 한계를 설정한다.

한편 권리를 행사함으로써 다른 사람에게 피해를 주는 것은 허용되지 않는다. 결국 권리는 절대적인 것이 아니고 사람과 사람 간의 관계inter-personal relation로 환원하여 보아야 한다.[10] 그러므로 권리는 사람들 간의 손해와 이익이 균형되는 관계에서 설정되는 것이다. 근대법은 소유권의 절대 원칙 위에 서 있다고 한다. 그러나 그것은 권리와 의무의 본질적 상대성을 인식하지 못한 지적 혼란에서 나온 것이다. 그러므로 절대권이 아니라 소유권자의 권리를 최대로 보장한다는 의미로 읽어야 한다. 그러므로 현대사회에서 소유권의 상대성을 말하는 것도 새로운 원칙의 도입이 아니라 본래의 상대성을 강조하는 것으로 읽어야 한다.

(2) 자연권과 법적 권리

자 연 권

한편 우리는 권리라고 할 때 흔히 법적인 권리로 이해하는 경향이 있다. 그러나 권리는 법 이전에 기본적으로 의사의 힘 혹은 다른 사람들이 그 의사를 존중하고 스스로 그것을 침해하지 않으려는 의무감을 갖는 자연상태의 권리·의무관계도 배제하여서는 안 된다. 시나리오에서 A는 자연 상태의 사회에서 여러 가지 지위를 갖는다. 다른 사람과 약속을 하는 경우에는 신뢰관계에서 약속자로서의 권리와 의무를 가지며, 사회의 구성원으로서 다른 구성원을 해쳐서는 안 되는 의무를 가지며, 또한 자신의 권리를 지킬 권리를 갖는다. 시나리오에서 A는 ① 개인으로서 자신의 생활을 개선하기 위해 자신의 이익에 관한 권리를 가지며, ② X1의 제안을 받고 약속한 관계에서 X1에 대한 권리 및 의무를 지게

10) 소유권이라는 개념에는 어떤 물건을 지배하는 권리라기보다 그 물건은 내 것이라는 관념이 들어 있다. 그러나 권리는 어떤 물건에 관한 사람과 사람간의 이해관계이다. 그러므로 어떤 물건은 내 것일 수 없다. 물건 등은 객체로서 존재하고 있고 기본적으로는 공동체의 공유이다. 그러므로 소유의 공유개념은 공동체에 본래 존재하는 것이다.

되는 것이며, ③ 자연상태의 사회의 일원으로서 다른 구성원의 이익에 관한 권리를 침해해서는 안 되는 의무를 진다.

사회계약

그러나 이 자연적 권리·의무는 저절로 생기는 것은 아니다. 어떤 합의에 기초하는 것으로 이해하여야 한다. 근거가 있어야 하기 때문이다. 그런 의미에서 자연권이라 하더라도 순수하게 자연발생적인 것은 아니다.[11]

권리를 "의사의 힘power of will"이라고 한다. 그러나 힘은 타율의 의미가 있다. 그러나 힘은 타율적인 것으로만 이해할 필요가 없다. 이성에 의하여 납득되는 것 혹은 이익을 줌으로써 움직이게 하는 것도 힘이다.[12] 그러므로 다른 사람의 의사를 존중하는 것에 의해서도 권리는 존재할 수 있다. 어떤 사람의 의사를 다른 사람들이 인정하고 존중하는 것에 관한 약속이 사회계약의 본질이다. 강제적 힘은 이와 같은 원초적 합의가 잘 돌아가지 않을 경우 필요한 것이다. Rawls는 이 자연상태natural state의 사회를 상호간의 이익을 위한 묵시적 합의체로 보고 이 합의에 이르기 위한 제약요건을 "최초의 상황initial situation"이라고 하였다.

> 사회는 이해관계의 일치뿐만 아니라 이해관계의 충돌이라는 특성을 갖는다. 사람들은 혼자만의 노력에 의해서 살기보다는 사회 협동체를 통해서 모두가 보다 나은 생활을 할 수 있다는 점에서 이해관계가 일치한다. 그러나 또한 사람들은 그들의 노력에 의해 산출된 보다 큰 이득의 분배방식에 대해 무관심하지 않으며 자신들의 목적을 추구하기 위해 적은 몫보다는 큰 몫을 원하기 때문에 이해관계가 충돌한다. 그러므로 이러한 이득의 분배를 결정해 줄 사회체제를 선정하고 적절한 분배의 몫에 합의하는 데 필요한 원칙들의 체계가 요구된다. 이러한 원칙들이 바로 사회정의의 원칙으로서 그것은 기본적인 사회제도 내에서 권리와 의무를 할당하는 방식을 제시해 주며 사회협동체의 이득과 부담의 적절한 분배를 결정해 준다.

---

11) Rawls가 공동체의 원초적 입장에서의 묵시적 합의를 정의의 근거로 하고 있음을 상기할 필요가 있다.

12) 고전적 공리주의자들은 사람은 자신의 고통을 줄이고 쾌락을 늘리기 위해 행동하는 것으로 보았다.

그러므로 묵시적 합의체인 자연 상태의 사회와 법에 의한 사회와는 구별되는 것이다. 법은 이 자연 상태의 이익 혹은 권리를 보호하거나 이해관계를 조정하기 위해 필요한 경우 강제력을 부여하고 동원하는 부차적인 것이다.

3. 이해관계의 충돌

사회적 지위

어떤 사람과 관련한 권리·의무관계는 그 사람의 사회적 지위에 따라 발생한다. 그런데 사람에게는 하나의 지위만 있는 것이 아니고 수없이 많다. 예를 들어 A는 정부에 고용되어 있는 피고용인으로서, 공무원으로서, 계약담당관으로서, 국민으로서, 사회의 일원으로서, 어떤 단체의 회원으로서, 가정과 관련하여서는 가장으로서, 어떤 사람의 친구로서의 권리·의무 등 수 없이 많다. 가장 기본적인 것은 자신, 즉 A라는 개인individual 으로서의 권리·의무일 것이다. 그러므로 권리·의무는 어떤 지위status에 따라 설정됨을 알 수 있다. 그런데 이 지위는 그 사람의 역할role에 의하여 설정된다. 이 지위에 의하여 파악하는 사람을 영어에서는 "person"이라 한다. 연극이나 영화에서는 "character"라고 하는 의미와 같다. 어떤 연극배우가 햄릿 역을 하기도 하고 리어왕 역을 할 때 그 "역"을 가리키는 말이다. 마찬가지로 A는 기본적으로 개인individual person으로서 권리·의무관계가 설정되지만, 과학기술자, 계약담당관, 공무원 혹은 정부의 피고용인으로서의 역할에 따른 지위에 의하여 권리·의무관계가 설정된다.

이와 같이 여러 가지 지위 혹은 역할에 따라 권리·의무가 설정되므로 A는 그 여러 가지 지위에 따른 여러 가지 관계에서 자신의 이익과 다른 사람의 이해관계와 충돌한다. 이것을 "이해관계의 충돌"이라 한다. A의 경우 부당한 방법으로 X1을 낙찰시키려고 생각하고 있는 것은 X1의 이해관계도 되지만 자신의 이해관계도 된다. 그리고 이 A와 X1의 공동의 이해관계가 공정한 입찰질서를 유지하려는 정부의 이해관계와 충돌할 가능성이 나타날 수 있다. 그러나 시나리오에서 A와 X1 간의 공동이해관계와 정부의 이해관계와의 충돌만 있는 것이 아니다.

이해관계의 충돌가능성

시나리오에서 이해관계의 충돌이 발생할 가능성이 있는 이해 당사자는 불공정한 입찰을 제안한 X1, 이 제안을 실행에 옮길 것인가를 고민하고 있는 A, A가 실행에 옮길 경우 피해를 입을 수 있는 입찰 경쟁자인 X2, X3, 공정한 입찰질서가 침해될 경우 해를 입을 정부, 공무원사회, 국가, 사회 등이다. 시나리오에서 정부가 추진하는 엔지니어링사업의 설계자를 선정하는 입찰과정에서 계약담당 공무원인 A에게 자기회사가 선정되게 할 경우 뇌물을 제공하겠다는 X1의 제안으로 인해 이후의 여러 가지 이해관계의 충돌이 발생할 가능성이 잉태된 상태에 있다. 아직 뇌물이 실제로 제공된 것도 아니고 A가 X1의 제안에 합의를 한 것도 아니다. 그러므로 여러 가지 경우로 나누어 검토한다.

① A가 X1의 제안을 받아들이지 않고 공정한 입찰을 실시할 경우;

일단 이후의 이해관계의 충돌가능성은 중단된다. 그러나 A와 X1의 관계에 관한 문제는 남아 있다. 사회정의 혹은 법을 떠나서 A와 X1간에는 인간적인 관계가 있을 수 있다. 자신의 제안을 무시하고 공정하게 처리한 A에 대해 X1은 평소에 서로 간에 형성된 인간관계에서 배신감을 가질 수 있는 것은 있을 수 있다. 부도덕한 관계이지만 양자 간에는 기대되는 이해관계의 침해 혹은 신뢰관계의 침해와 같은 문제는 남아 있다.[13] 원래 이해관계 혹은 신뢰관계는 도덕성을 가진 것이 아니기 때문이다. 도둑들도 상호간에도 의리와 이해관계가 있는 것과 같다. 애초에 정의롭고 도덕적이라면 X1은 이와 같은 정당하지 않은 제안을 하지 않을 것이다. 그러나 정의론적 입장에서 보았을 경우 그런 마음이 생기게 한 A의 처신에 대한 도덕적 책임이 있을 수 있다. 윤리문제는 이런 문제에 관심을 갖는 것이다. 윤리는 어떤 목적에서 그것이 바람직한 것인가를 보기 때문이다. 그러나 이런 영역은 법이 간여하지 않는다. 과학기술자 등 전문가는 자신의 업무 혹은 직무와 관련하여 법에서 관여하지 않는 재량의 범위가 넓은 것이 특징이다. 그리고 이러한 재량이 도덕이지 않을 경우, 그 이후에 파생되는 이해관계의 범위가 큰 것이 또 하나의 특징이다. 과학기술자의 윤리문제는 이 부분에 집중되어 있다고 할 수 있다. 법을 어기는 문제뿐만 아니라 사회의 기

13) Rawls의 정의론이 갖는 목적에 비추어 정의로운 것은 아닐 것이다. 그러나 어떤 목적개념에서 보지 않는 자연주의적 입장에서는 선도 아니고 악도 아니다. 인간의 자연적 욕구 혹은 관계에 의한 단순한 이해관계 혹은 신뢰관계이다.

대와도 관련된다. 그러므로 기술능력 혹은 판단능력도 윤리문제가 된다. 미국과 같은 서구사회에서는 전문적professional이라는 말과 윤리적ethical이라는 말이 거의 동의어로 여겨진다고 한다. 전문가의 일이 사회에 중대한 영향을 미치는 것에 관한 판단 혹은 결정을 하는 일이기 때문이기도 하지만 전문가의 능력에 따라 공동체의 삶의 질이 결정되기 때문이다.14)

결국 A가 X1의 제안을 수용하지 않을 경우 이 문제와 관련하여 나타날 수 있는 이해관계가 현실화되지 않고 그 반대의 행위로 인한 인과관계는 중단된다고 할 수 있다. 그 이후의 문제는 A가 X1의 제안을 수용하는 것으로부터 발생할 것이다.

② A가 X1의 제안을 수용하는 경우;

이 경우는 우선 앞에서 말한 A와 X1간의 이해관계 혹은 신뢰관계의 문제는 목적을 달성하여 소멸할 것이지만 이 문제와 관련되는 당사자 간의 이해관계가 현실화된다. 그리고 이 경우 A와 X1은 다른 이해당사자들과의 관계에서 이해공동체가 형성되므로 이 공동체와 다른 이해당사자들과의 이해관계의 충돌이 되는 경우와 A와 X1 각각의 지위에 따른 다른 이해당사자 간에 발생하는 이해관계의 충돌로 나누어 볼 수 있다. 즉, A와 X1은 각각 다른 사회적 지위에 따른 관계와 같이 부정당한 행위를 공모한 공동체의 성원으로서의 지위에서 생기는 다른 사람들 혹은 다른 사람들의 집단과의 관계에서 이해관계 문제가 발생하는 것이다.

③ X1, X2 및 X3간의 이해관계의 충돌;

우선 X1, X2 및 X3은 입찰 공동체의 일원으로 파악된다. 그러므로 그 공동체의 일원으로서 X1은 X2, X3 각각에 대해서 그들이 낙찰됨으로써 얻게 될 재정적 이득에 관한 기대와 그 기대와 관련한 사업계획 등을 손상시키고 있다. 남의 기대 이득을 자신의 이익으로 돌리고 있는 것이다. 보다 근본적으로는 세 사람의 경쟁관계에는 지켜야 할 룰이 있다. 즉, 그들은 입찰공체의 일원으로서 입찰질서를 지킴으로써 장기적으로 자신들에게 이익이 된다고 생각하고 있다. 한편으로 보다 합리적이고 공정한 경쟁이 가능한 입찰질서를 만들기 위해 공동

14) 고대 그리스시대부터 철학자나 과학자는 윤리적이라는 생각이 있었다. 그들은 자신의 이익을 우선하는 것이 아니고 사회전체의 이익의 관점에서 생각하고 말하였기 때문이라고 한다. 그것을 공평무사의 정신universalism이라고 한다.

으로 정부의 현행 입찰방법의 개선을 희망하고 있다. 그러므로 A는 이런 묵시적 공감에 의한 상호 간의 의무를 침해하고 있는 것이 된다.

여기서 A는 X1과 공동의 이해관계에 있다. 그러므로 X2 혹은 X2의 권리침해에 대한 공동으로 침해하는 관계가 형성될 것이다. 물론 A의 사회적 신분은 다르다. 그러나 고정된 신분의 개념에서 접근해서는 안 된다. 문제와 관련하여 A는 입찰자 혹은 동업자사회의 일원이라는 X1의 신분을 공유하게 되는 것이다.[15] 마찬가지로 A의 신분이 문제될 경우 X1이 A의 신분을 공유하는 것이 된다. 사안에 따라 공동으로 할 수 없는 경우 혹은 공동관계를 문제시 하지 않을 경우도 있을 것이다.

④ 사회적 이해관계와 충돌;

A와 X1은 입찰공동체의 일원이라는 지위를 넘어서 보다 큰 사회의 일원으로서의 의무를 어기고 있다. X1이 동업자 단체의 일원이고 동업자 단체의 계약이 있다면 X1(공동관계에서 A도)은 그 계약에 위반하는 것[16]이 되고, 나아가서 국가사회에서 국민 상호간에 이익을 침해서는 안 되는 계약에 위반하는 것[17]이 되며, 나아가서 국민 전체의 이익을 침해[18]하는 것이 될 수 있다. 한편 A는 국가공동체national community의 일원, 국가state의 일원, 정부의 일원 혹은 공무원 사회의 일원이다.[19] 그러므로 이와 같은 사회의 공동이익을 침해해서는 안 되는 의무가 있다. 개인인 A의 이익과 공동의 이익의 충돌 문제가 생기는 것이다. 개인의 이익을 위해 입찰질서를 해하는 경우 정부의 공동이익, 즉 공정한 정부로 인정받음으로써 기대되는 정부의 정치적 이익 혹은 정부의 공동재산에 피해 등

15) 일반적으로 공범이라는 개념은 당해 범죄와 관련하여 범죄자라는 신분을 공유하는 것이라고 본다.

16) X1. X2, X3가 같은 동업자 단체의 회원이고 상호 부정당한 경쟁을 하지 않기로 한 규약이 있는 경우

17) 국민과 국민 상호 간에는 법에서 허용하지 않는 한 권리, 즉 이익을 침해해서는 안 된다는 것은 기본적인 규약이다. 그러므로 손해배상책임이 발생할 수 있다.

18) 국민 상호 간의 관계와 국민 전체의 이익은 구별된다. 그러므로 법은 국민 전체의 이익과 관련하여 형벌제도를 두고 있다. 공정한 입찰질서를 지키는 것이 국민 전체의 생활을 위해 보호되어야 하는 것이 될 수 있다. 형법 제315조가 이에 해당할 것이다.

19) 공동체로서의 국가와 단체로서의 국가를 구별한다. 그러므로 사회의 일원으로서 "나"는 헌법제정권력자로서의 "나"의 지위와 납세자로서의 "나"의 지위는 다른 것이다. 또한 공무원인 지위와 투표권자의 지위는 다른 것이다. 그러므로 이러한 지위position는 자연인인 "나"에게 부착된 인격personality인 것이다. 자연인 "나"는 하나이지만 "나"의 법인격은 수없이 많다. 그러므로 사회생활 관계는 이와 같이 각각 다른 목적에 의해 설정된 이러한 인격에 따른 관계로 파악하는 것이다. 그러나 이러한 법인격은 도덕적 주체인 자연이인 "나"로 통합되어 조정된다.

과 관련하여 A의 이익과 충돌하게 된다. 공무원사회도 공정한 공직자로서 인정받음으로써 기대되는 이익을 가지고 있다. X1은 정부에 고용된 자는 아니나 A가 정부의 이익을 해하는 그 문제에 관해서는 공동침해자의 관계에 있게 된다.[20)]

사회와 관계에 관해서는 다음 장에서 다룰 법률관계론에서 좀더 상세히 다룰 것이다. 다만 앞에서 "국가공동체로서의 일원으로서의 지위"와 "국가의 일원으로서의 지위"를 구별한 것에 관해 좀더 언급하고 넘어가자. 흔히 공동체의 일원, 즉 시민citizen으로서의 지위와 국민의 지위를 혼동하기 쉽다. 그러나 "국민"은 국가라는 단체corporation의 일원이고 "사회의 일원"은 단체가 아닌 공동체의 일원을 의미한다. 국가와 공동체는 일치하는 경우가 있을 수 있으나 개념상 구별하여야 한다. 우리나라 헌법전문을 보더라도 헌법에 의하여 구성되는 국가 이전에 "민족공동체", "지역공동체" 혹은 "문화공동체"를 전제로 하고 있음을 알 수 있다.[21)] 기본권의 경우도 자연권을 전제로 하고 있음을 알 수 있다. 이 기본권은 법에 의해서 비로소 생기는 것이 아니고 법 혹은 국가의 구성이전에 존재하는 공동체에 존재하는 것이다. 공동체는 단체로서의 국가가 생기는 근원인 것이다

이해집단

앞의 검토에서 우리는 개인 간의 이익의 충돌문제가 있을 뿐만 아니라 이익집단 간의 이익의 충돌도 있음을 알 수 있다. 예를 들어 잠정적으로 입찰자로서 공동의 이익을 가지고 있는 X1, X2 X3으로 구성되는 이해집단이 담합하여 정부라는 집단의 이익과는 다른 입찰질서를 정하고 있을 경우에는 입찰자 집단의 이익과 충돌하는 문제가 생긴다. 사실 인간 간의 관계는 하나의 집단현상으로 파악할 수 있다. 마찬가지로 모든 이익집단 간에는 이와 같은 이해관계의 충돌문제가 생길 수 있다. 한편 이익집단 간의 이해관계의 충돌이 있는 경우 같은 이익집단에 속하는 성원 간에는 이익의 충돌은 없는 것이 특징이다.

20) 형법 제33조가 "신분관계로 인하여 성립된 범죄에 加功한 행위는 신분관계가 없는 자에 대해서도 전3조(공동정범, 교사범, 종범을 가리킨다)의 규정을 적용한다"라고 규정하고 있는 것과 같다.

21) 헌법전문에서 "대한국민"은 혈통, 역사 및 삶의 터전을 공유하는 민족공동체를 상정하고 있다고 보아야 한다. 또한 자율과 조화를 바탕으로 하는 민주질서에 관한 이념을 같이 하는 정치공동체 혹은 법공동체를 상정하고 있음도 유의하여야 한다.

집단의 공동이익 혹은 공동목적 간의 충돌이기 때문이다. 그러나 내부적으로 성원 간의 이익의 충돌이 없다는 말은 아니다. 그것은 별개의 문제이다. 예를 들면 A와 X1은 불공정한 입찰의 기도와 관련하여 공동의 이익을 가지고 있다. 그러나 이 공동관계와는 별도로 내부적으로 그 공동이익의 배분문제에 관한 분쟁이 있을 수 있다.[22]

한편 위에서 말한 각 이익집단은 다른 이익집단의 이익과의 관계에서 가치의 타당성 계층구조[23]를 가진다. 즉 상위의 가치집단의 이익을 충족하여야 하위의 가치집단이 타당하게 되는 관계를 갖는다. 예를 들면 정부의 이익은 국가의 이익에서 그 타당성을 확보할 수 있다.[24] 그러므로 가장 근본적이고 광범한 가치가 타당구조의 상위를 점할 것이다.

가치의 타당구조에서 사회 전체의 이익은 그 성원의 이익보다 우선하는 것

---

22) 모든 사회의 생활관계 혹은 법률관계는 외부관계와 내부관계로 구별하여 볼 필요가 있다. 계약관계는 계약당사자로서 그 계약을 원민하게 이행하여 소기의 계약목적을 달성하여야 할 내부적 권리·의무관계가 있지만, 한편으로는 각 당사자가 사회의 일원인 개인으로 관념되는 관계에서는 다른 개인의 권리를 침해하지 말아야 할 의무가 생기는 것이다. 또한 계약관계가 없는 타인의 권리와도 관계된다. 다른 사람도 사회의 일원이기 때문이다. 그러므로 계약관계에는 내부관계와 외부관계가 동시에 존재한다. 흔히 전자를 법에서는 私法關係라고 하고 후자를 公法關係라고 한다. 사회적 관계이므로 공법관계인 것이다. 계약관계에 의하여 달성하고자 하는 목적이 계약당사자 간에는 달성되었다 하더라도 그것이 계약관계에 있지 않은 남을 해치는 것이 되어서는 안 되기 때문이다. 예를 들어 계약당사자 간에 달성할 목적이 공해를 유발하는 경우 그 계약관계에 있는 자들은 다른 사람들 혹은 사회에 대해 손해를 입히는 것이 되어서는 안 된다. 그러므로 법은 내부관계뿐만 아니라 외부관계에 관해서도 손해배상 등의 책임을 규정하고 규율하고 있는 것이다.

23) 가치의 타당성 계층구조는 가치의 정당성 계층구조와 구별하여야 한다. 후자는 규범적인 것이지만 전자는 사실관계적인 것이다. 즉 가치의 타당성 계층구조는 어떤 가치가 다른 가치보다 근본적이거나 광범하여 우선성을 갖는다는 의미이다. 즉, 하위가치는 상위가치에 의해 타당성을 확보한다는 것이다.

24) 타당성을 정당성과 구별하고자 한다. 타당성은 사실관계에서 그것이 근거하는 사실관계와 조화 되는가 혹은 적합한 것인가의 문제이고 정당성은 어떤 상위의 규범논리 혹은 목적론에 일치 하는가 혹은 적합한 것인가의 문제로 본다. 그러므로 타당성의 계층구조는 하위의 가장 구체적인 것에서 출발하여 가장 추상적인 것에 이르기 까지 합리성을 확보해 가는 과정이며, 정당성의 계층구조는 최고선에 의해 하위의 것이 정당성을 확보해 가는 것과 같이 상위의 가장 추상적인 것에서 출발하여 하위의 가장 구체적인 것이 합리성을 확보해 가는 과정이다. 전자가 귀납법이라면 후자는 연역법이다. 법은 규범의 세계이므로 정당성의 계층구조로 되어 있다. 그러나 윤리는 어떤 규범을 전제로 하는 것이 아니므로 타당성의 문제가 선행된다. 한편 정의는 공동체의 목적과 관련된다. 그러므로 목적 측면에서 정당성의 계층구조를 갖는다. 그러므로 정의는 타당성의 계층구조와 정당성의 계층구조를 동시에 가지고 있다. 정의를 발견하는 과정은 타당성의 구조이고 정해진 정의원칙 혹은 법에 의한 조정 혹은 규율은 정당성의 구조이다. 이 두 개의 구조를 포괄 수 있는 점이 Rawls 정의론의 특징이라고 할 수 있다. 양자는 서로 feedback되면서 변용되어 가는 체제system을 정의체제로 보는 것이다. 그리고 공동체 정의의 타당성은 공동체 성원의 공감이라는 타당성에 기초하는 것이다. Rawls의 정의는 윤리의 문제이고 법의 문제라는 것을 상기할 필요가 있다.

인가의 문제가 있다. 이 문제는 Rawls의 정의론에 의해 해결책을 찾은 바 있다. 사회 전체의 이익은 곧 성원의 이익이므로 성원의 이익을 희생하는 사회 전체, 즉 공동체의 이익은 성립할 수 없다는 것이다. 다시 말하면 공동체 자체의 이익과 그 성원의 이익은 구별되지 않는 것이다. 다만 개별적 성원의 자유를 제한하는 경우는 있으나 그것이 그 성원의 전체의 자유의 총량을 제한하는 것이 되서는 안 된다는 것이다. 그러므로 공동체 전체의 이익의 총량의 증대는 이와 같은 조건이 성립하는 조건에서 타당성을 확보하는 것이다. 그러나 사회 전체의 이익의 총량의 증대를 배제하는 것은 아니다. 그 총량이 증대하여야 각자에게 돌아갈 이익의 총량도 증대하는 것이기 때문이다. 그러므로 가장 근본적한 이익이 우선하는 관계가 성립할 것이다. 가장 근본적인 이익으로부터의 순서는 가장 광범한 이익의 순서도 될 것이다. 그러나 광범한 이익의 순서는 이익의 양quantity의 순서는 아니다. 각 성원의 이익가능성이 증대하는 조건 및 각 성원의 이익 혹은 자유의 종류 간에 보다 근본적인 이익 혹은 자유를 희생하여 다른 이익을 증대시키는 것은 성립할 수 없는 제약조건이 있기 때문이다.[25) 따라서 이 조건을 충족할 경우에는 전체이익의 양의 대소는 우선순위가 될 것이다.

여러 공동체의 광범성에서 보면, 개인⊃가정⊃입찰공동체⊃동업자단체⊃국가⊃국가공동체⊃인류공동체와 같이 도출해 볼 수 있다. 그러나 일반적으로는 국가 공동체가 최종적인 것으로 생각할 것이다. 일반적으로 정의는 국가공동체에서 정의justice를 말하는 것이기 때문이다. 개인의 이익문제를 가장 좁은 범위의 이익으로 한 것에 관한 논의가 필요하다. 개인의 욕구는 무한한 한 것이므로 무한한 개인의 욕구 혹은 자유를 전제(개인주의)한다면 개인의 이익 혹은 가치의 서열은 최상위로 위치되어야 한다.[26) 그러나 우리는 국가 동체의 목적에서 출발하고 있으므로 개인은 가장 광범하게는 국가공동체의 구성원으로서 의미를 가지고 있는 것이다.

25) 여기서 공동체 성원의 이익의 축소 불가원리는 특정이익의 축소의 불가가 아니라 종류가 다른 이익에 의한 보충이 가능한 이익의 총량에서의 축소를 말한다. 그러나 특정이익을 양보할 수 없는 경우가 있을 것이다. 그러므로 그 이익 간에는 우선성의 원칙이 적용될 것이다. 예를 들면 학문의 자유. 사상의 자유, 양심의 자유 등은 경제적, 정치적 자유보다 우선하는 것과 같다. 결국 그 근본성에서의 우선성일 것이다.

26) 개인주의는 개인의 이익을 최상위에 위치하게 할 것이다. 그리고 극단적 개인주의는 개인의 가치를 무한한 것으로 가정되므로 가치의 서열은 무의미한 것이 될 것이다. 무정부주의가 그와 같다.

예 제

미국 토목학회의 윤리강령(I . 1.)은 "공중의 안전 및 복지를 최우선으로 하여야 한다"라고 하고 있다. 여기서 공중은 무엇인가? 나의 행위로 인해 영향을 받을 수 있는 사람들을 말한다. 공동체의 성원을 말한다. 여기서 공동체는 반드시 특정 국가공동체(미국)만을 말하는 것은 아니다. 그러므로 인류공동체로까지 확대될 수 있다. 그러나 국가사회를 전제로 한다면 인류사회까지 확대할 수는 없을 것이다. 한편 최우선으로 하여야 하는 비교대상은 무엇인가? 업무를 함에 있어서의 행동지침이므로 비교되는 이익은 우선 의뢰인의 이익일 것이다. 그러므로 의뢰인의 이익과 엔지니어의 이익과의 충돌문제로 읽을 수 있다. 그리고 엔지니어의 이익은 순수하게 개인의 이익과의 의뢰인의 이익의 충돌문제도 있을 수 있으나 그가 속한 공동체체의 일원으로서 어느 사람 혹은 어느 공동체의 이익을 의뢰인의 이익보다 우선하여 행동하느냐의 문제가 된다.

한편 엔지니어가 속한 공동체 간에도 당해 엔지니어가 행동하는 것에 따라 애해관계의 충돌문제가 생길 수 있다. 예를 들면 당해 엔지니어가 X라는 의뢰인과 Y라는 의뢰인과 관계를 동시에 가지고 있는데, X의 이익을 위해 Y의 이익을 침해한 경우, X의 이해관계와 Y의 이해관계가 서로 충돌하는 것과 같다. 그러나 이해관계 충돌의 문제는 사람 간의 행위의 문제이다. X와 Y 간에는 상호간에 어떤 행위가 없다. 그러므로 X와 Y 간에는 이 의미에서의 이해관계의 충돌문제는 없다. 당해 엔지니어와 X 간 혹은 당해 엔지니어와 Y 간의 이해관계의 충동문제이다. 그러나 X가 당해 엔지니어의 행위에 영향을 미쳤다면 다른 문제이다. 이 경우는 X와 Y 간에 이해관계의 충돌문제가 생길 것이다. 당해 엔지니어의 행위로 인한 X와 Y 간의 이해관계의 충돌은 결과적인 사실일 뿐이다. 이러한 관계는 바람직한 것은 아니다. 그러므로 이와 같은 결과가 초래되지 않도록 하여야 하는 당해 엔지니어의 도덕적 의무는 인식된다. 따라서 당해 엔지니어는 사회적 책임 가운데는 이러한 것도 고려되는 것이다.[27)]

그러나 X와 Y 간의 문제는 아니다.

한편 자신의 이익은 전체 사회와 연결되어 있다. 그러므로 임금의 인상을 요구하는 것은 자유이나 지나친 인상으로 회사가 망하면 수입을 얻을 근원이

27) 공리주의자들이 말하는 공정한 관찰자impartial spectator 및 Rawls가 말하는 합리적 관찰자 ideal observer는 이러한 의무를 두고 하는 말일 것이다.

없어진다. 그러므로 회사의 사정이나 자신의 처지 등을 고려하여 임금인상을 요구하지 않는 것이 자신을 위하는 것이 될 수 있다. 완전한 자유는 있을 수 없다. 사회적 여건의 제약을 받을 수밖에 없다. John Rawls가 사회 전체에 이익이 되는 조건에서 개인의 자유를 제한 할 수 있는 데에 사회정의가 있다고 한 것은 이것을 말하는 것이다. 그러므로 다수를 위해 소수를 희생하는 것은 성립할 수 없으나, 전체를 위해 개인의 욕구를 줄이는 것은 성립할 수 있다. 그러므로 공중의 안전 및 복지를 최우선으로 한다는 것은 나를 포함한 전체의 이익을 최우선으로 한다는 말로 이해해야 한다. 최대다수의 최대행복을 사회의 선으로 말하는 공리주의가 비판받는 이유이다.

권리의 침해

이해 당사자들의 권리의 침해는 예를 시나리오에서 X1이 제안행위를 한 때에 침해 되는가 혹은 X1이 낙찰된 경우에 발생하는가의 문제이다. 제안하는 행위가 있을 때부터 문제되는가? 그 제안의 결과 A가 부정한 결정을 내렸을 때부터 문제되는가? 이해 당사자들에게 이익의 침해가 발생했을 때에 문제되는가? 법에서는 일반적으로 침해결과가 발생했을 때에 문제시 한다. 그러나 어떤 행위와 관련한 침해결과는 많다. 어떤 다른 사람의 재산적 이익을 침해한 행위가 되어 그 손해를 배상할 책임이 발생하기도 하지만 동시에 사회의 질서를 해친 것이 되어 형벌책임이 발생할 수 있다. 그러므로 문제시하는 근거는 규범에 있는 것이고 그 규범이 정한 개념에 의하는 것이다. 법은 반드시 발생된 결과에서 출발하는 것은 아니고 장래에 발생가능성이 있는 결과와 관련하여 그 가능성이 있는 행위를 문제시 하는 경우도 있다. 그러나 법은 항상 예상되는 결과나 실제발생하는 결과나 특정결과와 관련하여 문제시한다.[28] 어떤 행위로부터 발생하는 결과는 무한한 것이기 때문이다.

그러나 결과가치를 행위의 윤리적 혹은 법적 판단기준이라고 보는 것에 관

28) 공리주의는 사회적·개관적 효용설을 근거로 하므로 결과적 가치에 근거한다. 이에 관해서는 행위의 결과를 확정할 수 없는 문제 때문에 해위의 윤리적 평가를 할 수 없는 이론적 모순이 지적되고 있다. 어떤 행위의 결과는 우주가 끝날 때까지 한없이 이어진다는 생각을 하면 알 수 있다. 이러한 이론적 난점을 해결하기 위한 것이 법칙공리주의이다. 즉 행위의 옳고 그름은 법칙에 의해 예정된다고 주장하는 것이다. 그러므로 그 법칙에 따르는 행위가 옳다는 것이다. 결국 윤리와 법이 구별되지 않는 것이다. 공리주의는 그 자체가 윤리는 법의 목적을 봉사하기 위한 보조적 이론의 성격을 가지고 있었다.

해서는 의견이 갈리고 있다. 윤리[29]의 경우도 행위의 도덕적 가치의 판단은 예상되는 결과가치와 무관할 수 없지만 판단자는 내면의 직관, 즉 자아이므로 실제적인 결과의 발생이 문제되는 것이 아니고 나쁜 결과를 가져올 것으로 예상되는 행위를 하는 것이 문제가 된다. 나쁜 결과는 인간이 이기적이라면 자기에게 이롭지 않은 것을 하는 행위가 나쁜 행위, 즉 비윤리적인 행위일 것이지만, 자아는 자연 혹은 사회와 연결된 자아이다. 그러므로 총체적이고 근본적인 자아의 관점에서 남에게 해를 주는 것은 자아를 해하는 것이 되어 비자선적 행위는 비윤리적인 행위가 될 것이다.[30] 예상되는 모든 경우를 포함하여 자아에게 좋은 행위(선한 행위)를 하여야 하는 것이다.[31] 그러므로 Kant는 의지의 선good will을 말한 것이다. 그러나 법은 본질적으로 타율이다. 행위의 판단자가 내면에 있는 것이 아니고 외부에 있다. 그러므로 그는 행위의 결과가치[32]를 문제시할 수 있지만 경우에 따라서는 내면의 판단이 좋지 않은 것(도덕적으로 악한 것)에 대해 反가치판단을 할 수도 있다. 그러나 외부에 있는 판단자는 내면의 좋지 않은 것을 증명하기가 어렵다. 심증에 의한 판단이 되면 인권을 침해할 우려가 있다. 그러므로 인권사상의 발달과 함께 법은 객관적으로 증명되는 것에 의해 판단하는 것으로 되었다. 그러나 법이 증거에 의하여 행위가치를 판단한다고 하여 법이 반드시 결과가치를 기준으로 행위를 판단하는 것이라는 논리는 성립되지 않는다. 외부적 증거에 의해 결과적 가치 혹은 내면의 가치를 판단하는 것이다.

한편 외부적 증거에 의해 내면의 가치를 판단하는 경우, 고전적 견해에 의하면 자유의지의 가치를 판단하는 것이지 자연의 움직임과 같은 인간의 반사회적 혹은 반인간적 성격의 가치를 평가하는 것이 아니다. 현대적 견해에 의하면 자유의지의 가치를 판단하는 것이 아니고 인간의 성격을 판단하는 것이라는 생

---

29) 여기서 윤리는 개혁적 활동으로 보는 윤리이다.

30) Erich Fromm은 이기심은 심리학적으로 자기 자신을 인정하지 않는 것이라고 하고, 자기 자신을 인정하지 않는 인간은 자기 자신에 대해 불안하다고 말한다. 그는 진정한 애정과 인정의 바탕 위에서만 존재할 수 있는 내적 안정을 지니지 못한다고 말한다. 그것은 진정한 자아로부터 소외된 현대 사회와 관련되는 것으로 분석하면서, 각 개인은 자기는 "자기"이며 자기의 감정·사고·욕구 등은 "자기의 것"이라고 믿고 있으나 그 신념은 대개의 경우 환상이라고 말한다. 박병진 옮김, "자유로부터의 도피" 참조.

31) 특정 결과에서 출발하여 그것에 관련된 도덕적 의무를 문제시하는 것보다 특정 결과를 예정하지 않고 어떤 행위로 발생이 가능한 모든 결과가 고려되는 도덕적 의무는 광범한 것을 알 수 있다.

32) 결과가치는 공리주의자들이 말하는 사회적 효용가치와 같다.

각[33]을 하나 인간의 자유를 바탕으로 하지 않는 도덕적 판단이나 법적 판단은 성립하지 않는다고 본다. 자아의 자아에 대한 판단이나 외부의 판단자라 하더라도 자유의지[34]에 책임의 근거를 설정할 수밖에 없기 때문이다. 자유의지와 관계 없는 것도 있을 수 있다. 인간의 자율신경에 의한 것 혹은 자연의 섭리에 의한 것도 있을 수 있다. 그러나 그것은 과학의 대상은 될 수 있으나 도덕이나 법은 자유의지를 기초로 하는 것에서 자연현상과 갈리는 것이다. 그러므로 성격에 책임의 근거를 설정하려는 기도는 윤리학 혹은 법학의 과학적 방법론으로는 성립할 수 있으나 책임의 근거는 될 수 없다.

그러므로 X1은 자기가 하는 행위(불공정 입찰을 제안하는 행위)가 미치는 광범한 영향을 예상하고 나쁜 결과를 초래하지 말아야 할 도덕적 의무가 생기는 것이다. 이 도덕적 의무는 자기에 대한 의무이다. 앞에서 말한 바와 같이 자기를 자기로만 생각하고 그 자기에게 좋은 것이 좋다는 현대인이 갖기 쉬운 고립된 환상에서 벗어나 남을 고려하지 않는 것이 자기를 점점 진정한 자아 혹은 세계와의 유대에서 소외시키는 것이라는 인식에 도달하여야 한다. 또한 이런 근본적인 인식을 바탕으로 자기의 행위가 가져올 자연 및 인간에 미치는 영향, 자기가 받을 법적 책임 등 모든 실제적 결과를 예상하여야 하는 것이다. 법적 문제는 판단의 대상이 된다. 적극적으로 남을 위한다는 생각을 하지 않더라도 사실은 남을 위한다는 생각도 자기애의 하나의 표현이다. 그러므로 자기를 구속할 가능성이 있는 세상의 원리에 관한 지식을 가져야 하는 의무도 생긴다. 그것은 자기에 대한 의무이다. 잘못된 결과는 결국 자기에게 미치는 것이기 때문이다. A의 경우도 자신이 X1의 제의를 수락할 것인가에 관해 동일한 윤리적 문제가 발생할 것이다.

한편 어떤 자기가 목적하는 것과 관련하여 도덕적 판단 혹은 법적 판단을

33) 형법이론가인 Franz von Lizt(1851-1919)는 범죄행위는 행위자의 반사회적 성격의 징표에 불과하다고 말한다. 이런 이론을 주장하는 학자들은 종래의 규범학적 이론가와 구별하여 新派라고 한다. 따라서 그들은 형벌은 舊派가 생각한 바와 같이 응보 혹은 도덕적 비난의 성격을 갖는 것이 아니라 반사회적 성격을 교정하여 사회로 복귀시키는 역할로 보게 된다. 생래적 범죄인을 만들어 낸 이태리의 Lombroso와 같은 형사인류학자들의 영향을 받은 것이다. 심리학에서 인간의 외부적 행동를 분석하여 인간의 심리를 연구하는 행동주의behaviorism와 유사하다.

34) 여기서 자유의지는 Erich Fromm이 말한바와 같이 "~로부터의 자유"가 아니라 "~로의 자유," 즉 세계와 연결된 진정한 자아로 돌아가려는 자유 혹은 진정한 자아에서 나오는 자유를 말한다. 선택의 자유에 책임의 근거를 설정하는 Sartre는 너무나 고독한 자유이다. 이러한 자유개념이 현대사회의 기초에 있다고 Erich Fromm은 지적하고 현대사회의 경제 혹은 정치의 병적요소로 작용하는 것으로 본다.

받는다는 생각을 할 수 있다. 그러므로 목적을 가지지 않는 과실행위는 이해관계의 충돌문제에서 제외되는 것이 된다. 그러나 윤리나 법은 항상 가능성의 세계에 있다. 그러므로 실제로 목적을 갖지 않은 행위 혹은 그 행위의 결과에 관해서도 문제가 된다. 모든 가능성을 예측하고 행동하기를 기대하고 있는 것이기 때문이다. 규범의 세계가 아니고 자기가 자기를 대면하고 있는 윤리의 세계도 마찬가지다. 자기가 목적하지 않았다고 해서 자기에게 변명할 수 없을 것이기 때문이다. 법의 경우에도 과실책임을 묻고 있다. 과실책임은 예견가능성을 기초로 책임을 지우는 것이다. 다행히 모든 결과에 관해 책임을 지우지 않는다. 예견가능성이다. 인간에게 완전성을 요구할 수는 없기 때문이다. 그러나 윤리에서는 위안이 되지 않는다. 자기가 한 행위의 책임은 자기가 질 수밖에 없기 때문이다. 그러나 인간은 자기가 최종적이고 혼자 있는 것은 아니다. 자연과 사회와 유대감 혹은 사랑 속에 있는 것이다. 용서와 관용과 더불어 책임이 있는 것이다.

반면 윤리의 경우에는 결과를 확인하여 판단하는 것이 아니고 행위자의 마음을 문제 삼으므로 위와 같은 문제는 발생하지 않는다.

4. 문제점 검토

법이 보호하는 이익을 법익legal interests이라 한다. 그러므로 법관계에서는 법에서 보호하지 않는 것에 관해서는 법익의 충돌문제는 생기지 않을 것이다. 법은 사회 구성원이 생명, 신체, 재산, 명예, 학문, 사상, 집회, 결사 등에 관해 스스로 이익을 향유할 수 있도록 보호받을 권리 및 사회적 자원을 평등하게 분배받을 권리를 설정한다. 전자를 근대적 권리라고 하고 후자를 현대적 권리라 한다. 그러나 현대적 권리도 전자를 기본으로 한다. 그러므로 사회는 이 권리를 기본으로 하여 성립되고 존속한다고 할 수 있다. 물론 법은 이 자유권적 기본권이외의 권리를 법이 창설하기도 한다. 전자는 자연상태에서의 인간의 권리, 즉 자연권을 전제로 한다. 법익의 충돌문제를 A가 고려하고 있는 다음 두 가지 경우를 검토해 보자.

(a) A가 X1사를 위해 몇몇 선정위원들에게 X1사가 낙찰되도록 부탁하였다.
(b) X1이 낙찰될 경우 자기가 부탁 받은 사실이 알려져 복잡한 문제가 생길 것을 우려하여 X1사가 자기에 은밀히 제안한 사실을 선정위원들에게 알렸다.

(1) A가 X1사를 위해 몇몇 선정위원들에게 X1사가 낙찰되도록 부탁한 경우

A의 법적 지위

우선 A가 이 문제와 관련한 어떤 법적 지위 혹은 인격personality을 가지고 있는가를 살펴보자.

① A는 정부가 고용한 자이다. 그러므로 정부의 피고용인으로서의 법적 지위를 갖는다. 그러므로 고용계약에 의한 각종 권리와 의무를 가진다.

② A는 공무원이라는 지위를 갖는다. 따라서 국가 공무원으로서 국민에 대한 법적 의무와 또한 공무원으로서 권리를 갖는다.

③ A는 국민의 한 사람이다. 그러므로 국민이라는 지위에서 자신의 권리를 보호받을 법적 권리가 있다. 또한 국민의 한 사람으로서 다른 국가 구성원(국민)의 법익을 침해해서는 안 되는 의무를 지고 있다.

④ A는 사회의 일원이다. 그러므로 사회의 일원으로서 공중public[35)]에 대한 권리와 의무를 갖는다.

⑤ A는 여러 단체, 예를 들면 공무원 노조, 혹은 과학기술자단체의 일원일 수 있다(A는 과학기술자이기 때문이다). 그러므로 자기가 소속한 단체의 일원으로서 이 문제와 관련한 권리와 의무를 가질 수 있다.

⑥ A가 X1에게 낙찰되도록 도와 주겠다는 약속을 하였다면 일종의 A와 X1 간에는 일종의 계약이 성립할 것이다. 그러므로 계약 당사자로서의 지위에 의해 법적 권리·의무관계 혹은 자연적 권리·의무관계가 생길 것이다.

⑦ A는 개인으로서의 법적 지위를 갖는다. 그러므로 개인으로서 자신의 생활을 개선하기 위한 이익을 취하는 권리를 가질 수 있으며, 반면 타인의 이익

35) 여기서 공중은 집합collective으로서의 공중을 말한다. 그러므로 공동체(국가공동체)의 일원으로서 공동체에 대한 의무를 말한다.

을 해하지 않을 의무를 가진다. A의 위와 같은 여러 가지 지위는 A가 X1이 낙찰되도록 선정위원들에게 부탁한 것과 관련하여 의미를 갖게 된다.

문 제 점

문제점을 검토해 보자. ⑥의 지위에서 생기는 문제부터 검토해보자. A가 선정위원들에게 X1이 낙찰되도록 부탁한 것이 양자 간의 합의에 의한 것이냐의 문제가 있다. 합의가 없었다면 법적인 문제는 없을 것이다. 공동체적인 관점에서 정의에 적합한 행위인가의 문제는 있을 것이다. 그러나 공동체적 정의관(공동체적 윤리관이라고 할 수 있다)에서도 남을 해하는 행위가 되므로 부정의한 행동이 된다. 결국 상호 간의 인간적 신뢰와 같은 자연적 윤리문제만 있을 것이다. 양자 간에 합의가 있었다면 어떤가? 이 약속의 이행이 법에 의하여 보호받을 수 있는 것인가의 문제가 있다. 법에서는 미풍양속public policy을 해치거나 법을 위반하는 합의는 그 이행을 보장해 주지 않는다. A와 X1 간에 한 계약의 목적은 공정한 입찰질서에 관한 법을 위반한 것이 된다. 그러므로 보호받을 수 없다. 그러나 스스로 이행한 경우는 어떤가? 상호 간에 분쟁이 없을 경우는 법이 문제시 하지 않는다. 다만 타당한 것이 아닐 경우 법은 부당이득을 청구할 수 있는 권리는 보장해 준다.

A가 X1사를 위해 몇몇 선정위원들에게 X1사가 낙찰되도록 선처를 부탁한 일과 관련하여서는 ①에서 ⑤까지의 지위와 ⑦의 지위와 관련하여 이해관계의 충돌문제가 발생한다. ①의 지위에서는 정직하게 업무를 해야 한다는 취업규칙에 위반함으로써 "개인"의 이익과 고용인(정부)의 이익 간에 충돌문제가 생긴다. ②의 지위에서는 공무원으로서 공무를 공정하게 처리하여야 하는 법에 위반함으로써 개인의 이익과 공정하고 정직한 집단으로 인정받고자 하는 공무원사회(정부)의 이익 및 공정한 국가사회의 질서를 유지하려는 국가의 이익과 충돌하게 된다. ③의 지위에서는 개인의 이익과 국민의 한 사람으로서 공정하고 질서 있는 사회를 만들려는 전체 국민의 공동이익과 충돌하고 나아가서 국가의 이익과 충돌하게 된다. ④의 지위에서는 자신의 이익과 공중의 공동이익과 충돌한다. ⑤의 지위에서는 "개인"의 이익과 정직하고 공정한 집단으로 인정받고자 하는 과학기술자사회의 공동이익과 충돌하게 된다. 앞에서도 말한 바와 같이 과학기술자사회는 윤리강령을 규정하고 있으므로 이 강령에 위반하는 문제도 발생

한다. ⑦의 지위에서는 공정한 질서를 통해서 얻을 수 있는 타인의 이익과 개인의 이익이 충돌한다.

법과 변증법

A가 선정위원들에게 선처를 부탁하는 행위[36]에 관해 법원이 생각하는 법이 다를 수 있다.[37] 그러나 국가의 법은 하나이므로 사람마다 다른 법이란 있을 수 없다고 생각하는 것이 일반적이다. 그러나 상기의 이유보다는 법적인 권리와 의무는 국민이라는 지위에 따라 부여되는 것이므로 사람마다 다른 법이 있을 수 없기 때문이다.[38] 그러나 형식적으로는 그렇게 보이나 실질적으로 관찰하면 달리 볼 수 있다. 행정부는 A의 행위를 불법이라고 보았으나 이것에 관해 소를 제기한 A가 생각하는 법은 행정부가 생각하는 법과 다른 것이며, 법원의 판결이 A의 행위가 위법이 아니라고 한 경우 행정부가 생각하는 법과 법원이 생각하는 법이 다른 것이라고 파악될 수 있다. 이렇게 법을 관찰하는 경우 법은 수없이 많은 생각들의 충돌관계에서 어떤 이론적인 관계 혹은 권력관계에서 조정되어 가는 변증법적 과정이라고 볼 수 있다. 그러므로 어떤 법규범이 있다하더라도 그것이 구체적 사실과의 관계에서 수많은 법이 형성되고 변경되어 가는 과정인 것이다. 관련된 사람들의 다른 의견이 대립하여 동의를 끌어내는 과정인 것이다. 그러므로 변증법적 과정이라고 하는 것이다. 법을 형식적으로 보지 않고 변증법적 과정이라고 보면 우리의 법에 관한 사고가 유연하게 된다. 법은 객관적인 관념 혹은 언어의 형태로 존재하지만 결국 사람 혹은 집단의 마음 속에 존재하여 유지되고 변화되는 "살아 있는 법"으로 보게 되는 것이다. 그러나 실정법주의인 대륙법계에서는 법문, 즉 언어가 표상表象하는 한계범위를 일탈할 수 없을 것이다.[39] 언어의 한계범위 혹은 사실인정의 범위에서 변증법적 과정이

36) 공무원이 그 직무에 관하여 뇌물을 약속(형법 제129조)하여 그 약속에 의해 부정한 행위를 한 경우(형법 제131조)에 해당한다. 뇌물죄는 공무원의 不可買收性을 법익으로 한다고 한다. 즉, 직무의 정·부정을 불문하고 직무에 관한 보수를 받는 행위를 벌한다. 그러므로 직무위반 행위를 하지 않은 경우(형법 제129조)에도 처벌하고 있다. 한편 收賂의 사전·사후에 부정한 행위를 한 경우에는 가중 처벌한다. 그러므로 형법은 공무의 不可侵性이 보호법익으로 한다고 주장하는 사람도 있다. 그러나 실제로 공무가 침해되지 않은 경우도 처벌하므로 기본적으로 공무원의 불가매수성이 보호법익인 것이다.

37) 유사한 사안에 관해 법원 간의 판단이 달라 종래의 판례가 번복되는 경우가 있다. 그러므로 법원의 생각이 각기 다를 수 있다. 동일한 법률의 적용이라도 그 판단대상인 행위의 여건에 따라 법적 판단은 다를 수 있다.

38) 법치주의의 기본원칙 중의 하나인 "법 앞의 평등"원칙 때문이다.

이루어진다고 할 수 있다. 그러나 언어의 의미는 사람의 마음 속에 표상되는 것이므로 언어 자체가 갖는 것이 아니다. 결국 정의감과 연결되며, 그 정의감에 저촉되는 법은 죽은 법이 될 것이다.

이해집단의 충돌

한편 국가사회를 다원적인 사회의 집합체로 보고 그 각각의 사회는 그 구성원에 대한 규율권을 갖는다고 생각하는 사람들이 있다. 예를 들어 과학기술자 사회의 윤리강령이 회원들에게 가격경쟁에 참여하여서는 안 된다는 규칙이 있는데, 어떤 회원이 가격경쟁에 참여하였기 때문에 그 회원을 윤리강령 위반을 이유로 회원에서 제명하였고, 그 회원은 자기에 대한 협회의 조치가 부당하다고 생각하여 법원에 소를 제기하였는데, 법원은 이 문제에 관해 그 과학기술자 단체의 윤리강령이 가격경쟁에 참여하는 것을 금지한 것은 반독점법anti-trust act에 위반한 것이라 하여 그 회원의 복권을 명령하고 아울러 그 윤리강령의 관련 조항을 삭제할 것을 명하였다고 하자. 이에 대해 과학기술자단체는 그 명령에 따르지 않았다. 그런데 그 명령에 따르지 않는 이유로 단체는 그 회원을 규율할 자율권이 있다고 하는 것과 같다.

국가공동체를 다원사회로 보는 것은 가능하다. 국가도 하나의 단체로서 국가가 아닌 단체를 포함하는 공동체로 관념하는 것이다. 그러나 영역으로 구분되는 배타적 관계는 아니다. 그러므로 개인으로 환원하고 그 개인은 여러 가지 인격personality를 가지며 그 인격에 의해 국가의 일원이라는 인격에서는 국가적 의무가 발생하며 과학기술자 단체의 일원이라는 인격에서는 과학기술자 단체에 관한 권리·의무가 발생하는 것이라고 생각하는 것이다. 그러나 개인의 여러 단체에 관한 의무 간에 이해관계의 충돌이 생기는 것은 당연하다. 그러므로 결국 개인의 이해관계의 충돌문제가 된다. 그러나 각 단체의 규율이 충돌하는 경우는 어떻게 할 것인가? 결국 관용에 의하여 해결할 수밖에 없다. 삼권분립의 원칙위에 서 있는 헌법질서가 그 예가 될 수 있다.[40] 국가는 자신의 사회의 구성원에게 규율권을 행사하는 것이며 과학기술자 단체는 자신의 회원에 대해 규율권을

39) 영·미의 판례법에서는 법을 해석하는 것이 아니라 법을 발견하는 것이므로 대륙법계의 태도와는 다르다. 그러나 전례구속의 원칙이 있으므로 전례를 해석하는 문제는 대륙법계와 다를 것이 없다고 할 수 있다.

40) 헌법질서에서 이것은 견제와 균형check and balance이라고 한다.

행사하는 것이다. 그러나 과학기술자 단체의 회원은 국민의 지위도 갖는다. 그러므로 국가는 국민인 과학기술자단체회원에 관해서도 규율하는 것이다. 따라서 다원적 사회는 서로 자신의 구성원에 대한 배타적인 지배권을 설정하는 것이 아니고 서로 상대방 의사의 지배력을 인정하고 관용하는 관계로 통합된다고 보아야 한다. 한편 국가의 의사는 국가 내의 다른 단체의 의사보다 우월한 지위를 갖는다고 한다. 국가의사의 우월성을 인정하지 않으면 국가는 통합될 수 없기 때문이다. 그러나 이것이 다원적 사회를 인정하지 않는 근거가 될 수 없다. 특정 사안에 관해 관용의 질서보다는 통일적 질서를 구축하려는 법 혹은 국가의 의지라고 보아야 한다. 결국 이것도 관용의 질서에서 국가의 의사를 존중하는 관계에서 성립될 수 있다. 이런 태도가 국가공동체의 목적을 달성하는 데 필요하고 타당성이 있기 때문이다.

결과의 불법성과 의지의 불법성

부정한 낙찰이라는 결과의 불법성을 중시하는 경우에 A가 부탁하였더라도 선정위원들이 전혀 영향을 받지 않고 객관적으로 판단한 결과 X1이 낙찰되었다면 A의 부탁과 낙찰결과 간에 인과관계가 없으므로 A의 행위는 불법성이 없다고 할 것이다. 그러나 부탁하는 행위 자체의 불법성을 중시하는 경우에는 둘로 나누어 검토할 필요가 있다. 하나는 A가 X1의 제안에 구애받지 않고 X1이 제일 우수하므로 X1이 선정되어야 사업의 성공적 수행이 가능하다는 생각을 가지고 부탁한 것이라면 적법할 수 있다.

(2) X1사가 낙찰될 경우 자기가 부탁 받은 사실이 알려져 복잡한 문제가 생길 것을 우려하여 X1사가 자기에게 은밀히 제안한 사실을 선정위원들에게 알린 경우

A가 선정위원들에게 X1의 부도덕한 행위를 고발한 것이다. 고발하는 내용이 사실이라면 법적 관점에서는 문제가 없다.[41] 그러나 윤리문제가 있을 수 있다. 우선 고발행위의 정당성문제이다. 고발목적이 자기가 오해를 받아 그로 인한 불이익을 피할 목적이었다면 남을 해함으로써 자신의 이익을 보호하려는 목

41) 허위사실이라면 무고의 죄(형법 제156조)에 해당할 수 있다.

적은 윤리적 정당성moral justification을 확보할 수 없다. 공동체는 남을 해함으로써 자신의 이익을 취하는 관계가 아니기 때문이다.[42] 공동체의 성원은 상호간의 존중과 협력관계를 바탕으로 해야 한다. 나아가서 국가의 이익 혹은 공동체의 이익을 보호하기 위한 목적이라 하더라도 도덕적 정당성을 확보할 수 없는 경우가 있을 수 있다. X1사는 낙찰에 관한 손해만이 아니고 자신의 회사에 관한 나쁜 이미지를 선정위원들에게 심어 줌으로써 앞으로의 수주에 크게 영향을 받을 가능성이 있게 된다. 한번의 잘못으로 영원히 그 잘못된 행위의 영향을 받는 것은 정당하지 않다고 본다.[43] 한번의 잘못은 반성하여 다음에는 바른 행동을 할 수 있다는 기대와 신뢰를 버려서는 안 된다. 사회의 관행이나 인식은 그렇지가 않다. 그러므로 A는 자신의 이익을 위해 X1사를 고발함으로써 이 부분의 X1가 입을 손실을 신중히 생각하여야 한다. 被고발자의 이익침해보다 사회의 이익침해의 양이 더 클 경우는 정당성이 확보된다는 손익형량 견해가 있을 수 있다. 수학공식처럼 단순하고 기계적이다. 사회는 냉엄하고 기계와 같게 된다.[44] 그러나 피고발자는 한번의 잘못, 그것도 조그만 잘못된 행위를 한 것으로는 인간으로서의 존엄성을 상실하는 것은 아니다. 기본적으로 인간은 목적이 되어야 하며 수단이 되어서는 안 된다. 그러므로 기계적 원리가 아닌 다른 원리가 적용되어야 한다. 공동체 혹은 국가 성원의 전체가 중대한 위험에 처할 수 있는 사안인 경우와 같이 한계적인 상황에서나 고발이 정당성을 확보할 수 있다는 조건이 설정되어야 한다. 다시 도덕적 인간으로 회복될 수 있는 기회를 상실하게 하는 것은 도덕적으로 부당하다.[45] 그러므로 A의 고발행위가 정당성을 획보하기 위해서는 고발에 의하여 보호하고자 하는 이익이 사회의 생존을 위해 불가피한 것이라는 조건과 고발 이외는 다른 방법이 없었어야 하는 조건을 충족해야 한다.

한편 A의 고발에는 또 하나의 문제가 있다. X1은 A가 생각한 것처럼 능력

---

42) Hobbes의 사회계약론은 자연상태에서 서로 이익을 챙취하는 투쟁상태로 인한 생존의 위협을 피하기 위한 목적을 가지고 있으며, Rawls의 사회계약론도 공동체 성원 간의 협동관계를 목적으로 하고 있다.

43) 어떤 국가의 행위 자체가 실현됨으로써 얻어지는 이익보다 더 큰 이익이 침해되는 경우 그 국가행위는 금지되어야 하는 比例性의 原則이 있다. 이 원칙에 부수되는 원칙으로 목적의 실현에 적합한 수 개의 행위 중에서 상호 대립된 이익의 침해를 가장 적게 하는 행위를 선택하여야 하는 過剩禁止의 법리가 있다.

44) 이익형량은 공리주의적 사상이다. 즉, 사회에 최대다수의 최대행복이라는 공리주의의 도덕적 기준에 합당하기 때문이다.

45) Ethical Issues in Engineering, pp.263-278(Whistle-Blowing: Its Moral Justification) 참조.

면에서 다른 업체보다 뒤지 않기 때문이다. 그러므로 A가 불공정행위를 하지 않았다 하더라도 X1이 낙찰될 가능성을 X1의 부도덕한 제안을 고발함으로써 해친 것이다. 그리고 약속을 한 것은 아니므로 단순히 제안을 들은 것만으로 A의 부도성이나 불법성은 문제가 되지 않는 상태에 있다. 상대방의 나쁜 태도에 관한 무관심할 수 없다면 X1의 제안을 받아들인 것으로도 어느 정도 관심을 표시한 것이고 아나가서 적절한 기회에 부당한 생각이라는 것을 지적하면 되는 것이다. 그러므로 A는 X1의 이익을 해한 것이 되어 X1은 A에 대해 손해배상을 청구할 수 있을 것이다.

그러나 이런 경우 손해배상문제를 판단하는 자(판사 등)는 X1가 부도덕한 사람이라는 인식 혹은 부도덕한 행위에서 발단된 것이라는 인식에 의해 영향을 받을 가능성이 있다. X1의 부도덕성을 판단에 고려할 이유는 없다. 고발행위를 한 자는 A이기 때문이다. 그러므로 도덕성이 문제된다면 A의 도덕성이 문제된다. A의 고발이 X1의 부도덕한 제안에서 발단된 것이라는 문제에 관해서는 X1의 제안이 A의 고발에 영향을 미친 것이라고 볼 수 있다. 그러나 고발행위와 직접적인 인과관계가 있다고 보는 것은 무리일 것이다.

한편 A와 X1사 간의 신뢰관계에 관해서는 도덕적인 문제가 있을 수 있다. 부정한 방법으로 낙찰하는 것에 관한 신뢰는 법에서 보호받을 수 없는 것이지만 그것을 넘어선 인간적인 신뢰관계에서는 손상이 갈 수 있다. 신뢰관계는 반목과 투쟁관계보다는 좋다고 할 수 있다. 그러나 공동체의 에토스에 반하는 이와 같은 신뢰관계라는 바람직하지 않은 것이다. 현대사회는 소유 혹은 이기가 지배하는 특징을 가지고 있다. 그러나 그것은 소외를 초래하고 병적 현상으로 발전하는 것이다.[46]

5. 제3자의 이익

제3자는 관계가 없는 외부자outsider를 가리키는 말이다. 예를 들면 계약당사자가 아닌 사람을 말한다. 그러나 계약관계를 중심으로 보면 제3자이지만 보다 광범한 관계, 예를 들어 국가 혹은 국가공동체라는 관계에서는 계약관계의

46) 이기주의 혹은 자본주의의 병적 현상에 관해서는 Erich Fromm의 저서들이 잘 분석하고 있다.

외부자는 제3자가 아니고 당사자가 된다. 그러므로 공동체를 중심으로 보면 사회의 모든 성원은 당사자가 된다. 그런데 모든 사람 간의 관계는 그 관계만으로 고립되어 있지 않고 외부와도 연결되어 있다. 앞에서 A와 X1 간의 관계를 보았지만 그 관계는 X1, X2, X3로 구성된 입찰공동체, A, X1, X2, X3를 포함하는 여러 공동체와 관련되어 있다. 그러므로 A와 X1의 관계에서는 X2와 X3은 입찰공동체라는 입장에서는 다같이 당사자가 되는 것처럼 사회의 모든 성원은 어떤 관계를 중심으로 보느냐에 따라 당사자가 되기도 하고 외부자가 되기도 한다. 그러나 앞에서 말한 바와 같이 어느 관계를 중심으로 보느냐에 따른 구별일 뿐이며 서로 어떤 관계로 서로 연결되어 있다. 그러므로 사회의 성원은 모든 일과 관련하여 여러 지위를 가지고 관계를 가지고 있고 이해관계를 가지고 있는 것이다.

X1과 같이 입찰에 참여하고 있는 X1과 X2 및 X3과의 관계를 검토해 보자. 세 사람은 공정한 입찰과 관련된 공동의 이익이 있다. 공정한 경쟁을 하기로 했고 그런 방향에서 입찰에 임하고 있기 때문이다. 그러므로 공정한 경쟁이라는 입찰자 공동선에 관해 다 같이 책임을 지는 관계에 있다. 그런데 X1이 부정한 방법으로 낙찰되는 경우 다른 입찰자는 자신들의 손해에 관해 배상을 청구할 수 있는가? 이에 관해서는 두 가지 견해가 있다. 하나는 할 수 없다는 것이고, 다른 하나는 할 수 있다는 것이다. 예를 들면 하숙집에서 각 방에 들어 있는 학생은 주인과 개별적으로 계약하고 있으나 그 집을 안전하게 사용하는 것은 그 집에 하숙하고 모든 사람의 공동의 이익이다. 그런데 공동으로 사용하는 화장실을 하숙생 중의 한 사람이 잘못하여 고장을 냈다. 이 경우 그 고장을 낸 사람은 집의 소유자인 하숙집 주인과의 계약관계에서의 위반책임을 지는 관계만 성립하는 것이며 다른 하숙생은 고장을 낸 사람에게 손해배상을 청구할 수 없다는 것이 전자의 입장이고, 손해배상을 청구할 수 있다는 것이 후자의 입장이다. 전자의 주장은 하숙생 간에는 계약관계가 없기 때문이라고 한다. 그러나 집주인과 하수생 간의 개별적인 계약관계만 있는 것이 아니라 같이 그 하숙집에 입주하여 공동시설을 공동으로 이용한다는 사실관계에서도 하숙생 상호 간에는 공동의 이해관계 혹은 법률관계가 성립하는 것을 부인할 수 없다.[47] 전자

47) 사실상의 계약 혹은 준계약quasi-contract관계라고 한다. 법률상의 계약위반이나 법률에 위반하는 것과 같은 법률상의 근거가 없는 경우에 법적인 권리·의무관계가 성립하는 것을 인정하기 위한 법적 근거로서 인정하는 개념이다. 부당이득에 관한 법리는 이 이론에 의하여 성

는 계약관계라는 좁은 관계로만 고립시켜 사태를 보고 있는 것이다. 좀더 넓은 범위로 생각해보면 예를 들어 건물의 설계를 하는 계약을 한 경우 설계자가 설계를 잘못하여 지은 건물이 붕괴되었고 그로 인해 그 건물에 세 들어 살고 있는 사람들의 재산과 인명에 손상이 간 경우, 설계자는 건물주와의 계약관계에서 생기는 계약의무 위반책임만 지고 제3자, 즉 그 집에 세 들어 살고 있는 사람에 대한 책임은 없다고 하는 것이 전자의 입장이 될 수 있다. 그러나 설계자나 건물의 소유자나 그리고 세 들어 살고 있는 사람들은 다같이 국가사회의 일원, 즉 국민으로서 상호 권리를 침해해서는 안 되는 관계가 형성되어 있다. 그 관계에서 건물주인은 물론이고(건물주인은 설계자의 계약관계도 있지만 제3자의 지위에서의 관계도 있다) 세 들어 사는 사람은 자신들이 입은 손해의 배상을 청구할 수 있다고 보아야 한다. 이 관계에 관해서는 법은 불법행위책임을 규정하고 있으므로 논란이 있을 수 없다.[48] 그러나 하숙생의 경우와 논리적 구조는 같다. 다만 침해되는 이익의 성질 측면에서 하숙생의 경우는 불편 정도이고 후자는 재물이라든가 인명의 피해와 같은 중요하고 명확한 것이라는 차이밖에 없다. 다른 예를 들면 어느 회사가 신입사원을 선발하는 데 있어서 불평등한 선발기준에 의한 경우 그로 인해 불이익을 받은 자가 그 회사에 대해 그 불평등한 선발기준을 시정하고 자신의 합격에 관한 재검토를 청구할 수 있는가의 문제가 있다. 평등권은 모든 국민에게 보장된 것이며 그것은 다만 국가와 국민 간의 관계뿐만 아니라 국민 상호 간의 관계도 된다. 앞에서 예로든 하숙생 상호 간 혹은 재산의 손해에 관한 국민 상호 간의 관계와 논리적 구조가 다를 것이 없다.[49] 그러나 이에 관해서는 법률적 견해가 청구할 수 없다는 견해와 할

립하는 것이라 할 수 있다. 이것은 어떤 묵시적 계약을 인정하는 것이라 할 수 있다. 사실 불법행위 책임은 국민 상호 간에 권리를 침해새서는 안 된다는 묵시적 계약에 근거하는 것이라고 볼 수 있다. 우리나라 민법 제750조를 보면 “위법행위”인 경우에만 책임이 발생하는 것으로 하고 있는 것을 보면 알 수 있다. 즉, 묵시적 계약의 위반으로 책임이 발생하는 것이 원칙이지만 그 것이 법률에 의하여 허용되는 경우는 그러하지 않다는 것이라고 읽을 수 있기 때문이다. 모든 공동체는 이와 같은 묵시적 계약관계, 권리·의무관계에 있는 것이다.

48) 민법 제750조는 “고의 또는 과실로 인한 위법행위로 타인에게 손해를 가한 자는 그 손해를 배상할 책임이 있다”라고 규정하고, 제751조에서는 “타인의 신체, 자유 또는 명예를 해하거나 기타 정신상의 고통을 가한 자는 재산 이외의 손해에 대하여도 배상할 책임이 있다”라고 규정하고 있다. 그러므로 하숙생의 불편과 같은 경우는 불법행위로 인한 손해배상청구권이 인정되지 않을 소지가 있다.

49) 계약관계에 의한 권리·의무관계는 당사자 간에만 미친다는 것이 원칙으로 되어 있다. 그러므로 그 계약에 의한 일로 인해 제3자가 피해를 본 경우, 그 배상은 불법행위라는 근거에서 처리하는 것이며 계약 위반이라는 근거에서 처리할 수 없다는 것이다. 그러므로 제3자에 관해서는 계약관계가 없으므로 그 제3자의 손해를 예견할 수 있었는가라는 판단기준에 의해

수 있다는 견해로 갈린다. 그러나 논리적 구조가 동일한 데, 재산관계에서는 인정하고 평등관계에 관해서는 인정하지 않는 것은 일관성이 없다. 결론적으로 사회의 모든 성원은 어떤 것을 중심으로 보느냐에 내부자 혹은 외부자의 지위position를 갖지만, 각자가 가지고 있는 여러 공동체의 일원으로서의 여러 지위에 따라 자신의 일과 관련하여 권리·의무가 동시에 생기는 것이다. 법률관계를 網으로 묘사하는 것은 이와 같은 것을 말하는 것이다.

6. 과학기술서비스에 관한 이해관계의 충돌

(1) 권리의 대상

이해관계의 충돌은 권리를 무엇에 관해 설정되어 있느냐, 즉 군리의 객체에 따라 다를 수 있다. 과학기술자의 서비스와 같은 전문적 서비스에 관해서는 두 가지 견해가 있다. 하나는 과학기술자가 서비스를 제공하기로 한 경우 과학기술자로서의 역할role을 권리의 대상으로 보는 견해이다. 그러므로 이해관계의 충돌

예견할 수 있는 것으로 인정되는 경우에 는 과실에 의한 불법행위 책임을 지는 것이지 계약의무를 위반책임은 지지 않는다는 것이다. 그러나 계약상의 의무 불이행도 불법행위로 환원하여 볼 수 있고 계약관계를 위반한 행위의 결과는 계약 상대방에만 국한되는 것이 아니고 제3자에게도 미치므로 구별할 이유가 없고, 계약관계에서의 의무, 신의성실의무는 계약상대방에 대해서만 있는 것이 아니고 공동체의 일원으로서 제3자에게도 발생하는 것(사실상의 계약관계로 주석 46)에서 설명한바 있다)이라고 보아야 한다. 그러므로 계약불이행책임과 불법행위책임을 구별하는 것은 제3자에 대한 책임발생요건을 제한적으로 하여 경제활동을 좀더 자유롭게 하기 위한 정책적 배려라고 보아야 한다. 즉 본질적인 구별은 아니다. 그러므로 미국과 같은 법원에서는 계약관계는 없지만 동일한 project에 참여하는 project당사자 간에 계약당사자 관계privity of contract를 인정하는 판례가 생기고 있다. 예를 들면 어떤 건물을 건축하는 project에서 사업주는 일의 성질에 따라 여러 사람과 개별적으로 계약관계를 갖게 되는데. 사업주와 계약관계에 있는 설계자의 부실한 설계로 인해 사업주와 또 다른 계약관계에 있는 건설업자(사업주와 설계자의 계약관계에서는 제3자가 된다. 그러나 동일한 project의 당사자라는 의미에서 흔히 제3당사자라 한다)에 손해가 발생한 경우 그 손해를 예견할 수 있었느냐라는 기준에 의하여 손해배상책임 판단을 하지 않고, 즉 불법행위책임으로 보지 않고, 설계자의 계약위반행위로 인해 그 결과로 건설업자가 당해 project와 관련된 손해를 보았다면 배상책임이 있다고 판단하는 것이다. 영국의 경우 이와 같이 계약상의 책임에는 제3자에 대한 책임도 있다고 보는 견해는 영국의 경우 Wiliam Blackstone(1723-1780)의 “영국법 주해”에서 비롯된 것이라고 말한다. 그는 “이성과 법의 원리에 비추어 계약당사자는 공동으로 성실하게 계약을 이행하여야 할 법적 의무가 발생한다. 그러므로 그 법적 의무를 해태한 경우, 그로 인해 사회의 구성원들에게 손해를 입힌 경우 그 사람은 법원의 판결로 그 손해를 구제받을 수 있다”라고 하였다. 그러나 그 후 영국에서 19세기 중엽에 계약의 효력은 계약당사자에게만 미친다는 원칙이 법원의 판례로 정해져 계약당사자에게만 효력이 미친다는 원칙이 통용되고 있다고 한다. 서희원 저, 영미법 강의, pp.341-342 참조.

을 "역할 간의 충돌inter-role 혹은 inter-person"로 보는 것이다. A는 정부에 고용된 과학기술자로서 정부 외의 다른 사람을 위해 과학기술자로서의 역할을 하지 않아야 할 의무를 지는 것이 된다. 어떤 단체에 고용된 사람의 경우 어느 정도 합당한 것처럼 보인다. 그러나 A는 과학기술자로서 학회 같은 곳에서 자신의 논문을 발표하기도 한다. 그럴 경우 이해관계의 충돌로 보는 것은 무리이다. 나아가서 어떤 과학기술자가 자기 사무실을 차리고 여러 고객을 상대로 일하는 경우 어떤 사람의 일을 하는 동안에는 다른 의뢰인의 일은 하여서는 안 된다는 말이 되므로 그 부당성이 명백해진다. 이러한 역할의 독점은 겸직을 금지하는 고용관계에서 생기는 특수한 것이므로 이것을 모든 과학기술서비스에 관한 권리가 이와 같다고 일반화하는 것은 잘못이다.

다른 하나는 과학기술자의 서비스에 대한 권리는 역할이 아니라 과학기술자로서 주어진 역할의 범위 내within role에서 역할에 관해 기대되는 정당한 판단judgement, 즉 서비스를 권리의 대상으로 보는 것이다. 그러므로 이해관계의 충돌을 역할 안에서의intra-personal 판단의 충돌문제로 보는 것이다. 정당한 판단인가의 여부는 과학기술자사회의 양심적인 사람이 동일한 여건에서 할 수 있을 것이라고 기대되는 판단이다. 그러므로 어떤 과학기술자가 자기의 이익을 위해 혹은 다른 사람의 이익을 위해(결국 자기의 이익을 위한 것이 된다[50]) 또 다른 의뢰인의 이익을 침해하는 경우 이해관계의 충돌문제가 생기는 것이다.[51]

(2) 과학기술자의 판단의 독립성

과학기술자와 같은 전문가가 정당한 판단을 하기 위해서는 다른 영향력으로부터 자유로워야 한다. 시나리오에서 A는 상급자의 지시와 같은 "외부의 강제력"이나 X1의 "뇌물제안"으로부터 자유로워야 하는 것이다. A에 대해 상급자인 B가 X2를 낙찰시키라는 지시가 있었다면 X1의 뇌물제안과는 또 다른 문제

50) A라는 엔지니어가 B 및 C라는 사람과 동시에 의뢰관계를 가지고 있는 경우 B를 위해서 C에게 불리한 결정 등을 하는 경우, 흔히 B와 C 간의 이해관계의 충돌로 보는 경향이 있다. 그러나 B가 A에게 사주한 관계가 있으면 A와 B는 공동으로 C의 이해관계와 충돌하는 문제가 발생할 수 있으나 그렇지 않은 경우는 A가 B를 위해하였다고 하더라도 결국 자기의 이익을 위한 것이므로 이해관관계의 충돌문제는 A와 C 사이의 문제이다. 더욱이 계약관계를 중심으로 볼 때는 B와 C 사이에는 이해관계의 충돌문제로 볼 수 없다. 계약은 A와 C 사이에 하였기 때문이다.

51) Ethical Issues in Engineering, pp.317-326 참조.

가 발생하는 것이 된다. 뇌물의 제안 경우는 내면적 도덕성이 사태를 좌우한다. 물질적 욕망이 강하면 이성적 행동을 하기가 힘들게 될 것이다. 그러므로 내면적으로 극복하여야 할 책임이 있는 A의 도덕적 문제이다. 그러나 B가 어떤 사람을 낙찰시키도록 지시한 경우는 외부의 강제력이다. 물론 상급자 B의 지시를 물리쳐야 하는 과학기술자의 도덕적 문제도 된다. 그러나 A의 도덕적 책임문제로만 돌릴 수 없다. B의 지시를 따르지 않을 수 없는 사회적 여건에 문제가 있다면 그것이 문제가 된다. 그러나 흔히 A의 도덕적 문제로 돌리는 경향이 있다. 이것은 개인책임주의 혹은 관료주의가 지배하는 사회에서 그러하다. B의 지시가 합법적이 아니라면 A가 B의 지시를 거부한다고 해서 법적인 제재를 받는 것은 아니다. 상급자와의 관계 악화에서 올 수 있는 불이익 등이 문제다. 그러나 그러한 불이익이 법적인 제재보다 실질적으로 해고와 같은 더 심각한 피해를 수반하게 될 가능성이 많다. 더욱 문제되는 것은 상급자 혹은 고용인의 지시가 합법적인 지시인 경우다. 부도덕하더라도 적법성을 획득하고 있는 경우이다.

과학기술자의 판단의 독립성문제는 과학기술의 공공성에 기초한다. 즉 과학기술자의 판단이 왜곡되면 공중의 건강, 복지, 재산 등에 큰 피해가 가므로 과학기술자는 이윤을 극대화하려는 의뢰인 혹은 고용인의 사익에 억매인 관료주의적 통제로부터 자유로울 수 있어야 한다는 것이다. 관료주의bureaucracy와 전문가주의professionalism의 대립문제이다.

미국의 토목학회 윤리강령을 보면 "공중의 안전, 건강 및 복지를 최우선으로 하여야 한다(Ⅰ.1.)"라고 하고 있으면서도 "자기를 고용한자 혹은 의뢰인의 성실한 내리인 혹은 수임자로서의 식무를 수행하여야 한다(Ⅰ.4.)"라고 하고 있다. 과학기술자의 독립성을 옹호해야 할 과학기술자사회가 의뢰인의 성실한 대리인의 지위를 중시하는 관료주의를 수용하고 있다. 이렇게 된 역사적 배경에 관해서는 전술한바 있다.

토론과제

이해관계는 所有에 관한 것인가?

(토론방법)

- Erich Fromm의 "소유냐 삶이냐"를 읽도록 한다.
- 본장의 시나리오와 관련된 이해관계의 충돌을 Fromm의 관점에서 분석하여 토론하도록 한다.

제 8 장

신뢰관계론

믿음(信)은 도(道)의 근원이요, 공덕(功德)의 어머니로서 모든 선(善)의 뿌리를 길러낸다.[1]
(화엄경)

이런 일이 있었으므로, 아브라함은 이 곳 이름을 "여호아이레" 라고 하였다. 오늘날까지도 사람들은 '주의 산에서 준비될 것이다' 는 말을 한다.[2] (창세기 22:24)

1. 시나리오[3]

1985년 5월에 과학기술자 A는 국방성 산하에서 속칭 Star Wars라고 불리는

1) 불교학자 이기영 교수는 普照國師의 "眞心直說" 譯著에서 믿음信에 관해 "불교에서 信을 prasada라고 한다. prasada는 마음이 맑아지는 것을 의미한다. 원효대사는 믿음을 '크게 그렇다大然'고 믿는 것이라고 한 바도 있다. 그러므로 信은 신앙이라기보다 마음이 어떤 것인가를 똑똑히 알아서 그대로 실천하고 그대로 실천하면 반드시 훌륭한 일이 생긴다는 것을 확신하는 것이다. 信에는 '확실히 안다'는 뜻, 따라서 확실히 아는 것을 실천하게 되는 것, 그래서 좋은 말 좋은 행위 등의 훌륭한 일들이 거기서부터 나오게끔 되는 가장 중요한 근원이 됨을 암시하고 있다. 한편 唯識에서는 '信은 물을 맑게 하는 구슬과 같아서 능히 탁한 물을 맑게 한다'고 했다. 그러므로 신심이 있는 사람 사이에는 좋지 않은 인과관계가 생길리 없고 신념이 있는 사람들의 세상에서 자연과 사람들 사이에서 대립이나 마찰이 있을 수 없으며, 신심이 있는 사회에서는 인간들이 그들이 만들어 낸 물건과의 사이에서도 갈등을 일으키지 않는다"라고 해설하고 있다.

2) 이 구절은 성경 창세기 22장에 기록된 것으로 아브라함이 하나님으로부터 자신의 독자 이삭을 번제물로 바치라는 명령을 받고 그에 따라 하나님이 일러주는 산에 올라 아들을 번제물로 바치려고 하자 하나님이 하느님을 경외하는 아브라함과 이삭의 신심을 보고 하느님이 이삭을 살리고 미리 준비한 양으로 대신하여 번제를 올리게 한 일이 있은 후 그 번제를 올린 곳을 아브라함이 일컬어 여호아이레라 하고 후세삼들이 "주의 산에서 준비될 것이다"라고 하였다는 것이다. 여기서 "여호아이레Je-ho-vah-ji-reh"는 여호아YAHWEH가 보아서 안다YAHWEH will see, 즉 경험하여 알게 된다it shall be seen는 의미이다. 믿음은 "경험하여 안다"는 의미를 가지고 있음을 암시하고 있다. 불교에서도 믿음信은 경험하여 "확실히 안다"는 의미가 있다.

3) Ethical Issues in Engineering, pp.15-25(SDI: A Violation of Professional Responsibility) 참조.

전략방위계획 프로젝트[4]를 책임지고 있던 SDIO(Strategic Defence Initiative Organization)로부터 이 프로젝트의 전투지원 통제를 전산화하는 작업의 자문역을 제의 받았다. 전략동제에 관한 전산화의 문제점 해결을 위한 조사연구 및 프로그램을 개발하는 일이었다. 전략방위계획은 1983년 당시 미국의 Reagan 대통령이 과학자들에게 핵무기 공포로부터의 해방을 찾아 줄 것을 요청한 연설에서 시작되었다. 그리고 대통령은 국방성에 적의 핵전략 미사일을 무력화시킬 수 있는 대책 마련을 지시하였다. 이를 위해 구성된 SDIO가 세운 전략방위계획은 적의 미사일 감지장치, 무기 및 컴퓨터를 적재한 인공위성을 통해 적의 대륙간 탄도미사일ICBM을 요격하는 시스템을 구축하는 것이었다. 대통령과 마찬가지로 A는 핵무기에 의한 전쟁억제는 위험하고 비윤리적인 것으로 생각해 왔다. 만일 핵무기를 무력화할 수 있고 핵무기에 대한 공포를 없애는 길이 있다면 이것이 그가 하고 싶은 일이었다. 전략방위계획을 반대하는 많은 사람들은 모든 군사력의 증강을 반대한다. 그러나 A의 생각은 그들과 다르다. 과학기술자가 군사업무에 종사하는 것에 관한 A의 견해는 Albert Einstein의 견해와 유사하다. 아인슈타인은 한때 자신을 투쟁적 평화주의자로 자처하면서 과학자들이 무기 증강에 도움이 되는 일을 거부해야 한다는 견해를 가지고 있었다. 그러나 그는 말년에 이르러 비무장정책은 이 세상을 자신들의 적에게 베푸는 자비라고 결론지었다. 국가는 힘의 행사 또는 힘에 의한 위협으로부터 자신을 보호할 의무가 있다. 그러나 힘은 힘을 사용하는 자에게 사용될 때만 도덕적 정당성을 가지므로 무기의 증강은 이와 같은 목적을 가지는 경우로 제한되어야 한다고 말했다. A가 볼 때 당시의 무기개발경쟁 및 핵무기에 의한 전쟁억제 정책은 아인슈타인의 견해와 일치되지 않는 상황이었다. 따라서 A는 SDIO의 제안을 수락한 것이다. 하지만 A는 2개월 후 자문역을 사임하였고, 이 때부터 A는 전략방위계획의 적극적 반대자가 되었다. A가 이 계획을 반대하는 이유는 다음과 같다.

우선 과학기술자로서 자신의 경험과 지식에 비추어 볼 때 현재의 컴퓨터 과학기술이 과연 대통령이 요구하는 사항을 성취해 낼 수 있는 방법을 제시할 수 있을지 의문이었다. 그 후 이 방어체제를 구축하기 위한 기술상의 문제점을 검토 해본 결과 적의 전략핵무기를 무력화시킬 수 있는 신뢰할 만한 시스템을 구축할 수 있을지 확신이 서지 않았다. 따라서 확신이 서지 않는 시스템을 구

4) 전략방위계획은 1983년 Reagan 미국 대통령이 시정연설presidential speech에서 과학자들에게 핵전쟁의 위협으로부터 해방시켜 줄 것을 요청한 데서 시작되었다. 그리고 국방성에 적의 핵전략미사일nuclear strategic missiles을 무력화하는 방법을 찾는 프로젝트의 착수를 지시했다. 이에 따라 국방성은 SDIO를 구성하고 적의 대륙간 탄도 미사일이 미국 본토에 떨어지기 전에 파괴시킬 수 있도록 적의 미사일 감지장치, 적의 미사일을 파괴하는 무기 및 컴퓨터를 적재한 인공위성망network of satellite을 구축하는 프로젝트를 착수했다.

축하는 것이 과연 필요한가에 대한 의문이 생겼다. 만일 정부가 이 시스템을 신뢰하지 못한다면, 핵무기 증강에 의한 전쟁억제정책을 단념하지 않을 것이고 소련은 이 시스템이 완전히 비효율적이라는 가정을 할 수 없을 것이므로 핵무기 경쟁을 가속화시킬 것이기 때문이다. 또한 신뢰할 수 없는 시스템에 막대한 노력을 기울임으로 인해 NATO는 상대적으로 방어력이 약화될 것이다. 대통령이 구상했던 안전한 세계가 아닌 보다 위험한 결과를 초래하게 될 것이다.

둘째는 컴퓨터의 한계에 관한 것이다. 일반적인 엔지니어링 산물은 수학적 해석, 사례분석 및 완성품의 실제상황에서의 테스트를 통해 성능이 입증되지만 소프트웨어의 경우에는 이 방법에 의한 입증이 어렵다. 소프트웨어에 관한 수학적인 증명은 제한된 언어로 짜여진 작은 프로그램의 경우에만 단지 추상적으로 입증해 낼 수 있을 뿐이다. 또한 실제상황에서의 테스트나 사례분석과 같은 방법을 통해 신뢰성을 확보하는 것은 너무나 많은 시간이 소요된다. 시험을 한다 하더라도 단지 도출된 것의 결점만을 알려 줄 뿐이지 도출되지 않은 것에 대한 결점은 알려 주지 못한다.

셋째는 전략방위 시스템에 필요한 소프트웨어는 이전에 개발했던 어떤 소프트웨어보다 훨씬 어려워 신뢰성을 확보하기가 거의 불가능하다는 생각을 한 것이다. 개발할 소프트웨어는 감지장치가 적의 공격 미사일과 교란 미사일의 특성을 구분할 수 있다는 가정과 요격자가 이것을 구분할 수 있다는 가정에 기초하여야 한다. 그러나 국한된 가정에 의존하면 적의 스파이 활동으로 시스템이 무력화될 수 있다. 그러므로 프로그램이 기초하고 있는 모델과 실제상황이 다를 경우 이 모델을 수정하여 이용하는 방법을 요격자에게 가르쳐 주는 기능을 소프트웨어 자체가 포함하고 있어야 한다. 또한 컴퓨터의 용량은 제한되어 있어서 항상 적의 잠재적인 공격대상이 된다. 용량이 초과된 시스템은 목표물을 감지하지 못하거나 추적에 실패할 것이다. 또한 위성은 고정된 궤도상에 있으므로 하나의 위성이 적의 미사일 발사부터 이것의 파괴까지 계속 추적할 수 없다. 따라서 추적책임이 한 위성에서 다른 위성으로 넘겨질 수밖에 없으므로 다른 위성으로부터의 자료전송이 필요하다. 적의 미사일 추적과 식별작업을 위해서도 다른 위성으로부터의 자료전송의 도움이 필요한 경우가 있을 수 있다. 그러므로 각 구성요소의 통신을 신뢰할 수 없으면 아무것도 이루어질 수 없다. 그런데 시스템에 대한 공격이 있을 수 있는 실제 전투에서는 이와 같은 통신에 관한 신뢰성의 확보는 거의 불가능하다. 구성요소의 시험이나 시뮬레이션 혹은 작은 규모의 현장시험과 같은 경미한 방법으로는 잠재적 문제점을 발견할 수 없다. 결국 일부 위성의 손상을 초래한 공격을 포함한 핵전쟁을 직접 해보지 않고서는 잠재적 문제점이 발견되는 완전한 시험을 할 수 없을 것이다. 그러나 다른 무기시스템에 의한 전쟁과는 달리 핵전쟁은 수정할 시간적 여유를 주지 않는다. 그러므로 실제상황의 시험을 거치지 않고도 처음부터 잘 돌아가야 한다. 그러나 실제상황의 시험을 거치지 않고 잘 운영되는 시스템의 구축은 불가능하다.

위와 같은 결론에 도달한 뒤 A는 다른 과학자들의 의견을 물었다. 그러나 그의 의견에 대한 반론은 없고, 다만 이 프로젝트가 컴퓨터 공학의 발전을 가져올 수 있을 것이므로 이 프로그램은 계속되어야 한다는 말을 하였다. A는 그 의견에 동의할 수 없었다. 핵무기에 대한 방어력 구축이 불가능하다는 것을 알면서도 그 기금을 사용하는 것은 기만행위로 보였다.

2. 이해관계와 믿음

(1) 과학기술자의 믿음

앞장에서 사회생활을 사람 간의 이해관계로 파악하여 보았다. 그러나 이익이 자신의 믿음과 다를 때는 이익에 따르지 않는 것이 인간의 본성이다. 그러므로 이익보다는 믿음이 근본적인 것이다. 내면적인 믿음의 결과가 실현되어야 실존적 즐거움existential pleasure이 나타나기 때문이다. 마음 속 깊이 바라지 않는 이익은 즐거운 것이 아닐 것이다.

A는 SDIO를 위해 해야 할 일을 파악하는 과정에서 이 일을 계속하는 것은 평소 자신의 직무와 관련하여 가지고 있는 다음과 같은 자신의 믿음과 배치될 가능성이 있었다. 따라서 이 일에 관한 자문역을 사직한 것이다.

- 나는 나의 행동에 책임을 져야 하며, 외부의 권위에 영향을 받은 결정을 내려서는 안 된다.
- 나는 나에게 주어진 일이 사회의 이익이 되는가에 관한 판단을 게을리 해서는 안 된다.
- 나는 나의 감독자에게 단기적인 만족을 주는 것으로 끝날 것이 아니라 내 자신이 진정한 문제를 해결하고 있다는 확신을 가질 수 있어야 한다.

A는 이 일을 계속할 경우 일당 천불의 높은 보수를 약속받았다. 이 일을

계속하는 것과 중단하는 것 사이의 재정적 이해관계를 따지면 일을 계속하는 편이 유리할 것이다. 그러나 그 일을 계속하는 것이 자신의 믿음과 맞지 않았으므로 포기한 것이다. A는 자신의 믿음과 도덕성에 비추어 이 일을 계속함으로써 얻는 즐거움보다 사회에 해로운 일을 함으로써 받을 양심의 가책에서 오는 고통이 더 클 것이고, 과학기술자로서 자신이 문제를 해결할 수 있다는 확신을 갖지 않는 일을 하는 것에서 만족을 얻을 수 없을 것이므로 그 경제적 이익이 즐거울 수가 없는 것이다.

경제적 이득에서 오는 즐거움과 자신의 믿음을 따름으로써 오는 즐거움 간의 관계를 A의 이해관계로 볼 수 있다. 그러나 경제적 이해관계에서 오는 즐거움과 믿음의 실현에서 오는 즐거움을 비교대상으로 할 수 는 없다. 물질적인 즐거움과 정신적인 즐거움은 같이 인간의 행복에 봉사하지만 물질적 즐거움이 정신적 즐거움에 배치될 때는 물질적 즐거움은 행복을 위해 봉사하지 못하기 때문이다. 물질적 즐거움이 유형적이라면 정신적 즐거움은 무형적이라 할 수 있다. 무형적인 즐거움은 인간성의 더 깊은 곳에 있는 인간의 실존과도 연결되어 있다. Samuel C. Florman은 19세기 미국의 과학기술자들의 만족의 근원에 관해 다음과 같이 말한다.[5)]

> 기술자들에게 만족을 가져다주는 즐거움은 여러 가지가 있다. 무엇보다도 기본적인 것은 기술적 문제를 해결하여 성공적으로 프로젝트를 완수하는 데서 오는 즐거움이다. 이 즐거움은 인류의 역사만큼이나 오랜 것이다. 그러나 기술적 문제를 해결하는 데에 과학원리를 적용하면서 19세기 기술자들에게 새롭게 나타난 즐거움은 자신들이 기술적 문제를 해결하는 일이 인류의 구원하는 것이라는 믿음에서에서 나왔다. 그 당시 대부분의 사람들은 가혹한 노동에서 시달리고 있었는데, 과학기술자들이 노동에 과학적 방법을 활용하게 함으로써 인류를 전통적인 고된 노동으로부터 구원한 것이다. 노동의 고난으로부터 해방됨으로 인해 사람들은 교육을 받게 되어 문화인이 되어 고귀하게 될 것이며, 이와 같이 계몽된 인간은 전보다 더 행복해질 것이다. 또한 사람들이 계몽 되면 평등하게 될 것이므로 민주주의가 실현되고, 편안함과 여가는 사람들에게 자신감을 갖게 하고 애국심을 고취시켜 국가가 안정되고, 질시와 계층간 적대감이 사라질 것이며, 동포애가 확산되어 평화가 유지될 것이라고 생각하였다. 그러므로 기술이 인류를 구원한다고 믿었다. 보람 있는 일을 하고 있다는 데서 만족

5) Florman의 "The Existential Pleasures of Engineering" 참조.

하고 있었다.

그러나 무엇보다도 큰 즐거움은 자기들의 일하는 방법이 세상을 개선할 것이라는 믿음에서 나오는 것이었다. 편견이나 미신에서 해방된 과학적 방법을 사람들이 따를 것이고 그렇게 되면 무지, 미신 등이 세상에서 사라질 것이라는 믿음이었다. 그 당시 사람들은 18세기의 계몽주의자들의 영향으로 사회적, 도덕적 진리가 존재하며 이것은 바른 이성right reason에 의하여 발견될 수 있다는 믿음을 갖게 되었다. 과학기술자들은 특히 이 믿음이 강하였다. 그러므로 19세기의 과학기술자들은 자신들이 사용하는 과학적인 방법이야 말로 이 계몽주의의 이상을 실현하는 것이라는 믿음에서 자신들의 과학적 방법에 관해 만족하고 있었다.

진정한 믿음

A가 자신의 신조creed로 삼고 있는 "내 자신이 진정한 문제를 해결하고 있다는 확신을 가지고 있어야 한다"는 것이 관해 생각해 보자. 이것은 자신의 일과 관련하여 진정한 문제해결에 관한 일이 아니면 그 일을 하지 않는다는 믿음이다. "진정한 것"이라는 것은 어떻게 알 수 있는가? "진정한 것"이라는 것은 무엇인가? 이 물음에 대한 답변은 Jaspers의 다음 말에서 찾을 수 있다.[6)]

> 현 사회의 모순은 위대한 정치적 행위로 치유될 수 없다. 각 개인이 자기 자신을 개발시키고 각 개인의 잠재적인 존재가 직접 행동함으로써 현실화되고, 지식이란 결국 덕virtue이라는 것을 깨닫기 이전에는 어떠한 사회적인 개선도 불가능하다. 참된 인간이 된 사람만이 참된 시민이 될 수 있기 때문이다. 극기를 통한 개인의 독립성the independence that comes of self-mastery과 지식과 더불어 자라나는 개인의 자유의지the true freedom which grows with knowledge가 바로 인간의 신성神性을 직면할 수 있는 궁극적인 근거가 된다.

궁극적인 것은 개인의 믿음에서 나오는 것이므로 각자가 다른 믿음을 가지는 경우 어느 것이 진리라고 하면 어느 것이 진리인가인가? Jaspers는 "사회의 모순은 위대한 정치적 행위로 치유될 수 없다"고 말한다. 정치적 행위는 정치가 개인의 생각일 것이다. 그도 확신을 가질 수 있다. 그러나 다른 사람의 믿음을 부정하고 자기의 믿음이 옳다고 하는 것은 항상 위험을 내포한다. 그러므로 중

---

6) Jaspers의 "Great Philosophers" 참조.

요한 것은 각 개인은 진리를 추구하지만 내 말이 진리라는 태도를 버리는 것이다. 이에 관해 Jaspers는 절대적 일시성absolute transience에서 해방되어 자신의 무지ignorance를 인정하는 것이며, 이 무지를 초월하여 진정한 지식에 도달하는 것이라고 말한다. 그러므로 Jaspers는 "극기를 통한 개인의 독립성과 지식과 더불어 자라나는 개인의 자유의지"에서 참된 인간과 참된 시민의 궁극적 근거라고 말한 것은 개인의 신조를 확신하고 그것을 굽히지 않는 것이 아니며, 자신의 무지를 인정하여 자신의 마음을 비우는 것에 의해 도달할 수 있는 진정한 독립성과 자유이다. John Ladd가 윤리를 "목적에 의하여 제한되지 않는 open-ended, 반성적reflective이고, 비판적인critical 지적 활동이다"라고 한 것도 같은 이유에서 일 것이다.

진정하지 않은 고착된 믿음이 현실 세계에 많은 문제를 던져주고 있다. 우리의 진정한 심판자는 우리가 경험하는 실존적 즐거움 혹은 고통일 것이며, 인간의 행위는 여기서 검증되고 성찰이 시작될 것이다.

합리적 믿음의 한계

진정한 믿음의 근거를 합리성에 국한하여 찾는 것은 잘 못이다. 합리성은 우리가 진정한 것을 찾아가는 안내자가 될 것이지만 합리적이라 해서 진정한 것이 되는 것은 아니다. 최종적 심판자는 우리의 행복 혹은 고통이기 때문이다. 합리성은 무지를 인정하지 않는다. 그러므로 앞에서 말한 "절대적 일시성"은 우리를 해방시켜 주지 않는다. Jaspers는 이에 관해 다음과 같이 말한다.

> 존재에 대한 근본적인 해답은 먼저 이성에 의하여 얻은 결론에 의미와 정당성을 부여하는 깊은 근원으로부터 찾아야 한다.

(2) 공동의 믿음

원초적 사회

모든 사회는 어떤 사회적 합의를 기초로 하여 성립되고 유지되는 것이라고 본다. 사회는 공동의 관계이기 때문이다. 원초적 사회의 합의는 성원간의 묵시적 합의일 것이다. 이 원초적 상황initial situation은 성원 간에 믿음을 같이 하기 때문에 성립하는 것이고, 이 합의는 누가 강제해서 지켜지는 것이 아니므로 공감적 믿음에 의해 유지되는 것이다. 흔히 사회는 법을 기초로 한다는 생각을 갖기 쉽다. 그러나 법이 없는 사회도 존재할 수 있고, 법이 있는 사회도 실은 이 원초적 합의 및 믿음에 기초하고 있다. 공식적 강제절차를 갖고 있는 법공동체에서는 법을 지키지 않으면 힘을 빌려 그 법을 이행하도록 할 수 있으나, 법을 강제적으로 이행하도록 하는 경우가 생기는 것은 많지 않을 것이다. 대부분 법공동체의 질서가 유지되는 것은 약속을 자율적으로 지키는 공동체의 공감이 뒷받침되는 결과일 것이다.

시나리오에서 A는 다음과 같은 믿음을 사회 혹은 인류와 같이 했으므로 이 계획에의 참여 제안을 수락한 것이다. 여기서 의뢰인은 SDIO이지만 그 위에는 대통령이 있으며, 그 위는 미국이 있을 것이고 더 나아가서는 인류가 있다고 볼 수 있다. 그러므로 A는 다음과 같은 믿음을 선량한 인류와 같이 하고 있는 것이다.

- 핵무기의 공포에 의한 전쟁억제는 위험하고 비윤리적이다.
- 전략방위계획SDI은 핵무기를 무력화無力化할 수 있으므로 인류가 핵무기에 대한 공포로부터 해방되는 길이다.

집단적 책임collective responsibility

A는 전략방위계획의 전산프로그램사업의 자문역을 중도 포기하였다. 자신이 자문역을 사직한 진정한 이유는 그 프로그램이 돈만 낭비할 뿐이지 실효싱이 없을 것이므로 중단되어야 한다는 것이었다. 그러나 자신의 비판은 힘을 발휘하지 못하고 그 바람직하지 않은 일은 여전히 진행되었다. 그 후 그는 적극적 반대자가 되었다. A는 자신의 입장을 밝힌 글을 관련 관료들과 친구들에게 보냈다. 이 문제가 과학자들 간에 공식적으로 논의 되었으나 정부가 결정한 사항을 바꿀 수 없다든가, 어차피 사용될 기금이라면 유용하게 쓰는 것이 낫다든가, 일을 거부한다고 해서 사업이 중단되는 것은 아니다라는 식의 생각으로 결국 사소한 문제이므로 개선이 불가능하다는 결론이 났다. 이것으로 A는 자신의 믿음에서 나오는 책임에서 해방되었을까? 이 부분에 관하여 A는 다음과 같이 말한다.

> 나는 SDIO가 후원하는 사업에서는 믿을 만한 방어체제를 얻을 수 없다는 사실을 사람들이 알아주기를 바랐고, 과학기술은 핵무기의 공포를 없애는 마술을 부릴 수 있는 것은 아니라는 사실을 깨달아 주었으면 하였다. 그러므로 나는 진실을 알리는 것이 과학자이며 교육자로서의 사회적 책임이라고 생각하였다. 그리고 사업의 실효성이 없고 국가방위를 위한 필요성이 없다는 견해를 갖는다면 거기에 참여하지 않는 것이 전문가의 자세라고 생각하였다. 많은 심각한 문제의 발생요인은 우리 대다수가 자신의 행동은 문제될 것이 없다고 생각하는 데 있다. 개인의 사회적 책임을 과소평가하기 때문에 도로는 어지럽혀져 있고 환경은 오염되는 것이다. 불참한다는 나의 결정이 계획을 중단시키지는 않을 것이다. 그러나 나의 행동으로 인해 만일 핵무기 방어체제 구축이 실현불가능하다는 것을 안 각자가 참여하지 않는다면 프로그램은 중단될 것이다. 이처럼 개인의 결정은 중요하다. 그러므로 컴퓨터 과학자가 반드시 정치적 입장을 취할 필요는 없지만 그들은 전문가의 책임에 충실하여야 한다. 만일 국민이 기술적 한계를 알았다면 이를 지원하지는 않을 것이다. 우리 전문가들은 국민에게 호소하여 SDIO가 그 일을 하지 못하도록 해달라고 요청할 필요는 없다. 그러나 우리는 단지 그것이 효과적일 수 없고 고도의 신뢰도를 가질 수 없다는 것을 국민이 이해하도록 도와야 할 필요가 있다.

A가 지적한 바와 같이 대부분의 컴퓨터 과학자들이 이 계획의 실효성에 관해 의문을 가지고 있으면서 계속 참여하고 있는 것이 문제이며, 정부가 하는 일을 과학자가 바꿀 수 없다고 생각하는 데에 문제가 있다.

A의 한계

그러나 A가 "컴퓨터 과학자가 반드시 정치적 입장을 취할 필요는 없다"고 한 말은 정당성을 확보할 수 없다. 도덕의 세계에서 말하면 도덕은 자율적인 것이므로 SDIO가 그 계획을 포기하도록 강제하는 행동을 하는 것은 도덕적 책임문제가 아닌 것은 분명하다. A가 과학기술자는 정치적 문제에 관여할 필요가 없다고 한 것은 과학기술자는 기술적 문제에 관해서 객관적 사실을 알리는 역할로만 한정한 전통적 과학기술자사회의 신조를 따른 것이고 자신의 역할을 과학기술자로서의 역할로만 한정한 것이다. 그러나 각 개인은 국민의 한 사람으로서 정치에 참여하는 지위를 가지며 법률을 만드는 데 참여하는 자이기도 하다. 그러므로 정치적 입장을 취할 필요가 없다는 A의 말은 정당성을 확보할 수 없다.

그렇다고 A가 정치적 해결방법을 모색하지 않은 것을 비난할 수는 없을 것이다. 그것은 정당성의 문제가 아니라 정치적 해결을 모색할 수 없는 사회적 한계의 문제가 있기 때문이다. 개인적 한계가 있음에도 불구하고 개인에게 책임을 돌릴 수는 없는 것이다. 공동체가 함께 풀어가야 할 문제인 것이다. John Ladd는 이에 관해 다음과 같이 말한다.

> 과학기술의 잘못에 관한 책임문제에서도 과학기술자에게 책임을 지우는 문제로 해석한다. 즉 이미 발생한 잘못에 대해 어떤 과학기술자에게 배상책임이 있다든가, 미래에 발생할지도 모르는 사고를 예방하기 위해 누구에게 주의하여 감시하는 임무를 부여한다. 나누는 것에 의하여 문제를 해결하는 것이 목표다. 그러나 우리는 어떤 사람에게 책임을 몽땅 지우는 것에 반대한다. 집단에 속한 모든 사람들이 안전에 관한 도덕적 책임을 진다면 사고의 책임을 특정한 한 사람에게 지우고 다른 사람은 그 책임에서 해방되어 망각하게 되는 세상보다 훨씬 나은 세상이 될 것이다.

도덕적 용기

과학기술자 A가 상당한 경제적 이득이 보장된 일임에도 불구하고 자신의 도덕적 양심에 의하여 업무를 거부한 것과 관련하여 생각해 볼 부분이 있다. 상당한 경제적 이득이 보장되어 있음에도 불구하고 그것을 포기한 것이므로 용기 있는 사람이라고 할 수 있다. 그러나 생존조건을 포기하는 것이 아니므로 그 고통은 경미하다 할 수 있다. 양심에 따르는 행동을 했을 때 생존조건과 관련되는 엄청난 고통이 따르는 경우가 많다. 옳은 사회의 건설을 위해 많은 사람의 이익과 관련되는 일에 방해가 되는 일을 할 경우 그 사람들의 압력은 양심에 따르는 행동을 한 사람에게 큰 고통으로 다가온다. 그러므로 믿음이 강하지 않은 보통사람은 하기가 힘들다. 사회의 잘못된 일을 개선하기 위해 자신의 생명을 버리는 순교자적인 믿음이 필요한 경우가 많다. 세계의 역사를 보아도 그렇다. 그러므로 우리가 도덕을 말하는 것은 이상일 뿐이며 현실적으로 실현하기가 어렵다. 그러나 그 이상이라도 말하는 것을 포기할 수는 없을 것이다.

한편 옳지 않은 생각을 가진 사람들을 핍박하여 사회정의를 세우려고 하는 것이 옳은 것인지도 의문이다. 내가 옳다고 생각하는 것을 남에게 강요하는 것은 옳지 않기 때문이다. 내가 옳지 않다고 생각하는 사람들 스스로 자신들이 옳지 않다는 것을 알 때까지 기다리는 것이 옳은 것일 수 있다. 그러므로 옳지 않은 사람들을 핍박하려는 것이 아니고 옳은 것이 무엇인지를 그 사람들이 깨닫도록 하기 위해 순교하는 것인지도 모른다. 그러나 순교자적 행위는 누가 강요할 수도 없으며 그것을 칭찬할 일도 아니다. 칭찬은 남의 희생을 통해 문제를 해결하려는 생각이기 때문에 부도덕하다. 그러므로 윤리는 내면적일 수밖에 없다. 각자가 성찰하고 옳은 행위를 하는 문제이다. 이런 측면에서 볼 때 과학기술자 A가 자신은 사임하였지만 여론의 압력을 활용하거나 상부기관에 고발하여 문제를 해결하려는 태도를 취하지 않은 것은 도덕적이라 할 수 있다. 그러나 그것이 사회의 생존조건에 해당하는 일이었다면 어떤가? 그렇더라도 A가 자신을 희생해서라도 문제를 해결하려고 하지 않은 것을 부도덕하다고 비난할 수는 없을 것 같다. 다만 자신의 양심에 가책을 느끼는 것은 자신의 도덕문제이다. 그러면 누가 이 문제를 해결해야 하는 것인가? A와 같은 생각을 하는 사람이 많아지고 힘을 합하여 혼자서 했을 때 당하는 고통을 나누어 가지는 것이 옳은 길인 것 같다.

(3) 상호적 믿음

자기가 혼자서 자기 일을 하는 자급자족의 사회도 있었지만 사회가 점점 복잡해지면서 혼자서 모든 일을 하는 것은 비능률적이라는 것을 알았다. 따라서 분업화를 통해 협동관계에서 일하는 것이 일반화되었다. 이 협동관계는 협동에 참여하는 각자의 능력에 관한 믿음에서 이루어진다. 이 능력capacity은 잠재적인 것이므로 능력에 대한 믿음은 능력에 대한 기대expectation의 형태로 나타난다. 사실 사회공동의 믿음도 사회구성원의 능력에 관한 기대에서 나온다. Kant가 의무에 관해 "너는 할 수 있으므로 하여야 한다"고 말하는 것은 바로 사회는 능력에 대한 기대로 이루어져 있음을 말하는 것이다. 그러나 능력에 대한 기대는 상호적인 것이어야 한다. 그러므로 일방이 타방에 기대하지만 타방이 능력이 없을 때는 그 기대는 성립할 수 없다.

시나리오에서 대통령은 미국의 과학기술자들이 핵무기를 적재한 적의 대륙간 탄도 미사일을 무력화시킴으로써 핵무기의 공포로부터의 해방이라는 목적을 달성할 수 있을 것이라는 기대를 한 것이고 현대의 과학기술이 그것을 달성할 수 있을 것이라는 기대를 한 것이다. 국방성은 역시 현대의 과학기술자들이 해결할 수 있을 것이라는 기대를 가지고 전략방위계획을 수립하여 추진한 것이다. 그러나 과학기술자 A는 SDIO가 자기에게 의뢰한 업무가 SDIO 나아가서 대통령의 기대에 부응할 수 없음을 알고 업무의뢰를 계속하지 않은 것이다. 자기와 SDIO 및 대통령과의 상호적인 신뢰관계가 성립될 수 없다고 보았기 때문일 것이다. 그러나 이 프로젝트에 참여하고 있는 다른 과학기술자들은 레이건 대통령의 기대에 부응할 수 없어도 컴퓨터과학의 발전을 기할 수 있는 기회가 되므로 이 일을 계속하여야 한다고 생각하였다. 그들은 의뢰인의 기대를 저버린 것이고 나아가서 의뢰인의 목적을 자의적으로 수정한 것이다. 신뢰관계를 떠난 것은 이미 다른 일을 하는 것이다. 이와 같은 태도는 원칙 없는 세상을 만들 것이다.

일방적 기대

그러나 기대는 상호적인 것이다. 타율의 세계에서는 일방적 기대를 한다. "너는 그렇게 하지 않으면 안 되므로 그렇게 하여야 한다"로 변한다. 그러나 타율은 제한적이어야 한다. 사회는 자유를 최대한으로 보장하고 사회 전체의 생존을 위협하는 한계적인 상황에서만 자유의 제한이 허용되어야 하기 때문이다.

과학기술자의 능력에 대한 기대

상호적인 믿음이라고 하지만 일방적 믿음의 형태로 나타난다. 시나리오에서 대통령의 과학기술자에 대한 기대도 과학기술에 관한 일반적인 추단이므로 일방적 성격을 가지고 있다고 할 수 있다. 그러나 이것은 일방적인 것은 아니고 "일반적인standard 기대"이다. 일방적인 것은 반론을 허용하지 않으나 일반적인 추단은 반론을 허용한다. 모든 사람의 기대는 일반적일 수밖에 없다. 모든 사람을 구체적으로 확인하여 기대하는 것은 아니기 때문이다. 그러므로 A는 그 일반적 기대에 자신은 부응할 수 없으므로 사임한 것이고 만일 그 일반적 기대에 부응할 수 있었으면 일을 계속하였을 것이다. 일반적인 추단은 구체적이고 개별적으로 확인되어 수정되어 가는 것이다.

한편 설계전문가design professionals에 관해 "현재의 기술수준과 지역적 특성을 고려하여, 같은 분야에 종사하는 합리적인 동업자들이 유사한 여건에서 통상적인 주의와 기술로 서비스를 제공할 것을 기대한다"라는 일반적 기대가 있다. 이것은 영국 보통법 법원common law court에서 발달한 것이라고 한다. 공중은 과학기술자와 같은 전문적 서비스를 제공하는 자에 대해 이러한 권리를 갖는다는 것이다. 이 원리가 대부분의 법에서 과학기술자에 대한 능력의 기대가능성 판단원리로 작용하고 있다. 그러므로 과학기술자가 구체적 상황에서 이러한 사회의 기대에 위반할 경우는 법에 위반하는 것이 된다. 그러나 이 기대원리는 형식상으로는 일방적이지만 그 내용 자체는 일반적이어야 한다. "현재의 기술수준과 지역적 특성을 고려한다"는 조건이 있기 때문이다.

기대의 상승

문제는 이와 같은 과학기술자에 대한 사회적 기대가 상승하고 있는 것이다. 그러므로 과학기술자는 더욱 큰 리스크에 노출되어 있다. 그러나 과학기술자의 능력은 완벽하지 않을 뿐만 아니라 과학기술은 주어진 여건에서의 최적화를 목적으로 하는 것이다. 이러한 점을 무시한 고도한 기대는 일방적이라 할 수 있다. 그러므로 New Zealand 엔지니어협회Institution of Professional Engineers 보고서는 과학기술의 리스크에 관해 다음과 같이 기술하고 있다.[7]

> 대부분의 과학기술자는 자신의 서비스의 질을 개선하여 다른 사람에게 더욱 이익이 되게 하려는 경향을 갖는다. 또한 전문가들은 설계나 건설이 일반인이 생각하는 것보다 훨씬 위험하다는 것을 알고 있다. 따라서 이들이 건설에 관한 입법에 참여하는 경우 과학기술에 대한 법의 규율 수준을 높이는 경향이 있다. 그러나 과학기술서비스의 수준을 높임에 따르는 사회의 비용 및 과학시술서비스에 소요되는 비용은 평가하지 않는 경향이 있다. 그리고 이러한 법률들은 매우 복잡하여 잘못 해석할 수 있으므로 설계자는 대부분 법에 위반하게 된다. 그러므로 법률은 사업의 규모 및 특성에 따라 과학기술자에게 적용할 기술에 관한 판단의 자유를 허용하여야 한다. 과학기술에 대한 의뢰인, 고용인 및 공중의 기대는 상승하고 있어서 사업비의 절감 혹은 안전성제고를 위해 일반적으로 더욱 많은 것을 요구하고 있는 것이다. 그러나 고도의 과학기술서비스의 투입에는 비용이 더 많이 투입되어야 한다는 것을 무시한다면 의뢰인 등의 기대에 부응하는 서비스를 제공할 수 없고 사회비용은 더욱 증가될 수 있음을 인식하여야 한다.

7) Institution of Professional Engineers New Zealand의 보고서 "Engineering Risk" 참조.

토론과제

잘못된 믿음이 사회에 미치는 영향을 분석해 보라.

(토론방법)

- 우리사회의 잘못된 믿음이라고 생각되는 것을 조사하도록 한다.
- 조사한 내용을 가지고 토론하도록 한다.

제 9 장

법 일반론

1. 법의 개념

법의 개념concept에 관해서는 "법은 사회규범이다." 혹은 "법은 강제규범이다"라고 정의하는 것이 가장 일반적이다. 우선 규범의 의미부터 파악하자. 규범norms은 어떤 행위의 기준standards을 가리키는 말이다. 이 규범을 법칙rule과는 구별하여 보자. 법칙은 자연법칙 및 윤리현상 혹은 법 현상과 같이 어떤 사물이 규칙성regularity을 가지고 움직일 때 그 규칙성 혹은 원리principle를 가리켜 법칙이라 한다. 그런데 자연법칙과 윤리법칙은 다르다. 윤리는 자유의지[1]를 기본으로 한다. 그러므로 윤리는 자유의지에 의해 선한 것 혹은 옳은 것을 선택하는 행위원리이다. 그러므로 법칙의 발견은 과학적 방법[2]에 의한다.

1) 소화작용과 같은 자율신경의 작용은 윤리의 개념에서 제외된다. 마찬가지로 행위개념에서도 제외된다. 선택의 자유에서부터 윤리의 원리는 시작되는 것이기 때문이다. 그래서 소화작용과 같은 것을 초도덕적 행동amoral behaviour이라고 한다. 현대의학은 소화작용을 촉진시키기도 하고 수명을 연장하기도 한다. 선택의 자유가 확장되는 것이다. 그러므로 윤리의 범위가 확장되는 것이다. 그러나 선택의 자유가 확장되더라도 선택의 자유가 없는 부분이 있다. 선택의 자유가 있더라도 그 선택은 超倫理的인 것과 연결되어 있다. 배가 고프므로 먹을 것을 찾는 것과 같다. 배가 고픈 것은 인간에게 고통스러운 악이고 배고프지 않는 것은 인간에게 좋은 선이다. 그러므로 선한 것을 선택하는 것은 필연성을 갖는다. 그러나 배가 고프지만 먹지 않을 수도 있다. 먹시 않는 것이 배고픈 것보다 더 좋은 것이 있으므로 벅지 않는 것이라 할 수 있다. 더 좋은 것에 의한 선택이다. 결국 인간이 좋아하는 것이 선이다. 그런데 인간은 자연이다. 그러므로 결국 인간의 선택은 필연성을 갖는다고 할 수 있다. 그러나 그 선택은 자유이므로 기계적인 자연법칙과는 다르다. 그러므로 인간의 행동은 윤리적이기도 하지만 자연적, 즉 필연적이기도 하다.

2) 과학적 방법과 다른 것으로 직관적 방법을 말한다. 전자는 사물에 관한 지식은 경험에 의해 알 수 있다는 것이고 후자는 경험에 의하지 않고 이성에 의하여 바로 알 수 있다는 것이다.

이와 같은 일정한 원리에 의해 움직이는 행위원리를 뒤집어 "이것이 인간의 행위원리이므로 그 원리에 따라야 한다"라는 생각을 한다. 이 경우 따라야 하는 것이 규범이다. "이렇게 행동하는 것이 인간에게 좋다 혹은 사회생활을 하는 데 좋다"와 같은 인식에 기초하여 "…행위하여야 한다"라는 실천원리를 도출한 것이다. 그러므로 존재sein와 당위sollen를 구별한다.

한편 "이것이 인간에게 좋은 것이므로, 당신이 좋으려면, 이 원리에 따라 행위 하여야 한다"와 는 달리 "이것은 신의 명령, 왕의 명령 혹은 다수가 결정한 것이므로 그 명령에 따라야 한다"라는 성질을 갖는 규범이 있다. 전자는 윤리적 동의를 통해 행위를 이끄는 자율적 방법이라 한다면, 후자는 명령이므로 지켜야 한다는 강제적 성질을 갖는다.[3] 전자와 같이 자율적 실천을 유도하는 성질을 갖는 규범이 윤리규범이고 강제적 성질을 갖는 규범이 법규범이다. 그러므로 규범의 성질은 규범 자체에서 나오는 것이 아니라 규범을 운영하는 체제의 성질에서 나온다. 예를 들면 "다른 사람의 재산을 침해서는 안 된다"는 규범이 있을 경우 그것이 윤리규범인지 법규범인지 그 규범 자체만 가지고는 알 수 없다. 즉 그 규범이 동의와 자율을 위한 규범인지 명령규범인지 알 수가 없다. 규범의 성질은 그 규범을 운영하는 체제와 연결하여 파악해야 알 수 있다. 그러므로 법은 규범을 포함한 하나의 총체적인 체제system로 이해해야 한다. 따라서 "법은 강제규범이다"라는 정의는 "법은 강제력을 가진 체제에 의하여 운영되는 규범이다"라고 하는 것이 좀더 나은 정의가 될 것이다.

한편 규범에 따르는 사람의 입장에서 보면 강제체제에 의하여 운영되는 규범이라 하더라도 규범에 따르는 동기가 그 규범을 자신의 내면으로 받아들여 그에 따라 행위하는 경우에는 그 사람에게는 이미 그 규범은 법규범이 아니고 도덕규범moral norms인 것이다. 그러므로 어떤 규범이 사람에 따라 법규범이 되기도 하고 도덕규범이 되기도 한다. 따라서 "법은 강제력을 가진 체제에 의하여 운영되는 규범이다"라는 생각도 법의 정의로는 충분하지 않다.

그러므로 정태적이 아니라 동태적으로 파악하여야 한다. 법체제는 법체제만 고립되어 있는 것은 아니고, 사회의 성원은 항상 피치자의 지위만 갖는 것이

Kant는 선험적 방법을 말한다. 인간에 내재한 이성의 범주가 지식의 근거라는 것이다.

3) 입헌민주주의 국가에서는 성원의 동의 혹은 합의과정을 거친다. 그러나 법은 합의된 명령에서 출발한다. 그러므로 합의과정은 윤리적 과정이다. 합의과정과 합의된 규범은 구별하여야 한다. 합의된 규범의 적용은 합의과정은 사라지고 정해진 규범에서 출발하기 때문이다. 정해진 규범은 규법 자체로서 생명을 갖게 된다. 약속한 것이므로 지켜야 한다와 같다.

아니기 때문이다. 이와 같은 생각에서 법체제와 윤리체제, 개인과 사회를 통합한 이론을 제시한 것이 Rawls의 정의론A Theory of Justice이다. Rawls의 정의론을 법과 관련하여 다음과 같이 정리할 수 있다.

법규범legal norms은 법공동체legal community[4]에서 강제력의 규칙성을 확보하기 위해 정한 기준이고, 공동체의 성원은 강제력이 발동될 것으로 예견되는 공동체의 법규범 혹은 법체제legal system[5]가 행위의 동기가 되기도 하지만, 그 규범 및 체제를 비판하고 개혁하는 권능을 가지고 있다.[6] 그리고 법체제는 법을 생산하는 기구, 법에 의해 강제력을 발동하는 기구mechanism, 그 발동을 감독하는 기구 등으로 나누어져 있으나 그 정당한 절차가 중요하며, 상호 관용하고 그 관용을 통해 조화되는 관계에서 운영된다.[7]

법을 만드는 사람들은 사물과 인간의 원리 혹은 사회의 목적에 맞는 법을 발견하며, 만들어진 법을 적용하는 데 있어서도 그 규율을 받는 사람들의 공감을 이끌어 내는 변증적 과정에 의한다. 이 법체제에는 공동체 성원의 정의관이 동시적이고 지속적으로 투입되고 있으므로 그 법체제는 정의체제justice system가 된다.[8] 법공동체는 객관적으로 제시된 사회공리social utility[9]를 위해 성원의

---

4) 헌법 제1조 국호·정체·국민·주권 참조. 문화적인 공감에 의하여 형성된 공동체를 문화공동체라고 한다면 법이념에 의하여 형성된 공동체를 법공동체라 할 수 있다. 원초적 입장의 공동체는 문화공동체라고 할 수 있으므로 문화적 공동체의 이념은 법공동체의 이념보다 근본적이라 할 수 있다. 즉 문화적 가치에 반하는 법공동체의 이념가치는 그 타당성을 잃는다. 그러나 문화공동체와 법공동체는 분리되어 있는 것으로 인식하는 것을 피해야 한다. 법공동체의 성원은 동시에 문화공동체의 성원인 지위position를 가지고 있기 때문이다. 우리나라 헌법 전문을 보면 대한국민은 문화공동체의 성원이면서 법공동체의 성원이라는 점을 알 수 있다.

5) 헌법 제40조, 제64조, 제75조 대통령령, 제101조 등 참조. 법공동체는 이념적 공감에 의해 형성된 묵시적인 것이라면 법체제는 법규범에 의해 형성된 일종의 조직체로 인식된다. 한편 법체제와 법체계를 구별할 하여야 하나, 법체계는 법의 논리적 구축물인 측면을 가리키는 것이고 법체제는 법체계가 만들어지고 변경되며 폐지되기도 하고 적용되는 법공동체 성원의 마음 속에서 살아 움직이는 법의 사실적 측면을 가리키는 말이다.

6) 헌법 제8조 정당설립의 자유, 제21조 언론·출판·집회·결사의 자유, 제24조 선거권, 제25조 공무담임권, 제26조 청원권, 제10장 헌법개정 등 참조.

7) 헌법 제3장 국회, 제4장 정부, 제5장 법원, 제6장 헌법재판소 참조.

8) 헌법 前文 참조.

9) 사회공리social utility는 고전적 공리주의자들이 말하는 "최대다수의 최대행복"과 같은 목적론적 공리를 말한다. 고전적 공리주의가 갖는 이론적 결점은 사회의 목적과 같은 추상적 공리를 목적으로 설정한 데에 있다. 그러므로 사회전체의 공리의 양이 극대인 것이 목적이다. 그러므로 이를 위해서 일부 성원의 자유의 제한 혹은 부담이 정당화된다. 또 하나의 결점은 자유의 한계를 설정하지 않고 있는 것이다. 자유는 무한한 것으로 보므로 한정된 자원에서의 분배를 고려하지 않는 것이다. 그러므로 각자가 최대의 행복, 즉 공리를 극대화(Rawls는 이것을 만족의 순수잔여량의 극대화라고 표현한다)를 목적으로 하는 것이고 자원은 무한하므로 그 극대화를 통해 사회공리의 극대화를 도모한다.

공리(행복)를 제한하지 않으며, 사회적 공리의 증대는 전체 성원의 공리의 증대로 인식한다. 성원은 자신들이 협동하기로 공감한 공감대가 형성된 원초적 공동체[10]가 자연적, 인간적 혹은 사회적 제한조건[11]에서 출발한 것임을 분명히 알고 있다. 각자가 원하는 공리를 극대화를 도모하는 것을 기초[12]로 하지만 한정된 자원에서 자기의 몫만을 최대로 하려는 것은 다른 성원의 몫(공리)를 자기 것으로 하는 것임을 알고 있다. 성원 상호 간에 다른 성원의 공리와 조화되는 가운데 자신의 공리가 존재한다는 세계적, 공동체적 유대감을 잃지 않는다. 법공동체는 성원의 자율에서 그 원동력을 찾는다. 치자와 피치자의 구별이 없다.[13] 성원이 각자 治者가 되기도 하고 被治者가 되기도 하는 것이 아니라 각자가 治者이다. 자신의 공리를 극대화하는 노력을 포기하지 않지만 가신의 공리를 극대화하기 위해 다른 성원의 자유를 제한하거나 부담을 시키지 않으며, 성원 간에 각자의 특징에 따라 자유를 교환함으로써 결과적으로 전체 성원의 공리의 양이 많아지도록 하는 기회의 증대[14] 및 효율성efficiency[15] 증대방법을 택한다. 성원의 협동에 의해 결과적으로 증대된 사회적 공리는 성원 간에 적절히 분배되는 것이라는 인식을 갖는다.[16]

그러나 성원 중 자연적, 인간적 혹은 사회적 여건으로 자유롭지 않은 사람에 대한 보상방법[17]을 강구하여 평등[18]한 자유로운 윤리공동체로의 복귀를 도

10) 헌법 前文 참조. 원초적 공동체는 역사적 존재가 아니며 현존하는 동시적이고 이념적인 공동체이다.

11) 헌법 제10조 인간의 존엄성, 제35조 환경권 참조.

12) 헌법 제23조 재산권의 보장 참조.

13) 법공동체에서 보면 치자와 피치자가 있다. 그러나 원초적 공동체의 입장에서 보면 치자와 피치자는 없다. 혹자는 입헌주주의체제의 치자와 피치자의 문제를 自同性의 원리에 의해 해결하려고 한다. 그러나 自同性의 원리는 논리적 모순성을 가지고 있다. 자기가 자기를 규율하는 것이 되기 때문이다.

14) 헌법 제14조 거주·이전의 자유, 제15조 직업선택의 자유 등 참조

15) 사회적 공리의 증대는 무조건적인 공리의 최대량의 증대를 목적으로 하는 것이 아니라 費用對 效用의 효율성을 고려하여야 한다. 자원은 무한한 것이 아니기 때문이다. 효용이라는 말 가운데는 효율성의 개념이 포함되어 있지 않다. 효율성은 경제원리이지만 반드시 경제원리만은 아니다. 정치원리이기도 할 것이다.

16) 제34조 사회보장 참조.

17) 헌법 제31조 교육을 받을 권리, 제32조 근로의 권리, 여자 및 年少者의 보호, 제33조 근로자의 단결권 등 참조.

보상방법은 재정적 보상만을 의미하지 않는다. 교육이나 경우에 따라서는 비난 혹은 형벌을 가하는 것도 보상방법이다. 윤리적으로 자유롭지 않은 사람이므로 비난이나 형벌이 가능하다. 윤리적이라면 형벌을 가하지 않는다. 형벌은 非理性的 성질을 가지고 있기 때문이다. 그러나 형벌은 응보가 목적이 아니다. 응보는 윤리적 인간으로 회복시키기 위한 하나의 방법이나 목적은 아니다. 그러므로 형벌은 윤리공동체로의 복귀시키기 위한 목적을 갖는다.

와 준다. 성원은 어떤 교설doctrine을 말할 수 있으나[19] 자기의 교설이 옳다고 고집하지 않는다. 성원은 인간으로서 자연스러운 열망과 욕구를 가진 자유로운 인간으로서 윤리공동체를 구성하고 있다. 그러나 윤리공동체는 자유 이전에 인간의 존엄성에 근거함을 알고 있다.[20] 그러므로 자유롭지 못한 사람을 공동체에서 배제하지 않는다. 윤리공동체에서 잠시 이탈된 성원도 윤리공동체로의 복귀를 위해 인내하고 복귀방법을 강구한다. 법을 만드는 사람이나 그것을 적용하는 사람이나 그것을 지키고 경우에 따라 그 규율을 받는 사람이나 동일한 윤리공동체의 자유롭고 주체적인 성원으로 환원된다.[21]

2. 자 연 법

앞에서 법은 존재론적인 측면을 가지고 있다고 말했다. 그러므로 자연법사상은 법의 이 측면을 말하는 것이라고 볼 수 있다. 그러므로 법체제를 실정적인 체제positive system로만 볼 수 없다. 그러나 자연법 체제natural law system로만 볼 수도 없다. 근본규범basic norms에 법의 근거를 두는 입장에 반대하지만 법체제를 필연적 원리에 의해 움직이는 것으로만 볼 수 없다. 결국 양자를 통합하는 가운데 완전한 법체제가 된다. 우리는 법을 "일관되고 공평한 규칙성에 입각하여 정의를 규정한 것"이라고 보는 Rawls의 법의 관념에서 양자를 통합하는 이론을 발견할 수 있다. Rawls의 이론에서 정의는 원초적, 즉 자연적 공동체에서 생산되는 것이고 이 정의의 원리는 필연성에 기초하고 있기 때문이다. 그 구성원은 자유로우나 그 자유는 필연적인 것을 고려한다. 그러므로 시민의 정의관conception of justice을 통해 자연적 필연법칙은 끊임없이 실정적인 법체제에 투입되는 것이다.

그러므로 Rawls의 정의론은 자연법론을 배척하지 않는다. 공동체 성원의 정의관은 사물의 본성 혹은 인간의 본성에 뿌리를 가지고 선택되어 형성된 것이

18) 헌법 제11조 참조.

19) 헌법 제19조 양심의 자유, 제20조 종교의 자유, 제31조 4항 등 참조.

20) 헌법 제10조 인간의 존엄성과 기본적 인권의 보장 참조.

21) 헌법 前文은 "자율과 조화를 바탕으로 자유민주주의적 질서를 더욱 확고히 하여 정치·경제·사회·문화의 모든 영역에 있어서 각인의 기회를 균등히 하고, 능력을 최고도로 발휘하게 하며, 자유와 권리에 따르는 책임과 의무를 완수하게 하여…"라고 선언하고 있다.

기 때문이다. 다만 사물의 본성이 직접 기계적으로 작동하는 것은 아니다. 한편 자연법과 실정법의 관계에 관해 "사실의 규범력normative kraft des faktischen"이라는 개념을 가지고 말하는 사람들이 있다.[22] 그러나 이 이론은 법은 사실의 규범력을 갖는다는 단순한 원리를 말하는 법철학적인 견해이다. 그리고 원리는 실정법의 제정과정 혹은 법의 해석 및 실효성의 과정에서 입법자, 적용자에 의하여 작용하는 자연법[23]으로 보게 되는 것이다. 실천적인 규범이론이 되지 못한다. 반면 Rawls의 경우 사실의 규범력은 실정법의 제정과 그 법의 해석을 포함하여 그것들의 기초로서 동시적이고 구체적인 "공정으로서의 정의justice as fairness"로서 법공동체의 체제원리로 작용하는 실천적인 것이다.

3. 기타 자연법사상

한편 Thomas Aquinas는 신이 계시하는 신법에 참여하는 것을 자연법이라고 하였다. 독일의 나치스 폭정을 경험한 이래 악법논의가 활발해지면서 Aquinas의 자연법이론에 의하여 악법은 무효라는 주장을 하는 사람들이 있었다. 이것은 실정법의 해석적 한계를 넘어 정의로운 법의 형성을 인정하려는 이론이다. 그러나 Aquinas의 자연법 사상에는 Aristoteles의 목적론teleology이 그 기초를 이루고 있다. 이 목적론에는 인간이 도달해야 할 객관적인 목표를 제시하는 것이고 그것을 알 수 있는 것은 소수의 현명한 사람이라는 생각이 담겨 있다. 그러므로 부당한 독새사의 악법을 거부하는 이론이 될 수 있지만, 독재자의 자기 정당화의 이론으로도 사용될 수 있다. 결국 법공동체 성원의 공감 혹은 유대감에 자연법 혹은 정의관이 존재한다는 생각을 유지해야 한다.

법체제의 기초를 공동체의 정의관에 두는 경우 법은 항상 생성하고 소멸하고 공동체 성원의 공감대 속에 구체적으로 "살아 있는 법living law"으로 작용하는 것이다.[24] 그러므로 실정법과 자연법은 대립되지 않는다. 공통의 기반을 가

22) 事實의 規範力은 Georg Jellinek(1851-1911)가 말한 것으로 사실 속에 규범으로 바뀔 힘이 내재해 있다는 생각이다. Radbruch도 법의 발전에 관해 법은 파괴에 의한 끊임없이 자연발생하며 이것이 Jellinek가 말하는 사실의 규범력의 의미라고 말한다. 최종고, 법학통론(1990), pp.109, 164 참조.

23) 자연법사상은 필연법칙으로서의 법을 말한다.

24) 살아 있는 법이라는 개념은 공동체 성원의 마음 속에 편재ubiquitous하여 생성되고 변용된다는 개념이 들어 있다. 그러므로 그 편재하는 법이 공감대를 형성하는 것이 법이고 법체제로

지고 있기 때문이다. 현실적으로 법체제의 안정을 위해 사회 성원의 자유에 관한 중대한 위협이 있는 경우가 아니면 악법이라도 존중하는 것이며 그 개정절차를 존중하는 것이다. 그러나 헌법의 개정절차 및 악법의 개정절차를 존중하는 것이지만, 실정법은 절대적이지 않다.

4. 법적 안정성

법공동체의 원리인 법의 지배rule of law는 규칙성을 요구한다. 이 규칙성은 법의 안정성stability을 전제로 한다. 그러므로 사물의 본성과 합치하지 않는 악법에 관한 자연법적 요구뿐만 아니라 법의 안정성도 정의관의 일부가 된다. 법의 안정을 택하는 것이 악법을 무효로 하여 그와 관련한 자유를 보호하는 것이 더 자유에 관한 위협이 많을 경우는 악법을 유지하는 것이 정의롭다고 할 수 있는 것이다. 그러므로 정의는 불가피한 자유의 제한을 최소화하는 것이라는 점[25]에서 악법과 안정성은 그 대립을 멈춘다.

5. 법의 합목적성

정의는 공동체의 목적을 위해 옳은 것을 의미한다. 그러므로 법체제의 목적도 실정법적 정의를 실현하기 위한 것이 아니고 공동체의 목적을 달성하기 위한 것이다. 그러나 이 공동체의 목적은 공동체의 성원을 초월하는 어떤 이상idea과 같은 추상적인 것이 아니다. 그러므로 정의의 목적 혹은 법의 목적은 공동체의 성원이 현재보다 더 자유롭고 질서정연한 가운데 협동함으로써 보다 나은 생활을 가능하게 하는 목적 이외의 목적은 있을 수 없다. 천부적 인권(원초적 입장의 인권이라 할 수 있다)을 희생하여 달성하고자 하는 목적은 성립할 수 없다.

자유롭고 질서정연한 가운데 협동함으로써 보다 나은 생활을 가능하게 하기 위한 목적을 달성하기 위해 법은 여러 가지 목적을 갖는다. 예를 들면 과학

보게 되는 것이다.

25) 악법과 안정성의 변증과정이 끝나는 점이라 할 수 있다.

기술 관련법은 과학을 발전시키기 위한 목적을 갖고 형법은 남의 권리를 침해한 자를 비난함으로써 남의 권리를 존중하는 가운데 질서정연한 사회를 가능하게 하기 위한 목적을 갖는다.

그러나 사회의 여건이 변하면 이 목적들도 변한다. 그러므로 실정법의 목적이 이 정의의 목적에 부합하지 않을 경우는 그 법 전체의 효력이 부인될 수 있다. 그 법의 목적은 정의관이 갖는 목적에 의하여 짜여진 것이기 때문이다.

6. 국내법과 국제법

우선 실정법은 국내법과 국제법으로 나누어 볼 수 있다. 국제법은 국가 간 혹은 다른 나라 사람과 우리나라 사람 간의 관계에 관한 법을 말한다. 전자를 국제공법이라 하고, 후자를 국제사법이라고 한다. 국제사법은 우리나라 국민과 외국인 간에 분쟁이 생긴 경우 외국법을 적용할 것인가 혹은 우리나라 법을 적용하느냐에 관한 법이다. 그러나 국제법은 그 사안이 국제적이라는 것이지 결국 국내법이다. 그 구속력은 국내법에서 나오기 때문이다. 국제적 공감대 속에서 국제적인 관계에 관해 정하고 발전하는 국제적인 국내법이다.

국제법과 국내법의 구별이 필요 없는 경우도 상정해 볼 수 있다. 세계정부가 수립되었을 경우이다. 그러나 완전한 국제정부 혹은 세계정부는 아직 존재하지 않는다. 유럽공동체EU와 같은 것은 부분적인 사안을 중심으로 한 국제정부라고 할 수 있다. 그러나 구속력이 그 국제정부에서 직집적으로 나오는 것인지 의문이다. 국가간·다자간 협정도 특정사안에 관한 국제정부라 할 수도 있다.

7. 공법과 사법

종래의 이론

일반적으로 국가법을 公法public law과 私法private law으로 구별하고, 그 구별하는 표준에 관해서 4가지 이론이 있다.

첫째는 공익public interests에 관한 법을 공법이라 하고 사인[26]의 이익, 즉 사익private interests에 관한 법을 사법이라고 하는 이익설이다. 이 관점에서는 공익은 국가의 이익을 말한다. 이 경우 국민의 신체 등도 국가가 보호하므로 국민의 신체를 보호하는 것이 공익을 위하는 것인지 의문이다. 그러나 사익을 보호하는 것이 공동체의 목적에 적합하므로 보호하는 것이므로 사익도 국가의 이익이 된다. 그러므로 국가의 이익과 사익을 구별하는 것은 의미가 없다. 결국 국가의 모든 법은 공동체 성원의 이익의 조정에 관한 것을 내용으로 한다.

둘째 이론은 법률관계의 주체를 표준으로 공법과 사법을 표준으로 구별하는 주체설이다. 단체로서의 국가(공법인)가 법률관계의 일방의 당사자인 법을 공법이라 하고 사인 상호 간의 법률관계를 규율하는 법을 사법이라고 한다. 그러나 국가가 아닌 사인 간의 관계를 인식할 수 있다. 그러나 법은 국가의 목적 실현을 위해 사인 상호 간의 법률관계, 국민 상호 간의 법률관계, 국가와 국민 간의 법률관계, 국가와 국가기관 간의 법률관계, 국가기관 상호 간의 법률관계, 국가기관 내부의 법률관계, 사인 내부의 법률관계 등 다양한 법률관계가 있다. 법률관계의 주체가 국가 혹은 국가기관과 사인만이 있는 것으로 인식하는 것은 잘못이다.[27] 그러므로 국가와 사인 간의 관계라는 개념도 문제가 있다. 국가와 사인 간의 법률관계가 아니라 국가와 국민 간의 법류관계로 파악하여야 한다.

셋째 이론은 법률관계의 성질을 표준으로 공법과 사법을 구별하는 법률관계설이다. 명령과 복종, 즉 상하관계인 성질을 갖는 법률관계는 공법이고, 상호 대등관계인 성질을 갖는 법률관계를 사법이라 한다. 그러나 국가기관 상호 간, 국가기관 성원 간의 관계, 국민 상호 간의 관계 등도 대등한 관계이다. 그러므로 사인 간의 관계만을 대등한 관계로 볼 수 없다.

넷째 이론은 인간의 생활을 국가생활관계와 사회생활 관계로 나누고, 전자를 규율하는 법을 공법이라 하고, 후자의 생활관계를 규율하는 법을 사법이라 한다. 이 견해가 통설적 견해가 되어 있다. 그러나 사법관계는 국가생활관계가 되지 않는 것이 된다. 즉 법률관계가 되지 않는 것이 된다. 앞에서 언급한 바와 같이 국가생활관계, 즉 법률관계가 아닌 것은 법적인 의미가 없다. 민법 등 소위 사법의 기본원칙을 私的自治로 보는 것과 관련하여 이 개념을 설명하기 위한 이론으로 보여진다. 그러나 법을 떠난 사적자치는 성립할 수 없다. 법이 인

26) 사인은 공인에 대한 말이다. 그리고 공인은 국가 혹은 그 기관을 말한다. 기관은 단체도 있지만 개인도 있다.

27) 공동체의 성원은 여러 법인격을 동시에 가지고 있는 점을 상기할 필요가 있다.

정하기 때문에 사적자치원칙이 법이론이 되기 때문이다. 논리적 모순을 노정하고 있다고 볼 수 있다.

구별 무용론

따라서 사법과 공법의 구별 無用論이 유력하다. 區別論들은 형식적 의미의 법률을 사법과 공법으로 구별하는 先入概念에서 출발하여 그 구별에 관한 이론을 제시하려는 것이므로 논리적 모순성을 가지고 있으므로 무용론은 설득력을 갖는다. 그러나 법률관계는 각기 특성이 다른 여러 집합군을 형성하고 있는 것이 사실인 점에서 무용론은 설득력을 얻을 수 없다. 그러므로 선입개념을 버리는 것에서 출발하여 새로운 구별이론을 정립할 필요성이 있다.

새로운 인식

새로운 인식은 앞에서 언급한 이론들에 관한 비판을 기초로 다음과 같이 정리해 볼 수 있다.

① 공법과 사법은 구별할 수 있다. 그러나 국가적인 법률관계만을 공법이라는 개념은 적절치 않다. "公"이라는 개념은 국가에만 적용되는 개념이 아니고 회사와 같은 민간단체의 경우에도 공적인 관계가 있으므로 본래의 의미로 회복시킬 필요가 있다.

② 마찬가지로 사익과 공익을 사인의 이익과 국가의 이익으로 구별하는 것을 지양하여야 한다. 회사에서도 그 범위에서 공익과 사익이 있다. 회사전체의 관점에서 본 것이 공익이고 회사원 개인의 관점에서 본 것이 사익이다. 그리고 이익은 본질에서 사익과 공익인 것이 아니고 그 속성으로 이해하여야 한다.

③ 법률관계의 주체는 국가와 사인만 있는 것이 아니고 법률이 규정하기에 따라 수없이 많은 법률관계의 주체가 있을 수 있다는 것이다. 민법상의 법률관계의 주체와 상법상의 법률관계의 주체는 구별된다.

④ 명령과 복종관계와 대등한 관계를 구별할 수 있다. 그러나 국가와 국민 간의 관계와 사인 상호 간의 관계로 단순화하는 것은 지양하여야 한다. 회사에서도 상하관계와 대등관계가 있다. 국가를 포함한 모든 단체 혹은 조직은 상하관계와 대등관계로 이루어져 있다.

⑤ 특정 단체에서 탈피하여 국가의 법률관계 전체로 눈을 돌리면 특정단체

의 법률관계는 내부관계와 외부관계로 되어 있다는 인식에 도달한다. 그리고 여러 단체는 보다 큰 법위의 단체의 성원이 되고 그 보다 큰 범위의 단체는 다시 보다 큰 범위의 단체의 성원이 되는 중층구조를 인식하게 된다. 그리고 동일한 계층에서도 여러 단체의 성원이 되는 교차구조를 인식하게 된다. 이 중층구조의 단체 및 교차되는 단체를 포함하여 모든 단체는 목적을 가진다. 그 목적을 달성하고자 하는 관계가 내부관계이다. 그리고 보다 큰 단체와의 관계가 외부관계이다. 회사는 자신이 성원이 되는 보다 큰 법위의 여러 단체의 성원(회원)으로서, 최종적으로는 가장 넓은 법위의 단체인 국가의 성원 등으로서 외부관계를 형성하게 되는 것이다.

⑥ 중층구조의 단체들의 목적은 가장 넓은 범위의 단체의 목적의 순으로 정당성의 근거가 된다. 그러므로 가장 넓은 법위의 단체인 국가의 목적을 정점으로 한 정당성 혹은 효력의 상하계층구조를 형성한다.

⑦ 그러므로 법영역area을 인식한다. 단체별 영역도 있지만 계층별 영역을 인식할 수 있다. 또한 개별단체 및 계층별 영역에는 하나의 목적만 있는 것이 아니고 여러 목적이 있다. 그러므로 목적별 영역을 인식할 수 있다. 그러나 동일 단체의 목적 간에는 우선성에서 상하 계층을 형성하여 하위의 목적은 상위의 목적에서 정당성의 근거를 찾는다. 한편 우선성에서 동등한 목적도 있다. 이 관계는 상하관계가 아니라 견제와 균형관계 혹은 조화관계라고 할 수 있다.

⑧ 모든 단체는 그 성원으로 환원하여 본다. 그러므로 A라는 특정인(자연인)은 여러 중층구조 혹은 교차구조의 단체의 성원인 수많은 법인격legal personality을 가지고 있는 것으로 환원하여 볼 수 있다. 그리고 이 수많은 법인격을 통해 A라는 자연인에게 권리·의무가 발생하는 것으로 볼 수 있다. A는 가정의 일원으로서, 동창회의 일원으로서, 과학기술자단체의 일원으로서, 거주지 동민으로서, 국가의 일원으로서 여러 법인격이 부여되고 그에 따른 여러 권리와 의무가 있게 된다.

⑨ A는 여러 단체의 성원으로서의 지위를 갖지만 가장 기본적으로 자연인(혹은 개인)으로서 지위를 갖는다. 자연인으로서 A는 자신의 자유의사는 제약을 받지 않으나, 단체의 성원으로서의 A는 단체가 정한 절차 및 원리에 따라 변용된 형태로 자신의 의사가 나타난다. 그러나 단체의 의사가 아니고 단체적 의사로 변용된 자신의 의사이다.

⑩ 단체와 구별된 개념으로 공동체를 인식한다. 단체는 명시적이라면 공동체는 묵시적이다. 단체는 법률관계이지만 공동체는 윤리관계이다. 단체는 폐쇄적이지만 공동체는 개방적이다. 단체는 반개혁적이지만 공동체는 개혁적이다.

⑪ 단체와 공동체는 분리되어 있는 것이 아니고 결합되어 있다. 그러나 그 결합은 두 개의 차원dimension이 결합되어 있는 것과 같다. 단체는 정당성 차원이라면 공동체는 타당성 차원이다. 단체는 효력 차원이라면 공동체는 가치 차원이다. 단체는 법 차원이라면 공동체는 정의 차원이다.

⑫ 여기서 공동체는 법공동체이지만 보다 광범하고 근본적인 공동체로 헌법공동체를 인식할 수 있고, 이보다 더 광범한 공동체로 문화공동체 혹은 민족공체를 인식할 수 있다. A는 단체의 성원으로서 여러 법인격을 갖지만 동시에 여러 공동체의 성원인 지위를 갖는다. 그러므로 A는 국가 혹은 단체의 일원으로서 단체의 법을 준수하기는 하지만 단체의 법을 개혁하는 자이기도 하다.

내부관계와 외부관계

여기서 앞에서 간단히 인식한 내부관계와 외부관계에 관해 좀더 검토할 필요가 있다. 외부관계는 일단 자신이 포괄하고 있는 단체의 내부관계의 자율을 일단 인정하고 그 내부관계가 자체의 목적을 일탈하는 경우 혹은 내부관계가 소기의 목적을 달성할 수 없는 경우 외부관계가 작용하는 구조를 설정하고 있다.[28] 이 내부관계에서는 상호 간에 협력하여 공동의 목적을 달성하기 위해 노력하는 것이며 자율적으로 그 목적이 달성되었을 때 외부관계가 생기지 않고 소멸하는 것이다. 그러나 그 내부관계는 외부관계와 전혀 무관하지 않다. 다만 규율방법상 내부의 자율을 인정하는 것을 일차적인 규율방법으로 택하는 것이며 그 내부관계가 질서를 일탈하여 목적을 달성할 수 없을 때 혹은 그 소공동체의 목적이 외부에 바람직하지 않은 영향을 미칠 가능성이 있는 경우에 그 공동체를 포괄하고 있는 공동체의 관점에서 관여하는 것이다. 이런 법의 계획은 모든 중층구조로 나타난다. 그러나 동일 계층에서의 교차관계에서 나타나는 외부관계는 간섭하는 것이 아니고 상호 견제하고 균형 있는 관계를 형성한다. 그보다 넓은 법위의 상위 단체에 의해 간섭을 받게 된다.

그러나 단체의 내부관계에 자율을 인정하지만 큰 테두리의 단체가 산하단

28) 사적자치의 원칙은 이런 구조를 말하는 것으로 보인다.

체의 내부관계의 근거를 제공하고 있다. 예를 들어 민법의 경우, 법률효과를 발생시키는 법률요건으로서 "법률행위"를 함으로써 자율적인 관계가 형성되는 것과 같다. 다만 그 법률행위에 의한 관계가 자율적으로 목적을 달성하도록 하고 있는 것이다. 근거를 제공하고 항상 문제가 발생하면 간섭할 준비를 하고 있는 것이다. 그러므로 "사적자치"의 경우도 큰 테두리의 단체가 근거를 제공하는 것이며, 그 근거가 자연적인 합의에 있다고 보아서는 안 된다. 사적자치제도는 법률의 규정상의 한계 때문에 생활관계의 자유로운 형성을 위해 법에 규정한 사항에 관한 합의에 법률효과를 인정하는 제도이다.

역사적인 관점에서 볼 때 자연적 합의에 의한 생활관계에 법률효과를 부여하는 방법을 택해 온 것이 처음이었을 것이다. 현재도 다양한 생활관계를 자유롭게 하기 위해 이 사적자치제도의 중요성은 크다. 한편 합의에 기초하지 않고 사실의 발생으로 법률효과가 발생하는 관계에서도 사적자치가 있는 것을 관찰할 수 있다. 예를 들어 형법에서 상해죄의 경우, 피해자와 가해자 간에 합의를 하면 공권력이 개입하지 않는 것과 같다.

법 인 격

앞에서 언급한 바 있는 법인격legal person에 관한 좀더 깊은 검토를 할 필요가 있다. 이 법인격은 단체의 성원인 자연인에 부착되는 법논리상의 표식이라고 이해하는 것이 가장 적합할 것 같다. 그 표지에 따라 각종 권리·의무가 논리적으로 부과되는 것이다. 그러므로 자연에 실재하는 것이 아니고 관념상 존재하는 것이다. 이 관념상의 법인격은 수 없이 법률관계에 따라 수없이 창조되는 것이다. 그러므로 단체의 성원인 자연인은 자신의 의사로 혹은 어떤 사실의 발생에 의해 어떤 법률관계에 들어감으로써 동시에 여러 가지 법인격을 가지게 된다.

예를 들면 법률행위가 자유롭지 않은 상태에서 행해진 경우 그 법률행위의 효과를 취소할 수 있는 권리가 생기는 것은 계약 당사자인 법인격을 가진 것과 관련되어 있지만 그 보다 다른 법인격과도 관련되어 있다. 국가라는 단체에서 계약은 자유로운 의사에 의해 합의된 것이어야 한다는 것이고, 자유롭지 않은 계약을 취소할 수 있는 권리는 국가의 성원이라는 법인격에서 나오는 것으로 보는 것이다. 마찬가지로 공서양속public policy에 위반하는 것을 내용으로 하는 계약을 무효로 하는 것도 국민이라는 법인격을 통로로 하여 사회의 질서유지라는 목적을 갖는 단체의 성원인 법인격에서 나오는 것으로 보는 것이다. 나아가서 계약을 하는 경우 법적 효력을 부여하는 것도 국민이라는 법인격이 있기 때문이라고 보는 것이다.[29)]

법률관계의 계층적 분류

이상의 분석을 통해 법률관계의 새로운 분류를 시도하고자 한다. 우선 법률관계의 계층구조에 의해 분류하는 것이다. 법률관계의 계층구조를 3단계로 구분한다.

예를 들어 계약에 의한 권리·의무관계는 1차적 영역이고, 계약불이행으로 인해 상호 간에 이행청구권 혹은 손해배상 청구권이 생기는 영역을 2차적 영역, 그 손해배상청구권이 자율적으로 이행되지 않아 생기는 손해배상 혹은 이행을 강제하기 위한 재판청구권 등 공권력이 작용하는 영역을 3차적 영역으로 보는 것이다.[30)]

이 1차적 영역은 일단 2차적 영역이 간섭하지 않으므로 2차적 영역에서 볼 때는 자율적인 영역이다. 2차적 단계는 그 자율에 문제가 있거나 그것을 둘러싸고 있는 2차적 영역의 목적과 저촉되는 경우 2차 영역의 법률관계가 형성되는 것이다. 2차 영역과 3차 영역의 관계도 마찬가지다. 우리는 1차 영역을 사법관계, 2차 영역을 사회법관계, 3차 영역을 행정법관계로 이름하기로 하고 2차 영역과 3차 영역을 합해 공법관계로 부르기로 한다. 그리고 1차 영역의 법률관계

29) 민법상의 규정은 공동체의 질서를 위해 사법관계의 기초를 제공한다는 측면에서 모두 공법관계인 성격을 갖는다. 예를 들면 계약관계는 공동체의 성원은 상호 약속을 지켜야 한다는 근본적 원리에 기초하고 있다. 그런데 이것은 공동체의 원리이므로 공법관계라 할 수 있다. 다만 법은 이 기본적 원칙을 달성하게 하는 방법으로서 일차적으로 당사자 간의 합의에 의해 자율적인 법률관계를 형성하여 그 법률관계의 목적을 달성하는 관계를 예정하고 있는 것이다. 한편 당사자 간의 합의와는 관계없이 발생하는 법률관계가 발생하는 경우가 있다. 손해배상 책임(민법 제390조 참조)과 같은 것이 그렇다. 이 경우도 기본적으로 공동체의 성원은 상호 다른 성원의 이익 혹은 권리를 침해해서는 안 된다는 기본원칙 위에 서 있다. 그러나 이 경우에도 법은 일차적으로는 상호 자율적으로 손해를 배상할 것을 예정하고 있다. 그러나 손해배상책임이 계약의 이행과 다른 점은 약속의 이행의 경우에 그 이행을 강제하는 것은 그 합의를 실현시키고자 하는 것이지만, 손해배상책임을 지배하는 원리는 합의에 근거한 것이 아니고 사회의 성원 간의 이익과 손해의 적절한 배분이라는 공법적 원리가 작용하는 점이다. 그러므로 손해배상책임의 경우는 공법관계인 성격이 강하다.

30) 법률의 실현을 위한 단계구조와 법률효력의 우선성에 단계구조와는 구별한다. 여기서 말하는 것은 법 실현의 단계구조에 관한 것이다.

의 주체를 통칭하여 사인[31]으로 부르기로 한다. 그리고 종래에 민법을 사법으로 분류하는 식으로 형식적 의미의 법률에 관해 분류하려는 기도를 포기한다. 그러므로 민법에도 사법관계와 사회법관계 및 행정법관계가 있을 수 있다. 그리고 2차 영역과 3차 영역에서의 법인격을 총칭하여 국민으로 부르기로 한다. 그러므로 2차 영역은 국민 상호 간의 관계이고, 3차 영역은 정부 등 국가기관과 국민 간의 관계 혹은 국가[32]와 국민 간의 관계가 된다. 국가는 공권력을 행사할 수 있는 법적 지위를 가진 주체이고 타방은 국가의 공권력을 요청하거나 국가의 공권력 발동을 수용해야 할 의무를 가진 국민이다.

법률관계의 목적별 분류

법률관계의 계층적 분류보다 그것을 포괄하는 것이 법의 목적이다. 그러므로 법률관계의 목적에 포괄되어 계층적 구조를 형성하고 있다고 할 수 있다. 예를 들어 민법은 어떤 목적을 가지며 그 민법 안에는 사법관계 및 공법관계를 계층적으로 수용하고 있는 것이다. 경제계획 혹은 경제발전을 목적으로 하는 법률관계에 관한 법은 경제법 혹은 경제관련 법이 될 것이고, 원만한 노동관계를 위한 법들은 노동관계법이 될 것이며, 상사관계를 신속하고 안전하게 하기 위한 목적을 가진 법은 상법이 되는 것과 같다. 일반적으로 개별법으로 되어 있는 형식적 의미의 법률은 이와 같은 목적을 가지고 있다. 목적을 명시하여 규정하는 경우가 대부분이나 목적을 명시하지 않는 법도 있다. 그러나 명시적인 목적 규정이 없다 하더라도 내재적으로 목적을 가지고 있는 것이다. 이러한 법의 목적들은 대등관계에 있는 것과 상하의 계층적인 것으로 구별된다. 그러므로 모든 법을 포괄하고 있는 헌법은 가장 상위의 목적을 갖는 것이다.

대등한 관계에 있는 법 간에 목적영역을 명확하게 설정하는 것은 불가능하므로 법 간의 충돌은 불가피한 것이라 할 수 있다. 노사분규는 경제관계법의 목적에 의한 것이 침투되기도 하고 사회의 질서유지관련 법도 침투되는 것과 같다. 같은 형식적 의미의 법 내에서도 규정 간의 충돌이 있을 수 있다. 각 규

31) 여기서 私人은 公人에 대하는 의미로, 공인은 단체의 성원으로서 단체와의 관계에서 단체의 규율을 받는 법적 지위를 말하고 사인은 일단 형성되는 자율적인 법률관계에서의 법적 지위를 말하는 것으로 이해한다.

32) 국가와 국민 간의 관계는 국가를 공법인으로서의 법인격을 말한다. 그러므로 사실상의 국가와는 구별한다.

정들도 각각의 목적을 가지고 있으므로 어떤 행위 혹은 사안에 관해 서로 침투된다.

예를 들어 살인죄의 목적은 인간의 생명을 보호하고자 하는 목적을 가진 것이고 상해죄는 인간의 신체상의 온전성을 보호하고자 하는 목적을 가진 것이므로 각 규정이 가지고 있는 목적 측면에서는 구별된다 할 수 있다. 그러나 어떤 사람이 어떤 사람을 총으로 쏘아서 다친 경우 그것이 살인 미수인지 상해죄인지 분간하기 어렵다. 그러므로 두 규정은 긴장관계가 발생하는 것이다. 사람을 죽일 생각으로 총을 쏜 것이냐 다만 다치게 할 목적으로 쏜 것이냐의 사실확인에 의해 살인죄를 적용할 것인가 혹은 상해죄를 적용할 것인가가 결정될 것이다. 이런 경우는 비교적 단순하다. 그러나 어떤 사안이 여러 규정에 해당하는 것도 있을 수 있다. 이런 경우는 결국 적용할 법의 선택문제가 될 것이다.

사회법관계

여기서 사회법관계라는 개념이 종래의 개념과 상당히 다를 수 있으므로 이에 관한 검토가 필요하다. 흔히 사회보장제도 혹은 노동관련 제도를 사회법관계로 보는 경향이 있다. 그러나 법은 "(사회성원 간에) 재화와 부담을 바르게 분배하고 대립된 이해관계를 올바르게 조절하며 가벌적可罰的 행위를 적절하게 처벌하는 것"을 목적으로 하는 것이라고 한다. 그러므로 모든 법률관계는 사회성원 간(국민과 국민 간)의 권리·의무관계라는 동질성을 갖는다. 법률관계를 굳이 재화와 부담을 바르게 분배하는 문제 혹은 사회적 약자를 보호하는 관계만을 사회법관계로 떼어내서 볼 이유는 없다.

국가는 본래적으로 특히 현대국가는 복지국가이다. 한정된 자원의 공정한 배분 및 협동을 통한 삶의 질을 향상시키고 협동결과의 소득을 공정하게 분배하는 목적을 필연적으로 내포한다. 이 경우 국가사회 성원 간의 상호 관계와 국가와 성원 간의 관계를 구별해 볼 수 있다. 국민 상호 간의 관계를 대등한 관계라는 의미에서 사회법관계로 국가와 국민 간의 관계를 공권력이 작용하는 상하관계라는 의미에서 행정법관계라고 한 것이다. 그러므로 복지는 성원 상호 간에 분배를 공정히 하는 것과 함께 성원의 노력으로 증대된 생산물을 필요한 경우 국가가 공권력을 행사하여 적절히 분배하는 것에 의해서 달성되는 것이다.

헌법전문에서 "자율과 조화를 바탕으로 자유민주주의적 기본질서를 더욱 확고히 하여 정치·경제·사회·문화의 모든 영역에 있어서 각인의 기회를 균등히 하고, 능력을 최고도로 발휘하게 하며, 자유와 권리에 따르는 책임과 의무를 완수하게 하여, 안으로는 국민생활의 균등한 향상"을 기한다고 밝히고 있는 헌법정신과 헌법의 각조가 국민에게 보장한 기본권을 상호 침해서는 안 되고, 노동법 관계에서 볼 수 있는 바와 같이 상호 대등한 입장에서 기회를 균등히 하는 관계가 사회법관계가 된다.

8. 근대법과 현대법

근대법은 개인책임주의를 원칙으로 하며, 국가는 개인의 권리를 보호하거나 침해를 구제하는 것을 목적으로 구성되어 있다고 할 수 있다. 각자가 자기의 이익을 추구하는 것을 사회발전의 원동력으로 삼았다. 그리고 개인 간의 이해관계의 충돌문제는 각자의 합리적 조정에 의하여 해결될 수 있다고 보았다. 국가가 개인 간의 이해관계를 조정하는 것이 오히려 사회의 발전을 저해한다고 생각하였다. 각자는 이익 혹은 부의 총량을 무한대로 하는 것이 목적이고 이 각자의 이익추구 열망에 의하여 사회의 부를 달성하려고 하는 사회구조이다. 각자가 자신의 이익을 최대로 하는 과정에서 다른 사람의 자유를 침해하는 문제는 합리적인 인간을 전제로 보이지 않는 손에 의하여 조정된다고 보았다.

그러나 이 사회구조는 필연적으로 다른 사람의 희생 위에 자신의 자유를 확장하는 부정의 상태가 나타난다. 또한 인간이 완전히 합리적이라는 것은 환상이다. 결국 인간의 도덕성, 자유의 의미 및 국가의 의미에 관한 반성이 나타나기 시작했다. 그러므로 국가는 인간의 천부적 자유가 위협받는 것을 방지하고 각자의 생활을 좀더 개선하기 위한 필요성 때문에 있는 것이며, 자유 자체를 위해 있는 것은 아니다. 그리고 인간은 항상 도덕적이지 않으므로, 즉 협동의 결과 얻은 사회의 부를 더욱 많이 차지하려는 욕망이 있으므로 그 부를 정의롭게 분배하는 것이 필요하다. 이것이 복지국가이다.

이와 같은 역사적 배경을 통해 개인책임주의를 바탕으로 하는 근대적 사법 및 행정법과는 달리 사회적 책임을 바탕으로 하는 사회법이 출현한 것이다. 자유를 바탕으로 하는 계약에서 협상력이 약한 자를 위해, 특히 산업사회에서 약자인 피고용자를 보호하기 위해 단체교섭 및 단체행동을 합법화하고, 개인의 재산에 관한 절대적 자유를 제한하여 사회적 책임을 부과하고, 국가의 총생산을 증대하여 각자의 몫을 키우기 위한 경제계획을 추진하는 것이다. 이런 목적을 가지고 있는 법을 통칭하여 사회법으로 분류하고 있다.

그러나 형식적 의미의 법률을 사회법 등으로 분류하는 것을 지양하여, 앞에서 말한 바와 같이 이러한 복지목적을 달성하기 위한 법률관계를 상호 간의 권리와 기회를 배분하고 상호 침해하지 않는 법률관계를 사회법관계라고 하고, 총생산을 효율적으로 증대시키고 증대된 총생산을 적절히 분배하는 법률관계를 행정법관계라고 부른 것이다.

9. 법의 형식적 효력과 실질적 효력

법의 효력에 관한 문제는 실정법의 해석 혹은 적용과 관련하여 실정법의 효력이 미치는 대상, 시간 혹은 장소에 관한 규범 논리적 문제와 실정법의 사실적 효력의 문제 및 실정법이 정의의 원칙에 위배되는 문제 등 법의 타당성에 관한 문제를 구별하여 보아야 한다. 전자의 문제를 법의 형식적 효력이라 하고, 후자의 문제를 법의 실질적 효력이라 한다. 그러나 후자의 경우에도 법이 자연적, 혹은 사실적 효력이 있느냐는 과학적인 실효성의 문제와 실정법의 효력을 인정할 것인가 하는 규범학적인 법의 타당성의 문제는 구별해서 보아야 한다.

법의 타당성 검토문제가 실정법체제 내에 구현되어 있는 경우 법의 타당성 문제는 실정법의 법의 구속력의 부인 혹은 실정법의 보충의 문제이므로, 즉 실정법의 테두리 내에서 작용하는 것이므로 형식적 효력의 문제로 볼 수 있을 것이다.

법의 효력문제는 정당성justification의 문제와 타당성feasibility의 문제가 있다. 정당성은 규범에 근거하고 타당성은 사실에 근거한다. 정당성문제는 법의 형식적 효력문제라고 할 수 있고, 타당성은 법의 실질적 효력문제라고 할 수 있다. 법의 효력문제를 정당성 문제로만 본 순수법학자들은 최상의 근거를 근본규범basic norms에서 찾는다. Kelsen은 근본규범을 실정법으로서의 헌법이 아니라 선험적인 것 혹은 가설과 같은 논리적 의미에서의 헌법이라고 한다. 그러나 근본규범을 선험적인 것이라 해도 타당성의 근거는 되지 못한다. 반면 Radbruch는 사실, "사실의 규범력"에서 법의 효력의 근거를 찾는다. 그러므로 법의 효력을 타당성문제로만 본 것이다. 양자는 법의 효력의 문제를 한쪽 측면에서만 본 것이라 할 수 있다. 기타 논자에 따라 법의 효력을 강자의 실력에서 찾는 이론, 사회에 널리 통용되는 신념에서 찾는 이론 등도 Radbruch와 같은 문제를 가지고 있다고 본다.

결국 법의 효력문제는 형식적 효력문제, 즉 정당성문제와 실질적 효력문제, 즉 타당성문제를 구별하고 양자를 통합하는 이론이 필요하다. 법은 형식적 효력과 실질적 효력이 2차원적으로 결합되어 있는 것이라고 보기 때문이다. 이런 관점에서 볼 때 법의 타당성문제를 법의 지배, 즉 법의 형식적 효력의 타당근거로 말하는 Rawls의 정의론이 양자의 모순을 해결하는 이론이 될 수 있다고 본다. 그러므로 Rawls는 실정법의 체제를 "규칙성으로서의 정의"라고 보는 것이다.

10. 법의 시간적 효력timelag of law

실정법의 형식적 효력으로서 시간적 효력에 관해서는 법의 효력발생 시기始期부터 종기終期 사이에 발생한 행위에 대해서만 효력이 미친다고 보는 견해와 법은 효력 발생시기 이전에 발생한 사안에 관해서도 효력이 미친다고 보는 견해가 있을 수 있다.

법의 적용을 받는 사람은 법을 알고 있어야 하고, 잘못된 것이라는 것을 알고 한 행위가 문제라는 관점에서 보면 전자의 견해가 옳다고 보며, 법은 사람의 행위를 판단하는 자에 대한 규범이고 그 규범에의 적합 여부가 법문제라고 보면 후자의 견해가 옳다. 전자의 입장을 취할 경우 판단자의 입장에서 현실적으로 행위자가 법을 알고 있었느냐를 확인하기 어려우며, 그것을 알더라도 법을 몰랐으면 법의 위반이 되지 않는다는 문제가 있다. 후자의 입장을 취할 경우 행위자의 입장에서 법이 안정되지 않는 문제가 있다. 법의 적용을 법의 적용을 받는 자와 그 법을 적용하는 자간의 변증과정으로 보는 Rawls의 입장에서 보면 전자의 견해가 옳다고 할 수 있다.

11. 구법과 신법의 시간적 효력

법의 시간적 효력에 관한 어느 입장을 취하더라도 법의 시간적 효력에 관한 문제는 법의 안정성과 정의justice라는 법의 이념이 조화되는 관계에서 정책적 선택의 문제가 된다. 이 경우 행위자의 이익과 사회 전체의 이익과의 관계에서 정해질 것이다. 행위자의 이익을 앞세우는 경우는, 구법시대에 발생한 사안이 현행법 효력기간에 발견되었고 구법이 현행법보다 행위자에게 유리한 경우는 구법에 의하고, 현행법이 유리한 경우는 현행법에 의하는 정책을 취하게 될 것이다.

이 경우 논리적 구성에는 두 가지 방법이 있을 수 있다.

하나는 신법, 즉 현행법의 遡及效를 원칙적으로 인정하고, 구법이 행위자에게 유리한 경우는 구법, 즉 행위시법의 追及效를 인정하는 것이고, 다른 하나는 원칙적으로 행위시 법의 추급효를 인정하고, 신법이 행위자에게 유리한 경우는 신법의 소급효를 인정하는 것이다. 그러나 논리적 구조는 다르지만 결과적으로는 같다.

우리나라 헌법 제13조 1항은 "모든 국민은 행위시의 법률에 의하여 범죄를 구성하지 아니하는 행위로 소추되지 아니하며, 동일한 범죄에 대하여 거듭 처벌받지 아니한다"라고 규정하고 있고, 제2항에서는 "모든 국민은 소급입법에 의하여 참정권의 제한을 받거나 재산권을 박탈당하지 않는다"라고 규정하고 있다. 범죄자의 처벌, 참정권의 제한 및 재산권에 관해 신법의 遡及效를 금지하고 있는 것이다. 반대로 해석하면 구법, 즉 행위시법의 追及效를 인정하고 있는 것이다. 한편 형법 제1조 1항은 "범죄의 성립과 처벌은 행위시의 법률에 의한다"하여 헌법 제13조의 규정을 확인하고 있고, 제2항은 "범죄 후의 법률의 변경에 의하여 그 행위가 범죄를 구성하지 아니하거나 형이 구법보다 경한 때에는 신법에 의한다"라고 하여 예외규정을 두고 있다.

형법 제1조 2항이 헌법 제13조 1항에 저촉되는 규정인가의 문제가 있을 수 있다. 그러나 헌법 제13조 1항은 범죄자의 처벌과 관련하여 부당한 인권침해 가능성을 배제하기 위한 목적을 가진 것이므로 행위자에게 유리한 경우에는 신법의 소급효를 인정하는 것은 위헌이 아니라고 본 것이다.

한편 헌법은 범죄자의 처벌 및 참정권의 제한 및 재산권에 관한 사항 이외의 기타의 사안에 관해서는 법의 시간적 효력에 관한 규정을 두고 있지 않다. 이것을 어떻게 해석해야 하는가의 문제가 있게 된다. 법은 헌법에 근거하므로 명시적으로 규정하고 있지 않더라도 해석으로라도 정하여야 한다. 기타의 사안에 관한 법의 시간적 효력에 관해서는 여러 가지 생각을 해 볼 수 있다.

첫째 생각은 헌법 제13조 1항이 범죄자의 처벌에 관해 신법의 소급을 원칙적으로 금지하고 있는 것은 모든 사안에 관해 그것이 재판시의 법이 제정되기 이전에 발생한 사안이라도 법의 성질상 재판시의 법에 의하는 것이 기본원칙이므로, 헌법 제13조 1항은 인권침해의 소지가 많은 형사처벌에 관해서 특별히 행위시의 법을 적용하도록 한다는 원칙을 규정한 것으로 법의 시간적 효력에 관한 근본원칙의 예외원칙이라고 생각하는 것이다. 그러므로 기타 사안에 관해서는 재판시의 현행법(적용시법이라고도 할 수 있다)이 적용되는 것이라고 생각하는 것이다.

둘째는 헌법 제13조가 범죄행위에 대해 특별히 행위시법주의를 제한적 의미에서 규정한 것이 아니고 모든 법률적용에 관해 헌법이 행위시법주의를 취하고 있는 것으로 보는 것이다.

셋째는 범죄행위와 참정권행사에 관해서만 규정하고 있으므로 기타 사안에 관해서는 법률의 규정에 맡기고 있는 것이라고 생각하는 것이다. 한편 형법을 제외한 거의 모든 법은 행위시법과 재판시법의 시간적 효력에 관한 규정을 두고 있지 않다.

그러므로 세 번째 생각은 적절하지 않은 것 같다. 법률은 헌법에 근거를 가지고 있어야 한다는 관점[33]에서 법률의 시간적 효력에 관한 것과 같은 근본적인 문제를 명시적 규정이 없이 법률의 재량에 맡기는 것은 정당성이 없다.

결국 첫째 생각과 둘째 생각 중 어느 생각 중 어느 생각이 헌법정신에 비추어 정당한 것인가의 문제가 된다. 일단 법은 행위에 관한 규범이다. 그리고 그 규범에 따라 행위하도록 하고 있는 것이다. 법의 본질상 행위시법이 적용되는 것이라 할 수 있다. 그러므로 둘째의 생각이 유력하다. 이것은 법은 행위법[34]이라는 관점과 법의 안정성 이념에서도 적합하다.[35] 그러나 신법이 유리할

33) 서독 기본법 제20조 3항은 입법은 헌법의 수권에 근거하여 허용되며 헌법에 규정된 절차에 따라 행하지 않으면 안 된다는 규정을 하고 있다.

34) 형법에서 행위자 법이냐 혹은 행위법이냐 하는 논란이 있다. 행위자법이라고 하는 사람들은

경우에 그것을 적용하는 것을 배척하지는 않을 것이다. 남을 해하지 않고 공동체의 질서를 해하지 않는 이상 공동체 성원의 이익을 최대한 보장해 주는 것이 공동체의 정의 관념에 적합하기 때문이다. 공동체의 질서를 해하지 않아야 한다는 관점에서는 국가의 행위의 예견가능성을 높여야 한다. 그러므로 불가피한 경우를 제외하고 중요한 사항에 관해서는 불명료한 해석에 의존케 하기보다는 명시적 규정을 두는 것이 바람직하다고 할 수 있다.

행위시법주의의 의미

한편 행위시법주의가 반드시 형식적 의미의 법에 의해야 한다는 것을 의미하지는 않을 것이다. 행위시에 취득한 권리를 신법에 의해 해하지 말아야 한다는 기득권의 보호로 이해해야 한다. 그러므로 신법에 의하여 그 권리를 신법의 형태로 변용하여 신법상의 권리로 인정하는 것은 행위시법주의에 반하는 것은 아닐 것이다.

범죄행위는 그 행위자의 반사회적 성격의 徵表로서의 의미를 갖는다고 한다. 반면 행위법이라고 하는 사람은 범죄행위자체가 반사회적 가치를 가지는 것이라고 한다. 행위법이라고 하는 사람들은 인간은 본래 자유로운 존재이므로 자유의지를 가지며 자신의 행위의 의미를 알고 있어야 한다. 그러므로 자기의 행위가 반사회적인 것을 알고도 한 행위이므로 책임을 지는 것이라 하는 것이다. 반면 행위자 형법이라고 하는 사람들은 인간은 자유로운 존재가 아니고 성격의 지배를 받으므로 자유의지가 없다고 한다. 그러므로 행위, 즉 범죄는 반사회적인 성격의 징표인 의미밖에 없다고 한다. 한편 인격책임을 말하는 사람들이 있다. 이 사람들은 범죄행위를 인격의 징표로 보는 것이다. 그러므로 행위는 자유의지에 의한 것이 아니나, 인격형성에서 자유로우므로 인격형성에 관한 책임을 지는 것으로 보는 것이다. 법은 범죄행위와 같이 사실에 의하여 법률효과를 발생시키기도 하지만 계약과 같이 자유의사의 합의에 법률효과를 부여하는 법률관계도 있다. 후자의 경우는 자유의사를 전제로 하는 것이 분명하다. 이 계약에 의한 법률관계에서도 계약위반행위와 같은 사실에 의해 법률효과가 발생한다. 이 경우 계약위반을 하였기 때문에 책임을 지우는 것이다. 그러므로 자유의사를 전제로 하는 것이다. 마찬가지로 범죄행위의 경우도 계약과 같은 명시적 합의는 없으나 공동체의 성원은 상호 다른 사람의 신체 등 권리를 침해하여서는 안 된다는 약속이 있고 그 약속을 위반한 것으로 볼 수 있다. 소위 사회계약을 위반한 것을 근거로 책임을 부여하는 것이다. 즉 자유의사를 전제로 하는 것이다. 따라서 모든 법은 행위법인 것이 분명하다 하겠다.

35) 법적 안정성은 법치국가의 원리이고 국가 및 사인의 행위에 대한 예측가능하고 확실한 기준을 정립하는 것을 목표로 한다. 그러나 法槪念의 어쩔 수 없는 불명료성과 행정재량의 불가피성으로 인하여 이러한 노력에는 한계가 있다. 그렇기 때문에 법은 개개의 사정을 고려하여 구체적인 결정을 내릴 수 있는 권한은 행정청에 위임하고 있다. 김형배 역, 법학입문, p.137 참조.

12. 일사부재리一事不再理원칙

이 원칙은 법의 시간효력에 관한 문제가 아니라 구법시대에 발생한 사안이든 현행법 시대에 발생한 사안이든 법이 이미 적용된 동일한 사안에 관해서 법은 다시 적용되지 않는다는 것이다. 이는 법적 안정성에서 나온 것이다. 헌법은 제13조 1항에서 범죄행위에 관해 이 원칙을 규정하고 있으므로 범죄행위가 아닌 경우는 어떻게 하는가가 문제된다.

예를 들어 손해배상에 관해서는 구법에 의해 이미 재결되거나 기타 법률관계가 형성된 사안을 신법에 의해 재심할 수 있는가의 문제이다. 이것 역시 기득권의 보호관점에서 신법에 의한 재심은 허용되지 않는다고 보아야 할 것이다.

13. 한시법zeitgesetz

한시법은 법의 효력시기始期와 종기가 정하여진 법을 말한다. 형법의 경우 형법 제1조 1항은 "범죄의 성립과 처벌은 행위시의 법률에 의한다"하고, 2항은 "범죄 후의 법률의 변경에 의하여 그 행위가 범죄를 구성하지 아니하거나 형이 구법보다 경한 때에는 신법에 의한다"라고 규정하고 있는데, 한시법의 경우 법의 효력이 끝나는 시기를 정하고 있으므로 한시법의 효력기간 중에 발생한 범죄에 관해 그 한시법이 재판시법보다 행위자에게 유리한 경우 추급하여 적용될 수 있는가의 문제이다.

다시 말하면 형법 제1조 1항 및 2항과 관련하여 한시법의 경우도 해당하는 것인가의 문제이다. 불가하다는 사람들은 한시법의 경우는 종기에 의해 그 법의 효력은 완전히 소멸하므로 그 법의 추급효를 인정할 수 없다는 것이다. 이에 관해서는 독일형법의 경우는 그 한시법이 효력을 상실한 경우에도 追及效를 인정한다는 특별한 규정을 두고 있으나 그러나 우리나라 형법의 경우는 이런 규정을 두고 있지 않고 있으므로 해석상의 문제가 되고 있다. 한시법이 효력을 완전히 상실하는 것으로 해석하는 경우, 그 법이 종기에 이를수록 그 법이 실제로 적용될 수 없는 점을 노려 한시법의 효력 기간 내에 범죄가 증가하게 되는 반면 그것을 처벌할 수 없는 문제가 있을 수 있다. 그러므로 추급효를 인정하여야 한다는 견해가 유력하다.

14. 경 과 법

구법을 개정한 경우 시행상의 문제점을 해결하기 위해 구법시대에 발생한 사안에 관해서 정하는 법을 경과법이라 한다. 보통 개정법의 부칙附則으로 규정한다. 행위시법주의에 의하면 당연히 신법의 소급효가 인정되지 않으므로 경과법을 규정할 필요가 없을 것이다. 그러나 행위시법주의는 형식적 의미의 행위시법을 적용한다는 의미가 아니고 구법시대에 형성된 권리·의무 혹은 완료된 행위 등에 관해 신법에서의 수용 혹은 변용[36)]에 관해 정하지 않으면 혼란을 초래할 것이다. 그러므로 경과법의 문제는 소급효 혹은 추급효와 같은 법의 시간적 효력에 관한 문제는 아니다.

예를 들어 구법에 의하여 취득한 어떤 권리를 신법에 의하여 새로 설정된 어떤 권리에 해당하는 것으로 본다든가, 구법시대에 행한 어떤 행위를 신법에 의해 새로 설정된 어떤 행위를 한 것으로 본다는 것과 같다. 구법시대의 사항을 신법으로 수용하기 위해서는 규율을 받을 자들에게 미리 고지하여 준비를 시키거나 수용하는 절차 등이 필요할 것이다. 따라서 경과법은 법의 공포일보다 상당기간이 경과한 후에 시행시기를 정하는 것이 일반적이다.

15. 법의 장소적 효력

이에 관해서는 법의 적용을 받는 사람의 국적 여하를 불문하고 자국영토 안에서 발생한 사안에 대해서 효력이 미치는 것으로 하는 속지주의, 행위지역을 불문하고 자국국민에게 효력이 미치는 것으로 하는 속인주의, 행위지 및 자국민 여하를 불문하고 자국의 법이 보호하고자 하는 자국 혹은 자국민의 법익을 침해하는 행위에 대해 효력이 미치는 것으로 하는 보호주의 및 일체의 반인류적

36) 변용은 구법시대에 형성된 권리 등을 신법에 의한 권리 등의 형태로 바꾸어 수용하는 것을 말한다. 그러나 그것이 기득권의 내용을 바꾸는 것은 행위법주의에 반하는 것이 될 것이다.

행위에 대해 적용할 수 있는 것으로 하는 세계주의가 있다.

우리나라는 속지주의를 원칙으로 하여 속인주의, 보호주의를 가미하고 있다. 어느 경우 어떤 원칙을 적용할 것인가의 문제는 법에 특별한 규정이 없는 이상 해석으로 해결하여야 할 것이다. 한편 국제법상 우리나라의 주권이 미치지 않는 사안에 관해서는 국가 간의 분쟁문제가 생길 수 있다. 결국 국가 간의 협정으로 해결하는 수밖에 없다.

16. 법의 인적 효력

법은 사람이 가지는 어떤 신분[37]에 따라 권리·의무를 부과한다. 공무원에 관한 법, 근로자에 관한 법, 교원에 관한 법, 군인에 관한 법 등이 공무원, 근로자, 교원 등에 적용되는 것과 같다. 국민[38], 개인, 법인 등도 법에서 정한 일정한 역할에 따른 신분이다. 私人, 公人[39]도 어떤 법률관계에서 갖게 되는 신분이라 할 수 있다. 입헌민주주의 국가에서 이러한 신분은 세습되거나 특권화되지

37) 身分은 출신 등 세습적 지위 혹은 현실사회에 형성된 계층에 속하는 사람들에게 부착되는 자연적으로 형성된 개념인 신분의 의미가 아니다. 여기서는 법적 의미로 어떤 자연인에게 부착되는 법적 地位position의 의미이다. 그러므로 法人格legal personality을 의미한다. 나는 학생의 신분을 가지고 있다고 말할 때 "학생"이 여기서 말하는 신분이다. 이 학생이라는 신분에 따라 여러 가지 법적 권리·의무가 나타나게 된다. 여기서 법인격에서의 인격personality은 심리학에서 말하는 인간의 個性을 말하는 것이 아니고 법에서 부여한 역할role에 따라 기대되는 자연과 사회에 관한 지식을 갖추고 사고능력, 판단능력 및 행위능력을 가진 덕성스러운 법적 인격을 말하는 것이다.

38) 국민에는 두 가지 의미가 있다. 하나는 헌법 전문에 나타나는 국민이고, 다른 하나는 헌법 총칙 이하에 나타나는 국민이다. 전자는 문화공동체 혹은 민족공동체의 성원으로서 헌법을 개정하고 개정하는 단체로서의 국가 이전의 국민이고, 후자는 단체로서의 국가, 즉 대한민국의 성원으로서의 국민이다.

39) 公人은 단체의 성원으로서 그 단체적 약속을 하고 그 약속을 지키고 그 약속에 의하여 규율받는 지위를 가진 신분을 가리킨다. 여기서 단체는 국가뿐만 아니라 회사와 같은 민간단체를 포함한다. 그러므로 국가라는 단체에서만 공인의 지위가 인식되는 것이 아니고 회사와 같은 민간단체에서도 공인의 지위는 인식된다. 공인은 단체를 구성하여 정한 단체의 조직원리에 따르는 단체성의 회사에 관한 지위를 말한다. 반면 私人은 예를 들어 부서단위로 목표를 설정하여 그 목적을 달성하기 위한 자율적 규약을 정하고 각자의 임무를 정하도록 하는 것을 회사가 허용하는 경우 그 관계에서의 사원의 지위는 회사의 입장에서 볼 때 사인의 지위를 갖는다. 그러므로 공인과 사인은 어떤 단체의 법률관계의 계층구조와 관련된 지위이다. 그러므로 회사가 예정하고 있지 않은 관계, 예를 들어 예를 들어 사원 간에 돈을 빌려주고 빌리는 관계에서 생기는 지위는 여기서 말하는 사인과 구별하여야 한다. 그 관계는 사원 간의 관계가 아니고 個人 간의 관계이다. 회사라는 단체의 법률관계에서는 떠나 있는 것이다. 오히려 금전에 관한 계약관계로서 국가라는 단체에서의 사적 관계가 된다.

않는다. 사회성원의 인간으로서의 존엄과 자유를 바탕으로 사회적 협동을 효율적으로 하여 생산물을 증대시켜 협동의 결과에 관한 분배량을 많게 하거나 공정하게 하기 위한 역할에 따른 지위position 나아가서 직책과 직위를 배분하는 것에서 나타나는 것이다.

대통령의 재임 중 형사소추권의 제한, 국회의원의 회기 중 불체포 특권 및 발언내용에 관해서 국회의 자율권에 의한 것 등은 특권적인 것은 아니며 그 직책과 직위의 역학과 관련한 합당한 권한을 배분한 것이라고 보아야 한다.

17. 외 국 인

외국인은 우리나라 국민이 아니다. 다만 속지주의, 보호주의의 원칙에서 우리나라 법의 적용을 받는 지위에 있게 된다. 원칙적으로 외국인에 관해서는 토지의 소유 등은 금지하고 특별법에 의하여 허가하는 방식으로 하나, 최근에는 WTO협정과 같은 다자간 협정에 가입함으로써 외국인의 국내의 토지소유, 투자, 면허, 혹은 국경을 넘어선 거래 및 시장접근 등 영업활동에 관해 상호주의에 입각하여 국경의 개념이 희박해져 가고 있다. 국제규범이 국내법화하고 있다. 심지어 정부조달과 관련한 다자간 협정은 입찰 등 그 절차나 방법에 있어서 국제규범에 따라 국내법이 정비되고 있다.

18. 법계法系

법은 어떤 지역사회 혹은 민족의 문화와 깊은 관련을 가지므로 문화권 혹은 나라에 따라 법원리가 다른 특징을 갖는다. 한편 후발 사회는 선진사회의 법을 계수繼受하는 현상이 나타나므로 광범한 범 위에서 동질성을 갖는 법계를 형성하게 되었다. 현대사회에서 가장 광범한 법계로 말해지고 있는 것은 독일법계라고 말하는 로마·게르만 법계와 영미 법계(보통법common law계라고 한다)를 말하나, 현대에 와서 새로이 나타난 사회주의 법계를 기존의 두 법계와 구별하기도 한다. 사회주의 법계는 로마·게르만 법계를 중심으로 발달한 근대법의 소유권 절대원칙, 사법자치의 원칙, 과실책임주의 등 자유시민 사회 혹은 근대 산업사회를 기초로 발달한 근대사법近代私法의 기본원리를 부정하는 법계이므로 별도로 구별하는 것이다.

19. 로마·게르만 법계

로마법을 기초로 발달한 법계를 말한다. 주로 법학자에 의하여 형성된 법체계이고 로마의 시민법 및 만민법과 같이 시민간의 관계를 규율하기 위한 私法 중심으로 발달한 법문화이다. 우리나라가 전수한 법은 이 로마법을 기초로 게르만 관습이 많이 포함된 독일법이다. 이 법계의 특징으로는 성문법주의, 법의 추상성, 법치주의, 법률가의 권위 등을 든다. 그러므로 성문법을 제정하는 정치권력이 근간을 이루게 되며 행정국가의 형태를 취하게 된다.

20. 영·미 법계

개인들 간의 분쟁을 국가가 해결하는 판례를 중심으로 발달한 것이다. 그러므로 공법적인 성격을 가지고 있다고 말한다. 판결선례를 존중하는 것에 의해 법이 형성되는 불문법인 것이 특징이다. 물론 이 판례법이 정의에 부합하지 않을 경우 제정법legislative law를 통해 판례법의 효력을 부정하는 것은 가능하다. 또한 국가를 운영하는 데 필요한 법은 제정법으로 되어 있는 것이다. 결국 영미법계의 특징은 선례존중의 원칙에 의한 판례의 구속력이라고 할 수 있다. 로마·게르만 법계와는 달리 배심원제와 같이 사실의 발견을 위한 절차를 중시하며, 관습을 중시하는 데 있다. 따라서 영미 법계는 법치주의보다는 사실로부터 발견되는 정의를 중시하는 것이다. 영·미 법계에 속하는 미국의 경우 정치권력의 상위에 정의를 발견하는 최후의 보루로 사법권의 권위를 인정하여 사법국가의 형태를 취하고 있으며 개방적인 법체계라 할 수 있다.

반면 로마·게르만 법계의 특징인 성문법주의는 폐쇄적인 법체제라고 할 수 있다. 따라서 성문법주의의 국가에서는 법이 타당성을 잃을 경우 그것을 해결하는 것은 법을 개선하는 수밖에 없으므로 정치적적인 소요가 많고 급진적인 사회가 되는 것이다.

21. 법률관계

사회가 운영되기 위해서는 사회를 운영하는 자가 있어야 하고 사회구성원에게 미리 사회규범인 법을 정하여 알리고 그것에 따르도록 한다. 사회의 성원은 이 법에 의해 자신들의 자유의사에 따라 법률관계를 형성하기도 하지만 경우에 따라 어떤 사실이 발생하면 그 사실에 의해 법률효과가 발생하기도 한다. 이 법률효과에 의하여 구체적으로 당사자 간에 권리·의무관계가 발생한다. 물론 이 구체적 법률관계는 당초부터 법률이 예정하고 있는 것이다. 그러므로 법률상에 내재되어 있는 법률관계를 생각할 수 있다. 이 추상적인 법률관계를 법률상의 법률관계라 하겠다. 이 법률상의 법률관계에서 법인격을 가진 자가 그 법률관계가 정한 형식과 내용 및 절차에 의해 구체적 개인 혹은 법인이 의사표시 혹은 행위(사실행위)를 함으로써 구체적인 사람에 관한 권리·의무관계가 생기는 것이다. 이 구체적인 권리·의무관계를 구체적 법률관계라 하겠다. 그러나 이 구체적 법률관계도 아직 추상성을 가지고 있다. 그 법률관계에 따른 이행상의 문제가 남아 있기 때문이다. 이 경우 당사자 간에 생긴 법률관계를 자율적으로 이행되는 것을 예정하고 있는 경우와 자율적 이행이 예정되어 있지 않은 경우로 나뉜다.

계약에 의하여 발생하는 법률관계가 전자의 예이고, 범죄행위에 의하여 발생하는 국가로부터 형사처벌을 받아야 하는 책임이 발생하는 법률관계가 후자의 경우이다. 그러나 이 구체적 법률관계도 아직은 잠재적인 법률관계이다. 법률관계의 이행문제가 있기 때문이다. 전자의 경우는 당사자 간에 자율적인 이행이 원만하지 않을 경우 다음 단계로 그 이행을 위해 국가 공권력의 개입을 요청할 수 있고 이 경우 국가와 불이행자 간에 법률관계, 즉 공권력 관계라는 새로운 법률관계가 형성된다. 물론 이 새로운 법률관계도 법률상의 법률관계가 예정하고 있는 것이다. 한편 후자의 경우(범죄행위로 인한 법률관계)는 자율적인 이행영역을 설정하지 않고 바로 국가와 불이행자 간에 공권력관계가 형성된다.

그러므로 후자의 경우는 한 단계가 생략되어 있다고 할 수 있다. 그러므로 흔히 전자의 경우와 같은 법률관계를 私法關係라 하고 후자와 같은 법률관계를 公法關係라고 한다. 법률관계의 이행을 일단 자율에 맡기고 있기 때문일 것이다(공법과 사법의 새로운 인식에 관해서는 전술하였다).

이와 같이 법률관계는 법률상에 추상적인 형태로 내재되어 있는 법률관계로부터 시작하여 단계별로 구체화 혹은 새로운 법률관계가 형성되면서 이행되고 소멸하는 일생life-cycle을 갖고 있다. 여기서 법률상의 법률관계를 제외하면 구체적인 법률관계는 3단계의 법률관계를 갖는다고 할 수 있다. 우리는 3단계의 구체적인 법률관계를 통칭하여 법률관계라고 한다.

이상과 같은 법률관계를 형성하지 않는 것은 법이 예정하지 않는 자율적인 영역이다. 그러나 그 자율도 법이 자율에 맡기는 것을 예정하고 있는 것이라고 할 수 있다. 그러나 국가의 규율이 점점 확대되고 있다. 현대국가가 규율 혹은 간여를 확대하는 것은 현대사회에서 국가의 목적이 다양해지고 재화의 생산활동이 활발해지면서 예측가능성이 떨어지는 것에 기인한다고 관측할 수 있다. 법은 여러 가지 생활관계에서 각자의 권리와 의무를 배분하게 되며 그것은 상호간의 법률관계로 나타난다. 법률관계에 관해서는 다음 장에서 좀더 자세히 논의할 것이다.

22. 권리right

권리의 본질

권리는 의사will, 이익interest, 지배governing의 관념이 포함되어 있다. 그러므로 권리의 본질에 관해서 의사의 힘이라고 보는 의사설意思說willenstheorie, 이익이라고 보는 이익설利益說inteessentheorie, 법의 힘이라고 보는 법력설法力說rechtliche machttheorie로 나누어져 각각 주장한다. 그러나 이 세 가지 요소가 합체되어 있다고 본다. 권리는 의사가 없으면 소용이 없다. 그러므로 의사가 핵심적인 것이 사실이다. 그리고 이익을 얻고자 하는 것도 사실이다. 그러나 어떤 이익을 얻기 위해 어떤 물건 등을 지배하고자 하는 의사이므로 힘이 필요하다. 그러므로 법의 강제력에 의해 보장되는 것이라고 보는 법력설을 말한다. 그러나 법력설은 의사설과 이익설을 포용하고 있어서 보다 진전된 주장이라고 할 수 있으나 권리의 보장을 법의 강제력으로 한정한 것에 문제가 있다. 이익의 보장은 반드시 강제력에 의해서만 보장되는 것이 아니기 때문이다. 자연상태에서도 상호 간의 인정 혹은 공감대 위에서 지배력이 작용할 수 있다. 그러므로 이런 자연상태의 권리를 자연권이라 한다. 입헌민주주의는 이 자연권을 천부의 권리로 인장하여 법은 이 권리를 보호하고 신장시키는 것을 목적으로 하는 것으로 인식하는 것이다.

한편 우리가 사용하는 권리라는 말을 한자어 그대로 해석하면 권權자는 저울 추錘의 의미를 가지므로 권리는 이익을 저울질하는 의미를 가지고 있다 할 수 있다. 그러므로 상호 간 균형된 이익을 자기의 이익으로 생각하는 것이다. 그러나 동양에서의 권리는 국가 혹은 지배자의 권리, 즉 통치권에 관한 것이다. 우리가 사용하는 권리라는 말은 서양의 말을 번역한 것이다. 영어에서는 right라고 한다. 이 right라는 말은 동양적 관념과 유사하다. 하여튼 권리는 국가생활 혹은 자연 상태의 생활에서 이익에 관한 의사 및 지배력이고, 그것은 옳은 것이어야 하고, 선한 것이어야 하며, 정의로운 것이어야 하며, 상호 간에 적절히 배분되어야 하는 것임은 분명하다.

한편 권리를 절대권으로 규정하는 경우가 있다. 근대법의 소유권절대의 원칙과 같다. 그러나 이것은 지적 혼란에서 나온 것이라 할 수 있다. 권리는 본질적으로 어떤 객체의 이용에 관한 사회성원 간의 공감 혹은 법의 인정에서 나온 것이다. 다시 말하면 권리는 개인의 의사에서 나온 것이 아니고 공동체의 공감 혹은 법의 인정에서 나온 것이다. 그러므로 법력설이 유력한 것이다. 의사와 이익은 그 공동체의 공감적 인정 혹은 법의 명시적 인정을 통해 어떤 객체에 관한 이용 혹은 이용방법에 관한 것이다. 개인의 자유의사에서 나온 것이 아니다. 결국 권리는 사람과 사람 간의 관계, 즉 의무와 결부되어 있는 것이다.

권리의 속성

권리는 기본적으로 일정범위에서의 배타적 지배권의 설정인 성격을 갖는다. 법은 이 배타적 지배권을 여러 가지 형태로 규정하고 있다. 권리의 객체의 종류에 따라 인격에 관한 권리, 신분에 관한 권리, 재산에 관한 권리로 분류하고, 권리의 작용형태에 따라 형성권, 청구권, 지배권 등으로 분류한다. 그리고 보장되는 형태에 따라 물건 등 권리의 객체에 부착되는 권리, 행위에 부착되는 권리 및 신분에 부착되는 권리로 규정한다.

23. 의무duty

자연적 의미에서의 의무는 자아의 만족을 위해서 마땅히 하여야 할 일, 즉 행위를 의미한다. 그러므로 자신의 이익을 위하여 하여야 하는 것이던 사회를 위하여 하여야 하는 것이던 의무인 것은 마찬가지다. 그러나 의무는 다른 사람에 대해 마땅히 하여야 할 행위라는 의미를 가지고 있다고 보아야 한다. 자신에 대한 의무도 있을 수 있으나 우리는 사회에서의 의무를 말하고 있기 때문이다. 권리와 마찬가지로 법적인 의무만 있는 것이 아니고 자연 상태의 의무, 즉 도덕적 의무도 있다. 법적 의무는 법의 명령에 따라야 하는 의무를 말하고 자연적 의무는 스스로 어떤 의무감에서 나오는 의무이다. 법은 이 자연적 의무, 혹은 공동체적 의무를 기초로 한다. 법이 남을 해한 자를 범죄행위로 보고 처벌하는 것은 남을 해쳐서는 안 된다는 공동체적 의무에 기초하고 있는 것이다. 남을 해하여서는 안 된다는 법은 법이 비로소 설정한 것이 아니고 공동체를 전제로 설정하는 것이다.

의무에 관해서는 두 가지 관점을 가질 수 있다. 하나는 자기의 이익을 위해 남이 지는 것이라는 관점과 남의 이익을 위해 자신이 지는 관점이다. 그러나 남을 위하는 것이 자기를 위하는 것이고 자기를 위하는 것이 남을 위하는 것이 되는 상호적인 것이다. 공동체에서의 이익은 자기의 이익과 남의 이익을 구별할 이유는 없다. 그러므로 자기의 이익추구는 절대적인 것이 아니고 반드시 남을 해치지 않도록 행사되어야 하는 한계가 있는 것이다. 그러므로 권리와 의무는 상대적인 의미를 가지고 있다. 권리는 실제적으로는 그 이익을 가져다주는 물건을 지배하는 형태로 나타난다. 다시 말하면 그 이익을 가져다주는 객체의 이용을 남으로부터 방해받는 것을 배타적으로 방지하는 형태로 나타난다. 그러므로 "내 것"이라는 관념이 생기는 것이다. 그러나 그 객체를 이용하는 데 있어서도 법이 인정하는 범위를 일탈하여 이용할 권리가 주어지는 것은 아니다. 그 이용권을 보장하는 것이 공동체가 법공동체를 형성한 목적과 부합하므로 인정되는 것이며 그 권리의 행사도 남을 해치는 방식으로 행사해서는 안 되는 의무가 있게 되는 것이다. 권리는 항상 의무와 대응되는 것이다. 혹자는 법인의 등기의무 같은 의무는 권리와 대응하는 것은 아니라고 하나 그 의무도 국가의 질서 유지 즉 권리를 명확히 명시함으로써 오는 국가적 이익을 도모하기 위한 것이다. 그 국가적 이익은 나와는 관계없는 국가의 이익이 아니고 그 구성원인 나의 이익이다.

24. 권리와 의무의 주체

앞에서 말한 바와 같이 권리·의무는 어떤 객체에 관한 사람과 사람간의 관계, 즉 법률관계에서 나오는 것이다. 그러므로 권리·의무가 귀속하는 주체간의 관계가 법률관계이다. 그러므로 어떤 법률상의 법률관계를 기초로 법률관계를 형성할 수 있고, 그 법률관계에서 발생하는 권리·의무가 귀속하고 그것을 행사하는 권능을 갖는 것이다. 그리고 앞에서 말한 바와 같이 신분 혹은 법인격의 속성을 갖는다.

주체에 관한 속성으로 가장 기본적인 것인 인간 혹은 자연인human이다. 이 기본적인 자연인에 여러 가지 법인격legal personality이 부착되어 있는 것으로 인식하여야 한다.[40] 자연인인 "나"는 학생이기도 하고 가족의 일원이기도 하며, 국민이기도 하는 것과 같다. 이 국민, 학생 혹은 가족이 법인격인 것이다. 자연인은 법인격이 아니라 법의 본제 혹은 법의 근원적 존재로 파악된다. 여기에 법인격이 부착되고, 법은 외부에 존재하는 것이 아니고 자연인에 편재[41]하는 것

40) Rawls는 법이 기초하고 있는 원초적 입장의 공동체를 자연상태의 공동체라고 한다. 이 공동체의 성원은 본래적 상태의 인간과는 구별된다. 이 상태의 인간은 아직은 공동체의 구체적인 사항에 대해서는 모르는 무지의 베일veil of ignorance을 통해 세상을 본다. 그러나 문화적 혹은 인간적 인식을 같이 하는 평등한 공동체의 성원인 지위를 가지고 있다. 우리나라 헌법전문에 있는 "대한국민"과 같다. 그러므로 이 공동체의 성원은 본래의 평등한 인간에 기초하고 있다. 가장 근원적인 천부의 인간이다. 그러므로 헌법이 천부적 인권을 규정하는 것이다. 그러나 본래적 인간 혹은 주어진 자연을 기초로 하지만 모든 권리와 의무의 발생은 공동체의 성원이 갖는 공감에서부터 출발한다. 그러므로 대한국민이 문화공동체 혹은 민족공동체로서의 공감으로부터 출발한다. 이 공동체가 헌법을 제정함으로써 헌법공동체의 성원인 지위, 즉 헌법적 법인격을 가지며, 그 헌법에 의하여 국가를 구성함으로써 그 국가 제정하는 법률에 의하여 가장 기본적으로 국민의 지위를 가지며, 그 국민의 지위에서 기타 법률이 예정하고 있는 각종 법률관계의 주체인 지위, 즉 법인격을 갖는 것이다.

41) 법은 공동체 성원의 마음 속에 편재ubiquitous하는 것으로 봄으로서 공동체 성원의 정의관과

이기 때문이다.

25. 자연인과 법인法人

그러므로 자연인은 법 혹은 법률관계에서 나타나는 법인격이라 할 수 없다. 오히려 법인격이 부착되는 本體的인 의미를 갖는다. 가장 기본적인 법인격은 개인individual person이다. 기타의 법인격은 이 개인에 부착된 것이라고 할 수 있다. 한편 법은 法人을 개인과 동등한 위치에 있는 법인격으로 구성하고 있다.[42)]

법인은 여러 사람이 모인 조직 혹은 단체에 부착된 법인격이다. 개인의 의사라고 하는 것과 같이 법인의 의사라는 개념을 만든다. 이 법인이 개인과 마찬가지로 권리·의무의 주체라고 하는 것이다. 개인과 법인은 하나의 법인격 legal personality이라는 점에서는 같다.

그러나 다른 점이 있다. 개인은 자연인에 부착된 법인격이지만, 법인은 단체의 구성원인 지위를 갖는 개인으로 구성된 단체에 부착된 법인격이다. 즉 자연인에 부착된 법인격이 아니다. 그러므로 단체 자체가 자연인과 같이 의사를 갖는다고 해야 단체에 법인격을 부착하는 이유가 성립된다. 그러나 단체 자체가 의사를 갖는다고 생각하는 것은 이해하기 곤란하다. 자연인이 아니기 때문이다. 그러므로 단체를 자연인으로 의제하는 것이라고 한다. 이것을 법인 의제설이라고 한다.[43)]

예를 들어 어떤 단체에 대한 물품 판매대가를 청구하는 경우 그 단체의 주소로 등록된 주소로 보내면 그 단체로 청구하는 것으로 생각하는 것과 같다.

결합되어 생산되고 발전하여 가는 살아 있는 법이라는 개념이 성립할 수 있다.

42) 민법은 권리·의무의 주체로 제2장에서 人과 제3장에서 법인을 규정하고 있다. 여기서 人은 영어의 person과 같은 의미이다. 그러므로 법인격으로서 개인을 말한다. 그러므로 민법은 개인과 법인을 수평적으로 구별하여 동등하게 권리·의무의 주체로서의 규정하고 있다. 한편 권리·의무의 주체에 관한 민법의 규정은 모든 법률관계의 주체에 관한 지도적 규정으로서의 의미를 갖는다. 국가가 당사자가 되는 법률관계에서 국가를 공법인으로 파악하고 있는 것과 같다.

43) Saviny가 말한 것으로 法人 擬制說이라 한다. 법인은 개인과 마찬가지로 원래 의제된 법인격이므로 법인이 의제된 것이라고 보는 것은 당연하다. 그러므로 개인과 구별하여 특별히 법인은 의제된 것이라고 하는 것은 의미가 없는 것 같다. 오히려 법인격이 부착된 단체를 자연인과 달리 의제된 것으로 보는 학설로 이해하고자 한다.

그리고 그 청구에 의해 그 단체에 의무가 발생하는 것으로 생각할 수 있다. 그러나 그 의무를 이행하는 것을 보면 그 단체가 하는 것이 아니라 그 단체의 조직원리에 의하여 권한과 책임이 있는 자연인이 이행한다. 그 단체의 조직원리에 따라 권한 혹은 책임이 있는 자연인이 이행하는 것이다. 이것을 단체가 이행하는 것으로 의제하는 것이다. 그러나 사실은 자연인이 이행하는 것이다. 단체가 단체의 이름으로 의사표시를 하는 경우도 마찬가지일 것이다. 그러므로 단체자체를 자연인에 의제하는 것은 법기술적인 측면을 가진 것이다. 사실 모든 법률관계는 이 의제기술이 동원되는 것이다.

모든 법인격은 의제기술이고 법논리상의 문제이다. 그러나 단체 자체가 자연인은 아니다. 그러나 사실관계서는 의제하는 것은 통할 수 없다. 형사처벌의 경우에 극명하게 나타난다. 어떤 단체가 범죄행위를 하였다고 의제하여 그 단체를 감옥에 보낼 수는 없기 때문이다. 결국 그 단체의 대표자나 그 일에 책임있는 자가 가게 된다. 그러므로 단체 실재설이 나타난다. 그러나 단체가 실재한다고 하여 단체를 감옥에 보낼 수는 없다. 사실단체도 하나의 조직원리에 불과하기 때문이다. 결국 유기체설이 나타난다. 자연의 권한과 책임이 단체의 어떤 조직 원리에 의해 유기적으로 짜여 있는 것을 인정하는 것이다. 결국 단체를 구성하는 자연인에 단체의 모든 권리·의무가 배분되어 귀속하는 것이다. 그러므로 단체를 의제하더라도 그것은 하나의 법기술이며 단체의 성원이 갖는 각종 지위에 의해 권리의무는 자연인에게 귀속하는 것이다. 결국 모든 법률은 이 자연인에게의 통로를 정하고 개념적·논리적 구성물이다.

단체관계에서의 법인격은 우선 개인이 있고 그 개인에 부착된 단체의 구성원이라는 법인격이 있으며, 구성원이라도 직책과 지위에 따른 법인격이 있을 것이다. 전체로서의 단체에는 법인이라는 법인격이 부착되는 것이다. 그리고 이런 법인격에 의해 논리적으로 구성되는 체계에 의해 발생하는 권리와 의무는 단체를 구성하고 있는 자연인에 귀속하는 것이다.

26. 법인의 형사책임

그러나 문제는 의제설에 의해 단체의 형사책임능력을 부인하는 것이다. 단체는 의제인artificial person이므로 형사책임을 가할 수 없다는 것이다. 법적 의제를 사실관계와 혼동하는 것이다. 그러나 단체는 자연인이 자기의 의사를 갖고 단체적으로 행위 하는 살아있는 조직체이다. 그러므로 단체의 조직원리를 보아 권한과 책임이 있는 자연인에 형사책임을 지우면 되는 것이고 이것이 조직원리에 영향을 미쳐 결국 그 단체가 책임을 지는 것과 같은 것이 된다. 의제성의 입장에서도 벌금형의 경우는 단체가 형사책임 능력을 갖는다고 한다. 벌금형은 일종의 금전적 지불행위이므로 회사의 금고에서 금전을 인출하면 되는 것이라고 보는 것이 된다. 그러나 벌금형도 형벌이므로 윤리적 비난이다. 결국 처벌의 형태만 다를 뿐이지 그 손해는 회사를 구성하는 자연인의 손해로 귀착되는 것이다.

단체의 형사책임을 부인하는 것은 현대의 많고 큰 비도덕적 행위가 회사 혹은 정치집단과 단체에 의해 저질러지고 있는 형편을 감안하면 큰 문제일 수 있다. 힘 없는 개인에게는 철저하고 법인 혹은 단체라는 너울을 쓴 사람은 국가의 규율로부터 해방되는 법치주의의 흠결을 야기한다.

27. 권리·의무의 객체

권리·의무의 객체는 사람의 인격을 형성하는 생명과 신체, 명예, 행복, 행복에 관한 것, 행복을 추구하기 위한 자유, 행복을 추구하기 위해 필요한 물건 혹은 다른 사람의 행위에 관한 것 등 다양하다. 인간이 본래 가지고 있는 것, 행위의 대상이 되는 것 혹은 다른 사람의 행위가 권리·의무의 객체가 된다. 물건에 관해서는 유체물과 무체물을 구별하고, 동산과 부동산을 구별한다. 그리고 권리의 객체를 명확히 하여 경우에 따라 단위화한다.

예를 들면 토지에 부착되어 있는 건물을 한 단위로 할 것인가? 과일나무에 열린 과일은 나무와 한 단위로 보아야 하는가? 이익에도 처분하는 것에서 나오는 이익, 사용함으로써 나오는 이익 등 여러 가지로 나눌 수 있으므로 여러 가지로 권리의 객체를 정할 필요성이 생기게 된다. 이런 문제들이 인간의 생활관계의 편의를 위해 좋을 것인가를 중심으로 정해지는 것이다.

28. 법의 역사성

법은 생성, 변동, 소멸한다. 그 변화에 관해 특정 국가 혹은 민족의 법, 혹은 일반적으로 법이 어떤 원리를 가지고 변화했는가를 탐구하는 것이 법사학이다. 그러나 여기서 말하고자 하는 법사학과 같은 역사적 관점에서의 어떤 원리를 말하고자 하는 것이 아니라, 실정법체제가 갖는 법의 역사성, 정확히 말하면 법의 과거성을 말하는 것이다. 실정법은 적용할 당시에는 이미 과거의 법인 성격을 갖는다. 그러므로 법은 필연적으로 과거에 만들어진 법이 현재의 문제를 해결하는 데 타당한 것인가의 문제가 있다. 판례법의 경우는 최초의 판례는 역사성을 갖지 않을 것이지만, 그 다음에 그 선례를 적용할 때는 이미 과거의 법이 된다. 이 법의 역사성은 법적 안정성과 관련을 가지고 있다. 한편으로 법은 개혁성을 갖는다. 결국 법의 안정성과 개혁성에 관한 논의를 하고자 하는 것이다.

29. 법의 개혁성

그러나 법의 개혁성은 정의관에서 나온다. 정의관은 고정된 개념이 아니고 공동체 성원의 묵시적 공감에 근거한다. 그러므로 독단적이거나 선험적인 것은 아니다. 결국 사회력social force에 근거를 갖는다. 그러나 이 사회력은 어떤 물리력을 가진 특정세력을 말하는 것이 되어서는 안 된다. 그러므로 정치적 권력이 법의 근원이라고 말하는 사람들이 있으나 시민 각자의 정의관과 그 정의관의 공동체적 공감이 법의 근원이라고 보아야 한다.

공동체는 시대적·장소적·상황적 존재이다. 그러므로 시대, 장소 및 상황에 따라 변하는 정의에 법은 타당성을 확보하기 위해 법은 개혁되는 것이다. 그러나 이와 같은 정의관은 법의 안정성 이념과 배치되는 것처럼 보일 수 있다. 그러나 정의의 근원인 공동체의 공감이라는 것에 이미 안정성의 이념이 내재하고 있다.[44] 그러나 법치주의는 형식적 안정성, 즉 규칙성을 요구한다.[45]

44) Rawls의 정의론의 목적은 질서정연한 사회의 건설이다. 이 질서정연한 사회는 정의를 기초한 영구적으로 안정된 사회이다. 그런데 공동체의 성원들은 각기 정의관을 가질 수 있고 서

30. 정치적 세력과 정의

정치권력은 경제적인 힘, 군사적인 힘 등 여러 가지에서 나올 것이다. 근대의 시민사회의 경제력이 시민사회를 형성했다고 볼 수 있을 것이고 자유주의 사회도 경제력을 가진 계층이 뒷받침되어 있다고 볼 수 있을 것이다. 그러나 그 힘을 가진 세력이 정의롭지 않을 경우가 문제다. 이에 관해 정치권력이 법의 근원임을 솔직하게 인정하는 태도가 있다. 그러므로 정의로운 법의 문제는 사실관계, 즉 투쟁관계에 해결되는 정치적인 것으로 보는 것이다. 그러나 사실이 그렇더라도 법체제 내재적으로 정의의 근거를 두는 것이 사실관계에 솔직히 위임하는 것보다 낫다. 시민들에게 말할 수 있는 근거가 되며 정의를 생각하게 만들기 때문이다.[46] 사상의 힘이라는 것도 그런 것이다. 이념의 깃발을 거는 것과 체제 외적인 것으로 하는 것은 차이가 있다.

31. 법과 합리성

법은 합리성에 의하여 발전되는 것이라는 관점이 있다. 봉건사회는 그 체제

로 자기의 정의관이 옳다고 서로 불관용하는 경우 질서 정연한 공동체의 달성이 위험하게 된다. 그러므로 정의에 기초하는 영구적인 질서정연한 사회는 불관용을 관용하는 것이어야 한다. 변증법적인 과정을 포용하고 있어야 한다는 것이다. 불관용을 관용하는 질서이어야 한다는 것이다. 그러나 서로 불관용하는 경우 안정성은 어떻게 확보될 수 있는가에 관해 서로 불관용하는 종파들은 자유를 보호받고 정의로운 헌법에 의한 질서정연한 사회에 존재하므로 이득을 보는 정의로운 헌법에 공감대가 형성된다면 헌법에 대한 충성심을 견지하게 되어 질서정연한 사회가 될 수 있다는 것이다. 그는 이것을 심리학적인 내적 안정성이라고 한다. 그러므로 정의는 不寬容者의 어떤 주장이나 개념 속에 존재하는 것이 되어서는 안 된다. 不寬容者까지 관용하는 보다 근원적인 관용과 그 관용에 의한 질서 속에 있다.

45) Rawls는 하나의 제도는 그 제도가 명시하고 있는 행위들이 그 제도가 정한 규칙들을 준수하여야 한다는 공공적 이해에 따라 규칙적으로 수행될 경우 일정한 시간과 장소 내에 존재한다고 말한다. 다시 말하면 공적인 체계라고 하는 것은, 이 제도에 참여하고 있는 모든 사람들이 이들 원칙과 그것이 규정하고 있는 행위에의 참여를 합의하여 알고 있는 것을 말한다고 한다. 결국 Rawls는 법을 정의에 기초한 법체계의 形式性 혹은 규칙성에서 찾고 있다. 정의에는 形式性으로서의 正義를 포함하고 있으므로, 법을 "규칙성으로서의 정의justice as regularity"라고 한다. 그러므로 정의와 안정성은 서로 모순되는 것이 아니다.

46) Rawls가 법체제의 규칙성을 정의에 포괄한다하고 정의를 공동체성원의 공감대에서 찾는 것은 이념적인 성격을 갖는다. 정의는 이 어떤 원칙에서 기계적으로 혹은 자동적으로 나오는 것이 아니며 이 원칙은 공동체가 공감하고 실천하는 데서 달성되는 것이다.

가 가지고 있는 불합리성 때문에 시민사회가 되었으며 자유주의 시민사회는 그 불합리성 때문에 복지사회로 변화하고 있는 것이다. 그러므로 Max Weber는 형식적 비합리성의 법, 실질적 비합리성의 법, 형식적 합리성의 법, 실질적 합리성의 법의 순서로 발전한다고 말하였다. 여기서 형식적 합리성의 법은 무한한 자원을 전제로 절대적 자유를 말했던 근대의 법이 이에 해당할 것이고, 실질적 합리성의 법은 자원의 한계에서 오는 자유의 한계 총량 내에서의 효율적 자유와 분배를 말하는 현대 복지국가가 이에 해당할 것이다. 그러나 합리성보다는 도덕성이 더 근저에 있다. 자유는 합리성이라기보다 도덕성에서 나오는 것이기 때문이다.

32. 법 이 념

Radbruch는 Rawls와 같이 법의 생성·발전의 근거로 자연 상태의 인간을 말한다. 그러나 Radbruch는 법이념을 선험적인 것으로 보고 가변성을 부정한다. 그리고 이 법이념이 사회관계를 창출하는 것이라고 한다. 그러므로 법은 절대적 형식성을 갖는다고 한다. 이에 반해 역사학파는 민족사관 혹은 유물사관에 의하여 법은 이와 같은 주어진 사회적 소여에 의하여 형성되는 것이라 하여 법형식의 절대성을 부인한다.

Radbruch의 자연 상태의 인간은 Rawls가 말하는 원초적 사회의 시민과 유사하다. 그러나 Radbruch는 법이념을 선험적인 것으로 보는 점에서 절대적인 성격을 벗어나지 못하고 있는 반면에 Rawls는 원초적 사회를 상정하고 있다. Rawls는 이 원초적 공동체의 시민의 구성할 사회체제의 무지ignorance를 전제로 한 도덕적 합의에 근거를 두므로 경험적이고, 실존적이며, 상대적이다.

33. 법원source of law

法源은 法院이 어떤 사안을 판결하는 경우 준거하는 법[47]을 말한다. 성문

47) 법과 법률은 개념상 구별된다. 우리나라 헌법은 국회에서 제정하는 것을 법률이라고 하고 있다. 그러므로 헌법은 법률이 아니다. 따라서 "법"은 헌법과 법률을 포함하고 헌법 혹은 법

법주의에서는 기존의 실정법positive law에서 법원을 찾는 것을 원칙으로 한다. 그러나 법이 흠결된 경우가 문제 된다. 그러므로 판사는 법의 흠결을 보충하여야 한다. 법이 없으므로 판결할 수 없다고 할 수 없기 때문이다. 법의 흠결[48]의 보충은 결국 판사가 법을 발견하는 것이다. 법을 어떤 것을 근거로 발견할 것인가가 문제된다. 관습 혹은 판결선례가 있으면 그에 의할 것이다. 그러나 관습이나 선례가 없으면 어디서 찾을 것인가? 條理에서 찾을 수밖에 없을 것이다.[49] 조리는 사물의 본성 등 판사가 이성적으로 도출한 원리일 것이다. 그러나 그것이 사회적 공감을 얻을 수 있는 것이어야 할 것이다. 그러므로 정의에 입각하는 것이 된다. 판사는 공감적인 것에서 찾을 것이지만 그것이 공감을 얻지 못하는 경우도 있을 것이다. 그러므로 결국 변증적 과정을 거쳐 공감대를 형성할 것이고 그것이 안정된 조리로 자리 잡을 것이다.

일반적으로 법원의 존재형태를 제정법legislative law, 판례법case law, 관습법customary law, 조리nature of things, 형평equity을 말한다. 불문법주의를 취하고 있는 영미법의 경우 개인 간의 분쟁을 조정하는 보통법common law은 관습에서 법을 발견하므로 관습이 중요한 법원이 되고 선례구속의 원칙에 의해 판결 선례가 법원이 된다. 그러나 불문법주의 국가의 경우에도 행정 등 국가의 구성과 작용에 관해서는 제정법이 중요한 법원이다.

률에 근거하여 제정되는 모든 규범을 포괄하는 의미로 이해한다. 한편 이 법규범에 의하여 법원의 판결을 통해 제시되는 규범도 법에 포함된다고 할 수 있다. 판례법을 인정하지 않는 우리나라의 경우 법원의 판결은 법이 아니라고 할 수 있다. 그러나 당해 사안에 관해서는 규범으로 작용하는 것은 사실이므로 그 범위에서는 법이다. 그러므로 법을 보다 넓게 보면 항구성을 갖는 법이 있고 일시성을 갖는 법이 있는 것으로 생각할 수 있다. 이러한 판결을 후의 판결에서 선례로 작용하는 실질적 효력을 갖는 경우가 많다. 그러므로 형식적 법은 아니지만 실질적 의미에서는 법이라고 할 수 있다. 따라서 가장 일반적인 법의 개념은 형식적 의미의 법뿐만 아니라 실질적 의미의 법을 포함하는 것이라 할 수 있다.

48) 법치국가에서의 법의 不在는 전제되지 않는다. 그러므로 적용할 규정이 없는 경우도 법의 흠결로 인식된다. 법의 흠결은 文理的 흠결과 평가적 흠결로 나눈다. 전자는 법조문에서 인식되는 흠결을 말하고, 후자는 법조문의 평가를 통해 인식되는 흠결을 말한다. 그러나 법의 보충의 필요성은 형식적 정의에서 그치는 것이 아니고 보다 고차원적인 실질적 정의에 기초한 요청이 있다. 그러나 법관은 이러한 실질적 정의에 기초한 법의 흠결보충에는 헌법적 한계가 있다. 법적 안정성의 원리와 상충되기 때문이다. 그러므로 정의론적 법의 흠결보충은 헌법적 합의에 기초한 절차에 따른 법의 개정문제가 된다. 그러나 법체제가 법관의 정의론적 법의 흠결보충을 수용하고 있는 경우는 법관의 임무 중에 하나는 정의의 발견이 될 것이다. 최고법원에 이와 같은 권능을 인정하는 것이 일반적이다. 김형배 역, 법학방법론, pp.87-99 참조.

49) 헌법 제37조 1항은 "국민의 자유와 권리는 헌법에 열거되지 아니한 이유로 경시되지 아니한다"라고 규정하고 있다. 이 규정은 法院이 법률에 규정이 없다는 이유로 판결을 기피하지 못하는 근거가 된다고 본다. 한편 민법 제1조는 "민사에 관하여 법률에 규정이 없으면 관습법에 의하고 관습법이 없으면 조리에 의한다"라고 규정하고 있다.

제정법은 법을 제정할 수 있는 권한을 가진 기관이 제정한 법을 말한다. 입헌민주주의 국가에서는 주권적 지위를 갖는 국가 공동체의 시민이 최고의 효력을 갖고 이하의 법의 근거가 되는 헌법을 제정하고 이 헌법에 의하여 구성된 국민의 대표자의 모임인 국회가 국가의 운영을 위해서 헌법에서 위임한 사항 혹은 국가의 운영을 위해 필요한 사항에 관해 법률statute을 제정한다. 그러나 제정법은 국회에서만 제정하는 것은 아니다. 다시 법률의 위임 혹은 국가를 운영하기 위하여 필요한 법을 축차적 위임에 의하여 정하게 된다. 그러므로 제정법은 헌법으로부터 시작하여 법률, 행정기관 등의 축차적 서열에 의한 명령 등 단계적 구조를 가지고 있다.

성문법은 법의 존재와 의미가 명확하여 국가권력의 남용을 방지하고 국민의 기본권을 보장하는 역할을 하는 장점이 있는 반면, 법의 변경이 쉽지 않으므로 현실적응력이 떨어지고 법은 완벽할 수 없으므로 법의 흠결의 보충문제 및 법의 해석이라는 어려운 법학적 과제를 던져 준다. 법의 해석 및 법의 흠결에 관해서는 후술한다.

판례법에 관해서는 우리나라의 경우 선례구속의 원칙이 없으므로 법원으로 인정할 수 없는 측면이 있다. 그러나 실제적으로 법적 안정성의 이념에 의해 선례가 존중되는 것이 사실이므로 이 의미에서 판례는 실질적인 법원으로서 역할을 한다고 할 수 있다.

우리나라의 경우 관습법에 규정으로 민법 제1조, 106조, 185조가 있다. 1조는 제정법의 보충적 의미가 있고, 106조는 법률행위의 해석상에서 당사자의 의사표시가 명확하지 않을 경우 관습법에 의해 의사표시를 한 것으로 본다는 것이고, 185조는 관습법상의 물권을 인정하고 있는 것이다. 모두 다 제정법의 보충적 의미를 가지고 있다. 그러므로 엄밀히 말하면 제정법과 대등한 입장에서 법원이라고 할 수 없다. 불문법주의는 관습이 법원이라고 할 수 있으나 관습이 법이 되는 과정에는 법원의 인정이라는 과정이 개입되어 있는 것을 인식할 수 있다. 그러므로 불문법주의에서도 법원의 법제정 기능이 중요한 것이며 그 법원이 법을 발견하는데 있어서 관습이 중요한 법원이 된다는 것이다. 관습이 바로 국가법이 되는 것은 아니다. 한편 일반 생활관계에서 관습이 국가의 강제력이 작용하지 않더라도 강제력을 가지고 있는 것은 어느 사회에서나 존재하는 것이다. 오랜 인습에서 다수의 관념 속에 존재하여 사회적, 심리적 강제력을 갖고 있는 것이 관습의 본질이다.

34. 조 리

조리는 법체제를 전제로 하여 실정법의 흠결을 보충하는 법원으로서의 의미를 갖고 있다. 역시 실정법의 효력을 부인할 수 있는 것이 아니므로 보충적 의미를 갖는 것이다. 개인 간의 생활관계에 관해서 민법 제103조에서 "선량한 풍속 기타 사회질서에 위반한 사항을 내용으로 하는 법률행위는 무효로 한다"와 같다. 그러므로 법의 효력을 부인하고 새로운 법을 발견하는 형평법과는 구별된다.

35. 형 평 법

형평법equity은 영국에서 보통법의 흠결을 보충하거나 보통법 간의 모순을 해결하기 위한 형평법원에서 발달한 법을 말한다. 영국의 경우 오늘날은 의회가 제정법을 통해 보통법의 흠결을 보충하고 있다. 미국의 경우는 대법원의 판결이 형평법적 기능을 하고 있다고 할 수 있다. 그러나 우리나라의 헌법재판소는 헌법의 해석에 의해야 하는 한계가 있으므로 실정헌법의 태두리 안에서 실정적인 정의원칙에 의해 형평법을 구현하고 있다고 볼 수 있다.

그러나 우리나라의 경우 법원이 정의관에 의한 재판을 할 수 없는가의 의문이 있을 수 있다. 우리나라 헌법 전문은 단체로서의 국가 이전의 민족공동체 혹은 자유민주주의 문화공동체를 인정하고 이 공동체가 헌법을 제정하여 법체제를 구성하고 있는 점을 선언하고 있다. 그리고 이 공동체는 헌법을 제정하는 임무를 완수하고 소멸해 버린 역사적 존재가 아니고 단체로서의 국가의 근원으로서 계속 정의관을 가지고 존재하고 있다. 그러므로 국민은 공동체의 시민으로서 지위와 동시에 국가공동체의 시민으로서의 지위를 가지고 있다. 그들은 정의관을 가지고 있으며 그 정의를 실현할 수 있는 권능을 가지고 있다.

그러므로 법관이 공동체 시민으로서의 지위에서 실정법의 한계를 넘어서 자기가 적용할 법을 정의관에 입각하여 재판할 수 있는가의 문제가 있다. 일단 법관은 헌법과 법률이 정한 판사의 지위에서 재판을 하는 것이지 시민의 입장에서 재판하는 것은 아니다. 그러므로 헌법과 법률이 정한 판사의 역할을 벗어나는 것은 안 되는 것이고, 법이 정의롭지 않을 경우는 그 법률을 개선하는 일에 공동체의 시민으로서 참여하는 것이다. 그러나 법관이 인식하는 법은 상기한 바와 같이 형식적이지만은 않다. 실정법체계 내재적으로 정의론적 해석 가능성이 해석체계에 침투되어 있다. 이하 Zippelius의 이론[50]을 통해 검토해 보기로 한다.

36. 법의 해석

법 규정은 일정한 법률요건과 그 요건에 결합되는 효과규정으로 구성되는 것이 기본적인 유형이다. 그러나 정의규정定義規定이나 보충규정을 둠으로써 법률요건 및 법적 효과를 명시적으로 구체화하는 경우가 있다. 이러한 규정의 복합체가 완전한 규범을 형성하고 이 규범이 문리적文理的 해석의 출발점이 된다. 그러나 해석의 출발점이 되는 규범의 복합체를 구성해 가는 과정에서도 어떤 추가규정을 보충적으로 원용해야 할 것인가의 문제를 낳기 때문에 이미 해석적 고려가 끊임없이 작용하고 있음을 알게 된다.

37. 문리해석과 법의 흠결의 보충

법률의 해석은 법언法言의 의미를 추구하는 것으로서 법언에 표시된 사실관념, 가치관념, 당위관념을 확정하는 것을 의미한다. 그러나 법언이 이러한 관념들에 관한 정보를 명확하게 전달하고 있는 것은 아니다. 그 이유는 법에서 사용하는 용어가 모든 사람에게 동일한 의미를 갖고 있지 않기 때문이다. 이것은 각자는 학습내용에 따라 각자의 의미의 폭을 가지고 있으므로 그 말을 사용하는 자와 그 말을 받아들이는 자 간에는 차이가 있기 때문이다. 특히 "良俗,"

50) 김형배 역, 법학방법론, pp.68-118(제3장 법문의 해석과 흠결보충) 참조.

"신의성실"과 같이 가치충족을 요하는 법 개념에서 그러하다. 이와 같은 법 개념은 법을 제정하는 자, 행위자 혹은 법을 적용하는 자 간에 그 당시의 지배적인 도덕관념에 의하는 것이기 때문이다.

따라서 이와 같은 법언의 의미의 한계는 해석의 한계가 되며, 법언의 의미의 폭을 초월하는 것은 법의 흠결의 보충문제가 된다. 그러므로 가능한 의미의 폭 내에서 법언의 의미내용을 찾는 것이 법해석학의 과제이다. 반면 법언이 이와 같은 의미의 폭을 갖고 있다는 것은 법적 안정성, 법적 효과의 예견 가능성의 관점에서는 단점이 되지만 법의 규율대상인 법적 문제의 다양성에 대한 법의 적응능력 및 지배적 사회 윤리적 관념의 변천에 대한 적응능력을 부여해 주고 있다.

38. 고전적 해석방법

고전적 법의 해석수단으로는 앞에서 말한 법언의 의미 폭 내에서 해석하는 문리해석, 규범의 발생사를 기초로 해석하는 역사적 해석, 규범의 논리적 체계적 관련을 기초로 하는 논리·체계적 해석, 법률의 목적을 기초로 하는 목적해석이 있다. 문리해석 이외의 해석방법은 법언의 의미 폭 내에서, 즉 문리해석의 의미를 명확히 하고자 하는 것과 관련되는 것이다.

39. 역사해석

법의 발생사적 기초에 의하여 법을 해석하는 역사해석의 경우는 입법자의 주관을 중시하는 주관적 해석론과 객관적 해석론이 있다. 객관적 해석론도 일정한 목적을 달성하기 위한 입법자의 결단이 그 법률의 기초가 됨을 인식하여야 한다. 그러나 객관적 해석론은 이 입법자가 법률공동체의 지배적 사회윤리의 대표자로서 이성적으로 생각하였거나 생각할 수 있었던 것을 기초로 하는 것이다.

40. 논리·체계적 해석

법문을 해석함에 있어서 사전적 의미 가능성의 법위에 구애되지 않고 전체적 법질서의 의미관계에서 법문을 해석하는 논리·체계적 해석은 상호적인 보완관계에 있는 표현들을 비교함으로써 법률의 올바른 의미에 대한 논리적 체계적 의미가 나나나기 때문에 필요한 것이다. 법률은 언어의 통일적 관행을 기초로 하는 것이라고 가정되기 때문이다. 그러므로 상이한 규범 내의 동일한 언어는 동일한 의미를 갖는 것이라고 가정되어야 한다.

41. 목적해석

법규범은 일정한 목적을 갖는다. 그러므로 그 목적과 모순되는 해석은 그 법언의 의미의 폭을 일탈하는 것이다 법규 간의 목적의 충돌이 있지만 상위법과 하위법의 목적의 충돌이 있을 수 있다. 동일한 위상의 법규범의 목적 간의 충돌을 선택의 문제가 되지만 상위의 규범에 모순되지 않도록 해석하는 것은 선택의 문제가 아니다. 이것이 목적해석에 관한 문제이다.

42. 문제지향적 논거로서의 해석

위에서 말한 상이한 해석기준은 여러 개의 의미 중에서 어느 것을 선택해야 하느냐의 문제를 낳는다. 그러므로 해석 간의 찬반론이 생겨난다. 그것은 결국 선택의 문제이고 그 선택은 결국 문제변증법적問題辨證法的 사고에 의하는 것이다. 그러므로 상이한 해석의 논거들이 서로 대립하는 일이 끊임없이 계속되지만 결국 정의 관념에 가장 부합한 해결에 도달하려는 노력에 의하여 해결점이 찾아진다. 정의 관념에 가장 부합한 해결방법을 찾게 되는 해석론의 입장에서 법관은 정의 관념을 구현하는 역할을 하는 것으로 생각할 수 있다. 그러나 해석론적인 한계를 벗어나고 있는 것은 아니다.

43. 법의 흠결의 보충

법에 있어서 흠결의 보충문제는 문리적 흠결의 보충과 평가의 흠결이 있다. 전자는 법률이 문언文言상 완전한 행위기준을 제시하지 못하고 있는 경우 및 해석으로 해결할 수 없는 규범간의 충돌이 생긴 경우에 흠결을 보충하는 것이다. 후자, 즉 평가적 흠결의 보충은 실정법의 문언상으로는 보충을 요하지 않으나, 법감정에 의하여 보충을 요하는 경우에 인정된다. 이런 의미에서 법률학이 법리적인dogmatisch 성격만을 갖는 것이 아니고 문언의 의미를 초월하여 그 법률의 보충을 하는 역할을 한다고 할 수 있다.

그러나 이 법의 흠결의 보충은 정치적 원리 혹은 법치주의와 같은 국가 구조적 원리에 의하여 실질적 한계를 갖는다. 그러므로 법의 흠결의 보충은 법의 흠결이 있는 경우라는 한계와 법체제를 전체적으로 조망하는 가운데 이루어지는 비판적인 기능이라는 한계를 갖는 것이다. 즉 정의관의 직접적 구현은 아닌 것이다. 이 법의 흠결의 보충이 실질적 정의관에 의한 정의 직접적 구현이 되지 못하는 이유로 삼권분립의 원칙에 의하여 입법자에게 귀속된 입법권을 행할 수 없는 것, 입법자는 그것을 보다 효율적으로 행할 수 있는 것, 무엇보다도 법적 안정성의 원리와 상충되기 때문이다. 더욱이 최고 법원의 판결에 이르기까지 서로 다른 법원의 판결은 불안정을 악화하는 위험을 낳는다.

이러한 문제는 결국 시대의 여건과 관계되어 법적 안정성을 중시하는 시대와 실질적 정의를 중시하는 시대의 경향이 전체적인 법에 영향을 줌으로써 개개의 법원의 판결에 영향을 미치는 것이다.

44. 우리의 의문에 대한 해답

우리는 Zippelius의 진술을 통해 법관은 일정 한계에서 정의관에 입각한 실질적 정의를 실현할 수 있는 법체제 내재적 개연성을 갖고 있는 것은 분명하다는 것을 알 수 있다. 그러나 법적 안정성 혹은 법체제적 한계를 가지고 있다. 그러나 법적 안정성의 이념은 정의관과 대립적으로 존재하는 것이 아니고 정의관에 포함된다. 그러므로 법적 안정성을 해하는 것이 실질적 정의관에 부합하지 않으므로 실정법의 해석 및 보충을 신중히 하는 것이다. 그러나 이것은 법체계 혹은 법체제의 문제이고 법체제는 보다 근본적인 정의체제를 바탕으로 하고 있음을 부정하는 것은 아니다. 그 정의체제에서 시민의 공감대가 법체제에 부단히 투입되어 법은 개선되어 가는 것이다.

45. 헌　법

우선 국가는 공체로서의 국가와 단체로서의 국가를 구별하는 것이 중요하다. 공동체로서의 국가는 헌법전문에서 선언적으로 규정하고 있다. 우리나라 헌법 전문前文은 민족공동체, 역사공동체, 문화공동체로 보고 있다. 문화공동체는 평등한 자유와 기회균등 및 분배의 공정 등 복지를 존중하는 자유민주주의·시장경제·세계평화주의 문화공동체를 말한다.

이 공동체는 이와 같은 가치관을 가지고 헌법을 제정한 역사적 존재이기도 하지만, 그것보다는 단체로서의 국가와 동시에 존재하면서 끊임없이 정의관을 법체제에 불어 넣고 헌법을 개정하며 국가 형성, 운영 및 통치권의 근거가 되는 현실적 존재라는 인식이 중요하다. Rawls가 말하는 원초적 사회는 현실적으로 동시에 존재하는 것이다. 이 공동체는 우리나라 헌법 전문에서 선언한 것과 같은 도덕적 합의에 기초하고 있다. 그 합의는 묵시적이고 그것은 시민의 마음속에 살아 있는 법감정 혹은 에토스와 같은 공감적 존재이다. 선험적인 것이 아니고 경험적이며 역사적인 것이 아니고 현실적인 것이다. 그러므로 헌법 전문에서 명시하고 있는 "대한국민"인 것이다. 헌법 전문은 일단 글로 표현하므로 명시성을 면치 못할 수 있다. 그러나 헌법 전문이 자주 개정되면 근본이 흔들린다. 따라서 항구성을 갖는 민족공동체 혹은 문화공동체를 기초로 하고 있는 것이다.

Rudolf Smend는 헌법을 형식주의적·실증주의적으로 보는 것에 반대하여 생활과정, 개인의 질서에의 참여, 인격적 삶의 통합으로 본다. 그러므로 헌법은 개인의 자유로운 생존을 계속적으로 가능하게 하고 고양시키는 하나의 "정신과학적으로 파악되는 사건"을 의미하게 된다. 정신과학적으로 파악하여야 헌법을 정당하고도 완전하게 해석하는 것이 된다고 한다. 이것을 통합이론이라고 한다. Smend의 통합이론은 사회가 어떻게 국가로 변형되는가의 문제에 답하려고 한 것이다. 이 관점에서 Rawls도 통합이론 위에 서 있다. 우리는 Rawls와 Smend의 이론을 통해 헌법의 정당한 해석에 도달할 수 있다고 본다.

46. 남북통일 문제

이런 관점에서 볼 때 남북통일 문제는 민족공동체 및 역사적 공동체라는 관점에서는 공감대를 형성하나 자유민주주의 공동체라는 관점에서는 숫한 문제를 안고 있다고 볼 수 있다. 또한 역사적 공동체라는 관점에서도 그 분단 이후 이질적인 요소를 많이 가지고 있는 점에서 난점이 있다고 여겨진다. 그러나 헌법 전문은 평화적 통일 및 민족의 단결을 천명하고 있다.

단체로서의 국가라는 관점에서는 우리나라 헌법이 북한을 대한민국의 영토로 하고 있어서 북한은 반국가 단체인 성격을 갖는다. 한편으로는 헌법에 자유민주주의 기본질서에 입각한 평화적 통일정책의 수립 및 추진에 관해 규정하고 이에 따라 "남북교류 협력에 관한 법률"을 제정하여 시행하고 있다. 그러므로 헌법은 북한에 대해 논리적으로는 서로 모순된 이중성을 가지고 있다. 그러나 헌법 전문은 한편 헌법 전문은 민족의 단결과 자유민주주의의 가치를 동시에 규정하고 있다. 어느 것이 우선하는 것인가라는 의문이 있을 수 있다. 이 경우도 민족의 단결과 자유민주주의는 동시에 만족하여야 하는 것이지 어느 것이 우선하는 것이라고 볼 수 없다.

그러나 헌법 전문은 해석의 문제가 아니다. 헌법 전문은 제정 당시의 묵시적 합의에 기초하고 있는 역사적인 것이라는 성격을 가짐을 부인할 수 없다. 현재의 공동체의 에토스가 그와 같다고 할 수는 없다. 묵시적 합의는 동시적인 것이고 경험적인 것이며 항상 변하고 있는 것이기 때문이다. 결국 한반도에 살고 있는 사람들의 공감대 형성이 선결문제이다.

47. 단체로서의 국가

단체로서의 국가는 일반적으로 지역단체, 통치적 단체, 최고 독립적 단체로서의 성격을 갖는다. 그러나 반드시 그러한 것은 아니다. 지역을 기초로 하지 않는 국가도 있을 수 있다.

단체로서의 국가는 국가권력의 근원이 어디에 있느냐에 따라 군주국가, 귀족국가, 계급극가, 민주국가로 분류한다. 그러나 군주국가 등은 오늘날 예가 드물고 대부분 민주국가라고 볼 수 있다. 군주제를 가지고 있는 국가가 있으나 군주에게 국가권력이 있는 것이 아니므로 상징적 의미밖에 없다. 또한 국가권력의 형성 및 행사와 관련하여, 즉 정치형태와 관련하여 한 사람의 독단적 의사에 의하여 결정되고 독단적으로 행사되는 군주적 전제국과 소수의 사람의 의사에 의하여 권력이 형성되고 그 사람들의 공감대 위에서 권력이 행사되는 과두적 공화국과 권력의 형성이 국민 전체의 의사에 의하여 형성되고 국민 전체의 공감대 위에서 권력이 행사되는 민주공화국으로 나눌 수 있다. 민주공화국을 다시 직접민주공화국과 간접민주공화국으로 나눈다. 민주주의 국가이고 간접민주공화국인 것이 오늘날 대부분의 국가의 국가형태라고 할 수 있다. 우리나라도 여기에 해당한다.

한편 우리나라 헌법 제1조와 관련하여 제1항은 政體를 규정한 것이고, 제2항은 國體를 규정한 것이라고 한다. 제1조 1항에서 "대한민국은 민주공화국이다"라고 규징하고 있다. 단체로서의 국가인 대한민국의 권력은 국민의 공감대, 즉 민주적이고 공화적[51]으로 형성되어야 한다는 것이다. 그러므로 국가권력의 형성에 관한 것이므로 정체를 규정한 것이라 한다. 이 규정의 근거는 헌법 전문의 "자율과 조화를 바탕으로 자유민주주의적 기본질서"에서 찾을 수 있다.

---

51) "共和的"이라는 말은 "독재적"에 대하는 말이다. 그러므로 국민이 선출한 대표자에 의한 정치제제를 말한다. 여기서 대표자의 선출방법이 문제된다. 다수결에 의하는 수밖에 없다. 그러나 "공화적"이라는 말에는 다수자의 뜻에 의한다는 의미가 없다. 오히려 전원합의적인 의미이다. 그러므로 법적으로는 다수결에 의한 대표자를 선출하는 근거를 발견할 수 없다. 다수결에 의한다는 국민적 합의를 요한다. 그러나 그 국민적 합의도 다수결에 의할 수밖에 없다. 결국 명시적 개념체계인 법체제에서는 "공화적"이라는 말의 근거를 찾을 수가 없다. 그러므로 다수결에 관한 합의는 명시적 합의가 될 수 없다. Rawls가 말하는 "불관용자의 관용"질서인 정의체제에서 찾을 수밖에 없다. 즉 원초적 시민의 정치공동체의 공감 속에서 찾을 수밖에 없다.

한편 헌법 제1조 2항은 "대한민국의 주권은 국민에게 있고, 모든 권력은 국민으로부터 나온다"라고 규정하고 있다. 국가의 모든 의사는 국민으로부터 나오는 것이므로 국민이 국가의 본체이다. 그러므로 국가의 본체, 즉 국체에 관한 규정이라고 한다. 그러나 이미 헌법 이전의 공동체로서의 대한국민은 민주적이고 공화적이다. 그리고 국가를 구성하기로 하는 정치공동체가 형성되어 있다. 다만 이 정치공동체가 국가를 구성하고 법체제, 즉 법공동체를 갖추는 일만 헌법적 과제로 남아 있다. 그러므로 헌법 제1조는 국체에 관한 것도 정체에 관한 것도 아니다. 단체로서의 국가의 형성과 그 운영에 관한 기본규범인 것이다. 그러므로 헌법전문에서 밝힌 바와 같이 당연히 정치공동체의 이념에 그 국가의 구성과 그 국가의 권력행사는 국민의 민주적이고 공화적 질서에 의해야 하는 것이다.

48. 治者와 被治者

법체제는 치자와 피치자의 문제를 내포하고 있다. C. Schmitt는 치자와 피치자가 동일한 自同性의 원리로 이 문제를 해결하려고 한다. 그러나 자기가 자기를 규율한다는 것은 모순이다. 도덕의 세계에서 자기가 자기를 규율하는 것으로 인식되는 측면이 있다. 그러나 도덕의 세계에서도 인간의 내부에 있는 보다 근원적인 요소가 다른 요소를 규율하는 것이다.

예를 들어 이성이 욕망을 다스리는 것이다.[52] 이 경우 이성과 욕망은 같은 것이 아니다. 그러므로 치자와 피치자는 같을 수가 없다. 치자와 피치자를 아우르는 보다 근본적인 체제에서 치자와 피치자가 존재하는 것을 생각하여야 한다. 그것이 Rawls가 말하는 "불관용자의 관용"질서인 정의 체제 혹은 공동체적 믿음이다. 치자도 결국 정의로운 헌법질서를 지키는 믿음을 갖는 것이고 그 점에서 치자와 피치자는 결합되어 있는 것이다.

---

52) Plato는 개인적 정의를 이성reason이 영혼spirit과 욕망desire를 다스리는 가운데 나오는 조화harmony라고 보았다. 결국 이성이 다스리는 것이다. 한편 조화라는 말을 사용하고 있으므로 이성은 영혼과 욕망을 조화시키는 것을 목적으로 하는 것이다. 치자와 피치자는 있으나 조화 속에서 양자는 결합된다.

49. 주 권

주권을 단체로서의 국가의 권력으로 보는 이론들이 있다(국가주권설). 그러나 이와 같은 생각은 것은 타당하지 않다. 단체는 국민으로 구성되는 것이므로 국민을 초월한 존재가 아니기 때문이다. 구성원을 초월한 국가개념은 미신이다. 대한민국의 인장과 같은 개념에 불과하다. 법인실재설 혹은 단체실재설과 같다.

다른 하나는 국가라는 조직체가 주권을 갖는 것이 아니고 그 조직체를 구성하는 국민이 주권을 가진다고 생각하는 것이다(국민주권설).

그러나 이상의 이론은 통치권에 관한 것이라고 보아야 한다. 국가의 주권은 헌법을 제정하고 국가권력을 형성하고 행사하는 근거가 되는 것에 관한 것이어야 한다. 그러므로 주권은 헌법을 제정하고 국가권력 형성의 근원이 되는 공동체에 있다. 그래서 Rousseau는 시민주권설을 주장한다. 공동체는 조직된 것이 아니다. 공동체의 구성원 간에 간주관적inter-personal으로 공감대를 형성하고 있는 것이다. 단체로서의 국가의 구성원은 국민members of the state이지만 공동체의 구성원은 국민이 아니고 시민citizen이다. 그러므로 우리나라 헌법 전문에서 단체로서의 국가의 성원인 "국민"과 구별하여 "대한국민"이라는 말을 사용한다. 그러나 단체로서의 국가 구성원인 국민은 시민으로서의 지위를 동시에 가지고 있으므로 시민과 별개의 존재가 아니다. 그러므로 "시민"은 동시에 주권자로서의 국민, 헌법상의 국가기관으로서의 국민, 기본권의 주체로서의 국민, 통치대상으로서의 국민 등이 된다. 한편 이 공동체의 성원은 정확히 확인하기가 어렵다. 이념적 공동체이기 때문이다. 그러므로 주권은 법적인 것이 아니고 정치적인 것이다.

공동체 시민의 주권은 천부적인 것이다. 단체로서의 국가구성 이전이고 본래적인 것이고 국가의 근원이기 때문이다. 시민의 의사는 각자의 의견이고 전체의 의지는 객관적으로 존재하지 않는다. 그런데 Rousseau는 시민의 "일반의지 general will"를 말한다. 권력자가 자기의 의사를 일반의지라고 할 위험이 있다. 시민의 의사는 각자의 의사일 뿐이고 다만 공감대를 형성하고 있을 뿐이다. 이 의사는 경험적인 것이다. 그러나 일반의지는 선험적이다.

50. 자유주의와 사회주의

자유주의는 사회주의를 배척하지 않는다. 오히려 당초부터 자유주의는 사회주의를 내포하고 있다. 국가를 구성하는 것 자체가 사회주의이다. 국가 이전의 공동체의 자원이 무한정하여 협동이 필요 없고 인간이 완전히 도덕적이어서 자율적으로 공동체의 질서가 유지될 있다면 국가의 구성의 필요성이 없을 것이다. 우리가 단체로서의 국가를 구성하고 그 국가의 법체제legal system를 구성하는 출발점이 되는 공동체의 자유는 환경적 한계environmental limitation를 가지고 있다. 자유를 통해 획득할 자원은 한계가 있고 공동체 구성원 간에 상호적인 관계에서도 본질적 자유radical freedom를 제한해야 할 운명을 가지고 있다. 따라서 국가의 구성은 환경적 제약을 가진 자연상태보다 나은 삶을 위한 필요성에서 나온 것이므로 자유의 사회적 제한 및 협동의 결과 소득의 적정한 분배를 예정하고 효율성이 지배원리가 된다. 이것이 본질적 사회주의이고 복지주의이다. 그러므로 우리가 흔히 말하는 사회주의는 효율적 자유 혹은 분배를 부정하는 평균적 분배를 강조하는 사회주의를 말한다.

그러므로 헌법에서의 자유주의는 본질적 사회주의 혹은 복지주의와 결합되어 있는 것이다. 그리하여 무한한 자유를 전제로 한 근대적 자유주의를 형식적 자유주의라 하고 자유의 한계를 인식한 현대의 자유주의를 실질적 자유주의라 한다. 우리나라는 실질적 자유주의에 기초하고 있다.

51. 복지국가 원리

헌법 전문은 위에서 말한 본질적 사회주의 및 복지주의에 의해 “자유와 권리에 따르는 책임과 의무를 완수하게 하고 국민생활의 균등한 향상을 기하고 …”라고 선언하고 있으며 이에 의해 헌법 제34조는 사회보장제도를 규정하고 있다.

본질적 복지주의는 기본적으로 인간다운 삶에 관한 권리를 보장하는 것을 그 원리로 삼게 된다. 기본적인 인간다운 삶을 위해 협동하는 것이기 때문이다.

그러나 이 권리의 성격에 관해서 논란이 있다. 혹자는 단순한 정치적 선언이라고 하나 국가를 운영할 책임을 맡게 되는 정부에 부과된 의무이므로 정치적 선언의 성격을 갖는 것이 아니다. 그러나 자유의 경우는 본래부터 가지고 있는 비 실적적 이익, 즉 소극적 이익negative interest이므로 부당한 침해를 방어할 권리가 각자에게 주어지는 주관적 권리의 성격을 갖지만, 분배의 경우는 본래부터 가지고 있는 이익이 아니고 협동의 결과 과실이 있어야 하고 성장의 잠재력을 상실하지 않는 범위에서 각자에게 보장되는 실정적 이익positive interest인 성격을 갖는다. 그러므로 구체적으로 규정되는 경우에 발생하는 권리이다.

52. 기 본 법

헌법은 단체로서의 국가의 기본법basic law이며 최고의 형식적 효력을 가지는 최고법supreme law의 성격을 갖는다. 그러나 헌법도 공동체의 정의에 부합하지 않을 경우 그 효력이 부인될 수 있다는 관점에서는 최고성을 갖지 않는다. 그러나 공동체의 에토스는 규범이라고 볼 수 없으므로 규범으로서는 최고성을 갖는다고 볼 수 있다.

한편 헌법 이상의 것을 생각하지 않는 사람들은 헌법이 근거하는 것을 규범에서 찾고, 이것을 근본규범basic norm이라고 한다. 법을 규범체계로만 파악하는 순수법학의 입장이다. Kelsen에 의하면 근본규범은 헌법을 제정하는 근거이고 헌법 제정권력에 근거를 제공하고 그 권력을 제한하는 근거라고 한다. 근본규범은 헌법 제정권력에 근거를 제공하여야 하므로 헌법규정보다 상위에 있어야 한다. 그러나 순수법학의 입장에서는 헌법의 근거는 규범, 즉 법이어야 한다. 그러므로 근본규범은 선험적인 것이라고 한다. 헌법보다 상위에 있지만 헌법 속에 관념적으로 내재하는 것이라는 것이다. 그 이상의 것은 법의 문제가 아니고 정치적인 문제가 된다. 사실적인 것은 법체제에서 추방한다. 법의 순수성을 견지하려는 것이다.

그러나 헌법은 더 큰 법위의 사실관계와 결합되어 있는 것으로 파악하여야 한다. 정치적인 것은 헌법 밖으로 몰아내는 것이 아니고 오히려 헌법은 이 사실관계에서의 의미를 갖는 것이다. 그러므로 헌법은 폐쇄적인 규범체계가 아니고 사실관계와 접목된 개방적인 체제인 것이다. 헌법은 형식성에서 최고법인 의미를 가지고 있지만 그 형식성의 사실관계 속에 있고 그 사실관계에서 계속 수혈 받아 개선되어 가는 살아 있는 헌법이다.

53. 헌법 제정권력

일반적으로 헌법 제정권력과 헌법 개정권력을 구별하고 헌법 개정권력은 헌법에 의하여 창설된 권력이라고 본다. 그러나 헌법을 제정하는 자가 그것을 개정하는 권력을 갖는다고 보는 것이 논리적으로 모순되지 않는다.[53] 헌법 제정권력의 근거에 관해서는 크게 두 가지 생각을 한다. 하나는 헌법 이전의 어떤 사실관계에서 그 근거를 찾는 생각이고, 다른 하나는 헌법보다 상위에 있는 규범에서 찾는 것이다. 전자의 생각을 하는 사람들 중에도 근거가 되는 사실관계에 관해 생각이 동일하지 않다. Locke는 공동체의 시민에서 찾는다. 그 시민은 어떤 목적을 가진 정치적 집단이 아니고 자연인이다. 그들은 기존의 교설과 지식에 지배되지 않는 자연인[54]으로서 경험에 의해 자라나는 지식에 의해 백지에 새롭게 그림을 그리는 사람들이다. 이 점에서 Rawls가 말하는 무지의 베일veil of ignorance을 통해 세상을 보는 원초적 입장의 시민과 같다.

53) "헌법 개정"에 관해서는 限界論과 그것을 부정하는 사람들로 나뉜다. 전자는 Kelsen이 말하는 근본규범과 같이 헌법에 내재된 어떤 이념에서 찾는 사람들이다. 헌법 개정의 한계를 부정하는 사람들은 헌법에 내재된 어떤 이념을 부정하고, 헌법 개정권력은 헌법이 창설한 권력이므로 헌법이 개정한계를 규정하더라도 그것을 개정하면 되는 것이므로 개정의 한계는 없다고 하는 것이다. 한편 C. Schmitt와 같이 헌법 제정권력을 정치적 결단에서 찾는 사람들은 정치적 결단에 의해 개정할 수 있으므로 한계부정론에 있다고 할 수 있다. 그러나 그 결단을 하는 정치집단의 정치이념에 의해 제한을 받을 것이므로 그 의미에서 한계론적 성격을 갖는다고 볼 수도 있다. 그러나 한계론자들은 이러한 정치적 결단에 의한 자의적 헌법 개정에 한계를 설정하려는 것이 목적이다. Rawls의 경우도 어떤 이념보다는 헌법을 제정한 원초적 시민의 정의관의 공감대에서 찾는 것이 될 것이 되므로 한계론자들의 생각과는 다르다. Rawls가 근거로 하는 원초적 시민은 정치적 이념에 좌우되지 않는 사람들이기 때문이다.

54) Locke는 사람은 태어나면서 스스로 발전시킬 수 있고 수많은 것을 배울 수 있도록 해 주는 어떤 종류의 천부의 정신적 장치(관념이 아님)를 가지고 있다고 생각한다. 인간의 本有觀念을 부정하는 것이다. 이에 의하면, 모든 지식은 천부적 장치에 의해 외부와 접촉함으로써 자라나는 지식이므로 결국 모든 지식은 본유지식이 되는 것이 되어 모순이 있게 된다. 본유지식을 부정하려는 것이 본유지식을 인장하는 것이 되기 된다. 그러나 어떤 관념에서 출발하지 않고 동양의 덕과 같은 천부의 장치개념을 도입한 것은 종래의 사상과 다른 획기적인 것이라 생각된다. 동양에서 德을 천부의 기능을 가진 그릇과 같은 것으로 보는 생각과 유사하다. Rawls는 여기서 한발 더 나아가 절대적 개인이 아니라 원초적 입장에 있는 시민의 상대적 공감대에서 근거를 찾는다. 이명숙·곽강제 역, "서양의 지혜," p.314 참조.

한편 C. Schmitt같은 사람은 정치적 권력자 혹은 권력집단의 정치적 결단에서 찾는다. 그 정치권력집단이 무슨 생각을 하고 있는지는 고려하지 않는다. 현실적으로는 맞는 이론이라고 볼 수 있다. 그러나 그 정치집단은 Rawls가 말한 것과 같이 공동체 내의 다른 집단을 불관용intoleration하는 사람들이다. 그러나 공동체는 다른 생각을 가진 모든 정치적 세력을 포용할 수 있어야 한다. 그런 점에서 근원적이지 않다. Rocke의 생각은 Rawls의 생각과 유사하지만 인간의 천부적인 것에 기초하므로 선험적인 것이 될 수밖에 없다. 또한 Schmitt가 정치적 실력에 헌법제정 권력이 있다고 하는 것은 지나치게 현실적이고 궁극적인 도덕적 근거가 될 수 없다는 점에서 Rawls의 생각과 큰 차이가 있다.

한편 헌법의 근거를 헌법 상위에 있지만 헌법에 내재하는 것에서 찾는 사람들은 법실증주의 입장에 있는 사람들이다. 헌법규정의 현상학적 구조에서 찾아내는 것이다. 헌법 제37조 2항에서 "자유의 본질적 내용을 침해할 수 없다"고 한 규정에서 "본질적 내용"이라는 개념이 헌법의 상위에 있는 근본규범이라고 생각하는 것이다. 그러나 그것은 헌법의 상위에 있는 것이 아니고 헌법에 내재하는 하나의 개념에 불과하다. 오히려 헌법에 공동체의 사실관계가 헌법에 침투되어 있는 증거이고, 본질적 내용은 공동체 상원의 공감대 속에 실존하는 것을 가리키는 것이다.

그러므로 헌법의 근거가 되는 근본규범이 헌법에 내재하는 것으로 보는 것은 지극히 선험적인 것이다. 어떤 실재를 규정한 것이다. 그리고 헌법상위에 있어서 헌법에 근거를 제공하는 것은 규범 속에 존재하는 것이 아니다. 규범 외재적인 것이나. Rocke가 말한 것처럼 경험적으로 실존하는 시민의 마음 속에 존재하는 것이다. 그러나 공동체 시민의 공감과 같은 실존적이고 겸허한 공동의 마음 속에서 근거를 찾는 생각을 놓쳐서는 안 된다. 우리나라 헌법 전문은 이러한 생각이 분명히 나타나 있다.

54. 헌법 개정

그러므로 헌법 개정은 국가 공동체의 에토스 변경에 의하여 이루어지는 것이다. 결국 Zippelius가 말한 것처럼 변증법적인 과정을 통해 사회의 에토스가 변화해 가고 그에 따라 헌법 개정이 이루어지는 것이다. 이것을 헌법의 개혁적 개정이라고 할 수 있다. 한편 헌법 내재적 모순을 해결하기 위한 기술적 개정은 에토스의 변화에 따른 헌법 개정과는 구별된다. 그러므로 헌법의 개혁적 개정과 기술적 개정을 구별할 수 있을 것이다. 기술적 개정은 헌법 개정이 당해 헌법의 논리체계에서 이미 수용하여 예정하고 있는 것이고, 개혁적 개정은 헌법의 논리체계가 예정하고 있지 않은 개정이다.

한편 헌법이 이미 예정하고 있는 내용과 개정절차에 의하지 않는 개정과 관련하여 저항권에 관한 논의가 있다. 미국에서는 1776년 독립선언서와 각주의 권리장전에 저항권에 관한 규정을 두었고, 프랑스에서는 1791년 헌법에, 독일은 제17차 개정 헌법에 저항권을 규정하고 있다. 그러나 이것은 헌법 외재적 정치적 문제 혹은 헌법의 개혁적 개정에 관한 것이다. 그러므로 저항권에 관한 규정은 선언적 규정의 성격을 가진다. 헌법논리체계 내에 편입되는 규정은 아니다. 이미 헌법에 개정이 예정되어 있으면 저항권이 아니기 때문이다. 한편 저항권을 규정한 것이 헌법이 예정한 것이라고 볼 수도 있을 것이다. 그러나 헌법을 부정하는 저항권이다. 헌법이 기술적 개정을 규정한 것이면 저항권이라 할 필요가 없다. 그러므로 기술적 개정에 관한 것이 아닌 것은 분명하다. 만일 저항권을 규범 내재적인 권리로 본다면, 통일된 논리적 구성물에 저항권이 내장된 것으로 보는 것이 되어 논리적 모순을 초래한다. 규범은 자연법칙과 같이 자동장치가 아니기 때문이다. 사실관계를 규범관계와 혼동하는 지적 혼란이라고 할 수 있다. 그러므로 실존하는 권력을 선언한 규정이라고 볼 수밖에 없다.

한편 헌법 개정과 관련하여 헌법의 계속성에 관한 논의가 있다. 혁명과 같은 정치적 결단에 의한 헌법의 개혁적 개정을 헌법의 계속성이 파괴되는 것으로 보는 것이며, 헌법이 예정하는 내용과 절차에 의한 헌법의 기술적 개정은 헌법의 계속성을 유지한다고 보는 것이다. 헌법을 논리적 규범체계로만 보는 경우 개혁적 개정을 헌법의 파괴라는 보는 것은 맞다. 그러나 헌법의 계속성 여부는 헌법을 근거케 하는 사실관계, 즉 정의체제를 기준으로 보아야 한다. 헌법전문에 근거하여야 한다. 어떤 정치적 결단에 의한 혁명도 헌법전문에 근거할 경우는 헌법파괴가 아니다. 공동체의 문화적인 근거 혹은 민족적 근거를 파괴하는 것이 아니면 대한민국은 지속되는 것이다. 헌법과 대한민국을 구별하는 것은 대한민국의 영속성을 부정하는 위험한 생각이다. 원초적인 극한 대립을 초래한다. 우리는 관용toleration[55]이라는 최후의 보루를 놓쳐서는 안 된다. 그러므로 헌법전문은 대한민국의 근본을 선언하고 있는 중요한 의미를 갖는다. 헌법 전문이 선언하고 있는 실체를 부정하는 것이 헌법파괴일 것이다. Rawls가 말하는 불관용자의 관용 속에서 헌법의 계속성을 찾아야 한다. 그러므로 헌법체제는 정치적 결단을 수용하고 있는 것이다. 그 결단의 정당성 여부는 어떤 반대집단의 생각에 의하여 적과 동지의 투쟁이 되는 것이 아니고 원초적 입장의 공동체 시민의 도덕감정에 의하여 변증법적으로 확인되어 가는 것이다.

55. 통 치 권

통치권은 주권과 구별된다. 주권은 헌법을 제정하는 공동체의 성원에게 있는 것이지만 통치권은 단체로서의 국가에 있는 것이다. 그러므로 통치권은 헌법을 제정함으로써 비로소 생기는 창조된 권력이다. 그러므로 주권은 통일적·포괄적·불가분적인 권력이지만 통치권은 가분적·제한적·상대적 권력이라고 말한다. 통치권은 입법권, 사법권, 행정권으로 나누어지고, 내용적으로는 자주조직권, 대인고권, 영토고권의 성격을 갖는다.

한편 통치권은 헌법에 의하여 창설된 것이지만 그 헌법을 제정한 시민 공동체에 근거하고 있다. 그러므로 시민 공동체의 정의관을 실현하는 것이 통치권의 내용이라 할 수 있다. 우리나라 헌법은 제66조 2항에서 "대통령은 국가의 독립·영토의 보선·국가의 계속성과 헌법을 수호할 책임을 진다"라고 규정하고 있으므로 최고의 통치권을 행사하는 기관은 대통령이다. 미국의 경우 헌법을 수호하는 것은 대법원이다. 그러므로 미국을 사법국가司法國家라 하고 우리나라와 같은 국가를 행정국가라고 한다.

통치권은 헌법에 의하여 주어진 것을 실현하는 것뿐만 아니라 근본적으로는 시민 공동체의 정의를 실현하는 것을 내용으로 하므로 반드시 법적 근거를 가지고 있어야 하는 것은 아니다. 그러나 실정법을 준수하는 것을 일탈하는 것은 극히 중대한 사안에 국한될 것이다. 그리고 시민사회의 정의를 독단적 판단

55) 관용은 극한적이지 않다. 관용은 상대의 주장이 옳지 않더라도 그것에 대한 비판은 서로 다른 주장을 할 수 있으나 상대를 존중하는 것에 바탕을 둔다. 인간은 존엄하다는 신뢰를 잃지 않는 것이다.

하여 행하는 것은 허용되지 않을 것이다. 그러므로 헌법 第72조는 "대통령은 필요하다고 인정할 때에는 외교·국방·통일 기타 국가 안위에 관한 중요정책을 국민투표에 붙일 수 있다"라고 규정함으로써 국민투표에 의하도록 하고 그 사안도 극히 제한적인 것으로 규정하고 있다.

56. 삼권분립

삼권분립은 국가 통치권의 집중으로 인한 문제를 방지하기 위한 것이다. 그러나 삼권은 하나인 통치권을 나눈 것이다. 원래 통치권은 주권과 같이 통일적, 포괄적, 불가분적 성격을 갖는 것이다. 그러므로 삼권이 서로 충돌하는 문제가 생긴다. 결국 삼권 간의 관용tolerance의 질서에 의해야 하는 것이다.[56] 사소한 대립의 비용이 자유의 총량을 훼손하는 것이 되면 정의롭지 않다. 그러므로 중대하고 긴급한 것이 아니면 상대방을 존중하는 것이다.

57. 기 본 권

우리나라 헌법은 인간의 존엄성과 행복을 추구할 권리를 근본으로 하여 천부의 자유권적 기본권으로 평등권, 신체의 자유, 거주·이전의 자유, 직업선택의 자유, 주거의 자유, 사생활의 비밀과 자유, 양심의 자유, 종교의 자유, 언론·출판·집회·결사의 자유, 학문·예술의 자유, 저작권 등의 보호, 재산권의 보장 및 국가 권력의 형성 및 행사와 관련한 선거권, 공무담임권 및 청원권, 재판을 받을 권리, 무죄추정 및 진술권, 두고 있다. 또한 수익권적 기본권으로 형사보상,

---

56) 헌법학자들은 삼권간의 관계를 견제와 균형check and balance관계라고 한다. 한편 사법권의 행사와 관련하여 대통령의 어떤 초법적인 행위를 "통치행위"라고 한다. 이것은 국가의 법체계를 초월하는 정의관과 연결된 것이다. 그러므로 국가의 법률행위를 법적으로 판단하는 사법권의 입장에서는 초법적인 행위는 불법이 될 것이나 헌법의 목적 차원에서 관용하는 것이다. 통치행위라는 개념을 통해 헌법질서에는 정의관이 침투되어 있는 것을 볼 수 있다. 그러나 통치행위도 정의의 개념 속에 포함되는 법치주의를 존중하여야 한다. 법이 공동체의 안위를 염려하는 극한적 상황이 아니면 법을 준수하는 것인 우선이다. 신중의 격률에 의해야 한다. 결국 법률적 인격과 헌법적 인격을 동시에 가지고 있는 통치자는 덕성스러운 사람이어야 한다.

국가·공공단체의 배상책임, 범죄행위로 인한 피해구조, 교육을 받을 권리·의무, 평생교육진흥, 근로의 권리·의무, 최저임금제, 여자·연소자의 보호, 국가유공자에 대한 기회우선, 근로자의 단결권·단체교섭권 및 단체행동권, 사회보장, 환경권, 혼인과 가족생활부장, 모성보호, 국민건강보호, 등을 규정하고 있다.

기본권은 크게 자유권적 기본권과 수익권적 기본권으로 나누어 볼 수 있다. 자유권은 헌법에 의하여 비로소 창설되는 권리가 아니고 헌법 이전에 이미 존재하고 오히려 헌법의 정당화 근거가 되는 원초적 입장의 공동체에 이미 존재하는 것이다. 헌법에 규정함으로써 국가에 의한 보장성을 획득하는 것이지만 헌법에 의하여 창설된 권리가 아니다. 반면 수익권적 기본권은 헌법에 규정함으로써 비로소 창설되는 권리인 성격이 강하다. 그러나 수익권도 헌법 이전의 공동체의 시민의 구상 속에 이미 있는 것이다. 사회계약은 공동체의 성원이 국가를 구성함으로써 본래적 자유의 보장을 받을 수 있을 뿐만 아니라 자유를 통해 생산된 것의 배분을 본래적으로 예정하고 있기 때문이다. 오히려 적절한 배분이 더 중요할 수 있다. 자유를 보장함으로써 무한히 행복을 창출하고 얻을 수 있다면 국가를 구성하는 사회계약은 불필요할 것이기 때문이다. 무한한 자유에 기초한 것이 근대국가이다. 근대국가는 공동체의 자유의 한계와 생존조건의 한계를 인식하지 못한 것이다. 오히려 사회계약의 이유를 간과한 지적 혼란이라고 보아야 한다. 그러므로 천부적 인권 혹은 자유라는 생각도 적절치 않은 면도 있다. 공동체에서의 자유는 공동체의 생존조건에서 출발하므로 공동체의 생존조건이라는 한계를 가지게 되기 때문이다.

한편 자유권적 기본권에 관해서 국가가 강제적 의무를 부과하지 않음으로써 존재하는 반사적 이익이므로 자유권이 침해된 경우 국가에 그 구제를 청구할 수 없는 권리라고 보는 사람(Kelsen)도 있다. 헌법 제10조에서 “국가는 개인이 가지는 불가침의 기본적 인권을 확인하고 이를 보장할 의무를 진다”라고 규정한 것을 국가가 그 자유를 규제하지 않음으로써 비로소 존재하는 권리로 보는 것이다. 그러므로 그 침해의 구제를 청구하는 것은 논리적으로 성립할 수 없는 것이 된다. 그러나 자유는 공동체의 시민이 향유할 수 있는 법이전의 존재이다. 국가가 허용함으로써 비로소 존재하는 것이 아니다. 그러므로 국가도 헌법 침해할 수 없는 것이다. 그러므로 헌법 제37조 1항에서 “국민의 자유와 권리는 헌법에 열거되지 아니한 이유로 경시되지 아니한다.” 또 제2항에서 “…제한하는 경우에도 자유와 권리의 본질적인 내용을 침해할 수 없다"고 한 것이다. 이 경우 "침해"는 국가만이 아니라 개인 상호 간에도 침해하는 경우를 포함할 것이다. 그러므로 예를 들어 타인의 재산을 침해한 경우 손해배상을 청구할 수 있는 것이고, 타인의 권리를 침해한 경우 국가는 형벌을 가하기도 한다.

그러나 평등권에 관해서는 국가와 국민 간의 관계로만 보는 관점이 유력하다. 국민 상호 간의 평등권의 침해는 그 구제를 청구할 수 없는 반사적인 권리라고 보는 것이다. 그러나 국가는 자연적 혹은 사회적 불평등요소를 배제하고 국민 상호 간의 평등한 자유를 보장함으로써 자신의 노력과 그 노력의 기회균등을 통해 분배를 공정히 하고자 하는 원초적 입장에서 출발하고 있다. 그러므로 다른 사람이 다른 사람을 평등하게 하지 않는 것을 구제할 의무가 있으며 각인은 그것의 구제를 청구할 권리를 갖는 것이다.

58. 기본권의 구조

헌법상의 자유권적 기본권은 평면적이지 않다. 헌법 제10조에서 규정한 "행복추구권"은 인간의 존엄성에서 나온 자유권적 기본권의 기본권이다. 행복추구권은 행복을 추구하는 권리이므로 행복이 무엇인지 알아야 한다. "행복"은 인간의 실존이고 헌법 이전의 존재이며, 정의관이 출발하기 이전의 존재 혹은 정의의 기초가 되는 존재로서 인간의 德性에 존재하는 것이다.[57] 한편 이 행복을 추구하는 권리, 즉 행복을 추구하는 자유는 "인간의 존엄성"에서 나온다. 인간의 존엄성은 卽自的[58]인 것이고 절대적인 것이다. 행복은 인간이 자유의지에

57) Kant는 인간은 목적이어야 하며 수단이 되어서는 안 된다는 말로 표현하고 있다.

58) "즉자적'이라는 생각은 독일 철학자 Fichte(1762-1814)의 自我槪念에서 나온 것이다. 그에게 있어서 자아는 존재하는 것 일체를 의미하고, 자아는 본질적으로 다른 것에 의하여 제약받지 않고 능동적으로 자신을 정립하는 존재이다. 이러한 순수한 의미에서의 자아는 인식의 대상이 되지 않는다. 그러므로 즉자적인 것이다. Schelling(1775-1854)은 Fichte의 절대적 자아는 다름 아닌 절대자 그 자체이므로 자연과 정신, 즉 객관과 주관은 본질적으로 동일한 것으로 보았다. 자아를 세계의 중심으로 파악하고 세계는 자아에 편재되어 있는 것으로 보는 불교적 세계관과 유사하다. 한편 Hegel은 자아는 차별성을 가진 有限者이므로 모든 것을 포괄하는 절대자가 될 수 없다고 보았다. 그러므로 유한한 자아는 변증과정을 통해 절대자에 접근해 간다는 생각을 한다. 인간은 卽自的 단계에서 對自的 단계로 다시 자기에게 돌아오는 卽自對自的 단계로 전개되면서 절대자에 접근해 간다. 그러나 Hegel의 절대자는 Democritos가 개체를 분석하여 원자로 우주가 구성되어 있다는 결론을 도출한 것과 같이 자아를 분석하여 단단하고 순수하지만 죽어있는 객관적 존재에 접근한 것이다. 자아는 객관과 주관이 결합되어 있는

의해 선택하여 하는 행위의 결과이다. 그러므로 행복추구권은 자유권이다. 이 행복추구의 자유는 무엇으로서의 자유, 즉 인간의 즉자적이고 절대적인 존엄성으로서의 자유이다.[59] 그러므로 "자유를 위한 자유"가 아니라 행복을 위한 자유이다. 자유는 원래부터 手段性을 가지고 있다.[60] 자유는 정서적emotional이고 이성적인reasonable 인간의 덕성을 기초로 행복을 얻기 위한 목적으로 그 행복을 얻는 수단으로 행위를 선택하여 그 결과로서 행복을 얻는다. 그러므로 행복이 목적이며 자유는 수단이 된다. 그러나 덕성이라는 구조mechnism 속에 있다.

한편 공동체는 생존조건의 제약이라는 자연적·사회적 환경environment에서 출발한다. 생존조건이 제약 없이 자유롭게 행복을 얻을 수 있는 것이라면 협동을 위한 공동체를 구성할 필요가 없을 것이다. 그러므로 공동체는 자유롭지 못한 생존조건에서 출발한다. 공동체는 자연과 사회의 선을 통해 자신들의 생활을 개선하려는 목적을 가지게 된다. 행복추구라는 자연적 목적에서 새로운 사회적 목적이 출현하고 있다. 이것은 정치적 사건이다. 그러므로 헌법에서 규정하는 자유는 정치적 자유의 성격을 가지며, 이 정치적 자유는 무엇으로부터의 자유의 성격을 갖는다. 즉 생존조건의 제약을 개선하기 위한 생존조건으로부터의 자유의 성격을 갖는다.

그러나 정치적 자유는 인간의 행복을 추구하기 위한 본래적 목적에서 일탈하는 것이 아니다. 공동체의 목적을 실현하기 정치적 자유는 속성적인 자유attributive liberty의 성격을 갖는다. 그러므로 인간의 존엄성에서 나온 본질적인 자유intrinsic liberty인 행복추구권은 공동체가 설정하는 목적 실현을 위한 속성직 자유권인 정치적 자유권의 타당근거가 된다.

그러므로 공동체의 정치적 자유권은 공동체의 목적과 관련하여 정당성의 구조를 갖고 있는 반면에 타당성의 구조를 동시에 갖고 있다. 공동체의 목적은 행복이 아니고 행복을 실현하기 위한 수단으로서 목적을 갖는다. 그러므로 별도

나눌 수 없는 전체로서의 의미를 가지고 인식의 대상이 되지 않는다는 Schelling의 생각에 공감한다.

59) Erich Fromm은 "무엇으로서의 자유," 즉 존재양식에서의 자유와 "무엇으로부터의 자유," 즉 소유양식으로서의 자유를 구별한다. 후자는 무엇으로부터 방해를 받지 않고 자기영역을 확보하려는 자유이므로 소유양식의 자유이다. 그러나 전자는 본래적인 것이다.

60) Sartre는 "본질적 자유radical freedom"를 말하고, 자유, 즉 선택이 본질을 결정하는 것이라고 한다. 그러므로 "자유를 위한 자유" 혹은 선택을 위한 선택이 된다. 자유가 목적이 된다. 그러나 자유, 즉 선택 자체는 공허한 것이다. 그러므로 무엇을 위한 선택일 수밖에 없다. 그 무엇은 존재하는 것이며 이 존재구조에서의 선택이다. 존재 내에서 자기실현을 위한 선택, 즉 행복을 실현하기 위한 선택인 것이다.

의 목적체계를 가지고 있다. 그러므로 그 목적체계에서의 정당성문제와 그것이 본질적인 목적과의 타당성문제는 구별하여야 하기 때문이다. 논리적으로도 구별된다. 예를 들면 가정에서 부모에게 대하는 예절의 경우 그 예절은 가정의 화목 혹은 부모에 대한 사랑과 관련 되는 본질을 가지고 있는 것이지만 그 예절은 별도로 작용하고 있다. 그리고 그 예절들은 계속 생성되는 것인데, 그것들은 상위의 기본적인 예절에 맞아야 하는 정당성의 계층구조를 형성하게 된다. 이것이 정당성 구조이다.

한편 이러한 예절은 가정의 화목 혹은 부모의 사랑과 관련하여 타당하여야 의미가 있다. 이것이 타탕성 구조이다. 그리고 이 타당성 구조도 가장 근원적인 것, 즉 근원적인 가치가 우선하는 계층구조를 형성한다. 그러나 이 타당성은 규범의 문제가 아니므로 규범체계인 정당성 구조와 구별되는 것이다. 정당성 구조는 적극적인 것이라면 타당성 구조는 소극적인 것이다. 그러나 이 두 구조는 공동체에 공존한다. 오히려 공동체의 가장 상위의 정당한 목적은 공동체의 가장 근저에 있는 타당성에서 나온다. 정당성은 타당성에서 생명력을 수혈받고 타당성은 정당성에서 실천력을 얻게 된다.

공동체의 정당성 구조를 보면, 헌법 제정권력은 공동체의 가장 상위에 있고 공동체의 목적을 달성하기 위해 집회결사의 자유, 언론출판의 자유, 집회결사의 자유 등 정치적 자유[61]를 부여하여 국가를 구성하고 구성된 국가에 통치권을 부여하며, 그 통치권에 의하여 국가의 목적을 달성하기 위해 자유권을 보장한다. 이 자유권은 그 자유의 결과물을 증대시키기고 적절히 배분되도록 권한과 책임을 효율적으로 배분하기 위한 목적[62]을 갖는다. 한편 원초적으로 사회적·

61) 공동체의 목적이라는 관점에서 헌법상의 모든 자유권적 기본권은 정치적 자유권의 성격을 갖는다. 그러나 정치적 자유권은 국가 이전의 공동체적 자유권과 국가의 구성원리로서의 자유권을 구별해 볼 수 있다. 헌법 제10조에서 제23조에 규정한 권리들은 인간의 존엄성에서 나온 국가 이전의 공동체적 자유권으로서 성격과 동시에 국가의 구성원리로서의 자유권인 성격을 갖는다고 할 수 있다. 예를 들어 양심의 자유는 국가가 그 구성원리로서 보장해야 하는 자유권이지만, 동시에 공동체는 인간의 존엄성에 근거하므로 그 존엄성에서 나오는 양심의 자유를 전제하고 있는 것이다. 그러나 같은 조문내의 조항들이 성격이 다르므로 일률적으로는 말할 수 없을 것 같다. 한편 헌법 제24조에서 제30조는 국가의 구성원리로서의 정치적 자유권의 성격을 갖는 것으로 볼 수 있다. 예를 들어 선거권은 국가 이전의 공동체, 즉 묵시적 사회에는 존재하는 것으로 볼 수 없기 때문이다. 그러나 국가 이전의 공동체도 여러 단계를 생각할 수 있다. 국가를 구성하기로 하여 헌법을 제정하기로 한 단계에서는 어느 정도 구성에 관한 원칙들이 도출될 것이고 헌법의 제정을 국민투표에 의하기로 합의했다면 선거권에 관한 것은 공동체의 원리인 성격을 갖게 될 것이다.

62) 헌법 전문에 나타나는 기회균등의 원리와 효율성의 원리는 여기에 해당한다고 할 수 있다.

자연적 제약을 가지고 있는 사람들에 대한 보상을 위한 계획[63]을 동시에 가지고 있다. 이러한 자유권적 기본권과 수익권적 기본권은 통치권에 의해 법으로 정해지며, 그 법들은 상위의 헌법을 정점으로 법의 서열에 따라 정당성의 서열이 부여되는 정당성의 계층적 구조를 가지고 있다. 그러나 그 정당성의 구조는 타당성의 계층구조와 관련된다. 그러므로 같은 정치적 자유라도 양심의 자유, 학문의 자유, 종교의 자유, 집회결사의 자유는 참정권, 선거권, 공무담임권보다 상위의 정당성을 확보할 것이다.

59. 공학과 환경

환경권[64]은 인간의 행복추구와 함께 공동체가 출발하는 기본적 전제이다. 오하려 환경은 공동체의 생존조건이므로 행복추구권의 전제가 된다. 공동체에서의 행복추구는 자연적·사회적 환경의 제약을 받고 있기 때문이다. 공동체의 성원이 국가를 구성하기로 구상하는 것은 자연과 사회의 선을 도출하여 공동체의 생존조건의 제약으로부터 보다 자유로워지거나 자연이나 사회의 주어진 조건에서 선을 찾아내어 생존조건을 개선하려는 것이다. 이런 관점에서 과학과 공학은 인간이 자연의 제약으로부터 보다 자유로워지거나, 자연의 선을 이끌어 내는 가장 강력한 힘을 가진 것으로 중요한 의미를 갖는다. 한편으로 과학과 공학의 선택의 폭이 넓어진 현대에서는 환경을 개악할 수 있는 가능성이 높아져 있다. 그러므로 과학과 공학의 의무성이 강해지고 있는 것이다.

환경과 공학에 관해서는 다음과 같은 두 가지 관점이 있다.[65] 하나는 지구인구의 20%인 부자가 세계자원의 80%를 자기 것으로 주장하는 것은 부당하다. 즉 소수의 사람들이 부자가 되기 위해 나머지 대부분이 사용하여야 할 자원을 낭비하거나 파괴하는 것은 부당하다는 것이다. 그러므로 부자가 과잉소비를 하지 않는 것이 늘어나는 인류의 삶을 개선하기 위해 필수적인 것이라고 보는 것이다. 다른 하나의 관점은 세계인구의 20%에 해당하는 엘리트들이(여기서 엘리

63) 헌법 제31조에서 제34조 참조.

64) 헌법 제35조 1항은 "모든 국민은 건강하고 쾌적한 환경에서 생활할 권리를 가지며, 국가와 국민은 환경보호를 위하여 노력하여야 한다"라고 규정하고 있다.

65) 한기찬 옮김, 지식의 지배, pp.225-247 참조.

트는 부자가 아니지만 부자들의 산업활동이 환경에 부정적인 양향을 미치고 있다는 비판적인 시각을 가지고 있으며, 산업활동을 하는 사람들이 아니므로 쾌적한 환경을 선호하는 성향을 가지며, 정책결정에 영향력을 미칠 수 있는 사람들로 가정된다) 자기들의 생활수준과 스타일을 위해 자원의 낭비를 줄이고 파괴하지 말아야 한다고 주장하는 것은 인구의 80%에 해당하는 생활수준이 낮은 사람들의 생활수준을 개선하기 위한 경제활동을 막으려는 것과 같다고 주장한다. 경제적 활동은 자원, 즉 환경의 소모를 수반하기 때문이다.

그러나 상위 20%의 부자와 상위 20%의 엘리트들은 다 같이 자신들의 생활이 부유한 것을 바랄 것이지만, 숨쉬기 곤란하고 오염된 음식을 먹을 수밖에 없는 상황을 원하지는 않을 것이다. 한편으로 부자들은 자신들의 경제력으로 다른 사람이 나쁜 공기와 오염된 음식을 먹을 때 자신들은 신선한 공기와 청정한 음식을 먹을 수 있다고 생각한다면 문제는 다르다. 그러나 이 문제는 여기서 지나가기로 한다. 그러므로 그들은 경제를 발전시키면서도 자신들의 생존을 위협하는 환경을 파괴하지 않는 방법을 택할 것이다. 그러면 하위 80%의 사람들은 어떤가? 엘리트가 아니고 부자가 아닌 점에서 같은 부류의 사람들이다. 엘리트들이 아닌 그들은 환경이 다소 파괴되더라도 경제발전을 원한다. 부자가 아닌 그들은 부자들이 자원을 낭비하는 것을 원하지 않는다. 결국 상위 20%의 사람들과 마찬가지로 자원을 낭비하지 않으면서 경제를 발전시키는 방법을 택하기를 원하는 사람들이다. 인류는 환경을 보호하면서 경제를 발전시키는 방법을 택하는 점에서는 의견의 일치를 보는 것이다.

다만 사람들 간에 그 방법에 관한 의견이 일치되지 않는 것이다. 하나는 공학의 발달과 경제발전은 오히려 환경을 개선한다는 생각이고 다른 하나는 경제발전은 환경을 악화시킨다는 것이다. 전자는 20-30년 전에 비해 현재의 환경은 훨씬 개선되었다는 것을 증거로 제시한다. 그러나 후자는 오존층의 파괴 혹은 지구온난화와 같은 증거를 제시한다. 결국 인간의 노력에 의해 개선할 수 있는 여지가 있는 부분과 한번 파괴되면 개선이 불가능하거나 엄청난 재양을 수반할 수 있는 것을 구별하는 것이 중요하다. 그러나 문제되는 것은 지구온난화와 같은 장기적이면서 불확실한 문제에 관해서는 제대로 대처하지 못하고 있다는 것이다. 그러므로 불확실한 가운데 대책을 세우지 못하는 가운데 돌이킬 수 없는 결과를 초래할 위험이 있는 것이다.[66)]

60. 기본권 침해의 구제

그러나 기본권 침해의 구제는 국가만이 할 수 있는 것으로 생각하는 것이 유력한다. 개인이 재산상의 침해를 입은 경우 그 침해를 직접 구제할 수 없는 것이고 국가에 그 구제를 요청하여 그 구제를 받는 것이라고 보는 것이다. 그러나 재산상의 침해를 그 침해의 구제를 상대방에게 요청할 수 있는 것도 개인의 개인에 대한 구제요청이다. 다만 강제력을 동원하는 자력구제는 사회질서를 해할 우려가 있으므로 긴급한 경우가 아니면 국가기관에 의하여 하도록 하고 있는 것이다.

한편 수익권과 같은 국가의 급부를 요하는 권리는 개인과 개인 간에는 침해행위가 있을 수 없으므로 자유권적 기본권과는 다른 면이 있다. 그러나 그 급부청구에 관한 권리를 다른 개인이 침해할 수 있는 것은 충분히 상상할 수 있다. 국가는 원초적으로 사인 간의 관계로 형성된 공동체의 생활을 보다 질서 있고 더욱 유익하게 하기 위한 목적에서 탄생한 것이므로 사인 간에는 상호 침해를 하지 않아야 하고 그 구제를 상호 간에 요청할 수 있는 것이 당연하다. 다만 강제력만 국가가 유보하고 있는 것이다. 그러므로 국가의 강제력을 요청하

---

66) 사회심리학에서는 이와 같은 현상을 "방관하는 구경꾼uninvolved bystander"이라 한다. 그 대표적인 사례로 Kitty Genovese 사건을 든다. 뉴욕의 주택가에서 Kitty Genovese라는 여자가 그 여자의 이웃들(38명)이 지켜보는 가운데 목졸려 죽은 사건이다. 무려 30분 이상 괴한에게 구타당하고 죽임을 당하는 것을 이웃들(38명)이 지켜보았으면서도 그 괴한의 행동을 저지하지도 않고 심지어 경찰에도 알리지 않았다는 사실이 사회심리학자들의 관심의 대상이 되었다. 사회심리학자들은 다음과 같은 실험을 통해 이웃들이 행동하지 않은 이유를 밝히고 있다. 어떤 사람이 의자를 딛고 선반에서 어떤 물건을 꺼내다가 떨어져 무거운 물건에 눌린 상태에 있는 것으로 꾸며 고통을 호소하며 도움을 요청했다. 방에 혼자서 있던 사람들은 70%가 그 사람을 구원하기 위해 달려왔으나 여러 사람과 같이 있던 사람들은 7%만이 달려왔다는 실험결과를 얻었다. 혼자가 아니고 같은 방에 여러 사람이 같이 있는 사람들에게는 군중심리가 작용한다. 즉 자신을 개인으로 보는 것이 아니라 군중의 일원으로 보는 것이다. 그러므로 군중은 그 위험이 도움을 필요로 하는 것인가? 누가 구원의 역할을 맡을 것인가? 그리고 역할을 맡았더라도 구원할 방법을 모르면 구원하지 않을 것이다. 그리고 방법을 알더라도 구원하다가 자신이 입을 수 있는 위험이 있다고 생각하면 구원하지 않을 것이다. 군중의 누구도 행동에 옮기지 않는 책임의 확산diffusion of responsibility현상이 나타난다. 군중 전체에게는 책임이 있지만 개인은 책임이 없는 것이다. 그러는 가운데 Kitty Genovese는 죽은 것이고 그 죽음은 돌이킬 수 없는 것이 되었다. 사회문제에 관한 모든 도덕적 책임은 이와 같은 집단적 책임collective responsibility의 성격을 본질적으로 가지고 있다. 사회의 모든 사람은 전체적으로 사회를 위험으로부터 방지할 책임이 있지만 각자는 책임이 없는 상태에 있다. 그러므로 행동결적과정이 미리 정해진 사회적 윤리시스템이 필요하다. 이것을 거시적 윤리macro-ethics라고 한다.

여 구제받을 경우 실기할 수 있는 긴급한 경우에는 개인의 개인에 대한 강제력을 허용하고 있다.[67]

미국의 경우 인권규정에 관해 국가에 대해서만 효력이 있고 사인 간의 행위에 대해서는 효력이 없다고 본 연방법원의 판례가 있으나 사인의 행위를 "국가 유사행위"로 보아 사인 간의 행위에 관해서도 효력이 미치는 것으로 해석하고 있다. 기본권을 반사적 권리라고 보는 생각이 깔려 있다고 할 수 있다.

61. 법치주의

법의 지배rule of law는 국가권력은 법에 의해야 한다는 법치주의를 말한다. 그러나 영국에서의 법치주의는 다른 의미를 갖는다. 영국에서의 법의 지배는 의회법의 우위supremacy of parliamentary law이론이다. 즉 국가의 통치행위는 의회가 정한 법에 의해야 한다는 것이다.

영국에서는 17세기의 시민의 힘이 커지는 시민사회를 배경으로 시민의 대표자로 구성된 의회가 정한 법에 의하여 왕권을 제한하려 이론으로 나타난 것이 의회법의 지배이론이다.

반면 독일에서의 법의 지배는 단순히 법에 의해야 한다는 의미의 법치주의[68]이다. 그 법은 정당한 법인 것이 당연히 전제되어 있다. 한편 미국의 경우, 의회는 헌법의 수권에 의해 국가의 법률을 정하는 기관으로 권능을 가며, 법원에 의회가 정한 법률의 합헌성을 심사할 수 있는 권능을 부여한 결과 사법법의 우위원칙이 확립되었다.

---

67) 형법 제21조의 정당방위, 제22조의 긴급피난, 제23조의 자력구제가 예외적인 강제력의 허용이라고 할 수 있다.

68) 법치주의는 형식적 법치주의와 실질적 법치주의를 포함한다고 말한다. 형식적 법치주의로는 국가권력은 헌법의 구속을 받는다는 헌법구속의 원칙, 행정과 사법은 법규범에 반해서는 안되는 법률의 우위원칙, 국민에게 부담을 지우는 국가행위는 법규범이 수권한 경우에만 허용된다는 법률의 유보원칙을 말한다. 실질적 법치주의로는 법적 안정성원칙, 비례원칙, 과잉침해금지원칙, 기본권보장원칙 등을 말한다. 법적 안정성은 국가 및 사인의 행위에 대한 예측가능하고 확실한 행위기준을 정립하는 것을 목표로 한다. 비례원칙은 국가의 침해행위에 의하여 실현되는 이익보다 더 중요한 이익이 침해될 경우에는 국가행위는 금지된다는 원칙을 말한다. 과잉침해금지원칙은 국가목적의 달성에 적합한 여러 행위들 중에서 이해상충을 최소한도로 줄일 수 있는 행위를 선택하여야 한다는 것이다. 기본권은 국가권력이 절대로 넘을 수 없는 한계를 설정하고 그것을 보장하기 위한 것이며 국민 상호 간의 침해를 보호하기 위한 것이다. 김형배 역, 법학입문, p.135-145 참조.

결국 독일의 법치주의는 법체제를 실정법체계로만 본 것이고 영국과 미국의 경우는 비실정적인 체계를 포함하여 법의 지배를 말하고 있는 것이라는 점에서 차이가 있다. 그러나 비실적인 체계를 포함하여 법체제를 보는 것이 보다 완전한 법체제를 이해하는 것이 된다고 본다 이에 관해 Rawls는 "법체제는 합리적인 인간들에게 제시되어 그들의 행위를 규제하고 사회적 협동의 구조를 제공하기 위한 공공규칙의 성격을 가진다. 그러나 자유의 우선성으로 구성되어 있으며, 법은 정의를 규정한 것definitive of justice as regularity이다"라고 말한다. 영국의 법의 지배이론과 독일의 법의 지배이론을 함께 수용할 수 있는 여유가 생긴다. 법체제를 "자유의 우선성으로 구성되어 있으며 정의를 규정한 것"이라고 보는 점에서는 영국적 전통에 의하여 정의로운 법치주의를 말한 것이고, 법체제를 "사회적 협동의 구조를 제공하기 위한 공공규칙"이라고 함으로써 독일의 법치주의가 수용될 수 있다.

> 법체제는 합리적인 인간들에게 제시되어 그들의 행위를 규제하고 사회적 협동의 구조를 제공하기 위한 공공규칙의 성격을 갖는다. 한편 법의 지배rule of law는 자유의 우선성priority of liberty으로 구성되어 있으며 자유와 밀접히 관련되어 있다. 그러므로 법체제는 일관되고 공평한 규칙성에 입각하여 정의를 규정하는 것definitive of justice as regularity이다. 따라서 이러한 법체제가 정의로울 경우 합당한 기대의 기반을 확립해 주지만, 그들의 기대가 충족되지 않을 경우는 정당하게 반대할 수 있는 근거를 형성한다. 한편 규칙성이 정의로부터의 이탈이 지나치게 횡행할 경우 생겨날 수 있는 심각한 문제는 예를 들면 법적 체제가 독재자의 이익 등을 위해 마련된 경우 이 법체세에 관한 정의관이 이런 법체제에 대항하기 위한 것으로서 존재하는지의 문제가 있을 수 있다.
>
> 그러나 법질서를 공공규칙의 체계로 생각하는 것의 요지는 법을 일관되고 규칙적인 것으로 할 때 믿음이 생기는 것이고 나아가서 다른 조건이 동일한 경우 법의 지배가 충족될 경우 더 정의롭게 운용된다고 말할 수 있다는 것이다. 이와 같은 형식적 정의는 공평하고 규칙적인 운용을 보장하고자 하는 것이다. 그러나 이 법의 규칙적인 운용에 관해서도 부정의가 있을 수 있다.

62. 법의 규칙성

Rawls는 법의 지배에 관한 원칙을 법의 규칙성에 관한 원칙이라 정의한다. 즉 정의의 원칙과 법의 지배를 구별하여, 법의 지배를 독일에서 말하는 법의 지배의 의미로 정의하고 있는 것이다. 그리고 법의 규칙성, 즉 법의 지배에 관해 대강 다음과 같이 말한다. 법의 규칙성은 적용 대상에 관한 규칙성, 장소에 대한 규칙성, 시간에 대한 규칙성, 적용에 관한 규칙성, 규정 자체에 관한 규칙성, 적용에 관한 규칙성을 갖는다. 가장 근본적인 것이 법 앞의 평등원칙이다. 다른 원칙들은 종속적인 원칙이라 할 수 있다.

종속적인 원칙으로는 적용시간의 규칙성이 중요할 것이다. 과거의 사건에 관해서 혹은 미래의 사안에 관해서도 법은 규칙성을 갖는다. 법에 관한 법의 준수성이 높아지는 법 정책적인 의미도 있지만 규칙이라는 개념성에서 당연히 나오는 원칙이다.

다음으로 중요한 것은 규칙 자체의 규칙성이다. 법이 자주 바뀌면 법의 규칙성을 해하기 때문이다. 다음은 법 적용의 규칙성이다. 영미법의 선례구속의 원칙은 법적용의 규칙성에서 나온 것이라 할 수 있다.

다음은 기득권존중의 원칙이다. 이미 얻은 권리를 나중의 법에 의하여 박탈하는 것은 법의 규칙성에 반한다고 볼 수 있다.

다음은 성문법 원칙이다. 국가가 적용하는 법을 미리 알고 있어야 하는 것이고 그렇지 않은 성문법에 근거하지 않는 법에 의한 재판은 규칙성을 해하는 것이다.

다음으로 생각할 수 있는 것은 규칙의 명확성 원칙이다. 명확하지 않으면 해석의 재량이 많기 때문이다. 죄형법정주의 및 형벌규정의 유추해석을 금지하는 것은 인권사상과 결부되어 법의 명확성을 강화하고자 하는 것이라 할 수 있다.

기타 절차의 규칙성을 들 수 있다. 법의 실체는 절차를 통해 실현된다. 따라서 실체의 규칙성을 위해서는 절차의 규칙성을 요하는 것은 당연하다. 절차에 관한 것으로는 영장제도, 변호인의 조력, 체포·구속에 대한 통지의무, 구속적부심사, 고문금지, 불리한 진술의 거부권, 재판과정에서의 변론주의, 재판의 공개주의 등이 있다. 또한 행정절차 및 입법절차가 있다. 절차를 법에 규정함으로써 입법 혹은 행정의 규칙성을 확보하려는 것이다.

그러나 이상에서 말한 규칙성에 관한 원칙, 즉 법의지배의 원칙들은 정의의 원칙 혹은 법적 안전성의 원칙과는 구별하여 생각하여야 한다. 법의 지배의 원칙은 정의 및 법적 안정성이라는 법의 이념을 능가하는 원칙은 아니며 정의의 실현 및 안정성에 부수되는 원칙이기 때문이다. 다시 말하면 법의 지배의 원칙은 안정적 정의를 효과적으로 실어 나르는 그릇, 정의의 외피인 것이다. Rawls는 법의 지배의 원칙과 정의원칙과의 관계에 관해 다음과 같이 말한다.

> 법의 지배는 "무엇을 해야 한다"로 되어 있지만 "해야 한다ought"는 "할 수 있다can"는 규칙을 함축하고 있다. 그러므로 "해야 한다"는 규칙, 즉 법의 지배가 요구하고 금지하는 행위는 사람들이 합당하게 행하거나 피하리라고 기대될 수 있는 종류의 행위이어야 한다는 것이다. 법을 제정하고 명령을 부여하는 사람도 명령을 받는 사람이 그것을 할 수 있을 경우에 명령을 내려야 한다는 임무를 성실하게 이행해야 한다. 그러므로 법과 명령은 그것이 지켜질 수 있고 실행될 수 있다고 일반적으로 믿어지는 경우에만 법과 명령으로 받아들여진다. 만일 이것이 의심스러울 경우 당국자들의 명령은 아마도 행위를 규제하는 것 이외의 "다른 목적"을 갖고 있는 것으로 보는 것이다. 끝으로 법적 체계는 수행이 불가능한 것에 관한 정당한 변명이나 적어도 참작요인을 재판에서 받아 들여야 한다는 것이다. 위법유무의 판단이 보통 행할 수 있는 우리의 능력 내에 있는 행위에 국한되지 않는 다면 그것은 자유에 대한 견딜 수 없는 부담이 될 것이다.
>
> "유사한 것은 유사하게 취급하여야 한다similar cases be treated similarly"는 법의 지배에 관한 신조가 있다. 이러한 신조가 지켜지지 않는다면 법규를 통해 인간의 행위를 규제할 수 없을 것이다. 그러나 이 신조는 유사성의 기준이 법규 자체의 해석에 의해 주어진다고 가정해야 하기 때문에 한계가 있다. 그러나 유사한 경우에 유사한 결정이 내려져야 한다는 규칙은 재판관과 다른 당국자들의 재량을 제한해 주는 의미가 있다. 그러므로 그들은 관련된 법규나 원칙에 의거해서 자신들의 취급이 사람들과 다를 경우 그 구별되는 것을 정당화하지 않을 수 없게 된다. 만일 법규가 복잡한 경우 마음대로 한 결정을 정당화 하기란 쉽지 않을 것이다. 그러한 사례들이 증가함에 따라 편파적인 판단에 의해 그럴듯하게 정당화한다는 것은 점점 어려워지고 더욱 설득력을 잃어간다. 확립된 법규로는 처리할 수 없는 난관에 당면해서 만들어지는 형평법equity law의

경우도 정당성을 확보하지 못할 경우의 난관은 마찬가지일 것이다.

"법이 없다면 벌도 없다Nullum crimen sine lege"는 신조가 있다. 이것 역시 법의 지배에 함축된 관념에서 나온다. 이 규칙은 법이란 알려지고 분명히 공표되어야 하며 그 의미가 명확하게 규정되어야 하고, 그 법규는 그 언어적 표현은 그 의도하는 것을 표현하는 것으로 일반적이어야 하며, 분명히 이름이 밝혀질 수 있는 어떤 특정개인을 해치는 방식으로 사용되어서는 안 된다. 적어도 보다 무거운 범죄는 엄격하게 해석하여야 하고, 형법은 그것을 적용받는 사람들을 불리하게 하는 소급 효력을 가져서는 안 된다는 것이다. 이상과 같은 요구조항들은 공공 법규에 의해 행위를 규제한다는 관념 속에 내포되어 있다. 법조문에서 명령하고 금지하는 내용이 명확하지 않을 경우 어떻게 행동해야 할지를 모를 것이고, 나아가서 사권 상실서bills of attainder나 사람들을 불리하게 하는 소급입법은 체제의 지배적이거나 특징적인 면모일 수 없는 것이다. 이러한 법규들이 법체제가 되는 경우 법체제가 합법적인 기대의 기초를 제공하여 사회적 행위를 규제하는 작용을 할 수 없게 만들 것이다.

법의 지배에 관해서는 "자연적 정의 관념the notion of natural justice"에서 나오는 신조들이 있다. 만일 법이 합리적인 사람들의 행위를 규제하도록 그들에게 주어진 지침이라면 법원은 이러한 법규들을 합당한 방식으로 적용하고 시행하여야 하기 때문이다. 따라서 법은 합리적인 심문절차를 보장해 줄 증거에 관한 규칙들을 포함하고 있어야 한다. 그러므로 재판관은 독립적이고 공평하여야 하며, 심문은 공정하고 공개적이어야 하며, 공중의 불평에 편승해서는 안 된다. 이러한 자연적 정의에 관한 신조들은 법질서가 공평하고 규칙적으로 유지될 것을 보장하기 위한 것이다.

그러므로 자유는 "제도에 의해 규정된 권리와 의무의 복합체a complex of rights and duties defined by institutions"이다. 여러 가지 자유는 우리가 원하는 경우에 선택할 수 있는 여러 행위를 명시해 주며 자유의 본성에 비추어 합당한 경우 타인들은 그 행위에 관해서 방해하지 않아야 할 의무를 갖게 된다. 만일 법조항이 애매하고 불명확하면 우리가 자유로이 행할 수 있는 것 역시 애매하고 불명확하게 되며 법조항이 불확실한 만큼 자유는 두려움으로 인해 제한을 받게 된다. 또한 재판과정이 그 본질적인 성실성을 상실하거나 정당한 변호를 인정해 주지 않는 경우가 생긴다면 역시 자유는 제한을 받을 것이다. 이와 같이 합법성의 원칙the principle of legality은 최대한의 평등한 자유를 확보하고자 하는 합리적인 인간들의 합의 속에 그 확실한 기초를 가지고 있다. 그러므로 질서정연한 사회의 시민들은 일반적으로 법의 지배가 유지되기를 원하게 된다.

63. 법의 지배의 필요성

법의 지배는 공동체의 구성원을 기본적으로 도덕적이고 합리적인 사람으로 보고 있으나 항상 도덕적이고 합리적일 수 없다는 가정에 근거한다. 또한 우리는 절대적인 선을 기준으로 하지 않고 자연적인 인간의 도덕성 및 합리성을 가정하고 있다. 그러므로 보다 많은 생산을 위해 협동체제에 합의한 사람이라도 협동의 결과 생기는 산출물에 관해 보다 많은 것을 자기의 몫으로 하기 위해 다른 사람의 자유를 해할 수 있다는 것을 가정한다. 따라서 정의원칙을 실현하기 위해서는 법의 지배가 필요하다는 것이 정의의 원칙 속에 내재되어 있다. 그러나 궁극적으로는 인간은 도덕성을 회복할 것이라는 믿음을 잃지 않는다. Rawls는 법의 지배의 필요성에 관해 다음과 같이 말한다.

> 정부의 강제력coercive powers of government은 협동체의 안정을 위해 어느 정도 필요하다는 생각은 합당하다. 사람들 사이에 공유된 정의감common sense of justice이 있다 하더라도 그들은 서로에 대해 완전한 신뢰를 하지 않을 수도 있기 때문이다. 그들은 누군가가 자신의 본분을 다하지 않으리라고 의심할 수 있고 자신들의 본분을 행하지 않으려는 유혹을 받을 수 있다. 이러한 유혹이 널리 인식되면 체제가 붕괴되는 원인이 될 수 있다. 집단적 형벌collective sanctions에 의하여 뒷받침되는 법규들에 대한 공중의 해석public interpretation of rules이 갖는 역할은 바로 이러한 불안정을 극복하려는 것이다. 효과적인 형벌제가 있다는 것은 사람들 간의 상호 안전에도 도움이 된다.

64. 형벌제도

법의 지배를 담보하는 효과적인 방법은 형벌이다. 이 형벌은 고통을 주는 것이고, 고통은 비이성적인 방법인 것은 분명하나 고통을 주는 이유에 관해서는 견해가 서로 다르다. 가해자가 당한 고통만큼 고통을 돌려줌으로써 정의를 실현하는 것이라는 생각이 있고, 다른 하나는 고통을 가함으로써 자신의 잘못을 깨닫게 하여 다시는 그와 같은 행위를 하지 않도록 비이성적인 성격을 교정하여 사회에 복귀키는 목적을 가진 것이라고 생각하는 것이다. 전자의 생각을 應報刑說이라 하고 후자의 생각을 目的刑說이라고 한다. 전자는 "죄가 범하여졌기 때문에 처벌된다"라고 하고, 후자는 "장래에 죄가 범하여지지 않도록 처벌되는 것이다"라고 한다.

한편 어떤 행위가 형벌을 받을 책임이 있는 것으로 판단하는 국가행위, 즉 책임판단과 형벌을 받을 책임 있는 행위를 한자에 대해 형벌을 加하는 국가행위, 즉 처벌은 각각 다른 의미를 가지고 있음을 유의하여야 한다. 전자의 국가행위는 어떤 행위에 대한 반가치판단이다. 이 반가치판단은 두 가지 대상에 대해 행해진다. 하나는 행위를 한 자에 대한 반가치판단, 즉 비난reproach을 하는 것이고, 다른 하나는 일반인에게 어떤 행위에 대한 반가치 판단의 기준, 즉 어떤 행위를 하는 경우 국가의 법에 위반된다는 행위기준을 제시하는 것이다. 다시 말하면 이미 법에 규정된 행위기준에 관한 구체적 행위기준, 즉 구체적 규범을 생산하는 것이다. 책임 있는 행위를 한 자를 비난하는 것은 비난으로 그치는 것이 아니고 형벌책임에 의해 실제의 형벌을 받게 되므로 비난은 별 의미가 없게 된다.[69] 그러므로 국가가 행하는 형벌에 관한 책임판단의 목적은 일반인에 대한 구체적 행위기준을 제시하는 것이라고 할 수 있다. 이와 같은 국가의 목적을 一般豫防이라고 한다. 그러므로 "죄가 범하여졌기 때문에 처벌된다"는 응보형설을 취하는 입장에서는 설명하기 곤란한 점이 있다.

그러나 이와 같은 국가의 판단행위는 목적형설 및 응보형설과는 다른 차원의 것임을 유의해야 한다. 양설은 처벌, 즉 형벌을 가하는 이유에 관한 것이다. 그러므로 응보형설을 취하는 입장에서도 국가가 어떤 행위기준을 제시하고 그것에 대한 책임판단을 하여 형벌을 가하는 것이라는 점을 부인할 수는 없을 것이다. 그러므로 응보를 법의 목적을 초월한 절대적 정의의 실현이라고 보는 것은 타당치 않다. 응보는 "죄를 범하여지지 않도록 처벌된다"는 국가의 목적에 지배되는 것이라고 보아야 한다. 응보적 처벌은 손해배상과 같이 피해자 등의 정신적 혹은 물질적 손해를 補償하는 방법으로서의 의미를 가지고 있다고 보아야 한다.[70]

69) 형법책임이 아닌 경우 행위자에게 비난으로만 그치는 경우는 많다. 예를 들어 여론의 비난 등을 보면 알 것이다. 심리적 압박 같은 것이다. 사회의 규범은 많은 경우 이와 같은 비난에 의존되어 있다.

70) 응보사상은 "이는 이로 눈은 눈으로"라는 고대 함무라비 법전에서도 보이는 것이다. 피해자가 당한 고통만큼 가해자에게 돌려주는 것이다. 근대형법에서 "죄를 범하였기 때문에 처벌

한편 국가의 형벌책임에 관해 형법은 다음과 같은 구상을 하고 있다. 형법은 공동체의 성원에게 법이 보호하고자 하는 이익을 침해하지 않을 것을 기대한다. 그리고 그들은 성격적으로, 이성적으로 혹은 사회적으로 자유로운 인간으로 想定된다. 그러므로 문제가 되는 행위를 함에 있어서 행위자가 자유롭지 않으면 형벌을 받을 책임이 없다고 판단하는 것이다. 어떤 행위에 대한 반사회적인 가치판단을 하는 것이다. 그러므로 일반인을 대상으로 하는 것이다. 그러나 범죄자에 대한 판단인 성격도 동시에 갖는다. 그러므로 이 책임판단에 의해 행해지는 처벌은 기본적으로 구체적 범죄자에 대한 비난이라는 성격을 갖는다.

그러나 여기서 유의해야 할 점이 있다. 범죄자를 처벌한다는 것은 특정 범죄인을 이미 이성적인 인간으로 보지 않는다는 점이다. 형벌은 육체적 혹은 물질적 고통을 주는 것, 결국 정신적 고통을 주는 비이성적인 방법이다. 이성적인 인간으로 본다면 비이성적인 방법은 타당하지 않고 미성적인 비난으로 그쳐야 하기 때문이다. 그러므로 형벌은 이성적인 비난이 아니다.

한편 형벌을 이와 같이 고통을 주는 것과 같이 비이성적인 방법이라고 생각할 때 응보형설이 설득력을 얻는다. 비시성적인 사람에 대한 비이성적인 방법이 타당성을 확보할 수 있기 때문이다. 그러므로 형벌을 고통을 주는 것으로 보지 않는 교육형설이 나타난다. 응보retribution함으로써 정의를 실현한다는 생각은 비윤리적이다. 소모적인 것이라 할 수 있다. 고통을 갚기 위해 새로운 고통을 만들기 때문이다. 한없는 응보가 이어지고 사회는 응보의 세상이 될 것이다. 물론 이 경우 국가는 사적인 응보를 금하고 국가가 그 응보를 대신함으로써 응보의 역속을 단설하는 복안을 가시고 있기는 하나. 그러나 그 국가의 응

한다"는 원칙으로 정착되었다. Kant는 형벌을 절대적 정의의 실현이라는 관점에서 "시민의 이익사회가 모든 구성원의 찬동으로 해산한다 할지라도 무엇보다도 먼저 감옥 안에 남아있는 최후의 살인자는 미리 교수형에 처하여만 한다. 그것은 모든 사람이 자기행위에 상응하는 대가를 받도록 하는 것이며, 그 살인자의 처벌을 주장하지 않는 국민들에게 살인죄가 돌아가지 않게 하기 위한 것이다. 왜냐하면 그러한 국민들도 정의에 대한 이와 같은 공적침해의 공범자로 간주될 수 있기 때문이다"라고 하였다. 이와 같이 응보사상의 가장 뚜렷한 특징은 과거 지향적인 특성이다. 그러나 법은 과거의 행위에 대한 평가를 통해 일반인에게 장래를 향한 행위기준을 제시하는 것 혹은 범죄자에게 형벌을 가함으로써 사회복귀를 위해 교정하는 것을 목적으로 하여야 한다는 생각에서 응보형설을 부인하는 목적형설이 유력하다. 법은 본질적으로 미래지향적이다. 형벌을 가하는 것은 과거의 행위에 대한 응보가 아니라 적절히 평가하여 장래의 행위기준을 제시하고 구체적으로는 행위자를 교정하는 생산적 활동이라고 보는 것이 옳다. 정의론적 입장에서도 법은 미래지향적·배분적 정의를 본질로 하는 것이라고 본다. 생존조건을 같게 하는 것 그러기 위해 보상하는 것은 그것 자체가 목적이 아니라 장래의 평등한 삶을 위해 조건을 같게 하는 목적을 가진 배분적 정의의 계획으로 나타나는 것이다. 평균 자체를 목적으로 하는 것은 과거 지향적이 되고 세상을 어둡게 만든다.

보행위 자체가 비윤리적이다. 비윤리적인 국가는 타당성을 잃는다. 그러므로 형벌은 교육이며 교정이라는 목적을 갖는 것으로 정립할 수밖에 없다. 그러나 교정이나 교육도 비이성적인 방법인 것은 분명하다. 그러므로 형법은 비이성적인 사람에 대한 비이성적인 방법인 교육 혹은 교정의 방법을 채택하고 있는 것이다.[71] 이성적인 사람에게는 잘못을 지적하는 방법, 즉 비난으로 끝나야 한다.

그러므로 형법은 책임판단 단계에서는 이성적으로 자유로운 도덕적 인간을 대상으로 하는 것이고, 형벌을 가하는 처벌단계에서는 비이성적인 인간을 대상으로 하는 이중적 구조를 가지고 있다. 전자의 단계에서는 공동체 성원 전체를 대상으로 행위기준을 제시하여 그 행위기준을 따를 것을 기대하며, 그것을 어길 경우 그에 대한 국가의 조치를 알리는 것 혹은 그 조치를 할 국가기관에 대한 명령을 하는 것이다.[72] 여기서 유의할 것은 행위기준을 제시하는 것은 사회의 성원체에 대한 것이고, 그 사회의 성원은 이성적으로 자유로운 도덕적 인간이라고 상정하고 있다는 것이다. 한편 응보형설의 입장에서는 이 행위기준에 반할 경우 형벌을 科하는 것을 일반에게 알림으로써 심리적 강제를 하는 효과를 거양하는 목적을 가지고 있는 것이라고 해석한다. 이것을 一般威嚇라고 한다. 그러나 교육형설의 입장에서는 위하가 아니라 단순히 행위기준을 제시하고 그 것을 어긴 사람은 반드시 처벌하라는 명령을 사법기관에 하고 있는 것으로 보는 것이다. 그러나 앞에서 검토한 바와 같이 응보한다 혹은 위하한다는 것은 부적절하다.

형법이 책임판단을 하는 경우 자유로운 인간으로 상정된다는 점을 말한 바 있다. 이 경우 자유롭다는 것은 성격적으로 이성적으로 혹은 사회적으로 자유로운 개인을 말한다. 그러므로 이 의미에서 자유롭지 않은 사람은 책임판단에서 형벌책임이 없는 것으로 판단된다.[73] 그러나 여기서 문제되는 것은 목적형설에 의하면 형벌은 사회방위를 위해 교정하는 것이 목적이므로 행위에서 자유롭지 않은 비이성적인 사람은 오히려 형벌을 가하여야 하는 것이 되므로 형벌의 목

71) Aristoteles는 인간에게는 이성적인 부분과 비이성적인 부분이 있다고 하고 비이성적인 부분은 저절로 자라는 자연과 같은 것이므로 비이성적인 부분을 다루는 방법은 이성적인 방법이 아닌 다른 방법, 즉 자연적 방법으로 하여야 한다고 말한바 있다.

72) 법은 1차적 행위규범과 2차적 制裁규범이 결합된 것이다. 1차규범은 일반인에게 행위기준을 제시한 것이고, 2차규범은 사법기관에 1차규범의 관철을 명하는 것이다. 형벌에 관한 규정은 2차규범이 된다. 이와 같은 법규범은 일반인을 대상으로 하는 것이다. 이것은 일반적 위하라고 한다. 김형배 역, 법학기술, pp.48-51 참조.

73) 형법 제9조에서 제16조까지가 책임판단에 관한 규정이라고 할 수 있다.

적과 책임판단의 목적이 모순되는 경우가 생긴다. 몇 가지 경우를 나누어 볼 수 있다.

형법은 기본적으로 개인책임주의 입장에서 책임판단을 하고 있다. 그러므로 외부 세력에 의해 강압된 행위, 자신 혹은 다른 사람이 위험한 경우 이를 방위하기 위한 행위를 처벌하지 않는 것은 당연하다. 다만 이런 행위를 허용하는 범위가 넓을 경우 질서가 문란할 것을 우려하여 긴급을 요하는 경우로 한정하여 허용하고 있다. 또한 착오로 인한 행위도 그 착오가 개인의 책임으로 돌릴 수 없는 경우 혹은 본인의 과실로 볼 수 없는 경우 등은 개인의 책임으로 돌리지 않는 것도 당연하다 할 수 있다. 한편 행위자가 행위를 하게 된 사회적·자연적 결함에서 나온 행위도 개인책임원리에서 설명할 수 있는 측면이 있다. 오히려 이런 경우는 행위자를 교정하여 사회에 복귀시키는 것이 형벌의 목적(목적형설)에서 형벌을 가하는 것이 타당할 수 있다. 그러므로 형법이 이런 경우에도 처벌하지 않는 이유를 찾아야 한다. 그러므로 형법은 개인책임 원리 외에 보상원리를 가지고 있음을 인식하는 것이다. 법은 공동체의 평등한 생존조건에서 출발하고 있다. 그러므로 공동체의 생존조건에서 평등하여야 하는 정신적·신체적·사회적 여건에서 개인의 책임으로 돌릴 수 없는 결함은 보상하여야 하는 것이 정의의 원칙이다. 따라서 이러한 결함이 있는 사람의 행위에 관해서는 처벌하지 않음으로써 보상하는 것이라는 것이다.[74] 그러므로 형법은 부도덕한 unmoral 사람과 초도덕적인amoral 사람을 구별하는 또 하나의 판단기준을 가지고 있다. 부도덕한 사람은 자기의 행위의 의미를 알 수 있는 판단능력을 가진 사람, 즉 이성적인 사람이나 반사회적 행위를 한 것이므로 부도덕한 사람이고, 초도덕적인 사람은 자기의 행위의 의미를 이해하고 의사결정을 할 수 없는 사람이므로 공동체가 전제하고 있는 평등한 인간으로서의 이성적 판단을 할 수 없는 성격적·사회적 결함을 가진 사람이다. 그러므로 후자에 관해서는 처벌하는 것이 문제가 아니라 그 결함을 보상하는 것이 우선적 문제가 된다. 이에 관해 책임능력과 형벌능력을 구별한다. 성격적 혹은 사회적 결함이 있는 사람은 형벌능력이 없다고 보는 것이다. 그러나 책임판단은 형벌을 가할 것인가에 관한 판단이므로 형벌능력을 구별할 이유는 없다고 본다.[75] 그러나 형벌을 加하는 단

74) 형법 제9조, 제10조, 제11조가 이에 해당한다고 할 수 있다.

75) 범죄행위를 반사회적 성격의 징표로 보는 사회적 책임론자 혹은 행위자 형법론자(주관주의 형법론자라고도 한다)들은 책임능력을 형벌능력이라고 본다. 그러나 형법은 기본적으로 자유

계에서는 형벌능력을 고려하는 것이다. 이 단계에서는 사회복귀를 위한 과학적인 교정방법이 필요하기 때문이다. 그러나 그 교정방법에 관해서도 자유재량이 아니고 법의 근본정신인 인간의 존엄성의 존중 혹은 비례의 법칙 및 과잉금지의 원칙의 한계 내에서 하는 것이다. 그러나 재판의 단계를 넘어 行刑의 소관사항으로 되는 것이다. 그러므로 형벌능력에 관한 문제는 行刑의 문제이다.

그러나 보상의 원리에 의해 형벌에서 면제된 사람들이 사회에 위험한 경우의 문제가 남아 있다. 실제로 이런 사람들에 대해 형벌과는 구별되는 保安處分[76]을 하는 경우가 있다. 따라서 보안처분 등을 하는 이유에 관한 설명이 필요하다. 형벌을 응보라고 보는 입장에서는 형벌은 배상에 의해 정의를 실현하는 것이므로 교육·치료·격리의 목적을 갖는 보안처분을 설명할 수 없다. 그러나 형벌을 비이성적인 사람, 즉 부도덕한 사람에 대한 사회로부터의 격리 혹은 교정을 목적으로 한다는 目的刑說의 입장에서는 형벌과 보안처분은 구별되지 않는다. 다만 형법이 자유로운 개인이라는 책임판단의 기준을 선행요건으로 하여 책임판단을 하는 논리체계를 가지므로 형벌책임에서 제외된 것이다. 법체제가 일관성을 유지하려면 형벌제도만 가져야 할 것이다. 그런데 보안처분제도를 두고 있는 이유는 무엇인가? 여기서 형벌제도와 보안처분이 같이 근거하고 있는 근본적인 공동체의 안전보호 문제가 있음을 인식하게 된다. 공동체는 자유의사를 가진 이성적인 도덕적 인간을 상정하여 자기 책임원리에 의해 일반인에게 행위기준을 제시하고 그에 의해 책임판단을 하지만, 그것은 자유로운 도덕적 인간을 기대하는 것이며 이 도덕적 자유에 의해 사회의 안전과 생활조건의 개선하려는 기대를 설정하고 있는 것에 불과하다. 그러므로 형벌제도는 일반인에게 자유로운 도덕적 인간으로서의 행위를 기대하고, 부도덕한 행위를 한 자에 대해서는 교정하여 사회에 복귀시킴으로써 사회의 안전을 기하려는 것이다. 그러므로 보안처분을 하는 목적과 만나고 있다. 따라서 형벌에서 제외된 사람도 사회의 안전을 해할 우려가 있을 경우 치유하거나 격리시키는 조치를 별도로 하게 되는 것이 타당성을 확보하게 된다. 법체제는 사회의 안전[77]을 기반으로 형벌제

로운 도덕적 인간을 상정하고 있다. 다만 형벌을 가하는 단계에서는 교정이 목적이므로 행위자의 성격이 고려된다. 그 범위에서 형법은 행위자 형법이라고 할 수 있다. 그러나 책임이 없는 사람은 처벌하지 않으므로 형법은 기본적으로 행위형법이다. 황산덕, 형법총론, p.194 참조.

76) 사회보호법 참조. 사회보호법은 "이 법은 죄를 범한 자로서 재범의 위험성이 있고 특수한 교육·개선 및 치료가 필요하다고 인정되는 자에 대하여 보안처분을 함으로써 사회복귀를 촉진하고 사회를 보호함을 목적으로 한다"라고 규정하여 목적을 밝히고 있다.

도와 보안처분이라는 2원적 제도[78]를 가지고 있는 것이 된다.

그러나 교정이 아무리 인도적인 방법으로 하더라도 인간의 자유를 제한하는 것임을 부정할 수는 없다.[79] 그러므로 사회의 안전을 위한 자유의 제한은 그

77) 공동체 성원이 장래에 관한 예측가능성이 높은 상태를 사회가 안전하다고 할 수 있을 것이다.

78) 이원적 제도라 함은 법체제에는 행위법과 행위자법이 동시에 존재한다는 것이다. 형법은 일반인을 대상으로 행위기준을 제시하고 그에 반하는 행위에 대한 반가치 판단을 통해 구체적 행위기준을 세시하는 역할을 하는 한편으로 범죄사에 내해 형벌처분을 한나. 전자는 *行爲法*이고, 후자는 행위자법이다. 이와 같은 *行爲者法*은 광범하게 존재한다. 전염병을 예방하기 위해 일정 지역 주민을 격리시키는 조치와 같은 국가의 공권력 발동이 근거하는 법은 구체적 지역 및 사람을 대상으로 하는 것이므로 반사회적 성격을 가진 자를 사회로부터 격리하여 교정하기 위한 사회보호법과 마찬가지로 행위자법이다. 이와 같이 모든 행정처분에 관한 법은 행위자법이라 할 수 있다. 형법에 의한 처벌도 구체적 사람을 대상으로 하므로 마찬가지로 행위자법이다. 그런데 형법의 경우는 어떤 행위기준이 엄격히 제시되어 그 행위기준에 반하는 행위를 하는 경우 공정한 재판을 하고 그 재판에 의하여 책임이 있다고 판단되어야 처벌, 즉 행정처분을 하는 반면, 전염병예방을 위해 격리하는 경우는 동일하게 자유의 구속인데 재판을 선행하지 않는 이유는 무엇인가? 형법의 경우는 우선 국민에 대한 행위명령, 범죄자의 처벌을 행하는 국가기관에 대한 명령, 후자의 경우에도 재판기관에 대한 명령과 행정기관에 대한 명령으로 나누어 볼 수 있다. 그러므로 국민의 행위명령에 위반한 것에 관한 처분은 법원의 재판을 거쳐 책임이 있는 경우 행정기관이 처벌하는 절차로 구성되어 있는 것이다. 그러면 재판기관과 행정기관의 행위법에의 위반문제는 어떻게 되는가? 재판기관에 대해서는 삼심제도 등 행위법적 규율이 있고, 마찬가지로 행정기관의 형벌집행 행위에 대해서도 행위법적 규율에서 해방되는 것은 아니다. 반면 전염병 예방을 위한 격리에 관한 법은 국민에 대한 행위기준은 제시되지 않고 행정기관에 대한 명령인 성격만 갖는 행위법이라고 할 수 있다. 그 법에 의해 행정처분을 하는 것이고 그 행위법에 위반한 경우에 관해서는 사후에 재판을 받거나 하여 그에 상응한 행정처분을 받는 절차로 되어 있다고 할 수 있다. 이와 같이 모든 법은 국민, 재판기관 혹은 행정기관에 대한 행위기준을 제시하는 행위법을 가지고 있고 그에 관해 처분을 하는 행위자법적인 요소를 동시에 가지고 있다. 오히려 국가의 법체제는 행위자법을 기본으로 하고 행위법은 이 행위자법을 규율하기 위한 행위법을 가진 이원적 구조로 관측될 수 있다. 한편 전염병 예방을 위한 격리조치와 같은 행정처분의 경우는 형법과 같이 엄밀히 검토를 거친 다음에 행정처분을 하지 않는 이유에 관해서는 어떤 위반행위에 관한 것이 아니고 행정처분에 관한 것이기 때문이라고 할 수 있다. 그러나 전염병 예방을 위한 격리도 형벌의 집행과 마찬가지로 행정처분이므로 그 처분의 적법성이 검토되는 것에서 면제될 수는 없을 것이다. 다만 재판절차가 아닌 행정절차에 의하는 것이다. 형벌처분의 경우나 전염병을 예방하기 위하여 격리하는 경우나 국민에 대한 자유의 구속인 측면에서는 동일하므로 정의론적 타당성이 있어야 하는 것은 분명하다. 한편 형법과 같이 역사적으로 국가에 의한 인권침해 가능성이 많았던 분야는 엄격한 행위기준과 재판절차를 거쳐 행정처분을 하는 것으로 발달하였다고 할 수 있으나 행정절차는 아직 충분히 발달하지 못하고 있는 측면을 볼 수 있다. 행위자법이 정의론적 행위법의 규제를 받는 다는 생각을 배제하면 행위자법을 사회공학적social engineering으로 관념하게 되는 위험이 있다. 특히 형법의 경우 사회방위책임을 강조하는 목적형설 혹은 행위자법설은 범죄자를 생래적 범죄인이라고 보고 범죄행위를 반사회적 성격의 징표라고 하는 Feuerbach 이론에서 발달한 것이다. 과학적 측면을 부인할 수 없으나 정의론적 범죄이론이 배제된다는 점에서 위험한 이론이다. 그러나 목적형설은 반드시 *徵表說*에 근거할 이유는 없으며, 정의론적 행위형법을 기초로 하여도 가능한 것이다.

79) 형벌이 실제적으로 행해지는 현상적 관점에서 형벌이 고통을 줌으로써 교정하고 격리라는 자유의 제한이 따르는 것이 사실이다. 형벌의 종류로 규정하고 있는 징역이나 금고를 보더라도 확인되는 것이다.

제한으로 얻게 될 이익과 비례원칙에 의해 합당하여야 하고, 또한 자유를 제한하지 않고도 사회의 안전을 확보할 수 있으면 처벌하지 않아야 하는 과잉금지의 원칙에 합당하여야 한다. 사회의 안전을 해할 가능성이 있으면 반드시 처벌해야 하는 사회공학social engineering적 생각을 바탕으로 하는 목적형설은 위험하고 타당하지도 않다.

한편 Rawls는 형벌제도에 관해 다음과 같이 설명한다.

> 형벌제도를 설치하는 경우, 형벌제도가 가지고 있는 불이익도 고려하여야 한다. 형벌제도에는 비용과 자유라는 두 가지 위협이 있다. 강제기관을 설치하는 것이 합리적이기 위해서는 그 비용[80]이 불안정에서 오는 자유의 상실보다 작아야 한다. 그러므로 최선의 체제는 비용과 자유에 대한 위협을 최소화하는 것이다. 그리고 중요한 것은 강제기관의 활동방향을 명확히 규정하는 것이다. 비이성적이라 할 수 있는 형벌제도가 제한적이어야 한다는 조건이 자유의 원칙에서 도출되는 기본적인 것이다. 그러므로 형벌이 일차적으로 응보retribution 혹은 비난denunciation이라는 관념에 기초하고 있지 않고, 그 대신에 자유 그 자체를 위한 것임을 알 수 있다. 그러므로 만일 시민들이 법이 무엇인가를 알 수 없고 그들에게 그 지침을 고려할 공정한 기회를 주지 않는다면 형벌제도가 그들에게 적용되어서는 안 된다. 법체계를 합리적인 인간들이 그들의 협동체를 규제하도록 제시된 공공적인 법질서로 간주한 결과이며 자유에 대해서 합당한 비중appropriate weight of liberty을 부여한 결과이다. 이 이론에 의해 피고인 정신mens rea과 관련하여 형법에 의하여 인정되는 변명과 변호를 설명할 수 있고, 그것이 법의 개조를 위한 지침이 될 수 있다는 생각을 한다.

65. 법의 부분적 준수

그러나 법의 지배가 "할 수 있으므로 하여야 한다you can do it, so you must do it"는 정의의 신조에 기초하여야 함에도 불구하고 법이 정의원칙을 부분적으로 준수하는 것을 정당화하는 소위 법의 부분적 준수론partial compliance

80) 여기서 "비용"은 경제적 비용을 말하는 것이 아니고 형벌이 초래하는 비용, 즉 범죄자에 대한 자유의 제한이나 물질적 손실을 포함한 처벌로 인한 소극적 측면을 말하는 것이다. 처벌은 상대적으로 다른 사람들의 자유 혹은 안전을 도모하는 적극적 측면도 동시에 가지고 있으므로 양자의 균형문제가 있는 것이다.

theory이 있다. 이에 관해 Rawls는 다음과 같이 말한다.

> 예를 들면 날카로운 종교적 대립관계에 있는 종파들이 전쟁을 하기 위해 무기를 수집하고 군대를 소집하는 상황에 대처하기 위해 정부가 무기의 소지를 금지하는 법을 제정하였다고 하자. 이 법에 의하면 어떤 사람의 집에서 무기가 발견되었을 경우, 다른 사람이 이 무기를 자기 집에 두었다는 것을 증명하지 못하면 유죄판결을 받게 되어 있다. 이 법에 의하면 무기를 소지할 의사와 무기에 대한 지식이 없다는 것 및 주의해야 할 합당한 기준에 관한 것을 주장할 수 없게 된다. 이와 같이 형벌에 관한 법규가 “하여야 한다”는 “할 수 있다”를 함축한다는 정의의 신조에 위반하더라도, 부과된 형벌이 지나치게 심하지 않으면 대표적인 시민the representative citizen을 기준으로 할 경우 정의로운 법으로 받아들여질 수 있다. 그러나 이것이 일부에 보다 큰 선이 된다고 하여 나머지 사람들에게 보다 작은 선이 돌아가게 할 수 있다든가, 보다 큰 경제적·사회적 이익을 위해 보다 작은 자유가 희생되는 것을 정당화하는 것은 아니다. 대표적인 시민의 기본적인 평등한 자유라는 형식the form of the basic equal liberty of the representative citizen을 공동선common good의 준거로 할 수밖에 없기 때문이다. 결과적으로 불행한 여건과 소수의 不正義한 사람들의 계략으로 인해 공동선을 위해 질서정연한 사회에서 누리게 될 자유보다 훨씬 더 작은 자유가 불가피하게 된 것이다.

토론과제

공학체제와 법체제의 같은 점과 다른 점을 분석하라.

(토론방법)

- 공학체제와 법체제를 비교하여 정리하도록 한다.
- 表로 요약하도록 한다.
- 表를 제시하여 토론하도록 한다.

제10장

법률관계론

1. 생활공동체

법률관계는 공동체의 성원 간의 생활관계를 기초로 한다. 그러므로 생활관계를 떠난 법률관계는 없다. 생활관계는 협동을 통해 보다 질서 있고 효율적으로 하기 위해 국가를 구성하고 국가의 법률에 의하여 법률관계가 생기는 것이다. Smend는 특정사회의 생활공동체의 가치가 기본권의 보장과 같은 법의 실질적 계기이므로 법은 정치공동체 혹은 국가생활의 지침인 성격을 갖는 것이라고 말한다.

우리는 관념적으로 인간의 자아실현을 위한 열망, 즉 고통과 쾌락으로 모든 것이 해석될 수 있는 자연상태를 생각해 볼 수 있다. Rawls는 이 상태를 원초적 사회 혹은 원초적 입장이라고 말한다. 이 자연 상태의 사회의 구성원들은 자원의 부족 등 환경적 제약조건을 인식하고 생존을 위해서는 상호 협동하는 것이 필요하다는 공감대를 형성한다. 원초적인 윤리공동체moral community라 할 수 있다. 인간의 불완전함을 인식하고 공동체를 유지하기 위해서는 자유의 제한이 필요하다는 데에 공감대를 형성하고 그 협동을 위한 체제를 구성하기로 한 정치적 공동체political community가 형성된다. 이에 따라 헌법을 채택하고 그 헌법에 의해 법체제를 구축하면 법공동체legal community가 형성된다. 그러나 이 여러 공동체는 역사적 발전 단계를 말한 것은 아니고 관념적 존재이다. 모든 생활공동체에 동시적으로 내재되어 있는 것이다. 이것을 도식화하면 자연상태⊃윤리적 공동체⊃정치적 공동체⊃법공동체가 된다. 자연상태가 역사적으로 발전하여 법공동체가 되는 것이 아니고 법공동체는 인간의 자연상태, 윤리적 공동체, 정치적 공동체인 것이다. 그러므로 이 생활공동체의 시민은 자연인이고 윤리적 공동체, 정치적 공동체, 법공동체의 시민citizen인 것이다.

2. 법제도와 법체제

법규범은 법공동체의 성원들이 본래 가지고 있거나 새롭게 획득할 수 있는 권리와 그에 따른 의무, 이 권리와 의무가 귀속될 주체, 그 주체에 부착되는 법인격legal personality, 귀속될 권리·의무의 객체, 구체적인 권리·의무가 발생하는 법률요건, 이 권리·의무가 원만히 이행되지 않을 경우 그것을 구제하는 주체와 절차 등 수없이 발생하고 소멸할 구체적 법률관계에 곤한 논리적 형식을 마련하고 있다. 이것이 법제도legal arrangements이다. 그리고 이 법제도는 그것이 근거하고 있는 정의 원칙principle of justice에서 정당성을 찾으며, 공동체 성원의 정의관conception of justice에 타당하지 않을 경우는 그 제도를 고치거나 효력을 발생시키지 않는 것까지도 포함하는 법공동체체제가 잠정적으로 정한 법체제 및 규칙의 성격을 가지고 있다. 그러므로 법체제legal system는 공동체의 성원의 관념, 인식 및 행위 속에 편재ubiquitous[1]하여 법체제를 이루고 있는 것이다.

1) 인간과 세계와의 관계에 관한 두 가지 관점이 있다. 하나는 인간을 객관적이고 절대적인 세계에 종속되어 지배되는 수동적이고 유한한 존재로 보는 것이다. 무자체계와 형상계를 대립시키고 이론이성과 실천이성을 대립시키고 있는 Kant 및 이데아와 현실, 형상과 질료를 대립시키고 있는 Plato의 생각과 같다. 다른 하나는 개체가 전체이고 동시에 전체가 개체라고 보는 것이다. 그러므로 세계는 개체, 즉 인간에 나타나 있는omnipresent것으로 보는 것이다. 자아란 존재하는 것 一切를 가리키는 것이라고 말한 피히테의 생각, 주관과 개관은 그 뿌리에서 같고 절대자 속에는 이러한 구별이 없다고 한 셸링의 생각과 같다. 기독교에서도 피히테와 셸링이 個體에 一切가 존재한다고 생각한 것과 같이 신은 만물 속에 편재ubiquitous한다고 한 편재론자들이 있었다. 불교에서도 화엄경에서 "光明으로부터 무수한 연꽃이 나타나고, 그 연꽃잎 하나하나에는 무량한 부처님이 계셔서 중생을 가르쳐 인도한다"라고 한 말, "一卽一切 一切卽一"(개체는 바로 전체이고 전체는 바로 개체이다)라는 말도 편재론자의 생각과 동일하다고 할 수 있다. 우주를 유기적 전체organic whole로 보는 Stoa학파의 윤리관에서도 볼 수 있다.

3. 헌법체제

법체제는 헌법체제와 법률체제로 구별된다. 헌법체제는 법률체제 혹은 단체로서의 국가체제의 기초를 이루는 것이므로 구별된다. 헌법체제는 정치공동체 political community가 생활공동체의 구성원이 가지고 있는 본래적 가치의 보호 및 신장을 목적으로 국가의 목적을 설정하고 그 목적을 실현할 국가기관의 구성 및 그 기관들이 하여야 할 일에 관한 지침인 헌법을 채택한다. 법률체제는 이 지침에 기초하여 만들어 진 것이다.

4. 정 의 관

국가를 구성하고자 하는 공동체 성원 상호 간에는 다음과 같은 정의관에 관한 공감대를 형성하고 있다. 이것이 헌법정신으로 나타난다.

① 자연적·문화적 욕구와 열망을 가진 공동체의 성원은 공동체의 생존조건을 개선하기 위하여 자신들의 합의에 의해 구성한 국가의 목적 및 그 목적을 실현하기 위한 국가행위는 자신들의 공감에 항상 합치되어야 하는 것임을 알고 있다.

② 공동체의 성원은 자신들이 구성하는 국가가 어떤 교설과 종파에 의해 영구히 지배되지 않으며[2], 국가행위 원칙은 합리를 존중하는 과학정신[3]

---

2) 공동체의 성원은 자신의 생각을 말하고 어떤 교설doctrine에 입각한 結社를 할 수 있으나 자기들의 교설과 결사가 절대적이라 생각을 하지 않는다. 반대자의 교설을 절대적으로 배제하는 것이 아니다. 그러므로 절대적인 것은 이러한 서로 다른 교설들이 변증과정을 거쳐 발전하는 끝에 있다. 그러나 그것을 전제하지 않는다. 그것과 직관적인 대화를 하지만 이것이 진리라고 말하지 않는다. 결국 절대적인 것은 공동체 성원의 공감 속에 나타나야 하는 것임을 알기 때문이다.

3) 과학정신은 진리를 독단적으로 말하는 태도와 대비되는 것이다. 과학정신은 어떤 독단적인 것에서 출발하거나 여러 경험적 사실을 결합하는 방식으로 하지만 독단은 假定인 것이며, 관찰과 실험이라는 경험적 검증을 통해 그것을 확인하는 것이다. 또한 이 관찰과 실험이라는 경험적 방법에 의해 도출한 원리를 잠정적 진리tentative truth로 여기는 태도이다. 반론이나 새로운 사실이 발견되면 다시 관찰과 실험을 통해 새로운 원리를 발견하게 되더라도 그것 역시 잠정적 진리인 것이다. 그러므로 이 잠정적 원리들은 예제exemplar형식으로 존재하는 것이다. 그러므로 확정적인 진리로서의 원리가 아니라 잠정적으로 도출된 원리를 통해 어떤 행

에 입각해 있으며, 상대를 관용하는 변증법적 관용[4]의 질서에 의해 변용되어 발전하는 것임을 알고 있다.

③ 공동체의 성원은 자신들이 선출한 대표자로 구성된 국가기관과 그 대표자들에게 위임하여 구성된 국가기관은 국가의 목적을 실현하기 위하여 제도를 정립하고 그 제도에 의해 국가행위를 함에 있어서 국가 구성의 출발점이 되고 국가 이전에 존재하는 자연과 공동체 성원의 기본권에 대한 침해는 공동체 성원 전체의 생존이 위협받거나 이익이 증대되거나 최소한 축소되지 않는 조건이 성립하지 않는 한 어떠한 국가목적에 의해서도 타당성을 확보할 수 없으며, 평등한 인간의 존엄성에서 나오는 공동체 성원의 자유를 최대한 보장하는 것이 국가목적 실현을 위해 유익하다는 것을 알고 있다.

④ 공동체의 성원은 자신들이 구성한 국가의 국민으로서 자신들의 한없는 욕구와 열망은 협동을 통한 공동체의 생존조건을 개선하기 위한 목적에 제한받는 것이며, 자신들의 자유는 국가목적에 의해 새로 태어난 자유인 것이며, 국가의 목적 달성을 위해 가장 광범한 이익을 창출하는 자유가 우선성을 갖는 효율성의 원칙과 기회균등의 원칙에 의해 국민 전체의 자유의 총량 내에서 역할과 지위에 따라 공정하게 배분되는 것을 알고 있다.

⑤ 공동체의 성원은 자신들이 구성한 국가의 국민으로서 국가의 명령에 따라야 하지만 자신들이 선출하고 위임하여 구성한 국가기관이 정립한 제도 혹은 그 제도에 의한 국가행위가 부당할 경우 국가의 구성으로부터 제도의 정립 및 국가행위에 이르기까지 공동체의 공감에 의하여 확인되거나 법제도가 정한 절차에 의해 자신들이 개선하는 것이라는 것을 알고 있다.

위의 결과를 예견predict하고 사물의 원리를 이해understand하며, 어떤 해결방안을 찾아낸다. 그러나 새로운 문제가 발견되면 다시 새로운 원리를 찾는다. 심리학적으로는 열려 있고 겸허한 태도이다.

4) 토론에서 서로 상반되는 의견이 제시된다. 이 경우 상대를 부정하고 제압함으로써 자신의 견해가 주가 되도록 하는 것이 목적이 아니라 상호 비판하는 것을 통해 상반된 견해가 동합될 수 있는 새로운 제3의 기반을 찾고자 하는 것이 토론의 목적이 되는 것과 같다. 그러므로 토론에는 이와 같은 상대방을 인정하는 기본적인 질서에서 존재하는 것이다. 그 기본적인 질서는 계속하여 새로운 반론이 나오고 이것이 다시 통합되는 과정을 담고 있는 그릇 같은 것이다.

⑥ 공동체의 성원은 국민으로서 상호 간에 협동함에 있어서 상대방에게 부담을 지움으로써 자신의 몫을 키우거나 침해해서는 안 되고, 상호 간에 상대방의 종파적 교설을 관용함으로써 변증법적 과정을 통해 질서정연한 공동체가 유지된다는 신념을 가지고 있다.

⑦ 공동체의 성원은 자신들이 살아갈 삶의 터전인 자연과 자연적·사회적·인간적 생존조건은 평등하게 보장되며, 자신들에게 부여된 균등한 기회에서 정당한 노력과 창의의 대가로 배분된 각자의 몫은 정당하게 보장된다는 것을 알고 있다. 그러므로 국가는 공동체 성원의 평등한 생존조건의 결함을 보상하여야 하고, 정당한 각자의 몫을 국가가 이용하는 경우 이를 정당하게 보상하여야 한다는 것을 알고 있다.

⑧ 공동체의 성원은 노력과 창의의 대가로 배분된 자기의 몫은 자기의 노력과 창의에 대한 존경과 공동체의 생존조건을 개선한 것에 대한 칭찬으로서 공동체가 준 것이므로 자신과 공동체의 존재양식에 합당한 방식으로 사용하여야 한다는 것을 알고 있다.

5. 삼권분립

정치공동체는 헌법체제를 만듦에 있어서 삼권분립원칙에 의하여 국가의 권력을 입법부, 행정부, 사법부로 나눈다. 여기서 입법부, 행정부, 사법부는 기관이 아니며 그것을 구성할 사람들은 공감대를 형성하고 있는 정치공동체 혹은 헌법공동체의 소공동체sub-community를 이룬다고 할 수 있다.

6. 헌법기관 및 헌법제도

헌법체제에서의 헌법기관으로는 입법부, 행정부, 사법부외에 대통령, 헌법재판소, 선거관리위원회, 참정권주체로서의 국민, 정당, 지방자치단체를 들 수 있다.

헌법제도로는 삼권분립제도, 법치주의, 선거제도, 정당제도, 청원제도, 헌법심판제도, 기본권 보장제도 및 평등권 보장제도를 들 수 있다. 헌법기관의 분쟁과 관련하여서는 법률의 위헌 여부 심판제도, 탄핵 심판제도, 정당의 해산심판제도, 국가기관 상호 간 국가기관과 지방자치 단체 간 및 지방자치단체 상호 간의 권한 쟁의에 관한 심판제도, 공권력에 의하여 기본권을 침해받은 국민이 할 수 있는 헌법소원제도가 있다.

헌법재판소의 심판은 법원의 사법작용과 구별하여야 한다. 법원의 재판은 법률에 의한 재판의 성격을 가지나 헌법재판소의 심판은 기본적으로 정치공동체의 에토스를 감안하는 정치작용인 성격을 가진다. 그러나 한편으로는 헌법소원과 같이 국민의 기본권을 침해한 공권력에 대한 심판 혹은 국가기관에 대한 탄핵심판은 법률체제에 속하는 사법작용의 성격을 갖는다. 그러므로 정치작용설과 사법작용설의 대립이 있다. 그러나 기본적으로 정치공동체를 기초로 한 정치작용이지만 헌법소원과 탄핵심판은 국가기관의 행위에 관해 같은 위상에 있는 다른 국가기관이 하는 것이 부적절하므로 국가기관보다 상위인 헌법기관이 하도록 한 것이라고 보아야 할 것이다.

7. 법치주의

흔히 법치주의는 국가행위가 입법부가 정하는 법률에 의해야 하는 헌법적 원칙으로 이해한다. 그러나 법치주의는 3단계 구조를 가지고 있다고 보아야 한다. 정치공동체는 역사적으로 형성된 가치관인 법치주의 이념에 의하여 국가기관의 행위는 정치공동체의 대표자로 구성된 입법부가 정한 법률에 따라서 해야 한다는 법치주의 원칙을 헌법원칙으로 채택한다. 그러므로 헌법원칙 이전에 정치공동체의 에토스가 있음을 알 수 있다. 이 헌법상의 원칙인 법치주의는 모든 국가기관은 헌법에 따라야 한다는 원칙이 포함되어 있다. 그러므로 헌법은 입법부가 헌법에 위반하는 법률을 정하는 경우 그것을 심사하는 장치를 만들어 놓고 있다. 다음 단계가 국가기관은 의회가 정하는 법률에 따르는 것이다. 다음 단계도 생각할 수 있다. 법률의 수권에 의해 하위 규정들이 순차적으로 규정되며 그 규칙에 의한 국가행위[5]를 하는 과정에서도 규칙들이 생산되어 전체 법률

5) 국가행위는 행정행위와 법원의 판결과 같은 司法行爲를 포함한다.

체계가 점점 구체적으로 형성되어 간다. 이것이 국가 법률체계이다.

정치공동체의 에토스는 정의관 혹은 정의의 원칙이 된다. 그러므로 가장 근원적이지만 규범의 성격 면에서 공감대와 같은 묵시적이다. 그러므로 모든 것이 생성될 수 있는 포괄성을 갖는다. 그것이 보다 구체적으로 구현된 것이 헌법원칙들이다. 규범적 측면에서 보다 명시적이다. 그러나 여전히 포괄성을 가지고 있다. 이 헌법원칙에 의해 보다 구체적으로 구현된 법률은 그 규칙이 나타내는 의미가 명료하고 예측 가능한 형식으로 규정되어 실행 가능한 국가행위의 규칙이 된다. 그러므로 국가 법체계는 형식적 규칙성이 중요하다. 그러나 국가법률체계는 정의원칙이 구현되어 있는 헌법에 근원을 가지고 있으므로 법문에 명시되지 않았다 하더라도 헌법의 원칙이 작용하고 있는 점을 유의해야 한다. Rawls의 말을 빌리면 규칙성으로서의 정의가 된다.

앞에서 말한 단계적 구조를 통해 알 수 있는 바와 같이 법치주의 원칙은 하위법은 상위법에 저촉되어서는 안 되는 구조로 되어 있다. 모든 것이 국가의 법률에 의하여 국가기관의 행위준칙이 정해진다. 국가 법률체계에서 하위규칙들은 법률에 저촉되어서는 안 되는 원칙을 법률우위의 원칙이라 한다. 한편 이와 같이 법을 정하는 목적은 공동체의 목적, 즉 국가목적을 실현하기 위한 것이다. 그런데 국가목적을 실현하기 위해서는 공동체의 성원에게 부담을 주지 않고 조장되기만 하는 경우가 있으나, 부담을 주는 경우가 많다. 따라서 대부분의 법률은 국민에게 부담을 주는 국가행위를 제한하기 위한 목적으로 정해진다. 그러므로 국민에게 부담을 지우는 국가행위는 법에 근거하지 않으면 허용되지 않는다는 원칙이 법치주의 원칙에 내포되어 있다. 이것을 법률유보의 원칙이라 한다. 헌법의 기본권보장에서 근원을 가진 것이다. 국민의 권리와 자유의 침해에 관한 구제 청구권이 생기는 근거가 된다. 한편 조장적 국가행위에 관해서는 헌법이 보장하는 것이 아니므로 청구권이 생기지 않는다는 생각이 있다. 그러나 기본권의 보장은 헌법 이전의 공동체 평등한 생존조건에 연유한 것이다. 그러므로 평등한 생존조건에서의 자연적·사회적 결함에 대한 보상은 청구할 수 있다고 보는 것이 옳을 것이다.

8. 헌법과 법률

규범으로서의 헌법과 법률의 성격상의 차이를 구별한다면 헌법은 헌법기관에 관한 지침의 성격을 가지므로 헌법규범의 해석에 있어서 정치공동체의 묵시적 가치관이 작용한다. 반면 법치주의 원칙에 의해 국가기관 행위의 법률적합성이 요청되므로 되므로 그 해석에 있어서 엄격성이 요구된다. 그러나 법률은 헌법에 근거하는 것이므로 법문의 의미의 폭 내에 수용할 수 없더라도 그 의미의 폭은 수정되는 것이다. 다만 헌법질서의 중요한 원칙인 절차적 정의에 합당한 해석이 행해져야 할 것이다. 헌법은 헌법재판소의 심판에 의하도록 하고 있다.

9. 법률관계

법률은 법적 권리·의무의 주체가 되는 법인격 및 권리·의무가 발생·변경·소멸하는 법률요건을 규정한다. 이 법률요건이 요구하는 행위를 하거나 어떤 사실이 발생하면 당사자간에 구체적으로 발생하는 권리·의무관계를 법률관계라 한다. 이 법률관계는 권리·의무를 보호하고 보장하여야 할 국가기관과 당사자자들이 동시에 인지하는 참여 속에 나타난다. 이 법률관계는 법률에서는 추상적인 형태로 존재하던 것이고 그것이 추상적 법률관계에 합당한 행위와 사실의 발생에 의해 인지되어 생기는 것이다. 이 법률관계는 이행단계, 구제단계 등 단계적 구조를 갖고 단계마다 법률이 예정하고 있는 파생되는 법률관계로 변용되면서 목적을 달성하고 소멸하는 일생을 갖는다.

법률요건의 유형을 보면, 법에 의하여 설정된 법률효과를 얻고자 하는 의사표시를 함으로서 당사자에게 권리·의무가 발생하고 동시에 그에 수반하여 법이 예정한 다른 사람들에게 권리·의무가 자동적으로 혹은 인지, 동의 등 요건을 충족하여 권리 ·의무가 발생하는 경우[6], 법에 의하여 주어진 권한이 부여된

6) 민법상의 계약이 이런 유형에 속한다. 계약은 당사자의 의사의 합치를 요한다. 이에 의해 당사자간에 법이 규정한 법률효과인 권리·의무가 발생하며, 동시에 계약당사자 아닌 사람들에게도 그 권리·의무를 침해해서는 안 되는 의무가 자동적으로 발생한다. 그러나 이 경우 다른 사람, 즉 제3자가 계약당사자 간에 발생한 권리·의무를 인지하고 있었느냐 등 요건이 충족되어야 그 권리의 침해가 있는 것으로 보는 등의 계약당사자에게 발생한 권리·의무와 관

자의 일방적 의사표시,[7] 확인, 인정 혹은 통지에 의하여 법이 예정한 관련자에게 자동적으로 혹은 인지, 동의 등 요건이 충족되어 권리·의무가 발생하는 경우, 법률이 예정하는 일정한 사실의 발생으로 법률이 예정하는 당사자에게 자동적으로 혹은 인지, 동의, 고발 등의 요건이 충족되어 권리·의무가 발생하는 경우[8] 등 다양하게 분류할 수 있다.

한편 법률요건의 유형에 관해 법률효과의 발생을 원하는 효과의사를 요하는 경우를 법률행위[9]라 하고 어떤 사실의 발생으로 법률효과가 발생하는 법률요건을 법률사실이라고 구별한다. 그리고 효과의사가 없는 점에서 인지, 통지 등은 準법률행위라고 하여 따로 구별한다. 그러나 인간의 심정적 활동이라는 점에서 사실행위와 구별하는 것이다. 그러나 자연의 행위와는 구별되지만 심정적 사실이다. 그러므로 법률사실로 해도 무방할 것이다. 또한 법률사실로 구분되는 범죄행위도 사실과 관련된 고의 혹은 과실을 요하는 것을 보면 심정적인 것이다. 이 경우 결과라는 사실의 발생을 요건으로 하고 있으나 형벌이라는 법률효과를 발생시키는 점에서 심정적 요소가 핵심이다. 따라서 준법률행위와 법률사실을 분류하는 것은 실익이 없다. 무엇을 법률요건을 무엇으로 정하고 무엇이 법률요건인가가 중요하다. 법률요건은 국가의 목적을 실현하고 국민의 생활관계를 보호하고 규율하기 위해 필요한 것이므로 법규정의 해석을 통해 확인될 것이다.

련한 제3자와의 관계에서 파생되는 또 다른 법률관계가 형성되는 것이다.

7) 민법상의 증여와 같은 단독행위 혹은 국가기관의 행정행위 및 司法行爲 등이 이 유형에 속한다.

8) 범죄행위에 의해 국가로부터 기소되고 재판을 받으며 그에 의해 형벌을 받게 되는 일련의 국가행위를 수용해야 하는 의무가 발생하는 경우가 이 유형에 속한다.

9) 일반적으로 민법상의 법률행위 등 소위 私法상의 법률행위만을 법률행위라고 한다. 그러나 국가행위도 법률효과의 발생을 욕구하는 효과의사의 존재를 법률요건으로 하는 경우 사법상의 법률행위와 성질상 다를 것이 없다. 다만 국가행위는 공권력 등 법률효과가 사법상의 법률효과와 상이한 성질의 효력을 가지므로 구별하는 것이다. 그러나 同位의 국가기관 간에 혹은 국가기관 구성원 간에 발생하는 법률관계는 공권력 등이 발생하지 않는 점에서 사법상의 법률효과와 성질상 다를 것이 없다. 한편 사법관계와 공법관계에서 검토한 바와 같이 국가뿐만 아니라 모든 간체는 자율적인 법률관계(우리는 이것을 사법관계라고 하였다)와 단체와 구성원간의 관계, 즉 공법적인 법률관계를 가지고 있다.

10. 법인격legal personality

법은 개념적인 구축물이다. 그러므로 권리·의무의 주체는 법인격의 형식을 갖는다. 법률관계에서의 역할role 및 지위position에 따라 법인격을 부여한다. 국가, 국가기관, 국민, 사인, 회사, 사원, 공무원, 사장, 이사, 家長, 학생 등이 법인격이다. 이외에도 수많은 법인격이 있다. 그러므로 법률관계는 이 법인격 간의 권리·의무관계인 것이다. 이 법인격에서 가장 포괄적인 주체가 개인individual이다. 그리고 법은 개인과 달리 자연인human을 상정하고 있다. 그러므로 개인은 자연인에 부착된 법인격이라 할 수 있다. 그러나 자연인은 법이 규정함으로써 존재하는 것이 아니고 법이 근거하는 존재이다. 법 이전의 공동체의 성원이 자연인이고 법상의 모든 권리·의무가 귀속하는attribute 주체가 자연인이다. 그러므로 법의 개념적 창조물인 법인격이 연결되는 것이고 그 구축물을 세우는 주체가 자연이라고 보게 되는 것이다. 그러므로 권리를 향유하는 것이고 권리·의무에 따라 사실행위를 하는 것이다.

한편 개인과 대비되는 포괄적인 법인격으로 法人이 있다. 이 법인이 상정하고 있는 것은 단체이다. 그러나 단체는 개인이 조직된 것이므로 개인이 보다 법인보다 근원적인 법인격이다. 법인에 귀속되는 권리는 궁극적으로 그 단체의 구성원인 개인의 권리와 의무로 배분되는 것이기 때문이다.

그러나 우리는 흔히 법인legal person과 단체를 혼동한다. 예를 들어 국가state를 보자. 국가는 국민으로 구성된 단체이다. 그러므로 국가에 귀속되는 권리는 국민 개개인에게 귀속한다고 할 수 있다. 그러나 법은 권리·의무가 국가라는 단체에 귀속하는 것으로 하고 있다. 이것을 어떻게 정리할 것인가가 당연히 문제된다. 다음과 같이 정리할 수 있다. 법인은 법이 어떤 단체에 부착하는 의제된 인격artificial person이다. 그러면 예를 들면 국가행위는 국가라는 단체organization가 하는 것인가? 그러나 단체가 하는 것이 아니라 그 단체의 조직원리에 의하여 권한과 책임이 부여된 개인이 그에 상응하는 법인격을 가지고 단체의 이름으로 행위하는 것이다. 결국 단체의 구성원인 지위에서 개인인 자연인이 여러 가지 사항을 고려하고 판단하여 단체의 이름으로 행위 하는 것이다. 그리고 단체의 이름, 즉 단체의 지위에서 한 것이므로 그 행위의 결과 권리·의무가 단체에 귀속하는 것으로 법은 의제하는 것이다. 그러므로 단체적 현상은 실재하는 것이지만 단체 자체의 의사가 실재하는 것은 아니다. 단체의사는 관념적 존재일 뿐이고 실재하는 것은 단체적 조직원리에서 행해지는 개인인 자연인의 의사이다. 그러므로 실재하는 것은 단체가 아니라 조직원리이다. 그 조직원리는 개념적 구축물이고 그 조직원리가 단체구성원의 마음 속에 살아 있어서 각인의 마음 속에서 그 원리가 작동함으로써 단체가 움직이고 존재하는 것처럼 보이는 것이다. 그러나 생각하고 판단하고 일을 하는 것은 자연인이 하는 것이다. 기계적인 사고방식을 단체에 적용함에서 나오는 혼동이다.

그러면 법이 단체에 법인격을 부여하는 이유는 무엇인가? 하나의 법기술이다. 법은 사인, 국민, 국가기관 등 법인격을 개념적으로 부여함으로써 그것을 통해 각종 법률관계를 구성하고 그것을 통해 자연인에게 각종 권리·의무가 귀속하도록 하는 개념적인 조작을 하고 있는 것이다.

한편 법인격은 여러 법률관계에 따라 생기는 것이다. 법인격이 先行槪念이 아니고 법률관계가 선행개념이다. 흔히 국가계약을 하는 경우 일방을 국가기관으로 타방을 사인私人으로 보아 "사인의 공법상의 계약"이라고 한다. 그러나 국가계약이 민법상의 계약관계 혹은 상법상의 계약관계는 아니다. 일방은 공인이고 상대방은 사인이라는 것은 모순이다. 국가계약법에 의한 국가계약이기 때문이다. 그러므로 쌍방은 국가계약법에서 당사자인 지위에서 계약하는 것이다. 다만 국가의 명령을 받는 지위가 아니고 국가가 어떤 사업을 하기 위한 계약관계[10]이므로 사인 간의 계약과 같이 대등한 권리를 최대한 보장을 하는 것이다. 그러나 그 권리·의무 관계는 민법이나 상법에서 나오는 것이 아니고 상법이나 민법의 원리를 국가계약법이 원용하여 원리를 삼고 있는 데서 나온 것이다. 그러므로 민법이나 상법에서의 계약관계와 다른 원리도 적용된다.

10) 국가계약법과 같은 공적목적을 수행하기 위한 계약, 소위 공법상의 계약관계도 일차적으로는 그 계약 당사자 간에 계약의 자율적인 원만한 이행을 목적으로 하므로 그 의미에서 사법관계라 할 수 있다. 그러나 그 권리와 의무가 다르므로 그 이행관계는 민법상의 계약의 이행관계와는 다르다. 제9장 사법과 공법의 구별에 관한 논의 참조.

11. 법률관계의 종류

국가법체제를 중심으로[11)] 법률관계의 종류를 다음과 같이 나누어 볼 수 있다.

① 국가와 국민 간의 법률관계
② 국가와 국가기관 간의 법률관계 및 국가기관 상호 간의 법률관계
③ 국가기관 내부의 법률관계
④ 국민과 국민 간의 법률관계
⑤ 사인과 사인 간의 관계
⑥ 국가와 외국인 간의 법률관계
⑦ 국민과 외국인 간의 법률관계
⑧ 민간단체 내부의 법률관계
⑨ 국가와 국가 간의 법률관계

12. 사법관계

법률관계에서 가장 기본적인 것은 ⑤ 사인과 사인 간의 법률관계, 즉 사법관계私法關係이다. 이 사법관계는 공법관계, 즉 ① 혹은 ④의 법률관계에 포위되어 있다. 그러나 공법관계의 작동은 유보되어 일차적으로 당사자 간의 자율적 이행이 예정된 영역이 설정되어 있는데, 이것이 사법관계이다. 민법상의 계약관계를 예로 들면 계약에서 발생하는 권리·의무관계를 당사자 간에 신의와 성실 원칙에 의해 원만히 이행하여 계약의 목적을 이행하도록 하는 것과 같다. 여기서 당사자 간에 원만히 이행되면 더 이상의 법률관계는 생기지 않는다. 그런데

11) 법률관계를 국가를 중심으로 볼 수 있으나, 국가도 하나의 단체라는 관전에서 모든 단체는 각각 그 단체의 법률관계, 즉 공법관계와 그 단체법에 의한 단체구성원 간의 관계, 자율적인 사법적 관계, 단체와 단체의 관계 등 국가법체제와 동일한 법률관계를 인식할 수 있다. 그러므로 국가법관계 만을 공법관계 혹은 사법관계라고 할 이유는 없다. 제9장에서 검토한 공법과 사법에 관한 검토는 이와 같은 열린 관점에서 본 것이었다. 그러나 국가법을 중심으로 보는 것이 중요하므로 이 장에서는 국가법을 중심으로 논의하는 것이다.

당사자 간에 신의와 성실원칙에 의한 권리·의무의 자율적 이행이 원만하지 않아 이행을 하지 않거나 그로 인해 상대방에게 손해를 입히는 경우 우선 ④의 법률관계가 작동하는 것이다. 그러므로 상대방에게 이행을 청구할 것이다. 또한 이행하지 않음으로써 손해가 발생한 경우는 손해를 배상하여 줄 것을 청구할 것이다. 이 법률관계는 사법관계가 아니지만 공권력관계도 아닌 영역으로 제2의 법률관계로 인식하는 것이다. 이것은 국민 상호 간에는 권리를 침해해서는 안 된다는 법원칙에서 나오는 관계라고 할 수 있다.

공권력관계에서 보았을 때는 아직 자율적인 이행에 맡기는 유보영역이지만 사법관계가 원만히 이행되지 않아서 나타난 것이므로 사법관계라고 할 수 없는 것이다. 이 법류관계에 의한 청구권의 행사로 원만한 이행이 이루어지면 이것으로 더 이상의 법률관계는 발생하지 않는다. 그러나 청구를 하였는데도 불구하고 이행하지 않으면 ①의 법률관계가 작동한다. 그러므로 이 법률관계에서 상대방의 이행을 강제하거나 손해를 배상시키기 위해 국가에 재판을 청구할 것이다. 이 재판에 의해 행정기관은 강제집행을 함으로써 계약으로부터 시작한 법률관계는 일생을 마치고 소멸하는 것이다. 여기서 ①의 법률관계는 두 단계로 구분되어 있는 것을 알 수 있다.

이와 같이 사법관계는 고립되어 있는 것이 아니고 공법관계와 순차적으로 연결되어 있다. 계약에 의하여 사법관계가 발생하는 것도 이미 공법관계가 침투되어 있다. 권리·의무의 발생에 관한 법률요건 및 법률효과를 규정하고 그에 의해서 권리·의무관계가 발생하는 것이기 때문이다. 다만 일차적으로 당사자 간에 자율적인 이행을 예정하고 공권력의 행사가 유보되어 있는 것으로 보는 것이다. 그러므로 사법관계는 공법관계에 포위되어 있다고 하는 것이다. 사법적인 법률관계가 성립하는 단계에 공법관계가 이미 침투되어 있는 예로는 공서양속에 위반하는 내용을 계약하는 경우 법률효과를 부여하지 않는 것을 들 수 있다. 물론 재판과정에서 확인될 것이지만 이미 당사자들은 그것을 알고서 계약을 하는 것이다. 사법관계에 공법이 침투되어 있는 원리는 간단하지 않다. 앞의 예에서 공서양속에 위반되는 계약목적을 당사자 간에 자율적으로 이행하였는데 당사자의 일방이 이행의 원상회복을 요구하는 경우 법은 어떻게 할 것인가와 같다. 법은 요청이 있으면 원상회복을 반드시 해야 하는 것으로 하여야 하는가, 요청이 없어도 반드시 해야 하는 것으로 하고 있는가 혹은 원상회복을 하거나 하지 않거나 법은 간여하지 않는 원칙을 가지고 있는가 등이다. 이러한 원칙들은 법률에 규정되어 있거나 법률의 해석에 의해 정립되어 가는 것이다.

근대법은 소유권 절대원칙, 계약자유의 원칙, 과실책임의 원칙에 의하여 권리의 절대성, 계약에 관한 법의 간섭배제, 손실부담에 관한 과실책임주의에 의한 개인책임주의를 취하고 있는 것으로 생각하는 경향이 있다. 사법관계를 법과 관련 없는 법으로부터 해방된 영역으로 생각하는 경향이 지배적이다. 그러나 국가는 협동의 필요성에서 생긴 것이므로 그 협동을 위한 국가의 모든 법은 공법적 성격을 본래 가지고 있는 것이다. 이 공법에 포위되어 있다. 그러므로 사법과 공법을 엄격히 구별하거나 별개의 것으로 보는 생각은 타당치 않다. 다만 국가목적을 효율적으로 달성하기 위한 방법상 혹은 절차상의 구조에서 사법영역, 사회법 영역 혹은 공권력 영역이 인식되는 것이다.

국가는 한정된 자유를 바탕으로 한 복지국가인 성질을 가지고 있다. 그 복지를 효율적으로 실현하기 위해 행위기준을 제시하고 그 행위기준의 이행을 강제하거나 조장하는 것이 법이다. 그러므로 우리나라 헌법 전문은 "자율과 조화를 바탕으로 자유민주주 기본질서를 더욱 확고히 하여 정치·경제·사회·문화의 모든 영역에 있어서 각인의 기회를 균등히 하고, 능력을 최고도로 발휘하게 하며, 자유와 권리에 따르는 책임과 의무를 완수하게 하여, 안으로는 국민생활의 균등한 향상"을 기한다고 하고 있다.

13. 사법제도私法制度

우선 사인私人이라는 법인격legal personality이 인식된다. 私人은 公人에 對한 말이다. 사인은 사법관계에서 권리·의무가 귀속되는 법률상의 지위를 말한다. 앞에서 검토한 바와 같이 사법관계는 공법관계에 포위되어 있으므로 公人인 법인격을 潛在的으로 혹은 顯在的으로 동시에 갖고 있다. 그리고 사법관계는 사법제도에서 나온다.

사법제도는 사법관계에 관한 제도를 말하고 크게 물권제도, 채권제도, 친족·상속제도로 나누어진다. 그러나 앞에서 말한 바와 같이 사법관계는 공법관계에 포위되어 있으므로 사법제도에는 공법적인 규정이 혼재되어 규정되어 있다. 그러므로 예를 들어 물건에 관한 제도를 사법제도라고 말하는 것은 부적절하다. 법규정 기술상 사법관계와 공법관계를 함께 규정하고 있는 것이다.

흔히 물권은 권리의 "객체에 대한against object," 즉 물건에 대한 권리라 하고 채권을 사람에 대한 권리라고 말하지만 사실은 물권도 "객체에 관한" 당사자 간inter-personal의 권리·의무관계이다.

14. 사적자치私的自治의 원칙

계약자유의 원칙 혹은 사적자치의 원칙은 사법제도私法制度가 가지고 있는 특징이라고 말한다. 그 근거를 임의규정에서 찾는다. 임의규정은 규정과 다른 법률관계를 설정하는 것을 허용하는 것으로 보고 다른 법률관계를 구성하는 것이 사적자치라고 보는 것이다. 우리나라 민법 제105조는 "임의규정"이라는 제목으로 "법률행위의 당사자가 법령 중의 선량한 풍속 기타 사회질서에 관계없는 규정과 다른 의사표시한 때에는 그 의사에 의한다"라고 규정하고 있다. 제한restriction규정과 규율regulation규정을 구분하는 생각이다. 그러나 어느 규정이 제한규정인지 규율규정인지 확인하기 곤란하다. 법규정의 목적을 해석하는 것에 의존할 수밖에 없으나 사적자치와 같은 중요한 법원리를 해석에 의존하는 것도 적절치 않다. 어떤 사안에 관한 제한법규라도 그 사안에는 자율적인 규율측면을 이미 내포하고 있는 것이다. 언론의 자유를 제한하는 법규의 경우 그 법규가 규율하고자 하는 언론의 자유에는 이미 규율적인 것이 포함되어 있는 것과 같다. 규율이 수반되지 않는 자유는 없다. 법은 제한이 필요해서 규정한 것이다. 자율적 규율을 법으로 규정하는 것은 의미가 없다. 이런 관점에서 사적자치에 관한 관점을 새롭게 할 필요가 있다.

앞에서 말한 사법관계는 법이 예정하고 있는 것이고 사적자치는 미풍약속 기타 사회질서에 위반하지 않는 이상 법제도에 근거하지 않더라도 개인 간에 법적 권리·의무관계를 설정할 수 있도록 하고 그 법률관계를 법이 보장하는 제도라고 보는 것이다. 그러므로 민법 제105조를 다음과 같이 해석할 수 있다. "법령 중의 선량한 풍속 기타 사회질서와 관계없는 규정과 다른 의사를 표시한 때에는 그 의사에 의한다"를 "선량한 풍속 기타 사회질서에 반하지 않는 이상,

법률에 규정이 없는 법률효과에 관한 의사를 표시한 때에는 그 의사에 법률효과를 부여한다”로 해석하는 것이다. 다만 105조가 “법률행위의”라는 규정과 관련하여 법률행위는 이미 법으로 규정한 제도에 의한 법률효과의 발생을 원하는 행위로 보는 것이 일반적이므로 법률에 규정하지 않는 것에 관한 법률효과를 부여하는 사적자치와 모순될 수 있다. 그러나 이 규정이 그것을 법률행위로 인정하는 규정이라고 보아도 무리는 없을 것이다. 사적자치원칙을 법이 채용하는 이유는 법이 생활관계에 필요한 모든 제도를 법이 미리 규정하는 데는 한계가 있으므로 생활관계의 필요에 의한 법률관계를 허용하는 것에 의해 생활관계에 맞는 법체제를 구축하기 위한 것이라는 측면에서도 적절하다. 여기서 私的自治는 자유로운 영역인 것은 분명하나 법 밖의 것은 아니라는 인식이 필요하다. 법이 허용하므로 존재하는 법제도이다. 한편 이렇게 볼 경우 법치주의의 법률유보원칙에 반한다는 생각을 할 수 있다. 포괄적인 법률유보가 된다고 볼 수 있기 때문이다. 그러나 법치주의의 포괄적인 법률유보금지 원칙은 국민의 권리 혹은 자유를 제한하는 경우에 명확히 규정할 것을 요구하는 원칙이므로 무관하다고 보는 것이다.

私的自治는 법이 자유로운 영역으로 설정한 것이다. 이와 같은 자유영역은 사적자치 외에도 여러 가지 형태로 나타난다. 하나는 계약내용결정자유의 원칙이다. 예를 들어 위임계약을 하는 경우 무엇을 위임하고 그것에 관한 대가는 얼마로 할 것이며, 언제까지 하여야 하는 등의 조건을 정하여 계약을 하도록 하는 것과 같다. 이것은 법제도, 즉 위임계약제도 자체가 그렇게 하도록 법이 마련해 놓은 자유영역이다. 다른 하나는 계약체결자유의 원칙이다. 계약을 체결할 것인가 여부의 결정이다. 이것도 법이 예정하고 있는 자유이다. 또 다른 하나는 처분의 자유이다. 사회질서를 해하지 않는 이상 계약을 통해 발생하는 권리·의무를 당사자 간에 행사하지 않기로 약정하거나, 계약내용과는 달리 책임을 제한하거나 면제하는 약정을 하는 것은 자유이다. 이것도 역시 법이 예정하고 있는 것이다. 또 다른 하나는 권리행사자유의 원칙이다. 법은 당사자가 법적 권리를 행사하지 않는 경우 법은 침묵하는 것이다. 이것도 역시 법이 예정하고 있는 것이다. 법은 본인이 원할 경우 권리를 보장한다는 것이지 반드시 그 권리를 누려야 한다는 것은 아니다. 그러나 사적자치는 이상에서 말한 자유와는 성격이 다르며 법제도의 창설적 의미를 가지고 있다. 법에서 정해진 구체적인 제도에 관한 것이 아니기 때문이다. 흔히 이상에서 말한 계약자유의 원칙 등 법이 예정하고 있는 자유를 사적자치의 원칙에 포함하나 사적자치의 원칙과 구별할 필요가 있다.

한편 자유영역에서의 합의를 자연계약이라 하는 경우가 있다. 그러나 "자연"이라는 의미는 법을 벗어난 것이라는 의미가 있으므로 부적절한 측면이 있다. 한편 이와 같은 자연적 합의는 법이 구체적으로 규정한 제도상의 계약[12)]이 아니라는 점에서 자연계약이라고 하는 것으로 이해될 수 있다. 자유영역의 근거에 관해서는 헌법상의 각종 자유권의 보장, 특히 헌법 제37조 1항에서 "국민의 자유와 권리는 헌법에 열거되지 아니한 이유로 경시되지 아니한다"라는 규정에서 근거를 찾을 수 있다.

15. 물 권

물건에 관한 권리를 행사하는 데 있어서 가장 기본적인 것은 어떤 물건을 지배의사를 가지고 사실상 지배하는 점유이다. 따라서 점유권제도를 설치하여 사실상의 지배를 보호하고 있다. 예를 들면 절도한 물건을 안정적으로 지배하고 있는 경우 그 절도자의 점유권을 인정하는 것이다. 그러므로 그 물건을 절도하는 것은 절도죄가 성립하는 것이다. 점유로 인한 소유권의 시효취득, 선의점유자의 과실果實취득권, 점유자의 소유자로의 추정력을 인정하며 이전 및 승계를 인정하고 있다. 한편 소유권을 바탕으로 직접점유권을 양도하여 지상권, 전세권, 임차권 등을 설정하거나 소유자의 채무를 담보하기 위해 점유권을 채권자에게 양도하는 질권 등 생활에 필요한 제도를 설정하고 있다. 이러한 권리들을 물건에 부착되는 권리형식으로 규정되고 있으므로 물권이라고 분류하는 것이다.

그러나 포괄적인 물권은 소유권이다. 소유권은 물건을 권리의 객체로 한다. 여기서 물건은 有體物만을 의미하는 것은 아니고 어떤 이익interest을 창출할 수 있고, 관리할 수 있는 것으로 법이 보호할 가치가 있는 無體物을 포함한다.[13)] 그러므로 지적창작물도 물건이 된다. 소유권은 이 물건을 사용·수익·처분할 권리를 말한다.[14)] 사용은 그 물건으로부터 직접 이익benefit을 향유하는 것이고,

---

12) 민법은 14종의 계약을 규정하고 있다.

13) 민법 제98조 참조.

수익은 그 물건으로부터 과실(산출물)을 얻는 것이고, 처분은 그 물건의 전부 혹은 일부를 다른 사람에게 이전하거나, 폐기하는 것을 포함한다. 또한 그 물건의 사용권 혹은 수익권에 관해 다른 사람이 사용·수익하게 하는 것도 처분권에 속한다. 그리고 법은 물권이 부착되는 물건의 단위[15] 및 물건에 관한 권리의 내용 및 권리가 미치는 범위[16]에 관해서도 배려한다. 동산과 부동산과 같이 물건의 성질에 따라 부착되는 권리를 달리하거나 권리의 취득, 이전 등에 관해 규정을 달리하고 있기도 한다.[17]

이 소유권에 관해서는 근대법近代法은 소유권 절대의 원칙을 채용하고 있다. 그러나 현대법現代法은 공익을 위해 제한이 가능한 것으로 되어 있다. 헌법 제23조는 재산권을 보장하면서 "그 내용과 한계는 법률로 정한다. 재산권의 행사는 공공복리에 적합하도록 하여야 한다. 공공의 필요에 의한 재산권의 수용·사용 또는 제한은 법률로써 하되, 정당한 보상을 지급하여야 한다"라고 규정하고, 한편으로는 헌법 제37조에서 "국민의 자유와 권리는 국가안전보장·질서유지 또는 공공복리를 위하여 필요한 경우에 한하여 법률로써 제한할 수 있으며, 제한하는 경우에도 자유와 권리의 본질적인 내용을 침해할 수 없다"라고 규정하고 잇는 것과 같다. 한편 이와 같은 공용부담이 아니라도 소유권의 내용으로서 민법은 소유권이 절대적이 아니라는 규정들을 발견할 수 있다.[18] 이와 같이 소유권은 자신의 소유권행사로 인해 다른 국민의 권리를 침해하지 말아야 하는 의무를 갖는다. 국민과 국민 간의 법률관계이므로 앞에서 말한 법률관계의 분류에서 ④의 영역, 즉 사회법관계로서의 공법관계라고 할 수 있다. 상린관계相隣關係, 일조권, 간섭immersion 금지 등이다.

소유권은 本權性을 가진 권리이다. 소유권을 근거로 부동산에 관해서는 그 물건의 사용 혹은 수익할 권리를 양도하여 지상권, 지역권, 전세권(이 3개를 용익물권이라 한다)을 설정해 줄 수 있고, 채무자인 동산 및 부동산의 소유자는 간접점유 혹은 등기설정을 통해 유치권, 질권 혹은 저당권(이상 3개를 담보물권이라 한다)을 설정해 줌으로써 채권자에게 우선 변제권을 확보해 주는 거래를 할 수 있도록 하고 있다. 전세권과 유사한 것으로 임차권이 있다. 그러나 임차

14) 민법 제211조 참조.
15) 민법 제99조, 제100조, 제101조 제102조 및 제215조 참조.
16) 민법 제212조, 제214조-제244조 참조.
17) 민법 제214조, 제252조 등 참조.
18) 민법 제3장 제1절은 소유권의 한계를 규정하고 있다.

권은 물권으로 하고 있지 않고 채권으로 하고 있다. 반드시 물권이 있어야 어떤 물건의 효용utility을 향유할 수 있도록 하지 않고 있다. 전세권[19]은 물건에 부착되는 형식을 갖는 권리이고 임차권[20]은 사람에 부착되는 형식으로 규정되어 있다. 그러므로 전세권은 물권이라 하고 임차권은 채권이라 한다. 전세권은 물건에 부착된 권리이므로 소유자가 변경되더라고 그 물건에 따라 이동하여 존속하지만 채권인 임차권은 사람에 부착되는 것으로 하고 있으므로 물건의 소유자가 변경되면 그 물건에 관한 사용·수익권을 변경된 소유자에 대해 주장할 수 없는 것이다. 물권과 채권을 구별하는 것은 바로 그 권리가 물건에 부착되어 있느냐 혹은 사람에 부착되어 있느냐의 차이에 따른 구별이다. 물건의 소유권의 처분 혹은 물권의 사용·수익권의 처분에 관해서도 채권이 설정된다. 매매계약에 의하여 발생하는 채권·채무관계와 같다. 그러므로 채권은 물건의 사용·수익을 목적으로 하는 것뿐만 아니라 물건에 관한 소유권 혹은 사용·수익에 관한 권리의 이전에 관한 권리라고 할 수 있다.[21]

16. 채 권

채권은 對人權이라 하여 對物權인 물권과 구별한다. 그러나 물권은 물건에 關한cocerned 권리이지만 사람에 對한against 권리이다. 채권은 사람에 對한 권리이지만 물건 혹은 사람에 關한 권리[22]이다. 그러므로 사람에 對한 권리인 점에서는 물권과 채권은 마찬가지다. 또한 물건에 關한 권리라는 점에서도 물권과 채권은 마찬가지다. 그러므로 물권을 물건에 對한 권리라는 것은 타당하지 않다. 다만 채권은 사람에 관한 권리를 포함하지만 물권은 사람에 관한 권리를 포함하지 않는다.[23] 결국 권리의 규정형식에서 물권은 특정 물건에 부착되어 있

19) 민법 제6장 참조.

20) 민법 제609조 및 제618조 참조.

21) 민법 제568조, 제598조, 제609조 등 참조.

22) 민법 제655조-제692조 참조.

23) 채권이 물건에 관한 권리이지만 "사람에 관한 권리"인 것도 있다. 엔지니어링서비스를 목적으로 하는 계약을 하는 경우가 사람에 관한 권리인 것이다(민법 제655조-제692조 참조). 그러나 물권은 사람에 관한 것이 될 수 없다. 물권을 사람에 관한 것을 포함한다고 하는 경우 물건과 같이 사람자체에 권리가 부착되어 이전되거나 사람 자체에 대한 포괄적인 지배권을 설정하는 것이 되기 때문이다. 노예제도가 그와 같은 것이다.

는 권리이고 채권은 특정 사람에 부착된 권리로서 채권과 물권은 구별되는 것이지만 사람에 대한 권리인 점에서는 마찬가지다. 그러므로 소유권 絶對 개념은 성립할 수 없다. 그러므로 타인이 소유자의 권리행사를 방해해서는 안 되지만 동시에 소유권자는 어떤 물건에 관한 소유권을 행사함에 있어서 타인을 해하는 방식으로 사용, 수익, 처분하여서는 안 되는 의무도 도출된다. 이와 같이 모든 권리는 의무를 수반하고 사람과 사람 간의 관계inter-personal relations인 성질을 가지고 있다.

한편 물권과 채권은 같이 대인권이지만 채권은 특정인에 대한 권리이고 물권은 불특정 다수인에 대한 권리인 점에서 차이가 있다고 한다. 그러나 채권은 기본적으로는 특정인의 행위 혹은 어떤 물건의 사용·수익에 관한 특정인의 허용을 내용으로 하지만 그 특정인의 행위 혹은 물건의 사용·수익을 불특정 다수인으로부터 방해받지 않을 권리를 포함하다. 그러므로 물권과 채권을 포함하여 모든 권리는 기본적으로 불특정 다수인에 대한 권리인 성격을 갖는다.

17. 손해배상책임

민법은 계약 및 불법행위와 관련하여 손해배상책임을 규정을 하고 있다.[24] 그러나 민법에만 있는 것이 아니고 국가배상법 등 다른 법률에도 규정되어 있다. 모든 법률의 손해배상은 손해와 이익의 공정한 배분을 원칙으로 하고 있다. 특히 민법의 규정은 손해배상법의 준칙적 의미를 가지고 있다.[25]

민법의 경우 채무불이행으로 인한 손해배상책임과 불법행위로 인한 손해배상책임으로 나누어 규정하고 있다. 채무불이행으로 인한 손해배상책임과 불법행위로 인한 손해배상책임은 손해배상책임이 발생하는 원인 및 요건을 달리하고 있다. 손해배상청구권은 사람의 행위, 즉 지급행위를 요하는 권리이므로 채권인 성격을 가지므로 민법은 이 두 가지 손해배상책임을 債權編에 규정하고 있다. 채무불이행책임은 계약관계에 있는 채권·채무자 간의 손해의 공정한 배분을 목적으로 한다. 그리고 불법행위책임은 계약관계와 상관없이 위법한 행위를 하고 그로 인해 손해가 발생한 경우 그 손해를 배상하는 책임이다. 그러므로 손

24) 민법 제390조 및 제750조 참조.
25) 국가배상법 제8조 참조.

해배상책임을 지우는 법적 원인이 다르다. 그러므로 전자는 채무불이행, 즉 계약당자 간에 발생하는 신의성실원칙을 위반하여 채무의 내용에 따르지 않는 것을 법률요건으로 하고, 후자는 고의로 혹은 최소한 손해의 결과를 예견하여 그 결과가 발생하지 않도록 주의하여야 하는 법적 의무를 위반한 불법행위가 손해의 결과를 발생하고 그것이 위법한 것을 법률요건으로 한다.

그러나 채무불이행도 불법행위이고 그것이 위법행위[26]일 것을 요하는 점에서는 동일하다. 계약을 위반하는 것도 약속은 지켜야 한다는 법적 의무를 위반한 것이기 때문이다. 다만 전자의 경우는 손해의 발생을 예견하지 못한 경우도 책임이 발생하는 것이므로 책임발생의 요건이 강화되어 있는 차이점만 있을 뿐이다. 그러므로 손해배상책임은 사회의 구성원 간의 이해와 손해를 공평히 배분하고자 하는 목적에서 나온 법률관계이다. 불법행위책임을 보면 뚜렷하게 인식할 수 있다. 다만 채무불이행으로 인한 손해배상책임은 계약관계에서 나오는 것이므로 사법관계로 보는 경향이 있으나, 앞에서 말한 바와 같이 약속은 지켜야 하고 국민 상호간에는 권리를 침해서는 안 된다는 의무에서 나온 책임이므로 불법행위책임과 기반을 같이 한다.

그러나 손해배상책임에 관한 법리는 간단하지 않다. 채무불이행으로 인한 손해배상책임은 계약당사자 간에만 발생하는 것으로 규정하고 있으나 그 채무불이행으로 인한 제3자의 손해발생도 있다. 이 경우 제3자의 손해는 계약당사자도 계약당사자로서가 아니라 국민의 지위에서 국민에 대한 의무로 인식하여 불법행위 책임문제가 된다. 그러나 계약당사자의 상대방에 대한 책임은 신의성실위반책임이라는 엄격한 책임strict responsibility이고 국민으로서 국민에 대한 책임은 다소 제한된 과실책임negligence responsibility이다.[27] 계약위반책임은 무과

26) 불법행위와 위법행위는 구별된다. 불법행위는 어떤 금지행위를 하는 것이고 위법행위는 법질서 전체의 관점에서 위법한 것이다. 사람의 신체를 상해하는 것은 불법이지만 자신의 피해를 방위하기 위한 정당방위행위는 위법성이 없는 것과 같다.

27) 손해배상책임 법리는 역사적으로 여러 번의 변화를 거친 것이라 한다. 처음에는 무책임원칙도 있었다. 즉 손해는 전적으로 손해를 입은 자가 부담하는 법리다. 그러므로 손해를 입지 않도록 하는 의무가 손해를 입은 자에게 있는 것이다. 다음에는 앞의 원칙과는 정반대의 무과실책임 원칙이 나타났다. 어떤 행위와 손해결과 사이에 인과관계가 성립하면 행위자에게 손해배상책임을 지우는 것이다. 과실책임원칙이 나타난 것은 근대에 와서의 일이다. 즉 주관적 혹은 객관적 상황에서 판단하여 행위시 손해의 결과를 예견할 수 없었으면 손해배상책임을 지우지 않는 것이다. 그러므로 과실책임원칙은 책임의 제한이라는 의미를 가진다. 産業活動은 많은 위험을 수반하는 것이므로 책임을 제한함으로써 산업활동의 자유를 보호하는 의미도 갖는다. 그러나 현대에서는 산업활동으로 인한 자연의 훼손 혹은 공중의 피해문제가 중요한 것이 되었다. 그러므로 기업활동에 대한 엄격책임 법리가 유력해지고 있는 것이다. 제

실책임인 것이다. 계약의 위반이라는 사실과 손해의 결과 사이에 인과관계가 있으면 성립하기 때문이다. 한편 계약관계는 다른 사람들, 즉 사회에 손실을 끼치지 않도록 성실히 이행되어야 한다는 법적 의무를 과하는 법리가 유력해지고 있다. 사실 현대사회에서 대부분의 위험은 기업활동에 원인이 있고 이 기업활동은 계약관계로 되어 있으므로 계약관계로 인한 제3자의 손해에 관해 엄격책임을 지우는 것은 타당성이 있을 수 있다. 이 경우는 계약당사자는 같이 사업자이므로 공동책임을 지는 것이 될 것이다. 물론 내부적으로 누구의 책임이 더 중한가는 가려질 것이다. 우리나라의 경우 제3자에 관한 불법행위책임은 고의, 과실을 요하므로 이러한 엄격책임 법리를 적용할 수 없을 것이라고 생각되나, 특히 영·미의 경우는 계약관계 혹은 기업활동에 원인이 있는 제3자의 손해에 대해 무과실책임을 지우는 법원의 판결이 유력해지고 있다.[28)]

한편 동일한 project에 참여하고 있으나 계약관계에 있지 않은 제3자의 손해배상에 관해서 계약불이행으로 인한 책임과 같은 신의성실위반책임을 적용하는 법리가 유력해지고 있다.[29)] 앞에서 말한 공중public으로서의 제3자보다 밀접한 관계에 있으므로 과실책임이 아니라 신의성실위반책임을 지우는 것이다. 동일한 project를 같이 성공적으로 수행해야 하는 밀접한 관계에서 공동참여자 간에는 신의성실수행의무가 인식될 수 있기 때문이다. 또한 영·미법의 경우 엔지니어와 같은 전문가에게는 공적 의무를 지우고 제3자의 손해에 대해 신의성실의무위반책임을 지우는 법원의 판결이 유력한 점을 유의하여야 한다.[30)] 사회계약에 근거하는 것 같다. 우리나라의 경우는 이에 관한 규정은 없으나 전문가에게 사회적 책임을 지우는 경우 적용될 가능성은 배제할 수 없다.

부당이득의 문제

한편 모든 사안이 불법행위와 적법행위로 양분되지 않는다. 다시 말하면 불법행위가 아니면 모든 행위는 적법행위라는 판단을 받는 것이 아니다. 이 불법과 적법의 판단에서 제외된 사안들이 있다. 불법행위는 법이 적극적으로 규정하거나 그 의미상한 인식할 수 있는 것에 의한 판단이므로 법이 규정하지 않은

조물책임법과 같은 것은 이와 같은 책임법리의 변화가 반영된 것이라 할 수 있다.

28) DPIC의 Contract Guide, p.119(Environmental and Health Hazards) 참조.

29) DPIC의 Contract Gude, p.313(Third Party Claims) 참조.

30) DPIC의 Contract Guide, p.243(Public Responsibility) 참조.

사안은 이 법적 판단에서 자유로운 영역이 되는 것이다. 법은 모든 사안에 관해 완벽하게 기준을 제시할 수 없기 때문이다. 물론 불법행위와 적법행위는 서로 상반되는 것이므로 불법행위인 것은 적법행위가 아니다. 그러나 법체계 system of law는 규정을 하지 않았다고 해서 방관해 버릴 수 없다. 그러므로 어떤 규범에 적합한 적법행위(반대로 그 규범에 반하는 행위는 불법행위가 된다) 및 규범에서 자유로운 영역을 아우르는 원칙을 가지고 있다. 이것이 정당성의 원칙이다. 민법은 이에 관해 규정을 마련하고 있다.[31] 그러므로 법체계는 합규범성⊃정당성의 구조를 가지고 있다고 보아야 한다. 다만 법체계에서는 규칙성의 원칙을 우선하므로 합규범성 판단→정당성의 판단순서를 가지고 있다. 불법행위에 관한 판단에서 그 불법행위에 대한 위법성판단을 하는 것도 합정당성의 판단에 속한다 할 수 있다. 물론 법규범체계 전체의 입장에서 상치 여부를 판단하는 것이나 그 상치 여부를 판단하는 기준은 정당성이 될 수밖에 없다. 당연히 불법행위의 반대인 적법행위도 마찬가지로 정당성판단을 받을 것이다. 이 정당성 판단은 正義原則에서 직접 도출될 것이다. 다만 법치주의 원칙에 의해 규범이 있으면 그것이 우선하는 것이다. 그러므로 정당하지 않은 규범을 법원이 무시할 수는 없을 것이다. 그러나 타당성이 궁극적인 것이므로 부당한 법은 개선되어야 하는 것이다.

18. 손해배상액의 예정 및 조정

한편 기업 등 사회에 손해를 끼칠 가능성이 많은 분야에 관해 엄격책임 법리의 적용이 유력해지고 있는 반면에 계약당사자 간 손해배상책임의 제한법리[32] 혹은 부담법리 나아가서 사회적 책임법리[33]를 발달시키고 있다. 결국 이익과 손해의 공정한 배분을 목적으로 하는 것이다. 이익의 크기에 따라 손해에 대한 책임도 배분되어야 한다는 법리, 개인책임의 완화 등 법리가 작용한다. 법

31) 민법 제741조-제749조 참조. 이 규정들은 법이 규정하고 있으나 불법행위 혹은 적법행위의 기준을 제시한 것이 아니고 이익과 손해의 정당성에 관한 규정이라고 보아야 한다. 제741조가 "법률상의 원인 없이 타인의 재산 또는 노무로 인하여 타인에게 손해를 가한 자는 그 이익을 반환하여야 한다"라고 규정하고 있는 것을 보아서 알 수 있다.

32) 민법 제390조, 제393조, 제396조, 제398조 참조.

33) 보험제도는 사회적 책임법리라고 할 수 있다. 민법 제765조도 사회적 책임의 예라 할 수 있다.

에서 규정하는 경우도 있으나 계약자유의 원칙에 의하여 계약당사자 간에 손해배상의 제한, 면제 혹은 부담indemnity[34]약정을 권장하고 있다. 채무불이행책임 혹은 불법행위책임을 관철할 경우 구체적인 경우에서 부당한 점이 나타나는 것을 보완하기 위한 것이다.

기업활동에 관한 과실책임주의는 기업가에게는 보험과 같은 역할을 하고 있다. 단순히 월급을 받거나 기업가의 기업활동을 도와 주고 그 대가를 받는 전문가의 경우 사업이익이 배분되는 것은 아니므로 과실책임에 의해 사업 손실에 관한 책임을 지우는 것은 형평상 부당한 측면이 있다. 또한 자신의 사업으로 인한 사회적 손실에 관해서 어느 정도 책임을 져야 하는 것은 정의의 관념에서 타당하다.

19. 손해배상책임의 公法性

민법은 사법이라고 한다. 그러므로 민법에 규정되어 있는 손해배상 책임관계를 일반적으로 사법관계로 본다. 그러나 사법관계는 당사자 간에 발생하는 권리·의무관계를 신의·성실원칙에 의하여 원만히 이행하는 것을 목적으로 하는 법률관계이다. 반면 손해배상책임관계는 그 사법관계가 원만하지 않을 경우 2차적으로 발생하는 것이다. 다시 말하면 상대방이 채무를 이행하지 않을 경우에 이행을 청구하는 권리 및 불이행으로 인해 손해가 발생한 경우에는 손해배상을 청구할 수 있는 권리가 생기는 것이고, 이 권리에 의해 상대방에게 청구하는 것이다. 이 청구에 의해 상대방이 자율적으로 이행하고 손해를 배상하면 계약관계 혹은 채권·채무관계가 원만히 달성되는 것이다. 그러므로 이 단계까지도 공권력이 개입하지 않는 자율적인 관계로 법이 인정하고 있으므로 사법관계라 할 수 있다. 그러나 제2단계는 이미 원만한 관계가 파괴된 상태이고 계약당사자가 아니라 국민으로서 권리를 침해당한 상태이다. 그러므로 권리를 침해당한 국민의 지위에서 자기의 권리를 보전하기 위해 채무이행을 청구하는 것이며 손해배상을 청구하는 것이라고 보는 것이 법률관계를 이해하는 데 있어서 간결하고 합리적이라 할 수 있다. 이행청구의 경우는 국민 상호 간에는 약속을 지켜야

34) 손해배상책임의 부담약정은 제3자에 대한 손해배상책임을 부담하는 것을 말하며 자신의 책임이 아니므로 부담하는 것이다. 이 경우 대부분 보험제도를 통해서 한다.

한다는 공법적 원칙이 작용하고 있으며, 손해배상청구의 경우는 국민 간에 이익과 손해는 공정하게 배분되어야 한다는 공법적 원칙이 작용하고 있는 것이다. 그러므로 일단 계약목적을 당사자 간에 자율적으로 원만히 해결하도록 하는 것을 목적으로 하는 사법관계와는 법의 목적 혹은 원칙 측면에서 다른 것이다. 한편 제2차적 단계의 법률관계는 공권력이 개입할 수 있는 前段癸로서의 의미를 갖는다. 상대방에게 이행청구나 손해배상청구를 하지 않고 곧 바로 재판청구 등 공권력 개입을 요청할 수 없기 때문이다.

私法關係에서 생기는 2차적 법률관계를 3차적 법률관계인 공권력관계 혹은 행정법관계와 구별하여 社會法關係라고 인식하게 된다.[35] 그리고 사회법관계를 국민과 국민 간의 관계로 관념하는 것이다. 그러나 일반적으로 사회의 약자를 보호하기 위한 목적을 갖는 법률관계만을 사회법관계라고 한다. 그러나 이 사회법관계는 민법상의 손해배상책임 법률관계와 성질상 다를 것이 없다. 손해배상책임관계에서 1차적 법률관계로 계약관계를 인식한 것과 마찬가지로 근로자와 사용자 간에는 1차적인 법률관계로 사법관계인 근로계약이 존재하고 있다.[36] 이 근로계약은 계약관계이고 당사자 간에 자율적으로 계약목적을 달성하는 것을 목적으로 한다. 민법상의 고용계약[37]관계와 성질상 같은 것이지만 법이 특별히 정한 것이다. 그리고 노동조합 및 노동관계조정법 등 소위 사회법관계는 이 근로계약관계에 문제가 생길 경우에 관한 법률관계이므로 2차적 법률관계인 성격을 갖는다.

근로자와 사용자라는 근로기준법상의 법인격은 민법상의 고용계약의 계약당사자 혹은 채권·채무자인 법인격과 다를 것이 없다. 그리고 이 근로자는 민법상의 손해배상책임관계에서 국민인 법인격으로 변용되는 것과 마찬가지로 사회법관계에서 국민인 법인격으로 변용되어 사회법관계가 침투되는 것이다. 여기

35) 사법관계, 사회법관계, 및 공권력관계로 구별하는 三分類法을 취하는 것이다. 사회법관계와 공권력관계를 합하여 공법관계라 할 수 있다. 그러나 사법관계도 크게 보면 국가법에 포섭되는 것이므로 사법관계와 공법관계를 對別하는 것이 적절치 않다고 생각된다. 모든 법률관계는 국가라는 단체의 법률관계이므로 공법관계라 할 수 있기 때문이다. 사인 간의 자율성을 부여하는 것은 공법관계 안에서 허용되는 것이기 때문이다. 합체되어 있는 것이므로 구분하는 것이 無理이다. 그러므로 자율성을 1차적으로 부여하는 관계 등 단계적 법률관계구조와 여러 가지 국가목적이 교차되어 있는 구조로 보는 것이 타당할 수 있다. 사법과 공법으로 구분하는 二分類法이 사법을 국가와 관계없는 완전히 다른 법으로 區分하려는 생각이 바탕에 있었기 때문에 결론이 도출되지 않는 논란으로 그친 것이라는 생각을 한다. 그러므로 형식적 의미의 법의 구별은 의미가 없고 법률구조상의 문제일 뿐이라는 생각을 하게 된다.

36) 근로기준법 참조.

37) 민법 제655조-제663조 참조.

서 국민이라는 법인격을 검토해 보자. 물론 근로자, 고용계약당사자, 사용자 등의 법인격과 구별된다. 그러나 근로자 등의 법인격은 보다 광범한 법인격인 국민이라는 법인격에 부착되어 있는 法構造를 인식하여야 한다. 근로자, 계약당사자 등 법인격은 기본적인 법인격인 국민이라는 법인격에 부착되어 있는 여러 가지 법인격 중의 하나이다. 그러므로 모든 법률관계는 기본적으로 국민과 국민 간의 법률관계 및 국가와 국민 간의 법률관계라 할 수 있다. 그러므로 근로자 혹은 계약당사사는 동시에 국빈이라는 법인석을 가지고 있는 섯이다.

민법상의 계약당사자가 1차적으로 사법관계의 주체인 것과 마찬가지로 근로자도 근로계약 당사자로서 자율적으로 근로계약 목적을 원만히 달성하여야 하는 1차적 사법관계의 주체인 것이다. 이 1차적 법률관계의 법인격을 우리는 私人이라고 한 것이다. 그리고 민법상의 1차적인 계약관계에서의 사인인 계약당사자가 2차적인 법률관계인 손해배상책임관계에서 국민인 법인격으로 변용되어 국민과 국민 간의 손해와 이익의 공정한 배분을 목적으로 하는 손해배상책임관계가 침투되는 것과 마찬가지로 1차적인 근로계약관계에서의 사인인 근로자가 2차적인 사회법관계에서 국민인 법인격으로 변용되어 사회적 약자를 보상하여 기회균등을 달성하려는 목적을 갖는 사회법관계가 침투되는 것이다.

이상의 분석을 통해 우리는 소위 사회법관계라고 하는 노동관계와 사법관계라고 하는 손해배상책임관계와 법구조상 달리 볼 이유가 없다는 것을 인식하게 된다. 그리고 2차적 법률관계는 공권력관계가 아니므로 사법관계와도 구별되고 공권력관계와도 구별되는 독특한 법률관계 영역을 형성하고 있음을 인식하게 된다. 따라서 우리가 흔히 사회법관계라고 하는 노동관계법과 손해배상책인관계가 성질상 다를 것이 없다는 점과 국가와 국민 간의 관계가 아니라는 점을 감안하여 사회법관계라고 하여도 무방하다고 보는 것이다. 국민 상호 간에 손해를 입혀서는 안 되는 관계(물질적인 손해뿐만 아니라 형법제도의 경우에도 서로 신체, 생명, 명예 등을 존중해야 한다는 국민과 국민 간의 법률관계를 인식할 수 있다), 상호 기회를 균등하게 하고 약자를 보호하여야 한다는 법률관계를 통합하여 관념할 수 있는 것이다. 이렇게 봄으로써 사법 등 다른 法域과 사회법의 구별을 분명하게 할 수 있을 것이라고 기대하는 것이다. 그리고 사회법은 현대에 와서 새롭게 나타난 법률관계가 아니고 모든 국가법에 본래적으로 존재하는 것이며 현대에 와서 강조되고 있을 뿐이라는 인식을 갖게 된다. 또한 소위 사법이라고 하는 형식적 법률 내에도 손해배상책임관계와 같이 성질이 다른 법률관계가 혼재되어 있고 구별하여 볼 수 있는 관점을 확보하게 되는 것이다.

20. 계약제도

생활관계에서 국민과 국민 간에 권리·의무가 발생·변경·소멸하는 법률관계가 형성되는 發端이 되므로 계약제도는 중요한 의미를 갖는다. 물론 법률관계가 생기는 발단은 계약만 있는 것은 아니다. 사실의 발생으로 생기는 경우도 많고 증여 혹은 유언과 같이 단독으로 의사표시를 함으로써 생기는 경우도 있다.[38] 그러나 대부분의 경제활동은 이 계약에 의하므로 중요한 것이다. 계약제도는 생활관계에서 대부분의 권리·의무가 생기는 발단으로서의 의미가 있지만 권리·의무가 이동하는 통로로서의 의미도 있다. 예를 들면 부동산 소유권의 이전은 매매계약을 통해 일방은 소유권을 이전할 채무와 부동산의 가액을 지급받을 채권을 갖고, 상대방은 부동산 가액을 지급할 채무와 부동산의 소유권을 이전받을 채권을 가지는 법률관계에서 그것을 이행함으로써 계약목적물인 그 부동산에 관한 소유권이 일방에서 상대방으로 이전되는 것과 같다. 계약은 물권의 이전만을 목적으로 하는 것은 아니다. 어떤 사람의 행위services 혹은 어떤 물건의 사용·수익의 권리가 이동하는 경우도 있다. 그러므로 거래의 성질에 따라 계약제도는 여러 가지가 설정되어 있으며, 각각 그 계약상의 권리·의무가 특성을 갖고 있다. 우리나라 민법은 증여, 매매, 교환, 소비대차, 사용대차, 임대차, 고용, 도급, 위임, 임치, 조합, 종신정기금, 화해 등 계약제도를 규정하고 있다.

법에서 규정하고 있는 계약제도에 의하여 생기는 법률효과가 채권이다. 단독으로 표시하는 법률효과 의사에 의해서도 채권이 생기고 사실의 발생[39]에 의해서도 채권이 생긴다. 그러므로 채권·채무관계에 의하여 대부분의 권리·의무가 이동하는 것이라 할 수 있다. 국가의 명령에 의하여 생기는 권리·의무도 민

38) 법률관계가 생기는 발단으로 계약, 단독의 의사표시 및 사실의 발생과 다른 것으로 단체를 구성하는 소위 합동행위가 있다. 이 합동행위도 사실은 계약과 같이 의사의 합치를 요건으로 한다. 그러나 합치의 절차 등이 계약과 다르므로 구별하는 것이다. 계약을 쌍방간bilateral 합의형식이지만, 합동행위는 다자간multilateral 합의형식이다. 그러므로 어떤 사람의 제안에 참여하는 형식을 갖게 되고 계속적으로 참여하거 탈퇴할 수 있는 관계가 형성되는 반면, 계약은 당초의 합의가 중요하다.

39) 손해상책임도 손해라는 사실의 발생에서 생기는 채무이다.

법상의 채권 · 채무는 아니지만 권리· 의무관계라는 점에서는 채권· 채부관계와 같다고 할 수 있다.

자연채무

한편 채권은 이행행위를 본질로 한다. 그러므로 채무자가 이행하지 않을 경우 채권의 침해라는 문제가 생긴다. 이 경우 다음 단계의 법률관계인 이행을 강제하기 위한 재판청구권 등 공권력관계가 생긴다. 그런데 공권력관계가 발생하지 않는 채권이 있다. 이것을 자연채무라고 한다. 당사자 간에 이행이 없어도 그 이행을 강제하는 공권력의 도움을 주지 않는다. 그러므로 재판청구권은 있으나 법은 그것에 관해 법률관계로 인정하지 않으므로 공권력을 동원하여 주지 않는다는 것이다.

예를 들면 미풍양속에 반하는 내용을 계약목적으로 한 계약에서 일방이 계약에 따라 서비스를 제공하였으나 상대방이 그 서비스 대가를 지급하지 않은 경우 그 이행의 강제를 청구하였으나 법원이 그 계약에 근거하여 대가청구에 관한 공권력을 동원하여 주지 않는 것과 같다. 그러나 불법한 계약이지만 서로 합의한 대로 자연적인 채권· 채무관계는 존재하는 것이므로 당사자 간에 이행을 하면 합법적이 것으로 보는 것이다. 이것을 자연채무라고 하는 것이다. 그러나 불법적인 채권· 채무관계가 법적 관점에서 존재한다고 하는 것은 부적절하다. 또한 법과 관련 없는 생활관계, 즉 생활관계에 법이 관여하지 않는 眞空部分이 있다고 생각하는 것도 부적절하다.

예를 들면 어떤 사람이 어떤 값나가는 물건을 아무런 대가를 받지 않고 주기로 약속하고 그 물건을 주었는데 나중에 그 물건을 돌려주라고 요구하였으나 돌려주지 않으므로 소를 제기한 경우 법은 그 물건을 준 것이 정당한가를 판단하여 그 물건을 돌려주지 않을 정당성이 없으면 돌려줄 것을 명하는 것이다. 이 경우 법은 계약관계를 근거로 물건을 돌려주라고 명한 것이 아니고, 정당성 관계에서 부당한 이득이므로 돌려주기를 명한 것이다. 그러므로 계약관계에서의 채권· 채무관계, 즉 자연채무는 이미 존재하지 않고 정당성 관계라는 새로운 법률관계가 발생하여 이 법률관계에서 돌려주기를 명한 것이다. 영 · 미법의 경우 상호 간에 거래의 원인, 즉 약인consideration이 없는 경우와 같다.[40]

---

40) 영 · 미법에서 約因consideration을 계약의 성립요건으로 한다. 예를 들어 물품의 매매계약에서

21. 권리·의무의 귀속

권리·의무의 귀속주체와 법인격legal personality을 혼동하기 쉽다. 법은 법인격에 법률행위를 할 수 있는 자격 혹은 그 법률행위의 효과로서 권리·의무가 귀속[41]하는 주체, 혹은 어떤 법률사실이 귀속하는 주체로 법인격을 의제하고 있다. 그러나 종국적으로는 권리·의무가 귀속하는 주체는 자연인이다. 생각하고 행동하고 이익을 향유하는 것은 살아 있는 자연인이기 때문이다. 법인격은 의제적인 것이지만 자연인은 의제적인 것이 아니다. 그러므로 법인격과 자연인은 구별하여야 한다. 모든 것이 생산되는 주체라는 말을 의제적인 법인격에 사용하는 것은 부적절하다. 논리적 구축물인 법체계에서가 아니라 살아 있는 주체인 자연인은 법체제에서 인식되는 것이다. 그러므로 자연인에 법인격이 부착되어 있다고 생각하는 것도 부적절하다. 오히려 법인격은 자연인의 마음 속에 내재되어 있는 것이다. 그러므로 법체계 자연인에 내재되어 있고 이 자연인 법체제를 이루고 있다고 보는 것이 적절하다. 국가기관의 경우도 국가기관이라는 법인격은 국가기관의 역할을 하는 자연인에 귀속되는 것이고 자연인의 인식 속에 내재해 있는 것이다. 스스로 법에 의하여 임무가 부여된 국가기관으로 인식하고 있으며 자기에 부여된 권한에 의하여 생각하고 행동하는 것이다.

한편 개인이라는 법인격이 있다. 이 개인individual은 단체corporate에 대비되는 말로 이해한다. 그러나 법은 어떤 요건에 의해 단체에 법인격을 부여한다. 그러므로 개인에 대비되는 법인격은 法人이다. 단체는 오히려 자연인과 대비되는 말이다. 그러나 자연인과 다르다. 단체는 역시 법에 의한 구축물, 즉 논리적 구축물이기 때문이다. 법인이 아닌 단체도 있다. 그러므로 법적 구축물이 아닌 단체도 있다고 생각하기 쉽다. 그러나 법인이 아닌 단체도 법인인 단체와 구별하지만 법적 구축물이 아닌 것은 아니다. 결국 단체도 자연인에 내재하는 존재이다. 그러므로 법인이라는 법인격legal personality은 단체에 부착된 법인격이다. 법적 권리·의무가 자연인에 귀속하는 통로를 보면 법인은 개인이라는 법인격

물품의 공급약속에 대해서 대금의 지불약속이 약인이다. 이 약인은 반드시 동등한 대가인 것을 요하지 않고 정황적 판단에 의하여 대가적 가치가 의미가 있으면 약인이 된다고 한다. 서희원, 영미법강의, pp.309-312 참조.

41) "귀속"한다는 말은 누구에게 최종적으로 속한다는 의미이다. 즉 권리·의무의 귀속 주체라고 할 때 권리·의무를 최종적으로 소유하는 주체라는 의미를 갖는다.

보다 더 많은 경로를 거쳐 자연인에 귀속하는 것이다. 개인의 경우는 개인→자연인이지만, 단체는 법인→단체→개인→자연인의 구조를 가지고 있다고 할 수 있다. 결국 법인격은 자연인에게 권리·의무를 귀속시키기 위한 관념적·논리적 통로인 것이다. 단체는 자연인으로 구성되어 있으므로 결국은 법인 혹은 단체의 구성원에게 단체의 구성원리에 따라 권한과 책임이 배분되고 그 원리에 따라 권리·의무가 자연인에게 귀속될 것이다.

22. 자 연 인

자연인은 흔히 사법관계私法關係에서의 권리·의무의 주체 정도로만 이해하는 경향이 있다. 그러나 앞에서 말한 바와 같이 사인, 상인, 국민, 행정기관, 공무원, 근로자, 교사 나아가서 단체, 법인 등 모든 법인격legal personality이라는 논리적 통로legal logic를 통해 법적 권리·의무의 실제적으로 귀속하여 법률 행위를 하고 그 법률효과에 의하여 보장되거나 보호되는 이익을 실제로 향유하는 주체로서의 의미를 가지고 있다.

자연인은 법적인 권리·의무의 귀속주체로서의 의미만이 아니라 헌법관계의 권리·의무의 귀속주체이고 나아가서 헌법질서의 기초인 도덕공동체, 문화공동체 혹은 정치공동체의 시민으로서 천부적 인권이 귀속하는 주체이다. 모든 도덕질서 및 법질서의 주체인 것이다. 모든 가치와 질서가 자연인의 관념 속에 편재ubiquitous하여 사회 혹은 국가 전체를 이루며 모든 가치와 질서가 생산되고 변경되고 실천되는 원천인 것이다. 그러므로 국가법질서는 국가공동체의 시민으로서의 자연인의 묵시적tacit 약속이므로 지키는 것이다 그러므로 법질서는 절대적인 것이 아니며, 그 약속은 시대와 환경의 변화에 따라 공동체 시민의 에토스가 바뀌면 법질서도 바뀌는 것이다.

23. 법률요건

권리·의무가 발생·변경·소멸하는 법률요건으로는 계약만 있는 것은 아니다. 계약은 다자 간의 합치된 의사표시agreed will를 요건으로 하는 법률행위이고 다른 유형의 법률행위로는 개인의 의사표시individual will로 법률효과 발생하는 단독행위와 회사의 설립과 같이 다자 간의 합동된 의사표시corporate will에 의해 법률효과가 발생하는 합동행위가 있다.

법률행위의 성립요건과 효력발생요건

법률행위 성립요건으로 일정한 절차 및 형식을 요하는 경우가 있다. 이 절차 및 형식에 맞아야 법률행위가 성립하는 것이다. 그리고 법률행위는 자유로운 의사표시일 것을 요구한다. 그러므로 외부의 강제력이나 속임을 당하여 하는 경우는 자유로운 의사표시가 아니므로 법은 그 행위가 법률행위로서 성립되는 것으로 보지 않는다. 또한 법률행위를 하는 행위자에게 사리를 분별할 수 있는 판단능력이 있어야 하고 의사를 결정할 수 있는 의사능력이 있어야 한다. 이와 같은 능력이 없는 사람의 행위는 자유로운 의사가 아니므로 역시 법률행위가 성립하지 않는 것으로 본다. 그러므로 자유의사가 법률행위 성립요건이다. 그러나 법은 자유의사를 구체적 사안에 따라 확인하는 방법이 아니라 일정한 나이를 기준으로 하거나 법원이 의사결정능력 등의 사실을 심사하여 선고하여 공시하는 제도를 두고 있다. 일반인이 미리 알 수 있도록 하여 예측가능성을 높여 법의 불안정성을 제거하기 위한 것이다.

한편 법은 법률요건에 관해 이상과 같은 성립요건이 아니라 효력발생요건으로 분류되는 것들이 있다. 법률행위가 성립하더라도 법률행위의 목적이 공서양속public policy이나 법에 위반하면 법률효과가 발생하지 않는 것으로 하는 것과 같다. 법률행위가 성립하지 않으면 당연히 법률효과가 발생하지 않는 것이지만 법률행위는 성립하나 법률효과가 발생하지 않는 경우 법률행위의 성립은 무슨 의미가 있는가에 관해 의문이 생긴다.

법률행위에 대한 판단은 단계구조를 갖는다. 어떤 법률행위가 법률효과가 없으므로 법률적 권리·의무가 발생하지 않을 것이지만 전 단계의 판단에 관한 추정력을 부여하고 그 추정력을 다음 단계들의 판단에 의하여 번복하지 않는다. 적법한 법률행위의 성립은 다음 단계의 불법성 혹은 적법성 판단단계의 적법성이 추정된다. 판단단계의 시간성적 격차와 관련되는 것 같이 보이나 반드시 그런 것은 아니다. 논리적으로 다음 단계판단의 관점에서 전 단계판단의 몰가치성을 부여하는 것이다. 즉 최종적인 판단에 의하여 그 전의 판단을 무효로 하지 않는다. 법률은 이와 같이 단계적 판단구조로 되어 있다. 그러므로 계약이 적법하게 성립하는 것으로 인정되면, 그 계약이 적법성판단에 의하여 공서양속에 위반하면 법적 효력이 없는 것이 되더라도 계약의 성립에 의한 적법성의 추정은 무효화 되지 않는다. 그러므로 법에는 추정력에 의한 法領域이 존재함을 인식하게 된다. 계약의 성립에 의한 추정력의 법영역은 적법 혹은 불법의 영역(정확하게 말하면 合法規範 혹은 反法規範의 영역이다)이 아니다. 계약이 성립하나 다음 단계에서 反법률행위로 판단을 받을 수 있지만 일단 계약의 성립은 그 적법성이 추정되므로 이것을 원인으로 한 이행행위 등은 적법성의 추정력을 갖게 된다.

그러나 법의 적법성의 추정력을 받지 못하는 경우, 즉 법률행위가 성립하지 성립하지 않는다고 판단되는 경우는 법의 판단에서 제외되는 것이 아니다. 다만 법이 제시하고 있는 당해 법률행위기준에서 그 법률행위로 볼 수 없다는 판단에 불과하다. 그러므로 그 법률행위라고 판단되면 그 행위에 관한 다음 판단이 이어질 것이다. 그러나 어떤 행위가 성립하지 않는 것이면 법은 판단의 대상이 없는 것이 되므로 판단을 할 수 없는 것이 된다. 그러므로 법이 제시하는 어떤 행위기준에도 해당되지 않는 경우는 법적 판단에서 제외되게 된다.

그러나 공동체의 모든 생활관계는 정당하여야 하고. 그 이득과 손해는 적절히 배분되어야 한다. 그런데 법률은 모든 생활관계에 관한 법률행위기준을 빠짐없이 규정하여 법적 판단을 하는 식으로 규정할 수 없는 것이 사실이다. 그러므로 이 흠결된 규정을 위한 포괄적인 규정을 둔다. 규정이 없더라도 법은 법률이 없으므로 그 이해관계에 관한 판단 혹은 조정을 할 수 없다고 하지 못한다. 국가는 앞에서 말한 바와 같이 공동체 성원의 이해관계를 조정하고 생활조건을 개선해야 하는 목적을 가지고 있기 때문이다. 이 포괄적인 규정으로 볼 수 있는 규정이 민법의 경우 제741조이다. 민법 제741조는 "법률상의 원인 없이 타인의 재산 또는 노무로 인하여 이익을 얻고 이로 인하여 타인에게 손해를 가한 자는 그 이익을 반환하여야 한다"라고 규정하고 있다. 여기서 "법률상의 원인 없이"라는 것은 법률행위로 성립되어 법적 판단을 받을 수 있는 근거가 없는 행위를 말한다. 그러므로 법적 판단을 받을 가능성이 배제된 행위에 대해 공동체의 가장 기본적인 생활관계라고 할 수 있는 이익과 손해의 공정한 배분을 위해 포괄적인 법률행위로 설정하고 있는 것이다. 그러므로 법률규정에 의한 법률행위로 성립되지 않더라도 이 포괄적인 규정에 의해 법률관계가 형성되는 것이다. 이 규정은 "공동체의 성원은 상호 다른 사람에게 손해를 줌으로써 자신의 이득을 취해서는 안 된다"는 행위기준을 제시하고 있는 것이라 할 수 있다.

한편 민법 제741조(부당이득)와 민법 제750조(불법행위)는 구별된다. 후자는 일단 성립한 법률행위에 대한 판단이다. 법률이 행위기준으로 제시한 행위에 해당하는 행위에 대해 법률적인 판단을 하여, 反법률행위로 판단되는 행위로 인해 발생한 손해를 배상하여야 한다는 것이다. 그러나 불법행위의 경우는 고의·과실을 요하는 것으로 하여 가해자의 책임발생요건이 완화되어 있는 반면, 제741조에 의한 부당이득 반환책임은 고의·과실을 불문하는 것으로 규정하여 책임이 강화된 형태로 규정하고 있는 이유는 명확하지 않다. 제741조의 판단기준인 이득의 정당성 개념에는 고의·과실을 요하는 것도 포함되는 포괄적인 정의관과 관련되는 것이기 때문일 것이다. 그러나 불법행위의 경우는 법이 어떤 일반적 행위기준을 제시하여 일반인이 그 행위기준을 알고 그에 따를 것을 기대하는 것이므로 그것에 대한 고의·과실을 요건으로 하는 것이라 생각할 수 있다.[42)]

그러나 어떤 것을 법률행위의 성립요건으로 하느냐는 법이 행위기준을 어떻게 정하느냐에 달려있다고 생각한다. 어떤 사실은 반드시 행위기준으로 하여야 한다는 것은 없을 것이다. 일반적으로 법은 어딴 사실을 인식하고 그 사실이 가지고 있는 가치의미를 인식하여 건전한 판단력과 의사결정능력을 가지고 자유로운 의사결정에 법이 제시하는 행위기준에 따를 것을 요구하는 것이라고 본다. 그러므로 법률행위의 성립 여부 판단단계에는 그 이후의 모든 판단이 행해지는 판단의 대상을 확정하는 것이다. 그러나 행위기준은 일반인에게 제시되는 것이므로 객관적이고 명확한 형태가 되어야 한다. 그러나 그 행위에 대한 구체적인 판단기준은 별도로 존재한다. 그러므로 무엇을 행위기준으로 하느냐는 법률이 정하기에 달려 있다.[43)] 그러나 계약의 성립요건 혹은 효력발생요건에 관

42) 법률적 판단과 법적 판단을 구별해 볼 수 있다. 전자는 법률규정을 중심으로 한 판단이고, 후자는 법규정 전체의 구조 혹은 법의 이념에 의한 판단이라고 할 수 있다. 법률statutes과 법law을 구별하는 이론이 성립할 수 있는 근거가 된다.

43) 법률행위의 성립요건은 법률요건의 성립요건이라고 할 수 있다. 법률요건에는 의사표시를 요하는 법률행위만 있는 것이 아니고 범죄행위와 같이 사실의 발생을 법률요건으로 하는 경우(법률행위와 구별하여 법률사실이라고 한다)도 있다. 그러므로 법률사실의 경우에도 성립요건이 있다. 범죄행위를 구성하는 요건이 범죄행위의 설립요건이다. 형법에서는 이것을 범죄

한 명시적 규정을 하고 있지 않으므로 해석에 의존하는 애매한 점이 있는 것이 사실이다.

의사표시제도

한편 법률행위제도는 의사표시제도가 중요한 의미를 갖는다. 여기서 의사표시는 법률효과에 관한 의사, 즉 眞意인 효과의사의 표시라는 의미를 갖고 있다. 그러나 의사표시, 즉 표시행위를 원칙적으로 진의인 효과의사의 표시로 간주하는 의사표시제도를 두고 있다. 법은 그 진의를 직접 확인하는 것이 아니고 문자나 말과 같은 객관적 표시행위에 의하여 그것을 진의로 간주하는 것을 원칙으로 한다는 것이다.[44)]

그러나 이 원칙을 관철할 경우의 부당성을 구제하기 위하여 민법은 의사표시를 진의로 인정하지 않는 예외적인 규정(제107조-제110조)을 두고 있다. 민법 제107조는 "① 의사표시는 표의자가 진의가 아님을 알고 한 것이라도 그 효력이 있다. 그러나 상대방이 표의자의 진의 아님을 알았거나 알 수 있었을 경우는 무효로 한다. ② 전항의 의사표시의 무효는 선의의 제3자에 대해 주장하지 못한다"라고 규정하고 있다. 여기서 의사표시에 관해 "효력이 있다" 혹은 "무효로 한다"는 규정과 관련하여 이것이 "의사표시"를 법률행위의 성립요건으로 하고 있는지 혹은 효력발생요건으로 하고 있는지 명확하지 않다. 효력 혹은 무효라는 말을 사용하였으므로 효력발생요건이라고 할 수 있으나 성립하지 않으면

"구성요건"이라고 한다. 범죄구성요건으로는 형법의 규정하고 있는 법익침해 사실이 있어야 하고 그 법익침해 결과에 대한 고의 혹은 과실이 있어야 한다. 또한 민법의 경우와 같이 범죄자에게 사리분별력과 의사결정능력, 즉 자유로운 의사에 의한 행위일 것을 요구한다. 이와 같은 요건을 충족하면 불법행위로서 범죄가 성립하나 역시 민법의 경우와 같이 형벌이라는 법률효과를 발생시키기 위해서는 효력발생요건을 통과하여야 한다. 그 행위가 위법한 것이어야 하고 그 사람에게 형벌책임을 줄 타당성이 있어야 한다. 예를 들면 강압에 의한 행위는 그 사람에게 책임을 돌리기보다는 그 강압을 한 자에게 책임을 돌려야 하는 문제가 있기 때문이다. 또한 정신이상이나 성격적 결함이 있는 경우는 행위자에게 형벌책임을 지우기보다는 평등한 인간으로서 출발해야 하는 정의관에 적절치 않으므로 오히려 처벌하지 않음으로써 보강해야 하는 문제가 있게 된다. 그래서 형법에 관해 구성요건 해당성, 위법성, 책임성으로 법률요건을 구별해서 판단하는 이론이 통설적이지만 어떤 사실을 어떤 요건에 해당하는 것으로 보아야 하는가에 관해 논란이 있다. 그러나 법에서 정한 것 혹은 해석에 의하는 수밖에 없으나 구성요건은 법적 판단이 시작되는 관문과 같은 것이므로 객관적으로 명확성을 요할 것이다. 그 이후의 재판이나 조사과정에서 인권침해가 있을 수 있기 때문이다. 그리고 위법성이나 책임성판단은 구체적 정황이나 사실을 조사하는 가운데 판단되므로 재판과정에서 밝혀지는 것이므로 구성요건과 구별할 이유도 있을 것이다.

44) 법은 법률행위뿐만 아니라 責任 無能力者制度 등 많은 곳에서 어떤 사실을 진실로 간주하는 제도를 두고 있다. 일종의 법기술이라 할 수 있다.

당연히 효력이 발생하지 않는 것이므로 반드시 효력발생요건이라고 할 이유는 되지 않는다. 의사표시를 법률행위 성립으로 본다면 표의자의 상대방이 "표의자의 진의 아님을 알았거나 알 수 있었을 경우"는 의사표시로 보지 않는다는 의미가 된다. 즉 그러한 의사표시는 법률행위로 성립하지 않고 당연히 법률행위의 효력이 발생하지 않는 것으로 보는 것이다. 반면 효력발생요건으로 보는 경우는 객관적으로 표시행위가 인정되면 법률행위는 당연히 성립하고 따라서 원칙적으로 법률효과가 발생하지만 예외적인 경우는 법률효과가 발생하지 않는 것으로 보는 것이다.

법률행위의 성립과 관련한 법적 의미에 관해서는 전술하였다. 법률행위가 성립하면 그 법률행위에 의한 이행행위는 적법성이 추정되어 불법행위가 되지 않지만 정당성 등 위법성 요건에 해당하면 그에 의한 다른 법률관계가 형성된다고 보았다. 그러므로 의사표시를 법률행위 성립요건으로 볼 경우는 상대방이 "표의자의 진의 아님을 알았거나 알 수 있었을 경우"는 법률행위가 성립하지 않으므로 그 의사표시에 따른 이행행위로 손해가 발생하는 경우에 민법 제751조의 "법률상 원인 없는" 행위에 해당하여 부당이득의 반환문제가 발생하나, 효력발생요건으로 보는 경우는 그 법률행위는 성립하므로 "법률상 원인 있는" 행위가 된다. 따라서 부당이득반환의 문제는 발생하지 않는다. 그러나 그 법률행위의 효력이 발생하지 않는 것으로 규정한 것이므로 민법 제390조의 채무불이행으로 인한 손해배상문제는 발생하지 않는다.

한편 흠결 있는 의사표시에 법률효과를 부여하지 않는 이유는 "흠결 있는 의사표시를 하여서는 안 된다"는 법률의 행위기준에 의하는 것으로 인식하게 된다. 법은 항상 이 행위기준에 의해 어떤 행위를 판단한다. 이 행위기준에는 공동체의 성원일반에게 제시된 것과 어떤 행위를 판단할 국가기관에 제시되는 행위기준이 있다. 일반적 행위기준에 위반하는 행위는 법이 이 행위와 관련하여 예정하고 있는 법률효과를 발생시키지 않는다. 여기서 "흠결 있는 의사표시를 하여서는 안 된다"는 행위기준은 공동체 성원일반에게 제시된 행위기준이다. 그러므로 일반인이 이 행위기준에 위반하는 법률행위를 하는 경우 그 법률행위에 의하여 법이 예정하고 있는 법률효과를 부여하거나 부여하지 않는다. 그런데 법이 제시하는 행위기준에 의한 어떤 법률행위는 그것 자체로 고립하여 존재하는 것이 아니고 원인된 법률행위에 의해 계속 연결된다. 그러므로 원인된 법률행위가 불법이면 그 이후의 법률행위는 불법성을 갖게 된다. 예를 들면 건물의 매매계약을 한 경우 그 매매계약의 의사표시에 흠결이 있었다면 그 계약은 불법인 법률행위가 되고 그 법률행위를 원인으로 한 다음의 법률행위는 불법성을 가지므로 법률효과가 부여되지 않는다. 따라서 불법원인에 의한 연속되는 모든 이득의 이전은 민법 제750조의 불법행위에 의한 손해배상문제가 되는 것은 당연하다.

한편 국가기관에 제시되는 행위기준은 일반인에게 제시되는 행위기준에 의해 어떤 구체적인 행위를 판단기준이다. 이 국가기관의 판단기준은 단계적 구조로 되어 있다. 6단계 정도로 생각해 볼 수 있다.

제1단계는 법이 제시하고 있는 행위기준에 의한 행위인가를 확인하는 단계이다. 예를 들어 법률행위의 경우 흠결 없는 의사표시로서 효과의사를 표시한 것인가를 확인하는 것이다. 앞에서 논의한 법률행위의 성립요건에 관한 판단이 이 단계에 해당한다. *沒價値的* 사실판단이다.[45]

제2의 판단은 사실행위에 대해 법이 제시한 가치기준에 합당한 것인가를 판단하는 단계이다. 즉 그 법률행위의 적법성 혹은 불법성을 판단하는 것이다. 예를 들면 그 법률행위가 공서양속에 배치되는 것인가를 판단하는 것과 같다.

제3의 단계로 생각할 수 있는 것이 전체의 법체계에서 가치판단을 하는 것이다. 예를 들면 공서양속에 위반한 법률행위라도 인권을 보호할 필요가 있다던가와 같은 공서양속보다 더 상위의 법의 목적에 합당하면 그 불법성이 면제되는 것과 같다.

제5의 판단단계로 생각할 수 있는 것이 正當性 판단단계이다. 제4의 위법성 판단단계와 제5의 정당성 판단단계는 구별하기 애매한 점이 있다. 그러나 제4의 위법성판단은 법규법체계 전체에서 인식될 수 있는 것이라면 제5의 정당성 판단은 그보다 위법성보다 더 포괄적인 법체제 전체의 관점에서 인식될 수 있는 것이다. 정의관 혹은 헌법정신에 의해 인식되는 것으로 생각하는 것이다.

제6의 판단단계로 생각할 수 있는 것은 법률효과를 적용하는 것에 관한 판단단계이다.

여기서 법률행위가 성립된다고 판단하는 경우 법은 그 성립행위의 적법성을 추정하고 있다. 그러므로 성립한 법률행위를 원인으로 한 이행행위는 적법성

45) 형법에서 민법의 법률행위 성립요건에 해당한다고 할 수 있는 "구성요건 해당성"을 *沒價値* 판단으로 보는 것은 상당한 이유가 있는 것으로 보인다.

이 추정되는 것이다. 반면 성립하지 않는 법률행위는 불법성이 추정된다고 보는 것이 논리적으로 옳다. 그러나 불법한 것은 아니다. 다만 법률행위를 구성하지 않는다는 몰가치적인 판단을 받고 있는 것에 불과하기 때문이다. 그러나 법은 불법한 추정을 받는 행위 혹은 적법한 행위로 추정 받는 행위에 대해 단계 구조에 의해 법적 판단을 하고 있다.

공동체 성원의 모든 행위는 이 여러 판단단계에 의하여 중층적으로 둘러싸여 있다. 그러므로 법률행위가 성립하지 않는 행위라도 연속적인 법률관계를 형성하고 법적 판단을 받는 것이다. 그리고 최종적으로는 정당성의 판단을 받는 것이다. 이와 같은 분석을 통해서도 법률행위의 성립요건과 효력발생요건의 구별에 관한 논의는 의미가 있다는 것을 알 수 있다.

한편 "의사표시의 무효는 선의의 제3자에 대항하지 못한다"는 규정은 어떤 법률행위의 원인된 법률행위가 진의 아닌 의사표시로 인해 무효인 법률행위인 경우 그 법률행위를 원인으로 한 다음의 법률행위를 모두 무효로 하는 경우 법은 안정될 수 없다. 그러므로 선의의 제3자를 보호하기 위한 제도가 필요하다. 무효원인을 차단하여 유효한 원인으로 법이 변용시켜 줌으로써 법적 안정을 기하려는 것이라고 볼 수 있다.

예를 들면 어떤 사람으로부터 건물을 구입하였는데 그 사람의 건물소유권이 허위인 의시표시인 관계로 소유권이 없는 것으로 되더라도 그 사실을 모른 경우 그 건물의 소유를 합법적인 것으로 한다는 것이다.

24. 법률사실

법률행위 외에 법률사실legal facts에 의해서도 권리·의무가 발생한다. 예를 들면 다른 사람의 권리를 침해한 경우 손해배상책임의 귀속이라는 법률효과가 발생하는 것과 같다.[46] 이 경우 국가가 직접 인지하여 발생하는 경우도 있고 피해자의 고발이라는 절차에 의하여 인지하는 경우로 나누어 볼 수 있다. 살인이라는 사실의 경우는 국가가 직접 인지하여야 하지만, 간통의 경우는 피해자가 고발하여야 국가가 그 사실을 법률사실로 인지한다.

---

46) 계약관계에서 상대방에게 계약내용에 따른 이행을 하지 않음으로써 상대방에게 발생하는 손해의 경우도 시실의 발생에 의한 법률효과가 발생하는 법률요건이라고 할 수 있다.

私法상의 계약업무와 관련하여 상대방 혹은 제3자에게 손해가 발생한 경우 이것을 사인 간의 권리·의무 관계, 즉 사법관계로 보아야 하느냐의 문제가 있다. 계약관계에서 생긴 것이기 때문에 본래의 채권의 확장이라고 볼 수도 있다. 그러나 공법관계에 의한 새로운 법률효과라고 보는 것이 타당하다. 사법관계는 상호 간 원만한 계약의 이행관계이고 그것을 일탈하여 손해가 발생한 것이므로 이미 사법관계가 아니라고 보아야 한다. 이 법률관계에서는 손해의 공정한 배분이라는 사회법적 원리가 작용한다. 그러므로 손해를 입은 채권자 혹은 제3자는 계약상의 지위에서가 아니라 권리의 침해를 당한 국민이라는 법인격에 의해 피해를 입힌 상대방 국민에게 손해배상을 청구하고 상대방도 동일한 국민이라는 지위에서 상대방에게 손해를 배상하여야 할 의무가 발생하는 것이다.

국가의 법률체계는 이와 같이 모든 법률관계가 다른 법률관계와 종·횡으로 연결되어 있다. 종적인 연결은 효력의 우선성에 의한 축차적 서열serial order로 나타나고 횡적인 연결은 효력의 우선성이 아니라 자율적인 원만한 이행과 조정관계이다. 그리고 이러한 종횡의 법률관계는 그 법률관계에 따른 당사자의 법인격을 통해 침투되는 것이다. 예를 들어 하나의 계약관계의 당사자는 계약당사자로서 서로 계약관계를 원만히 달성하여야 하는 법률관계의 지위, 즉 사인의 법인격을 가지고 있고 이 계약관계를 달성하는 데 있어서 상대방의 권리를 침해하지 말아야 하고, 또한 제3자의 권리를 침해하지 않아야 할 국민으로서 지위에서 권리·의무가 침투되어 있는 것이다. 이 경우 계약상대방의 권리나 제3자의 권리나 동일한 보호되어야 하는 국민의 권리인 것이다.

Reinhold Zippelius는 법학방법론에서 소위 사법관계라고 하는 손해배상 법률관계의 복잡한 법규정 및 법적 판단의 복잡성에 관해 다음의 예를 들어 설명한다. “낡은 자전거를 타고 가던 A라는 사람이 어둡고 앞이 잘 보이지 않는 노상에서 신호등이 바뀐 것을 미쳐보지 못했기 때문에 연어 5마리를 낚아가지고 교통규칙대로 도로를 횡단하는 B라는 사람을 스쳐감으로써 B가 점심 때 해먹을 그 연어가 길에 떨어지고 지나가는 자동차에 깔려 못쓰게 되었다. B는 A에게 5마리의 연어를 사기위한 10마르크를 요구하였고, A는 교통신호의 폭주 및 교통 혼잡을 이유로 자신이 모든 주의를 기울였음에도 불구하고 신호를 보지 못했으므로 자기에게 책임이 없다고 항변하면서, 대안으로 A는 자기 자신도 낚시꾼이므로 5마리의 연어를 잡아줄 수 있다고 하였다.” 이 문제는 손해배상의무에 관한 독일 민법 제823조 1항 "고의 또는 과실로 타인의 생명, 신체, 건강, 자유, 소유권, 또는 기타의 권리를 위법하게 침해한 자는 그 타인에게 이로부터 발생한 손해를 배상할 의무가 있다"는 법규정과 관련되는 법적 판단에 관한 것이다.

A의 과실 여부와 관련하여 독일 민법 제276조 1항은 과실에 관해 "去來則상 필요한 주의를 행하지 않은 자는 과실 있는 행위를 하는 것이다"라는 규정에서 "거래측상"이라는 기준을 내세우고 있으므로 어떤 주의가 객관적으로 필요한가가 과실판단의 기준이 된다. 따라서 A가 주의의무를 충족시킬 수 있는 정신 상태는 판단대상이 안 된다. 이 경우 과실로 훼손된 물건은 타인의 소유물이어야 한다. 자기의 소유물이므로 그에 관한 손해배상의 문제이기 때문이다.

소유물에 관해서 독일민법 제958조 1항은 "無主의 동산을 소유의 의사로 점유한 자는 그 동산에 대한 소유권을 취득한다"하면서, 한편으로 독일민법 제960조 1항은 "야생의 동물은 그것이 야생상태에 있는 한 無主物이다"하고 또한 제872조는 "어떤 물건을 자기에게 속하는 것으로 점유한 자는 자주점유자이다"라는 규정을 하고 있다. 이 규정들을 검토한 결과 A는 연어를 자기에게 속하는 것으로서 점유하였으므로 연어에 대한 A의 소유권이 인정된다. 이제 과실에 관한 사실판단에서 A의 부주의가 연어의 훼손과 상당인과관계가 있는가가 성립하여야 하고, 그 부주의한 행위가 위법성이 있는가가 검토되어야 하는데, 이에 관해서는 정당방위, 방어적 긴급피난, 자구행위, 공격적 긴급피난이 있고 이 규정들에 해당하면 A의 부주의한 행위는 위법성이 없게 된다. 이 규정들의 검토를 통해 A에게 손해배상의무가 있어 손해배상책임이라는 법률효과가 발생한다 하더라도, A가 대란으로 제시한 바와 같이 同數의 연어를 잡아주는 것으로 손해배상을 한 것으로 볼 수 있는가 혹은 B의 요구대로 금전으로 배상하여야 하는가의 문제가 남아 있다. 이에 관해서는 독일 민법 제249조가 손해배상의무의 원인이 물건의 훼손 혹은 滅失인 경우에는 채권자는 원상회복 대신에 상당한 금전배상을 청구할 수 있는 선택권을 갖는다고 하였으므로 B의 요구가 우선한다고 본다. 따라서 B의 요구대로 금전으로 배상하여야 하나 얼마로 할 것인가는 B의 요구한 금액이 기준이 되는 것은 아니고 재판에서 최종적으로 판단될 문제이다.[47]

47) 김형배 역, 법학방법론 참조.

이상의 설명을 통해서 알 수 있는 바와 같이 손해배상문제는 과실에 관한 법률관계, 소유에 관한 법률관계, 손해배상 청구에 관한 법률관계가 서로 연결되어 있음을 알 수 있다. 그러나 여기서 설명하지 않은 소의 제기, 재판, 재판에 의한 강제집행 등 다른 법률관계도 있다. 이와 같이 단순한 사실에서 발단되는 법률관계는 수없이 연결되어 생성되어 가는 것이다. 이것을 사인인 A와 B의 관계인 사법관계로만 말할 수 없는 것은 분명하다.

법률관계가 발생하는 발생요건이 되는 법률사실에는 객관적 사실, 행위자의 주관적 사실, 제3자의 주관적 사실, 사회적 통념, 사회적 가치 혹은 이익의 부당한 이동, 상대방 혹은 제3자의 불법·위법행위, 제3자 혹은 상대방의 적법한 행위, 행위와 관련한 사회적 영향, 사회적 타당성 등 수없이 많다. 그리고 法律事實 들을 법률효과를 발생·변경·소멸하고자 하는 效果意思에 의해 법률효과가 발생하는 法律行爲와 구별하는 것이다. 이 법률사실은 당사자 간에 인지되는 것이지만 국가도 동시에 인지하는 것이다. 그러나 국가의 인지는 객관적 증거에 의하는 것이므로 그 증거를 제시해야 하는 책임문제도 있다. 그러므로 증명을 해야 하는 책임 있는 자가 증명하지 못하는 경우는 증거를 제시하지 못한 경우는 법률효과가 발생하지 않는다.

한편 법률행위제도에는 법률행위, 즉 의사표시의 代理, 무효, 취소 및 철회에 관한 제도가 있다. 이 제도에도 여러 가지 법리가 적용되고 있다. 여기서는 상론하지 않는다.[48] 다만 대리제도는 대리인이 타인을 위해 법률행위를 하여 그 타인에게 법률효과가 발생하는 제도이고, 주로 원활한 기업활동을 위해서 권리·의무의 귀속사가 다른 사람에게 대리권을 설정하는 수권대리제도와 미성년자, 한정치산자, 금치산자 등 판단능력을 결한 사람의 법률행위를 보완하기 위하여 부모 등 일정한 관계에 있는 자에게 대리권을 주는 법정대리인제도로 나누어 볼 수 있다. 한편 胎兒와 같이 잠재적 권리능력을 가진 자의 경우에도 법정대리인 제도를 두고 있다.[49] 이 대리제도와 관련하여서는 권리·의무의 귀속자의 활동영역을 확장하기 위한 제도이지만 한편으로 대리권 수여자의 보호 및 제3자의 보호를 위한 復대리권의 제한, 表見代理, 無權代理의 법률효과의 제한, 자기계약 및 쌍방대리의 금지 등 법리가 적용된다.

48) 민법 제1장의 제2절(의사표시), 제3절(대리), 제4절(무효와 취소) 참조.
49) 민법 제1000조 제3항(상속순위), 제1053조 참조.

25. 私法關係에 관한 공권력 작용

사권이 발생·변경·소멸하는 법률요건과 그에 의한 효력발생에는 인정, 인가, 허가, 적법성판단, 위법성판단, 책임판단, 사실행위 등 국가기관의 행위가 잠재적으로 연결되어 있다. 또한 이와 같은 인정 등을 하는 데에는 추정, 간주, 준용, 유추, 변경, 제3자효의 발생 등의 법이 예정하고 있는 법기술이 동원된다. 그러므로 이 모든 국가의 행위가 연결되어 있는 예를 들어 계약관계를 원인으로 하는 모든 법률관계를 사법관계라고 할 수 없다. 사법관계가 형성되고 판단되고 변경되고 작용하는 바탕이다. 그런데 원인이 된 계약을 한 당사자 간의 모든 법률관계를 사법관계로 보는 지적혼란은 사법관계의 주체는 동시에 공법관계 등의 주체인 법인격legal personality을 가지고 있다고 생각함으로써 문제가 해결된다.

어떤 권리를 취득하기 위해 등기를 요하는 경우 등기소에 등기를 청구하는 것은 계약관관계의 당사자이기 때문이 아니라 등기법관계에서 주체로서의 법인격을 인정받아 등기청구권을 행사하는 것이다. 이와 같이 사법관계는 고립되어 있는 것이 계약관계와 연결되는 여러 법률관계에서의 주체로서의 법인격legal personality을 동시에 가짐으로써 서로 연결되고 법적 원리·의무가 계약관계의 당사자에게 침투되어 있는 것이다.

26. 특별사법

법을 형식적으로 일반법과 특별법으로 나눈다. 민법에 대해 상법을 특별사법[50]이라 한다. 이와 같은 일반법과 특별법 관계는 형식적 법 간의 관계도 있지만 동일한 형식적 법률 내의 규정 간에도 수없이 많다. 일반적인 규정을 하고

---

50) 여기서 사법 혹은 공법으로 구별하는 것은 이미 많은 검토를 거친 사법관계 및 공법관계와 같은 개념이 아님을 유의하여야 한다. 형식적인 법을 사법 혹은 공법으로 분류하는 방법에 따른 것이다. 사실 형식적 법을 공법 혹은 사법으로 분류하는 것은 불필요하다는 생각을 한다. 이제 혼란을 초래할 뿐이 이런 분류법은 그만 두었으면 한다. 형식적 법의 명칭에 따라 민법 혹은 상법이라 하면 된다. 그러나 상법이 민법을 기본으로 하여 특별한 규정을 둔 경우 민법을 상법에 대해 일반법이라고 하고 상법을 민법에 대해 특별법이라고 하는 것은 의미가 있다. 법률규정방식이 그러하기 때문이다.

특별한 법인격을 가진 사람 혹은 특별한 사안에 관해서는 일반적인 규범의 효력을 배제하거나 일반적인 원리와 다른 법원리를 적용하는 것과 같다. 법규정방법과 관련되어 나타나는 현상이다. 사안에 따라 각기 다른 법을 규정하는 것은 비경제적이기 때문이다. 그러므로 앞에서 Reinhold Zippelius가 든 예에서와 같이 각기 규정된 수많은 규범이 논리적으로 연결되어 하나의 문제 혹은 하나의 사안에 적용되는 것이다.

계약의 성립에 관한 것도 각기 규정되어 있는 규정들이 논리적으로 결합하여 계약을 할 수 있는 법인격이 인지되고, 그 사람의 행위가 적법한 법률행위로서 성립하느냐는 것을 판단하는 데도 수많은 법규가 관여한다. 특별법과 일반법도 이러한 논리적 관계의 하나일 뿐이다. 그러나 상법의 계약에 관한 규정이 민법의 규정을 준용하거나 민법상의 계약의 효력을 특별하게 규정하였다고 하여 상법상의 법률효과를 원하는 효과의사에 의해 계약을 하는 경우 상법상의 계약을 하는 것이지 민법상의 계약을 하는 것이 아니다.[51] 다만 규정방법이 민법상의 규정을 기본으로 규정하거나 준용하는 관계만 있는 것이다.

그러나 민법관계와 상법관계를 연결하는 방법은 두 가지가 있다. 하나는 사법상의 법률요건과 법률효과가 상법상에 규정된 것인 경우와 민법상의 계약을 하였으나 그 계약당사자가 점포를 운영하는 등 객관적 사실에 의하여 商人으로 법이 인지하여 상법관계로 파악하는 방법이다. 일종의 표시행위에 의하여 판단하는 것이다. 우리나라 상법은 두 가지 방법을 다 포함하고 있다.[52]

상인이라는 것이 바로 私人을 의미하는 것이 아님을 사법관계에 관한 논의를 통해 충분히 인식하였다. 상법을 보더라도 상인이라는 이라는 기본적인 법인격을 가지면서 주식회사의 사원, 합자회사의 사원 등 여러 가지 법인격을 갖는다. 사인이라는 법인격은 상인이라는 법인격과는 따로 인식된다. 사인이라는 법인격을 명확히 이해하기 위해 법체계 전체의 관점에서 법률관계의 관계구조를 보면, 국가 전체의 법률관계에서 가장 포괄적이고 근본적인 법률관계로 정치공동체 혹은 헌법공동체의 질서와 이념을 가진 헌법관계는 법의 지배의 원리가 근거하는 법관계이다. 이 헌법관계는 필요한 경우 국가의 법률에 의하여 예정되어 있는 법률관계를 간섭한다. 그러므로 정당성에서 상하의 관계에 있다. 또한 국가목적을 실현하기 위한 법률은 바로 규율하지 않고 신의와 성실을 바탕으로

51) 상법 제1조 참조.
52) 상법 제4조 및 제5조 참조.

당사자 간에 대등한 관계에서 자율적으로 당해 법률관계의 목적을 달성하는 관계를 설정하다. 이 관계에서 당사자 간에 이해관계를 조정·실현해 가는 것이지만 필요한 경우에 국가가 우월적 의사를 가지고 간섭한다. 이것이 사법관계이고 이 법률관계의 주체인 법인격을 사인으로 인식하는 것이다. 역시 이 사법관계를 예정하고 있는 국가법과의 관계에서 상하의 정당성 관계에 있다. 그러나 사법관계의 당사자 간의 관계는 대등한 관계로 상호 관용으로 조정하고 조화하는 관계가 형성된다.[53] 이와 같이 상하의 관계에서 간섭하는 법률관계도 있으나 서로 대등한 관용하는 관계에서 조화되는 법률관계도 있다. 이와 같이 법률관계는 종·횡으로 연결되어 있다.

27. 상법상의 제도

상법은 거래의 안전, 거래의 간이·신속과 정형화, 영리의 보호 등을 목적으로 하는 관계로 민법과는 다른 제도를 설치하고 있다. 그 제도로는 이 법률관계의 주체로서 상인, 상업사용인, 상호, 상업장부, 영업소, 상업등기, 영업양도, 상행위, 상사대리, 상사계약, 상사물권, 대리상, 중개업, 위탁매매업, 운송주선업, 운송업, 공중접객업, 창고업, 합명회사, 합자회사, 주식회사, 유한회사 등 회사에 관한 회사의 능력, 회사의 설립, 회사의 조직, 회사의 합병·분할, 보험계약 등을 두고 있다. 또한 해상법과 어음·수표법이 별도의 법으로 규정되어 있다. 전반적으로 민법을 준용하거나 특칙적인 성격을 가진다. 그러나 민법제도와 상법제도는 별개의 것이다. 그러므로 상법에서 규정하고 있지 않은 사항은 민법이 적용되는 것은 상법이 그와 같은 규정을 두고 있기 때문이다.

28. 공법관계와 사법관계

公法과 私法을 대립되는 영역으로 구분하는 생각은 잘못이다. 법은 법률관

---

53) 사법관계에서도 당사자간의 대등한 관계는 공동목적의 실현에 있으므로 공법적 요소가 인식된다. 그러나 국가법의 관점에서 국가가 직접 개입하지 않고 일단 자율적인 실현을 도모한다는 관점에서 사법관계인 것이다.

계로 파악하는 것이 옳다. 국가법은 국가의 목적을 달성하기 위한 법률관계로 파악되고 기본적으로 공법관계이다. 그러나 국가만이 목적을 갖는 것이 아니고 다른 조직들도 자체의 목적을 가지고 있다. 그러므로 국가는 수많은 목적들이 重層的이고 段階的으로 짜여 있다. 이 목적들을 실현하기 위한 관계가 공법관계이다. 그러므로 가장 포괄적이고 큰 국가목적에 포괄되어 작은 목적들이 중층적으로 둘러싸여 있는 모양이 된다. 그러므로 국가법을 중층적인 법률관계로 파악하는 것이다. 이 여러 계층의 목적들은 상위의 목적이 하위의 목적에 근거를 제공하고 상위의 목적에 의해 규율된다. 그러나 각 목적들은 국가의 목적에 통합되는 것이 아니고 자체의 목적을 가지고 있다. 법에 근거하여 형성하는 계약관계도 자체의 목적을 갖는다. 그러나 계약관계의 목적은 국가의 목적에 반할 수 없다. 그러므로 계약관계에는 국가목적이 이미 침투되어 있다.

한편 국가는 일단 계약관계에 자율적으로 자체의 목적을 실현하는 영역을 설정해 준다. 그러므로 국가법은 단계적인 법률관계라고 보는 것이다. 여기서 국가의 목적을 실현하기 위한 관계를 공법관계로 보는 것처럼 계약목적을 실현하기 위한 계약당사자 간의 관계를 공법관계로 파악할 수 있다. 국가목적을 실현하기 위한 법률관계만을 공법관계라는 생각에서 탈피할 수 있다. 국가법의 공법관계는 계층적으로 짜인 수많은 공법관계를 포괄하고 있는 가장 큰 공법관계이다. 그리고 국가의 공법관계는 자율적인 영역을 설정하는 것에 의해 단계적으로 짜여 있으므로 사법관계를 포괄하고 있다.

단체의 성원 간에 서로 조화하고 협동하는 가운데 목적을 달성하는 관계가 단체의 법이다. 그러므로 본래는 어떤 단체의 법을 공법관계와 사법관계로 분리하여 생각할 수 없다. 단체의 성원 간에 “서로 조화하는 것”이 원초적 형태의 사법관계이고 “협동하는 것”이 원초적 형태의 공법관계이다. 경우에 따라서는 단체의 협동을 효율적으로 하기 위해 단체의 목적에 의해 규율하기도 한다. 공법관계가 명확해진 것이다. 그러나 아직 사법관계는 명확하지 않다. 사법관계는 그 단체가 자율적인 법률관계를 설정하는 경우에 나타난다. 단체가 단체목적의 階層化 및 系列化를 통해 상위계층의 법률관계가 하위계층의 법률관계를 포위하고 있는 계층적 공법관계를 구성하고, 상위계층의 하위계층에 대한 공법관계에서 공법관계가 작용하기 전에 일단 하위계층의 법률관계에 자율적인 영역을 설정하고 있는 경우, 상위계층의 법률관계에서 볼 때 하위계층의 자율적인 법률관계가 사법관계이다. 그러므로 사법관계는 공법관계의 단계적 구조에서 나타나는 것이다.

국가법은 ① 국가와 국민 간의 법률관계, ② 국가와 국가기관 간의 법률관계, ③ 국가기관 간의 법률관계, ④ 국민과 국민 간의 법률관계, ⑤ 국가기관 내부의 법률관계, ⑥ 민간단체 혹은 공동체 내부의 법률관계, ⑦ 사인과 사인 간의 법률관계를 포함한다. 그러므로 일반화한 공법과 사법의 개념에 의하여 국가의 목적 실현이라는 관계에서 상기의 국가 법률관계를 보면 ①과 ②는 기본적인 국가의 공법관계이고, ④, ⑤, ⑥, ⑦은 ①, ②의 공법관계에 포괄되어 있는 국가의 사법관계라고 할 수 있다. 그러나 ⑤, ⑥은 그 내부관계에서 자체적으로 공법관계를 가지고 있다. 앞에서 공법관계가 인식된다는 계약관계는 ⑥에 해당하는 법률관계이다.

29. 공법관계의 단계적 구조

법률관계가 순차적으로 형성되는 관점에서 대강 3단계로 구성되어 있다. 이 경우 前段階의 법률관계는 後段階 법률관계가 발생하는 원인인 법률관계의 의미를 갖는다. 이런 관점에서 사인 간의 법률관계를 1차 영역으로, 국민과 국민 간의 법률관계 2차 영역으로, 공권력관계인 국가와 국민 간의 관계를 3차 영역으로 파악할 수 있다.

계약관계에서 출발하여 계약에 의한 이행의무를 해태할 경우 이행청구 및 손해배상청구를 하고 상대방이 이것도 이행하지 않은 경우 재판청구권에 의하여 소를 제기하는 것과 같이 3단계가 명확히 나타나는 전형적인 경우가 있다. 그러나 법률관계는 반드시 1차 영역에서 시작하는 것은 아니다. 2차 영역에서 발단되어 3차 영역의 법률관계가 발생하는 것도 있다. 예를 들면 다른 사람의 물건을 훔친 경우 국민 상호 간에는 권리를 침해서는 안 된다는 행위기준을 위반한 2차 영역의 법률관계가 바로 형성된다. 그리고 3차 영역의 법률관계가 동시에 형성하는 경우가 된다. 이 경우는 훔친 물건을 돌려주기를 기대하는 자율적인 영역이 설정되어 있지 않기 때문이다. 3차 영역만 있는 법률관계도 있다. 1차 영역 및 2차 영역의 법률관계와 같이 단체의 성원에게 미리 행위기준이 제시되지 않은 경우이다. 헌법 제76조에 의한 긴급처분이 이에 해당할 것이다. 한편 전단계에서 다음 단계로 진행하는 것은 필연적이지 않다. 앞에서 예로 든 절도의 경우와 같다. 이것은 전단계의 법률관계에 자율적인 사법관계 영역을 설정하지 않고 있기 때문이다. 발단된 영역에서 혹은 다음 단계의 법률관계에서 목적을 달성하고 소멸하거나 목적을 달성하지 못했지만 자율적으로 중단되는 경우도 있다. 사법관계의 자율성에서 기인하는 것이다.

제1영역의 특성은 상호 대등한 자유의사에 의해 자율적으로 법적 권리·의무를 신의와 성실로 실현하는 것을 목적으로 하는 것이며, 제2영역은 제1영역의 권리·의무를 실현이 원만하게 달성되지 않을 경우(상호 간에 지켜야 할 신의와 성실 의무가 이행되지 않은 경우) 혹은 국민 상호 간에 권리를 침해한 경우에 발생하는 영역이다. 제3영역은 제2영역에서 발생하는 권리·의무를 국가의 공권력, 즉 강제력으로 이 관계를 구제하는 영역으로서의 특성을 갖는다. 그런데 제3의 영역에서 볼 때 제2영역은 자율적으로 침해상태를 회복하는 자율적인 해결 영역이다. 그러므로 제1영역과 제2영역은 자율적인 영역이고, 최종적인 제3영역이 타율의 영역이다. 법의 특성을 타율이라고 한다. 이것은 법률관계의 3차 영역의 성질을 법의 특성이라고 하는 것이 된다.

30. 국민과 국민 간의 법률관계

계약 당시자 간의 관계도 계약 당사자는 동시에 국민인 법인격을 가지고 있으므로 국민과 국민 간의 관계라고 할 수 있다. 그러나 계약 당사자는 사인인 법인격도 갖는다. 여기서 공법적 법인격을 국민이라고 한 것이다. 사인인 법인격도 기본적으로 국민이라는 법인격을 통해 파생되는 법인격이다. 계약관계의 자율적인 이행관계도 법에 근거하는 것이다. 그러므로 그 사법적인 법률관계도 계약 당사자의 국민이라는 법인격을 통해 침투되어 생기는 것이다. 그러나 사법적인 법률관계는 구별되는 의미가 있으므로 그것과 구별되는 2차 영역의 법률관계의 법인격을 "국민"이라고 한 것이다.

계약 당사자는 항상 사인이라는 관념은 타당치 않다. 마찬가지로 계약관계는 사법관계라고 하는 생각도 타당치 않다. 계약 당사자는 동시에 여러 법인격을 가지며, 계약관계는 사법관계뿐만 아니라 2차 혹은 3차 영역 법률관계의 근거 혹은 원인인 법률관계로서 의미를 가진다.

국민 상호 간에는 다른 사람의 권리를 침해하지 않아야 할 의무가 존재한다. 계약관계에서 상호 간에 합의한 것을 어긴 경우에도 이 영역의 법률관계가 형성된다. 상대방의 채권을 침해한 것이므로 그러하다. 계약관계와 같이 대부분 원인 법률관계인 1차 영역의 법률관계에서 발단되어 그것이 원만하지 않아 권리침해를 초래하여 발생하는 것이지만, 전단계의 법률관계가 없이 바로 형성되기도 한다. 절도의 경우가 그 예이다.

기본권의 침해

한편 기본권의 보호 및 침해관계를 국민과 국민 간의 법률관계로 보지 않는 견해가 있다. 예를 들면 어떤 회사가 신분차별적인 선발기준에 의하여 사원을 선발한 결과 그 기준에 의하여 피해를 본 입사희망자가 그 기준에 의한 사원채용이 평등권을 침해한 것이라고 주장하고 그 회사를 상대로 시정을 구하는 소를 제기한 경우 그것은 소송사유가 되지 않는다고 하는 것과 같다. 그러므로 기본권을 보호 혹은 보장하라는 헌법 혹은 법률의 명령은 일반 국민에 대한 것이 아니고 국가에 대한 것이라고 하는 것이다. 절도를 한 경우 그 절도자를 처벌하는 것을 국가가 독점하고 있고 긴급한 경우를 제외하고 自救行爲를 금지하고 있는 것을 보면 일리가 있다고 할 수 있다. 그러나 채무를 이행하지 않아서 상대방에게 손해를 발생시킨 경우 그 손해의 배상을 청구할 수 있는 권리를 채권자에게 부여하고 있는 것을 보면 그러하지 않다. 정당한 이익을 자기 것으로 하는 것을 기본권이 아니라고 할 수 없을 것이다. 또한 앞의 절도의 경우 긴급한 경우에 자구행위를 허용하고 있는 것과 함께 고려하면 사회질서를 위해 자구행위를 금지하는 것이라고 보는 것이 옳을 것 같다. 굳이 기본권의 성질이 국가에 대한 명령이기 때문이라고 할 이유는 없다. 기본권은 공동체의 생활에서 서로 침해하지 않아야 하고 국가도 침해해서는 안 되는 것이라고 보는 것이다.

자율적 영역으로서의 2차 영역 법률관계

한편 이 영역의 법률관계는 3차 영역인 국가와 국민 간의 공권력이 작용하는 원인인 법률행위로서 의미도 갖는다. 법은 이 단계에서도 타인의 권리를 침해한 경우 그것을 자율적으로 배상하거나 하여 원상회복을 기대하는 자율적인 영역을 설정하고 있는 경우가 있기 때문이다. 그것이 원만하지 않을 경우 3차 영역의 법률관계에 의하여 피해자가 국가에 공권력 동원을 요청할 수 있는 것이다. 이 영역에서 자율적인 영역은 계약관계에서 채무를 이행하지 않을 경우 그 채무이행을 요청하는 권리가 있는 경우에서 인식된다.[54] 이 요청이 있는 데도 상대방이 이행하지 않을 경우에 3차 영역의 법률관계가 형성되는 것이다. 한편 이행청구에 의하여 상대방이 이행하면 법률관계의 진행은 소멸되는 것이다. 또한 이행청구를 하지 않는 경우도 있을 것이고, 이행청구를 하였으나 상대방이 이행하지 않은 경우 재판청구를 하지 않고 포기하는 경우도 있을 것이다. 이 경우는 법률관계의 진행이 중단되거나 소멸되는 것이다. 법은 반드시 이행청구를 하거나 재판을 청구하여야 한다고 하지 않기 때문이다. 이와 같이 자율적인 영역은 절대적인 성격을 가진다.

2차 영역 법률관계의 분류

한편 2차 영역의 법률관계는 3차 영역인 공권력관계에서의 공권력 기관과 관련하여 민사民事관계, 형사刑事관계, 행정行政관계로 나누어 볼 수 있다. 범죄에 대한 형벌의 결정은 형사재판소가 하고, 손해배상청구 등은 민사재판소가 하며, 행정기관의 처분에 대한 소는 행정재판소에서 재판한다. 그러므로 형사, 민사 혹은 행정사건을 나눈다. 그러나 그 재판결과의 재판을 행정기관이 한다. 편의적인 국가기관 조직상의 문제이다.

특정신분

2차 영역 법률관계는 국민과 국민 간의 법률관계라고 하였으므로 2차 영역 법률관계 주체의 법인격은 일반국민이다. 특정 신분과 관련하여 법률관계가 설정되는 경우가 있다. 공무원, 군인 등에 관한 법률관계가 그러하다. 회기 중 국회의원의 不逮捕特權(헌법 제44조) 및 대통령의 임기 중 刑事上 特權(헌법 제84조)도 특정신분에 따른 법률관계라 할 수 있다. 그러나 사실은 모든 구체적 법률관계의 주체는 특정 신분을 가진 자라고 할 수 있다. 민법의 계약 당사자도 민법상의 계약을 함으로써 발생하는 특수한 신분이고 그 신분에 관련된 법

54) 민법 제390조 참조.

률관계라고 할 수 있다. 그러나 이러한 특정신분은 일반국민이라는 기본적 법인격에서 파생되는 법인격이다. 사회생활의 모든 기본적 법률관계는 이 일반국민이라는 법인격 통로를 통해 침투된다. "타인의 권리와 자유를 침해서는 안 된다," "계약은 지켜야 한다"와 같은 기본적 법원칙이 침투하는 통로이다. 그리고 기본적 법률관계에서 구체적 법률관계가 파생되어 있는 것이다. 그러므로 2차 영역 법률관계의 주체인 법인격을 기본적으로 국민이라고 한 것이다. 한편 1차 영역 법률관계, 즉 사법관계의 주체의 법인격을 사인이라고 하였다. 이 사인도 국민이라는 법인격에서 파생된 것이다. 그러므로 모든 법률관계의 기본적 법인격은 국민이다. 그러나 사인은 일시적이고 특수한 법인격이므로 국민과 구별한 것이다. 3차 영역에서는 일방은 국민이고 타당은 국가이다. 역시 국민에는 채권자, 범죄인 등 특수 신분이 있다. 그러나 3차 영역의 법률관계가 형성되는 기본적인 법인격은 국민이다. 국민이 되는 요건은 법률로 정하도록 하고 있다.[55]

그러나 특정 영역에만 적용되는 법률관계도 있다.[56] 국회가 의사진행 등과 관련하여 하는 자율입법과 국회의원에게 국회 내에서 발동되는 공권력의 행사가 그러하다. 회사, 학교 혹은 군대에서만 적용되는 법률관계도 마찬가지다. 그러나 이 경우도 국민이라는 기본적 법인격을 통해서 생기는 법률관계이다.

이러한 영역이 설정된 법률관계는 자율영역을 설정하는 의미를 갖는다. 그러므로 국가의 공권력이 직접 규율하지 않고 일단 일정범위의 자율권을 인정한다. 그리고 자율권의 범위를 일탈하거나 자율적인 관계가 파괴될 때 국가의 공권력이 개입한다. 그러므로 국가 공권력의 입장에서 볼 때 자율적인 사법영역, 즉 1차 영역이 된다. 그러나 이 1차 영역은 2차 영역을 일탈할 수 없다. 그러므로 기본적 인권을 침해하는 자율권은 허용되지 않는다. 이 자율권의 영역을 특별권력관계라고 하는 사람들이 있다. 그러나 일반권력관계인 2차 영역에 포위되어 있으므로 특별권력관계는 아니다. 다만 2차 영역에서 법이 특정 영역 혹은 특정 신분에 관해 일반권력관계와 특별한 관계를 설정한 경우에 특별권력관계의 의미가 있다.[57]

55) 헌법 제2조 및 국적법 참조.
56) 헌법 제64조 및 제117조 참조.
57) 헌법 제12조 1항, 제31조 4항, 제64조, 제77조, 제117조 참조.

31. 사회법social law

제2영역의 법률관계를 사회법관계라고 하겠다. 사회법관계를 국민과 국민 간의 관계로 파악하는 것이다. 통상 사회법관계라고 하는 노동관계도 국민인 사용자와 국민인 근로자 간의 계약관계에서 1차 영역인 자율적인 사법관계가 원만하지 않아서 생긴 2차적 법률관계 영역으로 볼 수 있기 때문이다. 근로자가 국민으로서 사회법적 원리에 의해 자주적 단결권, 단체교섭권, 단체행동권이 발생하는 것이다. 민법상의 계약관계에서 계약 당사자 간에 자율적인 이행관계가 원만하지 않아 상대방의 권리를 침해하여 발생하는 2차적인 법률관계라는 점에서 노동관계와 구별할 이유가 없다. 다만 법률관계의 목적 측면에서 채권침해와 같은 법률관계는 대등한 입장에서 국민 상호의 권리를 침해하지 않는 것이고 노동관계는 사회적 여건에서 약자를 보상하여 평등한 관계가 되도록 하는 것에서 차이점이 있다.

사회생활에 관한 법률관계는 약자를 보상하는 관계뿐만 아니라 다양한 목적을 가지고 있는 점에서 굳이 약자를 보상하는 법률관계만을 따로 구별하여 사회법관계라고 할 이유는 없다. 사회관계에 관한 오해를 불러일으킬 수 있다. 오히려 사회관계에서 보상관계법이라 하는 것이 적절할 것이다. 국가의 법은 본래 사회관계법이다.

32. 국가와 국민

국가의 법률관계는 국가와 국민 간의 법률관계라고 할 수 있다. 그러면 국가와 국민은 어떻게 구별되는 것인가? 우선 입헌민주국가에서 국가는 국민으로 구성된 것이라면 국가와 국민을 구별할 수 있는 것인가? 국민 전체를 국가라고 하는가? 국민 간의 법률관계 전체를 국가라고 하는가? 혹은 국가라는 것이 국민과 별개로 존재하는가? 단순한 자연인의 집단을 국가라고 할 수는 없을 것이다. 국가의 성원이라는 공감 및 국민 간에 목적, 목적을 달성하기 위한 계획, 그 계획을 실천하기 위한 행위기준 및 국민 상호 간의 관계가 설정된 최소한의 조직이 국가라고 할 수 있을 것이다. 그러면 이 조직된 국가라는 것이 생각하고 행동하는 그런 존재인가? 국가는 살아 있는 사람과 같이 스스로 생각하고 행동하는 존재는 아니다. 그러면 국가는 어디에 존재하는가? 모든 국민의 공감 속에 존재하는 관념 혹은 개념에 불과하다. 그러면 국가와 국민 간의 관계라는 말이 성립할 수 있는 것인가? 국가가 국민의 공감 속에 존재하는 것이라면 성립할 수 없을 것 같다. 국민이 공감 속에 존재하는 국가라는 개념과 국민이라는 개념 간의 관계라고 할 수밖에 없다. 그러면 국가라는 개념은 무엇인가? 앞에서 말한 바와 같이 어떤 목적, 계획, 행위기준 혹은 관계로 구성된 전체를 국가라는 이름을 붙여 개념화한 것이다. 그러면 처음에 설정된 국가라는 개념적 존재가 국가인가? 국가의 목적 및 계획은 변하고 그에 따른 행위기준도 변하며 국민 간의 관계도 계속하여 새롭게 형성되며 변경되며 소멸하는 것이다. 그러므로 국가는 과거에 존재하는 것이 아니라 현재에 존재하는 것이다. 그러면 현재에 존재하는 국가는 어디서 나온 것인가? 원칙이 없이 단순히 현재에 존재하는 것인가? 어떤 원칙에서 계속하여 생성되고 변해가는 존재라고 볼 수밖에 없다. 그러므로 국민이 국가를 개념할 때 어떤 원칙에 의하여 움직이는 존재로 생각하는 것이다. 그 원칙이 정의이고 헌법원칙이라고 할 수 있다. 국민이라는 것도 국가와 마찬가지로 공동체 성원의 공감 속에 있는 개념인 것이다. 그러면 개념만 존재하고 실재하는 존재는 없는 것인가? 국가라는 것, 국민이라는 개념을 공감하고 행위기준에 따라 생각하며 행동하는 자연인이 실재하는 존재이다.

한편 국가행위는 무엇인가? 국가가 개념적 존재이므로 국가가 생각하고 행동한다고 생각할 수 없다. 의사를 표시하고 행위하는 것은 자연이이 하는 것이다. 그러면 국가행위는 누가 하는 것인가? 역시 국가기관이라는 개념을 만들고 자연인이 적법한 절차에 의해 어떤 자연인에게 국가기관이라는 인격personality를 부여 하고 자연인 스스로도 자기가 국가기관이라는 인격을 가지고 있음을 인식하는 방법에 의하는 것이다. 그래서 그 사람의 의사표시 등 행위를 국가행위로 인식하는 것이다. 회사의 대리권을 가진 대표자나 임원 등이 하는 행위를 회사의 행위로 인식하는 것과 같다. 그러므로 국가는 살아 있는 것이 된다.

국가기관에는 개인도 있지만 단체인 국가기관도 있다. 단체인 국가기관은 자신에게 부여된 권한과 책임을 수행하기 위해 그 자체 국가와 같은 조직을 갖는다. 단체의 성원은 기본적으로 서로 협력하여 단체의 목적을 달성하는 자율적인 관계가 형성된다. 그러나 단체에 부여된 역할을 효율적으로 달성하기 위한 목적에서 성원 간에 직책과 직위에 따라 권한과 책임을 배분하여 수행한다. 그러므로 대등한 협동관계와 상하관계가 있게 된다.

한편 국가는 국가기관 상호 간의 관계도 설정한다. 국가는 최고의 목적에서 파생되는 종속적 목적들을 갖게 되고 그 목적을 달성하기 위해 그것을 달성할 임무가 부여된 수많은 국가기관이 설정된다. 그러므로 국가기관 간에는 상하관계와 대등관계가 있게 된다. 상하관계는 업무의 효율화를 위해 구체적인 것을 결정하고 집행하는 하부기관에서부터 점점 종합적인 결정을 하는 상부기관으로 여러 상하계층을 이루게 된다.

행정 각부는 대통령의 명령에 따라야 하고 행정각부의 산하기관은 행정 각부의 장관의 명령을 따라야 하는 식으로 계속 계층적인 명령체계로 되어 있다. 이와 같이 목적별로 계열화된 국가기관들 상호 간에는 협동하여 국가의 최고목적을 달성하는 협동관계가 형성된다. 이 협동관계는 자율적인 관계이다. 그러므로 견제와 균형 혹은 관용의 원칙이 적용된다. 그러므로 사법부와 행정부 혹은 행정 각부 간은 상호 견제와 균형관계에 있게 된다.

기계론적 국가관

국가state를 사람처럼 스스로 생각하고 움직이며 말하는 자동기계automatic machine로 보는 관점이 있다. 국가의 의사가 존재한다고 생각하는 것이다.[58] 국가는 국가기관과 국민 간의 관계 혹은 국민과 국민 간의 관계에 관한 개념의 집합에 불과하다. 국가기관이 국가행위를 대리한다고 하나 국가기관이라는 법인격을 가진 자연인이 국가 혹은 국가기관이라는 이름으로 생각하고 행동하는 것이며, 공동체의 사람들이 그것을 국가기관의 행위라고 인식하는 것이다. 국가는 공동체의 성원인 자연인의 마음 속에 존재하여 여러 이름이 부착된 개념의 이름으로 행위하여 관계를 인식하고 형성해 가는 관념적 존재일 뿐이다. 실재하는 것은 법률관계에 관한 공동체의 성원의 공감이며 그 공감에 의해 자신의 역할과 책임을 인식하여 생각하고 행동하는 살아 있는 자연인뿐이다. 그러므로 공동체 성원이 상호 존중하며 공감하는 가운데 존재하는 정의로운 법의 공감과 이 공감에 의한 행위만이 살기 좋은 국가의 實在이다.

58) 국가사회주의Nazism가 그러하다.

33. 치자와 피치자

국가를 개념적 구축물이라고 생각하더라도 국가와 국민은 치자와 피치자의 관계를 갖는다. 국가기관인 자연인이 자연인으로서의 권력과 결합되어 국민의 공감대 위에 역할과 책임이 부여된 국가기관이 아니라 국민의 공감대에서 떠나 자연인이 자기의 권력에 의하여 통치하는 현상이 나타나는 것을 흔히 본다. 그리고 그런 사람들은 법을 만드는 권력까지 장악하므로 법에 의한 통치인 형식을 취한다. 이와 같은 극단적인 경우가 아니라도 정치세력은 민주주의 국가법질서에서도 수용하고 있다. 그러므로 다수의 정치세력의 의견에 의하여 법질서가 정해지고 있는 것이 사실이다.[59] 이 경우 다수자는 치자이며 소수자는 피치자가 된다. 한편 이와 같은 사실상의 치자와 피치자가 아니라, 개념상으로도 국가와 국민의 관계는 치자와 피치자의 관계가 성립한다. 국가는 국가의 목적을 우선하고 국가가 제시하는 행위기준을 따라야 하는 관계이기 때문이다.

사실상의 치자와 피치자에 관해 입헌민주주의 국가를 전제로 하여 두 가지 견해가 있다. 하나는 치자와 피치자를 同一體로 보는 견해이다. 치자가 피치자이고 피치자가 치자라는 것이다. 다른 하나는 입헌민주주의 체제를 헌법질서를 파괴하려는 적에 대한 자기 방어적 체제로 보는 것이다. 전자의 견해에서는 국가는 국민으로 구성되고 자신들이 합의한 절차에 따라 선출된 자의 통치를 받는 것으로 합의하여 被治되는 것이므로 치자와 피치자는 동일체라고 하는 것이다. 그러나 자기가 자기를 다스린다는 것은 모순이다. 인간의 내부에서 일어나는 도덕현상에서 자기가 자기를 다스린다고 한다. 그러나 "자기가 자기를 다스리는 것"이 아니다. 자기 속에 있는 이성 혹은 덕성이 자기 속에 있는 비이성적인 부분을 다스리는 것이다. 이 두 부분이 자기라는 것으로 통합되어 있으나 다스리고 다스림을 받는 것은 이성적인 부분과 비이성적인 부분간의 관계이다. 국가법 질서로 통합되어 있다고 하여서 자기가 자기를 다스린다고 할 수 없는 이유가 된다. 그러므로 치지와 피치자는 동일체가 아니다. 후자의 견해에 대해서는 민주질서도 다수자에 의한 지배를 부인할 수 없다는 점에서 찬성할 수 없다. 결국 다수자에 의한 지배를 인정하지만 그 보다 더 근원적인 관용toleration

59) 헌법 제8조 정당제도, 제7장 선거제도, 제10장 헌법개정제도 참조.

의 질서가 민주적인 질서 속에 수용되어야 입헌 민주주의 질서는 영구적인 체제가 된다고 생각할 수밖에 없다. 국민은 각각 자신들의 견해[60]를 가지며 그 견해에 공감하는 세력이 형성되는 것이며 그 다수자들[61]이 지배하는 것이지만 그들이 영구적인 세력은 아니다. 소수자는 다수자의 의견과 다르므로 다수자의 의견에 반대하는 것이지만 적과 동지의 관계와 같이 방어적이고 투쟁적인 관계가 아니고, 관용하는 질서 속에 있다.

34. 특별권력관계

특별권력관계가 설정되는 법률관계로 공법상의 근무관계, 공법상의 영조물 이용관계, 공법상의 특별감독관계, 공법상의 사단관계를 들고 있다. 그러나 이러한 단체 혹은 집단의 법률관계가 반드시 특별권력관계인 것은 아니다. 공무원, 국립도서관 이용자, 피감독자라는 법적 지위, 즉 법인격에서 생기는 권리·의무 관계일 뿐이다. 그러므로 특별권력관계는 일반국민에게 과해지는 평등한 관계에서 이익과 손해의 공정한 배분 혹은 보상을 위해 기본권을 제한하는 일반권력관계와는 달리 특별한 제한을 받는 권력관계를 말한다. 헌법 제12조의 형사처벌, 보안처분, 또는 강제노역, 헌법 제23조에 의한 공공필요에 의한 재산권의 수용·사용 및 제한, 헌법 제77조의 계엄, 제76조의 긴급처분·명령권, 헌법 제31조 4항에 의한 교육 등이 특별권력관계이다. 스승이 교육을 위해 체벌體罰을 하는 것은 교육이라는 포괄적 범위에서 행할 수 있는 것과 같이 개별적인 제한 행위에 대해 개별적인 근거를 요하지 않는 포괄적인 권한 위임에 의해 재량적 권력행사가 가능한 영역이다.

한편 일반권력관계에서는 법치주의의 원칙이 적용되나 특별권력주체는 당해 특별권력관계의 설정목적에 비추어 필요한 한도에서 개별적인 법적 근거 없이도 명령·강제할 수 있다고 말한다. 그러나 단체 내부의 자율을 절대적인 자율이 아니다. 어떤 범위 혹은 한계를 설정하여 그 범위 및 한계 내에서 일반권력관계보다 좀더 제한적으로 혹은 재량적으로 강제력을 허용하는 것이다. 그러므로 특별권력관계에도 한계가 있다. 국가의 목적을 실현하기 위한 특수한 희생

60) 헌법 제19조, 제20조, 제21조 참조.
61) 헌법 제8조 참조.

이 국가 전체의 자유를 신장시키고 그것이 희생자에게도 그것으로 인한 다른 이익과 상쇄될 수 있어야 한다.

특별권력관계는 상대방의 동의를 요한다고 한다. 형벌을 받고 있는 제소자나 소집영장에 의해 군에 입대한 군인의 경우 동의에 의한 것인지 의문이다. 동의에 기초하지 않는 특별권력관계도 있다. 단체로서의 국가 자체의 성원이 되는 국민의 자격도 출생 등의 사실의 발생으로 동의를 추정하는 것이지 동의에 의한 것은 아니다.

35. 공법제도public arrangements

공적 제도에는 기본권보장제도, 참정권과 관련한 정당제도 및 선거제도, 청원제도, 헌법심판제도, 헌법소원제도, 국가기관조직제도, 입법제도, 행정제도, 사법제도, 지방자치제도, 탄핵제도, 계엄제도, 국민투표제도, 긴급처분·명령제도, 형사보상제도, 사회보장제도, 조세제도, 예산제도, 국정감사제도, 행정감사제도, 형벌제도, 행정벌제도, 행정행위제도, 행정행위심판제도, 행정소송제도, 공용부담제도, 국가배상제도, 국가보상제도, 국가계약제도, 국가소유제도, 특허·면허·인가·허가·신고·공증·공시제도, 공기업제도, 영조물제도, 특허제도, 행정행위제도 등이 있고, 이 공적 제도와 관련한 법률효과, 즉 권리·의무관계가 국가와 국민 간, 국민과 국민 간, 국가와 국가기관 간, 국가기관 구성원 간에 발생하는 것이 공법관계이다.

36. 통 치 권

국가는 정치공동체의 묵시적 합의에 의해 공동체의 목적을 실현하기 위한 헌법을 채택하면서 이 헌법의 규정을 실현하기 위해 입법부, 행정부, 사법부 등 헌법기관을 구성하여 통치권을 입법, 행정, 사법으로 나누고 법치주의를 규정한다. 따라서 법률에 의하여 헌법이 밝힌 국가목적을 설정하여 정부 등 국가기관이 구성되고 법률이 정한 바에 의하여 국가목적 실현을 위해 활동한다. 이것이 단체인 국가이다. 흔히 우리는 공동체로서의 국가nation와 단체로서의 국가state를 혼동한다. 그러나 국가state는 정치공동체에서 채택한 헌법에 의해 만들어진 단체이고 이 단체의 활동은 법률적합성legality을 가져야 하는 것이다. 그러므로 국가의 기초에는 문화공동체 ⊃ 정치공동체 ⊃ 헌법공동체 ⊃ 법률공동체가 가치적 위계질서를 가지고 존재한다고 생각하는 것이고, 단체로서의 국가는 그 가치를 구현하기 위한 법체제이다.

37. 행정국가

법률을 제정하는 권력, 즉 입법권을 가진 입법부가 행정부 및 사법부의 상위에 있는 것으로 생각하기 쉽다. 그러나 입법부, 행정부, 사법부는 수평적인 관계에서 동일하게 헌법적 권위를 가지고 통치권을 행사한다. 이 관계를 견제와 균형관계라 한다. 그러나 국가의 형태를 입법국가, 행정국가 혹은 사법국가로 나눈다. 반면 의회가 헌법적 구속을 받지 않고 법으로 정치공동체의 헌법정신을 구현하는 국가는 의회국가, 헌법의 해석 및 수정을 할 수 있는 권한이 사법부(대법원)에 있는 국가는 사법국가이다. 우리나라는 행정국가라 할 수 있다. 헌법 제66조 2항은 "대통령은 국가의 독립·영토의 보전·국가의 계속성과 헌법을 수호할 책무를 진다"라는 규정을 보아서 그렇다.

38. 행정의 개념

따라서 통치로서의 입법, 행정, 사법과 법질서 아래서 행하는 법치rule of law로서의 행정public administration을 구별하여야 한다. 이 의미의 행정은 입법부가 입법권을 행사하기 위해서도, 행정부가 행정을 하기 위해서도, 사법부가 사법을 하기 위해서도 존재하는 것이다. 그러므로 행정⊃통치의 관계가 성립된다. 통치권은 헌법에서 나오고 행정권은 법에서 나온다. 통치권은 헌법질서이고 행정권은 법질서이다.

행정의 개념과 관련하여 행정부에 의해 행해지는 국가작용을 행정이라고 보는 견해가 있다(기관 양태설). 한편 국가의 권력작용 중 입법작용 및 사법작용이 아닌 일체의 국가작용을 행정으로 보는 견해(공제설)와 법질서 아래서 국가목적을 실현하기 위한 사법작용 이외의 작용을 행정이라고 하는 견해(목적설)가 있다. 그러나 전자는 통치권력과 법치인 행정권력의 구별이 없고, 후자는 사법부는 행정이 없는 것으로 보는 것이 되어 부당하다. 사법부가 행하는 재판도 법치의 예외는 아니다. 결국 입법부, 행정부, 사법부가 법질서 (국회가 제정한 법률) 아래서 국가목적의 실현을 위해 행하는 권력작용을 행정이라고 보는 것이 타당할 것이다. 그러므로 행정은 입법기관, 행정기관, 사법기관이 법률에 근거하여 하위 입법을 하기도 하고, 이 법률에 근거하여 국가와 국민 간 혹은 행정주체(행정기관이 아닌 자를 포함한다) 간의 권리·의무관계를 발생시키는 행정행위를 하고, 행정행위에 의해 행정법관계를 형성하고 행정관계에 관한 분쟁을 조정하는 작용도 하는 것이다. 그러나 일반권력관계에 관한 분쟁은 사법부에 최종적 판결권이 있다.

39. 권력관계와 비권력관계

행정법관계[62]는 권력관계와 비권력관계로 나눈다. 권력관계는 적법절차에 의한 행정기관의 일방적 우월적 의사에 의해 형성되고 강제력을 수반한다. 반면 비권력관계는 국가가 직접 공익을 위한 사업을 하거나 공익을 위해 물건 혹은 영조물을 취득하여 소유하고 관리하거나 국가사업을 하기 위해 형성되는 법률관계를 말한다. 한편 영조물 등을 관리하기 위한 계약관계를 공법상의 계약이라 하여 관리관계와 구별하는 견해가 있다. 관리관계는 공익을 우선하나 공법상의 계약관계는 공익과 사익의 균형을 취하는 것이라고 한다. 공법상의 계약을 일종의 사법관계로 보는 것이다. 공법상의 계약관계도 민법상의 계약관계와 같이 계약당사자 간의 자율적 이행관계를 인정하므로 사법관계라고 할 수 있다. 그러나 민법상의 계약은 아니다. 그러나 공법상의 계약은 국가의 영조물 등 국가사업을 위해 설정되는 계약관계이므로 관리관계에 포함되는 법률관계이다. 그러므로 관

62) 행정법은 민법, 형법과 같이 형식적 의미의 법률이 없는 점을 유의해야 한다. 각 법률에 산재해 있고 우월적 의사가 인정되는 행정행위에 의한 공권력관계가 있는 법률관계를 규정한 법률을 행정법이라 한다. 그러므로 실적인 의미의 행정법이고 법학적 법률 개념이다.

리관계와 계약관계는 전혀 다른 원리가 적용되는 영역으로 구분할 이유는 없다. 공법상의 계약관계에서 민법상의 계약관계와 마찬가지로 1차적 영역으로 자율적인 이행관계가 설정되나 그 자율적인 범위를 벗어난 경우 관리목적에 의해 규율되는 것이다.

한편 공법상의 계약에서 공익과 사익의 균형원칙이 적용된다고 하나, 실은 상대방의 이익, 즉 권리를 침해해서는 안 된다는 말이다. 즉 공익을 위해서 상대방의 이익을 침해서는 안 된다는 말이다. 민법상의 계약관계에서 상대방의 권리를 침해해서는 안 되는 것과 다를 것이 없다. 공공복지를 위해서 권리를 제한하는 경우가 있다. 그러나 관리관계는 권력관계가 아니다. 그러므로 관리관계에서도 국가이익을 위해 국민의 권리를 제한하거나 침해해서는 안 되는 원칙이 적용되는 것은 마찬가지이다. 일반권력관계에 있는 모든 행정행위는 그것이 권력관계든 비권력관계든 국민의 권리를 침해서는 안 되는 원칙이 적용된다. 권력관계인 경우는 행정행위의 우월적 의사가 인정되고 국민에 대한 권리침해가 일단 적법성을 가지나 그 침해이익은 보상되어야 하는 것이다. 한편 국가의 이익이라는 것은 실재하지 않는다. 국민 전체의 이익인 것이다. 다만 효율성의 원칙에 의해 이익의 배분에서 국가의 이익이 우선성을 가질 수는 있다. 그러나 국민 전체에게 이익이 된다는 요건에 합당하여야 하고 일부의 손해를 통해 전체의 이익이 되는 조건도 허용되지 않는다.

헌법 제23조 3항은 "공공필요에 의한 재산권의 수용·사용 또는 제한 및 그에 대한 보상은 법률로써 하되, 정당한 보상을 하여야 한다"라고 규정하고 있다. 원래 기본권의 제한은 국민 전체의 생존과 관련되는 중대한 일이 아니면 공공필요에 의해 제한하여서는 안 된다. 그러므로 보다 잘 살기 위해서 기본권의 특별한 희생 혹은 제한은 타당성이 없다. 그러나 잘 살기 위한 것, 즉 공공복지를 늘려야 하는 것도 국가의 임무이다. 그러므로 공공필요에 의한 재산권의 사용, 수용 등을 법률이 정하는 바에 의해 허용하되 정당한 보상을 하도록 한 것이다. 그러나 법률은 국민 전체의 생존과 관련되는 중대한 일이 아니면 단순히 공공복리를 이유로 제한할 수 있는 것으로 할 수 없을 것이다.

40. 행정행위

넓은 의미의 행정행위는 국가가 일방당사자가 되는 법률행위(흔히 私法상의 행위를 법률행위라 한다. 그러나 여기서는 私法상의 행위만을 지칭한 것이 아니다)를 행정행위라고 할 수 있다, 행정법관계의 법률효과가 발생하는 법률요건이다. 이와 같은 행정행위에는 관리행위와 같은 비권력행위도 포함된다. 따라서 좁은 의미의 행정행위는 국가가 공권력의 행사로써 우월적 의사를 가지고 하는 법률행위를 말한다. 이 좁은 의미의 행정행위가 통설적 견해이다. 그러면 형의 집행과 같은 사실도 행정행위에 포함되는가? 사실의 발생을 행정사실이라고 하여 행정행위와 구별하는 것이 명확할 것 같다. 민법에서 법률효과가 발생하는 법률요건으로 법률행위와 법률사실을 구별하는 것과 같다. 행정행위는 행정기관의 일방적이고 우월한 의사로서 특수한 법적 효력(법적합성, 공정성, 확정성, 자력집행성 등)을 갖는다. 그러므로 행정법으로 행정절차와 행정행위의 취소 혹은 보완을 위한 행정심판절차를 설치하고 있다. 한편 민사소송 및 형사소송과 구별하여 행정소송제도를 두고 있다.

행정행위를 할 수 있는 자에 관해서는 국가, 즉 행정기관만이 할 수 있는가의 문제가 있다. 그러나 국가기관이 아니라도 행정행위를 할 수 있는 권능을 인정하는 것에 의하므로 그 권능을 가진 자가 하는 행위는 국가기관으로서 행위 하는 것이 된다.

행정행위의 법률적합성과 관련하여 사법심사의 대상이 되느냐의 여부에 따라 재량행위裁量行爲와 기속행위羈束行爲를 구별한다. 개별적, 구체적인 사안에 관한 모든 것을 미리 규정할 수 없는 법제정의 한계성 및 행정의 합목적성에 근거하여 행정행위의 재량적인 법위가 인정되어 그 행위를 적법하고 사법심사의 대상에서 제외한다는 것이다. 그러나 사법심사에서 제외되느냐의 여부도 법원이 판단할 사항이다. 이 개념이 생긴 것도 大陸法 國家의 판례를 통해 형성된 것이다.

41. 행정행위의 유형

행정행위는 그 성격에 따라 명령적 행위, 형성적 행위, 준법률행위적準法律行爲的 행위 및 준사법적準司法的 행위로 구별할 수 있다.

명령적 행위는 국민에게 특정한 행위를 하도록 하거나 금지하는 행위, 금지된 행위를 특정인 혹은 특정사안에 관해 그 금지를 해제하는 행위(허가), 일반적으로 국민에게 주어진 의무를 특정인에 한해 그 의무를 해제하는 행위(면제)가 이에 해당한다. 이 명령적 행위는 국민의 권리의무에 관한 것이라는 특성을 가지고 따라서 위법 여부의 심사대상이 되므로 법규명령이라고 한다.

형성적 행위는 국민에게 특정한 권리, 능력, 기타의 법률효과를 발생, 변경, 소멸시키는 행위를 말한다. 특허, 인가, 기득권의 박탈 등이 이에 해당한다. 준법률행위적 행정행위에는 사실의 확인. 사실의 증명(공증), 사실의 통지, 사실의 수령(수리)이 이에 해당한다.

준법률행위는 행정기관의 의사를 실현하고자 하지 않는 것이라는 점에서 명령적 행정행위 및 형성적 행정행위와 다르다. 준사법적 행위는 권한 있는 기관이 행정행위의 취소·변경·철회 등을 하는 확인행위, 형성행위 및 행정강제와 같은 사실행위를 포함한다.

42. 행정행위의 효력

행정행위는 중대하고 명백한 잘못이 있어서 當然無效라고 인정되는 경우가 아니면 적법행위의 추정을 받는 법적 효력, 즉 공정력을 가진다. 이 경우 권한 있는 기관[63]에 의하여 취소될 때까지는 행정행위의 상대방은 물론이고 제3자도 善意를 주장하지 못한다. 그러므로 행정소송과 별도로 행정부 내부에 사후적 행정구제를 위한 행정심판제도 및 사전적 행정구제를 위한 고충처리제도를 두고 있다.

행정행위의 공정력은 행정의 안정성, 능률성, 신뢰보호를 위한 것이라고 말

---

63) 행정기관 및 법원을 포함한다.

한다. 또한 행정행위는 경우에 따라 일정한 기간의 경과 기타 사유로 행정행위의 상대방이 그 효력을 다툴 수 없는 힘을 부여하는 경우不可爭力와 행정행위의 취소·변경·철회에 관한 권한 있는 행정청의 준사법적 절차를 거친 경우 혹은 행정행위의 성질상 행정청 지신도 취소·변경·철회할 수 없는 경우不可変力가 있다. 이 불가변력에 관해서는 법원의 종국적 판결과 같은 소송법적 불가변력이라고 보아야 하는냐에 관해 부인설이 일반적이다. 그러나 확인 행정의 경우 및 국민에게 권리를 주는 수권행위에 관해서는 최종적인 것으로 존중할 필요가 있다고 말한다. 한편 법률이 특별한 규정을 두어 소송법적 확정력을 인정하는 경우가 있다.

43. 행정행위의 하자 및 구제

법령 혹은 일반법원칙에 위반하는 위법한 행정행위 및 공익에 반하는 행정행위를 하자瑕疵 있는 행정행위라 한다. 행정행위의 하자는 無效原因인 하자, 取消原因인 하자, 무효원인도 취소원인도 아닌 하자로 구별된다.

무효인 행정행위에 대해서는 그 상대방이 행정심판과 행정소송을 통해 그 무효를 다툰다. 무효인 행정행위는 불법행위가 되므로 무효인 행위에 대해서는 국가의 불법행위로 인한 국가배상책임이 발생한다.[64]

이에 반해 취소할 수 있는 행정행위는 쟁송절차 혹은 직권에 의해 취소될 때까지는 유효한 행정행위로써 효력을 가진다. 행정행위의 公定力 때문이다. 한편 일정한 기간의 경과 등에 의해 그 행위가 확정되므로 유의하여야 한다. 이 경우 행위의 취소는 기간의 경과 등에 의하여 할 수 없으나, 기간의 경과 등으로 그 행위의 위법성이 치유되는 것은 아니므로 행정소송에 의해 위법한 행위로 인정되는 경우는 불법행위가 되어 그로 인한 손해에 대해 국가배상을 청구할 수 있다.

불법과 위법은 구별된다. 예를 들면 어떤 행위가 형법상의 불법은 되지만 민법상의 불법은 될 수 없는 경우가 있다. 불법은 특정 법률이 정한 행위기준에 위반하는 것을 말한다. 그러므로 어떤 법률에 적법한 행위는 다른 법률에서

64) 헌법 제29조 참조.

불법한 행위가 될 수 있다. 한편 위법은 법질서 전체와의 관계를 말하는 것이다. 그러므로 어떤 법률에는 적법이고 다른 법률에서는 불법이면 위법한 행위이다. 또한 어떤 법률에 적법이라도 위법할 수도 있다. 그러므로 불법과 위법은 판단기준이 다르고, 위법성은 불법성을 포위하고 있는 상위의 영역이다. 그러므로 법률에 의하여 행정기관이 강제력을 동원하는 것은 적법한 것이지만 그것이 위법할 수 있다. 그러나 위법하더라도 적법성은 인정된다. 예를 들면 검찰이 법률에 의하여 구속적부심 등 적법하게 범죄자를 구속하여 조사하고 재판을 받게 하는 것은 적법성이 인정되지만, 법원의 판결에서 무죄로 인정되는 경우는 국가가 그 범죄 피의자가 입은 손해를 補償[65]하여야 하는 것이다.[66] 또한 피의자를 구속하는 등의 행정기관의 행위가 법원의 판결에 의하여 불법인 것으로 판명된 경우는 행정기관이 한 구속 등의 행위는 불법행위로서 국가배상책임이 발생하는 것은 물론이다.

무효나 취소의 원인이 되지 않는 하자는 오기, 오산 등 행정행위의 표현상의 오류를 말하는 데 이와 같은 하자는 명문의 규정이 없더라도 행정청은 언제나 이것을 정정할 수 있으며, 상대방도 특별한 형식·절차에 의하지 않아도 그 정정을 요구할 수 있다.

44. 직권에 의한 행정행위의 취소

위법한 행정행위의 취소에 명시적인 법률의 근거를 요하느나에 관해 법률의 명시적인 근거를 요한다는 설과 행정의 합목적성[67]에서 자유롭다는 설이 있

65) 불법행위에 대해서는 배상이고, 적법한 행위지만 위법한 경우는 보상이 된다. 賠償責任은 과실책임원칙이 적용된다. 그러나 補償責任은 손해나 이득이 정당한가 혹은 부당한가가 책임판단의 기준이 된다. 賠償責任은 불법행위책임이다. 불법행위는 법률에 일정한 행위기준이 제시된 것이므로 그것을 알고 그 위반행위가 발생하지 않도록 하여야 하는 주의의무가 부과되는 데서 나오는 책임이다. 그리고 이 주의의무는 예견가능성을 기초로 하는 過失責任을 말한다. 그러므로 배상책임은 보상책임보다 완화된 책임이다. 사회의 모든 이득의 이동은 정당하여야 한다는 사회의 근본적 원칙에 근거하는 補償責任은 절대적이다. 배상책임보다 근본적인 원칙이다. 그러므로 過失을 요하지 않는다.

66) 헌법 제28조 참조.

67) 법률은 행정에 관한 수권을 하는 경우 행위를 하거나 또는 하지 않거나 여러 개의 가능한 행위 중에서 하나를 선택할 수 있는 재량적 여지를 부여하고 있다. 또한 법률이 규정하지 않는 경우도 재량적 여지가 부여된다. 이것은 모든 법률은 어떤 목적이 있는 것이므로 법률이 특별히 규정하지 않고 있으면 목적에 합당한 행위를 할 수 있는 것이다. 법률이 규정을 두는

다. 자유롭다고 보는 것이 옳다. 다만 취소에 의하여 달성하고자 하는 공익상의 필요와 상대방의 신뢰보호 및 법적 안정성을 구체적으로 較量하여 취소할 수 없는 행정행위가 있다고 본다. 그러므로 부담적 행정행위의 경우는 취소가 원칙적으로 자유로우나 행정청의 의무인 행정행위는 법률의 근거가 있어야 취소할 수 있다고 본다. 행정청의 의무인 행정행위의 직권취소에 관해 법에 특별히 규정이 있는 경우를 제외하고 직권취소에 특별한 절차가 필요한 것은 아니라고 한다.

45. 공법상의 계약

공법상의 계약은 공법상의 효과의 발생을 목적으로 하는 점에서 민법상의 계약 혹은 상법상의 계약 등과 구별된다. 공법상의 계약은 행정기관 간의 계약과 행정기관과 행정기관이 아닌 자와의 계약으로 나누어 볼 수 있다.

민법상의 계약과는 달리 입찰참가제한 등 계약체결의 자유가 제한되는 경우[68] 경우가 있다. 또한 입찰참가자격에 관해 등록, 허가 등을 요하는 것으로 하고 있는 것이 일반적이다. 한편 단체가 민법상의 계약을 할 수 있는 자격을 갖기 위해서도 기본적으로 권리의무의 주체이여야 하므로 주무관청의 인가 및 등기를 하여 법인으로 인정되어야 하는 점에서 계약체결의 자유가 제한된 것이라고 볼 수 있으나 이것은 법의 기본원칙이므로 공법상의 제한과는 다르다. 기타 공법상의 계약은 계약의 청약 및 승낙 절차 등 규정을 두고 있다.

한편 공법상의 계약은 넓게 보면 헌법을 제정하는 권력을 국민이 갖고, 입법권을 국회가 갖는 것도 계약(흔히 사회계약이라고 한다)에 근거한 권리라고 할 수 있다. 이와 같이 공법계약을 볼 때는 국가의 모든 법률관계는 공법상의 계약에 근거한 것이라 할 수 있다. 그러나 사회계약은 묵시적 계약이고 공법상의 계약 혹은 민법상의 계약은 법률에 근거한 명시적·법률적 계약인 점에서 다르다.

경우도 그 목적을 실현하기 위한 것이다. 법률의 목적이 해당 규정보다 상위에 있다. 그러므로 법률의 규정이 목적에 합당하지 않으면 흠결을 보충하는 해석을 할 수 있는 것도 허용된다고 본다.

68) 국가를 당사자로 하는 계약에 관한 법률 제27조 참조.

공법상의 계약을 "행정기관과 사인 간의 계약"이고 말하는 사람들이 있다. 그러나 공법상의 계약에서는 이미 사인이 아니고 공법상의 계약 당사자로서 계약하는 것이다. 법이 공법상의 계약을 할 수 있는 자로 인정하는 과정을 설정하고 있다. 그리고 사인이라는 사법관계에서의 법인격이다. 그러므로 공법상의 계약에서 자율적인 이행관계, 즉 사법관계가 설정되는 경우에 그 관계에서 국가기관도 상대방도 사인이 된다.

공법상의 계약은 법률의 규정이 있는 경우에만 체결할 수 있는가 하는 문제가 있다. 법률상의 근거가 없어도 법령에 위반되지 않는 한 체결이 가능하다고 본다. 행정의 합목적성에 근거한다.

46. 행정입법

행정기관이 법률에 근거하여 정하는 규범은 국가와 국민 간에 효력이 발생하는 법규명령과 행정조직내부와 행정주체 간의 조직 및 활동을 규율하는 다시 말하면 특별권력관계를 정하는 행정규칙을 구별한다. 전자의 법규명령에 위반한 행정기관의 행위는 불법행위가 되어 사법기관의 재판을 통한 구제수단이 동원되지만, 후자의 규범에 위반한 경우는 그러하지 않다. 물론 정부(대통령과 행정부를 포함한다)가 법률안제출권에 의하여 제정된 법률은 실질적으로 행정입법이라고 할 수 있으나 형식적으로는 입법권이 국회에 있으므로 행정입법이라 하지 않는다.

한편 이와 같은 행정입법은 대통령, 입법기관, 행정기관, 사법기관 및 지방자치단체가 법률에 근거하여 할 수 있다. 그러나 행정기관이 정하는 법규명령 및 행정규칙은 법률이 구체적으로 위임한 사항 및 법률을 집행하기 위하여 필요한 사항으로 제한하고 있는 반면 지방자치단체의 자치입법은 법률이 정하는 범위 안에서 포괄적으로 인정되는 점에서 차이가 있다 할 수 있다.

행정입법에 관해서는 삼권분립원칙과 관련하여 타당치 않다는 견해가 있으나 생활관계의 전문화, 법률의 규정상의 한계 등으로 불가피하다는 견해가 우세하다. 우리나라 헌법은 대통령의 입법은 법률에서 구체적으로 범위를 정하여 위임받은 사항과 법률을 집행하기 위하여 필요한 사항에 관해서 할 수 있도록 하고 있으며, 대법원은 법률에 저촉되지 아니하는 범위 안에서 소송에 관한 절차, 법원의 내부규율과 사무처리에 관한 규칙을 제정할 수 있으며, 국회는 법률에 저촉되지 아니하는 범위 안에서 의사와 내부규율에 관한 규칙을 제정할 수 있다고 규정하고 있다. 그러나 헌법 제12조 1항은 “모든 국민은 신체의 자유를 갖는다. 누구든지 법률에 의하지 아니하고는 체포·구속·압수·수색 또는 심문을 받지 아니하며, 법률과 적법한 절차에 의하지 아니하고는 처벌·보안처분 혹은 강제노역을 받지 아니한다”라고 규정함으로써 죄형법정주의 원칙을 채택하고 있다. 그러므로 행정입법, 즉 법규명령이나 행정규칙으로 신체의 자유를 구속하거나 죄와 형에 관한 규정을 할 수 없다. 그러나 반드시 형식적 의미의 형법으로 규정하여야 하는 것은 아니다. 그러므로 형식적 의미의 형법이 아닌 법에서 형벌규정을 두는 경우가 있다. 이 경우에도 형식적 의미의 형법의 총칙과 다르게 정할 수 없다고 보는 것이 통설적 견해이다.

47. 행정계획

행정정책 및 행정계획은 행정법은 아니지만 현실적으로 규범성을 갖고 행정행위에 영향을 미치는 것은 충분히 상상된다. 그리고 현대 국가는 이 정책 혹은 계획이 행정기관의 행위에 대해 지배적인 힘을 발휘하고 있는 것도 사실이다. 그러나 사실관계에서 행정행위에 영향을 미치므로 행정행위로 파악할 수 있다. 그러므로 그것이 법에 위반되는 문제가 발생할 수 있다. 공학적 설계가 잘못되어 시설물의 하자를 유발한 경우 그 영향력이 시설물의 하자에 지배적 힘을 발휘했다고 인정되면 그 설계행위에 법적 책임을 물을 수 있는 것과 같다. 법규정에 의해 수립하는 계획, 행정조직 내부의 훈령으로 시달되는 계획, 행정법의 취지가 되는 계획 혹은 국민에게 공표된 계획은 행정기관에 대한 규범적 강제력이 강할 것이므로 법문제가 될 수 있다. 그러나 단순한 구상 혹은 방침인 계획은 구속력이 있다고 볼 수 없을 것이다. 그러나 경우에 따라 행정관청의 강력한 의지가 있을 수 있으므로 그런 경우는 소속 공무원의 행위에 영향력을 미칠 수 있을 것이다.

행정계획으로 중요한 것은 경제개발계획, 경제운용계획, 국토개발계획을 기초로 하는 각종 지역개발계획, 산업발전계획, 사회복지계획 등이다.

48. 행정지도

행정기관이 그 소관 사무에 속하는 사항에 관하여 특정의 개인 공법상의 법인, 단체 등에 비권력적, 임의적 수단으로 상대방의 동의 또는 협력하에 행정기관이 의구하는 일정한 질서의 형성을 향하여 이들을 지도하는 일련의 작용을 가리키는 말이다. 흔히 말하는 경제통제economic control이 이에 해당한다고 한다. 지시, 권고, 요망, 경고, 조언, 주의, 지도 등의 행위로써 행해진다.

행정지도는 법적인 강제력을 갖지 않는 점에 행정행위 및 공법상의 계약과 구별된다. 이와 같은 행정지도가 행정수단으로 등장한 이유는 행정기관이 확대되고 그에 따라 행정부의 책임이 증대된 현대에서 종래의 명령강제작용만으로는 행정수요에 응할 수 없는 데에 있다고 한다. 특히 경제행정이나 과학기술행정에서 끊임없는 경제정세의 변동이나 기술혁신에 탄력적으로 대처하지 않으면 안 되는 상황에서 법률상의 틀 속에 곤란하거나 부적당한 경우가 많은 데서 그 필요성이 인정된다.

49. 행정상의 강제집행

행정강제란 행정법상의 의무의 불이행에 대하여 행정주체가 실력으로써 그 의무를 이행시키거나 이행이 있었던 것과 동일한 상태를 실현하는 작용을 말한다. 의무위반에 대한 제재인 행정벌과 구별된다. 또한 행정상의 강제집행은 자력집행의 제도인 점에서 타력집행의 제도인 민사상의 강제집행 제도와 구별된다. 또한 의무의 존재를 전제하지 않는 즉시강제와 구별된다.

행정주체의 강제집행권의 근거에 관해서는 명령권을 부여한 법은 동시에 그 이행을 강제하는 근거법이 된다는 설이 있으나 명령권은 행정기관에 부여된 권한에 의해 권리·의무관계, 즉 법률관계를 설정하는 행정행위에 관한 것이라고 보아야 한다. 그러므로 명령권에 의해 자동적으로 강제력이 생기는 것이라고 볼 수 없다. 우리가 앞에서 공법관계를 법률관계가 발생하는 제2영역과 공권력이 작용하는 제3영역을 구별한 것도 이와 같은 이유에서이다. 헌법이 “모든 국민은 신체의 자유를 가진다. 누구든지 법률에 의하지 아니하고는 체포·구속·압수·수색 또는 심문을 받지 아니하며…” 또한 “체포·구속·압수 또는 수색을 할 때에는 적법한 절차에 따라 검사의 신청에 의하여 법관이 발부한 영장을 제시하여야 한다”라고 규정하고 있으므로 공권력이 발동되기 위해서는 법률에 절차 등에 관한 근거규정이 있어야 할 것이다.

한편 공권력은 국가목적을 달성하기 위해 본질적으로 행정기관에 부여된 것이라는 관측은 가능하다. 이에 의해 법률관계가 설정되지 않고 할 수 있는 즉시강제가 설명될 수 있다. 그러나 법치주의의 원칙이 있으므로 법치주의의 목적 중의 하나인 법적 안정성과 관련하여 불가피하지 않을 경우는 법률에 근거하여 공권력이 발동되어야 하는 것으로 보아야 한다. 그러므로 즉시강제가 인정되는 것은 권리·의무를 설정할 수 있는 여유가 없는 긴급성 때문일 것이다.

강제집행에는 행정청이 의무자가 행할 작위를 스스로 행하거나 제3자로 하여금 이를 행하게 하고 그 비용을 의무자로부터 징수하는 대집행, 직접 의무자의 신체, 재산에 실력을 가하여 의무의 이행이 있었던 것과 같은 상태를 실현하는 직접강제, 행정상의 금전급부의무의 불이행이 있는 경우 의무자의 재산을 압류, 공매처분을 통해 의무의 이행이 있었던 것과 같은 상태를 실현하는 강제징수가 있다.

50. 행 정 벌

행정벌은 행정상의 의무위반에 대하여 일반통치권에 기하여 과하는 제재로서의 벌을 말한다. 행정형벌에는 행정형벌과 질서벌(과태료)이 있다. 특별권력관계에서의 징계 및 형사벌과 구별한다. 행정벌은 1차규범이 적극적으로 규정되어야 하는 점에서 1차규범을 도덕원칙에서 구하는 형사벌과 구별된다고 말한다. 형사벌이나 행정벌의 경우 죄형법정주의 원칙에 의해 처벌, 보안처분, 강제노역에 관한 2차규범은 법률에 명시적으로 규정하여야 한다. 그러므로 처벌인 행정법도 이 원칙의 적용을 받는 것이다. 그리고 위임입법이 가능하나 헌법 제75조에 의해 포괄적 위임입법은 금지된다고 할 수 있다.

행정벌은 형법 제8조에서 "본법 총칙은 타법령에 정한 죄에 적용한다. 단, 그 법령에 특별한 규정이 있는 때에는 예외로 한다"라고 규정하고 있으므로 당해 법령에서 특별한 규정이 없는 한 형법총칙의 적용을 받는다.

51. 국가배상

헌법 제29조는 공무원의 직무상 불법행위로 인해 국민이 입은 손해에 대해 국가 및 공공단체가 배상하는 책임을 규정하고 있다. 여기서 불법행위는 국민의 재산 등의 손해를 해치지 말아야 하는 법의 위반을 말할 것이다. 그러므로 공무원의 행위가 행정행위로서는 적법하더라도 성립할 수 있는 것이다. 이에 관해 공무원이 불법행위를 한 것이므로 공무원에게 배상청구를 하여야 하는 것이지만 공무원의 배상책임을 면제하고 국가가 배상할 책임을 지게 한 것이라는 견해가 있는 반면에 대외적인 1차적인 책임이 국가에 있다는 것뿐이며 불법행위를 한 공무원에 대한 배상책임은 면제되지 않으므로 내부적인 구상문제는 있다고 보는 견해도 있다. 본조의 후단에서 "이 경우 공무원 자신의 책임은 면제되지 아니한다"의 의미가 이 불법행위에 관한 배상책임이 면제되지 않는 것을 말하는 것으로 해석하면 후설이 타당할 것이다.

그러나 이 단서가 불법행위를 하지 말아야 할 공무원의 행위규범을 어긴 것에 대한 징계 등에 관한 것일 수도 있다. 형평상 공무원이 국가의 업무를 하는 과정에서 생긴 것이므로 고의적이거나 공무원 사회의 양심적인 사람에게 기대되는 주의의무를 중대하게 해태한 경우가 아니면 배상책임은 면제되는 것으로 보는 것이 형평상 타당하다고 생각된다.

52. 손실보상

손실보상은 국민의 재산에 관해 적법한(위법하지 않은) 공권력의 행사에 의한 특별한 희생에 대해 재산상의 보상을 하는 것이다. 헌법 제23조 3항은 "공공

필요에 의한 재산권의 수용·사용 또는 제한 및 그에 대한 보상은 법률로써 하되, 정당한 보상을 지급하여야 한다"라고 규정하고 있다.

국민의 재산에 관한 권리는 기본권으로 보장되어 있고, 자유와 권리의 본질적 내용을 침해하지 않는 한 국가안전보장, 질서유지 또는 공공복리를 위하여 필요한 경우에 한하여 법률로써 제한할 수 있다고 한 규정에 의한 것이므로 적법행위인 것이다. 불법행위책임문제는 손실의 공평한 부담원칙의 일부이다. 위법한 행위로 다른 사람에게 부담을 지우는 것은 위법한 행위자에게 손실을 부담해야 하는 것이 원칙이지만 적법한 경우에도 그것이 그 사람에게 부담을 지움으로써 여타의 부담을 줄이거나 이익을 얻게 하는 것은 정의관에 맞지 않기 때문이다. 그러므로 부담을 진 사람이 그로 인해 더욱 이익을 얻을 수 있거나 최소한 손실은 없어야 하는 것이다. 불법행위에 관해서도 과실책임원칙에 의해 불공평한 손실의 부담문제가 있다. 그러므로 현대법은 특히 기업활동에 관해서 무과실책임non-negligence responsibility을 지움으로써 손실부담의 공평을 기하려고 한다. 헌법 제29조에서 국가 및 공공단체의 공무원의 직무상 불법행위에 관해 국가의 배상책임을 규정한 것도 손실 부담의 사회적 공평성을 기하려는 것으로 해석될 수 있다.

53. 행정의 내용

행정이 실현하고자 하는 국가목적에 행정을 일반적으로 경찰행정, 복지행정, 재정으로 나눈다. 한편 경찰행정을 정부의 행정으로 보지 않고 국가의 통치권에 근거가 있다고 보는 사람들도 있다.

근대국가를 형식적 자유주의를 바탕으로 한 경찰국가라 하고 현대국가를 실질적 자유주의를 바탕으로 한 복지국가라 한다. 그러나 모든 국가는 본질적으로 복지국가의 성격을 갖는다는 것은 앞에서 언급한 바 있다. 국가를 구성하고 법체제를 구축하는 것은 생활공동체의 질서를 유지하고자 하는 목적만 있는 것이 아니고 본래적 자유를 보장하고 최소한의 삶을 보장하며 협동을 통해 보다 많은 소득을 올리기 위한 목적도 함께 가지고 있다. 국가를 구성하기 전의 자연 상태의 제약조건에서 생활공동체의 삶보다는 나아야 하는 것이므로 최소한의 인간다운 삶이 보장되어야 하고, 협동을 효율적으로 하여 소득을 증대시키고, 그 협동의 결과인 소득의 분배를 공정히 하여야 하는 문제가 있게 된다. 이것이 복지행정이다.

형식적 자유주의를 바탕으로 하는 경찰국가는 아무 제약이 없는 자연상태를 전제로 하는 것이라고 할 수 있다, 그러므로 국가는 아무 제약limitation이 없는 환경적 조건에서 각자가 무한한 자유를 통해 자신의 이익을 극대화하는 과정에서 질서를 유지하도록 하는 임무만을 갖는 경찰국가의 형태를 취하는 것이다. 그러나 이것은 사실과 다르다.

그러므로 헌법은 전문에서 "국민생활의 균등한 향상"을 기한다고 선언하고 헌법 제34조에서 국가는 최저한도의 인간다운 생활을 보장하여야 하는 것을 규정하고 있고, 제31조에서 인간다운 삶의 가장 기본적인 교육을 받을 권리와 의무를 규정하고, 제35조에서는 국민이 건강하고 쾌적한 환경에서 생활할 권리를 보장하고 있다. 한편 제32조에서는 근로의 권리와 의무, 최저임금제 등을 규정하고, 제33조에서는 사회적 약자인 근로자가 스스로의 생활을 개선하는 노력을 도와주기 위해 사용자와 근로자 간의 사법영역에서의 힘의 불균형을 보완해 주기 위해 근로자의 단결권, 단체교섭권, 단체행동권을 규정하고 있다. 또한 대통령은 헌법을 수호하는 책임을 맡은 자로서 헌법의 복지국가 정신에 입각하여 국민의 생활을 향상시키기 위한 정책을 추진하는 것이다.

특히 국민의 최소한의 인간다운 삶을 보장하기 위해서는 국가의 소득을 증대시키고 공공이 이용하는 편의시설을 확충하는 일이 중요하다. 그러므로 국가는 공공시설물 등 소위 사회간법자본을 구축, 운영, 유지·관리하고, 이를 위해 전문가를 고용하기도 하고, 전문가에게 공공사업을 의뢰하기도 하며, 자신이 직접 기업을 경영하기도 하고(공기업), 국가사업을 사인에게 특허(특허기업)함으로써 국가사업을 대신하도록 하여 효율적인 사업관리를 기하기도 하며, 사인의 사업을 보호육성하고 사인의 사업목적을 관리하게 하고(사업인가, 허가 등), 공공필요를 위해 물적 부담(공용부담)을 부과하는 등의 행정작용을 하는 것이다. 공공시설물 등 사회간접자본의 재원은 대부분 세금을 통해 조성되는 국가재정이지만 앞에서 언급한 바와 같이 공기업의 경영, 공용부담 혹은 특허 등을 통해 세금 이외의 재원을 확보한다. 그러나 중요한 것은 사인이 활발한 생산활동을 통해 소득을 증대시키도록 하는 국가경제정책의 지원이 국가의 소득을 증대시키는 원천이 될 것이다.

54. 민사구제

사법구제司法救濟는 법원에 의한 사법관계私法關係, 공법관계(사회법관계) 및 행정법관계의 사법절차司法節次에 의한 구제remedy를 말한다. 그러나 민사소송, 형사소송 및 행정소송으로 나누어진다. 사법관계私法關係의 경우 그 권리·의무관계, 즉 1차적 권리·의무관계가 원만하지 않을 경우 당사자 간에 계약이행청구권, 손해배상 청구권 등 2차적 권리·의무관계가 형성되어 그 의무이행을 함으로써 자율적으로 구제되지만, 다시 그 의무의 이행이 원만하지 않을 경우 재판청구권 등 3차적 권리·의무가 발생하여 재판절차에 의해 공권력이 발동되는 것과 같이 단계적 권리구제 구조를 가지고 있다할 수 있다. 우리는 앞에서 1차적 권리·의무관계를 사법관계私法關係라 하였고, 2차적 권리·의무관계를 공법관계 중 사회법관계라고 하였으며, 재판청구권 등 공권력관계를 행정법관계라고 하였다. 이와 같이 단계별로 구제절차를 가지고 있으나 원만하지 않을 경우 최종적으로는 행정기관의 공권력에 의해 구제되는 것이다.

55. 형사구제

형법관계도 공권력이 발동하는 근거에는 형법상의 권리·의무관계가 있다. 국민 각자는 상호 신체의 자유 재산권 등 상호 침해받지 않아야 할 혹은 침해하지 않아야 할 국민으로서의 권리·의무가 있고 그 의무를 위반하여 법익이 침해된 사실이 발생하면 형법상의 법률효과, 즉 국가는 공권력을 작동시킬 수 있는 공법상의 권리가 생기고 법익을 침해한 자는 형벌punishment을 받을 공법상의 책임, 즉 수용의무가 생기는 것이다. 그러므로 형법관계도 국민은 상호간 권리를 침해하지 말아야 하는 사회적 의무를 바탕으로 발생하는 사회법영역에 속한다고 할 수 있다. 국민 각자는 상호간에 경제적 이익에 관한 권리·의무가 있고 이것을 침해한 경우 그 법적 효과로서 손해배상을 해야 할 책임이 생기는 손해배상법관계와 유사하다. 그 구제수단이 한쪽은 형법이고 한쪽은 손해배상이라는 성격상의 차이만이 있을 뿐이다.

그러나 형법관계는 이 구제방법의 차이 때문에 같은 사회법 영역이지만 그 구제방법에서 특이한 점이 있다. 간통죄와 같이 피해자의 요청이 있어야 국가 공권력이 개입하는 경우가 있으나, 국가가 보호하고자 하는 법익의 침해사실이 발생하면 국가기관이 인지하여 바로 공권력이 작용한다. 법익의 침해가 발생한 경우 국민 상호 간 구제절차가 없이 공권력이 발동이라는 행정법관계의 법률효과가 바로 생기는 것이다. 공권력 작용의 성격이 손해배상의 경우는 물질적 배상이므로 자율적 구제를 허용할 수 있는 성격이나 형벌이라는 신체적 혹은 정신적 위해를 가하는 응보 혹은 비난을 자율적으로 하는 것을 허용한다면 그것은 사회질서를 해치고 인권사상에도 반하기 때문일 것이다. 그것을 물질적 배상으로 해결하는 방법도 있을 것이다. 그러나 이 역시 물질적 배상을 통한 신체적 혹은 정신적 피해를 구제한다는 것도 인권사상에 반하는 것이다. 그러므로 형벌은 국가가 독점하는 방법을 택한 것이다.

56. 공권력의 사법통제司法統制

그러나 공권력에 의한 구제는 국가의 물리적 강제력이 동원되는 것이므로 그 공권력 행사에 관해서는 법원의 재판절차에 의해 발동된 공권력의 적법성에 관한 종국적 판단은 법원이 하도록 하고 있다. 헌법 제101조는 "사법권은 법관으로 구성된 법원에 속한다"고 규정하고 있으므로 삼권분립원칙에 의하여 통치권에 근거하지 않은 행정기관의 공권력 행사에 관해서는 법원의 적법성 판단을 최종적으로 받게 된다. 그러나 공권력 행사는 그 행사 전에 적법성판단을 받아야 하는 것은 아니다. 이에 관해서는 후술한다.

그러나 행정기관의 행위, 즉 행정행위에 관한 권리·의무의 구제만이 사법심사의 대상이 되는 것은 아니다. 사법관계, 즉 사인 간의 권리·의무관계에서 생긴 것이라도 그 구제를 위해 공권력이 동원되는 경우 그 적법성 등의 판단은 사법심사의 대상이 된다. 예를 들어 계약 당사자 간의 의무이행이 원만하지 않아 최종적으로는 공권력에 의하여 구제되는 것이므로 이 경우 그 공권력행사는 사법심사의 대상이 되는 것이다.

57. 행정쟁송제도

우리나라는 행정심판제도와 함께 법원의 행정소송제도를 동시에 설치하고 있다. 행정행위의 특성을 인정하여 행정기관에 사법적인 권능을 인정하는 행정심판제도는 대륙법의 전통이고 행정사건을 법원의 사법심사의 대상으로 하는 것은 영·미법의 전통이다. 우리나라의 경우는 준사법절차인 행정심판제도를 설치하고 있으면서도 종국적인 위법성 판단은 법원의 권능으로 하고 있으므로 양법계의 전통을 절충한 형태라고 할 수 있다.

행정기관에 사법적司法的 권능을 인정하는 행정심판제도에 관해 헌법상의 삼권분립원칙에 위반하는 문제가 있을 수 있다. 그러나 행정심판은 행정행위의 위법성에 관한 판단이 아니고 불법성에 관한 판단이며 위법성에 관한 판단은 법원에 있다고 할 수 있다. 불법성 판단과 위법성 판단을 구별하는 것이다. 그러므로 당해 행정행위를 한 특수한 법률관계에서의 행정행위의 불법성에 관해서는 행정심판기관이 할 수 있고 법원의 위법성판단이 있기까지는 적법행위로 인정된다. 그러나 행정소송을 하는 길이 열려 있어서 법원에서 위법성이 인정되면 무효가 된다. 그러나 적법성의 추정을 받으므로 형사보상 등의 법률효과가 발생하는 것이다. 이와 같이 불법성과 위법성을 구별하는 입장에서 행정심판제도는 최종적인 판단이 아니므로 헌법의 삼권분립원칙에 반하는 것은 아니라고 할 수 있다. 모든 법률관계에서 이와 같은 중간적 판단은 할 수 있는 것이며, 종국적인 위법성의 판단 권능이 법원에 있는 것이다.

헌법 제12조에서 "법률과 적법한 절차에 의하지 아니하고는 처벌·보안처분 또는 강제노역을 받지 아니한다"고 한 규정하고, 한편으로 헌법 제28조에서 "형사피의자 또는 형사피고인으로서 구금되었던 자가 법률이 정하는 불기소 처분을 받거나 무죄판결을 받은 때에는 법률이 정하는 바에 의하여 국가에 정당한 보상을 청구할 수 있다"한 규정에서 "보상"이라는 말을 사용하고 있는 것을 보면 행정기관의 행위를 적법한 것으로 보는 것이다. 그런데 무죄인 자를 구금한 것은 위법행위이므로 모순이 생긴다. 그러므로 위법과 불법을 구별해야 논리적 모순이 해결된다. 위법하지만 적법한 것으로 인정하기 때문에 헌법 제29조의 국가의 배상책임이 아니고 국가보상 문제가 되는 것이다. 위법은 국가법질서의 전체 측면에서 판단하는 것이며 개별적인 법에서는 적법하지만 부당한 행위에 관한 보상이라든가 손해의 공정한 배분 혹은 이익의 공정한 배분문제를 포함하는 정의적 판단이라고 보아야 한다. 그러므로 적법하지만 손해의 공정한 배분을 위해 보상하는 것이다. 형법의 경우에도 정당방위 혹은 긴급피난을 위해 사람을 상해한 자는 사람을 상해한 행위 자체는 불법이지만 형평성 혹은 사회정의의 입장에서 볼 때 위법하지 않으므로 처벌하지 않는 것이다.

58. 사회구제

社會救濟라는 개념을 생각해 볼 수 있다. 법은 사법관계에서 상호 대등한 관계에서 권리·의무를 신의와 성실로 이행하는 것을 목적으로 하고 그 관계가 원만히 이행되는 하는 관계를 인정하고 있다. 각자의 자율에 의존하는 것이므로 사회구제라고 할 수 있다. 이 경우 사회 성원 간의 약속은 지켜야 한다는 사회적 관습이 있고 이 관습을 지키지 않을 경우 비난을 받기 때문에 사회적 구속력이 있다고 할 수 있다. 이 구속력에 의한 이행을 사회구조라고 인식하는 것이다. 2차 영역인 사회법관계에서도 법은 자율적인 영역을 설정하고 있다. 역시 이 경우도 국민은 상호 피해를 주지 않아야 한다는 사회적 관습에서 사회적 구속력을 발견할 수 있다.

토론과제

국가 전체의 법률관계 구조를 本章에서 기술한 내용을 중심으로 체계화하여 그림으로 구성해보라.

(토론방법)

• 구성한 그림을 제시하여 토론하도록 한다.

제11장

계 약 론

1. 계 약

계약은 일반적으로 어떤 일을 해 주고 그 대가를 받기로 하거나 물건을 얼마에 팔기로 하는 것과 같은 것을 미리 약속하는 것을 말한다. 시장에서 물건을 사고파는 경우는 미리 약속하는 것은 아니다. 그러나 물건을 고르고 값을 흥정하여 양자 간에 합의하여 물건을 사고파는 것이라 할 수 있다. 이 경우는 거래의 약속이라기보다 거래의 합의라고 할 수 있다. 계약의 사회적 기능은 미리 약속하는 데 있다. 그래야 장래의 생활계획이 가능하기 때문이다.

계약의 필요성은 미리 약속하는 것이지만 약속도 어떤 것에 관한 합의이다. 그런데 법률상의 계약은 합의하는 사항이 하나 더 있다. 어떤 일 혹은 물건에 관한 자기들의 합의에 법률효과가 부여되기를 원한다는 합의를 하는 것이다. 법은 그 합의가 없으면 법률효과를 부여하지 않는다고 공표해 놓고 있기 때문이다. 법이라는 제3자가 있어서 그 제3자가 이 약속을 어길 경우 그 약속을 지켜주기로 하기 때문에 그 앞에서 약속하는 것과 같다. 그러나 제3자는 약속하는 자간의 약속을 보장하는 데 있어서 자신의 규칙을 가지고 그 규칙에 맞지 않으면 보장해 주지 않는다. 이것이 계약법이다.

2. 계약능력

계약법은 우선 계약 당사자들의 계약능력을 정하고 있다. 능력이이라는 말은 계약을 할 수 있는 자격이 있느냐는 것이다. 계약법은 계약에 의하여 발생하는 권리·의무를 미리 정해 놓고 그것에 관해 약속하여야 보장해 주며 그것들에 관한 약속을 할 수 있는 자를 미리 정해 놓고 있다. 그리고 계약능력이 있는 자기 법이 미리 정해놓고 있는 권리·의무에 관한 약속을 하면 그 권리·의무를 보장해 주기로 하는 것이다.

가장 기본적인 계약능력은 국민이어야 한다. 법은 국민에게 적용되는 것이기 때문이다. 정확히 말하면 개인인 국민이어야 한다. 그리고 법은 국민인 개인이 자연인임을 알고 있다. 그러므로 개나 고양이 같은 미물은 개인이 아니고 국민이 아니다. 그리고 이 자연인은 합리적인 판단력과 의사결정능력을 가지고 있으며 오직 이 자유로운 의사결정에 의해 약속을 하는 자로 간주하고 있다. 그런데 법은 이 개인 이외에 법인法人도 계약능력자로 규정해 놓고 있다.

그런데 이 법인은 무엇인가? 우선 개인의 모임이라고 할 수 있다. 그런데 개인인 자연인이 아니고 개인인 자연인의 모임이 판단능력을 갖고 의사결정능력을 가지고 있다고 보아 법인에 계약능력을 인정하고 있는 것이라고 할 수 있다. 계약능력을 인정하는 가장 기본적인 요건이 자유의사에 의해 약속을 할 수 있어야하는 것이기 때문이다. 그런데 "개인인 자연인의 모임"이 생각하고 행동한다는 것은 사실관계와 맞지 않음을 알 수 있다. 자세히 보면 그 모임의 내표자가 약속을 하는 것이지 그 "모임"이 행위하지 않는다. 그러므로 법은 개인인 자연인들이 모여 단체를 구성하고 그 대표자 등을 정해 그 사람의 의사를 그 단체의 의사로 인정하는 논리시스템을 정해 놓고 있음을 발견하게 된다. 이런 것은 법기술legal technics라고 한다. 개인인 자연인들이 결사를 하고 거기에 참여의사를 표명하는 등 사실관계를 인정하고 있지만 그 단체라는 것을 개인인 자연인과 같이 자기 의사를 표시하고 행동하는 것처럼 의제하고 있는 것이다. 그러므로 법의 의제기술legal fiction이다.

한편 법은 단체와 법인을 구별한다. 그리고 법은 일정한 기준에 맞게 설립된 단체가 주무관청의 인가를 받아 등기하게 함으로써 그 단체에 법인이라는 표지를 붙여 준다. 그리고 이 법인이 개인인 자연인과 같이 의사를 결정하고 의사표시를 하며 행위하는 것이라고 여긴다. 그러므로 법은 또 한번의 법기술을 동원하고 있는 것이다. 그런데 단체현상은 사실관계로 인식되지만 법인은 그야말로 법이 단체에 붙여 주는 “표지”에 불과하다. 의제 중의 의제이다. 이 법인에 계약능력을 인정하는 것이다. 따라서 단체 가운데는 법인이 아닌 단체가 존재하게 된다. 이 법인의 표지를 붙여 주는 근거법은 목적에 따라 민법, 상법 등 여러 법령에 규정하고 있다.

대개 비영리를 목적으로 비영리법인과 영리를 목적으로 하는 영리법인으로 나누고 국가기관에 의해 설립된 공법인과 그렇지 않은 사법인으로 나누기도 한다. 법인은 일반적으로 사람들이 단체를 구성하여 어떤 사업을 하기 위한 것이다. 이것을 사단법인社團法人이라 한다. 그러나 법은 사단법인과 다른 재단법인이라는 특이한 법인을 설정하고 있다. 재단법인은 기증자의 뜻에 따라야 하고 그 뜻에 의한 재산의 관리·운영이라는 목적에 한정되는 점에서 특이하다 할 수 있다. 그러므로 목적재산이라 한다. 그러나 결국 재단법인도 사람이 관리·운영하는 것이므로 사단법인과 본질적 차이는 없다. 일단 개인이 자신의 재산에서 분리하여 사회에 기증할 수 있는 통로를 마련한 것에 제도적 의미가 있다 할 수 있다. 그러므로 재산의 귀속주체를 단체로 하는 것이다. 그러나 재산의 귀속주체를 개인이 아니고 단체로 하는 경우는 비영리법인도 마찬가지다. 회사와 같은 영리법인도 재산의 귀속주체가 단체인 경우라 할 수 있다. 그러나 회사의 경우는 재단법인 및 비영리법인과는 달리 영구적 귀속주체가 아니고 잠정적 귀속주체이어서 종국적으로는 회사의 소유자 혹은 주주인 개인에게 귀속하는 점에서 재단법인 혹은 비영리법인과 다르다고 할 수 있다. 그러나 재단법인과 비영리법인의 경우도 종국적 귀속주체는 국가이고 나아가서 국민인 점에서 영구적 귀속주체는 아니다.[1] 결국 구별에서 의미를 찾기보다 단체의 구성원리 및 목적을 가진 제도라는 관점에서 보는 것이 합당하다. 법인의 종류가 선행개념이 아니고 만들어진 제도를 성질상 분석해 보는 것에 불과하다.

1) 개인 혹은 단체의 모든 재산의 영구적이고 종국적 귀속주체는 국가, 즉 전체로서의 국민이므로 소유의 公概念이 도출될 수 있다. 그러나 개인 혹은 단체의 소유를 존중하는 것이다. 따라서 모든 재산이 국가의 소유인 것은 아니기 때문이다.

국가법인

이상에서 말한 법률상의 법인과 다른 단체가 있다. 그것이 국가이다. 국가도 계약을 할 수 있는 계약능력을 인정하고 있다. 그래서 국가법인이라고 말한다. 일반적인 법인은 민법 등 각 법률에 의하여 설립된 것이다. 그런데 국가의 경우는 법인 설립에 관한 규정이 없다. 그러므로 법률상의 법인이 아니라고 할 수 있다. 민법 제31조는 "법인은 법률의 규정에 의함이 아니면 성립하지 못한다"라고 규정하고 있다. 그러므로 법률에 규정에 의해 설립하여 주무관청의 인가를 받아야 법인이 된다. 국가가 국가를 인가할 수 없으므로 국가는 민법상의 법인이 될 수 없는 것은 논리적으로 명확하다.

그러면 무엇에 근거하여 국가의 법률상의 계약능력이 인정되는가? 국가는 헌법에 의하여 설립된다. 헌법 제1조 및 제2조가 국가설립의 가장 근본적인 근거규정이라고 할 수 있다. 이에 근거하여 헌법은 단체로서의 국가구성에 관한 근거규정들을 두고 있다.[2] 국민의 대표인 국회의원을 선출하여 법률을 제정하고 그 법률에 의하여 대통령을 선출하고 그 대통령이 법률에 의거하여 국무총리와 행정각부의 장관을 임면하고 또한 법률에 의하여 국회, 사법부 및 행정부를 조직하는 식으로 기본적인 조직을 하는 것을 기초로 하여 현재도 국가는 계속 확장되고 혹은 축소되면서 變容되고 있다. 국가기관이 신생하기도 하고 없어지기도 하며 장관이 경질되기도 한다. 그러나 법률을 제정할 최초의 국회구성은 법률에 의할 수 없으므로 헌법에 의한 정치적 결단에 의할 수밖에 없다. 그러므로 국가는 법률 이전의 헌법적 존재인 면과 헌법에 의하여 설립된 국가로서 법률적 존재인 양면성을 동시에 갖는다. 민간단체의 경우도 이와 같은 국가의 설립과정과 존재양태를 특별히 달리 볼 이유는 없다. 회사도 누군가가 결단을 하고 여러 사람들이 거기에 참여함으로써 성립되고 발전하는 면에서 국가와 다를 것이 없기 때문이다. 다만 회사는 법률에 의하여 법인으로 인정받지만 국가는 설립인가에 관한 법적 근거가 따로 없는 것이 다를 뿐이다. 그러나 국가가 재산을 소유하는 것과 같은 법률적 행위는 법률적 근거가 있어야 하는 것은 당연하다. 그러므로 헌법에 의하여 설립된 단체라는 점은 법률에서도 당연히 인정되고 그 단체의 이름도 헌법 제1조에서 정하고 있으므로 국가에 대해 각 개별법에서 권리·의무의 주체 혹은 계약능력을 인정하는 근거가 있으면 특별히

2) 헌법 제41조, 제67조, 제86조, 제94조, 제96조, 제101조, 제102조, 제104조 등 참조.

설립에 관한 근거규정이 법률에 규정하고 있지 않아도 법인으로 인정하는 데는 법리상 문제가 없을 것이다.

3. 법인의 적법행위능력

민법은 법인의 권리능력에 관해 제34조에서 “법인은 법률의 규정에 좇아 정관으로 정한 목적의 범위 내에서 권리·의무의 주체가 된다”라고 규정하고 있다. 개인인 자연인과는 달리 단체의 설립목적 범위 내에서 권리능력을 갖는다는 것이다. 그러므로 그 목적범위를 일탈한 것에 관한 계약은 법률효력이 발생하지 않는다. 적법한 행위에 권리를 부여하는 것이므로 권리능력은 적법행위능력이라고 할 수 있다.

4. 법인의 불법행위능력

한편 민법 제35조는 “법인은 이사 등 기타 대표자가 그 직무에 관하여 타인에 가한 손해를 배상할 책임이 있다”라고 하여 법인의 불법행위능력을 인정하고 있다. 불법행위는 적법행위의 반대말이다. 그러므로 권리능력은 적법행위능력을 말하는 것이다. 법인의 적법행위에 대한 법률효과와 마찬가지로 법인의 대표자가 한 불법행위의 법률효력을 법인에 귀속시키는 것으로 한다는 것이다. 단체에 참여하는 자들은 자기들의 대표자가 목적범위 내에서 적법한 행위를 하는 경우 회사의 행위로 인정한다는 것을 원리로 동의하고 있다. 그러나 불법행위책임은 단체의 원리에는 없는 것이다. 단체의 목적에 불법행위가 포함되지 않는 것은 당연하다. 단체는 목적적 존재이기 때문이다. 이와는 달리 생각할 수 있는 면도 있다. 목적을 수행하기 위해서는 대표자의 재량행위가 필요하고 또한 목적을 수행하는 과정에는 불법행위가 본의 아니게 수반될 수 있으므로 단체에 참여하는 사람들은 이런 점들도 고려하고 있다고 할 수 있다. 그러나 불법행위책임은 법인의 설립원리에서 당연히 나오는 것이 아니라고 보는 것이 타당할 것이다. 그러므로 법인의 불법행위책임을 특별히 규정하고 있는 이유가 된다.

이 규정이 없으면 대표자의 불법행위책임이 법인에 귀속한다는 것은 성립할 수 없다. 법인의 대표자의 이름으로 하지만 사실은 대표자 개인의 불법행위인 경우가 많을 수 있다. 그러므로 법이 법인의 불법행위책임을 규정하는 것은 단체구성원이 대표자의 행위를 견제하라는 의미도 될 수 있다. 그러나 대표자의 잘못으로 단체의 구성원 전체가 책임을 지는(법인이 책임을 진다는 것은 결국 단체 구성원 전체가 책임을 지는 것이 된다) 부당한 경우가 많이 생길 수 있다. 특히 거대한 단체의 경우는 경영과 소유가 분리되어 있기 때문이다.

한편 불법행위로 인한 법적 조치는 손해배상문제만 있는 것이 아니다. 그런데 손해배상에 관해서만 민법이 규정하고 있는 이유는 무엇인가? 민법이 법률관계를 구성하고 있는 기본적인 법인격은 개인이 자연인이다. 법인도 개인인 자연인인의 단체이다. 자연인과 자연인 간의 법률문제는 이해와 손해관계의 적정한 배분이다. 그러므로 민법이 손해배상문제만을 규정하고 있는 이유라고 할 수 있다.

한편 부당이득문제가 있다. 그런데 부당이득문제는 불법행위책임인 손해배상문제에 포함되지 않는다. 그러므로 민법은 부당이득에 관해서는 법인의 권리능력이 인정되지 않는다고 할 수 있다. 무슨 이유일까? 법문에서 "손해배상"이라는 말은 부당이득을 포함하는 것인가? 법구조상으로 부당이득과 손해배상은 엄연히 다른 것이므로 그렇게 해석할 수는 없을 것이다. 부당이득은 법률적 원인 없는 경우이므로 불법행위가 아니라는 것은 분명하다. 결국 법의 흠결보충문제가 된다고 본다.

불법행위는 법률행위가 아니고 법률사실인 법률요건이다. 법률행위와 같이 效果意思에 의하여 법률효과를 부여하는 것이 아니기 때문이다. 법이 효과의사를 전제로 하지 않고 직접 어떤 사실을 인지하여 법률효과를 부여하는 것이므로 법률행위와 다르다. 그러나 불법적 사실은 효과의사는 아니지만 단순한 사실은 아니다. 사실에는 의사의 지배관계에 의하여 파악한다. 불법행위의 성립요건으로 고의·과실을 요하는 것을 보면 알 수 있다. 예를 들면 남의 물건을 훔친 사실은 그 물건을 자기의 지배하에 놓아 사용·수익하고자 하는 의사가 작용하고 있는 것이다. 그러므로 불법행위는 그 의사의 지배가 법의 기대에 반하는 불법적인 것이라는 것이다. 법인은 적법한 사실행위도 한다. 법인의 소유권도 가장 기본적으로 어떤 물건에 관한 지배의사를 요한다. 법인이 소유한 토지에서 농작물을 재배하고 수확하고 그 농작물을 보관하여 관리하는 것은 지배의사로 하는 것이다. 그러므로 법인의 적법행위도 마찬가지로 법인의 의사의 지배관계를 적법한 것으로 인정하는 것이다. 이렇게 보면 법은 어떤 의사에 의한 지배관계를 적법한 것으로 혹은 불법한 것으로 보는 것이다.

다만 법에서 법률요건으로 법률행위와 사실행위를 구별하는 이유는 의사에 의한 지배관계에 관한 법률효과를 부여하는 데 있어서 전자는 법률효과의 발생을 원하는 효과의사가 있어야 법률효과가 발생하는 것으로 하는 것이고, 후자, 즉 법률사실은 법이 그 사실을 직접 인지하여 법률효과가 발생하는 것으로 하는 것이다. 그러므로 법률행위는 당사자에게 선택의 자유를 허용하는 것이고 법률사실은 선택의 여지가 없이 법이 직접 법률효과를 부여하는 것이다. 법은 이 직접적 인지에 의한 법률효과의 부여를 근본적인 것으로 한다. 대한민국의 영토 안에서 출생하면 국민이라는 법인격이 본인이 원하든 그렇지 않든 바로 부여되고 이 법인격에 의해 모든 법률관계가 형성되는 것과 같다. 부모가 돌아가신 경우 부모재산에 관한 자식들의 상속절차도 자식들이 상속절차의 개시를 원해서 되는 것이 아니고 부모의 사망이라는 사실에 의하여 개시되는 것과 같다. 물론 상속절차가 개시된 이후 망자의 유언에 일정범위에서 법률효과를 부여하기도 하고 망자의 재산에 관한 관련자의 법률효과는 법이 정하고 있는 여러 법률행위 혹은 법률사실에 의해 발효되는 것이다.

5. 형법상의 법인의 불법행위능력

한편 형법은 법인의 불법행위능력 즉, 법인의 犯罪行爲能力에 관한 규정을 두고 있지 않다. 형법은 적용대상에 관하여 내국인 혹은 외국인이라는 용어를 사용하고 있다. 여기서 “인”은 자연인을 말한다. 민법상의 “인”도 법인을 따로 규정하고 있는 것을 보면 개인인 혹은 자연인을 말한다. 정확히 말하면 국민이 개인이고, 개인인 자연인이다. 그러므로 형법상의 내국인 및 외국인에 법인이 포함된다고 할 수 없다. 그렇다고 그 민법상의 규정을 형법에 확장하여 적용할 이유도 없다. 그런데 형법학자들이 형법 해석론으로 법인의 범죄능력을 논의하는 이유는 무엇일가? 단체적으로 범죄행위를 하는 것이 사실이므로 형법의 흠결을 보충하여야 하는 것인가? 그러나 법인에 대한 범죄능력을 인정은 사실관계에서 많은 모순이 있다.

法人의 범죄행위능력을 인정하여 그 법률효과로서 법인에게 형벌을 科할 수는 있다. 어떤 사실행위를 법인의 행위로 인정하여 그에 대한 법률효과를 법인에 부여하는 것은 순전히 논리적 과정이기 때문에 가능하다. 그러나 사실관계에는 맞지 않다. 형법은 고통을 주는 것이고 법인은 의제적인 개념에 불과하기 때문에 법인에 형벌을 加하는 것은 허구일 뿐이다. 그러면 법인인 단체에 형법을 加하는 것이라고 할 수 있는가? 그러나 단체는 사람들의 "조직"을 가리키는 것이다. 그러므로 단체는 구성원과 분리된 실체가 아니다. 구성원 전원의 마음속에 있는 것이다. 그러므로 단체에 형벌을 가하기 위해서는 단체 구성원 전원의 마음에 고통을 주는 방법으로 형벌을 加해야 한다. 그러나 앞에서 말한 바와 같이 회사와 같은 단체는 범죄를 목적으로 구성된 단체는 아니다. 당해 범죄행위를 목적으로 그 목적에 참여하는 관계가 있어야 그 범죄단체가 범죄행위능력이 있다고 할 수밖에 없다. 그러므로 사업을 하기 위한 목적으로 조직한 적법한 법인에 범죄행위능력을 인정하는 것은 부적절하다. 그러므로 법인의 범죄행위능력 혹은 형벌능력을 논의하는 것이 아니라 어떤 범죄를 단체적으로 저지르는 것에 관한 논의로 전환하여 생각하여야 한다.

합동범合同犯

그러므로 형법 제331조 2항, 제334조 2항 및 제146조에서 규정하고 있는 合同犯을 주목하게 된다. 이 合同犯을 법인인 회사의 대표자가 하는 범죄행위를 회사의 범죄행위로 인정하는 것과 같이 법인의 범죄능력을 인정하는 규정이라고 할 수 없다. 합동범[3]은 "당해 범죄에 관해 단체를 구성하여 죄를 범하는 경우"에 관한 것이기 때문이다. 그러므로 회사의 임원 등이 어떤 범죄행위를 결의하고 그에 참여한 사람들을 합동범으로 보아 처벌한다는 규정으로 보게 된다. 이 경우 그 결의에 참여한 사람들은 자기가 직접 범죄행위를 하지 않았다고 하더라도 합동범으로서 형벌책임이 있게 되는 것이다.

3) 合同犯과 共犯은 구별된다. 공범은 각자가 범죄를 공동으로 하는 것이므로 단체를 구성하여 대표자가 하는 범죄가 자기의 범죄행위가 되는 것은 아니다. 즉 공범의 경우는 행위를 공동으로 하여야 한다. 그러나 합동범의 경우는 당해 범죄에 관해 단체를 구성하여 하는 것이므로 범죄행위를 하지는 않았어도 그 범죄조직의 대표자가 하는 행위가 단체구성원의 범죄행위로 인정되는 점에서 공범과 다르다.

법인의 범죄능력에 관한 타법의 규정

한편 형법이 아닌 다른 법에서 규정하고 있는 형벌규정에서 법인에 대한 벌금형을 과하는 규정을 두는 경우가 있다. 예를 들면 건설기술관리법 제41조는 정부가 발주하는 책임감리 혹은 설계 등 용역업무를 성실히 이행하지 않아 주요시설물의 주요 부분에 손괴를 야기하여 공중에 위험을 초래한 자는 징역에 처하도록 하고, 그 범죄자가 속한 법인에 대해서는 벌금형을 과하도록 하고 있다. 형법 제8조는 他법령에서 정한 죄에 관해서도 형법총칙이 적용된다고 하고 있다. 그러므로 형법은 형벌에 관한 기본법의 성격을 갖는다. 그러나 앞에서 말한 바와 같이 형법이 법인에 대해 범죄행위능력을 인정하고 있는 것이 아니라고 해석되므로 건설기술관리법 제41조가 법인에 대한 벌금형을 과할 수 있는 것으로 하고 있으므로 형법 제8조를 위반한 것인지가 문제될 수 있다.

한편 형법 제8조는 단서규정으로 "단, 그 법령에 특별한 규정이 있는 때에는 예외로 한다"라고 규정하고 있다. 그러면 이 단서규정에 의하여 법인에 대해 벌금형을 규정한(그러므로 법인의 범죄행위능력을 인정한) 건설기술관리법 제41조는 형법 제8조를 위반하지 않는 것이라고 할 수 있는가? 그것은 형법 제8조 단서규정은 다른 법이 형법총칙 전체규정을 혹은 일부규정을 적용하지 않는다고 명시적으로 규정하는 경우에는 형법총칙이 적용되지 않는다는 의미로 읽어야 한다. 형법 제8조의 단서규정이 "특별한 규정이 있는 때에는 예외로 한다"라고 한 것은 명시적으로 형법총칙과 다른 원칙을 적용하는 경우는 규정상 명시하여야 한다는 의미로 읽을 수 있기 때문이다. 더욱이 "例外로 한다"라고 하였기 때문에 예외적인 것을 설정하는 경우는 그 예외를 정하는 이유와 근거가 충분히 검토되어야 한다. 그런데 건설기술관리법 제41조는 헌법총칙과 달리 한다는 명문규정 혹은 예외로 한다는 규정이 없이 바로 법인에 대한 벌금형을 규정하고 있다. 따라서 법인에 대한 범죄행위능력을 인정하지 않고 있는 형법의 원칙에 반한 것이라고 할 수 있다.

한편 형법과 건설기술관리법은 형식적 의미에서 동일한 법률이므로 국가법체계의 위계질서hierarchy에서 동등한 지위에 있다. 그러므로 두 법 간에는 상하의 관계는 아니다. 따라서 건설기술관리법이 형법총칙에 반하여 법인에 대한 벌금형을 과하는 경우 불법이라는 문제는 없을 것이다. 그러나 법질서 전체의 관점에서 위법의 문제는 있을 수 있다. 또한 형법총칙은 국가형벌법의 기본법적인 성격을 갖는다는 점에서 그 위법성은 중요한 의미를 갖는다. 형벌규정은 국민의 자유를 제한하는 성격을 가지므로 죄형법정주의 원칙이 엄격히 적용된다. 그러므로 형법총칙은 헌법과 관련이 깊다. 회사에 대한 벌금형은 범죄행위에 가담하지 않은 대부분의 사원들까지 손해를 보도록 하는 점[4]에서 부당하게 권리를 제한하는 중요한 의미를 갖고 있다. 위헌의 소지가 있다. 결론적으로 말하면 법인에 대한 범죄행위능력은 건설기술관리법 제41조와 같이 쉽게 규정할 사항이 아니라고 본다.

양벌규정

한편 他법의 형벌규정은 양벌규정을 두는 것이 일반적이다.[5] 회사와 실제 문제된 행위를 한 실무자를 같이 처벌한다. 그러나 처벌의 주 대상은 실무자이다. 사실관계 및 형평성에서 문제가 있을 수 있다. 실무자는 회사의 지시에 의해 업무를 하기 때문이다. 물론 실무자의 경우도 문제될 업무를 거부할 책임이 있다. 그러나 그런 용기를 기대하는 것은 무리이다. 양벌규정은 책임 있는 자가 "법인의 뒤에 숨는 현상corporate protection"[6]을 조장하는 것이 될 수 있다.

6. 법인격 없는 사단

한편 민법 제3조는 "사람은 생존하는 동안 권리·의무의 주체가 된다"라고 규정하고 제31조는 "법인은 법률의 규정에 의함이 아니면 성립하지 못한다"라고 규정하여 자유설립주의를 배제하고 있다. 그러므로 법인 설립규정에 의하여 법인격을 취득하지 않은 단체는 권리·의무의 주체가 될 수 없다. 따라서 법인격 없는 단체가 존재하게 된다. 물론 법률적으로는 존재할 수 없다. 그러나 사실상으로는 존재하게 된다.[7] 그러나 법인격 없는 단체의 권리는 법이 특별히 규정하지 않는 이상 법적 보장을 받을 수 없게 된다. 법률상 계약능력 및 권리·의무능력

4) 벌금형을 회사에 가하는 경우 회사의 손실이므로 결국 전체사원의 권리를 제한하는 것이 된다.
5) 건설기술관리법 제44조 참조.
6) DPIC의 Risk Management Handbook, pp.93-95 참조.
7) 교회, 門中, 동창회 등 법인이 아닌 단체는 많다.

이 인정되는 법인이 아니기 때문이다. 그러므로 법인이 아닌 단체의 대표자인 개인의 이름으로 법률행위를 할 수밖에 없다. 사적자치의 원칙에 의하여 법률상의 권리·의무의 주체가 될 수 있다고 말하는 사람들이 있으나 사적자치의 원칙은 권리의무의 귀속주체를 창설하는 것까지 허용하는 것은 아니다. 물론 자율적인 영역에서 당사자 간에 설정할 수 있는 것을 법이 금지하는 것은 아니지만 법인이 아닌 단체에 대한 법적 권리보장은 받을 수 없는 것이 문제다. 단체의 권리가 보장되지 않는다는 것은 그 단체 구성원의 권리가 보장되지 않는 것이 되므로 문제가 된다.

이러한 법인이 아닌 단체의 법적 불안정을 구제하기 위해 민법은 법인이 아닌 사단이 물건을 소유할 때는 총유로 하고(민법 제275조), 총유물의 관리 및 처분은 사원총회의 의결에 의하며(민법 제276조), 총유물에 관한 사원의 권리·의무는 사원의 지위를 취득·상실함으로써 취득·상실한다(민법 제277조)는 규정을 두어 법인격 없는 사단의 재산의 소유관계를 규정하고 있다. 그러나 이 규정은 여러 가지 흠결을 가지고 있다. 우선 소유관계만 규정하고 있다. 그러므로 법인이 아닌 사단의 계약능력 등 법률행위능력에 관한 의문이 생기는 것은 당연하다. 규정내용으로 보아 소유권은 사용, 수익, 처분권을 내포하고 있으므로 그에 따른 대외적인 거래를 인정하고 있는 것으로 볼 수 있다.

그러나 법인이 아닌 사단의 권리능력을 정면으로 인정하는 것이 아님을 유의하여야 한다. "총유"라고 하고 있으므로 사단 구성원의 권리·의무로 하고 있는 것이지 법인이 아닌 사단, 즉 단체의 권리·의무능력을 인정하는 것이 아니다. 그러므로 재산에 관한 관리 및 처분은 사원총회의 의결에 의해야 한다고 규정하고 있다. 법인격 없는 사단과 거래하는 경우 법인인 사단의 경우와 같이 대표권 있는 자의 행위를 그 사단의 행위로 인정하는 것이 아니라 사원총회의 결의라는 것이 입증되어야 법인이 아닌 사단의 행위로 인정되는 것이다. 한편 민사소송법 제52조는 법인격 없는 사단의 소송당사자 능력을 규정하고 있다. 법인인 경우는 당연한 권리이므로 규정할 필요가 없는 사항을 특별히 규정한 것이다. 총유관계이므로 그 법인이 아닌 사단의 전체 구성원의 이름으로 소송을 하여야 하는 불편을 해소하기 위한 규정이라 볼 수 있다.

또한 법인이 아닌 사단의 소유관계에 관한 민법 제275조는 "社團"에 관해서만 규정하고 있다. 법인이 아닌 財團의 경우에 관해 의문이 생기는 것은 당연하다. “사단”이 “재단”을 포함하는 의미로 해석할 수는 없을 것이다. 그러므로 법인이 아닌 재단의 법률관계는 법이 인정하지 않고 있는 것이라 할 수 있다. 그러나 개인이 기증한 목적재산 등이 사실상 존재하는 것은 부인할 수 없다. 그러므로 권리관계의 법적 보장을 받으려면 반드시 법인인가를 받아야 하는 것이 된다. 한편 법은 공장저당법에 의한 공장재단, 파산법에 의한 파산재단, 상속인이 없는 상속재산 혹은 한정승인을 한 상속재산 등 목적재산에 관해 특별한 규정을 하는 경우가 있다. 그러나 이것은 공장재단 혹은 파산재단이지 일반적인 “법인격 없는 재단”은 아니다. 당해 법률이 특별한 목적에서 특별한 재단을 규정하고 있는 것이다.

한편 민사소송법 제52조는 “법인이 아닌 사단이나 재단은 대표자 또는 관리인이 있는 경우에는 그 사단이나 재단의 이름으로 (소송)당사자가 될 수 있다”라고 규정하고 있다. 이 규정이 “법인이 아닌 재단”을 인정하고 있는 것이라고 생각할 수 있으나, 실체법(민법)에서 법인격 없는 재단을 인정하지 않고 있는 것을 절차법에 의해 일반적인 “법인이 아닌 재단”을 인정할 수는 없다고 본다. 앞에서 말한 바와 같이 특별히 법률에서 정한 개인소유가 아닌 재산에 관한 분쟁에 관한 소송편의를 위해 규정한 것이라고 보는 것이 옳을 것이다.

7. 계약자유의 원칙

계약자유의 원칙 혹은 사적자치의 원칙에 관한 법이론에 혼란스러운 면이 있다. 법률에 의한 법률행위에 의하지 않고 사인 간에 자유롭게 형성된 자연적 의사 혹은 합의가 법적보장을 받는다고 생각하는 것이 옳은 것인가의 문제이다. 민법 제105조에서 법률행위의 당사자가 법령 중의 선량한 풍속 기타 사회질서에 관계없는 규정과 다른 의사를 표시한 때에는 그에 의한다는 규정이 사적자치의 원칙을 규정한 것이라고 해석한다. 그러나 이 규정이 법과는 무관하게 법률관계를 구성할 수 있는 자연적 합의를 인정하고 그것을 법적으로 보장한다는 의미로 보아야 하는지는 의문이다.

법은 법이 설정한 제도에 근거하여 효과의사를 표시하는 법률행위에 의하여 법률효과를 부여하는 경우와 법이 법률사실을 직접 인지하여 법률효과를 부여하는 두 가지 경우가 있는 것과 같이 법은 적법한 근거가 없이는 법적 보장을 주지 않는다고 보아야 하기 때문이다. 예를 들면 세 사람을 당사자로 하는 혼인계약을 체결할 수 없는 것과 같다. 그러므로 민법 제105조의 규정이 법률규정들 중에는 임의로 바꿀 수 있는 규정이 있고, 그 규정과 달리 계약 등을 할 수 있는 원칙을 천명한 것이고, 이것이 사적자치의 원칙이라고 해석하는 것에 관해서는 의문이다. 이런 관점과는 법규정은 임의규정과 강행규정으로 구별하여 임의규정은 구체적인 경우에 자유롭게 변경하여 자기입법을 할 수 있다고 보아서는 안 된다는 생각이다.[8] 즉, 법규정과 달리 할 수 있다는 생각은 무리이다. 또한 임의규정이라고 명시하지도 않고 있는 법규를 임의규정 혹은 강행규정이라고 恣意的으로 해석하는 것도 무리이다. 오히려 법규정에 의하여 형성되는 모든 법률관계는 그 법률관계의 실현을 원만하게 하기 위한 내부적 규율 regulation, 즉 자율이 허용되어 있고, 그 자율관계에서 정한 것들이 임의규정이라고 보는 것이 옳다.

법은 계약관계에서 일차적으로 그 계약목적을 당사자 간에 자율적으로 계약목적을 달성하도록 하는 자율적인 영역이 法內在的으로 이미 설정되어 있다. 그러므로 사적자치는 法外在的인 것이 아니다. 이 자율영역에서 목적의 원만한 달성을 위해 자율적으로 정하 것이 임의규정인 것이다. 이 자율영역에서는 사회관습이나 조리가 작용하게 될 것이다. 그러나 당사자 간의 자율관계에서만 효력이 있는 임의규정은 제3자와의 관계까지 그 법률관계를 확장하여 보호해 주지 않는다.

8. 권리 · 의무의 객체

계약에서 발생하는 법률효과는 채권·채무이다. 물권이 물건에 대한 배타적 지배력을 통해 그 물건의 사용·수익·처분을 보장해 주는 것을 목적으로 하는 것이라면 채권은 물건에 관한 배타적 지배권 이동 혹은 사용·수익권의 급부

8) 법적 관계가 계약에 의하여 규율되는 경우에 사권의 자율적 형성은 이러한 법적 관계의 내용까지도 완전히 새롭게 구성하는 데까지 미치는 것은 아니다. 오히려 사적 자치는 예컨대 민법상의 매매법, 사용임대차법 또는 혼인법 등을 계약당사자 사이에 실현시키는 것을 목적으로 할 뿐이다. 김형배 역, 법학입문, pp.90-95(내재적 계약내용과 계약자유의 한계) 참조.

혹은 개인인 자연인 혹은 개인이 자연인으로 구성된 단체가 보유하고 있는 육체적·정신적 능력 및 사회적 영향력의 급부를 목적으로 하는 것이다. 그러므로 채권은 물건의 효용가치 혹은 인간가치의 이동 및 이용을 활성화하는 제도라고 할 수 있다.

권리의 객체인 지식

과학기술 등 지식의 사회적 가치가 중요해진 지식사회에서 어떤 문제해결을 위한 지식의 제공을 목적으로 하는 계약(위임계약 혹은 고용계약)의 중요성이 높아지고 있다. 사람을 물건과 같이 소유하는 노예제도가 있었으나 근대법에서 인권은 천부적이고 불가양한 것으로 생각하게 되어 소유권의 객체가 될 수 없다. 그러나 고용관계는 노예제도적 특성을 어느 정도 유지하고 있다. 신종 노예제도라 할 수 있다.

한편 기업의 영업비밀 보호와 관련하여 고용된 과학기술자가 업무를 통해 습득한 지식의 유출을 방지하기 위해 고용계약에서 비밀유지협약을 하는 것이 일반적이다. 이 경우 직무를 통해 지득한 영업비밀을 알고 있는 과학기술자는 경쟁업체에의 이동을 제한받는 것이 사실이다. 직장을 떠난 뒤에도 비밀보호의무가 존속하므로 동일분야의 일을 할 수 없게 된다. 지식은 인간의 정신 속에 총체적으로 형성되어 있으므로 동일분야에서 일하는 경우 그 지식은 나타나게 되어 있기 때문이다. 지식을 통제하기 위해서는 그 지식을 가진 사람의 이동이 제한을 받는다.[9] 인간을 소유물로 다루는 결과가 된다. 결국 기업을 보호하는 것과 지식의 사회적 공유 중 어느 것이 옳은가 하는 사회적 문제를 던져주고 있다. 그러나 법은 이에 관한 명확한 태도를 제시하지 못하고 있다. 이 분야에 관한 많은 연구가 필요하다고 본다.[10]

9. 법률요건

법은 권리·의무의 주체에게 법률효과, 즉 권리·의무관계를 발생시키는 법

9) 부정경쟁방지 및 영업비밀보호에 관한 법률 제2조(정의) 3항(영업비밀 침해행위), 제4조 및 제18조(벌칙) 참조.

10) Ethical Issues in Engineering, pp.279-290 참조.

률상의 요건을 법률요건이라 하고 있다. 그리고 법률요건을 법률행위와 법률사실로 나누고 있다. 법률사실은 어떤 사람의 사망으로 인해 그 사망자의 자손에게 상속권이 발생하는 것처럼 어떤 사실이 있으면 그것을 법이 자동적으로 인지하여[11] 혹은 그 사실을 고지할 권능이 있는 자가 고지함으로써[12] 법률효과가 발생하는 것으로 하는 법률요건이다. 반면 법률행위는 법에 정해진 법률효과의 발생에 관한 의사표시(效果意思라고 한다)를 함으로써 법률효과가 발생하는 법률요건이다.

한편 법률효과를 발생하는 법률요건으로 효과의사가 아닌 의사표시 등을 요하는 경우가 있다. 예를 들어 채무이행의 불확정한 기한이 있는 경우에는 채무자가 기한의 도래를 안 때로부터 지체책임이 발생한다든가, 채무이행의 기한이 없는 경우에는 채무자는 이행청구를 받은 때부터 이행지체 책임이 발생하는 것과 같다.[13] 이와 같은 법률요건을 準法律行爲라 하여 법률행위 및 법률사실과 구별하기도 한다. 그러나 준법률행위로 분류되는 법률요건은 이행청구 등 사실의 존재를 법이 직접 인지하여 법률효과가 발생하는 점에서 법률사실과 구별할 이유는 없다. 다만 그 사실이 상속절차가 개시되는 사망과 같은 요건과는 달리 인간의 심정 혹은 의지의 상태를 요건으로 한다는 점에서 차이가 있으나 구별할 실익은 없다. 사실 전형적인 법률사실로 분류될 수 있는 범죄행위의 경우도 고의 혹은 과실이라는 인간의 심적 혹은 의지적 사실을 요건으로 하는 점에서 민법상의 준법률행위와 차이가 없다.

효과의사

한편 법이 효과의사를 요건으로 하는 것은 이 효과의사에 의하여 어떤 의사가 법률상의 행위가 되는 의미를 갖는다. 그러므로 "법률에 근거하여 법률상의 행위를 한다는 의사" 혹은 의사의 합치가 효과의사이다. 한편 효과의사는 법

11) 형법상의 대부분의 범죄행위는 범죄사실이 있으면 피해자의 고소를 요하지 않고 자동적으로 수사권 등 국가의 공권력을 발동할 수 있는 법률효과가 발생한다.

12) 민법상의 법률행위는 효과의사를 요하는 것이므로 자동적으로 법률효과가 발생하는 경우가 아니다. 민법상의 불법행위책임인 손해배상책임의 경우도 마찬가지다. 손해를 본 자가 손해배상청구를 하여야 손해배상에 관한 법률관계가 개시되기 때문이다. 그러나 민법상에는 상속의 개시와 같이 법이 자동적으로 인지함으로써 법률관계가 개시되는 경우도 있다. 대부분이 자동인지에 의해 법률관계가 개시되는 형법상의 책임 가운데도 피해자의 고소 혹은 처벌을 원하는 피해자의 명시적 의사를 요하는 경우가 있다. 형법 제241조 2항, 제260조 3항 참조.

13) 민법 제387조 참조.

률효과를 부여하는 전제로 당사자의 선택의 자유를 부여하고 있는 의미도 있다. 법률효과가 부여되기를 원한다는 의사표시이다. 그러므로 이 효과의사를 표시하지 않으면 법률의 보장을 받는 것을 원하지 않거나 무관심하다는 의미가 된다. 그러므로 효과의사는 생활관계가 법률관계로 들어가는 입구이다. 계약체결의 자유, 계약내용결정의 자유 등 계약자유의 원칙이 의미를 갖는 근거이다. 효과의사가 없는 합의는 법률상의 합의가 아니다.

한편 효과의사를 요하는 경우만을 "법률행위"라고 하는 법이론은 적절치 않은 점이 있다.[14] 효과의사를 요하지 않는 행위도 법률효과를 발생시키는 행위라는 점에서 효과의사를 요하는 경우만 법률행위라고 하는 것은 부적절한 점이 있다. 또한 효과의사를 요하는 민법상의 법률행위만을 법률행위라고 하는 이론도 부적절한 면이 있다. 효과의사를 요하는 공법상의 행위와 민법상의 행위를 구별할 이유가 없다.

10. 법률행위의 종류

법률행위에는 당사자의 합의를 요하는 계약 이외에 단독행위와 합동행위가 있다. 계약은 2인 혹은 다자간inter-personal의 의사표시의 합치agreement로 성립한다. 단독행위는 단독으로 의사표시를 함으로써 법률행위가 성립하는 점에서 계약과 구별되고, 합동행위는 단독행위와 같이 단일한 의사표시지만 그 의사는 개인의 의사가 아니라 회사설립행위와 같이 단체의 의사이다. 따라서 법률효과가 그 단체에 귀속하는 점에서 구별된다. 흔히 법률행위 및 법률사실을 자연적 의사 혹은 자연적 사실에 의해 법이 발견되어 적용되는 것으로 이해하기 쉬우나 법이 이미 정하고 있는 제도에 의한 것이라는 점을 유의하여야 한다. 법에 예정된 개념 혹은 논리가 있고 그것에 맞는 의사 혹은 사실이 인지됨으로써 법

14) 민법은 제5장에서 "법률행위"를 규정하고 있으나 이것이 반드시 효과의사를 요하는 행위인 의미를 가지고 있는 것인지 불분명한 점도 있다. 법률행위에 관한 정의적 의미를 담고 있는 조문을 발견할 수 없다. 그러므로 오히려 사실행위를 포함한 법률효과를 발생하는 반드시 효과의사 없더라도 의사에 의한 행위를 말하는 것으로 보는 것이 타당할 수 있다. 채무를 이행하지 않는 것과 같은 사실행위도 사람의 행위이기 때문이다. 그러므로 사망과 같이 사람의 의사에 의한 것이 아닌 것을 제외한 의사에 의한 행위를 법률요건으로 하는 것에 의사에 의한 행위가 된다. 그러므로 민법 제5장의 법률행위에 관한 규정은 행위에 관한 총칙적 규정이라고 볼 수 있는 것이다.

률효과가 발생하는 것이다. 그러므로 법률행위 혹은 법률사실은 법에 이미 예정된 법률요건이고 이에 의해 역시 법이 예정하고 있는 구체적인 권리·의무주체에게 구체적인 권리·의무관계, 즉 법률관계가 발생하는 것이라고 생각하여야 한다. 즉 적법행위이고 적법관계이며 적법효과인 것이다.

11. 계약의 종류

일반적으로 민법의 채권편은 14종의 계약을 규정[15]하고 있으나 혼인계약, 국가계약 등도 양자 혹은 다자 간의 합의에 의해 법률효과를 부여하는 점에서 같으므로 계약이라는 점에서는 동일하다.

민법은 증여, 사용대차는 무상계약으로 매매, 교환, 임대차, 고용, 도급, 조합, 화해, 현상광고는 유상계약으로, 소비대차, 위임, 임차, 종신정기금은 유상 혹은 무상으로 할 수 있도록 규정하고 있다.

기타 현상계약과 같이 어느 행위를 한 자에게 일정한 보수를 지급할 의사표시를 광고하고 이에 응한 자가 그 광고에 정한 행위를 완료함으로써 성립하는 계약을 요물계약要物契約이라고 하고, 승낙만으로 성립하는 계약을 낙성계약諾成契約이라 하여 구별하기도 한다. 또한 일정한 형식에 의해야 계약이 성립하는 계약을 요식계약이라고 하여 구별하기도 한다. 법률요건의 차이일 뿐이다. 이하 소위 노무공급계약에 관해 논의하고자 한다.

12. 위임계약

위임계약은 위임인client이 상대방에게 엔지니어링서비스, 법률서비스, 의료서비스 등 사무처리 및 법률행위를 의뢰하고 상대방이 이를 승낙함으로써 성립하는 계약이다. 이 계약은 편무unilateral, 무상계약benevolent contract을 원칙으로 하는 것이다. 그러나 민법은 報酬에 관한 특별한 약정을 할 수 있는 것으로 규정하고 있다. 그러나 그 보수청구와 사무처리와는 쌍무관계에 있지 않다.[16]

15) 민법 제554조-제732조 참조.
16) 민법 제686조-688조 참조.

위임계약은 신뢰관계를 기초로 하는 포괄적인 계약이므로 전문가의 전문지식을 활용하기 위한 계약으로 사용된다. 신뢰관계를 기초로 하므로 수임인은 선량한 관리자의 주의로 위임받은 사무를 처리해야 할 선관주의의무가 있다. 또한 위임받은 위임인의 승낙이나 부득이 한 사유가 없이 그 사무를 다시 다른 사람에게 재위임할 수 없고, 각 당사자는 언제든지 해지할 수 있는 특성을 갖는다. 그러나 상대방에게 불리한 시기에 해지를 하는 경우 부득이한 경우를 제외하고 불법행위로 보아 상대방이 입은 손해를 배상하도록 하고 있다.[17]

13. 도급계약

계약당사자 일방이 어떤 일을 完成할 것을 약정하고 상대방이 그 일의 결과에 대해 보수를 지급할 것을 약정함으로써 성립하는 계약이다. 쌍무·유상계약이다. 도급계약에 관해서 민법은 목적부동산에 대한 저당권 설정청구권, 수급인의 담보책임에 의한 도급인의 하자보수청구권, 손해배상의무 및 계약의 해제에 관한 특칙을 두고 있다.

규격이 있는 물건의 제작이나 양으로 측정할 수 있는 등 規格 있는 노무를 목적으로 하는 경우 사용하는 계약이다. 그러나 창조적 활동을 목적으로 하는 계약으로는 부적합하다. 창조적인 작업은 규격qualification을 미리 정하는 것은 의미가 없기 때문이다.

그러나 지적 활동의 경우도 규격을 정하여 그 완성책임을 지우는 계약을 하는 경우가 있음을 유의하여야 한다. 예를 들면 일정수준 이상 품질의 생산물을 하루 일정량 이상을 생산할 수 있는 공장의 설계를 위탁받은 경우이다. 이 경우 실제로 공장이 건설되고 가동되어 그 품질과 생산량이 규격에 맞아야 하자 없는 설계가 된다. 그러므로 그 설계에 의한 공장이 의뢰인이 제시한 규격에 하자가 있는 경우에는 설계자는 그 설계목적물[18]의 하자에 관한 손해배상책임을 지게 된다. 그러나 설계는 본질적으로 창조적 성격을 가지므로 많은 위험책임을 설계자가 부담하는 것이 된다. 그러므로 이와 같은 형태의 계약은 피하

17) 민법 제681조, 제682조, 제689조 참조.

18) 설계목적물은 계약목적물과 구별된다. 설계를 위탁받은 경우 계약목적물은 어떤 시설물 등의 "설계"이지만, 설계목적물은 "어떤 시설물"이다.

는 것이 현명하다고 할 수 있다.[19]

한편 최근에는 의뢰인이 설계목적물에 관한 담보책임을 설계자에게 지우는 계약을 요구하는 경우가 늘어나고 있다.[20] 또한 도급계약 형식으로 설계계약을 하는 경우[21]가 있다. 이 경우 계약목적이 시설물의 공사가 아니고 설계이지만 계약목적물에 관한 하자담보책임을 지는 것이다. 공사를 하지 않으면서 설계목적물에 대한 하자담보책임warranty responsibility, 즉 무과실책임을 지는 계약non-negligence manner contract을 한 것이 된다.[22] 이상 두 가지 형태의 계약은 설계자에게 책임부담indemnification을 지우는 계약이다. 하자담보책임은 계약의 이행에 관한 신의칙의 위반 혹은 손해결과에 관한 고의·과실을 요하지 않는 엄격책임non-negligence responsibility라는 점을 유의하여야 한다.[23] 설계자가 건설관리contract administration업무 및 공사업무를 맡을 경우에 시설물에 관한 위험도 부담하는 것이 옳을 것이다.

14. 고용계약

계약당사자 일방이 상대방에게 노무를 제공할 것을 약정하고 상대방이 이에 보수를 줄 것을 약정함으로써 성립하는 쌍무·유상계약이다. 노무자는 사용자의 지휘·명령에 따라 선량한 관리자의 주의의무로써 노무를 제공하여야 한다. 타인에게 양도하거나 상호간에 제3자로 하여금 갈음하여 제공할 수 없는 의무를 진다.

---

19) DPIC의 Risk나 Management Handbook, pp.109-113 참조.

20) 설계와 건설관리construction managemant를 일괄하여 위탁하고 그 시설물에 관한 하자담부책임을 지우는 소위 CM at risk 형태의 계약을 말한다.

21) 국가를 당사자로 하는 계약에 관한 법률 시행규칙 별지 제9호 서식(기술용역표준계약서) 참조.

22) 민법 제390조 참조. 채무불이행으로 인한 결과적 손해는 고의·과실을 요하지 않는 무과실책임주의를 취하고 있다. 그러므로 신의칙을 위반하여 그 결과가 발생하였으면 그 결과적 손해를 배상할 책임이 있게 된다. 다만 이행불능의 경우는 고의·과실이 있어야 배상책임이 있는 것으로 하고 있다. 여기서 불완전이행과 이행불능은 다르다는 것을 유의해야 한다. 설계에 하자가 있는 경우는 이행불능이 되지 않고 불완전이행이 된다.

23) 민법 제667조 및 국가를 당사자로 하는 계약에 관한 법률 제17조, 제18조 및 동 시행규칙 별지 9호 서식(기술용역표준계약서) 참조. 물론 공사의 도급계약과 기술용역도급계약을 구별하고는 있다. 그러나 국가를 당사자로 하는 계약에 관한 법률이 기술용역계약과 명확히 구별하지 않고 있으므로 기술용역계약을 공사목적물을 위한 것이므로 공사계약의 원칙이 적용될 소지가 있다. 기술용역표준계약서가 도급계약형식을 취하고 있는 것이 그 증거라고 본다.

고용계약에서는 사용자의 지시·명령에 의해 노무자가 업무를 통해 취득한 지식은 외부에 공개해서는 안 되는 비밀보장의무에 관한 약정을 하는 것이 일반적이다.[24] 이 경우 노무자가 지득한 지식을 사용자의 지적소유권의 객체로 할 수는 없을 것이다. 그러므로 사용자는 영업비밀에 속하는 노무자가 지득한 지식의 외부유출을 방지하기 위해 노무자가 경쟁사로 이동하는 것을 억제하려고 할 것이다. 이동을 제한하는 계약이 가능한지 의문이다. 한편 영업비밀의 보호를 위해 이동을 제한하는 것이 가능한지 의문이다.[25]

15. 쌍무계약

계약 당사자가 서로 채무를 지고 그 채무가 서로 대가적인 관계를 가진 계약을 쌍무계약이라 한다. 그러나 서로 채무를 지더라도 그 채무가 서로 대가적 관계를 갖지 않으면 쌍무계약이 아니고 편무계약이라는 점을 유의하여야 한다. 쌍무계약인 경우에 관해 법은 동시이행항변권과 위험부담제도를 두고 있다.[26] 동시이행항변권은 상대방이 이행을 할 때까지 자기의 채무이행을 거절할 수 있는 권리를 말한다. 법이 일방의 채무와 대가적 관계에 있는 상대방의 채무에 대해 이행상의 당사자 간의 자율적인 강제력을 부여하고자 하는 것이다.

한편 위험부담risk indemnification 제도는 이행불능과 관련하여 책임 없는 자의 채무를 면제해 주고 책임 있는 자에게 채무를 존속시키는 쌍무계약에 특유한 제도이다. 즉, 계약관계에서 문제를 해결하려는 제도이다. 채권·채무관계는 계약이 존속하고 있는 것을 전제로 하여 발생한다. 그러나 손해배상책임은 성질이 다르다. 그러므로 특칙을 두고 있다.[27] 그러나 손해배상책임은 계약의 해제 혹은 해지로 영향을 받지 않는 규정도 그 의미상으로 계약관계의 존속을 원칙으로 하므로 그 예외로서 규정한 것이라고 볼 수 있다.

위험부담도 계약관계의 존속을 전제로 하기 때문에 위험부담, 즉 채무의 면제라는 용어를 사용한 것이다. 법은 위험부담에 관해 두 가지 경우를 규정하고

24) 근로기준법 제24조, 제26조, 제96조 제11호 참조.
25) 부정경쟁방지 및 영업비밀보호에 관한 법률 제4조 참조.
26) 민법 제536조, 제537조 참조.
27) 민법 제551조 참조.

있다. 하나는 일방의 채무의 이행불능이 상대방의 책임으로 돌릴 수 있는 사유로 인한 경우, 일방의 상대방에 대한 채무는 면제해 주지만 상대방에 대한 채권은 존속시키는 것이다. 다른 하나는 이행불능이 상대방의 책임으로 돌릴 수 없는 사유로 인한 경우(그러므로 계약당사자 누구에게도 책임이 없는 경우)는 상대방의 채무를 면해 주는 동시에 상대방에 대한 일방의 채권도 없는 것으로(그러므로 쌍방에 채무가 없는 것으로) 하는 것이다. 전자의 경우는 문제를 공평하게 해결하는 목적이 아니라 쌍무관계에서 강한 책임을 부과하려는 의도를 가진 것이라 할 수 있고, 후자의 경우는 계약관계에서 상호 채무가 면제되는 것으로 한다는 것이다. 전자의 경우 위험부담제도가 없다면, 민법 제546조에 의하여 계약을 해제하거나 해제하지 않고 민법 제390조에 의한 손해배상책임에 의하여 해결할 것이다. 한편 민법에 의하면 이행불능의 경우 이행불능의 책임이 있는 자의 상대방에게만 계약해제권을 주고 있으므로 쌍방에 책임이 없는 경우는 계약을 해제할 수 없게 되어 계약관계가 계속존속하게 되는 문제가 있다.[28] 그러므로 후자의 경우는 계약관계를 종료시키는 의미를 가진다.

16. 계약의 성립과 효력발생요건

계약은 계약내용에 관한 합의와 효과의사에 관한 합의로 나눈다. 그리고 계약은 성립요건과 효력발생요건으로 나눈다. 계약이 성립하더라도 법률효과가 반드시 발생하는 것은 아니라는 것이다. 법률효과는 반드시 계약이 성립하여야 발생하지만, 계약이 성립하여도 법률효과가 발생하지 않는 것으로 법률구조가 되어 있다는 것이다. 적법행위와 위법행위를 구별하는 관점이다. 계약이 무효void이어서 소권訴權에 의해 그 이행의 강제가 보장되지 않는 계약unenforceable contract이지만 그 적법한 합의에 근거하여 채무자가 임의급부를 하는 경우에 그 급부행위를 법적으로 어떻게 하여야 하는 문제가 있을 수 있다. 그 급부행위를 민법 제741조의 "법률상의 원인 없이 부당하게 타인의 재산 혹은 노무로 인하여 이익을 얻고 이로 인하여 타인에게 손해를 가한 자"에 해당하지 않는다고 보는 것이다.

---

28) 민법 제546조 참조.

임의급부행위는 적법행위이므로 "법률상의 원인이 있는 행위"가 된다는 것이다. 이런 경우를 자연채무라고 하는 사람들이 있다. 그리고 자연채무가 발생하는 경우로 재판청구권에 의해 訴求하지 않기로 합의한 경우, 채권자가 승소의 종국판결을 받은 후에 소를 취하한 경우(민사소송법 제240조 2항), 채권자의 패소판결이 확정된 경우, 파산절차에서 면책된 채무 혹은 일부 면제된 채무, 소멸시효가 완성된 채무 등을 들고 있다. 그러나 이상의 예는 법이 자기의 권리를 반드시 행사하여야 한다고 하는 자유영역을 설정하고 있는 것과 관련되는 것이다. 그러므로 법과 무관한 채무라는 의미를 풍기는 "자연채무"라는 용어는 부적절하다. 법이 허용하는 계약자유원칙과 같은 자유권이다. 그리고 자연채무는 계약의 성립문제와 성격이 다르다. 계약의 성립은 자유영역의 문제가 아니라 적법성의 추정 문제이다. 위법성의 소급효를 차단하는 문제이다.

17. 계약성립요건의 법적 의의

계약성립요건과 효력발생요건을 구별하는 의의意義에 관해서는 다음과 같은 생각을 할 수 있다. 우선 私法關係와 공법관계를 구별해야 하는 데서 찾을 수 있다. 계약의 효력발생요건은 공법원리에 의한 것이다. 다시 말하면 사법관계는 당사자 간에 합의한 권리·의무를 성실히 이행하는 것을 목적으로 하는 법률관계이므로 법은 일단 당사자들이 권리의무라고 생각하고 한 행위를 적법한 것으로 추정하여 주고 있다고 보아야 한다. 효력발생에 관해서 법이 당연히 무효void로 하는 경우와 취소할 수 있는voidable 경우로 나누고 있는 것을 통해서도 법의 목적을 알 수 있다. 취소할 수 있는 권한을 준다는 것은 계약의 효력발생에 관한 자유를 주는 것이기 때문이다.

또 하나의 의의는 계약은 하나의 약속이며 그 약속은 이행되어야 하는 것이 사회의 기본규범이며 그 약속이 진실한가는 다음 문제로 보는 것이다. 그러므로 법은 진실인가가 확인될 때까지 그 약속의 적법성適法性을 추정하고 있는 것이다. 법은 이와 같은 자유의 영역을 많이 설정하고 있다. 그러나 여기서 유의할 것은 이 자유의 영역이 법과 무관한, 즉 법으로부터의 자유가 아니고, 법이 설정하여 인정하고 있는 것이라는 점이다. 흔히 이 계약의 성립에 근거한 이행행위를 자연채무로 설명한다. 그러나 "자연채무"는 법이 적법성을 추정하는 것에서 생기는 것이라고 보아야 한다. 즉 계약의 성립이 인정되면 그것을 근거로 그 계약에 근거한 상호 간의 이행, 즉 이해관계의 처분은 적법한 것으로 법이 추정하는 것이다.

18. 무능력자제도

계약당사자의 권리능력 및 행위능력의 존재가 계약의 성립요건인가 혹은 효력발생요건인가의 문제가 있다. 권리능력 및 행위능력에 관해 규정하고 있는 민법 제2장 "人"에 관한 규정은 계약의 성립요건 이전의 문제이다. 그러나 성립요건과 관련된다. 무능력자의 행위를 취소하면 계약은 성립할 수 없기 때문이다. 그리고 권리능력이 없는 자는 계약능력 자체가 없을 것이다.

행위능력에 관해서는 무능력자제도를 두고 있다. 무능력자제도는 능력자를 적극적으로 인정하는 제도와 다른 점을 유의해야 한다.[29] 일종의 법의 편의를 위한 法技術이다. 권리능력 있는 자의 모든 의사표시는 행위능력은 있는 자의 행위로 추정한다는 의미를 가지고 있다. 그러므로 행위무능력자와 계약하는 경우 계약의 성립이 일단 인정된다고 할 수 있다. 그러나 무능력자의 행위는 경우에 따라 취소 또는 철회할 수 있도록 하고 있으므로 계약의 성립의 추정력이 영구적인 것이 아니고 소급적으로 성립이 인정되지 않는 것이다. 그러나 무능력자의 상대방 혹은 제3자의 보호를 위해 여러 규정을 두고 있다.[30]

한편 권리능력에 관해서는 행위능력에 관한 권리무능력자제도는 없다. 그러므로 권리능력이 없는 자와 계약하는 경우 계약은 물론 성립하지 않는다. 권리능력은 민법 제2장에서 규정하고 있는 권리의무의 주체가 될 수 있는 기본적인 권리능력에 관한 문제도 있으나 예를 들면 매매계약에서 팔고자 하는 의사표시를 하는 자는 물건의 소유자이어야 하는 경우도 권리능력에 관한 문제로 볼 수 있다. 이 경우 물건의 소유자가 아닌 자는 당해 권리에 관한 계약능력이 없는 자라고 할 수 있다. 그러므로 이 경우 계약능력이 없는 자와의 계약이므로 계약이 성립되지 않는다고 할 수 있다.

29) 민법 제9조-제14조 참조.
30) 민법 제15조, 제16조, 제17조 참조.

19. 의사능력

의사능력은 사물의 가치 등을 판별하고 의사결정을 할 수 있는 능력을 말한다. 그리고 무능력자제도는 이 의사능력을 기초로 하고 있다. 그러나 무능력자제도 하에서는 행위능력과 의사능력은 구별된다. 의사능력이 없어도 행위능력이 인정되는 경우가 있기 때문이다. 민법 제13조에서 "금치산자의 법률행위는 취소할 수 있다"라고 규정하고 있는데 취소권자가 취소하지 않은 경우는 행위능력이 있는 것으로 추정되는 것이므로 법률행위가 성립하는 것이다.

한편 법은 무능력자제도에서 미성년자의 경우는 일률적으로 年齡(만 14세)에 의하여 한정치산자와 금치산자의 경우는 법원의 심사에 의해 무능력자를 선고하는 방법으로 무능력자를 정하고 있다. 여기서 문제되는 것은 미성년자의 경우 의사능력의 존부가 법의 판단을 받지 않는 것이다. 일률적으로 年齡에 의하기 때문이다. 또한 미성년자 및 한정치산자에 대해서는 친권자 등 법정대리인이 동의 혹은 허락을 하면 법률행위를 할 수 있도록 하고 있고 기타 무능력자의 행위를 취소할 수 있도록 하고 있다. 이 경우 동의, 허락, 취소 등 법정대리인의 행위와 관련하여 법정대리인에게 무능력자의 의사능력의 존부에 관한 판단 재량권을 부여한 것이라고 할 수 있다. 그러면 권리의 부당한 행사에 관해 법은 무관심 하는 것인가의 문제가 있을 수 있다. 민법은 이 문제에 관해 관련자의 선고취소 규정만 두고 있으며 침묵하고 있다.[31] Rawls가 말한바 "법률의 부분적 준수partial compliance of law"의 문제이다. 법률의 부분적 준수의 정의성은 부분적 준수가 가져오는 이익이 부분적 준수로 인한 손해보다 작아야 확보된다.

20. 의사표시제도

계약의 기본적 요건은 의사의 합치이다. 그러므로 의사의 합치는 계약 성립요건이라 할 수 있다. 그러나 법은 진의眞意의 합치가 아니라 의사표시의 합치를 요건으로 하고 있다. 이것이 의사표시제도이다. 즉, 법은 의사표시의 합치가

31) 민법 제5장 3절(대리) 참조.

있으면 의사, 즉 眞意의 합치가 있는 것으로 추정한다. 이 경우 의사표시의 합치가 계약의 성립요건인가에 관해 의문이 있을 수 있다. 의사표시에 관한 기본규정인 민법 제107조가 “의사표시는 표의자가 진의 아님을 알고 한 것이라도 효력이 있다. 그러나 상대방이 표의자의 진의 아님을 알았거나 이를 알 수 있었을 경우에는 무효로 한다”라고 규정하고 있는데, 여기서 “효력이 있다” 혹은 “무효로 한다”라고 규정하고 있기 때문이다. 그러나 계약이 성립하지 않으면 당연히 무효이기 때문에 이렇게 규정한 것으로 보아야 한다. 이것을 당연무효라고 한다. 그러므로 의사표시의 합치는 계약성립요건이다.

한편 법률행위의 성립 및 효력을 잠정적으로 추정하는 법률기술이 있다. 이것은 계약의 성립을 소급적으로 부정하는 방법이다. 민법 제109조 및 제110조에서 착오로 인한 의사표시 및 사기, 강박에 의한 의사표시는 취소할 수 있도록 하고 있는 경우가 법률행위의 성립을 잠정적으로 인정하고 소급적으로 부정하는 방법이다. 그러므로 취소행위가 있기까지는 계속 성립한 법률행위이고 유효한 법률행위로서 추정되는 것이다. 그러나 계약의 성립이 소급적으로 부정되므로 효력도 당연히 없어지는 것이다. 이와 관련하여 계약의 성립은 존속하고 그 법률효과만 취소되는 것인가 하는 의문이 있을 수 있다. 그러나 의사표시를 취소할 수 있는 경우는 의사표시의 흠결이 그 원인이므로 법률효과만 취소되는 것이라고 할 수 없을 것이다. 취소행위에 의한 소급적 당연무효인 것이다.

한편 법률효과만 취소되는 경우가 있다. 민법 제103조 및 제104조가 이에 해당한다. 그러므로 민법 제103조는 “선량한 풍속 기타 사회질서에 위반한 사항을 내용으로 하는 법률행위는 무효로 한다”라고 규정하고 있는데, 여기서 “무효로 한다”가 당해 법률행위가 성립되지 않는다는 것이 아니고 법률행위는 성립하지만 법률효과는 발생하지 않는다는 것으로 읽어야 한다는 것이다. 또한 민법 제104조는 “당사자의 궁박窮迫, 경솔 또는 무경험으로 인하여 현저하게 공정을 잃은 법률행위는 무효로 한다”라고 규정하고 있는데, 여기서 “무효로 한다”가 당해 법률행위가 성립하지 않는다는 것이 아니고 법률행위는 성립하지만 법률효과는 발생하지 않는다고 읽어야 한다. 이 규정들의 무효사유는 의사표시의 흠결이 아니라 사회질서 혹은 공정성과 같은 공법원리에 의한 反價値性이다. 그러므로 의사표시의 합치에 의한 계약의 성립에 관한 적법성은 계속하여 존속하는 것이다. 다만 사회질서 혹은 공정성에 반하므로 법률효과, 즉 국가의 공권력의 개입에 의한 계약관계의 보장은 하지 않겠다는 것이다. 계약의 불성립에 의한 당연무효가 아니라 법률효과의 당연무효라고 할 수 있다. 물론 법률행위는 효과의사뿐만 아니라 법률행위의 내용(법률행위의 목적이라 한다)에 관한 의사를 포함하는 것이므로 그 법률행위의 목적이 사회질서 등 공법원리에 반할 경우도 해당된다.

한편 의사표시의 결함에 의한 법률행위의 무효, 즉 법률행의의 불성립에 관해 "의사표시의 무효는 善意의 제3자에게 대항하지 못한다"는 규정들[32]을 두고 있다. 여기서 제3자는 무효인 법률행위에 의하여 형성되는 법률관계를 원인으로 법률행위를 한 자이다. 모든 법률행위는 원인인 법률관계가 적법한 것을 전제로 이루어지며 그 법률관계는 다시 다음의 법률관계의 원인이 되는 것과 같이 한없는 인과관계 속에 있게 된다. 그러므로 원인인 법률관계가 적법하지 않을 경우 그것을 원인으로 하는 다음의 법률관계는 적법하지 않게 된다. 논리적으로 당연하지만 이럴 경우 법률관계의 안정이 이루어질 수 없다. 예를 들어 어떤 사람이 법률행위를 할 경우 그 법률행위를 통해 얻고자 하는 권리가 적법성을 지니고 있는가를 확인하기 위해서는 그 권리가 이동하여 온 경로를 따라 검토해야 하고 그 권리의 하자를 알지 못했을 때는 모르고 한 법률행위가 성립하지 않거나 법률효과가 없는 것이 되어 매우 불안정한 상태가 된다. 법은 이것을 방지하기 위해 앞에서 말한 규정들을 두고 있는 것이다. 여기서 "대항하지 못한다"의 의미는 당해 법률행위를 한 자가 무효인 것을 제3자에게 주장하지 못한다는 의미와 법이 법률관계의 안전을 위해 제3자와의 관계에서는(그러므로 그 이후의 모든 법률관세에서는) 그 법률행위를 적법한 것으로 치유한다는 의미가 있다.

21. 성립하나 법률효과 없는 계약의 법문제

계약이 성립하지만 법률효과가 없는 경우 민법 제741조는 중요한 의미를 갖는다. 민법 제741조는 "법률상 原因없이 타인의 재산 또는 노무로 인하여 이익을 얻고 이로 인하여 타인에게 손해를 가한 자는 그 이익을 반환하여야 한

32) 민법 제107조 2항, 제108조 2항, 제109조 2항, 제110조 2항 참조.

다"라고 규정하고 있다. 이 규정에 의해 성립하지만 법률효과가 없는 계약의 경우 부당한 이득의 이동을 법률이 관여하게 되는 것이기 때문이다. 따라서 그 성립한 계약이 무효이므로 법이 공권력이 차단되는 것을 구제하는 의미를 가지고 있다.

민법 제741조가 규정하고 있는 "법률상 원인 없이"의 해석과 관련하여 두 가지 생각이 있을 수 있다. 하나는 계약의 성립이 있으면 법률상의 원인이 있는 행위로 보는 것이다. 즉 "법률상의 원인이 없이"에 해당하지 않는 것으로 보는 것이다. 그러므로 민법 제741조의 법률관계가 생기지 않는 것이다. 다만 계약이 성립하지 않는 경우만 이 규정에 해당하게 된다. 따라서 성립하지만 법률효과가 없는 계약은 민법 제741조의 법률관계를 형성하지 않을 뿐만 아니라 법률효과가 없으므로 민법 제390조의 채무불이행으로 인한 손해배상문제도 생기지 않는다.

한편 성립한 계약에 의한 이행행위는 법률상의 원인이 있는 행위로 판단하므로 그 성립한 계약에 의한 자발적 이행관계는 다른 불법원인이 없는 한, 즉 민법 제103조 및 제104조에 의한 공법질서에 반하지 않는 이상 민법 제750조의 불법행위를 구성하지 않는다. 결과적으로 법은 당사자 간의 부당한 이해와 손해관계에 관여하지 못하는 공백상태가 발생한다. 그러나 법은 공동체 성원의 이해관계에 관해 방심하는 부분이 없다는 것을 상기할 필요가 있다. 그러므로 위와 같이 해석할 경우는 모순이 생기는 것이다.

그러므로 다른 하나의 생각은 성립하나 법률효과가 없는 계약은 민법 제741조의 "법률상 원인없이"한 행위에 해당하는 것이라 보는 것이다. 따라서 민법 제741조의 "법률상의 원인없이"를 "법률상의 성립하지 않고 법률효과도 없는 법률행위로" 읽어야 한다는 생각을 하게 된다. 즉 "법률상의 원인없이"의 의미를 완전하지 않은 법률행위의 경우를 말하는 것으로 보는 것이다. 즉 법률상 적법하고 위법하지 않은 법률행위를 말하는 것이다. 이와 같이 읽을 때는 성립하지만 효과 없는 계약은 민법 제741조가 다루는 영역으로 들어오게 되어 성립한 계약에 의한 이행관계가 부당한 이득의 이동이라고 판단될 경우는 그 부당한 이득을 반환하는 일에 법이 관여하게 되는 것이다.

그러므로 계약은 성립하지만 그 계약내용이 공서양속 혹은 사회질서에 반하고 공정성이 없는 경우 성립한 계약에 관한 채무불이행 등에 관해 법이 공권력을 동원하지 않지만 그 이행이 이해관계에서 부당한 경우는 민법 제741조에 의한 법률관계가 형성되는 것이다. 헌법 제28조의 형사보상에 관한 법문제도 이와 같다. 헌법 제28조는 "형사피의자 또는 형사피고인으로서 구속되었던 자가 법률이 정하는 불기소처분을 받거나 무죄판결을 받은 때에는 법률이 정하는 바에 의하여 국가에 정당한 보상을 청구할 수 있다"라고 규정하고 있다. 여기서 형사피의자에 대한 경찰 혹은 검찰의 인신구속이나 형사피고인에 대한 재판과정에서의 인신구속 혹은 심문 등은 적법한 행위이다. 즉 불법행위는 아니다. 그러나 무죄판결을 받은 경우는 위법한 행위가 되므로 그 부당성에 법이 관여하는 것이다. 위법한 행위로 인한 이해관계를 보상하는 것이다.

여기서 우리는 법이 適法性의 체계와 違法性의 체계로 크게 구분되어 있는 것은 인식하게 된다. 그리고 적법성⊃위법성의 관계에 있음을 알게 된다. 한편 민법 제741조가 이 정당성의 문제를 부당이득문제로 다루고 있는 것을 통해서 공동체의 생활관계를 이해관계로 파악하고 있다는 것을 인식하게 된다.

그러면 성립하지 않은 계약에 의한 이행행위에 관해서 법은 어떻게 하는가? 이 경우는 적법성도 없다. 그러나 적법하지 않지만 법이 법률로 완전히 보장하지 않는 부당한 이득의 이동은 無적법성⊃위법성의 관계에서 민법 제741조의 법률관계에 포함되게 된다고 보아야 한다. 그러므로 "적법하지 않은 것은 불법한 것이다"라는 1차원적 고착된 等式論理가 법체계에서는 성립하지 않는다. 위법성 혹은 정당성이 모든 법률관계를 포위하고 있는 관계이다.

22. 사무관리제도

또한 법은 법률상의 권리·의무가 없이 타인의 권리에 속하는 사무를 처리하는 경우라도 일정한 요건을 충족하는 경우 불법행위로 보지 않고 적법하게 사무처리 관계에 법률효과를 부여하여 원만하게 처리되도록 하는 사무관리제도를 두고 있다.[33] 민법 제741조의 부당이득 반환제도와 같이 법률상 원인없는 관

---

33) 영미법의 準契約quasi-contracts과 유사하다. 이 準契約制度는 로마법에 연원을 둔 것이라 한다. 법률관계, 즉 권리의무관계가 발생하는 원인을 계약과 불법행위로 나누는 경우 이 양자에 속하지 않는 법률관계 발생원인을 설명하기 위해 생긴 개념이다. 즉 계약과 유사한 것으로 본다는 것이다. 이에 관해 "준계약이란 어떠한 법률부문에도 속하지 않는 법률관계이며, 부당이득을 근거로 한 특정인이 다른 특정인에 대해서 부담하는 금전의 지불채무이다"라고 정의

계에 관해 손해와 이득관계를 조정하려는 법의 목적 측면에서는 동일하나 그 방법에서는 차이가 있다. 부당이득의 반환책임은 사회 성원 간의 이득의 부당한 이동이라는 사실관계를 확인하여 그것을 조정하려는 것이지만, 사무관리제도는 그 사실관계를 법률관계로 인정하는 것이다. 즉 당사자 간에 합의, 즉 계약은 없지만 계약이 있는 것처럼 법률관계를 형성시켜 주는 것이다.

또한 법은 불안정한 법률관계가 오랫동안 지속된 경우 그 불안정한 법률관계를 단절하고 사실상의 관계를 법률관계로 인정하는 등 시효제도를 두고 있다.[34] 이와 같이 법은 권리·의무관계, 즉 법률관계의 발생을 계약 등 법률행위와 불법행위만을 원인으로 하지 않는다. 계약 등 법률행위를 원인으로 하는 경우는 당사자들의 법률관계 진입에 관한 선택의 자유를 부여하는 것이며 불법행위원이나 기타 원인은 선택의 자유가 없이 법인 직접 인지하여 법률관계를 형성하여 주는 것이라 할 수 있다. 넓은 의미에서 법률사실에 의한 법률효과의 부여라고 할 수 있다. 선택의 자유를 주는 경우에 해당하는 법률행위도 법이 선택의 의사표시를 인지하여 법률효과를 주는 것이라 볼 수 있다. 그러므로 당사자의 선택의 자유를 주는 것이 법의 기본이 아니고 오히려 법이 직접 사실을 인지하여 법률효과를 부여하는 것이 법의 근본적인 모습이라고 할 수 있다.

23. 계약의 효력발생요건

계약의 효력발생요건은 앞에서 말한 바와 공서양속과 같은 사회협약 혹은 사회계약 및 법질서와 관련되어 있다. 이 경우는 법률행위가 성립하나 법률효과가 발생하지 않는 경우이다. 그러므로 당사자 간에 통정하여서 이루어진 眞意 아닌 의사표시, 즉 허위표시를 한 경우, 상대방의 허위표시임을 알았거나 알 수 있었을 경우에는 의사표시의 합치가 있는 것으로 보지 않음으로써 계약이 성립하지 않아 당연무효가 되는 것이지만, 이런 문제가 없는 의사표시의가 사회질서에 반할 경우는 계약은 성립하여 이 합의에 의한 이행행위는 적법성이 추정되지만 법률이 그 관계를 보장하지 않는 것이다.

그러나 계약 등 법률행위의 효력발생요건에만 공법적 원리가 작용하고 있

(Percy Henry Winfield)하고 있다. 서희원 저, 영미법강의, pp.363-364 참조.

34) 민법 제162-184조, 민법 제245-248 참조.

는 것은 아니다. 계약의 불이행으로 발생하는 이행 청구권 및 손해배상 청구권 뿐만 아니라 계약의 체결 및 효력발생 및 그 이행단계에서도 공법원리가 계속하여 작용하고 있는 것이다. 계약의 성립과정에서 계약체결상의 과실책임을 인정하여 손해배상청구권이 인정하고 있는 것이 그 단적인 예이다.[35] 흔히 계약과 관련되어 발생하는 모든 법률관계를 사법관계로 보는 경향이 있으나 앞에서도 말한 바와 같이 사법관계는 계약을 발생하는 권리, 의무를 성실히 이행하는 것을 목적으로 하는 법률관계의 1차적 영역에 불과하다. 그 목적이 달성되면 사법관계는 소멸한다. 그러나 그것이 원만하지 않을 경우 2차, 3차의 법률관계가 그 원인인 법률관계에서 계속하여 파생되어 발생하는 것이다. 공법적 원리는 공동체 성원 상호 간의 약속은 지켜져야 한다는 사회적 격률도 공동체의 원리이므로 공법적 원리이다. 계약에 근거한 이행청구권, 손해의 공평한 배분을 목적으로 하는 손해배상청구권, 최종적으로 공권력이 동원되는 재판청구권 등도 계약관계에서 발단된 것이지만 공법원리가 작용하는 법률관계로 보아야 한다. 또한 보증, 보험 등 사회 구성원 간의 위험의 합리적 배분을 위한 것도 공법원리가 작용하는 것이다. 우리는 앞에서 공법원리를 공동체 성원 상호 간의 관계를 사회법원리로 공권력이 작용하는 행정법관계로 구분한 바 있다.

24. 계약체결상의 과실책임

계약체결상의 과실책임은 계약의 성립과정에서 당사자의 일방이 그에게 책임 있는 사유로 인하여 상대방에게 손해를 끼친 경우 이를 배상하여야 할 책임을 말한다. 법은 계약의 성립 이후부터의 문제뿐만 아니라 청약단계에서부터 당사자 간의 신의·성실관계 등 사회적 책임이 있는 것으로 보고 있다. 약속한 것은 성실히 이행해야 하는 것이지만 계약을 하는 과정도 성실히 하여야 하는 것이다. 계약제도도 사회생활 관계라는 큰 바탕에 위에 있는 것이기 때문에 원시적으로 불능인 것 혹은 공서양속에 위반되는 것을 청약하거나 하여 나중에 계약이 성립하지 않거나 법률효과가 발생하지 않는 등 그로 인해 결과적으로 상대방이 손해를 입히는 경우가 있을 것이다. 이런 경우 법은 계약이 성립하기

35) 민법 제535조 참조.

전의 것이므로 법과 관계없는 것이라 할 수 없다. 법은 계약이 성리하지 않은 경우뿐만 아니라 계약은 성립하였으나 무효 혹은 취소된 경우도 단순히 무효 혹은 취소된 것으로만 보는 것이 아니라 그로 인해 손해를 본 경우에 신의성실 원칙을 위반한 이유로 손해배상청구권이 발생하는 것으로 규정하고 있다(민법 제535조).

25. 법률행위의 대리

근대민법의 중요한 제도가 대리제도이다. 법률행위의 대리는 권리·의무가 발생하는 계약 등 권리·의무를 형성시키는 법률행위를 대리하게 하거나 이미 획득한 권리에서 할 수 있는 사무처리 등 권한을 대신하여 할 수 있도록 하는 제도이다. 특히 산업사회에서는 사업주의 활동력과 활동범위를 확장해 주는 역할을 하는 제도이다. 이 대리제도의 본질은 권능 및 권한의 위임이다. 그러므로 넓게 보면 시민이 헌법을 채택하여 그 헌법에 의하여 국가를 구성하여 공동체가 보다 살기 좋도록 하는 일을 국가에 맡기는 것, 국가가 국가기관에게 국가의 일을 위임하는 것, 회사가 회사기관에게 회사의 일을 위임하는 것을 대리관계라고 볼 수 있다. 그러나 법률상의 대리제도는 본인에게 권능이 있는 법률행위를 다른 사람이 대리하게 하여 그 법률효과가 본인에게 귀속하는 것으로 하는 제도이다. 그러므로 다른 사람에게 자신의 권능에 속하는 사무처리를 위임하는 위임계약, 고용계약, 도급계약제도와는 구별되는 것이다. 위임계약 등은 권능의 위임이 아니라 어떤 사무의 원만한 처리, 효율적 처리 혹은 사무처리의 완성을 목적으로 하는 본인의 권한행사를 보조하는 제도라고 볼 수 있기 때문이다. 그러나 이 위임계약이 변호사에게 소송대리를 하는 것과 대리행위를 내용으로 하는 경우가 있다. 그러나 그 위임계약의 목적 혹은 내용이 대리이지 위임계약이 대리인 것은 아니다.

대리권은 본인의 의사표시에 의하여 발생하는 대리관계(이것을 任意代理라고 한다)와 무능력자를 대리하는 경우와 같이 본인의 의사에 기하는 것이 아니고 법이 정한바에 따라 대리권이 발생하는 법정대리인제도가 있다. 즉 대리권에 관해서는 대리인의 행위능력을 요하지 않는다는 규정이 있다. 역시 법은 대리인

이 행위능력이 있는가 여부에 관해 본인의 책임으로 한 것이다. 그러므로 행위능력 없는 자의 행위로 인한 본인의 손해는 자기가 부담하도록 한 것이다.

한편 대리제도는 의사표시보다는 표시행위를 중시하는 표현주의表見主義를 취하는 특성을 갖는다.[36] 거래의 원활을 위하는 제도라는 법의 목적에서 나온 특성이라 할 수 있다.

한편 본인을 보호하기 위해 자기계약 혹은 쌍방대리의 금지, 현명주의顯名主義, 무권대리의 법리가 적용된다. 또한 기타 상대방의 보호를 위한 제도 역시 규정하고 있다.

26. 법률행위의 부관附款

법은 계약의 전부 혹은 일부에 관해 효력 발생 또는 효력의 소멸을 장래의 불확실한 사실의 성부에 의존케 하는 조건을 붙이거나, 장래에 발생하는 것이 확실한 것에 의존케 하는 기한을 붙이는 것을 허용하고 있다. 이것을 법률행위의 부관이라 한다.

그리고 조건에는 조건이 성취된 때로부터 효력이 발생하는 것으로 하는 정지조건, 효력을 잃도록 하는 해제조건이 있다. 또한 당사자의 일방적 의사에 의존하게 하는 것과 자연적 사실 등에 의존하는 조건 등 여러 가지 조건 또한 가능하다. 그러나 어떤 법률관계는 조건을 붙일 수 없는 것이 있음을 유의하여야 한다. 또한 기간의 계산을 요하는 기한을 부관으로 하는 경우 그 기간의 계산은 당사자 간에 마음대로 할 수 없도록 하고 있음을 유의하여야 한다. 흔히 계약서류contract documents에 포함되는 "계약조건conditions of contract"은 부관의 의미를 갖는다고 할 수 있으나 반드시 계약의 효력에 관한 것, 즉 계약의 부관만을 규정하고 있는 것은 아니다. 계약서류인 계약조건에는 계약의 발효, 계약의 변경, 이행지체, 사정변경, 업무의 착수, 완료, 계약의 포기, 중지, 해지, 해제 등 부관에 해당하는 규정을 포함하고 있으나 용어의 정의, 해석, 계약업무의 범위에 관한 규정, 계약 당사자의 의무의 기준standards에 관한 규정, 사적자치원칙에 의한 책임의 제한limitation of liability, 책임의 면제 혹은 부담indemnity, 보

36) 민법 제114조, 제115조, 제125조, 제126조, 제129조 참조.

증 혹은 보험에 관한 규정, 분쟁조정에 관한 규정, 대가의 산정에 관한 규정 등도 포함하고 있다. 그러므로 부관인 조건과 계약내용인 계약조건을 혼동해서는 안 된다. 계약서류에서의 계약조건은 계약목적 및 이행에 관한 의사표시의 합치 혹은 사적자치원칙에 의한 당사자 간의 합의를 주된 내용으로 하고 있다.

27. 계약의 해제

채무불이행 등을 이유로 일방적 의사표시에 의해 계약의 효력을 소급적으로 소멸시키는 것을 해제라고 한다. 아직 이행하지 않은 채무는 이행할 필요가 없는 것으로 하고 이미 이행한 것은 반환시킴으로써 계약관계를 청산하는 제도이다. 계약의 해제는 임대차, 고용, 위임, 임치, 조합계약과 같은 계속적 계약에서 장래에 향하여 계약의 효력을 소멸케 하는 해지와 구별된다.

해제의 발생원인에는 당사자 간에 약정한 경우와 법이 정한 경우로 나누어 볼 수 있다. 전자를 약정해제권이라 하고, 후자를 법정해제권이라 한다. 법정해제권이 발생하는 경우는 이행지체, 이행불능, 불완전이행을 규정하고 있다. 법정해제권에는 이행지체에 의한 해제권, 이행불능에 의한 해제권, 불완전이행에 의한 해제권, 사정변경에 의한 해제권, 채권자지체로 인한 해제권이 있다. 법은 해제권의 발생요건, 해제권의 행사요건 등에 관해 필요한 사항을 규정하고 있다.

해제권에 관해서 법은 일방적 의사표시에 의하는 것으로 하고 있다. 이에 관해 해제의 의사표시는 철회할 수 없으며, 해제권은 계약에서 나오는 것이 아닌 법적 형성권이므로 부관을 붙일 수 없으나 상대방을 불리하게 하지 않을 경우는 기간 내에 이행이 없으면 당연히 해제된 것으로 하는 정지조건부 해제는 가능하다고 해석한다.

계약이 해제되면 그 계약은 처음부터 있지 않았던 것과 같은 상태가 된다. 그러므로 아직 이행하지 않은 채무는 이행할 필요가 없고 이미 이행한 것이 있을 때는 서로 반환하는 원상회복의무가 발생한다. 그러나 원상회복, 즉 전보되지 못한 부분에 관해서는 해제권이 발생하는 원인이 채무불이행 등 불법행위이므로 손해배상청구권이 발생하는 것으로 본다.

28. 제3자를 위한 계약

제3자를 위한 계약[37]은 계약당사자의 일방이 제3자, 즉 C에게 채무를 직접 부담하게 하는 계약이다. 예를 들어 A가 B에게 가옥을 매도하고 B가 A에게 가옥대금을 지급하는 매매계약에서 B가 가옥대금을 A에게 지급하지 않고 제3자에게 직접지급하기로 한 계약과 같다. A는 B와의 채권·채무관계와 C와 채권·채무관계가 있음을 알 수 있다. 여기서 제3자를 위한 계약은 C에 대한 채무를 변제하기 위하여 B에게 자기의 가옥을 양도하고 그 대금을 C에게 지급하도록 하기 위한 것이다. 그러므로 C에 때한 A의 채무를 담보하는 성격을 갖는다. 그러므로 A와 C의 관계를 원인관계 A와 B의 관계를 보상관계라고 한다. B의 가옥의 필요성과 C의 채권충족을 결합시킨 제도라고 할 수 있다. 보험계약이 민법상의 제3자를 위한 계약과 같은 형태라고 할 수 있다.

엔지니어A가 어떤 시설물에 관한 설계를 의뢰인 C에게 제공하기로 하는 계약에서 A는 그 설계가 부실할 경우 그로 인한 손해를 C에게 배상하여야 할 법률관계가 생긴다. 이 경우 C는 그 손해를 사전에 담보하기 A에게 자신을 수혜자로 하는 보험에 가입할 것을 요청하는 경우가 있다. 이 경우 A는 B보험회사와 보험계약을 체결하고 사고가 A에 대한 손해배상책임이 발생할 경우 보험금을 C에게 지급할 것을 약정하는 경우 제3자를 위한 보험계약이 되는 것이다. 그러나 보험계약은 민법상의 계약은 아니다. 보험제도는 사회의 손해를 보험가입자의 보험료로 조성되는 보험기금을 통해 손해를 부담하게 하여 개인의 손해배상부담을 경감시키려는 사회정책적인 제도이다.

보험제도

엔지니어링서비스 제공을 목적으로 하는 계약과 관련한 보험계약은 앞에서 본 예와 같이 제3자를 수익자로 하는 경우가 일반적이다. 특히 정부사업인 경우는 정부의 손해배상청구권을 담보하기 위해 계약상대방에게 보험가입의무를 법률로 부과하는 경우가 있다.[38] 즉, 정부가 자신을 수익자로 하는 보험계약이 있

37) 민법 539조-542조 참조.

38) 국가를 당사자로 하는 계약에 곤한 법률 시행령 제53조(공사 손해배상보험), 건설기술관리법 제21조 4항(기술용역 손해배상보험), 제22조의3(사업관리 손해배상보험), 제33조 5항(책임감리

을 수 있다.[39] 계약상대방에 대한 손해배상책임으로 전보cover되지 않는 손해가 있기 때문이다.

한편 엔지니어가 스스로 자신의 손해배상책임을 전보cover하기 위해 자신을 수익자로 하는 보험계약을 하는 경우도 있다. 선진국의 경우 엔지니어링 서비스와 관련한 손해보험 상품은 대부분 이런 형태의 보험이다.[40] 이 경우는 제3자를 위한 보험계약이 아니다. 제3자를 위한 보험계약에서 수익자의 수익의사를 요하는 것은 당연하다. 보험가입을 요청한 경우는 그것이 수익의사의 표시라고 볼 수 있다.

또한 不特定人을 수익자로 하는 제3자를 위한 보험계약이 있다. 자동차보험이 그 예가 될 것이다. 이 경우는 수익자가 不特定人이므로 수익자의 수익의사를 요하지 않는 경우가 될 것이다. 일종의 사회보험이다.[41]

보험료의 부담

한편 정부 등 의뢰인을 수익자로 하는 보험계약을 의뢰인이 요청하거나 법으로 보험가입을 강제하는 경우 보험료의 부담에 관해서 보험가입자의 부담으로 하여야 하는지 혹은 의뢰인의 부담으로 하여야 하는지에 관해 논란이 있다. 의뢰인이 자기의 위험을 전보하기 위해 보험가입을 요청하는 것이므로 당연히 의뢰인의 부담으로 하여야 한다. 즉, 자신이 들어야 할 보험의 가입업무를 위탁한 것에 불과한 것이라고 보아야 한다. 자동차보험의 경우와 같이 법으로 가입자의 부담으로 하는 사회보험과 혼동하는 데서 나온 논란이라고 본다. 우리나라 건설기술관리법은 손해배상보험가입을 계약상대방의 의무로 규정하면서 "…이 경우 발주청은 보험 또는 공제가입에 따른 비용을 …비용에 계상하여야 한다" 하고 규정하고 있다.

손해배상보험).

39) 상대방의 책임을 제한하거나 면제하는 약정을 하는 경우 자신의 위험을 전보하기 위한 것이다. indemnity insurance라고 한다. "indemnity"라는 말은 補償으로 해석된다. 賠償에 對하는 말이다. 불법행위로 인한 금전 등 이익의 이동은 배상이고 적법원인에 의한 이익의 이동은 보상이다.

40) DPIC Management Handbook, pp.177-183(insurance) 참조.

41) 자동차손해배상보장법 참조.

29. 공학계약

엔지니어가 과학기술용역engineering services을 제공하는 계약(공학계약이라고 부르기로 한다)을 하는 경우 과학기술용역의 특성에서 연유하는 많은 위험과 윤리적 혹은 법적 책임이 따른다. 그러므로 하나의 연구 분야를 형성할 수 있다. 이하 개략적인 기술을 하고자 한다.

(1) 엔지니어링서비스의 특성

엔지니어링서비스는 ① 윤리성ethical services, ② 전문성professional services, ③ 간접성indirect services, ④ 공공성civil services, ⑤ 창의성creative services, ⑥ 위험의 광범성far-reaching risk-prone services, ⑦ 사업지향성project-oriented services 등의 특성을 갖는다.

① 윤리성

엔지니어링은 지적활동이므로 법의 규율이 미치지 못하는 영역이 광범한 반면 사회적 영향은 크기 때문에 엔지니어의 도덕성 및 엔지니어사회의 윤리가 중요한 역할을 한다.

② 전문성

현대사회에서 엔지니어링은 전문직업으로 분류되고 사회적으로 공인을 받은 엔지니어가 의사, 변호사와 같이 독점적·독립적으로 제공하는 서비스인 속성을 갖게 되었다.

③ 간접성

엔지니어링서비스는 대부분 의뢰인과 그 서비스의 소비자가 일치하지 않는다. 법률서비스 혹은 의료서비스와 같은 서비스는 특정 의뢰인에 관한 직접적 서비스인 것에 반해 엔지니어링의 궁극적 소비자는 공중public이다.

④ 공공성

엔지니어링의 진정한 소비자는 공중public이므로, 엔지니어링이 공중의 삶의 질의 향상과 밀접한 관련이 있으며, 한편으로 공중의 건강, 재산 등 권리를 침해할 가능성도 큰 성질을 가지고 있다.

⑤ **창의성**

엔지니어링은 어떤 표준standards 혹은 사양qualification을 기초로 하는 기술적technical인 활동이 아니고 새로운 것을 창조하는 작업이라는 본질을 가지고 있다. 엔지니어링은 동일한 전례가 없는 것이므로 엔지니어링의 결과 예측은 지극히 어렵다. 공중을 대상으로 실험을 하는 것과 같다. 그러므로 창의성과 안전성의 조화가 문제된다.

⑥ **위험의 광범성**

엔지니어링은 어떤 사업의 구조, 성격, 성능, 경제성 등을 결정하므로 후속의 일들에 결정적인 영향을 미친다. 그러므로 엔지니어링은 광범한 위험을 내포하고 있다.

⑦ **사업지향성**

엔지니어링은 사업project과 밀접한 관련을 갖는다. 그러므로 사업에 주어진 여건에서 최적의 해답optimum을 찾는 작업이 엔지니어링이다.

(2) 공학계약의 특성

① **높은 기대 위험high expectation risk이 있다**

그러므로 계약에서 주위의무 위반으로 될 가능성이 높다. 어떤 업무에 전문성이 인정된 사람은 그 분야에 전문적인 식견을 가지고 있으므로 그 분야의 대표적인 사람을 기준으로 일반인 보다 예견능력이 높을 것이다. 그러나 대표적인 사람을 기준으로 할 경우는 높은 기대가 아니다. 문제는 완벽성과 같은 비 현실적인 기대이다. 그러므로 계약에서 주위의무의 기준을 대표적인 엔지니어를 기준으로 하는 조항을 검토하여야 한다. 그렇지 않으면 비현실적인 기대에 의해 계약위반으로 될 가능성이 높기 때문이다.

한편 형법에서는 업무상 과실의 경우 중하게 처벌하고 있다. 이에 관해서는 업무상 과실을 중하게 처벌하는 것은 옳지 않다는 견해를 가진 사람들이 있다. 앞에서 말한 바와 같이 업무를 하는 사람은 전문적인 식견을 가지므로 결과발생에 대한 예견가능성이 높아 과실판단을 받을 개연성이 높을 것이지만 형을 중하게 할 이유는 없다는 것이다. 업무상 과실은 책임의 경중輕重판단 문제가 아니라 유무有無판단의 문제로 보는 것이 옳을 것 같다.

② 국가에서 공인하는 자격을 가진 자만이 엔지니어링 서비스를 제공할 수 있다

우리나라의 경우는 모든 엔지니어에 대해 허가하는 제도를 두고 있지 않다. 그러나 건축설계·감리 등 특정 분야에 대해서는 아무나 할 수 없도록 금지하고 공인자격이 있는 자에 대해서 허가하고 있다. 한편 정부는 거의 모든 분야에 대해 기술자의 능력검정을 통해 등급을 인정하는 제도를 실시하고 있다. 그러므로 법에서 제한하고 있지 않지만 실제적으로는 그 능력의 공인을 받은 자만이 엔지니어링 업무에 종사할 수 있다. 따라서 이 능력등급으로 엔지니어링사업의 참여자격을 제한하는 것이 적법한 것인가의 문제가 있을 수 있다. 법이 엔지니어의 자격허가제를 시행하지 않는 취지가 제한하지 못하도록 하는 것인가? 그러나 특정 사업에 관해 필요한 능력을 제한하는 것은 위법이 아니라고 본다. 한편 대분의 선진국이 엔지니어자격 허가제를 채용하고 있고 엔지니어링의 공공성을 감안하면 우리나라도 허가제도의 도입을 검토할 필요가 있다고 본다. 실질적으로 허가제와 같이 운영하는 현실이 혼란만 야기하고 있다.

③ 클레임이 많다

醫師의 경우와 대비된다. 의사의 의뢰인은 환자이고 의사의 서비스는 의뢰인, 즉 환자가 소비한다. 그런데 엔지니어링의 의뢰인은 궁극적 소비자가 아니다. 의뢰인은 서비스를 공중에 팔아 이득을 얻고자 하는 사업자businessman 혹은 복지사업을 하는 정부인이고 소비자는 불특정 다수인이다. 불특정 다수인인 소비자의 이해관계는 다양하므로 소비자 모두를 만족하는 서비스를 제공한다는 것은 불가능하고 확인하기도 어렵다. 그러므로 많은 클레임이 따르게 된다.

④ 공적책임public responsibility이 많다

공공성을 가지므로 국가는 여러 가지 행정적 규제를 하고 있다. 전술한 엔지니어 자격의 허가제도도 엔지니어링의 공공성과 관련이 있다. 그러므로 다중이 이용하는 시설물에 관한 시설기준, 설계기준, 품질검사, 설계심의, 공사감리, 설계감리, 사업자선정제도, 계약제도, 업 등록제도, 행정형벌 등을 법으로 정하고 있다.[42] 정부와의 계약의 경우 손해배상책임, 보증책임 등이 강화되어 있는 것도 하나의 특징이라고 할 수 있다.

42) 행정형법이 아니라 형법에서도 엔지니어링과 관련되는 범죄를 규정하고 있다. 형법 제6장 폭발물에 관한 죄, 제13장 방화와 실화의 죄, 제14장 溢水와 水利에 관한 죄, 제15장 교통방해에 관한 죄, 제16장 飮用水에 관한 죄 등 참조.

특히 계약상의 신의성실의무 혹은 계약상의 법적 의무 위반을 범죄구성요건으로 하는 행정형벌을 규정하고 있는 경우가 많음을 유의하여야 한다.

⑤ 손해배상책임이 광범하다

엔지니어링은 창의적인 경우가 많으므로 엔지니어링의 결과를 예측하는 것은 지극히 어렵다. 엔지니어링은 자연에 영향을 미칠 뿐만 아니라 문화·경제·복지 등 사회적인 영향을 미친다. 자연에 대한 영향의 경우는 과학적 판단에 해당하므로 비교적 예측이 용이할 수 있다. 그러나 사회적 영향의 경우는 미리 예측하는 것은 사실상 어렵다. 그러므로 엔지니어는 거의 무지상태에서 커다란 위험을 안고 일하는 것이 된다. 따라서 책임의 한계를 명확히 해야 한다.

⑥ 사회적 책임과 의뢰인에 대한 책임 사이에서 갈등을 겪는다

엔지니어링은 사업project과 밀접한 관련을 갖는다. 사업은 일정한 목적을 갖는다. 그 목적에 따라 예산이 결정되고 그 목적에 적합한 기술이 결정된다. 그러므로 엔지니어링은 의뢰인이 가지고 있는 목적을 초월하는 것은 아니다. 반면 사업은 그 결과, 즉 사회적 효용과 관련하여 사회로부터 평가를 받는다. 엔지니어의 독립적 지위 혹은 판단의 독립성에 관한 제도적 검토가 필요하다.

(3) 회사에 소속된 엔지니어의 책임

엔지니어링 서비스를 제공하는 자는 대부분 회사이다. 그러므로 계약상의 책임은 회사가 지는 것은 당연하다. 그러나 형사처벌에서는 법인에 책임능력이 없는 것으로 보는 것이 일반적이다. 우리나라 건설기술관리법상의 벌칙규정을 보더라도 형사처벌을 받는 것은 종업원이고 회사는 벌금형을 받는 것에 그치는 점을 유의하여야 한다.

미국의 경우 회사가 계약 당사자인 계약업무에 관해서 엔지니어를 수행자로 한 경우 엔지니어 개인의 책임으로 여겨질 가능성이 있는 점을 주지시키고 있다. 미국의 경우 공인된 엔지니어는 엔지니어로서 독자적인 판단에 의하여 업무를 하는 것으로 여겨지기 때문이다. 이런 사정으로 인해 미국의 경우 문제된 행위가 일상 업무에 속하는 것이 아닌 한 엔지니어의 책임을 면제indemnify하도록 하는 법규정을 두는 경우가 있다. 그러나 회사가 법인인 경우에 한하고 있다. 그러므로 엔지니어가 공동경영권partnership 혹은 지분소유권proprietorship을 가진 경우는 책임의 면제를 받을 수 없게 된다.

(4) 과실책임주의와 기업의 사회적 책임

과실책임주의 法理legal theory는 親기업적pro-capitalistic 법리라고 말해진다. 손해배상은 근본적으로 손해의 공평한 배상fair compensation을 목적으로 한다. 그러나 산업사회의 발달로 산업은 종래에는 예상할 수 없었던 많은 위험을 수반하게 되어 과실책임주의 원칙을 관철할 경우 피해자가 손해를 부담하는 결과가 되어 손해부담의 형평성 문제가 생기게 되었다. 따라서 공중에게 위험을 초래하는 기업활동에 대해 엄격책임을 적용하는 것이 손해의 사회적 공평부담원칙에 부합하게 되었다. 따라서 기업활동으로 인한 손해에 대한 무과실책임을 과하는 판례 및 제정법이 나타나고 있다.[43] 그러나 이와 같은 손해의 공평한 부담원리는 법이 본래 가지고 있는 법리이다.

민법 제758조는 공작물의 설치 또는 보존의 하자로 인하여 타인에게 손해를 가한 때에는 공작물의 점유자가 손해를 배상할 책임이 있으나 점유자가 손해의 방지에 필요한 주의를 태만하지 아니한 경우는 그 소유자가 손해를 배상할 책임, 즉 무과실책임을 지우고 있으며, 민법 756조에서 타인을 사용하여 사무에 종사하게 한 자는 피용자가 그 사무집행에 관하여 제3자에게 가한 손해를 배상할 책임이 있다고 규정한 것은 손해의 공평한 부담원리에 의한 것이라고 볼 수 있다.

(5) 손해배상책임 제한이론[44]

과실책임주의negligence responsibility theory는 기업과 기업을 위해 일하는 자 간에도 적용된다. 그러므로 기업가를 위해 하는 일이라도 그 일이 계약상의 의무를 해태negligence of contractual duty하여 손해를 입힌 경우 그 손해를 배상할 책임이 있게 되고 나아가서 그 일로 인해 과실negligence of legal duty로 제3자의 손해를 가한 경우도 그 손해를 배상하여야 하는 것이다.

그러나 엔지니어는 그 사업을 하는 자가 아니고 일의 보수fee를 받고 의뢰인을 위해 일하는 자에 불과하다. 그러므로 고의적인 경우가 아닌 과실로 인한 사업의 손실을 배상하여야 하는 책임까지 져야 하는 것이 정당한가에 관한 논

43) 제조물책임법 참조.

44) DPIC Risk Management Handbook, pp.201-207 참조.

란이 있다. 엔지니어가 성실히 함으로써 얻어지는 이익의 증가에 관해서는 사업가의 이익으로 하고 손해에 관해서는 상대방에게 전가시키는 것이 이익과 손해의 공정한 배분이라는 관점에서 경제적 형평성에 관한 문제를 제기하는 것이다. 근대의 과실책임주의도 사회적 손실부담을 공평히 하고자 하는 법리를 가지고 있는 점에서 당연히 논의될 수 있다고 본다. 그러므로 사업을 통해 얻을 수 있는 이익의 비율에 따라 위험을 배분하는 것to allocate risk in reasonable proportion to the profits to be derived이 정당하다고 주장하고 다음과 같은 이론을 제시한다. 어떤 사업가가 2,000만 불을 투자하여 오피스빌딩을 지어 그 임대사업을 하는 경우 일년에 투자액의 5%인 100만 불의 임대수익을 20년간 올려 투자비를 회수하면 그 빌딩의 가액만큼은 이득으로 남을 것이다. 반면 투자비 2,000만 불의 5%인 100만 불의 대가를 받은 엔지니어는 대가의 5%인 50,000불의 이득을 기대할 수 있을 뿐이다. 그러나 문제가 생길 경우 엔지니어가 의뢰인의 투자비 전액을 배상하고 거기에 경제적 손실까지도 부담해야 하는 것이다. 이익과 손해의 부담사이에 경제적 형평성이 없는 것이다. 따라서 이익의 비율에 따라 위험을 배분하는 것이 정당하다고 말하는 것이다.

(6) 위험의 배분allocation of risk

법은 계약당사자간의 위험의 배분문제에 관해 직접적으로 규정하고 있지 않다. 한편 민법의 손해배상액의 예정제도(민법 398조)를 위험의 배분을 위해 활용할 수 있다고 볼 수 있다. 그러나 손해배상액의 예정제도는 부당한 위험부담을 배분하기 위한 제도라기보다 손해액의 산정에 관한 불편함을 해소하기 위한 것이고 이 경우 부당성을 방지하기 위해 법원이 적당히 감액할 수 있도록 한 것이다. "예정"이라는 의미가 제한 혹은 배분의 의미를 내포한다고 볼 수 없기 때문이다. 결국 민법 제105조에 의해 당사자 간 약정으로 해결해야 할 문제이다.

법은 계약을 함에 있어서 계약내용 및 계약조건을 사회의 공서양속을 해하거나 법에 위반하지 않는 이상 자유로이 결정할 수 있는 영역을 설정하고 있다. 또한 법은 법률상의 권리가 있더라도 자기의 법적 권리는 반드시 행사하여야 한다고 하지 않는다. 그러므로 상대방에게 경제적 이득을 제공하거나 상대방의 책임을 자의로 부담하는 것은 자유이다. 예를 들면 법에 의해 상대방에게 손해배상청구권이 발생하지만 그 손해배상청구권을 행사하지 않거나, 상대방의 제3자에 대한 손해배상책임을 자의로 부담하는 것은 자유이다.[45]

그러나 이러한 자유도 타당한 이유가 있어야 법으로부터 보호를 받을 수 있을 것이다. 영·미법에서 약인consideration이 있어야 법적 보장을 해 주는 것과 같다. 그러므로 타당성이 인정되는 법위에서 사적자치원칙에 의해 상대방과의 협상을 통해 계약조건으로 정함으로써 의뢰인과 엔지니어 간의 위험을 공정하게 배분하는 것이 정당하다는 이론을 개발하고 사회적 인식을 높여가는 것이 필요하다. 선진국의 경우 보험시장의 발달과 궤를 같이 하여 의뢰인과 엔지니어와의 손해의 공평한 배분에 관한 일반적인 인식이 보편화되어 있다. 위험의 배분방법은 책임의 제한limitation of liability과 책임의 부담indemnities이 있다.

(7) 손해배상액의 제한

손해배상액의 제한은 계약당사자 간에 계약의무 해태로 인한 손해배상책임액의 상한limit을 정하는 약정을 말한다.[46] 그러므로 제3자에게는 효력이 미치지 않는다. 그러나 배상액의 상한을 정하는 것으로 책임의 제한문제가 해결되는 것으로 생각하는 것은 잘못이다. 예를 들어 계약목적물의 부실로 인한 간접적 손해에 관한 배상책임 발생요건으로 예견가능성을 약정하지 않은 경우 그 상한이 허용하는 범위에서 배상책임이 있기 때문이다. 우리나라 민법은 손해결과에 관한 고의·과실을 요건으로 하지 않고 있다.[47]

한편 국제적인 표준계약서들은 엔지니어의 고의 혹은 중대한 과실로 인한 손해는 손해배상액의 제한에 의한 이익을 받을 수 없도록 약정하는 것이 일반적임을 유의하여야 한다.[48] 고의 혹은 중대한 과실이 있는 경우는 일반적인 손해배상보험 상품도 부보하지 않는다. 한편 손해배상보험을 가입하도록 하는 약정을 하는 경우 상대방의 당해 사업과 관련한 상대방(엔지니어)의 제3자의 손해

45) DPIC Risk Management Handbook, pp.157-166 참조.

46) FIDIC Client/Consultant Model Sservices Agreement(이하 "FIDIC 표준계약서"라 한다) 제18조 1항 참조.

47) 민법 제390조, 제681조, 제667조, 국가를 당사자로 하는 계약에 관한 법률은 민법 준용에 관한 규정을 두지 않고 있다. 그러나 국가를 당사자로 하는 "계약"이라고 한 것에서 민법상의 민법 혹은 상법상의 계약을 전제로 한 것으로 해석된다. 이에 관한 명확한 명문규정이 필요할 것으로 생각된다.

48) FIDIC 표준계약서 제18조 3항 참조.

배상책임을 포함하여 모든 배상책임을 면제indemnification하고 보험에 가입하게 하는 부분만 책임이 있는 것으로 하는 형식을 취하는 것이 일반적이다.[49] 그러므로 의뢰인은 의뢰인의 손해와 제3자에 대한 손해배상책임 등에 관해 보험에 가입하도록 하고 있다.[50] 그리고 의뢰인이 보험가입 혹은 보험금의 증액을 요청하는 경우에는 그 비용부담을 의뢰인이 부담하도록 하고 있다.[51]

(8) 배상책임기간의 제한

법은 시효제도를 가지고 있다. 민법은 10년간 채권을 행사하지 않으면 채권이 소멸하는 것으로 하고 있다. 채무불이행으로 인한 손해배상청구권도 채권이므로 10년간 손해배상청구권을 행사하지 않으면 소멸한다.[52] 그러나 도급받은 자, 技師, 기타 공사의 설계 또는 감독에 종사하는 자의 공사에 관한 채권은 3년으로 하고 있다.[53] 대한 직무상 불법행위에 의한 손해배상청구권에 관해서는 특칙을 두고 있다. 불법행위를 한 날로부터 10년이 경과하거나 실제 손해가 발생한 것을 안 날부터 3년간 이를 손해배상청구권을 행사하지 않으면 손해배상청구권이 소멸하는 것으로 하고 있다.[54]

그러나 손해배상책임의 존속기간이 기본적으로 10년이므로 법에만 의존하는 것은 현명하지 않다. 민법상 공사와 관련한 업무의 경우는 소멸시효가 3년인 단기소멸시효 특칙이 규정되어 있으나 공사업무가 아닌 단순한 설계의 경우 이 규정을 적용받을 수 있는지도 의문이다. 이에 관한 규정인 민법 제163조 3호가 "공사에 관한 채권"이라고 규정하고 있기 때문이다. 이 경우 손해배상보험이 부보하는 기간과 형평상의 문제가 있을 수 있다. 일반적으로 장기 배상책임에 관해 부보하지 않고 있기 때문이다. 국제적인 전문가책임보험professional liability insurance의 경우 대개 보험가입 후 1년 안에 클레임이 있는 경우에 보상하는 것으로 되어 있으므로 계속적인 보험갱신을 하여야 하는 문제가 있게 된다. 한편 우리나라에서 설계 등 용역, 책임감리 및 사업관리에 대해 적용하고 있는 손해배상보험의 경우는 보험부보기간을 공사 착공일부터 공사의 완공일까지로

49) FIDIC 표준계약서 제18조 2항 참조.
50) FIDIC 표준계약서 제19조, 제20조 참조.
51) FIDIC 표준계약서 제19조 (v) 참조.
52) 민법 제162조 참조.
53) 민법 제163조 참조.
54) 민법 제766조 참조.

하고 있다(건설기술관리법 제21조 4항, 제22조의3, 제33조 5항 참조). 그러므로 그 이후의 배상책임에 관해서는 보험에 의하여 부보 받을 수 없는 상황이 생긴다.

또한 배상책임기간이 장기인 경우 상당한 기간이 경과된 후의 사고는 책임을 가리기가 어려운 상황이 생길 뿐만 아니라 장기간 불안정상태에 놓이는 것도 좋은 것이 아니다. 이 경우 책임을 지게 되는 개연성이 설계자에게 높은 것이 일반적이다. 설계서가 있으므로 그 당시의 상황과는 달리 설계서가 유일한 책임판단의 근거가 될 가능성이 많기 때문이다. 그러므로 국제적 표준계약서는 배상책임기간을 당사자 간에 약정하는 것을 권장하고 있다.[55)]

(9) 간접적 손해에 대한 배상책임의 제한

손해배상액의 제한은 손해배상액의 상한을 당사자 간에 약정하는 것을 말한다. 민법 제393조는 채무불이행으로 인한 손해배상은 통상의 손해를 그 한도로 한다고 규정하여 다소 제한적인 입장을 취하고 있으나 직접적 손해[56)]와 간접적 손해를 포함한다. 그러므로 상한액을 제한하는 것과는 거리가 멀다. 직접적 손해는 계약목적물의 실제적 손해physical loss and damages를 말한다. 예를 들면 설계의 부실로 인하여 생긴 시설물의 구조적 결함 및 성능의 결함을 말한다. 간접적 손해는 그로 인한 기대이익의 손실 등 경제적 손해economical loss

55) FIDIC 표준계약서 제17조 참조.

56) 직접적 손해와 간접적 손해를 구별한다. 직접적 손해는 계약목적물에 관한 손해이고 간접적 손해는 그 계약목적물의 하자로 이해 파생되는 손해로 구별된다. 대가와 쌍무적인 관계에 있는 계약목적물의 손해이다. 그런데 엔지니어링 서비스의 경우는 계약목적물이 무엇인지에 관해 혼란이 있다. 예를 들어 어떤 시설물의 설계를 하는 계약의 경우 설계서가 계약목적물인가 혹은 설계하는 설계목적물이 계약목적물인가에 관한 혼란이 있다. 그러나 설계서가 계약목적물이 될 수 없다. 설계에 의하여 만들어지는 시설물에 구현된 설계가 계약목적물인 것이다. 이것이 엔지니어링서비스의 계약목적물의 특성이다. 모든 지적 서비스를 목적으로 하는 계약의 특성이다. 않은 것이 특정이다. 물건을 매매하는 경우는 매매의 대상인 물건에 하자가 있는 지에 관한 것이 되므로 계약목적물에 관한 손해가 명확할 수 있다. 결국 설계의 경우 그 설계하는 목적물의 하자가 설계의 하자가 되는 것이다. 그러므로 시설물에 나타나는 설계의 하자가 직접적 손해이고 그 시설물의 하자로 인한 제3자의 손해 및 의뢰인의 손해가 간접적 손해이다. 따라서 어떤 시설물의 건설에 관해 의뢰인(사업주)이 설계와 공사를 각각 다른 사람과 계약하는 경우 그 시설물에 하자가 발생하면 설계자의 책임인가 혹은 공사자의 책임인가를 분별하기가 어렵게 된다. 분쟁의 소지가 많다. 최근 설계·시공일괄계약을 권장하는 이유 중의 하나로 설계자와 공사자의 책임한계를 가리기 어려운 점을 들고 있다. 선진국의 경우는 설계와 시공의 분리계약은 원칙적으로 하지 않는다. 최소한 설계자가 시공감리construction administration를 하는 것으로 한다. 한편 엔지니어가 설계에서 공사의 완공 혹은 운영단계까지 사업 全課程을 사업주를 위해서 관리하는 사업관리제도가 도입되고 있다.

and damages를 말한다. 간접적 손해를 결과적 손해consequential loss and damages라고도 한다. 그런데 이 간접적 손해가 직접적 손해보다 더 클 수 있다. 여기서 손해배상책임의 발생요건은 고의·과실을 요하는 것이 아니고 채무불이행이 있으면 발생하는 계약의무위반책임negligence responsibilities of contractual duty인 점과 국제적 보험에서 이 간접적 손해는 부보하지 않는 것이 일반적이라는 점을 특히 유의해야 한다. 민법 제393조 2항은 특별한 사정으로 인한 손해는 채무자가 그 사정을 알았거나 알 수 있었을 때에 한하여 배상의 책임이 있다고 규정하고 있으나 설계한 공장의 성능에 하자 있어 생산량의 차질이 있는 경우의 경제적 손실이 특별한 사정으로 인한 것으로 인정받기 어려울 것이다. 그러므로 간접적 손해에 관해서는 민법 제105조에 의해(사적자치의 원칙) 과실이 있는 경우에 손해배상책임이 있는 것으로 약정하거나 민법 제398조에 의해 간접적 손해배상액의 예정liquidation을 약정하는 방법을 강구해야 할 것이다.[57)]간접적 손해배상액의 면제도 약정할 수 있다고 본다.

제3자에 대한 손해배상책임

광범한 위험은 환경오염 혹은 환경훼손으로 인한 제3자의 손해 및 제3자의 재산 혹은 인명에 관한 손해인 경우가 많다. 그런데 제3자의 손해를 제한하는 것은 의뢰인과 계약조건으로 할 수 없는 문제가 있다. 의뢰인은 제3자의 권리에 관한 처분권이 없기 때문이다. 결국 제3자에 대한 엔지니어의 배상책임을 의뢰인이 부담indemnification하는 방법에 의할 수밖에 없다. 그러나 거대한 사회적 손해를 의뢰인이 사업주라는 이유로 부담하는 것도 한계가 있다. 결국 일정부분은 사회가 부담하는 수밖에 없을 것이다. 그렇다고 공중에게 손해를 전가시킬 수 없다. 따라서 사회적 위험관리 프로그램에 의한 손해발생의 방지 및 보험제도의 개발이 필요한 것으로 생각된다.

(10) 직접적 손해의 제한

엔지니어링서비스 제공을 목적으로 하는 계약의 경우 흔히 계약목적물을 설계서와 같은 서류로 보는 경향이 있다. 그러나 계약목적물은 설계서와 같은

57) DPIC Risk Management Handbook, pp.209-211 참조.

서류가 아니고 그 시설물에 구현되는 서비스다 다시 말하면 직접적 손해는 엔지니어링 개념이 구현된 시설물의 구조 및 성능 등의 결함으로 나타난다. 엔지니어링 서비스는 시설물의 구조 성능을 결정할 뿐만 아니라 그 시설물을 구축하는 과정의 인력 및 작업, 완성된 시설물의 유지 및 운영, 그 시설물이 자연 및 사회에 미치는 영향에 관한 것까지 포함하게 된다. 이것을 분석하면 사업과 관련한 자연력시스템natural power system, 인력시스템human power system, 사회력시스템social power system을 구축하는 것이라 할 수 있다. 그런데 자연력 시스템의 구축은 시설물 등에 투입되는 자연력뿐만 아니라 그것이 생태계 등 자연 혹은 인간에 미치는 영향에 관한 모델까지 투입하는 것이다. 인력시스템은 시설물 등을 구축하는 과정 및 시설물 등이 구축된 후의 유지·보수·운영에 필요한 인력시스템 및 안전시스템을 투입한다. 사회력시스템은 수익모델 등 경제력시스템 뿐만 아니라 합법적·합윤리적 시스템일 것이 요구된다. 이러한 시스템의 결함은 주어진 과업task에 따라 계약불이행으로 인한 직접적 손해로 여겨지게 될 수 있다. 그런데 앞에서 말한 바와 같이 엔지니어가 그 위험을 정확히 예측한다는 것은 불가능하다. 그러므로 직접적 손해에 관해서도 동종업종에 종사하는 엔지니어가 동일한 여건에서 할 수 있을 것으로 기대되는 수준, 소위 통상의 주의의무stansdard care로 주의의무의 수준을 제한하여야 할 당위성이 있을 뿐만 아니라 위험에 대한 예측가능성foreseeable이라는 조건을 책임발생요건으로 하여야 하는 것을 유의하여야 한다.[58)]

(11) 통상적 주의의무standard care

신의성실 위반의 기준에 관해서 높은 의무를 기준으로 설정될 수 있는 것이 문제된다. 일반적으로 공중public은 엔지니어에 대해 무오류환상을 가지고 있다. 심지어 의뢰인도 그런 생각을 갖는 경우가 흔하다. 그러므로 이 부분에 대해 침묵할 경우 위험에 노출될 가능성이 높다.[59)]

58) 민법상 위임계약에 관한 제681조가 "선량한 관리자의 주의의무"라고 규정한 것이 당해 사무를 처리하는 자로서 통상적 주의의무를 말한 것이라 할 수 있다. 한편 결과적 손해에 관해서는 민법 제393조에서 "채무불이행으로 인한 손해배상은 통상의 손해를 그 한도로 한다"라고 규정하고 있으나 이것이 고의·과실을 요건으로 한다는 것은 아니다. 민법 제390조에서 "채무자가 채무의 내용에 좇은 이행을 하지 아니한 때에는 채권자는 손해배상을 청구할 수 있다"라고 규정하고 있기 때문이다. 고의·과실을 책임발생의 요건으로 하는 경우는 履行不能인 경우에 한하고 있다(민법 제390조 단서규정).

한편 의뢰인 중에는 최고의 기술과 주의로 업무를 수행해 줄 것을 요구하는 경우가 있다. 그러나 이와 같이 엔지니어가 오류를 범하지 않는다고 생각하는 것은 불합리하다. 그리고 엔지니어링은 이상을 추구하는 것이 아니고 현실의 제약을 받는 가운데 현실적 문제를 해결하는 것이다. 또한 법은 대표적인 사람을 기준으로 하는 특성을 가지므로 당연히 대표적 엔지니어representative engineer를 기준으로 하여야 한다. 그러므로 다음과 같은 신의성실 의무의 기준이 제시되고 있다.[60]

> 동일한 분야의 일에 종사하고 있는 양심적인 사람이 유사한 상황에서 최근 통상적으로 사용하는 기술과 주의로 서비스를 제공하여야 한다.
>
> (Services provided by design professional under this agreement will be performed in a manner consistent with that degree of care and skill ordinarily exercised by other reasonably competent practitioners of the same discipline currently practicing under similar circumstances.)

(12) 하자담보책임non-negligence responsibility

일반적으로 계약의무 혹은 법적 의무를 위반하는 경우 손해배상책임이 발생하는 요건은 주관적인 의무해태negligence, 즉 신의칙 혹은 선량한 관리자로서의 주의의무를 요건으로 한다. 그러나 담보책임은 주관적인 의무해태를 요건으로 하지 않고 계약목적물의 하자defects와 행위 간에 相當因果關係가 성립하면 책임이 발생하는 엄격책임non-negligence responsibility이다. 민법은 도급계약의 효력으로 담보책임을 규정하고 있다. 그러나 도급계약이 아닌 계약에서 엔지니어에게 담보책임을 지우려 하는 경우가 있을 수 있다. 엔지니어링의 경우 결과의 예측이 어려운 점을 고려할 때 이런 책임을 수용하는 것은 무모한 것이고 발주자도 엔지니어에게 이런 책임을 전가시키려고 하는 것은 불합리하다. 그런데 우리나라의 경우 엔지니어링서비스 계약을 도급계약으로 생각하는 경향이 있음은 유의하여야 한다.

우선 엔지니어링서비스 계약이 도급계약으로 하는 경우가 문제될 것이다. 엔지니어링서비스 제공을 목적으로 하는 계약은 도급계약으로 하는 것은 부적

---

59) 최근에는 기대관리expectation management라는 용어도 생기고 있다.

60) DPIC Risk Management Handbook, pp.283-285 참조.

절하다. 엔지니어는 건설사업의 경우 의뢰인(사업주)과 책임에 관한 적대적 관계가 아니고 의뢰인을 위해서 건설사업을 consulting하는 관계로 설정되는 신뢰관계로 생각하는 것이 국제적 인식이다. 그러므로 이러한 지위로 계약하는 자에게 완성된 시설물에 관한 하자보증책임을 지우지 않는 것이 관례이다.[61]

한편 단순한 설계자designer로서 계약하는 경우에도 설계자에게 그 설계목적물에 관한 하자보증책임을 지우는 것은 부적절하다. 대부분의 설계는 어떤 표준specification이 있어서 그 표준대로 하는 업무가 아니고 창의적인 것이므로 재량적이다. 그러므로 설계서가 완성된 다음에 그 설계에 의하여 시공construction하는 자와는 책임이 다르다. 시공자는 설계자가 제시한 설계서 및 시방서에 따라 시공하여야 하고, 공사계약의 목적물이 그 시방과 다를 경우 계약목적물에 관한 하자담보책임을 지는 도급계약을 하는 것이다. 따라서 엔지니어링서비스를 목적으로 하는 국제적인 표준계약서는 설계목적물에 관한 하자보증책임을 규정하고 있지 않을 뿐만 아니라 이행보증책임performance bond[62]에 관한 규정도 두지 않는다. 그런데 여기서 유의해야 할 사항이 있다. 우리나라 정부계약의 경우 엔지니어링 서비스 계약을 도급계약으로 하고 있는 점이다.[63] 시정되어야 할 사항이라 생각된다.

(13) 수급인의 제3자에 대한 손해배상책임

민법 제757조는 受給人이 그 일에 관하여 제3자에게 가한 손해를 배상할 책임이 都給人에게 있는 것으로 규정하고 있다. 한편 민법 제756조는 被用者가 제3자에 가한 손해의 배상책임을 使用者가 지는 것으로 규정하고 있다. 都給人의 책임과 使用者의 제3자에 대한 책임이 정반대로 규정되어 있다. 그러나 도급인에게 도급 또는 지시에 관하여 중대한 과실이 있는 경우는 도급인이 책임을 지는 것으로 하고 있다. 사용자의 경우도 사용자가 피용자의 선임 및 그 사무 감독에 상당한 주의를 한 때 또는 상당한 주의를 하여도 손해가 있을 경우

---

61) DPIC Risk Management Handbook, pp.231-232(performance bond), pp.43-46(certification, guaratees and warranties), pp.217-218(non-negligent services) 참조.

62) DPIC Risk Management Handbook, pp.231-232 참조.

63) 국가를 당사자로 하는 계약에 관한 법률 시행규칙 별지 제9호 서식 "기술용역표준계약서" 참조. 정부가 기술용역 업무를 위탁하는 경우 사용하는 이 서식은 "중앙관서의 장과 계약상대자는 상호 대등한 입장에서 붙임의 계약문서에 의하여 위 기술용역에 대한 도급계약을 체결하고… "라고 규정하고 있다.

에는 사용인이 책임을 면하는 것으로 규정하고 있다. 여기서 被用者에게 잘못이 있는 경우 피용자가 제3자에 대한 책임을 지는 것으로 규정하고 있지 않은 점을 유의하여야 한다. 즉 사용자와 피용자 간의 내부관계로 규정하고 있다. 그러므로 당해 사업과 관련하여 손해를 본 제3자는 사용자에게 배상청구를 하는 것이지 피용자에게 잘못이 있다 하더라도 피용자에게 손해배상청구를 할 수 없는 것이다.[64)]

여기서 엔지니어링서비스를 목적으로 하는 계약을 위임계약으로 하느냐 혹은 도급계약으로 하느냐에 따라 법률상 중대한 차이가 발생함을 유의하여야 한다. 엔지니어링서비스를 목적으로 하는 계약을 도급계약으로 하지 않는다면, 즉 위임계약을 한다면 엔지니어의 과실로 제3자에게 손해를 가한 경우 그 제3자에 대한 손해배상책임은 사용자, 즉 의뢰인이 지는 것이다.[65)] 그러나 도급계약으로 할 경우는 제3자에 대한 손해배상책임은 엔지니어가 지는 것이다. 물론 앞에서 말한바와 같이 피용자, 즉 엔지니어의 잘못이 있을 경우는 사용자, 즉 의뢰인에 대한 구상채무가 발생한다. 그러나 제3자가 누구에게 손해배상청구를 할 수 있느냐는 중대한 차이가 있는 것이다.

한편 우리나라의 정부건설사업의 경우 설계에서 시작하여 공사감리까지 정부가 지휘·감독을 하고 있다. 건설기술관리법 제22조는 설계 등 용역을 수행하는 데 있어서도 대통령령이 정하는 용역에 대해서는 設計監理를 하도록 하고 있다.[66)] 국가사업을 책임지는 정부로서는 당연한 것이지만 사용자로서의 책임과 관련된 것이다.

(14) 계약의무위반책임 법리와 불법행위책임 법리

일반적으로 계약위반으로 인한 손해배상책임은 계약목적물에 관한 손해, 즉 직접적 손해와 그로 인한 경제적 손실에 대해 그것이 계약상의 의무, 신의성실의무를 위반하여 발생한 것이라고 인정되면 손해배상책임이 발생하는 법리로 되어있다. 그러므로 손해결과에 대한 예측가능성판단(과실판단)을 하지 않는다는

---

64) 민법 제756조 3항 참조.

65) 민법 제756조의 "사용자" 혹은 "피용자"는 고용계약에서의 사용자 외 피용자만을 말하는 것이 아님을 유의해야 한다. 사무처리를 위탁하는 위임계약에서 위임인과 수임인의 관계도 사용자와 피용자의 관계이다. 다만 도극계약의 경우만 해당되지 않는다.

66) 건설기술관리법 제22조 참조.

점을 유의하여야 한다. 계약의무위반breach of contractual duty 책임이다. 그리고 이 계약상의 의무는 계약에 의하여 당연히 발생하는 의무라는 점을 유의하여 한다. 신의칙 위반에 의한 결과책임의 성격을 가지므로 과실책임보다 엄격한 책임을 지고 있다.

- 신의성실의무(계약상의 의무) 위반 → 손해의 발생(계약의무 위반과 손해발생 간의 인과관계) → 배상책임의 발생

반면 불법행위책임에서는 결과의 예측가능성(과실판단)이 책임발생요건으로 되어 있다. 즉 발생된 손해결과에 대한 예측가능성이 있으면 법적인 주의의무가 발생하고 그 주의의무를 위반하는 것이 법적의무 위반breach of legal duty가 되어 손해배상책임이 발생하는 법리로 되어 있다.

- 손해결과에 대한 예측가능성 → 주의의무발생 → 주의의무 위반 → 손해의 발생(주의의무 위반과 손해의 발생 사이에 상당인과 관계의 존재) → 배상책임의 발생

(15) 제3자에 대한 계약위반책임 법리

제3자third party에 대한 책임은 불법행위책임법리에 의한다. 그러나 제3자에 대한 손해배상책임을 계약불이행책임으로 보는 법리가 있음을 유의해야 한다.[67] 계약의 이행과 관련한 제3자에 대한 손해배상법리는 영·미법에서 발달한 법리이다. 계약은 계약당사자 간의 문제만이 아니고 제3자에 대해서도 성실한 이행책임이 있다는 것이다. 예를 들면 집주인과 그 집에 세든 사람 간에는 계약관계가 없다. 그러나 동일한 재산, 즉 집에 대한 상호 관계privity가 형성되므로 각자는 집주인과의 계약을 성실히 이행하여 다른 사람에게 피해를 주어서는 안

67) 채무불이행으로 인한 손해배상책임은 민법 제390조에서 "채무자는 채무의 내용에 좇은 이행을 하지 아니한 때에는 채권자는 손해배상을 청구할 수 있다"라고 규정하여 채무자와 채권자간의 관계로 규정하고 있다. 한편 계약업무와 관련하여 발생하는 제3자의 손해배상책임에 관해 규정하고 있는 민법 제756조 및 제757조를 유의하여야 한다. 물론 756조와 757조는 고의·과실을 요하는 불법행위책임으로 규정하고 있다. 그러나 계약과 관련된 불법행위책임이라는 점을 유의해야 한다. 이 경우 사용자의 책임이 영미법의 경우와 같이 무과실책임의 성격을 갖고 있는 것인지 혹은 피용자가 불법행위를 하는 경우에 사용자의 책임에 관해서 규정한 것인지 명확하지 않다.

되는 의무를 수반한다는 것이다. 처음에는 계약관계에 있는 사람 간에만 이 관계를 인정하였으나, 계약관계가 없는 자 간에도 동일한 재산에 대한 상호 관계를 인정하게 되었다. 앞의 예에서 세든 사람 상호 간에도 그 집의 사용에 대한 상호관계를 인정하는 것이다. 그러나 실제적 손해actual damages에 대해서는 긍정적이나 제3자의 간접적 손해, 경제적 손실economical loss까지 제3자에 대한 계약위반책임을 묻는 것에 관해서는 소극적이다.[68]

이 제3자에 대한 계약위반책임법리와 불법행위책임법리torts는 구별하기 어려운 점이 있다. 다 같이 다른 사람의 이익을 침해하는 것에 관한 것이기 때문이다. 그러나 전자는 계약위반책임이지만 후자는 불법행위라는 점에서 구별된다. 예를 들면 엔지니어가 계약으로 정한 어떤 설계의 기준을 위반한 경우 의뢰인에 대한 계약의무 위반으로서 이에 기해 의뢰인은 손해배상청구를 할 수 있지만 제3당사자는 계약의무 불이행을 이유로 자신의 손해배상을 청구할 수 없다. 제3당사자와는 계약관계가 없기 때문이다. 이 경우 제3당사가 계약불이행을 이유로 손해배상청구권을 인정하는 것이 제3당사자에 대한 책임법리이다. 사실상의 계약위반책임이라고도 한다.[69]

이 법리는 동일한 프로젝트에 참여하고 있는 엔지니어와 시공자 간의 법률관계에서 의미가 있다. 일반적으로 엔지니어와 동일한 프로젝트에 참여하고 있는 시공자, 자재납품자vendor 혹은 프로젝트 소유자owner 등과 엔지니어 간에는 계약관계가 없으므로 계약불이행 혹은 채무불이행을 이유로 손해배상책임 등이 발생하지 않는다. 물론 엔지니어와 제3당사자[70] 간에는 불법행위책임법리에 의하여 과실로 제3당사자의 권리를 침해한 경우 손해배상책임이 발생하는 것은 당연하다. 그러나 제3당사자 대한 계약위반책임법리에 의하면 계약불이행으로 인해 제3당사자에 대한 손해배상책임이 생기는 것이다. 엔지니어링서비스는 프로젝트에 구현되는 것이고 이것은 건설업자 등과 무관할 수 없다. 또한 장래의

68) DPIC Risk Management Handbook, pp.313-314 참조.

69) 대륙법에서도 제3자에 대한 계약위반책임법리는 적용될 수 있다. 사무관리 혹은 準契約을 인정하고 있는 것이 그 예이다. 즉 보통의 경우는 명시적 계약에 의하여 계약위반책임이 발생하지만 일정한 경우에는 의사의 합치가 없이도 객관적인 행태상황과 이해관계만을 근거로 적용될 수 있다는 것이다. 이러한 사실적 상황으로부터 계약이 있는 경우와 똑같은 보호할 만한 이해관계가 생성되고 있는 경우에는 유효하게 체결된 계약에 있어서와 동일한 또는 유사한 법률효과가 성립될 수 있다고 한다. 김형배 역, 법학입문, pp.95-96 참조.

70) 동일 프로젝트의 이해관계가 있으므로 그런 밀접한 관련이 없는 "제3자public와 구별하여" "제3당사자the third party"라고 구별한다. 그러나 경우에 따라서는 제3자를 "third party"라고 하고, 공중과 제3당사자를 포함하는 의미로 사용되는 경우가 있다(FIDIC 표준계약서 참조).

소유자에게도 이해관계에서 영향을 미치는 것은 분명하다. 그러므로 프로젝트에 참여하는 당사자 간에는 공동의 이해관계를 갖는다고 할 수 있다. 한편 공공시설을 건설하는 사업인 경우 그것을 이용하게 될 공중public에 대해서도 이런 사실상의 밀접한 이해관계가 성립된다고 할 수 있는 가능성이 있다. 그 시설은 국민의 세금을 재원으로 하고 또 그것을 이용하는 자이기 때문이다.

계약당사자의 사회에 대한 공동책임에 관해서는 "이성과 법의 원리에 비추어 계약당사자는 공동으로 성실하게 계약을 이행하여야 할 법적 의무가 있다. 그러므로 계약당사자가 이 법적 의무를 해태하여 사회 성원에게 손해를 입힌 경우 손해를 입은 자는 법원의 판결로 그 손해를 구제받을 수 있다"라는 보통법common law 원리가 있다(Blackstone 주석서).

(16) 공적 책임public responsibility

"사회성원은 서로 다른 성원의 권리를 침해해서는 안 된다"는 가장 일반적인 공적 의무에 기한 책임을 갖는다.[71] 앞에서 말한 제3자에 대한 책임, 즉 공동으로 사용하는 재산에 대한 공동책임원리도 넓은 의미의 공적 책임이다. 한편 법은 이상의 일반적인 공적 책임 외에 일정한 일을 하는 자 혹은 특수란 신분을 가진 자에게 특별히 지켜야 할 의무를 부과하는 경우가 있다. 좁은 의미의 공적 책임이라고 할 수 있다.

엔지니어의 경우 법률에서 특별히 과하는 공적 책임이 있지만, 사회가 엔지니어의 자격을 부여하는 것에 수반되는 사회계약적인 공적 책임이 인정될 수 있다. 엔지니어의 능력 혹은 자격을 인정하는 것은 사회를 위해서 일하라는 의미가 들어 있기 때문이다.[72] 이 경우 그 의무를 위반하여 다른 사람에게 손해를 입힌 경우 책임이 발생할 수 있는 것이다. 민법 제750조의 불법행위책임에서 "불법"은 반드시 명시적인 법률에 위반하는 경우만을 말하는 것은 아니다.

---

71) DPIC Risk Management Handbook, pp.243-246 참조.

72) 형법에서 업무상과실을 가중처벌하는 이유가 될 수 있다. 가중처벌에 관해서는 책임의 加重이 아니라 책임의 有無문제로 보아야 한다는 점은 전술한바 있다. 그러므로 일반인의 경우는 책임이 없을 수 있는 것이 사회가 공인하는 전문적인 업무를 수행하는 책임이 있을 수 있다는 차원에서 검토되어야 한다는 것이다. 그러나 우리나라 형법은 가중처벌주의를 취하고 있다.

(17) 공공시설물에 관한 책임

이 의미의 공적 책임은 국민의 건강, 복지 혹은 안전을 위해 그와 관련되는 일을 하는 사람들에게 부과되는 법적 의무이다. 그러므로 사회간접자본 혹은 산업시설에 등 공공시설물에 관해 부과되는 경우가 많다. 그 시설물들이 공중의 국민의 건강, 복지 등과 밀접한 관련이 있기 때문이다. 그러므로 엔지니어링 서비스의 경우 해당 사항이 많다. 예를 들면 법이 다중이 이용하거나 공중에 커다란 위해를 초래할 가능성이 있는 시설물의 안전기준에 맞게 설계하여야 한다든가 어떤 시설물이 환경에 미치는 영향에 관해 평가보고서를 제출하도록 하는 것과 같다. 그러므로 법원의 판결 등을 통해 발달한 일반법 원칙이 아니고 대부분 행정법에 의해 규정된 것이다.

건설기술관리법에 의하면 건설공사의 품질관리와 관련하여 건설공사에 사용하는 자재 및 부재의 규격 및 시공방법의 표준화, 품질보증계획 및 품질검사, 안전관리계획에 의한 안전점검 등을 규정하고 있고, 설계 등 용역업자에 대해 계약업무와 관련하여 법령에 따라 성실히 수행할 공적 의무를 규정하고 있다(건설기술관리법 제20조의2). 이러한 공적의무를 위반한 경우는 업 면허취소, 업무정지, 벌점에 의한 불이익 처분 등 행정적 제재 및 벌칙의 적용을 받는다. 이러한 행정적 제재도 문제이지만 더욱 유의해야 할 것은 법령에서 정하는 기술표준을 어긴 경우 그 하자에 대한 담보책임을 지는 것이다. 이미 시설물이 완성된 다음의 하자보수는 그 비용이 거대할 수 있다. 앞에서 말한 바와 같이 우리나라의 경우 정부에 대한 엔지니어링 서비스제공을 목적으로 하는 계약은 그 계약목적물에 대해 하자담보책임이 있는 도급계약으로 인식되고, 하자담보책임은 엄격책임non-negligence responsibility인 점을 특히 유의하여야 한다.

(18) 환경오염 및 환경훼손에 관한 책임

국가가 보호하고자 하는 공공의 이익에는 앞에서 말한 공공시설물뿐만 아니라 환경이 있다. 헌법 제35조는 "모든 국민은 건강하고 쾌적한 환경에서 생활할 권리를 가지며 환경권의 내용과 행사에 관하여는 법률로 정한다"라고 규정하고 있다.

환경정책기본법 제7조는 자기의 행위 혹은 사업활동으로 인하여 환경오염 또는 자연훼손의 원인을 야기한 자, 즉 사업자가 책임을 지는 원인자 책임원칙을 규정하고 있다. 그리고 환경정책기본법 제31조는 사업장 등에서 발생되는 환경오염 또는 환경훼손으로 인하여 피해가 발생한 때에는 당해 사업자는 그 피해를 배상하여야 한다고 규정하고 있다. 무과실책임을 요건으로 하는 공적책임이다. 여기서 환경오염은 대기오염, 수질오염, 토양오염, 해양오염, 방사능오염, 소음, 진동, 악취, 일조방해 등으로서 건강이나 환경에 피해를 주는 것을 말하고, 환경훼손은 야생의 동·식물의 남획 및 그 서식처의 파괴, 생태계질서의 착란, 자연경관의 훼손, 표토의 유실 등으로 인하여 자연환경의 본래적 기능에 중대한 손상을 주는 상태를 말한다고 규정하고 있다. 환경훼손에 관해서는 그것을 복구하는 데 소요되는 비용을 부담할 책임을 지는 것이다. 그러나 공공사업자인 경우 사업자는 국가이므로 환경오염 등의 책임이 있는 자는 국가일 것이다. 그러나 국가에 배상책임을 인정할 수 없을 것이므로 결국 국민 전체의 부담인 결과가 될 것이다.

엔지니어링의 경우 자연환경에 영향을 미치는 경우가 많으므로 특히 유의하여야 한다. 이 경우 엔지니어는 사업자가 아니므로 책임에서 제외된다고 생각하기 쉬우나 엔지니어의 잘못이 있을 경우 구상문제가 생긴다.

(19) 보호법익

법이 보호하고자 하는 이익에는 앞에서 말한 공공시설물 및 환경과 같은 공공재public property의 보호뿐만 아니라 사회성원의 건강, 생명, 명예, 공무상의 비밀, 질서 등도 공적 이익으로 보호하고 있다, 이와 같이 법이 보호하고자 이익을 법익이라고 한다. 각개의 법률은 그 법의 목적 및 법률관계에 따라 보호하고자 하는 법익을 규정하고 있고 그 이익의 귀속주체를 정하고 있다. 법익침해의 경우에 적용되는 가장 일반적인 구제방법이 손해배상책임을 부과하는 것이다. 그러므로 그 법익의 귀속주체를 사회성원 개인에 귀속하는 것으로 한 경우는 그 개인에게 손해를 배상하여야 하고, 법익의 귀속주체가 사회성원 전체인 경우는 국가에 배상하여야 하는 것이다. 국가와 계약하는 업무와 관련하여 국가가 개인에게 배상청구를 하는 경우가 후자의 예라고 할 수 있다. 한편 과태료 혹은 벌금 등은 손해배상이 아니라 형벌의 의미를 가지고 있다. 손해배상 이외에 법익을 보호하거나 구제하는 방법으로 채용하고 있는 것이 형벌이다.

형법은 국가가 보호하고자 하는 주요 법익을 정하고 그 법익의 침해에 관한 처벌규정을 두고 있다. 그러므로 엔지니어링이 이러한 법익을 침해하는 결과를 초래한 한 경우 형법에 의해 처벌받을 수 있음을 유의하여야 한다. 공무상의 비밀누설, 뇌물공여, 공무방해, 위증, 업무상 실화, 과실일수, 업무상 교통방해, 허위공문서작성, 업무상 과실치사상 등이 엔지니어링에 의해 발생할 수 있다. 엔지니어링의 경우 대부분 과실에 의한 경우 일 것이나 업무상 과실에 관해서는 형이 가중된다는 것을 유의하여야 한다.

엔지니어링의 경우 흔히 문제될 수 있는 공익건조물의 파괴에 관해서 형법은 과실로 인한 공익건조물파괴를 처벌하지 않는 것으로 하고 있다.[73] 그러나 건설기술관리법 제41조의2는 형법과 달리 중요한 공익건조물의 손괴라 할 수 있는 중요시설물의 구조상의 중대한 손괴에 대한 업무상 과실책임을 인정하고 있다.

(20) 업무범위

업무범위는 대개 다음과 같은 세 가지로 구분하여 본다. 하나는 기본적 대가에 해당하는 기본업무normal services이고, 둘은 의뢰인이 요청하거나 엔지니어가 과업의 보다 충실한 이행을 위해 의뢰인의 동의를 얻어 추가할 수 있는 추가업무additional services이고, 셋은 엔지니어가 거부하거나 다른 사람이 하도록 특별히 당해 계약의 업무범위에서 제외시킨 제외업무excluded services이다. 업무범위에 관해 유의할 것은 입찰방식에 의한 일방적 계약client-developed contract의 경우 업무범위에 관한 규정에 사용하는 언어가 불명확한 경우가 많다는 것이다. 이런 경우는 “당해 프로젝트를 완성하기 위해 필요한 모든 서비스all engineering services necessary to the completion of the project”를 요구하는 것으로 해석될 가능성이 크다. 특히 기본업무에 대한 규정을 명확히 하지 않을 경우 엔지니어가 추가적으로 필요한 업무에 관한 추가적 보수를 받을 수 없는 경우가 생기기 쉽다.[74]

업무범위와 관련하여서는 “제외업무excluded services”를 명확히 하는 것이 필요하다. 나중에 책임문제에서 해석상의 분쟁을 방지하기 위해서이다. 그러므

73) 형법 제366-제372조 참조.
74) DPIC Risk Manageemnt Handbook, pp.265-267 참조.

로 엔지니어가 의뢰인에게 필요하다고 요청한 업무 및 의뢰인이 다른 사람으로부터 공급받아야 할 서비스에 관한 리스트를 기재하여 의뢰인의 확인을 받는 것이 필요하다.[75)]

업무범위는 일반적으로 예비투자pre-investment 단계, 상세계획detailed planning, 설계design 단계, 조달procurement, 시공implementation 단계, 운영operation 단계로 나눈다. 예비투자 단계의 업무는 사업의 자원 및 이들의 유용성 등에 관한 예비조사reconnaissance study와 사업개발의 기술적·경제적 타당성, 부수사업의 규모 및 순위, 지역 및 지구생태계에 미치는 영향평가, 지역복지 및 지역환경에 미치는 영향 등 타당성조사feasibility study가 행해진다. 여기서 예비조사는 정성적qualitative으로 타당성조사는 정량적quantative으로 행해진다. 계획단계에서는 사업조직, 공정계획, 사업비조달계획, 예산의 배분, 필요한 입법조치 및 법적 요구사항 등에 관해서 계획을 수립한다. 설계단계는 기본설계와 상세설계단계로 다시 나누는 것이 일반적이다. 우리나라의 경우 정부사업에서 사전조사, 타당성조사 및 계획은 경제학자 등의 도움을 받아 발주기관이 직접 수행하며 외부 전문가에 위탁하여 수행하는 업무는 설계단계 이후의 업무이다.[76)]

우리나라의 경우 기본설계, 상세설계, 시공을 동일한 엔지니어의 책임하에 계속하여 수행하기보다는 각각 다른 사람이 수행하는 경우가 많다. 따라서 상호간의 책임한계를 명확히 하는 것이 중요하다. 이 경우 기본설계가 잘못되어 다른 사람이 하는 상설설계가 잘못되고 다시 그에 의해 다른 사람이 시공하는 공사가 잘못된 경우 등 책임을 가리기가 힘들 경우가 많을 수 있다. 각 단계에서 전단계前段階를 검토하도록 하는 과정을 두어야 하며 그 과정을 거친 다음에는 전단계의 업무를 한 자의 후단계 업무에 관한 책임을 면하게 하는 제도의 정립이 필요할 것이다.[77)]

(21) 자재의 선정에 관한 설계

엔지니어는 엔지니어링에서 사용하는 자재materials 등을 자신이 선정하는 책임을 지는 경우 그에 관한 위험책임을 지게 된다. 의뢰인이 공급하는 자재의

75) DPIC Risk Manageemnt Handbook, pp.139-141 참조.

76) FIDIC 표준계약서 해설서(White Book) Appendix A 참조.

77) DPIC Risk Manageemnt Handbook; Design Without Construction Phase Services, Construction Observation, Multiple Prime Contracts 참조.

경우에도 그에 관한 판단책임에서 자유롭다고 할 수 없다. 그러므로 이 경우에 관한 책임한계를 명확히 해 두는 것이 필요할 것이다. 기본적으로 현재의 기술수준에서 알 수 있는 것에 한해야 한다. 조사사항을 명확히 하는 것도 필요할 것이다. 설계업무에는 그 설계를 위한 지질조사나 토질조사 업무가 포함되는 경우가 많다. 이 조사업무는 비용이 수반되는 것이므로 조사방법 혹은 조사수준을 명확히 할 필요가 있다. 적은 비용으로 완벽한 조사를 해야 하는 것이 될 수 있다. 그리고 기술이 허용하는 수준을 넘어 문제점을 발견하지 못한 것에 관한 책임을 질 수 있기 때문이다.

조사업무

이와 유사하게 자연환경이나 인구문제, 지역경제 등 공동체의 환경에 미치는 영향에 관해서도 의뢰인과 관계에서 책임한계를 명확히 하는 것이 필요할 것이다. 엔지니어링은 본질적으로 동일한 과거의 사례가 없는 실험적인 경우가 많으며 상당한 무지상태에서 업무를 하는 것이다. 기술의 영향을 예측하는 것은 한계가 있다. 그러므로 이와 같은 조사업무에 관해서는 일반적 주의의무standard care에 관한 인식을 당사자 간에 명확히 하는 것이 중요하고, 한편으로 일반적 주의의무를 해태한 경우가 아닌 경우에는 위험을 발견하지 못한 것으로 인한 손해의 책임은 사업주가 부담하는 것으로 하는 것이 형평상 옳다고 본다.

(22) 이행지체

이행지체로 인한 손해는 대부분 경제적 손실문제가 된다. 그러므로 손해배상액의 실제적 산정보다는 손해배상액의 예정liquidation방법을 활용하는 것이 일반적이다.[78] 정부계약의 경우 계약금액에 법령이 정하는 일정률에 지체일 수를 곱한 금액으로 하고 있다(국계법 시행령 제74조 및 시행규칙 제75조).

(23) 이익상계betterment

일반적으로 채무불이행 혹은 불법행위로 인한 손해배상을 하는 경우, 과실상계를 한다.[79] 그러나 이익의 공정한 배분에 관해서는 법이 침묵하고 있다. 그

78) DPIC Risk Manageemnt Handbook, p.209(Liquidated Damages) 참조.

러나 예를 들어 어떤 시설물의 일부설비가 설계자의 과실로 누락된 것이 시설물을 구축한 다음에 발견되어 손해배상방법으로 엔지니어의 비용으로 개축한 경우 그 설비의 구축에 필요한 비용까지 부담하는 문제가 생긴다. 그것까지 부담한다면 의뢰인이 그 만큼 이익을 보는 것이 된다. 이 경우 의뢰인은 엔지니어의 비용에서 엔지니어가 설계누락이 없었으면 당연히 들어갈 비용은 엔지지어의 개축비용에 포함시키는 것이 정당하다는 것이 이익상계betterment 이론이다.[80]

이 이론을 확장하면 엔지니어가 효율적인 기술을 사용함으로써 의뢰인의 건설비 절감을 가져온 경우 그 이득은 엔지니어의 기여도에 따라 엔지니어에게 배분되는 것이 정당하다고 할 수 있다. 당사자 간의 사업이익은 효과적인 협동을 위해서 필요한 것이라고 생각한다. 금전적 보상은 천박하다고 생각하는 것도 옳지 않다. 나아가서 엔지니어가 통상적인 수준을 초과하는 위험을 감수risk taking하는 계약을 하는 경우에도 그 위험에 관한 보수 및 이익의 배분도 고려하는 것이 적절하다는 생각을 하게 된다.

(24) 과실상계

민법 제396조는 채무불이행에 관하여 채권자에게 과실이 있는 때에는 법원은 손해배상의 책임 및 그 금액을 정함에 이를 참작하여야 한다고 규정하고 불법행위로 인한 손해배상책임에도 준용하고 있다. 불법행위에 관해서도 적용된다고 할 수 있다.

(25) 배상액의 경감

불법행위로 인한 손해배상책임의 경우 민법 제765조는 그 손해가 고의 또는 중대한 과실에 의한 경우가 아니고 그 배상으로 배상자의 생계에 중대한 영향을 미치게 될 경우에는 법원에 그 배상액의 경감을 청구할 수 있다고 규정하고 있다. 고의 또는 중대한 과실이 없는 경우 사회적 補償을 고려한 것이라고 볼 수 있다.

---

79) 민법 채무불이행의 경우 과실상계에 관한 제396조 및 불법행위에 관한 제763조 참조.

80) DPIC Risk Management Handbook, p.23(betterment) 참조.

(26) 공동책임

엔지니어링의 경우 프로젝트의 여러 당사자의 서비스가 복합적으로 결합되어 구현되는 특성을 갖는다. 예를 들면 설계자의 설계는 공사에 반영되고 납품업자가 제공한 자재는 그 공사에 투입되는 것이며, 설계는 그 이전에 이루어진 조사나 계획을 기초로 한다. 그런데 각각의 단계와 분야를 각각 다른 사람들이 하는 경우 어느 누구의 책임으로 돌리기 어려운 상황이 생긴다. 당연히 공동책임 문제가 생길 수 있다.

민법 제760조는 수인이 공동의 불법행위로 타인에게 손해를 가한 때 혹은 공동 아닌 수인의 행위 중 어느 자의 행위가 그 손해를 가한 것인지를 알 수 없는 때도 연대책임을 지는 것으로 하고 있다. 이에 관해 공동의 불법행위는 반드시 주관적인 공모 혹은 공동의 인식이 있어야 하는 것이 아니고 객관적 공동이 있으면 된다고 하는 것이 통설이다. 그러므로 동일한 프로젝트에 참여하는 계약관계가 없는 당사자들은 객관적 공동관계가 형성되어 공동불법행위가 성립할 수 있다. 따라서 연대하여 책임을 지는 것으로 한 것이다.

한편 미국의 뉴욕주법에서 객관적 공동과실several misconduct의 경우 과실의 기여도가 50% 미만인 경우는 책임을 지지 않는 것으로 하고 있다. 연대책임을 지더라도 연대책임을 지는 자들 간의 내부관계에서 구상권의 문제가 있을 것이므로 이 문제에 관한 규정이라고 할 수 있다. 과실의 기여도를 산정하기가 어려운 점을 감안한 것이라 할 수 있다.

국가를 당사자로 하는 계약에 관한 법률의 회계예규인 공동도급운용요령에 의하면 공동수급체를 구성하여 정부와 계약하는 경우 공동이행방식과 분담이행방식으로 나누고 공동이행방식인 경우는 계약상의 의무이행에 관해 연대책임을 지도록 하고, 연대책임자 간의 손익의 배분은 공동수급체에의 출자비율에 의하도록 하고 있다. 손해배상책임에 관해서는 언급하지 않고 있으나 같은 방식이 적용된다고 본다.

30. 국가계약

(1) 공법상의 계약

흔히 국가계약을 정부계약이라고 한다. 그러나 헌법상으로 보면 정부는 대통령과 행정부를 말하는 것으로 이해되므로 법원, 지방자치단체 등은 정부에 포함하지 않는 것으로 볼 수 있다.[81] 지방자치단체의 계약에 관한 법은 국가를 당사자로 하는 계약에 관한 법률(이하 "국계법"이라 한다)과는 별도로 지방재정법에서 규정하고 있다. 국회 및 법원도 자율입법권에 의해 정할 것이다.[82]

이 경우 계약 당사자 일방은 공공기관이고 타방은 개인이다. 이 계약이 공법상의 계약인가 혹은 사법상의 계약인가에 관한 논란이 있다. 민법상의 위임계약 혹은 도급계약 등을 준용한다 하더라도 그것이 사법상의 계약이라고 할 수 없을 것이다. 이에 관해서는 전술한바 있으므로 여기서는 재론하지 않겠다.

(2) 계약의 자유

계약제도는 계약의 자유를 내포하고 있다. 즉 계약체결 여부 및 계약상대방 결정의 자유, 계약내용 결정의 자유가 있다. 그러나 국가계약에서 민법과 같은 계약자유가 완전하게 보장되느냐에 관해서는 의문이 있을 수 있다. 공법상의 계약의 경우는 공공필요에 의해 계약체결의 자유 등을 제한하는 규정을 둘 수 있을 것이다. 국가를 당사자로 하는 계약에 관한 법률에 의하면 국가 안보상의 필요 혹은 긴급을 요하는 경우는 수의계약을 할 수 있도록 규정하고 있다. 공개경쟁입찰 원칙에 관한 예외이다. 누구나 계약할 의사가 있으면 참여하는 것이 계약자유의 원칙일 것이나 제한하고 있는 것이라 할 수 있다.

(3) 정부계약의 주체

국가계약을 할 수 있는 자를 일정한 자격요건에 의하여 제한하는 것이 일

81) 헌법 제4장(정부), 제4장 1절(대통령), 제4장 2절(행정부) 참조.

82) 헌법 제64조(국회의 자율권), 헌법 제108조(법원의 자율권), 헌법 제117조(지방자치단체의 자치권) 참조.

반적이다. 면허·등록·신고제도가 그것이다. 엔지니어링 서비스와 관련한 엔지니어링 활동주체는 상사회사commercial firm를 대상으로 제한하는 경우와 전문직professional을 대상으로 하는 경우로 나누어 볼 수 있다. 상사회사를 엔지니어링 활동주체로 인정하는 경우는 엔지니어링기술진흥법에 의한 엔지니어링 활동주체 신고제도가 있다.[83] 이 경우 반드시 법인인 상법상의 회사일 것을 요하지 않고 개인회사도 신고대상이 된다. 한편 전문직을 대상으로 하는 경우는 기술사법상의 기술사사무소 신고제도 등이 있다. 이 경우는 합동사무소를 인정하고 있으므로 실질적으로는 조합형태로 운영할 수 있다.[84] 이 경우 상법상의 회사를 대상으로 하고 있는 것이 아니라는 점을 유의하여야 한다.[85]

이와 같이 법이 정부사업 參與資格 혹은 營業資格을 제한하는 것은 국민의 생명과 재산을 보호하기 위하거나 공공필요에 의한 것이므로 국민의 자유를 제한하는 것으로 볼 수는 없을 것이다. 그러나 이러한 공공복지를 위한 것이 아닌 제한은 기본권 제한의 문제가 발생할 수 있을 것이다.

(4) 엔지니어의 직무

일반적으로 구·미의 경우 엔지니어the engineer는 기술적 문제를 다루는 기술자specialist in technical matters와 구별하여, 발주기관을 위해 계약contract(여기서 contract는 일반적 의미의 계약이 아니고 공사 등 발주기관과 공사업자 혹은 제조업자간의 계약을 의미하는 용어로 사용되는 점을 유의하여야 한다)을 감독하고 경우에 따라서는 발주기관과 계약자contractor 간에 분쟁을 조정하거나 중재하는 역할이 주어지기도 하는 발주기관에 의하여 임명된 자를 의미한다. 우리나라의 경우로 말하면 감리자의 직무와 유사하다. 이 직무는 판단judgement을 하는 업무이다.

---

83) 엔지니어링기술진흥법이 엔지니어링 서비스를 사업목적으로 하는 상사회사를 신고대상으로 하고 있으나 그 상사회사가 신고하기 위해서는 일정한 전문자격을 가진 기술자를 보유하여야 하는 요건을 규정하고 있으므로 회사 자체를 신고하는 것이 아니고 "기술자로 구성된 조직"을 신고하는 것이다.

84) 법무법인과 같다. 이 경우 소속된 전문가와 법인과의 관계를 상사회사 유사형태로 하여 월급제로 하는 경우와 조합유사형태인 partnership으로 하는 경우가 있다. 그러나 내부관계일 뿐이다.

85) 상사회사가 대상인 경우는 대표자가 반드시 엔지니어일 것을 요하지 않을 것이나 전문직이 대상일 경우는 신고하는 자가 전문직 자격을 가져야 할 것이다. 물론 합동사무소인 경우는 그 합동하는 사람이 전부 전문직을 가지고 있어야 할 것이다.

그러나 우리나라에서는 엔지니어가 하는 직무, 즉 엔지니어링활동이 광범하게 평면적으로 규정되어 있는 특성을 가지고 있다. 엔지니어링 활동에 관해 정의하고 있는 엔지니어링기술진흥법 제2조 1호에 의하면 “과학기술지식을 응용하여 사업 및 시설물에 관한 연구·기획·타당성조사·설계·분석·구매·조달·시험·감리·시운전·평가·자문·지도 기타 사업관리 등을 하는 것”으로 정하고 있다. 여기서 엔지니어링활동은 의뢰인을 위한 활동이 아니고 설계, 조사 등 의뢰인이 위탁하는 일을 하는 자로 정립되어 있는 점을 유의하여야 한다. 다시 말하면 consult로서 정립되어 있지 않다. 그러므로 설계자, 조사자 혹은 분석자인 것이다. 그리고 위탁하는 업무는 기술적 서비스technical services를 포함하고 있다. 사실은 설계가 주요 업무이므로 엔지니어링기술진흥법상의 엔지니어는 설계자designer인 것이다.

(5) 엔지니어의 독립성

우리나라의 경우 엔지니어의 독립성의 원칙은 확립되어 있지 않다.[86] 그러나 공공성을 갖는 업무라는 특성을 갖는 점에서 판단의 독립성에 관한 논의가 있다. 최소한 설계자는 시공자를 겸하지 않는 것을 요한다.

건설기술관리법 제27조의3은 책임감리 등을 수행하는 감리원은 그 업무를 성실히 수행하고 건설공사의 품질향상에 노력하여야 하며 감리원으로서의 품위를 손상하는 행위를 하여서는 아니 된다 하고, 동 시행령 제51조는 책임감리 등을 하게 할 감리전문회사를 선정하는 경우에는 당해 건설공사를 도급받은 자 및 도급받은 자의 계열회사를 감리전문회사로 선정하여서는 아니 되며, 감리전문회사가 당해 건설공사를 도급받은 자의 계열회사로 된 경우에는 즉시 감리회사를 교체하여야 한다고 규정하고 있다. 그러나 설계자와 시공자를 겸하여서는 안 된다는 규정은 없다. 다만 건축업무에 관해서는 시공자와 설계·감리자는 겸할 수 없도록 하고 있다.[87]

---

86) FIDIC 표준계약서 제1조(definitions) v. 는 “Consultant means the party named in the Agreement, who employed as an independent professional firm by the Client to perform the Services, and legal successors to the Consultant and permitted assignees”라고 규정하고 있다.

87) 건축사법 참조.

(6) 전문직의 허가제

엔지니어링은 전문직업으로 분류되지만 자격에 관한 허가제도를 두지 않고 있다. 따라서 전문엔지니어professional engineer 허가제도를 가지고 있는 미국 등과 대비된다. 그러나 건축사와 같은 일부 기술에 관해서는 허가제도를 두고 있다. 일정규모 이상의 건축에 관한 설계·감리는 건축사사무소만이 할 수 있도록 하고 있는 것이 그 예이다. 그러나 건축의 경우는 허가제도를 시행하고 사회간접자본에 관해서는 허가제도를 두지 않는 것에 관한 타당한 설명이 곤란하다. 국가적 차원에서 전문기술자격의 허가제도에 관한 전반적인 검토가 필요한 것으로 보인다. 전문업의 난립 및 기술자 자격관리 혹은 경력관리에 난맥상을 노정하고 있는 것이 오히려 문제가 되고 있기 때문이다.

(7) 사전자격심사Pre-Qualification[88)]

입찰에 참여할 수 있는 자격을 제한하는 방법은 면허, 인가 등을 받은 법인격을 가진 자로 제한하는 것이 일반적이나, 한편 엔지니어링서비스와 같은 전문성을 요하는 사업의 경우 이 기본적 자격을 가진 자 중에서 입찰에 부치고자 하는 당해 사업의 수행능력을 평가하여 능력 있는 자로 입찰참가자격을 제한하는 소위 사전자격심사Pre-Qualification제도가 시행되고 있다.

외국의 경우 사전자격심사는 지명경쟁입찰방식인 입찰초청을 위한 방법으로 사용하고 있는 것이 일반적이다. 그러나 우리나라는 공개경쟁입찰open tendering방법과 연계하여 시행하고 있음으로 인해 과다한 사회적 비용 및 입찰기간의 장기화 등의 문제점이 노정되고 있다.[89)] 사실 이 제도는 국제기관의 국제입찰에서 도입하고 있는 제도이다. 국제기관은 업체 명단long list이나 업체능력에 관한 정보가 없는 상태에서 행해지는 것이므로 이 방법을 활용한다. 그러

88) 사전자격심사절차는 입찰에 참여할 자를 선정하는 절차이므로 입찰절차와 구별되는 것은 당연하다. 그러나 우리나라의 관련규정을 보면 사전자격심사절차와 기술입찰절차로 혼동되어 있는 점을 유의하여야 한다. 건설기술용역에 관한 건설기술관리법 시행규칙 제13조를 입찰에 참가할 자를 선정하는 절차임을 명시하고 있으나 한편으로는 "기술제안서"라는 용어를 사용(제13조 1항 2호)하고 있으므로 기술입찰인 성격을 가지고 있다. 가격입찰만을 입찰로 보는 데서 나온 규정상의 혼란으로 보여진다. 그러므로 상기 건설기술관리법 시행규칙 제13조 1항 1호는 순수한 의미의 사전자격심사절차라고 보여지만 2호에 의한 절차는 기술입찰절차인 것이다. 한편 제13조의3에서 기술·가격분리입찰을 별도로 규정하고 있으므로 혼란스러운 점이 있으나 기술·가격동시입찰에 의한 협상에 의한 계약을 규정한 것으로 보인다.

89) 국가를 당사자로 하는 계약에 관한 법률 제13조, 건설기술관리법 제21조 참조.

므로 업체 리스트를 가지고 있고 업체의 능력에 관한 정보를 가지고 있는 국내 발주기관의 경우는 불필요한 절차일 수 있다. 대단위 사업 혹은 창의성 등 특수한 기술을 요하는 경우가 아니면 지명경쟁방법을 확대하는 것이 바람직하다고 본다. 물론 발주기관의 선정의 공정성이 확보되어야 할 것이며 국가적 차원에서 연구가 필요한 부분이다.

(8) 입 찰

엔지니어링서비스를 제공을 목적으로 하는 공법상의 계약도 그 서비스를 필요로 하는 자client와 엔지니어 간에 청약을 하고 그 청약에 관해 승낙을 함으로써 성립하는 것은 민법상의 계약과 마찬가지이다. 그러나 다소 엄격한 경쟁입찰방법을 도입하고 있는 것이 공법상의 계약의 특징이다. 국가를 당사자로 하는 계약에 관한 법률 제7조는 계약의 방법에 관해 "계약을 체결하고자 하는 경우에는 일반경쟁에 부쳐야 한다. 다만, 계약의 목적·성질 등을 고려하여 필요하다고 인정될 때는 대통령령이 정하는 바에 의하여 참가자의 자격을 제한하거나 참가자를 지명하여 경쟁에 부치거나 수의계약에 의할 수 있다"라고 규정하여 입찰을 통한 계약상대자 선정제도를 도입하고 있다.

이 경우 입찰의 법적 성격이 문제이다. 국가를 당사자로 하는 계약에 관한 법률 제11조(계약서의 작성 및 계약의 성립) 1항에서 "각 중앙관성의 장 또는 계약담당공무원은 계약을 체결하고자 할 때에는 계약의 목적·계약금액·이행기간·계약보증금·위험부담·지체상금 기타 필요한 사항을 명백히 기재한 계약서를 작성하여야 한다"라고 규정하고, 2항에서 "제1항의 규정에 의하여 계약서를 작성하는 경우에는 그 담당 공무원과 계약상대자가 계약서에 기명·날인 또는 서명함으로써 계약이 확정된다"라고 규정하고 있다, 여기서 계약서의 작성에 의하여 계약이 비로소 성립하는 것인지 계약서의 작성을 정지조건부로 하여 낙찰에 의하여 계약이 성립한다는 의미인지 명확하지 않다. 이에 관해서는 두 가지 견해가 있을 수 있다. 하나는 입찰절차를 통해 엔지니어가 입찰, 즉 청약offer을 하고 발주기관이 낙찰, 즉 승낙acceptance을 함으로써 계약상대방을 선정하는 절차라고 보는 것이다. 그러므로 낙찰에 의하여 상대방은 계약체결권을 획득하는 것이지만 계약은 성립하는 것은 아니라고 보는 것이다. 상기 제11조는 계약서의 작성에 관한 규정인 성격이 강하고, 국가를 당사자로 하는 계약에 관한 법률

例規인 입찰유의서 제16조 3항에서도 "낙찰자가 정당한 이유 없이 계약을 체결하지 아니한 때에는 낙찰을 취소할 수 있다" 라고 규정하고 있는 것을 보면 입찰절차와 계약체결을 구별하고 있는 것으로 보인다. 결국 이 견해가 유력한 것 같다. 이렇게 생각하는 경우 입찰에 의하여 계약은 성립하지 않으므로 입찰과정에서 합의된 가격 등 계약의 내용 및 계약조건은 계약내용을 형성하지 않고, 다만 계약체결상의 권리·의무인 성격을 갖는 것[90]으로 보게 되는 것이다.

그러나 있을 수 있는 다른 하나의 견해는 입찰공고에서 시작하여 입찰을 하여 상대방을 선정하는 절차는 가격이나 기타 계약내용에 관한 상대방의 제안을 평가하여 우수한 자로 선정하는 계약이라고 보는 것이다. 민법 제678조의 우수 현상광고와 유사한 계약으로 보는 것이다.[91] 입찰을 통해 합의한 가격 등은 계약의 내용을 구성하는 것이다. 다만 이 견해를 갖는 경우에도 합의된 계약내용 및 계약조건에 관한 합의는 입찰단계에서 계약내용 및 계약조건에 관한 충분한 협의가 이루어지기 힘들므로 停止條件附 契約을 하는 것으로 보는 것이 타당할 것이다.[92]

(9) 계약조건

정부 등 입찰은 일방적 계약내용 및 계약조건client developed contract에 의하는 경우가 많다. 그러므로 입찰절차에서 계약내용 및 계약조건을 협의하는 절차가 포함되도록 하는 것이 중요하다. 이와 같은 일방적 계약형식은 엔지니어링 서비스에 관한 입찰방법으로는 부적합하다고 지적되고 있다. 한편 엔지니어링서비스를 목적으로 하는 계약을 공사계약과 유사한 조건으로 하는 경우가 많으므로 유의하여야 한다. 그런 의미에서 단순하고 정형적인 서비스가 아닌 경우는 협상에 의한 입찰방법을 확대 적용하는 방법을 강구해야 할 것이다. 엔지니어가 개발한 계약조건에 의하여 협상할 수 있도록 하거나 계약 목적물에 따라 다양한 정부계약조건의 개발이 필요한 것으로 생각된다.

---

90) 민법 제535조 참조.

91) 민법 제675조는 현상광고를 "廣告者가 어느 행위를 한자에게 일정한 보수를 지급할 의사를 표시하고 이에 응한 자가 그 광고에 정한 행위를 완료함으로써 그 효력이 생긴다"라고 규정하고 있다. 이에 관해 광고자의 의사에 따른 행위를 완료하는 자에게 법률효과가 발생하는 것이므로, 즉 의사의 합치를 요건으로 하지 않는 것이므로 계약이 아니라는 견해가 있음을 유의하여야 한다.

92) 민법 제147조-제154조 참조.

(10) 가격경쟁

입찰은 경쟁입찰과 수의계약으로 구별된다. 경쟁입찰은 가격경쟁이 일반적이나 기술경쟁에 의하거나 기술과 가격을 동시에 입찰하는 방법도 있다.[93] 그러나 엔지니어링의 경우 가격경쟁은 부적합하다고 보는 것이 일반적이다. 엔지니어링은 어떤 표준에 의한 기술적 서비스technical services라기보다 창의적 서비스creative services이기 때문이다. 미국에서 어떤 엔지니어링 단체가 회원들에 대해 가격경쟁입찰참가를 금지한 규정이 반독점법anti-trust law 위반이라는 판결을 받은 바 있다. 그러나 이에 관해 반독점법이 반드시 가격경쟁에 의해 계약을 해야 한다거나 엔지니어가 가격경쟁입찰에 참여하는 것을 거부할 권리를 부인하는 것은 아니라고 보고 있다.

한편 기술경쟁에 관해 서양에서는 동업자간의 경쟁과 동업자가 아닌 사람으로부터 평가를 받는 경쟁방법을 거부하는 전통적인 관념이 있다. 그러나 새로운 발견 및 개발업무가 중요해진 현대사회에서 독점적인 태도는 부적절하므로 고도로 규율되는 경쟁highly regulated competition을 수용하고 있다.

(11) 입찰방법

국가계약법상의 입찰절차로는 일반경쟁입찰 절차를 원칙으로 하고 필요에 따라 제한경쟁입찰, 지명경쟁입찰을 할 수 있도록 하고 있다. 일반경쟁입찰은 기본적인 자격 있는 자는 모두 입찰에 참여할 수 있는 공개경쟁입찰방법을 말한다.

제한경쟁입찰은 공개경쟁open tendering이라는 점에서 일반경쟁의 한 방법

93) 국가계약은 가격경쟁을 원칙으로 하고 있다. 그러나 국가를 당사자로 하는 계약에 관한 법률 시행령 제18조는 필요한 경우 기술경쟁을 하여 선정된 자를 대상으로 가격경쟁을 할 수 있게 하는 2단계 競爭入札制度를 도입하고 있다. 건설기술관리법에서는 이 2단계 경쟁입찰을 기술·가격분리입찰(건설기술관리법 시행규칙 제13조의3) 이라고 한다. 이 경우 입찰서를 제출하는 방법으로 기술입찰서와 가격입찰서를 동시에 내도록 하는 방법two-envelop system(국가계약법 제18조 3항)과 기술입찰서를 먼저 내도록 하여 선정된 자에게 가격입찰서를 내도록 하는 두 가지 방법이 있다(국가계약법 제18조 1항). 평가방법에서도 기술과 가격을 종합하여 평가하는 방법과 기술과 가격을 연관짓지 않고 별개로 평가하는 방법이 있다. 그러나 우리나라에서는 기술용역에 관한 종합평가제도는 규정되어 있지 않고, 다만 물품의 제조 또는 구매계약의 경우에 가격과 품질을 종합적으로 참작하여 낙찰하는 종합평가제가 있다(국가계약법 제44조). 한편 가격경쟁의 경우 최저가를 원칙으로 하고 있으나 국가를 당사자로 하는 계약에 관한 법률 제43조는 필요한 경우 협상에 의해 낙찰할 수 있는 협상에 의한 계약체결제도를 두고 있다.

이나 제한방법에서 일반적 자격이 아니라 특정 기술의 보유, 특정경험, 특정 실적의 보유, 특정 지역 등으로 제한하는 데서 일반경쟁과 구별된다. 제한경쟁방법에 대해서는 시장진입장벽이 된다는 점에서 비판을 받고 있다. 공사도급제 등 우리나라에 특유한 관행에서 생긴 제한방법이다. 시장진입장벽이 되지 않는 선에서 능력이 우수한 자의 선정이라는 목표를 달성할 수 있는 합리적 방법에 관한 연구가 필요할 것이라고 본다.

지명경쟁입찰은 공개경쟁입찰이 아니라는 점에서 일반경쟁입찰 및 제한경쟁입찰과 구별된다. 일정한 자격 및 능력을 가진 자를 개별적으로 통지하여 경쟁입찰에 부치는 방법이다. 선진 외국의 경우 엔지니어링 사업자consultant를 선정하는 데 있어서 전형적인 입찰방법이다. 그러나 초청대상자 선정의 불공성이 문제가 된 사례의 빈발로 인해 특히 정부기관의 경우 기피하는 방법이 되었다. 앞에서 말한 바와 같이 이 지명경쟁의 방법인 사전자격심사제도를 일반경쟁입찰방법으로 활용하고 있는 것도 이러한 사정에 연유한다. 발주기관이 공정성을 진작시키는 노력을 통해 지명경쟁입찰방법이 정착되는 것이 入札經濟를 위해 바람직하다고 본다. 많은 연구와 제도의 보완이 필요하다고 본다.

한편 수의계약은 공개경쟁입찰이 아니라는 점에서 지명경쟁입찰과 같다. 개별적으로 접촉하여 조건이 맞을 때 계약하는 방법이다. 그러므로 경쟁이 전혀 없는 것이 아니다. 국가계약법 시행령 제30조에 의하면 2인 이상의 견적서를 검토하도록 하고 있다. 공개적이 아니고 고도로 규율된 경쟁highly regulated competition방법이라고 할 수 있다. 그러므로 세계무역기구WTO의 정부조달협정GPA에 의하면 이 수의계약을 제한경쟁limited tendering이라고 하는 것은 이 의미를 담고 있다고 할 수 있다.

엔지니어는 동업자 간의 공개적인 경쟁을 싫어하고, 엔지니어링을 변호사, 의사와 같은 전문직업professional으로 인식하고 있는 선진국의 경우는 이 방법을 선호하여 대부분의 동업자단체는 윤리규약으로 이 원칙을 선언하고 있다. 동업자 간의 경쟁을 비윤리적인 것으로 보는 것이다. 그러나 개발업무가 많은 현대에서는 기술경쟁은 불가피하므로 기술경쟁은 허용하고 있다. 그 방법으로 권장하고 있는 것이 Quality Based Selection이다. 지명경쟁입찰과 마찬가지로 계약대상자를 선정하는 절차의 불공정성문제가 있으므로 우리나라의 경우 소액 사업이나 긴급을 요하는 경우 혹은 국가안보상 필요한 경우 등 허용기준을 국가

계약법 제26조에서 열거하여 극히 제한적으로 규정하고 있다.

(12) 기술공모 입찰

건설기술관리법 제21조의2는 건설공사 혹은 건설기술용역사업은 건설기술을 공모하여 발주할 수 있다고 규정하고 있다. 건설기술관리법 제21조에 의하는 사전자격심사제도 및 기술입찰과 구별하여 규징하고 있다. 규징내용을 보면 상징성·기념성·예술성 등 창의성과 새로운 기술 혹은 특수한 기술이 필요하다고 인정되는 경우에 하는 것으로 되어 있다. 전형적인 현상광고라고 할 수 있다. 여기서 건설기술관리법 제21조에 의한 사업자선정절차와 어떻게 다른가가 문제된다. 그러나 일반적인 입찰도 민법상의 현상광고와 유사한 계약절차라고 하였다. 그러므로 법적 성질면에서는 구별할 수 없을 것이다. 그 차이점은 절차상의 차이점에 있다. 건설기술관리법 제21조에 의한 절차는 사전자격심사 및 기술제안서 평가에 의한 가격입찰로 진행되는 전형적인 입찰절차이고 제21조의2의 절차는 일정 입찰참가자격을 가지고 있는 자가 바로 기술제안서를 내도록 하는 것이라고 볼 수 있다.

(13) 서면계약

엔지니어링서비스 제공에 관한 계약은 서면계약에 의해야 한다. 구두계약도 가능하지만 복잡한 업무에 관한 구두계약은 분쟁의 소지를 만든다. 그러므로 국가계약법 제11조는 각 중앙관서의 장 혹은 계약담당공무원은 계약을 체결하고자 할 때에는 계약의 목적·계약금액·이행기간·계약보증금·위험부담·지체상금 기타 필요한 사항을 명확히 기재한 계약서를 작성하여야 하는 것으로 규정하고 있다.

우리나라의 민법상에는 서면계약에 우선적 효력을 인정하는 원칙은 없다. 그러나 영미법의 경우 서면으로 계약을 하는 경우 그 이전에 있었던 양해사항이나 구두합의에 우선하는 원칙integration이 있음을 유의하여야 한다. 그러므로 그 전의 양해사항에 관해 서면계약에서 언급하지 않으면 법적 효력을 인정받을 수 없는 위험이 있다.

계약에서 여러 계약서류 간에 어느 것이 우선하느냐가 문제될 수 있다. 그러므로 계약서류 상호 간에 규정내용이 상충되는 경우 시간적으로 나중에 작성한 문서의 효력이 우선하는 것으로 하는 것과 효력의 우선순위에 관해 약정하는 것이 필요하다. 또한 엔지니어링에서는 특수한 기술적 용어를 사용하는 경우가 많고 서로 다른 의미로 사용하는 경우가 있다. 따라서 용어에 관한 정의 및 그 용어의 의미에 관해 분쟁이 있을 경우 그 것을 해결하기 위해 정의를 하고 그 해석에 관한 규정을 두는 것이 필요하다.

국가계약법 회계예규인 기술용역계약 일반조건에 의하면 계약문서는 계약서, 유의서, 계약일반조건, 계약특수조건, 과업내용서 및 산출내역서로 구성되며 상호보완의 효력을 갖는다고 규정하고 있다.

(14) 계약조건

국가계약법은 건설기술관리법 제2조 3호 및 엔지니어링기술진흥법 제2조 1호와 이에 준한 용역을 기술용역이라고 하고 이에 관한 기술용역계약일반조건을 예규로서 규정하고 있다. 그러나 이 계약조건이 아직 완전한 형태를 가지고 있지 않은 것이 문제이다. 한편 이 기술용역계약일반조건이 관련 법령과 연결되어 계약조건을 형성하게 되는 점을 유의하여야 한다.

(15) 보증bonds

국가계약법령은 기술용역(엔지니어링서비스)에 관해 입찰보증금, 계약보증금, 이행보증 등 여러 가지 보증제도를 규정하고 있다.

한편 하자보수보증금에 관해서는 기술용역에 적용된다는 명문의 규정은 없다. 국가계약법 제18조는 “공사의 도급계약”에 관한 것으로 규정하고 있어서 일단 하자보수보증금이 기술용역에 적용되지 않는다고 할 수 있다. 그러나 설계의 경우도 목적물은 공사계약과 동일하다는 측면에서 보면 이 규정이 설계의 경우 목적물의 하자담보책임을 면하는 규정이라고 할 수 없다. 설계자는 설계 목적물에 관한 하자담보책임이 없다는 명문의 규정을 두는 것에 관해 검토가 필요하다고 본다.

(16) 계약보증금

국가계약법 제12조는 계약보증금을 계약상대방에게 납부하도록 하고 "계약상대자가 계약상의 의무를 이행하지 아니한 때는 당해 계약보증금을 국고에 귀속시킨다"라고 규정하고 있다. 이 계약보증금의 법적 성격에 관해서는 두 가지 견해가 있을 수 있다.

하나는 "계약상의 의무를 이행하지 아니한 때"라고 하고 있으므로 계약에 의하여 발생하는 채무의 불이행(민법은 채무불이행에 관해 "채무의 내용에 좇은 이행을 하지 아니한 때"라고 하므로 이행 거부를 포함한 이행불능과 불완전이행을 말한다)으로 인한 손해를 보증하기 위하여 계약보증금을 납부하도록 하는 것으로 볼 수 있다.[94)]

다른 하나의 견해는 입찰을 통해 낙찰된 자는 계약을 체결할 의무가 발생하고 그 계약체결의무를 위반함으로써 발생하는 손해를 보증하기 위해 계약보증금을 납부하는 것이라고 보는 것이다.[95)] 그러나 "계약상의 의무를 이행하지 아니한 때"라고 하고 있고, 계약보증금을 납부하는 시기도 계약체결할 때에 하는 것이므로 위약금으로 보는 것은 부적절하다. 한편 계약보증금제도가 손해를 보증하기 위한 것이라면 손해배상보험과 중복문제가 생긴다. 손해배상보험은 계약불이행으로 인한 손해배상에 관한 것이기 때문이다. 결국 여러 가지 문제가 있을 수 있으므로 검토를 요한다고 본다.

(17) 이행보증performance bonds

국가계약법은 기술용역에 관해 이행보증을 하도록 하고 있다. 이행보증은 계약상대방이 계약의 이행이 불가능하게 될 때 다른 사람에 의해 계약의 이행을 완성하기 위한 것을 목적으로 하는 제도이다. 이행보증방법으로는 계약보증금납와 함께 이행을 보증하는 연대보증인을 세우는 방법, 이행보증금을 납부하는 방법, 보증기관이 이행보증을 하도록 하는 방법 등 세 가지 방법을 규정하고 있다.

한편 본래적 의미의 이행보증은 계약상대방이 이행불능인 경우 의뢰인을 수익자로 하는 소위 제3자를 위한 엔지니어와 보증회사 간의 계약을 말한다. 이

94) 이 경우는 보증금을 정하는 것이므로 민법 제398조에 의한 손해배상액의 예정이 된다.
95) 이 경우는 국가계약법이 입찰절차와 계약절차를 구별하는 의미도 담겨 있을 것이다.

경우 보증회사가 의뢰인에 엔지니어를 대신하여 서비스를 제공하는 것이다.

그러나 엔지니어링서비스 제공을 목적으로 하는 계약은 어떤 규격에 맞는 성과품product을 만들어 인도하는 것을 목적으로 하는 공사계약과 달리 창의적인 성격을 가지므로 엔지니어링서비스에 대해 이행보증을 하는 것은 부적합하다고 하는 것이 지배적 이론이다. 이행보증은 어떤 기술표준이 제시되고 그 표준에 의해 물건을 만드는 도급계약에서나 가능한 것이다. 엔지니어링은 일반적과업지시general terms에 의한 창의적 작업이다. 그러므로 국제적 보증회사는 이와 같은 서비스에 관한 보증을 하지 않는 것이 일반적이다. 특히 엔지니어링은 특정인의 기술을 제공받기 위한 것이므로 그 이행이 불가능할 경우 계약은 해지되거나 해제되는 것이라고 보아야 한다. 그러므로 손해배상의 문제는 생기지만 다른 사람에 의한 이행보증은 부적합한 것이다.

(18) 기술용역에 관한 손해배상보험

우리나라 건설기술관리법은 발주기관이 설계 등 용역업자에 대해 설계 등 용역 계약 시 손해배상보험증서의 제출을 의무화하고 있다. 흔히 엔지니어는 이 손해보험에 의하여 자신이 초래할지도 모르는 발주기관 혹은 제3자에 대한 모든 손해가 이 보험증서에 의해 담보cover되는 인가에 관해 의문이 있을 수 있다. 앞에서 계약보증금 등에 관해 검토한 바와 같이 명확하지 않다.

이상의 문제점은 차치하고라도 국제적인 보험에서 볼 때 여러 가지 흠결된 부분이 있다. 이 보험은 정부가 지급하는 대가의 손실을 부담하는 것에 불과한 것으로 밖에 볼 수 없다. 그러므로 근본적인 손해배상보험제도가 아라고 할 수 있다. 일반적으로 의뢰인이 엔지니어에게 의뢰인의 손해를 담보하는 보험가입을 요구하는 경우는 의뢰인과 엔지니어 간에 책임의 제한limitation of liability 및 손해배상책임의 면제indemnity(제3자에 대한 엔지니어의 배상책임면제를 포함)에 관한 약정을 하기 때문이다.

우리나라 정부계약조건에도 FIDIC이 권장하는 다음과 같은 약관을 검토할 필요가 있다. 이 약관은 국제적 보험이 부보하는 조건에 적합하게 검토된 것이다.

• 어떤 경우에도 손해배상액은 계약특수조건으로 당사자 간에 합의하여 정한

금액을 초과할 수 없다.

- 각 당사자는 배상액의 총액이 정해진 손해배상액의 최고한도를 초과한 경우 그 초과한 손해에 대해 배상청구권을 포기하기로 한다.
- 컨설턴트가 가입한 보험에서 부담되는 경우 및 손해배상청구기간을 경과한 후에 컨설턴트에게 청구되는 클레임을 제외하고 이 계약과 관련하여 발생되는 제3자의 모든 클레임에 대해 컨설턴트의 배상책임은 발주자가 부담하여야 한다. 다만, 컨설턴트의 고의적 불이행이나 중대한 과실로 인한 경우 및 계약상 의무이행과 관련 없는 행위로 인한 손해의 경우는 그러하지 아니한다.

(19) 대가의 산정

엔지니어링 서비스에서 대가는 중요한 사항이다. 추가업무가 많으며 어떤 규격qualification에 의한 업무가 아니므로 비용을 미리 결정하기가 어렵기 때문이다. 일반적으로 단순하고 정형적인 업무가 아닌 경우는 정산방법을 도입하고 있고 대가의 산정에서도 일괄확정금액방식lump-sum으로 계약하지 않는 것이 국제적 관례이다.

국가계약법 시행령 제8조는 예정가격은 계약을 체결하고자 하는 사항의 총액에 대해 이를 결정한다고 하고 있다. 따라서 입찰방식에 의하거나 협상에 의하더라도 총액으로 계약금액이 결정될 것이다. 그러므로 계약금액을 변경하는 방법에 의하여 대가를 조정할 수밖에 없다. 물론 예가를 산정하는 방식으로 직접인건비, 직접경비, 제경비, 기술 등으로 구성되는 실비가산정액방식을 도입하고 있다. 문제되는 것은 추가업무이다. 그러나 국계법은 추가업무지급에 관한 규정을 두지 않고 있다. 물론 계약금액의 변경제도는 있다. 그러나 물가변동과 공사의 경우 설계변경으로 인한 계약금액의 조정에 관해서만 규정하고 있으므로 기술용역업무수행 중 수시로 발생하는 추가업무에 관해서는 계약금액의 조정을 할 수 있는 가능성은 희박하다고 할 수 있다. 그러므로 정산제도의 도입이 필요하다고 할 수 있다. 국계법은 개산계약제도를 두고 있으나 개발제품의 제조계약, 시험·조사·연구용역계약으로 한정하고 있으므로 일반적 엔지니어링서비스에 적용될 여지는 역시 희박하다.

엔지니어링 서비스의 대가 산정 및 지급에 관한 연구가 필요하다고 본다. 적정한 대가의 지급은 발주기관에게도 좋은 것이다. 이에 관해서는 적정한 엔지니어링의 수행이 프로젝트 전체비용에 미치는 영향은 이미 공론화되어 있는 것이다.

(20) 설계·시공일괄계약design/build contract

설계와 시공은 별개의 계약으로 하는 것이 전통적인 계약방식이다. 의뢰인이 사업주project owner로서 관리하여야 할 공사works 등 사업project에 관한 조사·계획·설계·감리 및 시설물이 완공된 후 시설물의 유지·보수·운영 등 기술적 사무에 관해 의뢰인을 위해 자문 등 consulting을 하는 것을 엔지니어의 직무job로 여겨져 왔다.

원래 엔지니어는 기술적 사무를 처리하는 것을 직무로 하였으나, 오늘날의 엔지니어는 과학기술에 관한 지식을 바탕으로 의뢰인이 결정을 하는 데 정보를 제공하거나 판단judgement을 하는 직무를 하는 자로 여겨지고 있다. 그러나 우리나라의 경우는 공사 등을 위한 설계 등 기술적 서비스를 제공하는 직무로 여겨지고 있다. 국제적인 인식과는 다소 차이가 있다. 그러나 기술적인 서비스를 하더라도 공사와는 구별하여 왔다. 그러나 최근 책임의 명확화, 예산절약 혹은 공기단축 등 주로 경제적 이유로 발주기관이 설계·시공일괄계약을 선호하는 경향이 나타나고 있다. 이러한 경향은 다음과 같은 문제점을 가지고 있다.

시공능력을 갖추지 못하고 있는 엔지니어로서는 사업의 지도적 위치에서 종속적 위치로 전락하는 문제이다. 통상 엔지니어링은 사업을 규정하고 성공을 좌우하는 중요한 기능을 하는 것이라고 생각되어진다. 그런데 설계·시공일괄계약에서는 지도적 위치가 시공자에게로 이동하게 된다. 엔지니어 자존심의 문제로 볼 수도 있지만 사회적 문제가 더 클 수 있다. 설계·시공일괄계약방식에 의할 경우 사업의 경제성 및 편의성이 지배하게 되어 상대적으로 공공성의 보호가 위축된다. 특히 사회간접자본과 같이 공공의 안전 및 복지와 직결되는 사업에서 독립적 위치에서 지켜보는 사람이 없어지게 된다. 그동안 엔지니어에게 공적 책임에 의해 판단의 독립성을 유지하는 문제가 사회적 과제로 논의되어 왔다. 그런데 독립성을 강화하는 방향이 아니라 독립성이 상실되는 방향으로 가는 것이 문제이다. 물론 경제성을 무시할 수는 없다. 그러나 공공성과 경제성은 조화되어야 하는 것이다. 정부사업의 경우 진정한 의뢰인은 국민이라는 관점에서 예산의 절감보다 구 사업의 안전성 및 복지적 측면이 우선된다는 점에서 국민의 대리인으로서의 도덕적 문제가 생길 수 있다. 한편 설계·시공일괄계약은 소형·단순한 기술을 요하는 정형적인 사업에 유익한 계약형태로 보는 것이 일반적이다. 그런데 오히려 대형·복합기술을 요하는 사업에 적용하는 경향이 문제이다. 세계적인 현상이라고 할 수 있으나 우리나라는 설계변경으로 인한 사업비의 증가가 심각한 문제가 되고 있으므로 이 계약방식을 확대하는 정책을 시행하고 있다.

이상과 같은 사회적 혹은 정책적 문제를 떠나 엔지니어가 설계·시공일괄계약을 하는 경우 엔지니어는 통상적인 계약의무 해태책임negligence standard responsibility과는 다른 엄격책임non-negligence responsibility을 부담하는 문제에 직면하게 된다. 이 경우 우선 보험시장의 전문가 책임보험professional liability insurance에서 이와 같은 계약에 관한 책임은 담보coverage되지 않는 점을 유의하여야 한다. 현재 통용되는 Professional Liability Insurance는 공사에 관한 책임은 담보되지 않으며, 한편 건설construction에 관한 General Liability Insurance는 전문가책임professional liability을 담보하지 않는다. 최근 미국에서 이와 같은 설계·시공 일괄계약의 경우의 엔지니어의 배상책임에 관한 보험상품의 개발에 관한 논의가 있다. 그러나 이와 같은 계약에서 엔지니어의 책임에 관한 법원의 판단jurisdiction이 어떻게 나올 것인가에 관해서도 분명하게 말할 수 없는 상태이다.

또한 강화된 책임을 부담함에 따라 경제적 이득이 수반되도록 계약하여야 하는 것에 유의하여야 한다. 책임의 증가에 따라 그 보수도 증가하는 것이 경제적 형평에서도 옳기 때문이다. 자신의 위험관리 능력에 따라 위험을 적극적으로 수용함taking risk으로써 이익을 창출할 수 있는 방법이 된다. 그러므로 확정금액방식에 의한 설계·시공일괄계약rump-sum, turnkey contract을 수용하는 것은 무모한 것이다.

한편 전통적인 방식에 의하여 의뢰인을 위해 자문 등을 하는 계약상의 지위에서 설계 및 시공에 대해 강화된 책임을 지는 계약은 피해야 한다. 책임에 상응하게 공사업무를 관리할 수 있는 주계약자primary party의 위치를 확보하여야 한다. 책임에 상응한 권한을 행사하지 못하게 되는 경우 위험이 증가하기 때문이다. 흔히 Project Management at Risk방식의 계약이 행해지고 있음을 유의하여야 한다.

(21) 설계기준 등

법에서 설계기준 등 엔지니어링의 기술기준을 정한 경우가 많다. 이러한 법적 책임은 주로 공공의 안전을 위한 것으로 공적 책임public responsibility이라 한다. 이러한 공적 책임을 위반하여 엔지니어링서비스를 제공하는 경우 계약불이행으로 인한 손배상책임의 발생문제뿐만 아니라 행정적 제재 및 형사책임문제도 발생하는 경우가 있음을 유의하여야 한다.

법령상의 의무를 위반한 경우 형사처벌 등 법률효과의 발생과 관련하여 법령을 알고 있어야 하는가의 문제가 있다. 건설기술관리법에서 규정하고 있는 형사처벌규정의 구성요건을 보면 "제20조의2의 규정에 위반하여 설계 등 용역을 성실하게 수행하지 아니함으로써…"라고 하고 재20조의2에서는 "설계 등 용역업자와 그 설계 등 용역업무를 수행하는 건설업자는 관련법령에 따라 성실하고 정당하게 그 업무를 수행하여야 한다"라고 규정하고 있다. 그러므로 당해 업무를 하고자 하는 자는 관련법령을 숙지하여야 하는 의무가 있다고 할 수 있는 반면에 발주기관 등 정부는 이러한 법령을 기술자에게 숙지시켜 주어야 할 의무를 무시할 수 없는 측면이 있다. 이러한 법령은 상식적인 것이 아니기 때문이다. 그러므로 정부의 입장에서는 자격 혹은 면허를 주는 과정에서 교육하는 방법 등 어떤 방법으로든지 교육을 하는 것이 필요할 것이다. 특히 윤리교육에 관해서는 엔지니어로서 실무에 투입되기 전에 엔지니어의 사회적 책임에 관한 교육을 강조하고 있다. 그러므로 미국의 경우 공과대학 등에서 윤리교육을 필수로 할 것이 권장되고 있으며 전문 엔지니어professional engineer 자격시험 과목으로 윤리를 포함시키고 있음을 유의해서 볼 필요가 있다.

(22) 행정형벌

한편 계약업무를 성실히 이행하지 않거나, 법령에 위반하여 업무를 함으로써 공중에 위험을 초래한 경우에 처벌하는 형벌규정이 있다. 예를 들어 건설기술관리법 제41조 2항은 "제20조의 2의 규정에 위반하여 설계 등 용역을 성실하게 수행하지 아니함으로써 건설산업기본법 제28조의 규정에 의한 하자담보책임기간 내에 교량·터널·철도 기타 대통령령이 정하는 시설물의 구조상 주요 부분에 중대한 손괴를 야기하여 공중의 위험을 발생하게 한자는 10년 이하의 징역에 처한다. 이 죄를 범하여 사람을 사상에 이르게 한자는 무기 또는 3년 이상의 징역에 처한다"라고 규정하고 있다. 한편 건설기술관리법 제20조의 2는 "설계 등 용역업자와 건설기술자는 관계법령에 따라 성실하고 정당하게 그 업무를 수행하여야 한다"라고 규정하고 있다. 이와 같은 형벌규정은 행정형벌로 분류되는 것으로 일반적으로 행정관련 법에 규정하고 있다. 행정법상의 의무 위반에 대해 일반통치권에 기하여 일반인에게 가하는 형벌이다. 그러나 실질적인 형법이므로 원칙적으로 형법총칙의 적용을 받으며 형사소송절차법에 의해야 한다. 일반적 형벌규정이 도덕적 의무를 위반하여 한 행위를 범죄로 규정하는 데 반해서 행정형벌은 행정상의 의무를 위반하여 한 행위를 범죄로 보는 데 차이가 있다. 상기 건설기술관리법상의 형벌규정은 "관계법령에 따라 성실하고 정당하게 업무를 수행할 의무"를 위반한 사실과 "대통령령이 정하는 시설물의 구조상 주요부분에 중대한 손괴를 야기하여 공중에 위험을 발생하게 한 것" 사이에 인과관계가 있으면 그 위험의 발생에 대한 예견가능성, 즉 과실이 없어도 범죄가 성립하는 것으로 하고 있다. 다시 말하면 의무 위반의 결과책임원칙을 채용하고 있다. 이것은 형법의 과실책임주의, 즉 결과를 예견할 가능성이 있어야 주의의무가 생기고 그 주의의무를 위반하여야 책임이 발생하는 것과 차이가 있다. 계약의무 위반으로 인한 손해배상책임과 같은 법리라고 할 수 있다.

그러나 이것이 형사처벌이라는 데 문제가 있다. 형법총칙은 제13조에서 "죄의 성립요소인 사실을 인식하지 못한 행위는 벌하지 아니한다. 단, 법률에 특별한 규정이 있는 경우에는 예외로 한다" 또한 제14조는 "정상의 주의를 태만히 함으로 인하여 죄의 성립요소인 사실을 인식하지 못한 행위는 법률에 특별한 규정이 있는 경우에 한하여 처벌한다"라고 규정하고 있다. 이에 관해 제13조는 고의에 관해 규정한 것으로 범죄사실을 인식한 행위만을 처벌하는 원칙을 말하고 단서에서 인식이 없더라도 법이 특별히 규정한 경우는 고의가 없더라도, 즉 과실인 경우에도 처벌한다는 의미이고, 제14조는 과실범을 규정한 것인데 과실범은 법률에 규정이 있는 경우에만 처벌한다는 의미로 해석된다. 그러므로 형법은 고의나 과실이 있어서 처벌할 수 있다는 원칙을 가지고 있다고 할 수 있다. 이런 관점에서 볼 때 상기 건설기술관리법상의 형벌규정은 고의나 과실을 범죄성립요건으로 하지 않는 점에서 법률적 재검토가 필요하다.

색 인

[ㄱ]

공저자약력

이태식(李泰植)

서울대학교 토목공학과 졸업
미국 University of Wisconsin-Madison 박사(건설경영전공)
한양대학교 토목공학과 교수
프로젝트관리기술교육센터(PMTEC) 원장
미래건설연구소 이사장
한국과학기술단체총연합회 경기지역연합회 회장
대한토목학회 부회장, 한국철도학회 부회장
한국공학한림원 정회원, 중앙건설기술심의위원회 위원
前 한양대학교 산업경영디자인대학원 원장(2004~2006. 8)
前 한국구매조달학회 회장(2005)
前 한국건설관리학회 회장(2002~2003)
前 BK21 건설기술분야 사업단장(1999~2006. 2)

주요저서

미국토지정보시스템, 건설경제연구회, 1992
GIS 입문, 미래건설연구소, 1994
우리 서울 이렇게 바꾸자, 비봉출판사, 1995
GIS 응용, 미래건설연구소, 1995
GIS 테크닉, 미래건설연구소, 1995
건설시공 실패사례보고서Ⅰ, 한양대 e-Construction Lab, 1995
건설시공 실패사례보고서Ⅱ, 한양대 e-Construction Lab, 1996
미국 건설관리학, 미래건설연구소, 1996
시민의 도시(경실련 도시개혁센터), 도서출판 한울, 1997
공학기술로 나라 살리자, 고려서적, 1998
엔지니어 윤리학, 동명사, 1999
건설공사 적산학, 동명사, 2000
공학법제, (사)미래건설연구소, 2001
과학기술자 윤리학, (사)미래건설연구소, 2001
미래를 위한 공학 실패에서 배운다, 김영사, 2003
지식경영개론, 구미서관, 2004
건설교통부 제정 토목공사 표준 일반시방서, 기문당, 2005

위성륜(魏聖倫)

고려대학교 법대 졸업
전 엔지니어링 진흥협회 부장
전 한양대학교 토목·환경공학과 강사

주요저서

엔지니어 윤리학, 동명사, 1999
과학기술자 윤리학, (사)미래건설연구소, 2001

공학법제와 윤리

2007年 3月 10日 初版印刷
2007年 3月 15日 初版發行

共著者 이태식 · 위성륜
發行人 安 鍾 萬
發行處 (株) 博 英 社
서울特別市 鍾路區 平洞 13-31番地
電話 (733) 6771 FAX (736) 4818
登錄 1959. 3. 11. 제300-1959-1호(倫)

www.pakyoungsa.co.kr e-mail: pys@pakyoungsa.co.kr

定 價 30,000원 ISBN 978-89-7189-738-6